国家社科基金优秀结题成果（11CMZ013）　　三峡大学学科建设经费资助学术专著

武陵文库·民族学研究系列
（第二辑）

主编 曹大明

边界流动与族群变迁

宋元以来武陵地区的土客关系

曹大明 著

社会科学文献出版社
SOCIAL SCIENCES ACADEMIC PRESS (CHINA)

总　序

李绍明

武陵山是一地理学名词，指我国南部的一座山脉，其来源与汉代于此置武陵郡有关。其系贵州苗岭山脉支脉，发源于梵净山（主峰 2494 米），盘亘于渝湘之乌、沅二江之间，入湘蔓延于澧水之南，止于常德西，平均海拔 1000 米左右，为乌江、沅江、澧水分水岭，呈东北 – 西南走向。

武陵山区一带的民族，在汉代统称"武陵蛮"，主要指今恩施土家族苗族自治州及湘西土家族苗族自治州一带的先民。东汉至宋在沅水上游五溪地区的又称"五溪蛮"。

武陵郡始置于汉代高帝时，治义陵（今湖南溆浦南），辖境相当于今湖北长阳、五峰、鹤峰、来凤等县，湖南沅江流域以西，贵州东部及广西三江、龙胜等地。东汉时移至临沅（今常德西），其后辖境缩小。唐改朗州，又复置武陵郡。宋置朗州武陵郡，寻废。总之，历史上的武陵郡即今恩施州南部、宜昌市南部、常德市南部、张家界市、湘西州、怀化市大部、铜仁地区、原黔江地区东部这一大片区域。武陵应先有郡名，然后有山名。

现今上述地区聚居的少数民族主要有土家族、苗族、侗族。除此之外，还有诸如白族、瑶族、布依族等一些其他的少数民族。当然，汉族仍是此地区人口最多的民族。

武陵地区的民族拥有悠久历史，而且世居该地多年，为开辟这片土地贡献甚大。学术界一般认为土家族族源与古代巴人有关，苗族族源与古代"苗蛮"有关，侗族族源与古代百越人有关。如今武陵地区完整拥有汉藏语系之下的四大语族的民族，即汉语族的汉族，藏缅语族的土家族，苗瑶语族的苗族、瑶族，以及壮侗语族的侗族。此四大语族下的这些民族长期在此互动交融，形成既有分又有合，你中有我、我中有你的局面，这在其他地区是较为罕见的。

今天的武陵地区，一般而言，土家族主要居于北部，苗族主要居于西部，侗族主要居于南部。当今除土家、苗族的自治州、自治县外，侗族有芷江、新晃、玉屏、靖州、通道、三江、龙胜、通道等单独或联合的自治县。元明清时期以来，土家族有较大且完整的土司政权；苗族仅有较小的土司及不甚完整的政权，侗族有一些中等土司政权。就民族互动而言，长期以来，土家与苗关系密切，尤其是魏晋以来，"盘瓠种人多势众"，故中原人以为武陵、五溪皆为"盘瓠种"的人群。而元明以来，由于中央王权"以夷制夷"，多以土家土司以统苗众。至于侗与土家亦有密切关系，自五代宋末以来，一些侗族土司北上统治了武陵南沿一些地带，长此以往，有一些亦融合于土家之中。还有一个更大的历史背景，即明末清初武陵地区改土归流，废除"蛮不出峒，汉不入境"限制。土家地区大量吸收了汉文化。而苗因居深山，原社会经济形式较为特殊，受汉文化影响较少，其民族特色保留较多。唯有侗族所受汉文化涵化，介乎二者之间，不如土家，而较苗民为深。

若就文化多样性而言，武陵地区三大少数民族亦各有特色。土家、苗、侗均有自身独特文化，但此三族的文化又有相互交融的现象，且呈现出地域不同的变异。武陵地区有三条江穿流其间，鄂西的清江，湘西的沅江，黔东北和渝东南的乌江，此三江流域所在的三族既有民族的共同性，又有地域的差异性。比如，土家族所谓"北跳丧，南摆舞"，即以清江与沅江（含酉水）流域有所区别，而乌江流域，尤其是酉阳、秀山一带，既有摆手，又有跳丧。在原黔江地区与鄂西地区，土家与苗互通婚姻，彼此界限越来越模糊，只有在姓氏方面遗留一些痕迹。唯有湘西腹心地区的土家族与苗族文化特色较为突出。

武陵民族文化研究，首先可以从多学科多视角出发，仅以一级学科的民族学和社会学（含二级学科的人类学）而言，基础研究仍然相对薄弱。20余年来，武陵地区的民族学、人类学研究已经步入正轨，但相对而言，基础研究仍然不够。比如，迄今为止仍无此区域宏观性的民族志著作，仅有一些中观或微观之作。即使如此，能够称之为范式的民族志或民族学、人类学著作，仍然不多。基础研究十分重要，涉及学科的根本，也涉及对这一区域的科学认识，一切均应从此入手。否则，其成果即成无本之木或无源之水。个人认为，这是武陵地区区域研究仍须注意之点。

其次，许多学科均有其应用部分即学以致用，民族学、人类学尤其如此。民族学研究对象是民族及其文化，人类学中的文化人类学（社会人类学或社会文化人类学），着重于民族文化传承与调适研究，在这方面大有用武之地。近期国家倡导物质与非物质文化遗产的保护，是我国建设中国特色社会主义进程中刻不容缓的事，其带有抢救性质，是传承民族文脉的大事，今后仍须努力。当然，社会主义经济建设、政治建设、文化建设、社会建设，还有许多现实的重大课题，这在武陵地区都需要靠大家的不断努力。

三峡大学是武陵地区的一所高等学府，面对中部崛起的大好机遇，肩负着更好地服务于地方经济文化建设的重任。该校组织编辑出版武陵文库，是一项系统的文化工程。武陵文库从多角度、多层面展示武陵地区调查资料和学术成果，以便让外界进一步认识它、了解它，支持它的发展。同时对推进武陵地区的学术研究和民族学学科建设，具有深远的现实意义。

总之，武陵地区从民族学、人类学的角度而言，是一个富矿。希望有识之士发挥自己的聪明才智，对其进行深入研究和探讨，在不久的将来会有更多的精品力作问世！

目 录

序

　　中国古代边地的国家化与边地族群关系研究，近年来是历史学、民族史学界关注的重要课题之一。以武陵山脉所延伸的范围为核心、位于江汉平原农业文明区与云贵高原山地文明过渡地带的武陵地区，是中国古代边地的重要组成部分。在历史时期，在该地区生活的族群众多，如"三苗""巴濮""五溪蛮""武陵蛮""苗蛮""巴郡蛮""仡佬蛮""土蛮""土家"等。宋、元以来，武陵地区不断迁入外来人口，充实了这一地区，他们与本土居民共同建设、开发了武陵地区。外来人口与本土居民相互融合、共同发展，同时也存在资源配置、利益分配方面的矛盾与纠纷。关于这一问题，学界仅有少量的研究，缺少有分量的研究专著，可以说是一个相对薄弱的研究领域。三峡大学曹大明教授所著由社会科学文献出版社出版的《边界流动与族群变迁：宋元以来武陵地区的土客关系》，就是一部填补该研究领域薄弱环节的著作。在研究视角、研究方法与学术观点方面，该书饶有新意，值得向广大读者推荐。

　　本书是曹大明教授主持国家社会科学基金项目的最终成果，以优秀等级结项。全书以宋、元至1949年以前武陵地区行政区域的变动与族群的变迁为研究对象，对于这一时段的"土""客"关系，各代政府的管理措施以及社会经济、社会文化的发展，"土""客"族群风俗习惯的冲突与交融等内容，都进行了相当深入的研究。同时，还以较多的篇幅，对宋、元以前武陵地区及其族群的关系进行了扩展探讨，为读者描绘了一个较为完整的中国边地族群活动的历史场景。该书具有的特点和价值，主要体现在以下几个方面。

　　一是拓展了研究的视野。研究多民族地区土、客关系的路径主要有两条。路径之一是从传统民族关系史的角度进行研究，并认为民族是一个文化实体，现今生活在武陵地区的各个民族群体，总体上是该地区历史族群族体发展的延续。路径之二是从人口史或移民史的角度进行探讨。该方面的研究，主要是对武陵地区的移民类型、移民活动、移民文化、移民社会变迁等方面进行具体研究，但易忽略武陵地区"土""客"的族性、族群边界的塑造及由此引发族群关系的变化等问题。著作以"土""客"关系为主线，在强调土、客族群文化主体性的前提下，基于历史人类学的视角，对武陵地区族群关系的演变以及区域社会的转型等问题进行较全面的梳理，从而拓展了研究的视野。

二是很好地使用了历史时段的研究方法。全书不仅将研究对象放在宋、元至民国九百余年的发展过程中探讨，还注意到不同时段武陵地区土、客关系的发展变化，以及不同发展阶段具有的特点。在每一发展阶段，著作深入分析本土居民的状况和变迁、统治王朝对武陵地区的政策和经营、土客关系的演变和社会的变迁等问题。同时，还将土、客关系的变化置于特定的历史背景下考察，注意到土、客关系变化与社会发展的关系，分析了外来人口与本土居民相互融合的情形，以及在资源配置、利益分配方面存在的矛盾及解决矛盾的过程等问题，使研究具有纵向与横向相结合、研究重点突出、较好地描述了历史动态发展过程等特点。

三是在系统搜集、科学诠释史料，充分吸收、科学借鉴前人研究成果的基础上，形成了一些新的认识，并取得一些突破性的进展。全书克服资料零散的困难，搜集了大量的正史、政书、文集、地方志、族谱、碑刻等文献以及田野资料，进而从这些资料出发，运用历史人类学注重客位研究的优势，深入分析当时人们的主位表述，仔细分辨宋、元以来不同历史时期武陵地区的族群构成及其关系的变迁，使人们对宋、元以来不同历史时期的土、客族群的具体构成、表现以及相互关系的变化、发展有比较清晰的了解，对现今武陵地区的某些名称相似的族群如土家族的来源、脉络有比较清晰和深入的认识，同时也对武陵地区历史上的民族关系和特点的认识有所深化。著作借助族群理论，通过客位的梳理得出的结论，纠正了过去凡冠以"土"即认为是土家族先民的模糊认知甚至是错误的认识，对现今武陵地区的民族史、民族学研究的发展，以及历史研究、历史人类学研究如何反映与接近历史事实的要义，都具有积极的促进作用。因此，该书在中国民族史、地方民族史、历史人类学、历史研究等方面都是一种突破。其基于客位研究得出的结论，既为当下妥善处理民族关系以及制定科学的民族政策，提供了符合历史事实与历史逻辑的依据，也为加强民族团结以及铸牢中华民族共同体意识，提供了史鉴与启示方面的研究成果。

中国古代边地与边地族群研究涉及历史学、民族学、人类学等多个学科。民族史研究尚待进一步推进，中国古代边地与边地族群的研究，也需要进一步深入。曹大明教授十分年轻，并富有科学钻研精神，未来的发展未可限量。期望曹大明教授以本书的出版为契机，移步登山，前行不止，在民族史研究方面取得更多的成果，为我国民族学的发展做出更大的贡献！

是为序。

方　铁

于云南大学

2020 年 11 月 10 日

绪 论

一

  武陵地区位于江汉平原农业文明区与云贵高原延伸区的过渡地带，以武陵山脉所延伸的范围为核心，东起雪峰山，西止大娄山，南起苗岭，北边则是大巴山，"自贵州苗岭分支，行乌、沅二江间，至常德西境之平山止"，① 横跨湘、鄂、渝、黔四省市，其核心地带包括湖北恩施土家族苗族自治州和宜昌市长阳土家族自治县、五峰土家族自治县，湖南常德市部分县市、张家界市、湘西土家族苗族自治州、怀化市，贵州铜仁市，重庆秀山、石柱、彭水、酉阳四县及黔江区，人口 2000 余万人。该地区生活着土家族、苗族、侗族、白族、汉族、瑶族等 30 多个民族，其中少数民族有 1200 多万人，占总数的 63%。历史上，活动于武陵地区的族群种类庞杂，数量繁多，既有"三苗""巴濮""五溪蛮""武陵蛮""苗蛮""巴郡蛮""仡佬蛮""土蛮"等"蛮夷"群体，也有"夏人""流寓""流民""客家""客民""汉人"等外来人群。宋元以后，特别是明清时期，随着王朝政策的变化及受北方战乱等因素的影响，大量移民迁入武陵地区，由此带来这个地区族群关系的变化以及区域社会的变迁。然而，笔者检索相关文献发现，该区域族群关系研究主要是传统民族关系史研究。这些研究主要分为地方整体族群关系史研究、族群间的关系史研究，对于该区域宋元以后人口流动带来的愈加重要的"土/客"关系，却鲜见系统的研究。即使有部分学者注意到了"土/客"关系，研究要么将其视为"土家族"与"汉族"之关系，从政治、经济、文化等角度探讨彼此间的互动及其历史影响；要么将其完全纳入人口史或者移民史的范畴，分析移民的动因、范围及影响。第一种路径的研究基本上是传统民族史研究范畴。这一类

---

  ① 臧励龢等编《中国古今地名大辞典》，商务印书馆，1982，第 507 页。

的研究，首先预设一个或多个族群实体的存在，然后从不同的时空中筛选一些文化因素展开分析，探讨不同族群之间的关系。这种"溯源"研究对于探讨一个或多个族群的发展脉络具有重要作用，但在一定程度上忽略了作为文化主体的族群在历史情境中的主动性与选择性。如此，武陵地区历史上复杂、生动的"土/客"关系基本上被表述成了简单、僵化的"土家族/汉族"关系。第二种路径的研究则多把"客民"等移民视为汉民，由此忽视了移民族群身份的多样性，导致武陵地区生动、多样的"土/客"关系史被"简约"成了移民活动史。与此同时，由于笔者研究生期间都在华南的高校学习，专修历史人类学，集中研究过赣闽粤边的畲客关系及畲族的历史记忆和族群认同，对华南的区域社会史研究传统比较了解。受此影响，笔者到武陵地区边缘的宜昌工作后，也特别关注这个区域族群关系问题，于是选择了这个研究议题，借此重点探讨宋元以来被传统民族关系史与移民研究忽略的"土/客"关系。

宋元以来，武陵地区外来人口不断迁入，他们既充实了这一地区，也与本土居民共同建设、开发了武陵地区。迁入的外来人口与本土居民相互融合、共同发展，同时也存在资源配置、利益分配方面的矛盾和纠纷。关于这一问题，学界仅有少量文章研究，缺少有分量的研究专著，可以说是一个相对薄弱的研究领域。本书使用历史时段的研究方法，系统收集、科学诠释史料，充分吸收、科学借鉴前人的研究成果，从武陵地区早期的土客关系、宋代武陵地区的土客关系、元明时期武陵地区的土客关系、清代武陵地区的土客关系、民国时期武陵地区的土客关系等五个方面，深入研究了宋元以来武陵地区的土客关系问题，对推动古代民族关系研究以及武陵地区历史与文化的探讨，都具有重要的学术价值。

本书克服困难，搜集了大量的文献与田野资料，也能从这些历史资料出发，发挥历史人类学注重客位研究的优势，分析当时人们的主位表述，仔细分辨宋元以来不同历史时期武陵地区的族群构成及其关系的变迁、发展，使人们对宋元以来不同时期土、客族群的具体构成、表现以及关系的变化、发展有比较明晰的了解，对今日武陵地区的某些称呼相似的族群如土家族的来源、脉络有比较清晰和深入的认识，同时也对武陵地区历史上的民族关系和特点认识有所深化。本书借助族群理论，通过梳理客位结论得出：武陵地区的"土人""土家""土民"在一定程度上是华夏在"华/夷"族群分类观念主导下对不同历史时期"他者"的称呼与表述，与土家族有一定的关联，但不能等同；"土丁"、"土军"、"土兵"及土司的构成虽以"土人""土家"为主，但它们本质上是兵种或对统治地方的酋豪、首领的称呼，并不是族群的称呼等观念，明晰了过去凡"土"即为土家族的先民的模糊认识，对现今武陵地区的地方民族史、民族学研究的发展与历史研究、历史人类学研究反映与接近历史事实的要义都有较强的推进作用。

中部地区自古就是进入大西南的主要通道，族群流动十分频繁，是我国众多民族交往、融合的特殊区域和文化多样性的典型地区。本书以"土/客"关系为主线，在强调土客文化主体性的基础上，从区域社会史的角度对武陵地区族群关系的演变以及区域社会的转型进行研究，得出的对武陵地区历史上民族关系和特点的认识以及客位研究的结论，既可为当下处理民族关系、制定更加科学的民族政策提供符合历史事实与社会事实的依据，也可为现今武陵地区构建和谐社会、发展良好的民族关系提供有益的借鉴。

二

本书的研究对象主要是宋元以来武陵地区的"土/客"关系，因此与该研究相关的理论主要有族群、族群关系与移民理论。以下将对这些理论及相关研究作一简要的回顾。

族群理论

族群是英文"ethnic group"的翻译，其理论主要围绕两个方面展开，一是概念的问题，一是认同的问题。关于概念，自马克斯·韦伯（Max Weber）界定以来，学术界对此有过深入的分析与讨论。学界的分歧主要有两点：一是界定标准选择，即文化因素与族群意识哪个更为重要；二是使用范围的大小。综观各方观点，笔者认为，挪威人类学家弗里德里克·巴斯（Fredrik Barth）的界定更具包容性，更能体现族群的文化互动与认同。他认为，族群是一种在生物上具有极强的自我延续性，在文化和价值上具有共享性，在心理上具有内生的自我认同和外激的他人认同，同时彼此间存在交流和互动领域的人们的共同体。[①] 对于使用范围，特别是族群与民族之间的

---

① 〔挪威〕弗里德里克·巴斯（Fredrik Barth）：《族群与边界（序言）》，高崇译，周大鸣校，《广西民族学院学报》（哲学社会科学版）1999 年第 1 期。

关系,学界在讨论族群的概念时也有过较深入的分析。《美国大百科全书》在综合族群的各种使用场合后将其表述为"通过共同文化以及常常在种族和特性上与其他群体相区别的任何人群体"。① 笔者认为此范围的界定具有一定的代表性。总体而言,广义上的族群可大可小,大到民族,小至家庭。为了使用方便,本书采用的是广义上的族群,它包含了民族、文化、身体和宗教等特征的结合②,但更多的是文化意义上的概念。与此同时,在本书中,民族的概念与族群又有所区别,民族特指经国家政治权力机构确认的族群。

关于族群认同,因对认同基础理解的差异,西方学者早已形成了多种论说,主要有"文化说""边界论""原生论""工具论""现代想象论"③。潘蛟在庄孔韶主编的《人类学通论》中辟有"族群"专章做较系统的梳理,④ 本书在此不再赘述。不过,笔者认为,"文化说"与"原生论"可划为一个范式,它们都强调"内发性"认同的重要作用,区别只是一个强调文化特征在族群认同中的基础作用,一个强调血缘(或虚拟血缘)、语言、宗教信仰等因素在族群认同中的基础作用;"边界论"与"工具论"可划为一个范式,它们都强调外界刺激对族群认同的影响,区别只是"边界论"从族群交流和文化互动角度理解族群认同以及族群边界的生成和变迁,强调"内发"与"外激"认同的结合,"工具论"则特别关注族群认同的操控性和情境性;"现代想象论"可单列为一个范式,此理论特别关注作为特殊力量的现代民族国家对族群自我认同与他者界定的影响,强调族群认同与国家力量之间的关系。"横看成岭侧成峰,远近高低各不同",上述理论或范式对族群认同的解释无所谓对与错,只有对族群认同理解的不同。本书不僵化使用其中的任何一种理论,而是根据具体材料与具体情况,灵活、综合运用上述族群理论。

---

① *The Encyclopedia American*,Grolier Incorporated.,International edition,Vol. 10,1997,p. 631.

② 〔美〕马丁·N. 麦格(Martin N. Marger):《族群社会学:美国及全球视角下的种族和族群关系》,祖力亚提·司马义译,华夏出版社,2007,第 22 页。

③ 参见〔英〕厄内斯特·盖尔纳(Ernest Gellner)《民族与民族主义》,韩红译,中央编译出版社,2002;〔英〕安东尼·吉登斯(Anthony Giddens)《民族-国家与暴力》,胡宗泽、赵力涛译,三联书店,1998;〔美〕本尼迪克特·安德森(Benedict Anderson)《想象的共同体:民族主义的起源与散布》,吴叡人译,上海人民出版社,2003;〔英〕埃里克·霍布斯鲍姆(Eric Hobsbawm)《民族与民族主义》,李金梅译,上海人民出版社,2006。

④ 庄孔韶主编《人类学通论》,山西教育出版社,2005,第 342~357 页。

族群关系理论

族群是"我群"认同和"他群"认同相统一的社群。在族群认同生成过程中,不管是"我群"和"他群"意识的形成,还是"他群"对"我群"的确认,都离不开与其他族群发生关系。因此,本书论及的武陵地区的"土/客"关系,必然需要借鉴相关的族群关系理论。综观各学科对族群关系的研究,主要的理论有西方的种族主义族群关系理论、同化理论、文化多元理论、基因理论、人文生态理论、权力冲突理论、族际整合理论,中国的"中华民族多元一体格局"理论等。

种族是生物概念和社会概念的统一。种族主义的基本思想有三:一是人类的身体类型是不同的;二是文化、智力和人格与人类的体质特征有本质的联系;三是有些群体天生就比其他群体优越。① 种族主义族群关系理论以上述思想为基础,强调种族或者族群之间在种族或者族群特征或"气质"方面的融合或同化很难或者不可能发生。② 代表性人物主要有美国学者亨利·休斯(Henry Hughes)和 Fizthugh。1900 年前后,种族主义族群关系理论对美国的移民管理、教育具有一定的影响。随着科学的发展,绝大多数人认为,族群间的差别更多的是社会和文化的差别,而非生物遗传差别,种族主义族群关系理论随之被"扔进"了历史的"垃圾桶"里。

20 世纪 20 至 30 年代,同化理论首先被芝加哥大学的罗伯特·E. 帕克和欧内斯特·W. 伯吉斯提出。他们认为,族群经过接触、竞争、适应阶段之后,最终可达到完全同化,③ 且这些阶段是递进、不可逆转的。④ 对于帕克的族群关系循环论,学界诟病最多的是他把四个阶段视为递进的、不可逆转的关系。巴斯和诺埃尔指出,族群交往可以产生排外、多元化或者族群分层,但不一定必然导致同化。⑤ 基于帕克族群关系循环论的不足,密

① Michael. Banton, "The Concept of Racism," in Sami Zubalda (ed.), *Race and Racialism*, London: Tavistock, pp. 17 – 34; Ruth Benedict, *Race: Science and Politics*, New York: Viking, 1959.

② 马雪峰:《社会学族群关系研究的几种理论视角》,《西北民族研究》2007 年第 2 期。

③ Robert E. Park, Ernest W. Burgess, *Introduction to the Science of Sociology*, Chicago: the Chicago University Press, 1921, pp. 730 – 735.

④ 陈纪:《西方族群关系研究的相关理论综述》,《湖北民族学院学报》(哲学社会科学版)2014 年第 1 期。

⑤ Ernest A. T. Barth, Donald L. Noel, "Conceptual Frameworks for the Analysis of Race Relations," *Social Forces*, 1972, Vol. 50, pp. 334 – 348.

尔顿·M. 戈登（Milton M. Gordon）提出了同化阶段论。他认为，同化分为文化同化、结构同化、婚姻同化、认同同化、态度待遇上的同化、行为待遇上的同化、公民同化七个阶段，并且从接触到最终融合并不一定是一条直线，可能不确定地停留在某个阶段。① 戈登的同化阶段论强调同化是一个社会建构的过程，特别关注社会结构与族群同化的关系，对研究族群关系具有重要借鉴价值，但其局限性也很明显，即特别关注社会结构而忽视族群自愿，忽略作为族群载体的人在族群关系中的主体性、主动性与选择性。②

文化趋同并不意味着族群差异的消失、族群的完全同化。各个族群在全球化背景下可能会出现一定程度的文化融合，但并不表示它们之间已没有任何差别。相反，它们可能会借助现代化的手段、新的符号来表述自己的认同。与同化理论强调同化及影响同化的因素不同，文化多元理论鼓励族群多样化并保持族群界限，强调在较大的社会文化框架体系中保持多个不同的文化体系。③

文化多元理论尽管在一定程度上弥补了同化理论对多族群社会存在基础解释的不足，但没有从根本上解释多族群社会产生或者维持偏见和歧视的原因。于是，部分研究者转而从生物性或者生态学角度思考族群性存在的基础。一些社会生物学家认为，基因是族群性产生的基础，是维持其存在的驱动力；"亲缘选择"以及"互惠的利他主义"使基因催生了社会结构，而社会结构又是维持基因健康存在的"生存机制"。④

与族群基因理论相似，人文生态理论也认为族群"特性"是竞争和选择的动力，但这种理论更关注资源竞争引起的族群冲突以及由此形成的族群歧视，对解释次级族群暴力具有重要作用。⑤ 族群关系基因理论与

---

① Milton M. Gordon, *Assimilation in American Life: The Role of Race, Religion, and National Origins*, New York: Oxford University Press, 1964.

② 陈纪：《西方族群关系研究的相关理论综述》，《湖北民族学院学报》（哲学社会科学版）2014 年第 1 期。

③ Milton M. Gordon, *Assimilation in American Life: The Role of Race, Religion, and National Origins*, New York: Oxford University Press, 1964.

④ 〔美〕E. O. 威尔逊：《社会生物学——新的综合》，毛盛贤等译，北京理工大学出版社，2008。

⑤ 周大鸣：《论族群与族群关系》，《广西民族学院学报》（哲学社会科学版）2001 年第 2 期。

人文生态理论从生物性、生态的角度解释族群性存在的基础，的确为研究族群关系提供了不同的视角，但其不足亦很明显，即把作为族群成员的人当成了受基因或生态环境制约的一般的动物，忽视了人的社会性与创造性。

与基因理论、人文生态理论不同，权力冲突理论更关注权力、族群分层、阶级分层等因素对族群关系的影响。因关注点的差异，权力冲突理论又细分为"种族－阶级"理论、内部殖民主义理论、劳动力市场分割理论。"种族－阶级"理论分两种路径研究美国不平等的族群关系，一是从种姓制度的角度进行分析①，一是从阶级的角度进行分析②。与"种族－阶级"理论不同，内部殖民主义理论则更关注族群分层体系和阶级分层体系之间的关系，强调族群边界划分的权力和资源的不平等③。劳动力市场分割理论则更侧重从经济，特别是族群边界分割的劳动力市场的视角分析族群对抗与族群关系。④

前述理论，不管是种族主义族群关系理论、基因理论、人文生态理论，还是同化理论、文化多元理论、权力冲突理论，总体上都是围绕族群存在的基础以及影响族群关系的因素展开的。与这些理论有所不同，族际整合理论重点关注的是族群一体化的过程，并认为族际整合主要是通过政治整合、经济整合和文化整合实现的，其过程主要表现为三种形式：一是同化式的族际整合，这种整合认为少数族群应放弃自身具有的文化传统，逐步成为主体族群的一部分；二是融合式的族际整合，这种整合主张多族群国家内部族群通过接触、交往、交流，最终形成一个以主体族群为核心的新民族；三是多元文化式的整合，这种整合强调在民族国家"一体"的基础上，承认各族群

---

① W. Lloyd Warner, "American Caste and Class," *The American Journal of Sociology*, 1936, Vol. 42, No. 2.

② Oliver C. Cox, *Class and Race*, *Garden City*, NY: Doubleday, 1948; Joe R. Feagin, *Racial and Ethnic Relations*, 5th ed., Englewood Cliffs. N. J.: Prentice Hall, 1996.

③ Robert Blauner, "Internal Colonialism and Ghetto Revolt," *Social Problems*, 1969, Vol. 16, No. 4, pp. 393 – 408, 转引自马雪峰《社会学族群关系研究的几种理论视角》，《西北民族研究》2007 年第 2 期。

④ Edna Bonacich, "A Theory of Ethnic Antagonism: The Split Labor Market," *American Socialogical Review*, 1972, Vol. 37, No. 5, pp. 547 – 559, 转引自马雪峰《社会学族群关系研究的几种理论视角》，《西北民族研究》2007 年第 2 期。

的文化"多元",并要求各族群理解、认同、尊重对方的文化传统。① 族际整合的三种形式,第一种、第二种整合以牺牲少数族群为前提,第三种整合则是平等多元主义。

西方的族群关系理论多是通过研究欧美现代社会的族群关系取得的,虽对研究中国社会特别是历史上的族群关系具有一定的借鉴意义,但能否较好地解释中国错综复杂的族群关系值得深入的分析和总结。面对此情况,1988 年,费孝通先生通过探讨中国多民族国家的形成过程,首先提出了具有开创性的"中华民族多元一体格局"理论。费先生认为,该格局具有六方面的特点:一是该格局存在一个凝聚的核心,其核心先是华夏,后是汉族;二是汉族和少数民族的经济类型具有很强的互补性;三是多数少数民族虽有本民族的语言,但一般通用汉语;四是引起民族融合的原因主要是适应社会发展的需要;五是中华民族是一个多元的结构,成员众多,大小也悬殊;六是中华民族是逐步建构形成的。② 随后,费孝通先生经过缜密思考对其理论做了进一步的阐释。③ 费孝通先生的"中华民族多元一体格局"理论是对中国内部各民族关系的一种历史描述、现状分析和未来图景的展示,④ 对理解、处理与研究中国的民族关系具有重要的指导意义。

移民相关理论

本研究中的客民在一定意义上是移民,因此本书牵涉的理论还有移民理论。这些理论主要分为两个方面,一是有关移民启始动因的理论,一是有关移民适应的理论。

移民启始动因研究的第一个理论是推拉理论。移民推拉理论早在 19 世纪末业已提出,美国社会学家莱文斯坦(E. G. Ravenstein)在总结移民流动迁徙规律时认为,人口迁移的动力是推拉因素。所谓的"推力"是指原居地限制生存与发展的排斥力,"拉力"则指迁入地的吸引力。推拉理论是个

---

① 陈纪:《西方族群关系研究的相关理论综述》,《湖北民族学院学报》(哲学社会科学版) 2014 年第 1 期。

② 费孝通等:《中华民族多元一体格局》,中央民族学院出版社,1989,第 29~33 页。

③ 费孝通:《简述我的民族研究经历和思考》,《北京大学学报》(哲社版) 1997 年第 2 期。

④ 陈建樾:《多元一体:多民族国家内部的族际整合与合法性》,《中央民族大学学报》(哲学社会科学版) 2003 年第 5 期。

筐，什么东西都可以往里面装。20 世纪 70 年代之前发表的移民研究，无论是国际的还是中国的移民研究，基本上都是这一理论的产物。20 世纪 70 年代后，国际移民情况愈加复杂，学界由此也对移民推拉理论进行了反思，并形成了新古典主义经济理论、新经济移民理论、劳动力市场分割理论、世界体系理论等。以拉里·萨斯塔（Larry Sjaastad）与迈克尔·托达洛（Michael Todaro）为代表的新古典主义经济理论认为，移民形成的动因是移出地与迁入地收入的差距。以奥迪·斯塔克（Oded Stark）与爱德华·泰勒（J. Edward Taylor）为代表的新经济移民理论则认为，引发移民的动因不是收入差距，而是与周边同群体比较后产生的"相对失落感"。劳动力市场分割理论则从国家市场结构的角度探讨国际移民产生的根源，认为现代发达国家所形成的"双重劳动力需求市场"或者"三重市场需求理论"是发展中国家向发达国家输送移民的动力。世界体系理论认为，经济全球化以及世界体系的形成是国家移民形成的直接原因。①

有关移民适应的研究，学界主要有同化理论与文化多元理论两大理论流派。前文对此已有阐述，在此不做赘述。上述理论尽管多是根据现代工业社会国际移民的研究所总结的，各有利弊，但对本书的研究仍具有一定的借鉴意义。

三

本书的研究，涉及一些重要的概念以及古代族群的称呼，特界定和说明如下。

1. 武陵地区

本书所研究的武陵地区与古代的武陵郡有一定的关联，但不等同于武陵郡。该地区主要覆盖湘西北、鄂西南、渝东南、黔东北，是湘、鄂、渝、黔四省市的毗邻地带。面积 12 万多平方公里，人口 2000 多万人，其中少数民族人口约 1200 万人，占中国少数民族人口总数的 10%，是一个典型的少数民族聚居区（具体参见本部分第七个方面的内容）。

2. 土著

"土著"是一个很特别的词或者概念。中英文世界中，其含义有共同之

---

① 李明欢：《20 世纪西方国际移民理论》，《厦门大学学报》（哲学社会科学版）2000 年第 4 期。

处，但也存在较大的差异。在英语国家，"native" "aboriginal" "indigenous" 三个常用的词都有"土著的""土著人的""土人的""土生土长的"等意涵。① 尽管在具体的运用中，这些词存在一定差别，但英语世界中的"土著的""土人的""土生土长的"多具有一定的以欧洲文化为中心的文化歧视或者殖民的意味。因此，《牛津高阶英汉双解词典》在释义"aboriginal"时有 "relating to the original people, animals, etc. Of a place and to a period of time before Europeans arrived" 之言。中文的意思即"（欧洲人到来之前某地区的人、动物等）土著的、土生土长的"。②

在中文当中，"土著"的含义存在一个变迁的过程。其原初含义是指定居和农耕的生计生活方式，《史记》载："其俗或土著，或移徙。"③ 言下之意，"土著"一般不"移徙"。颜师古注《汉书·西南夷两粤朝鲜传》中的"土著"曰："谓有常处著于土地也。"④《后汉书》载"东夷"时也有"率皆土著，喜饮酒歌舞，冠弁衣锦，器用俎豆"⑤ 之言。可见，范晔编《后汉书》时，"土著"是指一种定居、农耕的生计方式。至唐代，"土著"的含义发生转变，出现了"土人""世居"的意涵。故唐代韩愈的《论变盐法事宜状》中有"浮寄奸猾者转富，土著守业者日贫"之言。在此，"土著"演变成与"浮寄"相对的世居当地之民。此后，"土著"的含义与"客民"相对，多指"世代居住于某个地方的本地人"。⑥ 或许是注意到"土著"含义的变化，《辞海》对"土著"释义有"古代游牧民族定居某地后，不再迁徙的称为'土著'""后指世居本地的人"⑦ 两种。可见，中文中的"土著"似乎没有英文所隐含的"欧洲文化中心"主义或文化歧视。

---

① 〔英〕霍恩比：《牛津高阶英汉双解词典》（第 7 版），王玉章等译，商务印书馆，2009，第 1332、4、1039 页。

② 〔英〕霍恩比：《牛津高阶英汉双解词典》（第 7 版），王玉章等译，第 4 页。

③ （汉）司马迁：《史记》卷 116《西南夷列传》，中华书局，1963，第 2991 页。

④ （汉）班固撰，（唐）颜师古注《汉书》卷 95《西南夷两粤朝鲜传》，中华书局，2014，第 3838 页。

⑤ （南朝宋）范晔撰，（唐）李贤等注《后汉书》卷 85《东夷列传第七十五》，中华书局，2014，第 2810 页。

⑥ 商务印书馆编辑部编《辞源》，商务印书馆，1983，第 585 页。

⑦ 辞海编辑委员会编纂《辞海》，上海辞书出版社，1999，第 1400 页。

　　本研究中的"土著"，主要是指与"客民"相对，长期居住于武陵地区的人。他们既有汉民，也有诸类"蛮夷"；既包括具有"版籍"的编户齐民，也包括没有入籍但长期居住于该区域的"化外之民"。

3. 客民

　　客民是"非当地籍贯、外来寄寓的居民"。[①] 在历史文献之中，与"客民"有关的概念主要有"移民""棚民""流民""流寓""客家""客籍""新民"等。这些称呼在不同时空中具有不同的意涵，同时又相互交叉，难以界定。因此，学界相关研究多将上述称呼混用，少见界定者。个别界定者，大都根据自己研究的需要，将"客民"限定于一定的范畴内。[②] 基于研究的需要，本书中的"客民"采用的是一个比较宽泛的概念，即不同历史时期由外区域迁入武陵地区居住的民众，涵盖历史上迁入并留居武陵地区的"移民""流民""流寓""客家""客籍"等。这些客民既包括避乱留居的民众、为官落籍的官宦，也包含留居的屯军、屯民以及农业垦殖者、商人、手工业者，还包括传播佛道教并在武陵地区驻锡的僧侣、道士，但不包含区域内部迁徙、流动的民众。

　　在此，需要说明的是，尽管清代武陵地区有"客家"的称呼，但该称呼具体的历史内涵，与近代以来华南地区出现的"客家"并非一回事。作为明代以来垦殖移民政策和户籍制度影响的产物，清代及民国时期武陵地区出现的"客家"名称，主要是一个与"土著""土籍"对应的移民概念，意指迁入该区域以一定的生计方式已居住一定时间的外来之民。否则，雍正八年永顺知府袁承宠的《详革土司积弊略》中不会有"江西、辰州、沅、泸等处外来之人甚多，有置有产业，葬有坟墓，住居三五十年以致二三代者，皆自称客家"[③] 之言，民国《咸丰县志》中也不会有"客家者，自明

---

① 辞源修订组、商务印书馆编辑部编《辞源》，商务印书馆，1997，第450页。
② 参见张建民的《明清长江流域山区资源开发与环境演变——以秦岭—大巴山区为中心》（武汉大学出版社，2007，第53~78页）、袁秩峰的《清代贵州的客民研究》[《西南民族大学学报》（人文社科版）2012年第7期]、陈启钟的《清代闽北的客民与地方社会》（博士学位论文，台湾师范大学，2011，第2~8页）。
③ （清）张天如等纂修，魏式曾增修，郭鉴襄增纂《永顺府志》卷11《檄示》，清同治十二年增刻乾隆本。

以来，或宦、或商，寄籍斯土"① 之说。与此同时，这些外来之民多以汉民为主，不然清代武陵地区许多方志不会将"土家"、"苗家"和"客家"，以及入籍后的他们（"土籍""苗籍""客籍"）并称。与清代及民国时期武陵地区的"客家"不同，近代以来华南地区的"客家"，名称尽管与历史时期各地的土客关系及清代遗留的"土客籍"矛盾存在一定的关联，但主要是指"晚清民国以来社会文化变迁和学术发展背景下出现或建构的一个具有人类学意义的民系范畴"②。

4. 有关古代族群的称呼

古籍中对少数民族常用具有歧视性的"贼""寇""匪""獠""猺""蛮夷""峒民"等贬义词。中华人民共和国成立后，为贯彻党和国家民族平等政策，将"獠""猺"等贬义词改为"僚""瑶"等中性词。为体现中国历史上民族政策的根本性变化，撰稿时属引用原文，则一律照引，以彰显中华人民共和国成立后党和国家在民族平等方面所做的努力。

四

武陵地区民族众多，在既有的研究中，民族史与民族关系长期以来是学界研究的重要内容。其中对区域历史早期的"三苗""巴濮""五溪蛮""武陵蛮""盘瓠蛮"等西南"蛮夷"，唐宋之后的"苗""土家""峒民"及土司、土司制度的研究更是丰富，并形成了一定的区域特色。通过对区域内各历史时期族群关系与文化融合、人口迁徙与社会变迁、王朝治理制度演变等内容的研究，武陵地区族群关系与社会变迁的总体图景得到了较全面的展现。本书是一项基于区域族群关系与社会变迁的研究，重点探讨的是宋元以来武陵地区土客边界的流动、族群变迁以及与之同步展开的区域社会转型。从既有的相关研究成果来看，学界的研究大致分为两类：一是武陵地区民族关系史研究；二是武陵地区土客关系研究。具体如下。

（一）武陵地区民族关系史研究

19 世纪末 20 世纪初，伴随中国社会的巨大变迁，中国近代史学研究逐

---

① 陈侃：《咸丰县志》卷11《氏族志》，民国3年刊本。
② 饶伟新：《区域社会史视野下的"客家"称谓由来考论——以清代以来赣南的"客佃"、"客籍"与"客家"为例》，《民族研究》2005年第6期。

渐起步。作为史学研究的重要组成部分,民族史研究也随之得到起步与发展。作为民族史的重要组成部分,民族关系史长期都是学界研究的重点之一。

有关武陵地区族群关系史的研究,学界早在20世纪初至40年代业已起步。凌纯声、芮逸夫以及石启贵运用人类学的理论与方法对湘西族群进行了全面、深入的民族志调查,并形成了《湘西苗族调查报告》①《湘西苗族实地调查报告》② 等书。这些著作记载的内容虽多是湘西苗族的历史文化,但也在族群源流、文化、迁徙等方面分析了湘西的族群关系。

中华人民共和国成立后,多民族统一国家叙事话语成为民族关系史研究的主导。在此话语体系之下,武陵地区族群关系史研究迎来新发展。其研究总体呈现两种路径并存、交错发展的态势。

1. 传统民族关系史研究

传统民族关系史研究从两个维度展开。一是从宏观的角度建构族群关系史。代表人物有翁独健、吴永章、伍新福等。这些研究虽然没有从武陵地区的角度切入,但大都通过对史料的挖掘与整理,较好地展现了武陵地区小区域不同历史时期各族群的经济、文化交流以及相互之间的关系。③ 特别是吴

---

① 凌纯声、芮逸夫:《湘西苗族调查报告》,商务印书馆,1947。
② 石启贵先生所著的《湘西苗族实地调查报告》(湖南人民出版社,2008)是以其遗稿《湘西土著民族考察报告书》为主体,同时补充了《湘西兄弟民族介绍》等遗稿资料。
③ 参见翁独健主编《中国民族关系史纲要》(中国社会科学出版社,2001),吴永章主编《中南民族关系史》(民族出版社,1992),吴永章、田敏《鄂西民族地区发展史》(民族出版社,2007),王文光、龙晓燕、陈斌《中国西南民族关系史》(中国社会科学出版社,2005),王文光编著《中国南方民族史》(民族出版社,1999),管维良主编《重庆民族史》(重庆出版社,2002),彭官章、朴永子的《关于湖南民族关系史研究的几个问题》(《民族论坛》1985年第1期),翁家烈的《清代贵州民族关系的变化》(《贵州文史丛刊》1987年第4期),保健行的《解放前五百年间我省民族关系试析》(《贵州民族研究》1981年第4期),董珞的《湘西北各民族文化互动试探》(《民族研究》2001年第5期),胡炳章的《湘西地区民族关系发展流程略论——湘西民族关系和谐发展研究之一》[《吉首大学学报》(社会科学版)2011年第3期],张世友的《论秦汉时期乌江流域的主要族群及其主要社会经济面貌》(《长江师范学院学报》2013年第2期),刘莉、谢心宁的《改土归流后的湘西经济与民族关系》[《吉首大学学报》(社会科学版)1991年第4期],陈涛的《"改土归流"以来湘西黔东北的民族关系》(《贵州民族研究》1985年第1期),东人达的《明清"赶苗拓业"事件探究》(《贵州民族研究》2006年第6期),朱圣钟的《明清鄂西南土家族地区民族的分布与变迁》(《中国历史地理论丛》2002年第1期),伍新福的《湖南民族关系史》(民族出版社,2006)等。

永章的《中南民族关系史》《鄂西民族地区发展史》，伍新福的《湖南民族关系史》，比较全面系统地研究了武陵地区范围内的鄂西南、湘西等小区域上起原始社会，下至中华人民共和国成立前后长时段的族群关系史。此外，《土家族简史》《苗族简史》《侗族简史》等从少数民族的角度出发，依据马克思主义民族理论的观点以及多民族统一国家的叙事话语也对武陵地区的族群关系进行了一定程度的研究。① 与此同时，随着武陵区域概念的逐步深入，部分学者从武陵地区的角度研究族群及其关系史。如张雄对汉魏以来"武陵五溪蛮"的活动地域及其成分的考察②，朱俊明对汉晋以前武陵民族成分及来源的分析③，黄柏权从不同历史时期研究武陵地区人群流动的通道、民族格局及其关系④，陈心林概述了先秦至唐宋、元明清时期武陵地区的族群关系⑤，王平从族际通婚的角度探讨了武陵地区民族关系的演变⑥。

二是从微观的角度对族群关系史进行研究。这类研究主要以族源、族际关系为重点展开。武陵地区民族较多，关系复杂，学界对苗族、土家族、侗族等民族的族源均有所涉及，但以苗族、土家族族源探讨为主。苗族族源研究的论说主要有"西来说""南来说""北来说""三苗说""九黎三苗说""武陵蛮说""盘瓠蛮说""髦人说""夜郎说"等。这些论说从溯源的角度

① 参见《土家族简史》编写组《土家族简史》，湖南人民出版社，1986；《苗族简史》编写组《苗族简史》，贵州民族出版社，1985；《侗族简史》编写组《侗族简史》，贵州民族出版社，1985。
② 张雄：《汉魏以来"武陵五溪蛮"的活动地域及民族成分述考》，《中南民族学院学报》（哲学社会科学版）1985年第1期。
③ 朱俊明：《论汉晋以前武陵民族成份及其来源》，《贵州民族研究》1982年第2期。
④ 参见黄柏权的《武陵民族走廊及其主要通道》[《三峡大学学报》（人文社会科学版）2007年第6期]、《先秦时期"武陵民族走廊"的民族格局》（《思想战线》2008年第3期）、《秦汉至唐宋时期"武陵民族走廊"的民族格局》[《中南民族大学学报》（人文社会科学版）2008年第2期]）、《元明清时期武陵民族走廊的民族格局》[《三峡大学学报》（人文社会科学版）2009年第1期]。
⑤ 参见陈心林的《先秦至唐宋时期武陵地区民族关系简论》（《贵州民族研究》2012年第3期）、《元明清时期武陵地区民族关系简论》[《湖北民族学院学报》（哲学社会科学版）2013年第4期]。
⑥ 参见王平《从族际通婚看武陵地区族群关系的演变》，《湖北民族学院学报》（哲学社会科学版）2007年第5期；《武陵地区历史上的族际通婚》，《三峡大学学报》（人文社会科学版）2008年第5期。

触及了历史时期武陵地区"武陵蛮"、巴人、楚人、濮、"盘瓠蛮"等族群之间的关系。① 土家族族源研究的论说主要有"巴人说""氐羌说""土著先民说""江西说""乌蛮说""东夷说""毕方和兹方说""僰人说""濮人说""蛮蜒说""多元说"等。② 这些论说既研究了土家族的源流，也从侧面分析了土家族先民与其他族群的关系。如潘光旦先生从自称、语言、姓氏等方面③，彭武一从"巴渝舞"与摆手舞的连续性方面④，彭英明从廪君的起源与发展方面⑤，段超从土家族文化对巴文化的继承关系方面⑥，李绍明从古代巴人的来源、巴国的疆域、巴人的经济和信仰等方面⑦分析了土家族与巴人的关系，彭官章等从语言学、考古学的角度论证了土家族与氐羌的关系⑧，王承尧、罗维庆等从语言、宗教、丧葬等角度分析了古代乌蛮与土家族的关系⑨。上述研究成果丰富，在此不逐一列举。

除了族源研究，族际关系也是武陵地区微观族群关系史研究的重要内容。族际关系史的研究主要分为土家族与汉族、土家族与苗族、汉族与苗族、其他民族间的关系四类。土家族与汉族的关系，学界主要从宗教信

---

① 相关研究较多，在此仅列一些代表性的成果，如侯哲安的《三苗考》（《贵州民族研究》1979 年第 1 期）、张岳奇的《"蚩尤"能否引作苗族族源》（《民族研究》1984 年第 4 期）、吴永臻主编的《苗族通史》（民族出版社，2007）、张永国的《试论苗族的来源和形成》（《思想战线》1980 年第 6 期）、王慧琴的《关于苗族族源的问题》（《思想战线》1982 年第 6 期）、翁家烈的《从〈山海经〉窥索苗族族源》（《贵州民族研究》1985 年第 3 期）、张世铨的《对苗族历史上几个问题的管见》（《广西民族研究》1989 年第 3 期）、石建中的《试论盘瓠神话和苗族族源》[《中南民族学院学报》（人文社会科学版）1992 年第 1 期]。

② 黄柏权：《土家族族源研究综论》，《贵州民族研究》1999 年第 2 期。

③ 潘光旦：《湘西北的"土家"与古代的巴人》，《中国少数民族社会历史调查资料丛刊》修订编辑委员会《土家族社会历史调查》，民族出版社，2009，第 19～110 页。

④ 彭武一：《湘西土家族摆手舞蹈的历史渊源和活动情况》，《舞蹈丛刊》1958 年第 4 期。

⑤ 彭英明：《试论湘鄂西土家族"同源异支"——廪君蛮的起源及其发展述略》，《中南民族学院学报》（哲学社会科学版）1984 年第 3 期。

⑥ 段超：《略论巴文化和土家族文化的关系》，《中南民族学院学报》（哲学社会科学版）1991 年第 2 期。

⑦ 李绍明：《巴人与土家族关系问题》，《云南社会科学》1990 年第 3 期。

⑧ 参见彭官章的《从语言学角度谈土家族源问题》（湘西土家族苗族自治州民族事务委员会编《土家族历史讨论会论文集》，1983），彭官章、朴永子的《羌人·巴人·土家族》[《吉首大学学报》（社会科学版）1982 年第 1～2 期]。

⑨ 参见王承尧的《古代的乌蛮与今天的土家族》（湘西土家族苗族自治州民族事务委员会编《土家族历史讨论会论文集》）、罗维庆的《土家族源于乌蛮考》（湘西土家族苗族自治州民族事务委员会编《土家族历史讨论会论文集》）。

仰、艺术等角度切入进行研究，并将其与历史上的"土/客"关系等同（详见下文的分析）。对于土家族与苗族的关系，学界的研究主要从宗教信仰、通婚、艺术、边墙的兴废、土司和苗族、"改土归流"的影响等方面展开。如彭武一的《明清年间湘西的土家与苗家——初论土家族苗族历史上的和睦友好关系》从居住、风俗习惯等角度分析研究了明清年间湘西土家族与苗族的关系，同时该文对土司与苗族、土家族与苗族的关系进行了区分。[①] 对于苗族与汉族的关系，学界的研究主要从语言、习俗、通婚等角度切入。如翁家烈的《明清以来苗汉关系初探》从语言、服饰、亲缘关系以及区域社会的变革等角度深入分析了西南地区特别是湘黔边的苗汉关系[②]；陈其光、李永燧、罗安源等则以语法、量词等为考察对象，深入分析了各个历史时期苗语与汉语的关系[③]；吴曦云则研究了边墙对湘西汉苗关系的影响[④]。对于武陵地区侗族、白族等民族与其他民族的关系，学界的研究也有所触及。如李绍明先生从川黔边杨氏的来源分析了侗族与土家族的关系[⑤]；林河以楚简为资料分析考证了侗族与楚、苗之间的关系[⑥]；黄才贵从五州的地理沿革、社会状况与族属方面探讨了"五溪蛮"向氏与侗族的关系[⑦]。

2. 人类学族群理论或区域社会史影响下的民族关系史研究

近30年人类学族群研究业已证明，完全基于体质、语言与文化界定族群是值得商榷的。界定族群不能只依赖外在的文化符号，还应注意族群成员选择和建构文化印象的心理。在不同的心理归属之下，不仅族群边界是流动的，而且维持边界的文化符号也是可以选择的。受人类学族群理论的影响，国际汉学界、中国台湾以及中国大陆部分学者针对中国的族群形

① 彭武一：《明清年间湘西的土家与苗家——初论土家族苗族历史上的和睦友好关系》，《吉首大学学报》（社会科学版）1987年第1期。
② 翁家烈：《明清以来苗汉关系初探》，《贵州民族研究》1986年第4期。
③ 参见陈其光、李永燧的《汉语苗瑶语同源例证》（《民族语文》1981年第2期），罗安源的《从量词看苗汉两种语言的关系》[《中央民族大学学报》（哲学社会科学版）2002年第5期]等。
④ 吴曦云：《边墙与湘西苗疆》，《中南民族学院学报》（哲学社会科学版）1993年第6期。
⑤ 李绍明：《从川黔边杨氏来源看侗族与土家族的历史关系》，《贵州民族研究》1990年第4期。
⑥ 林河：《从楚简考证侗族与楚、苗之间的关系》，《贵州民族研究》1982年第1期。
⑦ 黄才贵：《浅谈五溪蛮向氏与侗族的关系》，《贵州民族研究》1982年第1期。

成了一条与传统民族史研究不同的路径。斯蒂文·郝瑞、王明珂等学者即是这方面的代表。他们非常关注权力、族群认同与王朝或国家政策之间的相互关系。特别是郝瑞，在西南彝族研究中已流露出历史人类学的倾向，注意将中国传统文化与民族识别和建构结合起来进行研究。① 台湾学者王明珂在充分消化、吸收族群边界和集体记忆理论的基础上，从族群边缘的视角对处于汉藏之间的羌族的形成历史、认同变迁等进行了十分深入的研究，并以此透视作为国族的中国由传统华夏帝国到中华民族的变迁过程。② 科大卫、萧凤霞、陈春声、刘志伟、郑振满等华南学派的学者在结合文献与田野调查资料的基础上，对中国华南的族群分化与区域社会变动进行了深入的研究。③ 其研究认为，对生活在华夏边缘的族群及其关系的研究，不能仅按溯源论的方法进行，也可从具体的时空脉络出发，分析他们对"自我"、对生活在其周边的"他者"的认识和界定，对华夏帝国的想象以及在此基础上的文化实践。

受人类学族群理论及区域社会史研究方法的影响，近年来，武陵地区民族关系研究也有了新进展。特别是对当代武陵地区族群互动、族群认同与族群性的研究，更是较好地运用了人类学族群理论。如雷翔通过对鄂西南土家族造谱与祖先认同建构的分析研究了土家族与汉族的关系④；李然运用族群以及族群关系理论较好地分析了湘西土家族苗族的文化互动与族际关系⑤；陈心林通过对武水流域一个土家族社区的研究深入分析了南部方言区土家族的族群认同，生动展现了当地土家族、苗族与汉

---

① 〔美〕斯蒂文·郝瑞（Stevan Harrell）：《田野中的族群关系与民族认同——中国西南彝族社会考察研究》，巴莫阿依、曲木铁西译，广西人民出版社，2000。

② 王明珂：《华夏边缘：历史记忆与族群认同》，社会科学文献出版社，2006。

③ 参见〔美〕科大卫《皇帝和祖宗——华南的国家与宗族》，卜永坚译，江苏人民出版社，2009；萧凤霞《华南的代理人和受害者：乡村革命的协从》，《中国学术》2001年第1期；刘志伟《在国家与社会之间：明清广东地区里甲赋役制度与乡村社会》，中国人民大学出版社，2010；郑振满《乡族与国家：多元视野中的闽台传统社会》，三联书店，2009；郑振满、陈春声主编《民间信仰与社会空间》，福建人民出版社，2003。

④ 参见雷翔的《土家族田氏考略——兼评"造谱"现象》（《湖北民族学院学报》1994年第3期）、《民族自我意识与"祖先认同"建构——以土家族祖先认同中的"巴人"为例》〔《中南民族大学学报》（人文社会科学版）2010年第6期〕。

⑤ 李然：《当代湘西土家族苗族文化互动与族际关系研究》，博士学位论文，中央民族大学，2009。

族的关系①;明跃玲通过对瓦乡人民族识别的研究探讨了族群认同与族群性②。由于本书属于族群关系史的研究,在此不再详述其他当代武陵地区族群关系的研究。

较之于当代族群关系研究,受人类学族群理论与区域社会史影响的武陵地区民族关系史研究则更好地体现了历史深度与区域社会大视野的融合。如孙秋云在"中华民族多元一体格局"理论的引导下,系统探讨了"改土归流"后汉苗文明的传播与互动,并对西方的"内部殖民主义"族群关系理论做了探讨③;谭必友从族群社会学的角度对清代(1796~1911)湘西苗疆这一多民族社会的族群关系史的演进进行了重构④;明跃玲从白帝天王崇拜入手分析了湘西苗疆边墙地带的苗汉关系⑤。特别是苏堂棣(Donald S. Sutton)、谢晓辉、龙圣、杨志强等学者,他们运用历史人类学的研究方法,从族群边缘的视角切入,深度分析了武陵地区的族群关系与区域社会变迁。苏堂棣将湘西地区苗人、汉人移民、土家族都膜拜的白帝天王作为研究对象置入近300年的区域历史背景中,通过对不同群体关于白帝天王神话传说解释的分析,深入探讨了白帝天王神话叙事与区域秩序、族群身份之间的关系。正如作者所言:"关于边疆神灵的叙事,不是对某个或某些静态群体的反映,而是那些身处边疆、希望改变身份和关系的人们的愿望的投射。相互竞争的神话诠释,从来不是新创造的,而是将早期版本的边段糅合在一起。因此,每个神话都反映了不同信众之间不断的对话。"⑥ 谢晓辉以王朝在湘西地区所提倡的礼仪与制度变迁为主线,兼顾地方开发过程中生态、生

---

① 陈心林:《南部方言区土家族族群性研究——武水流域一个土家族社区的实证研究》,民族出版社,2010。
② 参见明跃玲的《民族识别与族群认同——以湘西红土溪村的民族识别过程为个案》(《云南社会科学》2008年第2期)、《重访红土溪——关于瓦乡人的田野调查》(《青海民族研究》2006年第3期)。
③ 孙秋云:《核心与边缘——十八世纪汉苗文明的传播与碰撞》,人民出版社,2007。
④ 谭必友:《清代湘西苗疆多民族社区的近代重构》,民族出版社,2007。
⑤ 明跃玲:《冲突与对话——湘西苗疆边墙地区白帝天王崇拜的人类学考察》,《中南民族大学学报》(人文社会科学版)2009年第4期。
⑥ 苏堂棣(Donald S. Sutton):《族群边缘的神话缔造:湘西的白帝天王信仰(1715~1996)》,申晓虎译,《民族学刊》2013年第3期,第19页。原文载于"Myth Making on an Ethnic Frontier: The Cult of the Three Kings of West Hunan, 1715~1996," *Modern China*, Vol. 26 No. 4, October 2000, pp. 448–500。

计模式的转变与地方社会组织机制的动态过程，深入探讨了湘西具体什么时候、用何种方式整合入中国，并对"成为中国"以及湘西历史书写的"内地化"或者"汉化"模式进行重新检视。① 与前述华南学派以及苏堂棣的研究路径相似，龙圣在吸收民族史研究成果基础上，也将白帝天王信仰放置于具体的历史时空脉络中，然后分析其神话传说的制作与族群身份、区域社会变迁的关系。他的《清代湘西社会变迁与白帝天王信仰故事演变——以杨氏家族为例》以清代湘西杨氏家族为例，通过分析不同历史时期汉、苗、土家等多族群膜拜的白帝天王叙事上的异同以及制作的原因，从侧面深度展现了湘西族群关系以及区域社会的变迁。② 他的另一篇论文则探讨了湘西白帝天王信仰的流变，并认为白帝天王信仰及其故事建构是宋元明清时期湘西边缘社会文化与族群分化变迁的缩影。③ 此外，吴雪梅以鄂西南景阳河社区为研究对象，深入分析了民族边缘地区乡村社会的权力关系以及国家、民间权威与族群的互动。④ 杨志强、张旭以历史人类学的视野对包括湘西苗疆在内的清代苗疆社会的"非苗化"现象做了深入的分析，并认为清代中后期在各种"苗种"社会的"汉化"过程中新的族群边界和认同的产生，不仅是一种"结构重现"，而且与近代以后的"民族"形成与认同存在历史的关联。⑤

上述两种路径的研究，第一种路径长于民族关系的整体叙述，但其不足亦很明显，即缺乏对民族发生关系过程的具体考察，同时还脱离了具体的生态、历史文化情境。较之于第一种路径，第二种路径的研究不仅较好地展现了民族关系的生动与复杂性，而且具有历史的深度。特别是区域社会史的研究，更是让民族关系与区域、王朝社会变革相连接，具有了更宏大的视野。

---

① 谢晓辉：《延续的边缘：宋至清湘西开发中的制度、族类划分与礼仪》，博士学位论文，香港中文大学，2007。

② 龙圣：《清代湘西社会变迁与白帝天王信仰故事演变——以杨氏家族为例》，《民俗研究》2011 年第 3 期。

③ 龙圣：《变迁与认同：区域社会史视野下的湘西白帝天王信仰》，《宗教学研究》2013 年第 2 期。

④ 吴雪梅：《回归边缘：清代一个土家族乡村社会秩序的重构》，中国社会科学出版社，2009。

⑤ 杨志强、张旭：《前近代时期的族群边界与认同——对清代"苗疆"社会中"非苗化"现象的思考》，《贵州大学学报》（社会科学版）2011 年第 5 期。

(二) 武陵地区土客关系研究

学界对武陵地区土客关系研究主要从两个视角展开，一是传统民族史的视角，一是人口史或者移民史的视角。如前所述，传统民族史视角下的武陵地区的民族关系研究早在 20 世纪初至 40 年代业已起步。作为族群关系中的重要组成部分，土客关系研究亦是如此。是时，凌纯声、芮逸夫、石启贵等就湘西苗族历史文化进行的调查从表面上看只有苗客之分，实际上却包含土客之别。在凌等前辈眼中，苗乃土也，故他们把苗族视为"土著民族"。①

1. 传统民族史的视角

追至 20 世纪 50 年代，基于民族识别的需要，武陵地区的土客关系开始为学者所关注。在这一时期，学者们通过民族识别调查获取的有关苗族、土家族的社会、经济、历史等方面的原始材料，奠定了土客关系研究的基础。潘光旦先生在《湘西北的"土家"与古代的巴人》一文中在运用翔实的调查材料与史料论证土家是巴人后裔时对土人与土家关系进行了说明："土人"不是一般的土著，而是"土家"之人；"土司"也不是一般的土官，而是"土家"人所担任的"土官"。②严学宭、汪明瑀等先生也认为，汉人乃"客家"，"土人"乃土家族。③ 与潘、严、汪等先生观点有所不同的是，中央土家问题调查组认为，"土家"指在当地居住较久的土著，而后从外地迁入者为"客家"。④ 向乃祺等人的观点更具体，认为苗族与改设府治之前外迁而来并逐渐融合同化的向、王、田等汉人称为"土家"，改设府治后迁入的则称为"客家"。⑤ 瞿崇文等人与向乃祺观点类似，认为土家中既包括少量非汉族群（楚国以前的土著与楚国至唐末迁入的老土家），也存在大量的

---

① 参见凌纯声、芮逸夫的《湘西苗族调查报告》，石启贵的《湘西苗族实地调查报告》。

② 潘光旦:《湘西北的"土家"与古代的巴人》，《中国少数民族社会历史调查资料丛刊》修订编辑委员会编《土家族社会历史调查》，第 19 ~ 110 页。

③ 参见严学宭《调查土家杂记》，彭振坤主编《历史的记忆》，贵州民族出版社，2003，第 1 ~ 2 页；汪明瑀《湘西"土家"概况》，《中国少数民族社会历史调查资料丛刊》修订编辑委员会编《土家族社会历史调查》，第 1 ~ 16 页。

④ 中央土家问题调查组:《关于土家问题的调查报告》，彭振坤主编《历史的记忆》，第 3 ~ 24 页。

⑤ 向乃祺:《湘西"土族"考》，《中国少数民族社会历史调查资料丛刊》修订编辑委员会编《土家族社会历史调查》，第 17 ~ 18 页。

汉人（后梁至清初迁入的新土家）。①

　　20世纪80年代以来，一批土家族研究者在分析土家族与汉族关系时也相继论及武陵地区宋元以来的土客关系。多数研究认为，"土丁""土军""土民""土人"乃土家族人，"客家"乃汉人。这在许多土家族研究著作中表现得尤为明显，在论及武陵地区各族群文化及其互动时，早已预设"土人"即土家族人，"客家"即汉人，然后分析探讨土家族与汉族在宗教信仰、婚姻、饮食、艺术等方面的文化互动与交流。②

　　不过，也有部分学者在预设前提之下对"土""客"之内涵与外延展开了历时性的分析。练铭志先生在《试论湘西土家族与汉族历史上的融合关系》中认为，历史上统治者曾推行过有利于土人而不利于客民的政策，故清代之湘西出现过一股客人争做"土人"的风气。为此，练先生列举了龙山县叶、覃、邹、涂姓的调查材料，说明汉族土家化的过程。其意很明显，"土""客"边界不是刚性的，而是流动的。③李星星在《曲折的回归——四川酉水土家文化考察札记》中认为，宋元以来的"客户"不一定都是汉人，也存在一些少数民族，只是改土归流后，汉人大量迁入，附居落籍为客，方形成"土""客"对称的格局，"客"之称谓才意指汉人；在此基础上，他进一步认为，"改土归流"后土、客文化上的"一体化"表现为客家的"土化"和土家的"客化"。④刘诗颖的《明清以来湘鄂川黔地区的外族人土家化倾向》⑤、敖慧敏的《一个移民社区的土家化过程及其影响——对湖北恩施市盛家坝乡安乐屯村的研究》⑥、李滨利的《卫所移民群体本土化

---

①　瞿崇文：《省政协民族工作组土家族识别问题讨论会第三、四次会议记录附件（一）》，何汉文：《省政协民族工作组土家族识别问题讨论会第三、四次会议记录附件（二）》，彭振坤主编《历史的记忆》，第282~294、295~302页。

②　参见段超《土家族文化史》，民族出版社，2000；田敏《土家族土司兴亡史》，民族出版社，2000；孙秋云《核心与边缘——十八世纪汉苗文明的传播与碰撞》；钱安靖《论"梯玛"神图》，《宗教学研究》1995年Z1期；辛艺华、罗彬《从武陵家具木雕艺术的风格看土家文化与汉文化的互渗》，《华中师范大学学报》（人文社会科学版）2004年第1期。上述方面的研究成果较多，在此不逐一列举。行文中如有参考，将具体论述。

③　练铭志：《试论湘西土家族与汉族历史上的融合关系》，《贵州民族研究》1987年第4期。

④　李星星：《曲折的回归——四川酉水土家文化考察札记》，上海三联书店，1994。

⑤　刘诗颖：《明清以来湘鄂川黔地区的外族人土家化倾向》，硕士学位论文，武汉大学，2004。

⑥　敖慧敏：《一个移民社区的土家化过程及其影响——对湖北恩施市盛家坝乡安乐屯村的研究》，硕士学位论文，中南民族大学，2009。

过程研究——以鄂西南朱砂屯村为例》① 等硕士学位论文可以说是李星星先生观点的具体展开与实践。

此外,伍新福、黄柏权、王平等人在他们的研究中也表达过相似的观点。伍新福在《湖南民族关系史》中认为,宋时出现的"土人""土民"并非专指某一族群,而是意指宋代以前即已居住于该地的土著居民;有明一代,其所指尽管仍包含土著的汉人,但已明显具有划分族群的倾向;迨至有清一代,"土人"之称已专属化,意指土家之先民,"客"即汉人。② 黄柏权在《秦汉至唐宋时期"武陵民族走廊"的民族格局》《元明清时期武陵民族走廊的民族格局》等文中认为,"土人"的所指是一个历史的过程:宋代"土人"非土家之专称,元明时起"土人""客家"族群分界业已明确化。③ 王平在《鄂西南族群流动研究》中认为,元末至明清,在朝廷移民政策之下,大量来自湖广、江西等地的移民迁入鄂西南清江以北地区,其中虽多为汉人,但亦有部分非汉族群;"改土归流"后,清廷从贵州、湖南洞庭湖等地招徕迁住清江以南地区的"客户"则主要是非汉族群。该文虽未直言"客户"并非都是汉人,其意却跃然纸上。④

由上可知,在传统民族史的视角下,多数研究认为武陵地区的土客关系就是土家族与汉族的关系,少数研究从人口流动或者迁徙的角度注意到了土客边界的相对性以及相互关系的历史性,但也受制于自身视野,只对土客内涵与关系做了简单介绍与分析,未将土客关系放在更大的区域社会情境中展开专门、深入的研究。

2. 人口史或者移民史的视角

与传统民族史有所差异,人口史或者移民史视野中的土客关系更多的是土著与移民的关系。相关研究主要是谭其骧先生奠基并推动的。谭先生在20世纪30年代发表的《湖南人由来考》《近代湖南人中之蛮族血统》尽管

---

① 李滨利:《卫所移民群体本土化过程研究——以鄂西南朱砂屯村为例》,硕士学位论文,湖北民族学院,2010。

② 伍新福:《湖南民族关系史》。

③ 参见黄柏权的《秦汉至唐宋时期"武陵民族走廊"的民族格局》[《中南民族大学学报》(人文社会科学版)2008年第2期]、《元明清时期武陵民族走廊的民族格局》[《三峡大学学报》(人文社会科学版)2009年第1期]。

④ 王平:《鄂西南族群流动研究》,《中南民族大学学报》(人文社会科学版)2004年第1期。

研究的主要是湘中、湘北移民，但也有涉及湘西南之怀化靖州的土著与移民。① 在谭先生的影响下，宏观的中国移民史研究以及中观的西南或者地方的移民史研究，或多或少都会关注、涉及武陵地区的土客关系。前有葛剑雄、吴松弟、曹树基完成的《中国移民史》②，后有张国雄的《明清时期的两湖移民》③，蓝勇、黄权生的《"湖广填四川"与清代四川社会》④，张建民的《明清长江流域山区资源开发与环境演变——以秦岭—大巴山区为中心》和《明代湖广人口变迁论》⑤，谭红的《巴蜀移民史》⑥，陈世松的《大迁徙："湖广填四川"历史解读》⑦，孙晓芬的《清代前期的移民填四川》⑧和《明清的江西湖广人与四川》⑨，屈小强的《巴蜀文化与移民入川》⑩，湖南图书馆编的《湖南氏族迁徙源流》⑪，薛正超的《湖南移民史研究（618~1279年）》⑫，蒋德学的《试论清代贵州的移民》⑬，古永继的《元明清时贵州地区的外来移民》⑭，袁秩峰的《清代贵州的客民研究》⑮。特别是张世友、杨洪林等学者，更是对武陵地区之乌江流域、鄂西南地区的移民类型、移民活动、移民与土著的关系以及区域的社会变迁进行了比较深入的研究。如张世友的《变迁与交融：乌江流域历史移民与民族关系研究》以历史时期为经，以民族关系为纬，通过对乌江流域历代移民历史背景、历朝对移民的政策、历代移民的来源和动因、移民的分类等的分析，探讨了人口迁徙与

---

① 参见谭其骧《湖南人由来考》《近代湖南人中之蛮族血统》，《长水集（上）》，人民出版社，1987，第300~360、361~392页。
② 葛剑雄主编，吴松弟、曹树基著《中国移民史》（第四、五、六卷），福建人民出版社，1997。
③ 张国雄：《明清时期的两湖移民》，陕西人民教育出版社，1995。
④ 蓝勇、黄权生：《"湖广填四川"与清代四川社会》，西南师范大学出版社，2010。
⑤ 参见的张建民的《明清长江流域山区资源开发与环境演变——以秦岭—大巴山区为中心》、《明代湖广人口变迁论》（《经济评论》1994年第2期）。
⑥ 谭红主编《巴蜀移民史》，巴蜀书社，2006。
⑦ 陈世松：《大迁徙："湖广填四川"历史解读》，四川人民出版社，2010。
⑧ 孙晓芬编著《清代前期的移民填四川》，四川大学出版社，1997。
⑨ 孙晓芬编著《明清的江西湖广人与四川》，四川大学出版社，2005。
⑩ 屈小强：《巴蜀文化与移民入川》，巴蜀书社，2009。
⑪ 湖南图书馆编《湖南氏族迁徙源流》，岳麓书社，2010。
⑫ 薛正超：《湖南移民史研究（618~1279年）》，博士学位论文，南京大学，2006。
⑬ 蒋德学：《试论清代贵州的移民》，《人口研究》1983年第5期。
⑭ 古永继：《元明清时贵州地区的外来移民》，《贵州民族研究》2003年第1期。
⑮ 袁秩峰：《清代贵州的客民研究》，《西南民族大学学报》（人文社会科学版）2012年第7期。

政治鼎革、经济发展、文化交流、民族融合之间的关系①；杨洪林的《明清移民与鄂西南少数民族地区乡村社会变迁研究》在文献梳理及田野调查的基础上，对明清移民和鄂西南少数民族地区乡村社会变迁的过程及其相互关系进行了比较深入的探讨，并就移民在中华民族多元一体格局形成过程中的作用进行了深入研究②；杨国安的《明清鄂西山区的移民与土地垦殖》通过对明清时期鄂西山区人口迁徙和土地垦殖的研究，充分展现了该地区农业开发的情况，并以此为基础，探讨了该地区的经济发展规律③；谭清宣的《清代改土归流后土家族地区的移民及其社会影响》在对土家族地区"改土归流"后移民情况做了简要分析的基础上，探讨了移民对土家族地区的影响④；江田祥的《客民、地方社会与白莲教空间扩散——以清乾嘉之际鄂西南来凤县为中心》以鄂西南来凤县为中心，在研究清乾嘉时期客民、地方社会与白莲教空间扩散关系的基础上认为，"流动"客民的生计方式是清乾隆后期白莲教超越地方、远距离扩散以及在数省间形成松散的宗教网络的重要原因之一⑤。

上述人口史或者移民史的研究，无论宏观的中国或者中观区域的两湖地区、贵州、鄂西南、乌江流域，还是微观的移民影响等方面的研究，其分析或者叙事的框架基本上就是"移民"的成因、来源、活动、分布，"移民"与"土著"关系的展开以及与之同步展开的区域社会的变迁或者转型。在此框架之中，"土著"与"移民"的关系基本上可与"土/客"关系等同，"土"成了"土著"，"客"成了"移民"甚至是汉族的"移民"，由此忽略了武陵地区"土""客"的族性、族群边界的塑造，以及由此引发的族群关系问题。

综上所述，武陵地区土客关系研究路径主要有两条。一是从传统民族关系史的角度进行研究。其研究一般都是以溯源为目的，而"土/客"之间在政治、经济、文化上的多层次互动及其历史影响则是最主要的变迁脉

---

① 张世友：《变迁与交融：乌江流域历代移民与民族关系研究》，中国社会科学出版社，2012。
② 杨洪林：《明清移民与鄂西南少数民族地区乡村社会变迁研究》，中国社会科学出版社，2013。
③ 杨国安：《明清鄂西山区的移民与土地垦殖》，《中国农史》1998年第1期。
④ 谭清宣：《清代改土归流后土家族地区的移民及其社会影响》，《重庆社会科学》2009年第5期。
⑤ 江田祥：《客民、地方社会与白莲教空间扩散——以清乾嘉之际鄂西南来凤县为中心》，《江汉论坛》2007年第6期。

络。他们一般认为，民族是一个文化实体，自古有之，当下武陵地区的各个民族总体上是该地区历史族群族体的延续。土家族不仅是宋元以来"土丁""土人""土民""土家"等族群实体的延续，而且它与其他族群之间存在明确的边界。二是从人口史或者移民史的角度进行研究。这方面的研究对武陵地区的移民类型、移民活动、移民文化、移民社会变迁等方面进行了比较深入的探讨，但忽略了武陵地区"土""客"的族性、族群边界的塑造以及由此引发的族群关系问题。因此，本书以"土/客"关系为主线，从区域社会史的角度，运用历史人类学的研究方法分析探讨武陵地区的族群关系的演变以及区域社会的转型也就具有了前述的学术价值和意义。

五

本书是一项基于区域土客族群关系与社会变迁的研究，其重点主要是探讨宋元以来武陵地区土客边界的流动、族群变迁以及与之同步展开的区域社会转型。全书包括绪论、正文、结语三大部分，其中正文五章。

"绪论"介绍了选题的缘起、研究的意义、相关理论、相关概念的说明、学术史回顾、主要研究方法、研究主要内容、研究的基本思路以及武陵地区的人文地理环境和区域特征。

正文分早期、两宋、元明、清代、民国五个时期分别进行研究。武陵地区的早期包括远古先秦、秦汉、三国魏晋南北朝与隋唐五代四个历史时期。这一时期，历史跨度非常大，土客关系复杂。第一章"武陵地区早期的土客及其关系"主要运用考古资料和部分文献资料，在考察武陵地区从远古、先秦、秦汉、三国魏晋南北朝到隋唐五代时期土客族群构成、社会经济发展状况及活动的基础上，研究分析国家视野下他们的文化交流与互动的情况。

历经唐末五代时期的社会动荡和土客融合，两宋时期的武陵地区逐步稳定。这一时期，赵氏王朝沿袭唐制，以澧州、辰州、沅州、黔州、施州为据点，继续推行羁縻政策治理武陵地区，但治理的效度较之于李唐已有所加强。随着王朝统治力量的加强和更多客民的进入，武陵地区经济文化在两宋时期已得到较大程度的开发。第二章"两宋时期武陵地区的土客及其关系"在考察两宋土著构成的基础上，分析了土著与"土户""主户""土人"

"土军"的关系以及客民的成分、迁入动因、原籍地等，探讨了赵宋王朝对武陵地区的治理以及土客的"互化"。

元明时期是中国历史上重要的大一统时期之一。这一时期，随着地方行政建置和军事体制的完善，特别是土司制度的创立和发展，武陵地区与内地在政治、经济、文化等方面的交往、交流得到加强。同时，受宋末元初"江西填湖广""湖广填四川"移民浪潮兴起等因素的影响，江西等地的人口大量迁入湖南、湖北地区。第三章"元明时期武陵地区的土客及其关系"在概述元明对两宋土著承替和变迁的基础上，分析了国家的统治、经营，"江西填湖广"、"湖广填四川"移民浪潮与客民迁入之间的关系以及客民族属的问题，探讨了土客之间族群边界以及他们从冲突走向融合的变迁过程。

清代武陵地区的资源继续得到开发，社会经济持续发展，水陆交通更为便捷。交通的改善，促进了区域社会经济的发展，也为客民的进入创造了条件。这一时期，受明末农民起义军余部转战、吴三桂叛乱、"改土归流"、白莲教起义等历史事件的影响，大批客民迁入武陵地区。这些客民与"土人""土民""土蛮""红苗""花苗""苗人""苗民""生苗""蛮苗""徭""徭峒""峒民""峒人""峒蛮""峒僚"以及元明时期反客为土的"回"、"缠回"、"蒙古人"、"民家人"、汉人一道，构成了清代武陵地区的土著居民与客民。第四章"清代武陵地区的土客及其关系"在考察土著构成、分布以及进入客民类型等问题的基础上，重点分析了客民的族性，土客之间制度、文化、地理上的边界，土客之间的冲突、融合以及区域社会从"化外之区"到"内地的边缘"、从"土流并治"到"宗族社会"的变迁。

民国时期土著"苗瑶""苗""土人""土家""侗家"等"边民""土著民族"经历了称呼上的从"蛮夷"到"少数民族"的转变。他们的风俗发生了特别显著的变化，他们甚至被官方视为"已经同化了的"民族或者汉族之宗支，但仍是客观存在的族群实体。伴随着各种外来军事力量的进驻、国民政府的治理以及革命形势的发展，武陵地区迎来中华人民共和国成立前最后一批客民。这些客民，既有新兴的地主，也有交战的军阀及其带来的将士，还有抗日期间被迫西迁的各类科教人才以及追随中国共产党进行新民主主义革命的人民群众。他们的到来，带来的更多的是新知识和观念。特别是抗战时期国民政府部分机关、企业、学校的迁入，更是推动了武陵地区政治、经济、文化的发展。第五章"民国时期武陵地区的土客及其关系"在考察民国时期土著构成的基础上，分析了民国时期迁入武陵地区客民的特殊类型，探讨了民国政府的土客政策对土客族群意识、族群边界以及区域社会经济发展的影响。

结语得出了三个方面的结论性认识与思考，认为武陵地区是一个特殊的区域。该区域承东启西，是江汉、洞庭湖平原向云贵高原和西南的过渡地带。历史上，该区域一方面是东中部以及北部客民进入西南地区的廊道，另一方面也吸纳了大量的客民。不同历史时期的客民迁入武陵地区后，与是时的土著居民在交往交流中涵化、融合，使武陵地区实现了从"化外之区"到"内地的边缘"，从"豪酋统治""土流并治"社会到"宗族社会"的结构转型。

六

本书是一项有关族群关系史的研究项目，研究的内容不但牵涉宋元以来武陵地区被视为"土"与"客"的族群关系的演变，而且涉及人口的流动、族群认同的变迁以及区域社会的转型等问题，这就决定了本书不可能只选择历史学或者某一个学科的研究方法展开研究，而是综合运用多种研究方法。下面就本书所采用的主要研究方法做一简单介绍。

1. 历史人类学方法

历史人类学是历史学与人类学面临危机时相互"依偎取暖"的结果。正因如此，在历史学与人类学学科视野下，历史人类学具有了不同的历史或者文化的"内涵"，即历史学的"历史人类学"与人类学的"历史人类学"。在历史学学科视野下，历史人类学是传统的政治史、精英史遭遇"史学危机"后，学习人类学的田野研究方法以及关注百姓日常生活或者"眼光向下"的学科视角的结果。在人类学学科视野下，历史人类学是人类学对古典进化论、文化传播学派、美国历史学学派以及结构功能主义等早期理论流派忽视历史的反思。由此，历史学与人类学针对历史人类学的学科属性展开激烈的争辩。争辩之余，多数学者倾向于将历史人类学理解成一种研究方法。如安德烈·比尔吉埃尔在《历史人类学》一文中指出："历史人类学没有特定的研究领域，它相当于一种研究方式，即始终将作为考察对象的演进与这种演进的反应联系起来，并与由这种演进产生或改变的人类行为联系起来。"① 赵世瑜在其《历史人类学：在学科与非学科之间》中也认为："历史人类学并非归属于某一学科或是某一学科分支，它可以是一种研究方法和视角，也可以被表达为一种研究风格，把它画地为牢只能是管理部门的权宜之计。历史人类学可以为历史学、人类学以及其他有共同或相似旨趣的学科所共享，可以从不同的角度去发展它。"② 笔者也赞同将历史人类学当成一种跨学科的研究方法。这种方法的核心就是强调历史与文化的互动、过程论与文化论的结合。一方面，在分析史料文献过程中，需要运用"文化的透镜"看待历史、历史活动与历史事件，需要挖掘历史文献或者文本背后的观念与认同，深入探讨历史文献生产的社会语境，并将史料与具体的历史过程及书写者的观念进行对读，以期更深入地理解这种认识的形成与流行。另一方面，在研究文化或者文化事项的时候，也需要运用历史之过程论理解文化或者文化事项的变迁。毕竟，作为结构的文化，其延续性或者稳定性的发挥，离不开特定历史时期权力、政治、经济以及社会力量对它的影响。

武陵地区是中国中部向西南地区的过渡地带，历史上这一地区人口流动频繁，土客关系是这一区域发展变迁中非常重要的线索，正史、地方志、家谱、碑刻铭记、口述史料、文人笔记、民间传说故事等对客民的迁入以及土客关系都有一定的记载，特别是宋元之后，相关资料更是丰富。这些资料或多或少，或详细或简略，或真或假地记载了武陵地区客民的迁徙以及其与土著之间的关系。运用历史人类学的方法分析资料的生产、制造过程及背后的社会语境、心态，透过文化看历史，进而达到分析土客关系以及区域社会变迁的目的，这将是本书所追求的目标之一。

与此同时，历史人类学也充分借鉴人类学对"无历史的人民"③ 研究形成的田野调查方法，通过田野调查获取大量的一手材料，通过参与观察分析研究对象的日常生活。本书研究的客民是流动的人群，文献特别是正史、地方志对其记载严重不足，必须利用田野调查深入乡村收集资料，以补其不

---

① 〔法〕J. 勒高夫等主编《新史学》，姚蒙编译，上海译文出版社，1989，第 238 页。

② 赵世瑜：《历史人类学：在学科与非学科之间》，《历史研究》2004 年第 4 期。

③ 〔美〕埃里克·沃尔夫（Eric Wolf）：《欧洲与没有历史的人民》，赵丙祥、刘传珠、杨玉静译，上海人民出版社，2005。

足。此外，将历史文献与具体的时空相结合，还有助于培养"历史在场感"，有助于理解历史文献。2011 年 7 月至 2016 年 7 月，课题组成员先后深入武陵地区的高校图书馆，地方档案馆、博物馆等数据信息中心以及村寨、田间地头调查 20 余次，收集整理了大量的文字、口述、图片、影像资料。文字资料主要分为三部分：一是正史、政书、地方志等文史资料和国内外的相关研究成果；二是国家、省、市、县、乡镇政府有关部门的统计数据以及各类档案馆保存的有关的客民、少数民族调查报告等；三是民间保存的谱牒、碑刻铭记、私家藏书、乡规民约等文书。口述资料主要有与地方文人的访谈，民众的山歌、传说、神话、故事以及他们对历史上土著与客民的认识、看法等。

2. 定性与定量相结合的方法

定性研究主要是对事物本质性方面的探索和分析，定量研究主要是运用数据对事物及其关系进行量化的研究。① 总体而言，社会科学以定性研究为主。本书涉及对历史时期客民行为的分析以及人口的估算，故以定性分析为主，适当运用了一些统计数据，希望在一定程度上达到运用统计数据佐证或分析历史现象与人类主观结构的目的。这些数据主要根据正史、方志以及相关研究中透露的数据信息整理而成。

本书的研究将沿着历时与共时两个维度展开。历时方面，主要研究不同历史时期土客的演变以及区域社会从"化外之区"到"内地的边缘"、从"豪酋统治""土流并治"到"宗族社会"的变迁；共时方面，主要分析具体历史时期土著构成和经济文化情况，客民的构成和来源，土客之间的族群意识，边界以及互动，国家政策对土客关系的影响，土客关系与区域社会生态、经济、文化之间的关系等。

七②

本书所研究的区域，不是 2011 年 11 月 15 日国务院批复的《武陵山片

---

① 洪芳：《定性研究和定量研究的比较分析》，《南方论坛》2013 年第 12 期。
② 本节主要由作者两篇阶段性成果整理而成，分别是《"内地的边缘"：武陵山区区域特征述论》[《北方民族大学学报》（哲学社会科学版）2014 年第 6 期]、《武陵山区："内地的边缘"》[《中国民族报》（理论版）2012 年 4 月 13 日]。

区区域发展与扶贫攻坚规划（2011—2020 年）》中明确规定的武陵山片区，而是传统意义上的武陵地区。该地区主要覆盖湖南常德市区以西的桃源县、石门县、张家界市、怀化市和湘西土家族苗族自治州，湖北宜昌五峰土家族自治县、长阳土家族自治县和恩施土家族苗族自治州，重庆黔江区、秀山土家族苗族自治县、彭水苗族土家族自治县、石柱土家族自治县、酉阳土家族苗族自治县，贵州铜仁市，是"内地的边缘"，并在政治、经济、文化上表现出一定的区域特征。

（一）地理与人文：作为"内地的边缘"的武陵地区

武陵地区是中国中东部平原向西南云贵高原的过渡地带，生态地理环境独特，人文资源丰富。其东部是雪峰山，西边是大娄山，北边是大巴山，南边是苗岭，中间则是绵延湘鄂渝黔四省市的武陵山脉。武陵地区地形地貌复杂，多起伏较小的高山和低山，兼有山原、盆地和宽谷。武陵地区主要由四大水系分割而成，武陵山以东有沅水与澧水两大水系。沅水水系（包括酉水、辰水、武水）地貌为低山丘陵，起伏平缓，河流沿岸多河谷坝子。澧水水系上、中游多石灰岩沉积地区，为喀斯特地貌，下游为红砂岩及第四纪冲积地区，多低矮的丘陵、台地和冲积平原，地势平坦。武陵山以西的乌江流域和以北的清江流域，地貌为岩溶山原，河流切断较深，形成了众多的峡谷。综观武陵地区的地形地貌，该地区多山地、丘陵。在山地、丘陵之间，分布着为数不少、俗称为"坝子"的盆地和宽谷。这些"坝子"地势平坦，江河交错，土地肥沃，人口稠密，是武陵地区历史上开发较早的地方，如龙潭坝、华塘坝、大田坝、桂塘坝、秀山盆地、恩施盆地、桑植盆地等。① 综合地形、流域与人文情况，武陵地区大致可分为东、西、中、南、北五个部分②，大致对应的是湘东北的张家界市与常德市桃源县、石门县，渝东南与黔东北，湘西土家族苗族自治州，怀化市，恩施土家族苗族自治州与宜昌市长阳土家族自治县、五峰土家族自

---

① 以上有关武陵地区地形的描述，主要参见柴焕波《武陵山区古代文化概论》，岳麓书社，2004，第 11~12 页。

② 本书的分区与柴焕波在《武陵山区古代文化概论》中所做的区分，相似又不同。柴只将武陵地区分为三个大的区域，分别是北部区（历史上土家族的主要聚居区，位于酉水与清江之间）、中部区（历史上苗族的主要聚居区，位于辰水与酉水之间）、南部区（历史上侗族与一部分苗族的主要聚居区，位于辰水以南）。

治县（具体情况见表0-1）。同时，由于古代的区域变动以及研究的需要，本书的地理空间也有适当的延伸，如将古代澧州、武陵郡、思州部分府县纳入。

表0-1 武陵地区分区情况

单位：万平方公里

分区	县市	面积	流域	山脉	区域地形特征	开发情况
东部	桃源、石门、桑植、武陵源区、永定、慈利	1.3	澧水流域	武陵山脉	多山地，兼丘陵和小平原	除石门外，开发较晚。主体民族为汉族、土家族
西部	黔江、石柱、秀山、酉阳、彭水、碧江区、万山区、玉屏、松桃、印江、沿河、思南、江口、石阡、德江	4.0	乌江流域、沅水流域	武陵山脉、大娄山山脉	多丘陵山地，少盆地坝子	除乌江沿岸外，总体开发较晚。主体民族为土家族、苗族、汉族
中部	吉首、花垣、凤凰、保靖、永顺、龙山、古丈、泸溪	1.8	沅水流域	武陵山脉	山地占81%，丘陵占10%，盆地占4%	总体开发较晚。主体民族为土家族、苗族
南部	沅陵、通道、新晃、芷江、麻阳、靖州、会同、辰溪、溆浦、鹤城、洪江区、中方、洪江市	2.7	沅水流域	武陵山脉、雪峰山脉	多山地，"七山二丘岗，一分平原加水域"	沅水两岸开发较早，通道、新晃、靖州、会同开发较晚。主体民族为侗族、汉族、苗族
北部	五峰、长阳、建始、巴东、鹤峰、咸丰、宣恩、来凤、利川、恩施市*	2.9	清江流域、酉水流域	武陵山脉、巫山山脉、大娄山山脉、大巴山山脉	多山地，阶梯状地形发育，有恩施盆地、利川盆地等	总体开发较晚。主体民族为土家族、苗族、汉族

说明：*此处包括恩施经济开发区。

资料来源：根据各地县志、地名志整理而成。

从表0-1可以看出，虽然武陵地区地形以山地、丘陵为主，但是其内部区域之间还存在较大的差异。东部特别是张家界慈利和常德桃源、石门，与洞庭湖平原和江汉平原接近，有一定的山地，但也有不少的平原，是武陵地区开发较早的地区之一。南部的怀化市特别是沅陵、麻阳、芷江的沅水河沿岸多河流冲积平原，形成了面积较大的盆地或坝子，这也是武陵地区开发较早的地区之一。中部与北部除恩施盆地、华塘坝、利川盆地等坝子外，其他地方多高大山地，是苗族与土家族的居住核心区，武陵地区开发较晚的地区之一。西部山地更高，有武陵山脉的主峰梵净山，该地区除乌江沿岸开发较早外，其他地方的开发都比较晚。

武陵地区上述地形地貌，一方面塑造着该地区历史发展的共性，另一方面也体现出一定的差异性。春秋战国时期，武陵地区东有强大的楚国，西有夜郎与牂牁，南部是南越之地，北有秦巴。秦吞六国一统天下，置黔中郡，武陵地区随之成为"中国"的"内地"。汉兴，黔中郡改为武陵郡，管辖的地方有湘西和与其毗邻的交界地区。此后武陵郡的建制虽有变化，但其名称一直沿用至唐肃宗乾元元年（758）。在此期间，武陵地区地理上虽属"中国"之"内地"，但实际上是"化外之区"。是时武陵地区活跃着一批被华夏表述为"他者"的"蛮夷"，主要有北部和西部信仰白虎的巴人、东部和南部崇拜盘瓠的"武陵蛮"与"五溪蛮"。[①] 两宋时期，通过军事寨堡的设置，朝廷对武陵地区的统治有所加强，但实际控制力仍很弱，武陵地区仍是羁縻统治下各类"蛮左"活动的天堂。[②] 是时中部有"溪州蛮"，西部有"思州蛮""黔安州蛮"，北部有"施州蛮"。与此同时，更为具象化的族称，如"土民""苗""徭""峒""仡佬"也在正史中出现。随后，在唐宋羁縻制度的基础上，元朝在武陵地区实施了土司制度，明清两朝使这一制度更为完备，前后建立大小100多个土司政权。为加强对土司的控制，明王朝开始在武陵地区特别是东部地带设置许多卫所，但实际控制力仍比较有限，"汉不入峒，蛮不出境"的隔离政策只是减少了族群间的流动，弱化了王朝对土司地区的影响。民族隔离政策挡不住族群间的物质、文化等方面的交流，受中央王朝更替、战争等因素的影响，明清时期外来族群和土著仍在武陵地区迁进迁出、小范围流动，并促成了"改土归流"前最后一次大规模

---

① 黄柏权：《秦汉至唐宋时期"武陵民族走廊"的民族格局》，《中南民族大学学报》（人文社会科学版）2008 年第 2 期。

② 曹大明：《武陵山区："内地的边缘"》，《中国民族报》（理论版）2012 年 4 月 13 日。

的迁徙与融合。① "改土归流"后，清王朝在武陵地区采取了置流官、派兵丁、编户籍、立保甲等措施，传统中国内部的"化外之区"终成"旧疆"②。

由上可见，武陵地区符合鲁西奇对"内地的边缘"的界定，是"传统中国内部的'化外之区'"。该地区在历史上"处于中华帝国疆域内部，但却并未真正纳入王朝国家控制体系或国家控制相对薄弱"，③ 并表现出"内地的边缘"的区域特征。

（二）政治、经济、文化的多元与多样：武陵地区的区域特征

作为"内地的边缘"，武陵地区区域特征明显。表现在政治上是历史上国家权力相对缺失，政治控制方式多元；表现在经济上是耕地资源匮乏，山林及生物资源、水利及矿产资源相对丰富，生计模式多样；表现在文化上则是该区域自古系多民族迁徙融合的通道和文化交融的场所，文化多样性十分突出，既表现出较强的非汉特征，又深受汉文化的影响，表现出国家的在场。

第一，国家权力相对缺失，政治控制方式多元。由于武陵地区是"内地的边缘"，国家权力在其区域内相对缺失，政治控制相对较弱，地方社会秩序的建立多依赖酋首、豪强等地方势力。④ 此等政治控制形式的形成，固然与武陵地区地理环境闭塞，氏族、血缘和家族势力长期延续有关；另一方面，传统社会国家权力尚不足以按内地之方式控制其疆域也是其中十分重要的原因。因此，统治者多采取因地制宜的变通方法控制武陵地区。秦汉时期，武陵地区虽设立郡县，但管辖的主要是汉人的"编户齐民"，仅限于治所、平旷之地及主要交通干线周边，"深山重阻，人迹罕至"的边缘地区仍是诸蛮所居之地。这些地方有的缴纳少量赋税，有的基本赋税也不承。这些地方真正的控制力量不是官府，而是"渠帅"或"君长"。至刘邦为汉王时，因板楯蛮夷伐秦有功，其渠帅罗、朴、督等姓更是不输租赋，余户也是

---

① 曹大明：《武陵山区："内地的边缘"》，《中国民族报》（理论版）2012 年 4 月 13 日；黄柏权：《元明清时期武陵民族走廊的民族格局》，《三峡大学学报》（人文社会科学版）2009 年第 1 期。

② 温春来：《从"异域"到"旧疆"——宋至清贵州西北部地区的制度、开发与认同》，三联书店，2008。

③ 鲁西奇：《内地的边缘：传统中国内部的"化外之区"》，《学术月刊》2010 年第 5 期。

④ 曹大明、黄柏权：《"内地的边缘"：武陵山区区域特征述论》，《北方民族大学学报》（哲学社会科学版）2014 年第 6 期。

每年象征性地缴纳一定的赉钱而已。①

唐宋时期,官府加强了对武陵地区的治理。唐王朝于武德四年（621）复置辰州以管理"溪峒诸蛮"事务,后又增设了若干新州。不过,因自然环境险恶、交通不便等因素的制约,这些地方仍是"内地的边缘",朝廷采取的基本策略是"以夷治夷"。向、田、覃、彭等姓相继为溪州首领,世袭官职,统治一方。与内地省民相比,边缘"诸蛮"的赋税负担甚轻,故《旧唐书·食货志》中有"若夷僚之户,皆从半输"②之说。偏僻山区的溪峒"蛮夷"更是"逍遥",直到宋代仍"民不服役,田不输赋"③。迨至两宋,虽然朝廷对居于溪州"诸蛮"的认识有所加深,但对其采取的管理方式仍是羁縻,"蛮夷"的真正管理者仍是豪酋。《九国志·彭师暠传》载:"（彭）师暠,溪州人,世为诸蛮酋长。父士愁,唐末溪州刺史。其地西接牂牁、羽林,南抵桂林、象郡,东北控澧、朗,方数千里,山水险恶,舟车不能通,其蛮有六种,盘氏为大,即盘瓠之种也,俗无文法,约束系于酋长。"④溪州自彭士愁始成为彭氏独立王国,直至清雍正年间改土归流后彭氏独立王国方结束其800多年的统治。下辖黔东南及渝东南酉阳、秀山等地的思州也在唐贞观四年（630）由务川州改置,沿为羁縻州。两宋因之,土著首领田氏据其地。淳熙十三年（1186）施州谭汝翼因与思州田汝弼争斗而被宋孝宗诛。田氏畏惧朝廷,故向宋朝表示"献纳所买黔州（今彭水县）省民地","（孝宗）诏偿其直",计钱90缗。⑤由此可见,宋时思州与其他羁縻州一样,土酋仍是地方的实际控制者。

元明清初,武陵地区与西南大部分地区一样,进入了土司统治时期。如前所述,元代开始的土司制度,实质上是唐宋时期羁縻州制的发展。比较而言,土司制更密切了土司与中央王朝的关系。土司分别受路、府、州、县控

---

① （南朝宋）范晔撰,（唐）李贤等注《后汉书》卷86《南蛮西南夷列传第七十六》,第2842页。

② （后晋）刘昫等撰《旧唐书》卷48《食货志上》,中华书局,2007,第2088页。

③ （元）脱脱等撰《宋史》卷494《蛮夷传一·西南溪峒诸蛮下》,中华书局,2018,第14193页。

④ （宋）路振撰《九国志》卷11《彭师暠传》,江苏广陵古籍刻印社,第十、十一册合订本,1984。

⑤ （元）脱脱等撰《宋史》卷35《孝宗纪三》,第686页。

制，流官对其进行监视，并承担一定的赋役，接受"征调"，但仍具有较大的权力，堪称地方的"土皇帝"。他们不仅设有私人武装，还拥有自己的衙门、监狱、军队等国家机器，设置各路军事长官、舍把等官职，各掌其职，各司其位。元朝时期，湘西、黔东南一带的苗寨，基本上是地方上层首领充当土官。苗人首领对土地享有支配权，田丁耕种领主的土地，不纳租税，但必须为领主提供无偿劳役，对领主具有极强的人身依附性。附元后，苗人首领俱被授为当地各级土官，从而使苗人领主经济的发展更具政治保证。[①] 有明一代，土家族地区更是设有 11 个宣慰司、6 个宣抚司、9 个安抚司、31 个长官司、3 个土知州、10 个蛮夷长官司、5 个土副长官司、4 家土吏目、1 个土知县、1 个土县丞、4 个土巡检司统治各族民众。[②] 不过，相对内地，土司地区赋役为低。以鄂西南施南土司为例，其人口为 2597 人，秋粮 65 石 6 斗。按人均计，每人只需交 2.2 升左右。[③] 清初，朝廷沿用明代土司制度。历经顺治、康熙、雍正三朝后，雍正年间清廷开始改变对少数民族的政策，实行"改土归流"，废除土司制度。至此，地方豪酋统治武陵地区的时代结束。

　　第二，耕地匮乏，山林及生物资源、水力及矿产资源相对丰富，生计模式多样。自然地理环境是人类生活的基础和舞台。武陵地区地处云贵高原向湘中平原、江汉平原的过渡地带，其间横亘着以梵净山为主峰的武陵山脉，周围多是起伏的二高山和低山，兼有山间盆地和河谷台地。武陵山以东的沅江水系，地貌为低山丘陵，河流切断较浅，起伏平缓，河流沿岸多河谷坝子。武陵山以西的乌江流域和以北的清江流域，地貌为岩溶山原，河流切断较深，形成了众多的峡谷、洼地。整条走廊以碳酸盐岩与碎屑岩多次交替沉积的多溶层结构为主要特色，是中国南方重要的岩溶塌陷地区之一。走廊如此复杂的自然地理环境，在一定程度上规约着走廊的经济形态。与平原、河谷地带不同，多碳酸盐岩的武陵地区，其耕地数量、垦殖指数、土壤肥力较内地的平原、丘陵地带要低，土地开发难度较大，故走廊上民众的生计方式相对多样化，获取生存资料难度大。长期以来，走廊坝区以种植水稻为主，

---

① 罗贤佑：《元代民族史》，四川民族出版社，1996，第 479 页。
② 杨绍猷、莫俊卿：《明代民族史》，四川民族出版社，1996，第 337 ~ 338 页。
③ 吴永章、田敏：《鄂西民族地区发展史》，第 155 页。

山地种植小米、荞麦及豆类，明朝以后，才引进适合山区种植的苞谷、红薯、洋芋等山地作物。唐宋时居于武陵等郡深山密林的"莫徭"主要从事刀耕火种的游耕农业。刘禹锡的《畲田行》对此做了生动描述："何处好畲田，团团缦山腹。钻龟得雨卦，上山烧卧木。惊麏走且顾，群雉声咿喔。红焰远成霞，轻煤飞入郭。……苍苍一雨后，苕颖如云发。巴人拱手吟，耕耨不关心。由来得地势，径寸有余金。"[1] 由于受到内地先进技术和文化的影响，明清时期武陵地区的农耕已有较大发展，但偏远地方仍坚持"刀耕火种"的生产方式。《蜀中广记》转引《舆地纪胜》载恩施之情况曰："其山岗砂石不通牛犁，唯伐木烧畲，以种五谷。"[2] 不仅鄂西南之恩施如此，湘西各州县不少地方也是"不通牛犁"。乾隆《永顺府志》载：土民"于二三月间薙草伐木，纵火焚之；暴雨锄土撒种，熟时摘穗而归"。[3] 同治《溆浦县志》载瑶俗曰："所植芝麻、粟、米、麦、豆、穄子、薏苡、高粱、荞麦、包谷之属，刀耕火种，三四年后，辄弃而别垦，以垦熟者硗瘠故也。"又引《图经》云州之风俗道："州介山溪，语杂蛮獠，以刀耕火种为业。"[4] 乾隆《凤凰厅志》也云："苗地山多田少，种稻谷者无几，俱种杂粮于山坡，如苎麻、粟米、青豆、穄子、薏苡、高粱、荞麦之属，批其榛芜，纵火焚之，然后开垦，所谓刀耕火种也。"[5]

刀耕火种是一种粗放型的生计模式，作物产量极低，不足维持生活，因此生活在武陵地区的人们不得不依靠狩猎等辅助方式聊以度过艰难岁月。土家族的"赶仗"活动就是最为典型的狩猎方式，苗族、侗族的渔猎活动甚至持续至今。唐朝常建《空灵山应田叟》"土俗不尚农，岂暇论肥硗？莫徭射禽兽，浮客烹鱼鲛"[6] 的诗句更是对此做了进一步的说明。迨至明清时期，狩猎仍是居于深山的土、苗、侗等族民众经济生活的重要组成部分。民

---

① （唐）刘禹锡：《畲田行》，中华书局编《全唐诗》卷354，中华书局，1999，第3966页。

② （明）曹学佺：《蜀中广记》卷39《边防记第九·下川东道》，《景印文渊阁四库全书》第591册，台北，台湾商务印书馆，1983，第494页。

③ （清）陈天如等编，顾奎光纂《永顺府志》卷10《风俗》，清乾隆二十八年抄刻本。

④ （清）舒立淇纂《溆浦县志》卷8《风俗》，《中国地方志集成·湖南府县志辑①》，江苏古籍出版社、上海书店、巴蜀书社。

⑤ （清）潘曙、杨盛芳纂修《凤凰厅志》卷14《风俗》，清乾隆二十一年版，香港，天马图书有限公司，2003，第59页。

⑥ （唐）常建：《空灵山应田叟》，中华书局编《全唐诗》卷144，第1460页。

国《贵州通志》载嘉靖时思南府沿河东北的冉家蛮习俗道："出入持刀弩，好渔猎，得兽祭鬼而后食之。"① 《蜀中广记》载上川东酉阳等地峒蛮时云，天暖和时到山林中佩长刀而捕猎，寒冷时则散住岩洞之中。②

　　大山之中，除野生动物外，还有其他林特产与矿冶资源。据载，早在汉代以前，彭水就有了开发天然盐泉的历史。汉代由于原有露天盐泉飞水井不敷生产需用，又陆续开发了鸡鸣、老郁、伏鸠3口卤井。此后，或新建，或重建，到民国末年共有卤井19口。③ 《新唐书》又载："唐有盐池十八，井六百四十，隶属度支。……黔州有（盐）井四十一，……皆随月督课。"④ 其他林特产与矿产资源的开发与利用，各正史、方志或时人笔记小说对此有零星记载。《华阳国志》载是时武陵地区的涪陵郡言："无蚕桑，少文学，惟出茶、丹、漆、蜜、蜡。"⑤ 明嘉靖时思南府务川县则是以"采砂为业"，"指为生计"。⑥ 清严如熤的《三省边防备览》也说："山内木笋、纸耳、香蕈、铁沙金各厂，皆流寓客民所借资生者。而木厂为大，分圆木、枋板、猴柴、器具各项。"⑦ 民国年间，凌纯声、芮逸夫在深入调查湘西苗族经济生活后更是如此说道："苗人终岁勤劳，丰年仅免冻馁；一遇灾荒，则不能自给。弱者鬻子女以换斗升之食；黠者则结伴四出抢劫。有司追捕过急，常常酿成大乱。此并非苗人生性好乱，实因地狭人稠，为生计所迫，故铤而走险。"又云："苗人受土地的限制，因而要到处利用土地，致使苗疆之中，无寸土荒芜。稍平之地，辟为水田。自山麓以至山腰，筑为梯田。略高山坡，开垦畬田。不宜种谷的山地，则种植桐、茶、杉等树。桐子、茶子可以榨油，杉树可以做木材，获利颇厚，为苗人副产收入的大宗。"⑧ 可见，山民利用山区林特产与矿产资源一则是基于资源环境所做的自然选择，二则与

---

① 刘显世、谷正伦修，任可澄、杨恩元纂《贵州通志·土民志四》，民国37年贵阳书局铅印本。

② （明）曹学佺：《蜀中广记》卷38《边防记第八·上川东》，《景印文渊阁四库全书》第591册，第491页。

③ 彭水县志编纂委员会编纂《彭水县志》，四川人民出版社，1997，第251页。

④ （宋）欧阳修、宋祁撰《新唐书》卷54《食货志四》，中华书局，2006，第1377页。

⑤ （晋）常璩撰，刘琳校注《华阳国志校注》卷1《巴志》，巴蜀书社，1984，第83页。

⑥ （明）钟添纂修《思南府志》卷1《风俗》，嘉靖版，1962年天一阁藏明代地方志选刊本。

⑦ （清）严如熤撰，黄守红标点，朱树人校订《严如熤集》第三集《三省边防备览》卷9《山货》，岳麓书社，2013，第1040页。

⑧ 凌纯声、芮逸夫：《湘西苗族调查报告》，第55~61页。

人口压力有关。在耕地有限的条件下,辅以渔猎、林业、矿产资源的利用与开发业已成为武陵地区各民族生活的方式。

第三,文化多元,既表现出较强的非汉特征,又深受汉文化的影响。武陵地区既是中原进入云贵高原的一条主要通道,又是古巴蜀、荆楚与中原三大文化中心的多重交接地带。历史上先后有"三苗""巴濮""五溪蛮""武陵蛮""苗蛮""土蛮""仡佬蛮"等民族或族群在此迁徙、生活,至今仍是土家族、苗族等少数民族聚居地区。故该地带的文化不仅多元,而且表现出较强的土著或者非汉特征。如前所述,武陵地区是盘瓠蛮的重要活动区域,《后汉书》对其异俗有诸如"衣裳斑兰,语言侏离,好山入壑,不乐平旷""糅杂鱼肉,叩槽而号,以祭盘瓠"的记载。不仅如此,武陵地区时至今日仍残存大量的盘瓠崇拜习俗或遗迹。吉首、麻阳等县市一些苗区立有盘瓠庙、盘瓠洞,泸溪县城周边 20 多公里的地方则有许多辛女宫、辛女祠、辛女岩、辛女溪、辛女滩。① 居于贵州和湘西的红苗,不仅广泛流传着"官母犬父"或"神母犬父"的故事,而且部分石、田姓氏现在仍保持着饮食禁忌。

除"五溪蛮""武陵蛮"外,巴人是活动于武陵地区的另外一个重要族群。其异俗在正史、方志等各类文书中也有大量记载。《晋书·李特载记》言,俗性骠勇、善歌舞、敬信巫觋的巴人曾在汉高祖时被募平定三秦,后因其功不供赋税,并将居住地改名为巴郡;爱屋及乌,其歌舞也为高祖所爱,遂演变为巴渝舞。迨至当下,作为巴渝舞的新发展,摆手舞已成为土家族最重要的文化表征之一。《隋书》又云,南郡、夷陵、竟陵、沔阳、沅陵、清江、襄阳等郡"多杂蛮左,其与夏人杂居者,则与诸华不别。其僻处山谷者,则言语不通,嗜好居处全异,颇与巴、渝同俗"。② "蛮左"所居不仅是内地边缘的偏僻山谷,其文化也与居于核心地带的"夏人"大相径庭,"颇与巴、渝同俗"。廪君系巴人,故巴文化在廪君及廪君之后得到了传习。《后汉书》载:"廪君死,魂魄世为白虎。巴氏以虎饮人血,遂以人祭焉。"③ 廪君是土家族的始祖神,死后化为白虎,后人祭祀,遂成白虎崇拜。

---

① 石宗仁:《苗族多神崇拜初探》,《中南民族学院学报》(哲学社会科学版) 1986 年第 4 期。

② (唐) 魏徵等撰《隋书》卷 31《地理志下》,中华书局,2008,第 897 页。

③ (南朝宋) 范晔撰,(唐) 李贤等注《后汉书》卷 86《南蛮传》,第 2840 页。

可见，土家族的白虎崇拜乃祖先崇拜。潘光旦先生更是认为，廪君、白虎神与白帝天王三位一体，廪君是土家族的祖先，白虎神是土家族祖先崇拜的原生形态，白帝天王则是其次生形态。①

"夷事道，蛮事鬼"，受楚文化好巫鬼的影响，武陵地区各地师巫事鬼成风。唐时武陵地区的朗州"风俗陋甚，家喜巫鬼"②，"每淫词歌舞"时更是"必歌俚辞"③。迨至明清时期，武陵地区巫鬼习俗的记载更为明确详细。嘉靖时黔东南思南府的"蛮獠"虽"渐被华风"，但仍坚持"信巫屏医，击鼓迎客"。④ 与思南府一样，乾隆年间湘西永顺府的民众也是看病不就医，只椎牛羊，并延请巫师"击鼓卜筶，以祝鬼"⑤。光绪《黔江县志》也载："岁或设坛玉皇阁，斋醮数日，文武官诣坛上香，为民祈福。民户则用男巫，花冠红裙，夭斜跳荡，饶歌彻夜不休，或二三人，或十余人不等。其教有上坛、下坛、干龙船之分，其愿有删胎、上刀、打泰保之名，统曰跳神，亦曰降神。"⑥ 与黔东南、湘西、渝东南相比，鄂西南虽更毗邻古之中原，但其巫鬼习俗仍多有残留。同治《来凤县志》载："来凤地僻山深，民杂夷獠，皆绿（缘）土司旧俗，习尚朴陋，史称俗喜巫鬼，多淫祀，至今犹有存者。……卯洞地居邑之西南鄙，与土苗杂处，俗尤恋朴，疾病信巫鬼，丧事尚歌谣。"⑦

文化多元且具有较强的非汉特征是所有民族走廊的一个共性，武陵地区之所以区别于其他民族走廊，是因为它不仅具有民族走廊的共性，而且具有极强的个性。其个性就是汉与非汉文化相互融合，互为表里。由于武陵地区毗邻历史上的中原，是吸收迁徙、避役汉人的主要区域之一，故其文化"渐染华风"，深深地烙上了汉文化的印记。隋朝时武陵地区夷陵、沅陵、

① 潘光旦：《湘西北的"土家"与古代的巴人》，《中国少数民族社会历史调查资料丛刊》修订编辑委员会编《土家族社会历史调查》。

② （宋）欧阳修、宋祁：《新唐书》卷168《刘禹锡传》，第5169页。

③ （后晋）刘昫等撰《旧唐书》卷160《刘禹锡传》，第4210页。

④ （明）钟添纂修《思南府志》卷1《风俗》，嘉靖版，1962年天一阁藏明代地方志选刊本。

⑤ （清）陈天如等编，顾奎光纂《永顺府志》卷10《风俗》，清乾隆二十八年抄本。

⑥ （清）张九章修，陈藩垣、陶祖谦等纂《黔江县志》卷5《风俗志·祈禳》，清光绪二十年刻本。

⑦ （清）李勖主修《来凤县志》卷28《风俗志》，清同治丙寅年版，来凤县志办公室校注翻印，1998。

清江等郡僻处山谷者虽"言语不通,嗜好居住全异,颇与巴、渝同俗",但"与夏人杂居者,则与诸华不别",且大多已成为"编户齐民"。① 有明一代,武陵地区的土官、官族、土目、头人及其子弟,已逐渐接受汉文化影响。明成祖永乐六年(1408),酉阳设立了旨在教授土官及其子弟汉文化的酉阳司学。随后,各土司也相继建立了学校。由于土官子弟中上学者日益增多,武陵地区在明代涌现出了一批工诗词、通经史的知识分子,且尤以土家族为多。其中既有中举者,也有著书立说、写诗传世者。② 改土归流之后,武陵地区更是涌入了大批来自湖广等地的汉人。经过上百年的磨合,区域内部尽管仍存在一定的差异,但受汉文化影响日渐深入,族群间也日益融合。鄂西南同治《来凤县志》载:"久之,流寓渐多,风会日启,良有司承流宣化,用夏变夷。百余年来,土皆秉礼,民亦崇实,斯民三代之直,未始不可教也。"③ 宜昌府的鹤峰、长阳二县,原来的"猱狉椎结之习",忽然间变成了"衣冠诵之风","立学校,应选举,彬彬向风,与壮县比矣"。④ 渝东南"旧杂蛮戎,家自为俗"的酉阳州,通过改土归流四十年的教化,"农安稼穑,士习诗书,风气断断乎一变"。⑤ 湘西乾隆《永顺县志》也载:"永顺地方,先属土司世业,今值改土归流,以生以事,各遂所天。其俗淳庞浑噩,迩来读书应试,服畴力穑,熙熙攘攘,鸡犬桑麻,宛然中土。"⑥ 地处偏隅的黔东南铜仁府改土归流初期,"多吴、楚、闽、蜀之人,各从其方之旧,相杂成俗","声教渐敷"后,风俗"为之丕变","颇类中州","亦彬彬乎礼义之乡也"。⑦ 迨至民族识别初期,土家人一度被认为是少数民族化了的汉人,不能识别成为一个单一民族,由此可见武陵地区受汉文化影响之深。

---

① (唐)魏徵等撰《隋书》卷31《地理志下》,第897页。

② 杨绍猷、莫俊卿:《明代民族史》,第345~347页。

③ (清)李勷主修《来凤县志》卷28《风俗志》,清同治丙寅年版,来凤县志办公室校注翻印。

④ 《中国方志丛书·华中地方》第120号,台北,成文出版社,1970。

⑤ (清)邵陆编纂《酉阳直隶州总志》卷19《风俗志》,清乾隆四十年刻本,酉阳自治县档案局整理,巴蜀书社,2010,第508页。

⑥ 《中国地方志集成·湖南府县志辑⑥》。

⑦ 喻勋、胡长松纂修《铜仁府志》卷2《地理志·风俗》,据民国缩印本点校,中共贵州省铜仁地委档案室、贵州省铜仁地区政治志编辑室整理,贵州民族出版社,1992,第26页。

综上所述，武陵地区历史悠久而厚重，从新旧石器时代到夏商周时期，从先秦到汉唐，从宋元到明清，始终保存着深厚的民族历史文化。区域内的孔道除以武陵山脉走向所构成的沟壑峡谷外，还存在一张以沅水、澧水、乌江、清江等大河为主干线，以数以千计的溪流为支线，集水流、物流、人流为一体的网络。该地区自秦汉以来一直地处传统中国的"内地"，长时间内并未完全纳入中央王朝的控制体系，故而又符合成为"内地的边缘"的条件，并在政治、经济、文化上表现出一定的区域特征。

第一章

武陵地区早期的土客及其关系

本章所指的武陵地区的早期主要分为远古先秦时期、秦汉时期、三国魏晋南北朝时期、隋唐五代时期。这一时期，历史跨度非常大，土客关系复杂。新石器时代的高庙文化与城背溪文化、大溪文化、屈家岭文化、石家河文化等构成了区域最初的"土"与"客"。这种关系在先秦时期得到继承与发展，演变成了"濮""三苗""荆蛮""楚蛮""楚人""巴人"等族群。随着先秦时期诸族的融合，"巴郡南郡蛮""武陵蛮""五溪蛮"继之而起，成了秦汉时期的土著，而客民则是落地生根的官吏、将士、军卒、眷属、宗亲、仆隶、匠役、被遣实边的罪犯以及因避乱等因素迁入的"秦人""汉人"。三国魏晋南北朝时期，秦汉时外来的"客"已演变成了落地生根的土著。因此，这一时期的土著居民除了"宜都郡夷""建平郡夷""武陵蛮""武陵五溪獠""荆州蛮"等族群外，还有土著化的秦人、汉人等人群。客民则有兵家、吏家带来的人员，"逃亡入蛮"的汉人编民，包括部分"蛮夷"在内的流民等。经历了魏晋南北朝的动荡和土客之间的融合，隋唐五代时期的武陵地区逐渐恢复了相对的稳定。随着中央王朝统治力量的加强和更多的人进入或者走出武陵地区，武陵地区特别是生活在平原、山区平坝和交通要道上的土著人群，逐渐为外界和统治者所认知。

第一节　远古与先秦时期武陵地区的居民及其关系

远古时代至先秦时期，已有居民与人群在武陵地区劳动、生息、繁衍。他们的历史文化传统以及关系不仅可从远古时代的文化遗迹中得到证明，还可从一些先秦时期的传说中管窥一斑。

一　远古时期武陵地区的古人类

本书涉及的远古时代主要是指旧石器时代与新石器时代。自旧石器时代开始，武陵地区就拥有自己的文化。这一时期的古人类主要以打制石器为生产工具，以渔猎和采集为生。考古调查资料显示，武陵地区已发现数百处旧石器时代遗址或石器地点，其中东部的澧水流域、中部与南部的沅水流域有 200 余处。根据袁家荣先生的研究，沅水流域、澧水流域的旧石器时代遗址分属沅水文化类群和澧水文化类群。前一类群有遗址或地点 100 多处，著名的有新晃大桥溪、长乐坪，芷江小河，泸溪的灰窑、岩坪、田溪口等处，其特点是石器以灰色、灰黄色条带状变质砂岩为主要原料，以单面刃为主，剥片与加工方法主要为锤击法；后一类群的遗址或地点有 100 余处，已正式发掘津市虎爪山，澧县鸡公垱、乌鸦山，石门燕儿洞、大圣庙、石家坪、胡家堡等处，其特点是石器均以河床砾石为原料，以大型石器为主，石器加工技术有单面打击、双面打击和错向打击。[①] 北部鄂西南的清江流域以及长江沿岸发现有数十处旧石器时代遗址或石器地点，主要有建始直立人遗址、长阳人遗址、长阳伴峡榨洞遗址、巴东福里溪遗址、利川水井槽遗址，其特点是遗址中多骨制品和石制品等文化遗物，骨制品多剑齿象、鹿、羊和水牛等哺乳动物化石；石器多打制，以单刃砍砸器、盘刃砍砸器、刮削器为主。西部发现的旧石器时代遗址较少，目前渝东南有重庆黔江老屋基洞穴遗址、黔江的红土墰遗址、秀山涌洞文化遗址，黔东北的铜仁市则少见[②]。老屋基洞穴遗址采集有旧石器时代打击尖状石器，哺乳动物、爬行动物、鸟类、无脊椎动物等 24 种动物化石；红土墰遗址出土有 800 多件半成品石器和残片石制品、哺乳动物化石 20 多种、爬行动物化石 1 种、鸟类化石 1 种。[③]

　　距今 7800 年左右，武陵地区从漫长的旧石器时代进入了新石器时代，是时的古人类活动更加频繁，留下了更多的遗址和遗迹，其中最重要的发现是沅水中上游的高庙遗址。高庙遗址属贝丘遗址，主要划分为上、下两层。下层为高庙文化遗存，其时间范围为距今 7800 ~ 6800 年。该遗存不仅出土

---

① 参见袁家荣《湖南旧石器文化的区域性类型及其地位》，湖南省文物考古研究所编《长江中游史前文化暨第二届亚洲文明学术讨论会论文集》，岳麓书社，1996，第 20 ~ 47 页；袁家荣《湖南旧石器考古回顾》，《跋涉续集》编纂委员会编著《跋涉续集：北京大学历史系考古专业七五届毕业生论文集》，文物出版社，2006，第 27 ~ 36 页。
② 参见席克定《贵州的石器时代考古》，《考古》1994 年第 8 期。
③ 邓辉：《土家族区域的考古文化》，中央民族大学出版社，1999，第 28 页。

了大量的石器、陶器，而且还具有大型祭祀场所。陶器造型多圜底和圈足器，少见平底器，不见三足器和尖底器。石器多锤击法单面打制而成，原料皆为沅水河床沙砾石，款式多石砍砸器、刮削石片以及扁平状亚腰形石网坠。骨器有刀、匕、针、锥等，牙器有锥和象牙雕饰。陶器皆手制，种类有釜、罐、盘等。陶器纹饰丰富，极具特点，都戳印有篦点组成的凤鸟纹、太阳纹、獠牙兽面纹、八角星纹、平行条带状纹等图案。上层遗存虽然继承了下层遗存的一些特征，但具有显著的大溪文化特征，距今 6300～5300 年。① 高庙文化具有一定的区域性与本土性，从沅水中游沿多条支流上溯，覆盖整个武陵地区以及周边的一些地方，同类遗址还出现在辰溪征溪口、潭坎大地、麻阳火车站、锦和烟堆坡以及武陵地区腹地的泸溪浦市、吉首河溪、花垣茶峒等地。②

高庙文化之后，武陵地区与洞庭湖、江汉平原以及四川盆地的文化交流渐渐密切，先后出现了外来的城背溪、大溪、屈家岭、石家河文化的遗址。城背溪文化以湖北宜都县城背溪遗址而得名，其年代距今 7000 年左右。城背溪文化的陶器以红褐陶为主，灰陶次之，其中以夹砂陶最多；纹饰以交错绳纹最多，素面陶的数量也不少。器形中圜底器发达，圈足器也较盛行，平底器很少，三足器极少见。③ 巴东的白羊坪遗址、楠木园遗址第一类遗存等属城背溪文化。白羊坪遗址共清理出土石器 230 余件，可分为厚重型与常用型两种，其中厚重型石器主要有石斧、砍砸器、石刀等；常用型石器以石斧、石刀为主，另外还有刮削器等。④ 楠木园遗址从陶器组合中的饪食器到石器中的石镰、石铲，均表现出原始的农耕文化特征。其出土遗物多夹粗砂和夹细砂陶、粗泥质陶，少泥质陶和夹炭陶。装饰主要为绳纹，有少量花

① 参见湖南省文物考古研究所《湖南黔阳高庙遗址发掘简报》，《文物》2000 年第 4 期；湖南省文物考古研究所《湖南洪江市高庙新石器时代遗址》，《考古》2006 年第 7 期；贺刚、陈利文《高庙文化及其对外传播影响》，《南方文物》2007 年第 2 期。
② 学界对于高庙文化的来源存在一定的分歧，部分学者认为高庙文化就是源，部分学者则认为高庙文化不是源，而是流，它可能源自西南地区。具体参见柴焕波《湘西古文化钩沉》，岳麓书社，2007。
③ 湖北省文物考古研究所：《1983 年湖北宜都城背溪遗址发掘简报》，《江汉考古》1996 年第 4 期，第 17 页。
④ 国务院三峡工程建设委员会办公室、国家文物局编著《湖北库区考古报告集（第一卷）》，科学出版社，2003，第 1～10 页。

边、划纹（网格状）和素面（抹光）。陶器有釜、罐、支座、圈足碗、假圈足碗、平底钵、圜底钵、壶、勺、器盖、杯等，多数外表红色，腹内壁黑色。石器包括石斧、石锛、石凿、石铲、石锥、石片石器和石镰等。[①]

大溪文化是新石器时代中期三峡地区最具代表性的考古学文化。大溪文化大致分为四期。[②] 陶器在第一、二期，以红陶为主，灰、黑陶的数量很少。纹饰主要有戳印纹、瓦棱纹、刻划纹、弦纹、篦点纹、附加堆纹等，其中以戳印纹和横人字纹最有特色。陶器以手制为主，也使用慢轮修整和轮模合制。器形以圈足器和圜底器为主，平底器和三足器较少，尖底器极少。装饰品分耳饰、项饰、臂饰三类，材质主要有玉、石、骨、象牙等。生产工具的制作已普遍使用钻孔和切割技术。墓葬大多数为头向南。葬式有仰身直肢葬、屈肢葬和俯身葬，其中，屈肢葬是大溪文化葬制的一大特色。其年代距今6400～5300年，范围分布于武陵地区东部的澧水流域、北部的清江流域以及中部的个别地方。[③] 东部的张家界慈利尖角田遗址出土有饰绳纹的夹砂红陶片，屋田常遗址出土有器形为豆、釜的泥质夹砂红陶片；北部的长阳县西寺坪遗址出土有圈足碗、猪嘴形支座和彩陶单耳杯等陶器以及比较精致的石锛、石凿、骨锥、骨簪、骨针，桅杆坪遗址出土有圜形陶罐、红陶三足小鼎、圈足镂孔小黑陶豆、绿松石耳坠和绿松石佩饰，沙嘴遗址出土有残破圈足红陶，巴东的李家湾、红庙岭出土有长方形竖穴土坑墓，侧身屈肢、侧身屈肢蹲踞式墓3座；西部的酉阳笔山坝遗址有呈椭圆形、屈肢、双人合葬的墓葬；中部的来凤县红岩堡遗址、张家院遗址出土有夹砂红陶绳纹陶片及黑衣彩绘陶片。上述遗址的陶器与墓葬均具有大溪文化的特征。

屈家岭文化时代距今约5000～4600年，因湖北京山屈家岭遗址而得名。

---

① 余西云、王凤竹等：《湖北巴东楠木园遗址发掘简报》，《考古》2005年第6期。
② 关于大溪文化的分期，学界存在一定的争议，有三期、四期、五期之说。具体常见李文杰的《大溪文化的类型和分期》（《考古学报》1986年第2期），吴汝祚的《大溪文化综论》（《江汉考古》1993年第2期），杨华、丁建华的《巫山大溪遗址的考古发现与研究》（《四川文物》2000年第1期），范桂杰、胡昌钰的《巫山大溪遗址第三次发掘》（《考古学报》1981年第4期），向绪成的《从关庙山遗址看大溪文化分期——兼评目前大溪文化的几种分期》（《江汉考古》1983年第3期）等。
③ 参见范桂杰、胡昌钰《巫山大溪遗址第三次发掘》，《考古学报》1981年第4期；李文杰《大溪文化的类型和分期》，《考古学报》1986年第2期。

屈家岭文化中的石制工具多穿孔的石铲、石镰、石刀、石锛等农业工具；陶器种类较多，以蛋壳彩陶和彩陶纺轮为典型；装饰品主要有玉饰和陶环，艺术品有捏塑的狗、龟、羊、母鸡等；葬俗多单人葬，有仰身直肢葬和屈肢葬两种类型，小孩多用瓮棺；此外，在红烧土内还有大量的稻谷空壳痕迹。[①] 屈家岭文化分布的中心地区主要在江汉平原，但也沿峡江、清江、澧水、沅水进入了武陵地区，如武陵地区北部巴东李家湾遗址即是，屈家岭文化遗存在大溪文化遗存之上，出土的彩陶有泥质灰陶、黑陶、红陶，纹饰有素面、弦纹、划纹等，器形为双腹豆、双腹碗、高圈足杯等，石器有以打制为主，使用了钻孔技术的斧、锛、铲、凿等[②]；武陵地区中部、南部的湘西与沅水中上游的怀化市高坎垄遗址出土的石器有长条形的肩石斧、石锛以及石刀、石铲、纺轮等，陶器有圈足碗、圈足盆、豆、壶等，陶质以泥质灰陶和黑皮陶为主，多素面、弦纹、镂孔，同时发现有稻谷壳和稻草的炭化物。[③]

屈家岭文化之后，进入武陵地区的新石器时代晚期文化还有石家河文化。石家河文化因湖北天门石家河遗址而得名，属龙山文化类型，年代为距今 4600～4000 年。其基本文化特征是：石器生产工具多经过磨制，突出的器物有扁平长方形穿孔石铲、三棱尖圆身圆锥铤镞、扁平三角形带铤镞等；陶器质色早期少红陶，多泥质灰陶和黑陶，晚期发展成以夹砂红陶或夹砂橙黄陶为主，泥质灰陶和黑陶为次；陶器纹饰早期以贴弦纹为主，晚期多见篮纹、绳纹与方格纹；器物造型以三足器、圈足器为主，平底、尖底器为次，圜底器较少；典型陶器有凸棱宽扁足盆形鼎、"麻面"宽扁足罐形鼎、直筒尖底器等；此外，在小孩瓮棺中有不少造型丰富、雕刻精细的玉器。[④]

---

① 参见中国科学院考古研究所编著《京山屈家岭》，科学出版社，1965；方酉生《试论屈家岭文化》，《武汉大学学报》（人文科学版）1986 年第 3 期；陈文《屈家岭文化的界定与分期》，《考古》2001 年第 4 期；屈家岭考古发掘队《屈家岭遗址第三次发掘》，《考古学报》1992 年第 1 期。

② 湖北省文物考古研究所：《湖北省巴东县李家湾遗址发掘简报》，《江汉考古》2004 年第 3 期。

③ 湖南省文物考古研究所：《怀化高坎垅新石器时代遗址》，《考古学报》1992 年第 3 期。

④ 参见李龙章《浅议石家河文化》，《江汉考古》1985 年第 3 期；张绪球《石家河文化的分期分布和类型》，《考古学报》1991 年第 4 期；张绪球《石家河文化的玉器》，《江汉考古》1992 年第 1 期。

武陵地区属石家河文化类型的文化遗存有巴东雷家坪遗址，沅水中游和辰溪两岸的上湾溪，麻阳兰里坪、步云坪，沅陵两岔溪遗址，澧水中下游的莱丘、园凹田、洞湾遗址等①。

由上可知，武陵地区从旧石器时代沅水文化类群的新晃大桥溪、长乐坪，芷江小河，泸溪的灰窑、岩坪、田溪口遗址，澧水文化类群的石门燕儿洞、大圣庙、石家坪、胡家堡遗址，到新石器时代的高庙文化以及城背溪文化、大溪文化、屈家岭文化、石家河文化②等文化遗迹、遗存，较好地体现了该区域石器文化的继承性、层累性。与此同时，如果说高庙文化是武陵地区文化的底层或者"土著"文化的话，那么它与"外来"的城背溪文化、大溪文化、屈家岭文化、石家河文化形成的交错、叠压的关系不仅较好地展现了武陵地区的古人类或人群与三峡地区、洞庭湖平原、江汉平原以及中原地区的互动和交流，而且构建了该地区最底层的"土/客"关系。这一关系在先秦时期武陵地区各族群的活动中得到继承与发展。

二　先秦时期武陵地区的族群及其关系

先秦时期，本土的"濮"与外来的"三苗""荆蛮""楚蛮""巴人""越人"等族群先后在"荒服"的武陵地区生息、繁衍，共同构成了该地区这一时期的"土/客"关系。

（一）"外来皆是客"："三苗""荆蛮""楚蛮""楚人""巴人""越人"及其族群关系

先秦时期，武陵地区"外来"的族群主要有"三苗""荆蛮""楚蛮""楚人""巴人""越人"等族群。这些族群被称为"客"，主要是指他们的

---

① 柴焕波：《湘西古文化钩沉》，第10页。
② 关于大溪文化、屈家岭文化以及石家岭文化的关系，学界存在一定的争论。笔者认为，从考古学的年代以及叠压关系来看，它们具有一定的继承性，同时又体现了互相间的交流。具体参见李文杰《试论大溪文化与屈家岭文化、仰韶文化的关系》，《考古》1979年第2期；张之恒《试论大溪文化》，《江汉考古》1982年第1期；向绪成《浅议大溪文化与屈家岭文化的关系——与张之恒同志商榷》，《江汉考古》1983年第1期；王杰《屈家岭文化与大溪文化关系中的问题探讨》，《江汉考古》1985年第3期；刘德银《论石家河文化早期与屈家岭文化晚期的关系》，《江汉考古》1990年第3期；沈强华《鄂西地区大溪文化的去向和屈家岭文化的来源》，《江汉考古》1994年第4期；何介钧《长江中游新石器时代文化》，湖北教育出版社，2004。

发源地或者早期的居住地不在武陵地区，其后才逐渐迁至武陵地区生活、繁衍。

1. "三苗""荆蛮""楚蛮""楚人"及其关系

"三苗"又称"有苗"，是一个生活在距今四五千年，与尧、舜、禹同时代的族群。对此，先秦与秦汉时期的文献典籍多有记载。《战国策·魏策一》载吴起曰："昔者，三苗之居，左彭蠡之波，右有洞庭之水，文山在其南，而衡山在其北。"[①]《史记·五帝本纪》也载："三苗在江淮、荆州数为乱。"[②]《通典·州郡十三》载潭州曰："古三苗之地。"又载岳州曰："古苍梧之野，亦三苗国之地。"[③] 上述引文中的"彭蠡"为鄱阳湖，"洞庭"即洞庭湖，"文山"不知所在，"衡山"虽有一定争议，但并不影响对"三苗"分布的判断，即主要在江淮、荆州以及洞庭湖与鄱阳湖之间。不过，也有部分"三苗"可能在与尧、舜、禹抗争失败前后就迁徙到了武陵地区。这可从前述新石器时代晚期石家河文化在武陵地区的传播中得到佐证。柴焕波先生的研究成果显示，源自石家河文化的"三苗"文化在洞庭湖西岸以及沅水流域有所分布，特别是石门皂市遗址，更是被柴先生视为商时期三苗文化的典型。[④] 该遗址出土了不少的斧、锛、铲等刀耕火种的生产工具以及以泥质红胎黑皮陶为主的陶器。陶器器形有釜、鬲、罐、碗、豆、缸、盘等，陶纹有绳纹、方格纹、云雷纹、S形纹等，本地特有器物如大圈足盘、细喇叭形柄豆、喇叭口罐、扁平足鼎，与龙山时期石家河器物存在承袭关系。[⑤] 据地方传说，永定区崇山有"驩兜庙"等遗迹遗物。湘西花垣的崇山则在明代设立过崇山卫，该区域部分石姓苗民更是直接把苗姓奉为"欢兜"，把驩兜视为祖神。驩兜乃三苗支系，古代"苗蛮"居住地张家界永定区（原大庸县）、湘西州花垣县的"崇山"地名以及湘西部分石姓苗民将"驩兜"视为祖神情况也在一定程度上说明"三苗"隐没前后确已迁居武陵

---

① （汉）刘向编集《战国策》卷22《魏策一》，续四部丛刊·史部·古史，士礼居黄氏覆剡川姚氏本。
② （汉）司马迁：《史记》卷1《五帝本纪》，第28页。
③ （唐）杜佑撰《通典》卷183《州郡十三·古荆州》，中华书局，2012，第4875页。
④ 柴焕波：《湘西古文化钩沉》，第12~18页。
⑤ 湖南省文物考古研究所：《湖南石门皂市商代遗存》，《考古学报》1992年第2期。

地区。①

历经禹的征伐，"三苗"族群逐渐走向瓦解，族名也随之隐没于史。但其成员并没有消亡，而是部分融入华夏，部分则保留族群特色，或避入深山老林，或向南，或向西南迁徙，与濮、巴等族群融合，逐渐形成了后来的"荆蛮""楚蛮""苗蛮"等族群。②

"荆蛮"即史载之"蛮荆""荆"，是长江中下游族群早期的泛称。③《竹书纪年》曰："（周宣王五年）秋八月，方叔帅师伐荆蛮。"④《诗经·小雅·采芑》载："蠢尔荆蛮，大邦为仇。"又曰："北伐狎狁，蛮荆来威。"《诗集传》注此"蛮荆"即"荆州之蛮也"。⑤此"荆州"是传说中大禹治水所划的九州之一。其范围并不局限于后世的荆襄地区，而是涵盖湖北、湖南以及江西、安徽等省的长江中下游地区，否则不会出现"太伯奔荆蛮，自号句吴。荆蛮义之，从而归之千余家，立为吴太伯"⑥等说法。

"楚蛮"与"荆蛮"同源。⑦《史记·楚世家》载："当周成王之时，举文武勤劳之后嗣，而封熊绎于楚蛮，封以子男之田，姓芈氏，居丹阳。"又曰："当周夷王之时，王室微，诸侯或不朝，相伐。熊渠甚得江汉间民和，……乃立其长子康为句亶王，中子红为鄂王，少子执疵为越章王，皆在江上楚蛮之地。"⑧同时，楚王熊渠也表述了自己的族群认同：

---

① 伍新福：《湖南民族关系史（上）》，第26~27页。

② 学界多认为"荆蛮""楚蛮"系"三苗"之后。具体参见张正明主编《楚文化志》，湖北人民出版社，1994，第12页；伍新福《荆蛮、楚人与苗族关系新探》，《求索》1988年第4期；马少侨《试论荆楚和古代三苗、现代苗族的历史渊源关系》，《中央民族学院学报》1984年第4期；刘玉堂《夏商王朝对江汉地区的镇抚》，《江汉考古》2001年第1期；徐祖祥《三苗、荆蛮与瑶族来源问题》，《贵州民族研究》2001年第1期。

③ 学界多将"荆蛮"等同于"楚蛮"，其实不然，具体参见李默《荆蛮质疑》，《中央民族学院学报》1984年第1期；尹弘兵《荆楚关系问题新探》，《江汉论坛》2010年第3期。

④ （南朝梁）沈约注《竹书纪年》卷下，上海涵芬楼藏明天一阁刊本。

⑤ （汉）毛亨传，郑玄笺《毛诗》卷10，四部丛刊初编·经部，上海涵芬楼借常熟瞿氏铁琴铜剑楼藏宋刊巾箱本。

⑥ （汉）司马迁：《史记》卷31《吴太伯世家第一》，第1445页。

⑦ 参见刘玉堂、尹弘兵《楚蛮与早期楚文化》，《湖北大学学报》（哲学社会科学版）2010年第1期；王瑞明《荆楚释名》，《江汉论坛》1980年第1期；段渝《荆楚国名问题》，《江汉论坛》1984年第8期；杨宽《西周时代的楚国》，《江汉论坛》1981年第5期等。

⑧ （汉）司马迁：《史记》卷40《楚世家第十》，第1692页。

"我蛮夷也！不与中国之号谥。"[①] 楚强大后，逐渐征服了"荆蛮"。《史记》载："是时周室微，唯齐、楚、秦、晋为强，晋初与会。献公死，国内乱。秦穆公辟远，不与中国会盟。楚成王初收荆蛮有之，夷狄自置。唯独齐为中国会盟。"[②]

在征服"荆蛮"的基础上，"楚蛮"与其他族群融合成了楚人。楚人沿着沅水、澧水、酉水、峡江、清江诸水挺进了武陵地区的东部、南部、北部甚至是腹地的中部，征伐了当地的"濮""巴"族群，并以沅水为中心，在今天的沅陵县城西之窑头村附近设置了黔中郡。沅水流域的湘西州、怀化市，峡江地区的巴东、秭归以及清江流域的恩施等地的考古发掘对此给予了佐证。怀化市沅陵县木形山、窑头，溆浦县马田坪、江口、高低村，洪江市黔城，湘西州古丈县白鹤湾、保靖县四方城等文化遗址、墓葬也证明，春秋战国时期，楚人已较大规模地进入武陵地区的南部与中部。[③] 长阳县香炉石遗址第三文化层中的陶器、招徕河外村里遗址中的"蚁鼻钱"以及包括巴东县雷家坪遗址在内的峡江地区大量的楚墓也证明，春秋战国时期特别是战国中期，楚人及楚文化已强势向西进入武陵地区的北部。[④] 这些进入武陵地区的楚人，部分与当地的濮、巴等族群融合，逐步演变成了该地区秦汉时期土著的"巴郡南郡蛮""武陵蛮"；部分逐步"汉化"，成为武陵地区汉族群重要的来源之一。

2. 巴人及其族群关系

由前述濮之居住格局可知，武陵地区的濮人主要居住在澧水、沅水、酉水、乌江流域。与其毗邻的不仅有东部的"荆楚"，还有北部、西北部的巴，南部的越。北部、西北部的巴族群原本生活在汉水上游，与商人、周人

---

① （汉）司马迁：《史记》卷 40《楚世家第十》，第 1692 页。

② （汉）司马迁：《史记》卷 32《齐太公世家第二》，第 1491 页。

③ 参见相关的考古发掘报告以及邢敏建的《从酉水流域考古发掘看楚文化与诸民族的关系》（《民族研究》1997 年第 1 期）、刘长治的《湖南省湘西自治州境内酉水沿岸古遗址调查》（《考古》1993 年第 10 期）、陈文学的《春秋战国时期楚、巴关系试探》（《江汉考古》1991 年第 2 期）等。

④ 参见蔡靖泉的《巴楚文化关系论略》（中国三峡出版社，1997），白九江的《从三峡地区的考古发现看楚文化的西进》（《江汉考古》2006 年第 1 期），邓辉的《土家族区域的考古文化》，郭立新、夏寒的《峡江地区古代族群互动与文化变迁》（科学出版社，2010）等。

相邻而居。[①] 后因商王朝逼迫，逐渐向东南迁徙至清江流域。在迁徙的过程中，巴人廪君部落可能途经"巫诞"，故李贤引《代本》注《后汉书》时有"廪君之先，故出巫诞也"[②] 的说法。随后，他们再流迁至清江流域，并忘却了自己原来的祖地，于是将其迁徙过程中一个名叫"武落钟离山"的地方视为新的祖地。由此，后世文献对巴人祖地的记载多见"武落钟离山"，而不见"巫诞"。《后汉书》对此载曰：

> 巴郡南郡蛮，本有五姓：巴氏，樊氏，瞫氏，相氏，郑氏。皆出于武落钟离山。其山有赤黑二穴，巴氏之子生于赤穴，四姓之子皆生黑穴。未有君长，俱事鬼神，乃共掷剑于石穴，约能中者，奉以为君。巴氏子务相乃独中之，众皆叹。又令各乘土船，约能浮者，当以为君。余姓悉沈，唯务相独浮。因共立之，是为廪君。乃乘土船，从夷水至盐阳。盐水有神女，谓廪君曰："此地广大，鱼盐所出，愿留共居。"廪君不许。盐神暮辄来取宿，旦即化为虫，与诸虫群飞，掩蔽日光，天地晦冥。积十余日，廪君伺其便，因射杀之，天乃开明。廪君于是君乎夷城，四姓皆臣之。廪君死，魂魄世为白虎。巴氏以虎饮人血，遂以人祠焉。及秦惠王并巴中，以巴氏为蛮夷君长，世尚秦女，其民爵比不更，有罪得以爵除。其君长岁出赋二千一十六钱，三岁一出义赋千八百钱。其民户出幏布八丈二尺，鸡羽三十镞。[③]

由上可知，忘却"巫诞"祖地、视"夷水""武落钟离山"为新祖地、以渔猎为生计的巴人廪君部落并不是"盐阳""夷城"的"土著"，而是沿"夷水""乘土船"迁徙、扩张而来的"客"。为争夺盐阳的食盐资源，廪

---

① 关于巴人的起源与早期地望，学界存在两种说法。一是清江说。该说法主要以考古学文化为依据。主要参见童恩正《古代的巴蜀》，重庆出版社，1998，第11页。一是汉水说。该说法的主要依据来源于史料推测。主要参见顾颉刚、章巽编，谭其骧校《中国历史地图集·古代史部分》，中国地图出版社，1955；蔡靖泉《巴人的流徙与文明的传播》，《华中师范大学学报》（人文社会科学版）2005年第4期；张硕《巴文化起源新论》，《江汉论坛》2002年第8期。

② （南朝宋）范晔撰，（唐）李贤等注《后汉书》卷86《南蛮传》，第2840页。

③ （南朝宋）范晔撰，（唐）李贤等注《后汉书》卷86《南蛮传》，第2840~2841页。

君部落与当地的"土著"盐水女神部落形成竞争关系。在与盐水女神部落的竞争中，廪君部落战胜了"土著"盐水女神部落，"君乎夷城"，从而尽享当地的鱼盐。此外，引文中的"夷水"即贯穿长阳之清江，《水经注》载曰："夷水即佷山（今长阳县）之清江也，水清十丈，（能）分沙石，蜀人见其沉清，因名清江。"① "武落钟离山"疑即"难留城山"，《太平寰宇记》载曰："武落中山，一名难留山，在（长阳）县西北七十八里。"② 《读史方舆纪要》卷78引《荆州记》曰："难留山北有石室，可容数百人，僻险不可攻，因名难留山。"③ 道光《长阳县志》也载："难留城山，县西北二百数里，一名武落钟离山，交施南建始县。巴郡南郡蛮本有五姓，皆出于武落钟离。"④ 由此可见，武陵地区的长阳及清江流域确属巴人廪君部落重要的繁衍生息区域之一。

廪君"君乎夷城"后，面对东部强大的"荆蛮""楚蛮"建立的楚国，其族群主力沿"夷水"逐步向鄂西和渝东南发展，并在江州（今重庆）建立了巴国。至商末周武王率师东进伐纣之时，巴师充当其先锋，成为重要的"倒戈"力量。《华阳国志·巴志》载曰：

> 周武王伐纣，实得巴、蜀之师，著乎《尚书》。巴师勇锐，歌舞以凌殷人，前徒倒戈，故世称之曰"武王伐纣，前歌后舞"也。武王既克殷，以其宗姬封于巴，爵之以子。古者远国虽大，爵不过子，故吴、楚及巴皆曰子。⑤

由上可见，周武王伐纣的成功，与"巴师勇锐"有很大的关系。正因如此，周武王在成功"克殷"后，"以其宗姬封于巴"，授予巴"子"爵封，以表彰其功勋。此外，从周与巴的这种封赏关系来看，巴在一定意义上

---

① （北魏）郦道元撰，（清）王先谦校，赵一清录附录《水经注》卷37《夷水》，长沙王氏合刊本。

② （宋）乐史撰，王建等点校《太平寰宇记》卷147《山南东道六·峡州》，中华书局，2016，第2864页。

③ （清）顾祖禹撰《读史方舆纪要》卷78《湖广四》，中华书局，2006，第3684页。

④ （清）朱庭箂纂修《长阳县志》卷1《山水》，道光二年刻本。

⑤ （晋）常璩撰，刘琳校注《华阳国志校注》卷1《巴志》，第21页。

是周的属国。

与巴周之上下关系不同，巴楚关系本质上是一种"平行并列"的"兄弟"族群关系。但由于楚强而巴弱，故巴楚关系又表现出一定的依附性。《左传注疏》载：

> （公元前703年）巴子使韩服告于楚，请与邓为好。楚子使道朔将巴客以聘于邓，邓南鄙鄾人，攻而夺之币，杀朔道及巴行人。楚子使蓬章让与邓，邓人弗受。夏、楚使斗廉帅师及巴师围鄾。邓养甥、聃甥帅师救鄾，三逐巴师，不克，斗廉衡陈其师于巴师之中以战，而北，邓人逐之。背巴师而夹攻之，邓师大败，鄾人宵溃。[①]

《华阳国志·巴志》也载：

> 周之季世，巴国有乱，将军有蔓子请师于楚，许以三城。楚王救巴，巴国既宁，楚使请城。蔓子曰："藉楚之灵，克弭祸难。诚许楚王城，将吾头往谢之，城不可得也。"乃自刭，以头授楚使。王叹曰："使吾得臣若巴蔓子，用城何为？"乃以上卿礼葬其头。巴国葬其身，亦以上卿礼。[②]

上述两条史料，第一条史料表明，巴与其他的"国家"修好，需"请示"楚，并得到楚的允许；第二条史料则说明巴楚存在一定的"军事政治合作协议"，否则不会出现"巴国有乱""楚王救巴"。由此观之，巴的确依附于楚。但这种依附关系是动态的，不是一成不变的。如果楚比较尊重巴或者巴没有生存危机，这种关系表现得相对比较融洽；如果楚完全不尊重巴，或者对巴"视而不见"，或者楚已完全"做大"，不再需要巴时，那巴也会奋起反楚，以致双方兵戎相见。《左传注疏》载："（公元前687年）初，楚武王克权，使斗缗尹之。以叛，围而杀之。迁权于那处，使阎敖尹之。及文

---

① （唐）孔颖达撰，（清）阮元校刻《左传注疏》卷7，续四部丛刊·经部·十三经注疏，阮刻本。

② （晋）常璩撰，刘琳校注《华阳国志校注》卷1《巴志》，第32页。

王即位，与巴人伐申而惊其师，巴人叛楚，而伐那处，取之，遂门于楚，阎敖游涌而逸，楚子杀之，其族为乱。冬，巴人因之以伐楚。"① 又载："（公元前477年）巴人伐楚，围鄾。"② 但由于双方实力的差距，巴只能步步退却，以致五次迁其都。对此，《华阳国志》载曰："巴子时虽都江州（今重庆），或治垫江（今合川），或治平都（今丰都），后治阆中（今阆中）。其先王陵墓多在枳（今涪陵），其畜牧在沮。……巴楚数相攻伐，故置捍关、阳关及沔关。"③

战国后期，巴地虽被楚蚕食，但二者关系的重要性日益下降。与此同时，随着秦的日渐强大，巴、秦关系日益密切，最后巴被秦所灭。因巴秦关系已超出本书的范畴，在此不做赘述。

秦灭巴以后，巴人星离四散，部分避入偏僻山区，延续其族脉至汉代；部分巴人渐与华夏杂处，渐融于华夏之中；部分留居当地，部分则流入湘西之五溪地区，与其他的"蛮夷"融合，在武陵地区演变成秦汉时期的"巴郡蛮"、"武陵蛮"或者"五溪蛮"等族群。④ 否则，《晏公类要》中不会载有"故老相传，楚子灭巴，五子流入五溪，各为一溪之长"⑤ 的传说，也不会在湘西的澧水、沅水流域发现不少具有巴文化特征的虎纽錞于或者巴式柳叶剑。

3. 越人及其族群关系

先秦时期，武陵地区的"客"除了前述的"三苗""荆蛮""楚蛮""楚人""巴人"外，还有支系繁多、号称"百越"的越人。他们主要分布在中国的东部与南部。生活在武陵地区的古越人主要属"扬越"。他们早期与"楚人""濮人"交错杂居，特别是与"濮人"关系密切。《史记·楚世家》载：周夷王时（公元前885年~公元前876年），楚熊渠"甚得江汉间民和，乃兴兵伐庸、杨粤，至于鄂"。⑥ "杨粤"即扬越，鄂即今湖北武昌一

---

① （唐）孔颖达撰，（清）阮元校刻《左传注疏》卷9，续四部丛刊·经部·十三经注疏，阮刻本。

② （唐）孔颖达撰，（清）阮元校刻《左传注疏》卷60，续四部丛刊·经部·十三经注疏，阮刻本。

③ （晋）常璩撰，刘琳校注《华阳国志校注》卷1《巴志》，第58页。

④ 郭立新、夏寒：《峡江地区古代族群互动与文化变迁》，第64页。

⑤ （宋）祝穆：《方舆胜览》卷60，宋刻本，中华书局，2016，第1055页。

⑥ （汉）司马迁：《史记》卷40《楚世家第十》，第1692页。

带，庸即今湖北竹山县。可见，扬越早期主要居住在汉水流域。不过，"自为楚熊渠所兼并后，其种裔一部分同化于楚，一部分逐次渡江南徙，与自夏商时代即栖处于今日湘黔皖赣桂粤之交之越族，混杂而居"①。由是，江应樑先生甚至认为，濮、越同属一个族群，"（楚南之地）有时称为'濮地'，有时称为'越地'；住在那里的人民，可以称'濮'，也可以称'越'。濮就是越，可称濮，也可以称越；大概战国以前，称濮者多，战国以后，就通称百越了"②。由此可见，先秦时期武陵地区确实存在一定数量的越人。

（二）"占先为土"："濮"及其族群关系

与"荆蛮""楚蛮"一样，"濮"也被华夏先民视为"南蛮"，因支系较多，又称"百濮""卜人"。但其居住地与前述的"客"不同，"濮"早期居住在江汉流域以及包括武陵地区澧水、沅水在内的澧、沅、资、湘诸流域。③《史记·楚世家》引刘伯庄之言曰："濮在楚西南。"④《尚书·牧誓》言："庸濮在江汉之南。"⑤另由考古发掘可知，武陵地区腹地的张家界澧水流域、湘西的酉水流域以及怀化的沅水流域出土了不少代表濮文化的宽格铜剑、壶，⑥特别是桑植的朱家台遗址，更是被考古学者视为濮文化的典型遗址。⑦此外，贵州沿河县小河口遗址的考古发现也证明，黔东北、渝东南早期的文化中具有一定的濮文化因素。由此可见，武陵地区的澧水、沅水、酉水以及乌江流域是濮族群重要的居住地之一。

关于濮与周边族群之关系，主要有以下几种。（1）濮与夏人的关系。《尚书·牧誓》载："王曰：'……及庸、蜀、羌、髳、微、卢、彭、濮人，称尔戈、比尔干、立尔矛，予其誓。'"⑧可见，濮族群参加了武王伐纣的军

---

① 罗香林：《古代百越分布考》，中南民族学院民族研究所编《南方民族史论文选集（一）》，内部资料，1982，第20页。

② 江应樑：《说濮》，《思想战线》1980年第1期。

③ 参见吴永章主编《中南民族关系史》，第31～32页；龚荫：《关于濮人问题（上）》，《西南民族学院学报》（哲学社会科学版）1987年第3期。

④ （汉）司马迁：《史记》卷40《楚世家第十》，第1694页。

⑤ （汉）孔安国传，（清）阮元校刻《尚书注疏》卷11《牧誓第四》，续四部丛刊·经部·十三经注疏，阮刻本。

⑥ 参见何介钧《湖南先秦考古学研究》，岳麓书社，1996。

⑦ 湖南省文物考古研究所、桑植县文物管理所：《湖南桑植县朱家台商代遗址的调查与发掘》，《江汉考古》1989年第2期。

⑧ （汉）孔安国传，（唐）陆德明音义《尚书》卷6《牧誓》，景乌程刘氏嘉业堂藏宋刻本。

事活动,具有一定的实力。武王克商后,随着周人势力的增强,濮已臣服于周,成为周之南土:"(昭公九年)王使詹桓伯辞于晋,曰:'……及武王克商,蒲姑、商奄,吾东土也。巴、濮、楚、邓,吾南土也。'"① 否则,他们不会向周贡奉丹砂:"成周之会……卜人以丹砂。"②(2)濮与楚的关系。在濮与周边族群关系中,除与夏人的关系外,濮楚关系也是其重要组成部分。濮楚关系存在一个从相互交流到濮附于楚、反楚,再到楚灭濮的过程。《国语》载:熊严第三子叔熊曾"逃难于濮而蛮"。韦昭注曰: "濮,蛮夷。……叔熊逃难奔濮而从蛮俗。"③ 由此可见,西周后期濮与"荆楚"关系密切,存在一定的文化交流,否则,叔熊不会入濮地,从濮俗。不过,随着"楚蛮"的强大,楚蚡冒"开濮地而有之",濮由是"臣服"于楚,二者关系也由此紧张。濮族群于是在麇人的号召、率领下叛楚,《左传》载曰:"楚大饥……庸人帅群蛮以叛楚。麇人帅百濮聚于选,将伐楚。"④ 面对濮的反抗,楚为"得天下",于楚平王六年(前423)伐濮。关于此次征伐,《春秋经传集解》载曰:"楚子为舟师以伐濮。费无极言于楚子曰:'晋之伯也,迩于诸夏,而楚辟陋,故弗能与争。若大城城父,而置大子焉,以通北方,王收南方,是得天下也。'王说,从之。"⑤ 面对楚的长期"征伐",濮最终被灭。其族群部分被楚征服,与当地楚人融合,逐渐演变为后世的华夏;部分则留居湘西与渝东南、黔东北,与外来的巴、楚等族群融合,成为秦汉时期的"武陵蛮""僚"等族群;部分则向西南的云贵"败退",成为西南"诸夷"之渊源。(3)濮与巴人的关系。如前所述,巴人从汉水流域转至清江流域后,在东边楚人的压力下,他们又逐步向西发展到了渝东及渝东南。在此地,他们遭遇了早已生活在此地的土著濮人,于是"歃血为盟",在合川县钓鱼山留下了"巴王、濮王会盟于

---

① (晋)杜预集注《春秋经传集解·昭公三·第二十二》,续四部丛刊·经部·十三经古注,相台岳氏家塾本。

② (晋)孔晁注《逸周书》卷7《王会解》,四部丛刊景明本。

③ (三国·吴)韦昭解《国语》卷16《郑语》,四部丛刊·初部·史部,景杭州叶氏藏明嘉靖翻宋本。

④ (唐)孔颖达撰,(清)阮元校刻《左传注疏》卷20,续四部丛刊·经部·十三经注疏,阮刻本。

⑤ (晋)杜预集注《春秋经传集解·昭公五·第二十四》,续四部丛刊·经部·十三经古注,相台岳氏家塾本。

此，酒酣，击剑相杀，并墓而葬"的传说。经过一段时间的较量，巴人最终在春秋初期战胜了濮人。由是，部分濮人融于巴族群之中，部分则逃入更偏僻的山区，以致东汉时扬雄《蜀都赋》仍言川东地区"绵亘百濮"。[1]

综上可见，远古时代与先秦时期，武陵地区所谓的"土"与"客"具有一定的历史性。新石器时代高庙文化如果是武陵地区的"土著"文化，那么城背溪文化、大溪文化、屈家岭文化、石家河文化则是外来的"移民"文化，这些文化不仅较好地展现了武陵地区古人类、古人群与三峡地区、洞庭湖平原、江汉平原以及中原地区古人类、古人群的互动和交流，而且构建了该地区最底层的"土/客"关系。这种关系在先秦时期武陵地区各族群的活动中得到了继承与发展。先秦时期，被学界视为武陵地区"土著"族群的"三苗""荆蛮""楚蛮""楚人""巴人"其实并不是真正的"土"，他们与"越人"一样，都是发源或者早期居住在其他地方，尔后逐渐迁至武陵地区生活、繁衍的"客"。与此同时，真正的"土"只有早期就生活在江汉流域以及包括武陵地区澧水、沅水在内的澧、沅、资、湘诸流域的"濮"族群。该族群与"三苗""荆蛮""楚蛮""楚人""巴人""越人"一道，构建了先秦时期武陵地区的"土/客"关系。这种关系随着各个族群的消长演变，在秦汉南北朝时期表现出新的历史内涵。

第二节　秦汉时期武陵地区的土客及其关系

秦汉时期是武陵地区族群关系发展过程中一个非常重要的阶段。这一时期，武陵地区的"土/客"关系发生了一定的演变。先秦时期的"客"与"土"一同演变成了这一时期的"土"，这些土著主要有"巴郡南郡蛮""武陵蛮""五溪蛮""澧中蛮""溇中蛮""板楯蛮""僚"等族群。至于这一时期的"客"，除了少量"落地生根"的任官、戍卒外，还有大量的"实边"募民以及避乱的流民。这些"客"的成分复杂，既有中原的汉人，也有诸如巴人李特等"蛮夷"族群。他们与"巴郡南郡蛮""武陵蛮"等"土著"族群一起，构成了秦汉时期武陵地区的土客关系。

---

[1]　龚荫：《关于濮人问题（上）》，《西南民族学院学报》（哲学社会科学版）1987 年第 3 期。

秦汉时期，武陵地区的建置有所变迁。在楚秦原黔中郡、洞庭郡、巴郡、南郡的基础上，西汉在高帝五年（前202）设立或者复置了武陵郡、巴郡、南郡。武陵郡治所索（今湖南常德鼎城区一带），辖索（今常德汉寿、鼎城区一带）、孱陵（今湖北公安，湖南安乡、南县、华容、津市一带）、临沅（今常德武陵、鼎城、桃源等县区一带）、沅陵（今沅陵、泸溪、吉首等县市一带）、镡成（今中方、洪江、会同、靖州、通道、绥宁以及黔东北部分县市）、无阳（今新晃、芷江、怀化市城区等县市区一带）、迁陵（今保靖、龙山等县一带）、辰阳（今辰溪、麻阳、花垣、凤凰等县一带）、酉阳（今保靖、古丈、永顺以及渝东南部分县区）、义陵（今溆浦县一带）、佷山（今长阳县一带）、零阳（今慈利、石门、澧县及津市等县市一带）、充（今永定、桑植、武陵源、龙山、来凤、鹤峰等县区一带）13县；① 巴郡的辖区包括今渝东南各县市区，南郡辖区则包括今湖北省宜昌市、恩施州的大部分地区。其后，武陵郡、巴郡、南郡的建置虽然有所变迁，但武陵地区的基本格局直到隋唐之际才发生较大的变化。这一时期，武陵地区的"土著"族群主要有以地名命名的"巴郡南郡蛮""武陵蛮""五溪蛮"、以种属概称的"盘瓠蛮"以及少量的由楚人演化而来的汉人，外来的"他者"主要是来自北方和中原地区的"秦人"以及少量的"蛮夷"。

一 "土著"族群及其社会经济状况

秦汉时期武陵地区"土著"族群的总体分布情况是："武陵蛮""五溪蛮""澧中蛮""溇中蛮""盘瓠蛮"主要分布在湘西、黔东北以及鄂西南的鹤峰、来凤等县；"巴郡南郡蛮"主要分布在渝东南以及鄂西南的大部地区；由楚人演化而来的少量汉人则主要分布在武陵地区交通条件较好的郡、县治所在地及其周边地区。

---

① 关于秦楚黔中郡的设置，学术界存在一定的争议。参见辛德勇《秦始皇三十六郡新考》（上、下），《文史》2006年第1、2期；湖南省文物考古研究所等《湘西里耶秦代简牍选释》，《中国历史文物》2003年第1期；周宏伟《楚秦黔中郡新考》，《九州学林》（香港城市大学）2005年第1期；周宏伟《湖南政区沿革》，湖南师范大学出版社，2009。

1. "武陵五溪诸蛮"的分布及其社会经济状况

"武陵蛮"因秦汉时期居住在武陵郡而得名，"五溪蛮"则因居住在武陵郡内的"五溪"而被外人所称。《水经注》"沅水"条载："武陵有五溪，谓雄溪、樠溪、舞溪、酉溪、辰溪其一焉。夹溪悉是蛮左所居，故谓此蛮'五溪蛮'也。"① 对于五溪之具体所指，学界存在一定的争议，但比较一致的意见是，不管五溪具体所指为何，其地域范围应是沅水中上游，大体包括今天的湘西土家族苗族自治州、怀化市以及黔东北、黔东南、渝东南的部分县市。又因五溪在武陵郡内，故史家多将"武陵蛮""五溪蛮"统称为"武陵五溪蛮"。② 《后汉书》载曰："光武中兴，武陵蛮夷特盛。建武二十三年(47)，精夫相单程等据其险隘，大寇郡县。遣武威将军刘尚发南郡、长沙、武陵兵万余人，乘船溯沅水，入武溪击之。"③ 该书《马援传》又曰："（建武）二十四年（48），武威将军刘尚击武陵五溪蛮夷，深入，军没，援因复请行。"④

除"武陵五溪蛮"外，秦汉时期武陵地区出现过的以地名命名的"蛮夷"还有"澧中蛮""溇中蛮""零阳蛮"。《后汉书》载："肃宗建初元年(76)，武陵澧中蛮陈从等反叛，入零阳蛮界。其冬，零阳蛮五里精夫为郡击破从，从等皆降。三年冬，溇中蛮覃儿健等复反，攻烧零阳、作唐、屡陵界中。"又曰："和帝永元四年冬，溇中、澧中蛮潭戎等反，燔烧邮亭，杀略吏民，郡兵击破降之。……州郡募五里蛮六亭兵追击破之，皆散降。……溇中、澧中蛮四千人并为盗贼。"⑤ 上述引文中的"澧中蛮""溇中蛮""零阳蛮"，与"五溪蛮"一样，皆是"武陵蛮"在较小范围内的地区性称呼。称呼中涉及的"澧中"（即澧水中游地区）、"溇中"（即澧水支流溇水地

---

① （北魏）郦道元著，（清）王先荣校《合校水经注》卷37《沅水》，中华书局，2012，第534页。

② 关于"五溪"具体所指，学界存在一定的争议。但其大致区域应是指沅水中上游的几条支流。参见张雄的《汉魏以来"武陵五溪蛮"的活动地域及民族成分述考》[《中南民族学院学报》（哲学社会科学版）1985年第1期]、王瑞莲的《试论武陵、五溪的区别及五溪蛮的分布》[《中南民族学院学报》（哲学社会科学版）1985年第5期]、陈致远的《"五溪"地望说异》（《中国历史地理论丛》2000年第1期）等。

③ （南朝宋）范晔撰，（唐）李贤等注《后汉书》卷86《南蛮传》，第2831~2832页。

④ （南朝宋）范晔撰，（唐）李贤等注《后汉书》卷24《马援传》，第842页。

⑤ （南朝宋）范晔撰，（唐）李贤等注《后汉书》卷86《南蛮传》，第2833页。

区）、"零阳"（即龙山、保靖、永顺等县地）也都在武陵郡域之内，故它们实际上都是"武陵蛮"。①

与"武陵蛮""五溪蛮""澧中蛮""溇中蛮""零阳蛮"等"蛮夷"以具体地域而得名不同，"盘瓠蛮"是以盘瓠崇拜而得名。至于它们之间的关系，根据诸文献之记载，"武陵五溪蛮"多"盘瓠之种落"。对此，晋人干宝《搜神记》载"盘瓠"曰："盘瓠将女上南山，草木茂盛，无人行迹。……衣服褊裈，言语侏离，饮食蹲踞，好山恶都。……有邑君长，皆赐印绶。……今即梁、汉、巴、蜀、武陵、长沙、庐江郡夷是也。用糁杂鱼肉，叩槽而号，以祭盘瓠，其俗至今。"② 南朝宋范晔以《搜神记》为蓝本，首次将盘瓠传说编入正史曰：

> 昔高辛氏有犬戎之寇，帝患其侵暴，而征伐不克。乃访募天下，有能得犬戎之将吴将军头者，购黄金千镒，邑万家，又妻以少女。时帝有畜狗，其毛五采，名曰槃瓠。下令之后，槃瓠遂衔人头造阙下，群臣怪而诊之，乃吴将军首也。帝大喜，而计槃瓠不可妻之以女，又无封爵之道，议欲有报而未知所宜。女闻之，以为帝皇下令，不可违信，因请行。帝不得已，乃以女配槃瓠。槃瓠得女，负而走入南山，止石室中。所处险绝，人迹不至。于是女解去衣裳，为仆鉴之结，著独力之衣。帝悲思之，遣使寻求，辄遇风雨震晦，使者不得进。经三年，生子一十二人，六男六女。槃瓠死后，因自相夫妻。织绩木皮，染以草实，好五色衣服，制裁皆有尾形。其母后归，以状白帝，于是使迎致诸子。衣裳斑兰，语言侏离，好山入壑，不乐平旷。帝顺其意，赐以名山广泽。其后滋蔓，号越"蛮夷"。外痴内黠，安土重旧。以先父有功，母帝之女，田作贾贩，无关梁符传，租税之赋。有邑君长，皆赐印绶，冠用獭皮。名渠帅曰精夫，相呼为姎徒。今长沙武陵蛮是也。③

---

① 伍新福：《湖南民族关系史（上）》，第 90 页。
② （晋）干宝撰，李剑国辑校《新辑搜神记》卷 24《盘瓠》，中华书局，2012，第 401 页。
③ （南朝宋）范晔撰，（唐）李贤等注《后汉书》卷 86《南蛮传》，第 2829～2830 页。

由上述传说可知：盘瓠得名与图腾崇拜有关，"武陵蛮"种属多"盘瓠蛮"。不过，在此需要说明的是，"武陵蛮"虽多"盘瓠之后"，但并不是说"武陵蛮"都是"盘瓠蛮"，一些其他族属的族群其实也包含其中。由相关研究成果可知，因"武陵五溪蛮"在湘西、黔东北与"巴蛮""僚"等族群交错居住，故"武陵五溪蛮"还包含"巴蛮""越人""僚"等族属的人群；①"武陵蛮"已实行"渠帅"或大姓统治，故"名渠帅曰精夫"，此外，《后汉书·南蛮传》中有关"精夫相单程""澧中蛮陈从""溇中蛮覃儿健""武陵蛮詹山"的称呼也直接证实了"武陵蛮"的"渠帅"或大姓的统治方式；"武陵蛮"过着山地农耕生活，并能从事一定的商业交换，故他们"安土重旧""田作贾贩""织绩木皮，染以草实"，与此同时，他们还能假借"先父有功""母帝之女"，免除赋税与差徭。这一状况直到两汉时才有所改变。

2. "巴郡南郡蛮"的分布及其社会经济状况

秦汉时期"巴郡"治所基本上在江州县（今重庆市江北区）一带，其辖区尽管有所变迁，但总体上是指今天的重庆市及四川省的部分县市；"南郡"则包含鄂西南、鄂西北大部分县市区。因此，"巴郡南郡蛮"主要是指生活在这些地方的"蛮夷"族群。对于其族属，《后汉书·南蛮传》明确载曰："巴郡南郡蛮，本有五姓：巴氏，樊氏，瞫氏，相氏，郑氏。皆出于武落钟离山。"②由此可见，"巴郡南郡蛮"源于巴人。

至于"巴郡南郡蛮"的社会经济状况，相关文献也给予了记载。《后汉书·南蛮传》载："廪君死，魂魄世为白虎。巴氏以虎饮人血，遂以人祠焉。及秦惠王并巴中，以巴氏为蛮夷君长，世尚秦女，其民爵比不更，有罪得以爵除。其君长岁出赋二千一十六钱，三岁一出义赋千八百钱。其民户出幏布八丈二尺，鸡羽三十镞。"又载"巴郡南郡蛮"支系"板楯蛮夷者"曰："至高祖为汉王，发夷人还伐三秦。秦地既定，乃遣还巴中，复其渠帅罗、朴、督、鄂、度、夕、龚七姓，不输租赋，余户乃岁入賨钱，口四十。世号为板楯蛮夷。……其人多居水左右，天性劲勇，初为汉前锋，数陷陈。

---

① 张雄：《汉魏以来"武陵五溪蛮"的活动地域及民族成分述考》，《中南民族学院学报》（哲学社会科学版）1985 年第 1 期。

② （南朝宋）范晔撰，（唐）李贤等注《后汉书》卷 86《南蛮传》，第 2840 页。

俗喜歌舞，高祖观之，曰：'此武王伐纣之歌也。'乃命乐人习之，所谓《巴渝舞》也。"① 由上可知，"巴郡南郡蛮"实行渠帅统治，但其渠帅需接受王朝"追认"或"封赏"。该族群"天性劲勇"，文化上"喜歌舞"，崇拜白虎；婚姻上"世尚秦女"；经济上则享有一定的租赋"优宠"，且手工业有所发展，否则不会用"幏布""鸡羽"抵作赋税。

此外，由相关文献可知，因"鱼盐"而兴衰的"巴人"传至"巴郡南郡蛮"，他们不仅开采丹砂，而且开始了以农业为主，以狩猎、捕鱼为辅的山地农耕经济。《汉书·地理志下》载：原大部属楚的巴郡、南郡，"或火耕水耨。民食鱼稻，以渔猎山伐为业，果蓏蠃蛤，食物常足"。② 晋代的《华阳国志·巴志》也载："其地东至鱼复，西至僰道，北接汉中，南极黔涪，土植五谷，牲具六畜，桑蚕、麻苎、鱼、盐、铜、铁、丹、漆、茶、蜜、灵龟、巨犀、山鸡、白雉、黄润、鲜粉皆纳贡之。"③ 与此同时，《华阳国志·蜀志》中有关秦军将领"司马错率巴蜀众十万，大舶船万艘，米六百万斛，浮江伐楚，取商于之地为黔中郡"④ 的记载更是说明，秦汉时期巴郡的水稻种植已有相当的发展。

3. 土著"汉人"

由前述可知，春秋战国时期，楚人沿着沅水、澧水、酉水、峡江、清江诸水挺进了武陵地区的东部、南部、北部甚至是腹地的中部，征伐了当地的"濮"与"巴"族群，并以沅水为中心，设置了黔中郡。这些进入武陵地区的楚人，部分与当地的濮、巴等族群融合，逐步演变成了该地区秦汉时期土著的"巴郡南郡蛮""武陵蛮"；部分则随着秦汉大一统的完成和发展，逐步演化成了武陵地区的土著汉人。这些汉人与因避乱等原因迁居武陵地区的秦人、中原汉人一道，构成了武陵地区最早的汉人。⑤ 如光绪《桃源县志》载楚人伍度曰：伍度父亲伍员，齐鲍氏，曾封鲍侯，"度惧及祸，去之。武

---

① （南朝宋）范晔撰，（唐）李贤等注《后汉书》卷86《南蛮传》，第2842页。

② （汉）班固撰，（唐）颜师古注《汉书》卷28下《地理志第八下》，中华书局，2004，第1666页。

③ （晋）常璩撰，刘琳校注《华阳国志校注》卷1《巴志》，第25页。

④ （晋）常璩撰，刘琳校注《华阳国志校注》卷3《蜀志》，第194页。

⑤ 韦东超：《两湖地区早期汉化进程述论》，柏贵喜、孟凡云主编《南方民族社会文化史论集》，湖北人民出版社，2007，第380～393页。

陵家焉"。① 据传，桃源县伍姓皆齐后裔。其实，伍度只是陶潜《桃花源记》中的众多人物之一。是时，定有不少的楚人为逃避战乱遁入鸡犬相闻、与世无争的"桃花源"。这也是文学作品《桃花源记》所具有的"历史的隐喻"。

二　秦汉时期的拓边和治理

秦汉时期，中央王朝在稳定中原的基础上掀起了向南方以及西南地区拓边的浪潮。作为进入南方或者西南地区的过渡地带，武陵地区自然成为秦汉王朝的拓边对象之一。拓边完成后，秦汉王朝施行了一系列的治理措施。

1. 置郡县与设"蛮夷道"

早在战国后期秦一统天下之时，秦军业已进入武陵地区。秦灭巴之后，在该地区设立了巴郡。尔后以巴为基地，沿江而下灭楚，在楚地新设南郡，复置黔中郡，并在征五岭的过程中派兵戍守"镡城"（今湖南靖州、通道县地）。是时，武陵地区的湘西以及黔东北、渝东南的大部分地方都隶属于黔中郡，鄂西南的多数地方则属南郡。秦短命而亡，西汉王朝在秦的基础上设立或者复置了武陵郡、巴郡、南郡。其后辖区尽管有所变迁，但武陵地区大体上在上述三郡版图之内。

为更好地管理各地"蛮夷"，秦汉王朝在"南郡蛮"居地设置了一种大致与县同级别的地方行政机构——"道"，其长官称为"道官"或者"道啬夫"。《续汉书志·百官五》载："凡县主蛮夷曰道。"②《汉书·地理志》载南郡领县："夷道，莽曰江南。"③

2. "封君长"与减税赋

如前所述，秦汉时期王朝在武陵地区设置了郡县与道，但其真正控制与管辖的范围并不是很广，主要限于治所与军事据点及其周边。对于境内地方比较偏远的"蛮夷"，王朝基本上是鞭长莫及，由此采取了赐封"蛮夷"首

---

① （清）余良栋修，刘凤苞纂《桃源县志》卷10《人物志下·隐逸》，清光绪十八年刻本，《中国方志丛书·华中地方》第111号。

② （晋）司马彪撰《续汉书志》卷28《百官五》，第3623页。

③ （汉）班固撰，（唐）颜师古注《汉书》卷28上《地理志第八上》，第1566页。

领的管理方式。《后汉书·南蛮传》载："及秦惠王并巴中，以巴氏为蛮夷君长。"① 汉沿秦制，继续对"蛮夷"首领进行赐封。否则不会有《搜神记》中"有邑君长，皆赐印绶"②、《后汉书》中"赐五里、六亭渠帅金帛各有差"③ 等记载。对于资源匮乏的武陵地区，秦汉王朝在税赋上还给予一定的"优宠"。秦汉早期，王朝对"武陵蛮"基本上是免租赋的。对此，《后汉书》载曰："无关梁符传，租税之赋。"④ 随着统治的加强，王朝逐渐要求武陵"诸蛮"以"出賨布"等方式缴纳一定的赋税。《后汉书·南蛮传》载"廪君蛮"曰："其君长岁出赋二千一十六钱，三岁一出义赋千八百钱。其民户出賨布八丈二尺，鸡羽三十镞。"⑤ 载"板楯蛮"又曰：渠帅罗、朴、督、鄂、度、夕、龚七姓之外，其他民众需"岁入賨钱，口四十"。⑥ 相对于全国的平均水平（人岁"算赋"120 钱、"口钱"63 钱）而言，武陵地区"诸蛮"132 钱左右的赋额确实轻松不少。⑦ 但对于早已习惯了"免差徭"的他们来说，上交一钱也意味着负担的加重。与此同时，在武陵"诸蛮夷"看来，减免或者优待赋役不仅是其先祖之功，而且具有界定身份的重要作用。由此，两汉中后期，武陵"诸蛮"多因赋役问题"造反"。

3. 武力征讨、教育化导与徙出世居之地

面对武陵"诸蛮"的造反，统治者采取武力征讨、徙出世居之地、教育化导三种方式进行控制。关于武力征讨，早在秦一统战争中，统治者就两次派兵伐楚，攻取"蛮夷"集中的"黔中"。两汉时期，随着统治力量的加强，王朝不但加强了对"武陵蛮""渠帅"的印证与管理，还屯军戍守新辟之地。面对统治者的统治与剥削，"武陵蛮"奋起反抗。规模比较大的有"武陵蛮"精夫相单程、陈从的抗争，"澧中蛮"覃儿健、"溇中蛮"潭戎等的反叛。东汉统治者先后派出威武将军刘尚、伏波将军马援、车骑将军冯绲等对"武陵蛮"进行征剿。《后汉书》对此载曰："建武二十三年（47），

---

① （南朝宋）范晔撰，（唐）李贤等注《后汉书》卷 86《南蛮传》，第 2841 页。
② （晋）干宝撰《搜神记》卷 14《槃瓠》，四库全书本。
③ （南朝宋）范晔撰，（唐）李贤等注《后汉书》卷 86《南蛮传》，第 2833 页。
④ （南朝宋）范晔撰，（唐）李贤等注《后汉书》卷 86《南蛮传》，第 2829 页。
⑤ （南朝宋）范晔撰，（唐）李贤等注《后汉书》卷 86《南蛮传》，第 2841 页。
⑥ （南朝宋）范晔撰，（唐）李贤等注《后汉书》卷 86《南蛮传》，第 2842 页。
⑦ 伍新福：《湖南民族关系史（上）》，第 106 页。

精夫相单程等据其险隘，大寇郡县。遣武威将军刘尚发南郡、长沙、武陵兵万余人，乘船溯沅水，入武溪击之。……二十四年（48），相单程等下攻临沅，遣谒者李嵩、中山太守马成击之，不能克。明年春，遣伏波将军马援、中郎将刘匡、马武、孙永等，将兵至临沅，击破之。"又曰："肃宗建初元年（76），武陵澧中蛮陈从等反叛，入零阳蛮界。……三年（78）冬，溇中蛮覃儿健等复反，攻烧零阳、作唐、屖陵界中。……和帝永元四年冬，溇中、澧中蛮潭戎等反，燔烧邮亭，杀略吏民，郡兵击破降之。……永寿三年（157）十一月，长沙蛮反叛，屯益阳。……又遣车骑将军冯绲讨武陵蛮，并皆降散。"① 此外，湘西特别是沅水两岸留下的许多有关"马援征蛮"的传说故事以及纪念马援而建的祠庙也给予了印证与说明。乾隆《沅州府志》载："三忠祠，在北门外。相传旧有祠，祀汉伏波将军。"② 道光《凤凰厅志》之《三侯新识》载："《乾州厅志》曰：三侯庙，俗所称白帝天王者也。兄弟一人塑像一白面，一亦面，一黑面。相传，以三十六人杀苗九千。至今畏之。又云：马伏波昔乘白马征苗，土人祀之。……乾隆六十年，乾州苗毁城乡村堡，悉成瓦铄。惟厅城内之崇圣祠鸦溪之天王庙，镇溪之伏波庙巍然独存。"③ 同治增刻乾隆版《永顺府志》载龙山祠庙也曰："龙山县城有黑神庙，系辰州客民所建也。内祀雷公万春，以汉马伏波配之。"④

对于反叛的武陵土著"蛮夷"，武力征讨是东汉统治者控制武陵地区的方式之一。除此之外，秦汉王朝还采取了选良吏、教育化导与徙出世居之地的方式进行统治。关于选良吏、教育化导武陵诸"蛮夷"，《后汉书·宋均传》记载了建武初年宋均调补"辰阳长"时，针对当地"少学者而信巫鬼"的风俗，采取了"立学校，禁绝淫祀"的方式治理地方，"人皆安之"⑤；桓帝永兴元年（153），应奉拜武陵太守，"到官慰纳，（詹）山等皆悉降散"

① （南朝宋）范晔撰，（唐）李贤等注《后汉书》卷86《南蛮传》，第2831~2834页。
② （清）瑺珠修，朱景英、郭瑗龄纂《沅州府志》卷19《坛庙二》，清乾隆二十二年稿成，刻年未详本。
③ （清）黄应培修，孙均铨、黄元复纂《凤凰厅志》卷5《典礼志》，清道光四年刻本。
④ （清）张天如等纂修，魏式曾增修，郭鉴襄增纂《永顺府志》卷12《杂记续编》，清同治十二年增刻乾隆本。
⑤ （南朝宋）范晔撰，（唐）李贤等注《后汉书》卷41《宋均传》，第1411页。

后,"于是兴学校,举仄陋,政称变俗"。①

与此同时,秦汉王朝还对反叛的"蛮夷"采取了徙居他地的治理办法。《隋书·地理志》载曰:"汉高发巴蜀之人定三秦,迁巴之渠帅七姓居于商洛之地。由是风俗不改其壤,其人自巴来者,风俗尤同巴郡。"②《后汉书·南蛮传》也载:"至建武二十三年(47),南郡潳山蛮雷迁等始反叛,寇掠百姓,遣武威将军刘尚将万余人讨破之,徙其种人七千余口置江夏界中,今沔中蛮是也。和帝永元十三年,巫蛮许圣等以郡收税不均,怀怨恨,遂屯聚反叛。明年夏,遣使者督荆州诸郡兵万余人讨之。圣等依凭阻隘,久不破。诸军乃分道并进,或自巴郡、鱼复数路攻之,蛮乃散走,斩其渠帅。乘胜追之,大破圣等。圣等乞降,复悉徙置江夏。"③将反叛的"蛮夷"迁出世居之地是治理"蛮夷"的一种办法,但如果不能妥善安置,这些徙出世居之地的"蛮夷"又会成为新的反叛人群。魏晋南北朝时期"沔中蛮""江夏蛮"的反叛就是这种类型。

三 外来人群的进入和土客之间的关系

1. 外来人群的进入

秦汉时期,武陵地区的人群除了前述的土著外,还有一部分的外来官吏、将士、军卒、眷属、宗亲、仆隶、匠役以及"秦人""汉人"等。这些人进入的原因是多方面的,部分是秦汉王朝置郡县或者武力征伐带来的,部分则是募民或者遣罪犯实边的结果,部分则是躲避中原的战乱或者灾荒而来。④如马援征"武陵五溪蛮"时,就有一些士兵留在了当地。故《酉阳杂俎》载:"马伏波有余兵十家不返,居寿泠县,自相婚姻,有二百户。以其流寓,号马留衣,食与华同。山川移易,铜柱入海,以此民为识耳,亦曰马

① (南朝宋)范晔撰,(唐)李贤等注《后汉书》卷41《应奉传》,第1608页。
② (唐)魏徵等撰《隋书》卷30《地理志中》,第843页。
③ (南朝宋)范晔撰,(唐)李贤等注《后汉书》卷86《南蛮传》,第2841页。
④ 参见葛剑雄主编《中国移民史》第二卷《先秦至魏晋南北朝时期》;赖华明《秦汉移民与巴蜀文化的变迁》,《西南民族学院学报》(哲学社会科学版)2002年第11期;古永继《秦汉时西南地区外来移民的迁徙特点及在边疆开发中的作用》,《云南民族大学学报》(哲学社会科学版)2006年第3期。

留。"① 特别是后两项，更是外来人群进入武陵地区的主因。对于募民或遣罪犯实边，《史记·秦始皇本纪》载："（始皇三十三年）发诸尝通亡人、赘婿、贾人，略取陆粱地，为桂林、象郡、南海，以谪遣戍。"② 《华阳国志》也载："周赧王元年，秦惠王封子通国为蜀侯，以陈壮为相，置巴郡，以张若为蜀国，守戎伯尚强，乃移秦民万家实之。"③ 引文中虽未直言募民或罪犯至武陵地区，但根据灾荒之年秦汉统治者"其议民欲徙宽大地者，听之"④ 的政策，武陵地区应迁入了一些实边的募民或罪犯。对于因躲避战乱或者灾荒而来的移民，《后汉书》载东汉安帝永初二年黄河流域"连年水旱灾异，郡国多被饥困"，樊宏上述建议"困乏者，徙置荆、扬熟郡"，"且令百姓各安其所"。⑤ 谭其骧先生在《湖南人由来考》中也言："中原人之开始大量来湖南，湖南之始为中原人所开发，其事盖促成莽末更始之世。方是时中原大乱，烽烟四起，田园尽芜，千里为墟，百姓皆无以为生，必有南阳、襄阳诸郡之人，南走避于洞庭、沅、湘之间，筚路蓝缕以启此荒无人居之山林旷土也。"⑥ 同时，《汉书·地理志》与《后汉书·郡国志》记载的西汉平帝元年（1）、东汉永和五年（140）武陵郡、南郡、巴郡的人口数字也从一个侧面印证了谭先生所言。具体数字见表1-1。

表1-1　西汉平帝元年、东汉永和五年南郡、武陵郡、巴郡户口情况

郡名	西汉平帝元年		东汉永和五年		户数增加（户）	人数增加（口）
	户数（户）	人数（口）	户数（户）	人数（口）		
南郡	125579	718540	162570	747604	36991	29064
武陵郡	34177	185758	46672	250913	12495	65155
巴郡	158643	788148	310691	1086049	152048	297901
合计	318399	1692446	519933	2084566	201534	392120

资料来源：上述数字据《汉书》卷28上《地理志第八上》与《后汉书》卷33《郡国志五》整理而成。

---

① （唐）段成式：《酉阳杂俎》卷4《境异》，四部丛刊·初编·子部，上海涵芬楼藏明刊本。
② （汉）司马迁：《史记》卷6《秦始皇本纪》，续四部丛刊·史部·二十四史，武英殿本。
③ （晋）常璩撰，（清）廖寅撰附录《华阳国志》卷3《蜀志》，续四部丛刊·史部·载记，顾校廖刊本。
④ （汉）班固撰，（唐）颜师古注《汉书》卷5《景帝纪第五》，第139页。
⑤ （南朝宋）范晔撰，（唐）李贤等注《后汉书》卷32《樊宏传》，第1128页。
⑥ 谭其骧：《湖南人由来考》，《长水集（上）》，第301页。

表1-1中的数字名义上是南郡、武陵郡、巴郡三郡的户口情况,但如果考虑到中国古代历代封建王朝对羁縻的"蛮夷"族群户口的统计习惯,上述数据反映的主要是汉族群户口的情况,两汉时期武陵地区户口的增长更多体现的是汉族群在武陵地区的扩大和发展。

此外,由近年的考古发掘可知,武陵地区确有不少秦、汉文化遗存。里耶秦简的发现说明,秦人在秦汉时期早已进入武陵地区腹地。湘西、渝东南、鄂西南大量汉代墓葬、窖藏的发掘则说明,两汉时期已有不少的汉人进入武陵地区。① 这些人的进入,促进了华夏文化与武陵地区"土著蛮夷"文化之间的交流。

2. 土客之间的关系

秦汉时期武陵地区的人群除了土著的"巴郡南郡蛮"、"武陵蛮"、"五溪蛮"、汉人外,还有一部分外来的官吏、将士、军卒、眷属、宗亲、仆隶、匠役以及"秦人""汉人"等。外来人群的进入,带来了武陵地区族群关系的变化。一方面,这些外来的"他者"通过各种方式传播中原的汉文化,从而促进了武陵地区土著"蛮夷"的"汉化"以及各族群间的文化交流。前述巴人的"世尚秦女",建武初年宋均调补"辰阳长",在五溪地区"立学校,禁绝淫祀"以及应奉拜武陵太守、"兴学校,举仄陋"等情况就是这种文化交流的说明。此外,由罗维庆先生的研究可知,在两汉时期出现的"相单程""覃儿健""潭戎"等与汉族姓名区别不大的人名表明土家先民在两汉时期已向外来的汉人学习汉姓。②

另一方面,外来人群的大量进入与扩张,也在一定程度上带来了武陵地区土客关系的紧张。对此,韦东超一改有关东汉时期武陵、长沙、零陵三郡"蛮变"动因的传统分析,认为东汉时期三郡"蛮变"具有深刻的移民背景,中原汉族移民大量的进入而引发的族群冲突可能是三郡"蛮变"的深层原因。③ 史籍特别是《后汉书》所解释的"虽时为寇盗,而不足为郡国患""光武中兴,武陵蛮夷特盛"的"蛮变"动因可能是汉人作者的一种表

---

① 邓辉:《土家族区域的考古文化》。
② 罗维庆:《土家族姓氏起源演化考述》,《吉首大学学报》(社会科学版)1988年第3期。
③ 韦东超:《移民与族际冲突——东汉时期武陵、长沙、零陵三郡"蛮变"动因浅论》,《中南民族大学学报》(人文社会科学版)2003年第1期。

述。作为汉族群的士大夫，多数史籍的作者可能为维护本族群的利益漂白"我群"，贬损、抹黑"他群"。由此，原本是汉族群人口特盛，向"蛮地"的武陵地区扩张而引发的族群冲突被汉族士大夫表述成了"武陵蛮夷特盛"。这从前述对武陵地区的西汉、东汉年间的户口数字分析中也可得到证明。

第三节　魏晋南北朝时期武陵地区的土客及其关系

魏晋南北朝起于 220 年，终于 589 年。三国时期，武陵地区成为吴蜀魏争夺的中间地带。三国前期，武陵地区多为刘蜀所据。及刘备兵败夷陵，宜都（治宜都西北，下辖夷道、西陵、佷山）、武陵（除佷山划归南郡外，武陵郡所辖均袭后汉）、南郡、建平郡（治重庆巫山，下辖巫县、秭归、信陵、兴山、沙渠）之地均属吴。孙休之时，割武陵郡之灵阳、充等地置天门郡。至西晋，武陵郡所领辖地变为临沅、龙阳（今湖南汉寿）、沅陵、酉阳、沅南、迁陵、舞阳、镡城等十县。梁陈时期，武陵郡一分为二，一为武州，一为沅陵郡。① 与秦汉时期相比，魏晋南北朝时期武陵地区行政建制发生了较大的变化，其土客关系也具有了不同的历史内涵。

一　"土著"的变化及其族属

魏晋南北朝时期武陵地区的土著既有汉人，也有各类"蛮夷"。土著汉人主要是秦汉时期王朝置郡县、武力征伐、募民、遣罪犯实边、躲避中原战乱和灾荒带来的。这些人在秦汉时期是外来的"客"，至魏晋南北朝时期则演变成了落地生根的"土著"之民。魏晋南北朝时期部分史志中所记载的户与口多是这些入了籍的土著汉人。如曹魏嘉平二年（250）王昶建言"民夷与新城郡接，可袭取也"② 中的"民"即为入籍之土著汉人，"夷"即为未入籍的土著"蛮夷"。三国时的廖立、潘濬，晋时的阎会、潘京、龚

---

① 张雄：《汉魏以来"武陵五溪蛮"的活动地域及民族成分述考》，《中南民族学院学报》（哲学社会科学版）1985 年第 1 期。
② （晋）陈寿撰，（南朝宋）裴松之注《三国志》卷 27《魏书·王昶传》，中华书局，2011，第 749 页。

玄之、邵荣兴、伍朝，南北朝的范安祖、伍安贫、黄闵等即是这些土著汉人中的代表和翘楚，特别是廖立、潘濬、伍安贫、黄闵四人，廖曾迁长沙太守，潘被孙权拜为中郎将，迁太常，伍安贫、黄闵则撰写了《武陵记》。嘉靖《常德府志》载廖立言:"武陵人，蜀先主辟为从事，迁长沙太守。"又载伍安贫、黄闵曰:"伍安贫，武陵人，博雅嗜学，梁屡降玄纁之礼，聘之。固以疾辞。尝撰《武陵图志》。黄闵，武陵人，博学能词艺，尝撰《沅州志》。"①《三国志》载潘濬曰:"潘濬，字承明，武陵汉寿人也。弱冠从宋仲子受学，年未三十，荆州牧刘表辟为部江夏从事。时沙羡长赃秽不修，濬按杀之，一郡震竦，后为湘乡令，治甚有名。刘备领荆州，以濬为治中从事。备入蜀，典留州事。孙权杀关羽并荆土，拜濬辅军中郎将，授以兵，迁奋威将军，封常迁亭侯。权称尊号，拜为少府，进封刘阳侯，迁太常。五溪蛮夷叛乱盘结，权假濬节督诸军，讨之。信赏必行法，不可干。斩首获生，盖以万数，自是群蛮衰弱，一方宁静。"②

至于"蛮夷"，其多数虽不在官府的户籍之中，但他们是魏晋南北朝时期武陵地区土著的主体。这些"蛮夷"按时间先后和地域大致分为三国时期的"宜都郡夷""建平郡夷""武陵蛮""武陵五溪獠"、两晋南北朝时期的"荆州蛮"等。

"宜都郡夷"与"建平郡夷"主要是指三国时期生活在孙吴之宜都郡与建平郡的"蛮夷"。是时的宜都郡下辖夷道（治今湖北宜都西北）、西陵（治今湖北宜昌东）、佷山县（治今湖北长阳西），建平郡下辖巫县（治今重庆巫山）、秭归（治今湖北秭归）、信陵（治今湖北秭归东）、兴山（治今湖北兴山北）、沙渠（治今湖北恩施）。三国时期，对宜都、建平二郡展开争夺的主要是吴、蜀。是时，为了争夺宜都、建平二郡，吴、蜀、魏均采取政治、经济手段笼络生活在二郡的"蛮夷"。建安二十年（215），陆逊攻取宜都、秭归、枝江、夷道，孙权随即命陆逊为宜都太守，拜抚边将军，封华亭侯。蜀之宜都太守樊友则弃郡逃跑，"诸城长吏及蛮夷君长皆降。逊请

---

① （明）陈洪谟撰《常德府志》卷15《人品志》，明嘉靖二十六年刻本。
② （晋）陈寿撰，（南朝宋）裴松之注《三国志》卷61《吴书·潘濬传》，第1397页。

金、银、铜印，以假授初附"。秭归大姓文布、邓凯纠合夷兵数千人，勾连蜀国，占据三峡。"逊复部旅讨破布、凯。布、凯脱走，蜀以为将。逊令人诱之，布帅众还降。前后斩获招纳，凡数万计。"① 孙吴黄武元年（222），刘备"从巫峡、建平连围至夷陵界，立数十屯，以金、锦、爵赏诱动诸夷"。② 孙吴凤凰元年（272），晋巴东监军徐胤率水军诣建平，荆州刺史杨肇至西陵，陆抗"身率三军，凭围对肇。将军朱乔、营都督俞赞亡诣肇。抗曰：'赞军中旧吏，知吾虚实者，吾常虑夷兵素不简练。若敌攻围，必先此处。'即夜易夷民，皆以旧将充之。明日，肇果攻故夷兵处"。③ 陆抗所统率"夷兵"，当系从宜都郡西部所辖县夷人中募集而来。

三国时期，尽管武陵郡的归属和辖地与秦汉相比有所变化，但这两个时期所言的"武陵蛮"总体上指的是同一个族群。建武二十四年（219），孙权杀关羽，夺荆州，武陵郡随之归吴。章武元年（221），刘备率军伐吴，"将军吴班、冯习自巫攻破异等，军次秭归"④，并派使诱导武陵蛮夷，"假与印绶，许之封赏"，于是诸县及五溪民不仅"反为蜀"，而且"遣使请兵"⑤。次年二月，刘备又率军自秭归进军，"缘山截岭，于夷道猇亭驻营，自佷山通武陵，遣侍中马良安慰五溪蛮夷，咸相率响应"。⑥ 由此可见，在蜀汉"安慰""招纳"政策之下，蜀汉与"武陵蛮"之关系相对和睦。

与蜀汉和"武陵蛮"之相对和睦关系相比，吴与"武陵蛮"的关系则比较紧张。⑦ 吴取荆州辖武陵郡后，即以武陵汉寿人潘濬治理武陵，并以武力征讨之。后"武陵蛮夷"反乱，攻取城邑，又以黄盖领武陵太守。黄盖设计击"武陵蛮夷"，"斩首数百，余皆奔走，尽归邑落。诛讨魁帅，附从者赦之。自春讫夏，寇乱尽平，诸幽邃巴、醴、由、诞邑侯君长，皆改操易

---

① （晋）陈寿撰，（南朝宋）裴松之注《三国志》卷58《吴书·陆逊传》，第1345页。
② （晋）陈寿撰，（南朝宋）裴松之注《三国志》卷58《吴书·陆逊传》，第1346页。
③ （晋）陈寿撰，（南朝宋）裴松之注《三国志》卷58《吴书·陆逊传》，第1356~1357页。
④ （晋）陈寿撰，（南朝宋）裴松之注《三国志》卷32《蜀书·先主传》，第890页。
⑤ （晋）陈寿撰，（南朝宋）裴松之注《三国志》卷47《吴书·孙权传》，第1122页。
⑥ （晋）陈寿撰，（南朝宋）裴松之注《三国志》卷32《蜀书·先主传》，第890页。
⑦ 吴永章主编《中南民族关系史》，第71页。

节，奉礼请见，郡境遂清"①。此后，"武陵蛮夷"又反，吴则遣太常潘濬率兵五万征讨，平之。至此，"武陵蛮夷"受到重挫，反乱顿息。魏灭蜀后，魏遣汉葭（今重庆彭水县）县长郭纯试守武陵太守，并率涪陵民至迁陵界，屯于赤沙，招诱诸夷邑君，又攻取西阳县。是时的迁陵县属武陵郡，在今湖南保靖县东部；西阳县也属武陵郡，县在酉溪之阳；赤沙则在迁陵、西阳之间。永安六年（263），吴乃以钟离牧为平魏将军，领武陵太守，率兵"晨夜进道，缘山险行，垂二千里，从塞上。斩恶民怀异心者魁帅百余人及其支党凡千余级"②，郭纯等逃散，五溪乃平。

两晋南北朝时期，继"宜都郡夷""建平郡夷""武陵蛮"而起，生活在湘西、鄂西南、渝东之"蛮夷"统称为"荆雍州蛮"。其所指主要有"雍州蛮""荆州蛮"。"雍州蛮"主要生活在沔水（汉水），史称"沔中蛮""沔北蛮"等。由于其未在本研究范围之内，故不做具体分析。"荆州蛮"则主要包括"峡中蛮"、"巴东蛮"、"武陵蛮"（又称"五溪蛮""五溪夷"）、"宜都蛮"、"天门蛮"等。晋初，杨宗为武陵太守，但他住在巴东郡的南浦"诱恤武陵蛮夷"。由此可见，晋初统治者的势力未真正深入武陵地区，否则，作为武陵太守的杨宗不会住巴东郡之南浦"诱恤武陵蛮夷"。泰始九年（273），晋武帝在襄阳设置了"南蛮校尉"，专门管理包括武陵地区在内的"蛮夷"。③ 咸宁三年（277），在军事威逼和经济的"诱恤"之下，"鲜卑、匈奴、五溪蛮夷、东夷三国，前后十余辈各帅种人部落内附"④，由此，晋朝之统治势力方真正渗透到武陵五溪地区。永嘉年间，荆州刺史王澄无能，"时政令不一，诸蛮怨望，并谋背叛"。王澄派南平太守应詹督武陵等郡军事。应詹召集各地蛮酋，"破铜券与盟"，由是包括"武陵蛮"在内的数郡"蛮夷"怀念应詹，数郡也相安无事。应詹后，"武陵蛮"又乱，荆湘大乱。故荆州之治乱，关键在于控制"武陵蛮夷"。由此，西晋末年陶侃主政荆州时，把控制"武陵蛮夷"当作稳定荆州之根本，"以

---

① （晋）陈寿撰，（南朝宋）裴松之注《三国志》卷55《吴书·黄盖传》，第1285页。
② （晋）陈寿撰，（南朝宋）裴松之注《三国志》卷60《吴书·钟离牧传》，第1394页。
③ （唐）房玄龄等撰《晋书》卷24《职官志》，中华书局，2011，第747页。
④ （唐）房玄龄等撰《晋书》卷3《武帝纪》，第68页。

江陵偏远，移镇巴陵，遣咨议参军张诞讨五溪夷"①。清人顾祖禹在《读史方舆纪要》中也说："汉置武陵郡，以填压巴黔。后汉阳嘉中移荆州治此，盖荆州之治乱，视群蛮之顺逆。"②

"荆州蛮"的分布情况大致是："武陵蛮夷"主要生活于五溪和黔东地区，"峡中蛮""巴东蛮""宜都蛮""天门蛮"等则生活于清江流域、溇水流域和渝东南地区。诸"蛮夷"遥相呼应，连成一片，使统治者从未真正"降伏"他们，而只能"诱恤""招抚"。魏晋如此，南北朝也是如此。在五溪和黔东北地区，"武陵蛮夷"仍比较活跃。郭亮在东晋义熙十一年（415）曾招集"蛮众"，屯据武陵，武陵太守王镇恶逃走。③ 南朝齐高帝时，沈攸之"责赕，伐荆州界内诸蛮，遂及五溪，禁断鱼盐。群蛮怒，酉溪蛮王田头拟杀攸之使"④。在清江流域和渝东南一带，"宜都蛮""巴东蛮""峡中蛮""天门蛮"等仍在持续活动。在清江下游，宜都"蛮帅"石宁等一百二十三人在少帝景平二年（424）诣阙上献。七年（429），"宜都蛮"田生等一百一十三人，并诣阙献见。⑤ 在清江上游，则有酉帅向邹兄弟四人在北周建德二年（573）相率内附，由是立施州。⑥ 渝东南则有冉氏、向氏、田氏"蛮蜑"，"畈落尤盛。余则大者万家，小者千户。更相崇树，僭称王侯，屯据三峡，断遏水路，荆、蜀行人，至有假道者"。⑦ 又有"建平蛮"向光侯"寇暴峡川，巴东太守王济、荆州刺史朱修之遣军讨之。光侯走清江"，"时巴东、建平、宜都、天门四郡蛮为寇，诸郡人户流散，百不存一"。又载："宜都、天门、巴东、建平、江北诸郡蛮所居皆深山重阻，人迹罕至焉。"⑧ 由此可见，始置于孙吴，治溇中，辖地原属武陵郡北部的天门郡也有不少的"蛮夷"。

此外，三国时期，在武陵地区特别是五溪一带，除了生活着"武陵蛮"

---

① （唐）房玄龄等撰《晋书》卷66《陶侃传》，第1775页。
② （清）顾祖禹撰《读史方舆纪要》卷80《湖广六》，第3771页。
③ （南朝梁）沈约撰《宋书》卷100《自序》，中华书局，2011，第2455页。
④ （南朝梁）萧子显撰《南齐书》卷22《豫章文献王传》，中华书局，2011，第405页。
⑤ （唐）李延寿撰《南史》卷79《夷貊传下》，中华书局，2011，第1980~1981页。
⑥ （宋）李昉撰《太平御览》卷171《施州》转《十道志》，中华书局，2006，第836页。
⑦ （唐）令狐德棻撰《周书》卷49《蛮獠传》，中华书局，2012，第77页。
⑧ （唐）李延寿撰《南史》卷79《夷貊传下》，第1980~1981页。

外，还生活着一定数量的"獠"。前述刘备伐吴时，曾派将军吴班、冯习攻吴，至秭归时，有"武陵五溪蛮獠遣使请兵"。在此，不仅有"蛮"，还有"獠"。因其生活的区域在武陵五溪地区，即今湘西土家族苗族自治州、怀化市以及黔东北、黔东南、渝东南的部分县市，故在此称之为"武陵五溪獠"。此后，"獠"长期在武陵五溪一带生活，南朝刘宋末年即有"诸蛮""反五溪"，"蛮王"子田都"走入獠中"，由此导致"蛮部大乱"。[①]

上述"蛮獠"主要是根据时间先后，按地域进行划分的。如按种类，他们主要属于"盘瓠蛮""廪君蛮"，同时还有一部分古濮人、越人。三国时期的"建平郡蛮""宜都郡蛮"主要属"廪君蛮"，故南朝宋人范晔在《后汉书·南蛮传》中将"巴郡南郡蛮"列入"廪君蛮"范畴，杜佑《通典》在卷187"板楯蛮"条中也有"在峡中、巴、梁间，则为廪君之后"[②]的说法。三国时的"武陵蛮""武陵五溪獠"主要属"盘瓠之后"，但同时又包含部分巴人、越人、濮人[③]，否则不会出现"武陵五溪蛮獠"的称呼以及后世武陵地区的"獠"人。两晋南北朝时期的"荆州蛮"包括"峡中蛮""宜都蛮""武陵蛮"等诸郡"蛮夷"。其中的"峡中蛮""宜都蛮"主要属"廪君蛮"，"武陵蛮"主要属"盘瓠蛮"。对此，杜佑《通典》在卷187"板楯蛮"条中又言："按后汉史，其在黔中、长沙、五溪间，则为盘瓠之后，其在峡中、巴、梁间，则为廪君之后。"[④]上述"盘瓠蛮""廪君蛮"虽有大致的地理分布，但又无法截然分开，特别是魏晋之后，随着族群迁徙的加快，他们又相互交错居住，难辨彼此。否则，杜佑不会发出"（盘瓠、廪君）种落繁盛，侵扰州郡，或移徙交杂，亦不可得详别焉"[⑤]的感叹！

二 统治者的争夺和治理

三国魏晋南北朝时期是中国历史上的大动荡时期，也是一个人口流动、

---

① （南朝梁）萧子显撰《南齐书》卷22《豫章文献王传》，第405页。
② （唐）杜佑撰《通典》卷187《边防三·南蛮上》，北宋本，第5058页。
③ 张雄：《汉魏以来"武陵五溪蛮"的活动区域及民族成分述考》，《中南民族学院学报》（哲学社会科学版）1985年第1期。
④ （唐）杜佑撰《通典》卷187《边防三·南蛮上》，北宋本，第5058页。
⑤ （唐）杜佑撰《通典》卷187《边防三·南蛮上》，北宋本，第5058页。

各族群相互融合的时期。这一时期，先有吴蜀魏晋对作为"中间地带"的武陵地区的争夺，后有南朝设"左郡""左县""南蛮校尉""三巴校尉"以及特殊赋役政策等治理措施。

1. 对武陵地区的争夺

三国时期，武陵地区位于吴、蜀、魏的中间地带。为了获得战略和军事斗争的优势，孙、刘、曹统治者都十分重视对武陵地区及生活于该地区的人们的争夺。东汉末年，武陵地区属荆州。赤壁之战后，荆州西部武陵地区先由刘备集团占据，建安二十三年（218），关羽大意失荆州，武陵地区转归孙吴。但"武陵蛮"思蜀而不服孙吴统治，由是掀起了多次反抗。刘备也为夺荆州、报关羽之仇，亲率大军进讨孙吴，同时在"武陵蛮"的请求下遣马良"自佷山（今湖北长阳县西北）通武陵"，"安慰五溪蛮夷"[1]。"（蛮夷）渠帅皆受印号"，由是"武陵蛮"复归蜀。后由于刘备兵败夷陵，并在翌年病故白帝城，蜀汉势力也撤出武陵地区。

与蜀汉不同，孙吴面对"武陵蛮"，采取的措施则是亦兵亦礼。如前所述，夷陵之战前，陆逊领宜都太守时，对投降的"诸城长吏及蛮夷君长"也授"金、银、铜印，以假授初附"[2]。面对"武陵蛮"的"向蜀"，孙吴又以兵镇压之。黄盖领武陵太守时，曾"诛讨魁帅，附从者赦之"。武陵汉寿人潘濬治理武陵，也以武力征讨之。魏灭刘蜀后，吴蜀之争演变成了吴魏之争。魏遣郭纯试守武陵太守，并攻取酉阳县。吴则以钟离牧为平魏将军领武陵太守，率兵斩恶民和离心之酋帅。

西晋代魏，"武陵蛮"也在武帝咸宁三年（277）降晋。太康元年（280），孙吴为晋所灭，吴、蜀、魏晋争夺结束，武陵地区悉为西晋版图。

2. 对武陵地区的治理

武陵地区进入西晋版图后，两晋南北朝统治者都比较重视武陵地区，并采取了一系列的治理措施，主要如下。

（1）设专门治蛮官职和左郡、左县

为更好控制、管理武陵地区的"蛮夷"，西晋统治者在武帝泰始九年

---

[1]　（晋）陈寿撰，（南朝宋）裴松之注《三国志》卷32《蜀书·先主传》，第890页。

[2]　（晋）陈寿撰，（南朝宋）裴松之注《三国志》卷58《吴书·陆逊传》，第1345页。

(273)首置南蛮校尉。该官职官阶为四品,同时可立府,设长史、参军等幕僚。官职首设于襄阳,后改至荆州,由荆州刺史兼任,专门管理荆州地区的"蛮夷"。故西晋末年傅畅在其《晋诸公赞》中载荆州刺史王戎的官职为扬烈将军,兼领南蛮校尉。南朝沿晋制,管理武陵地区诸"蛮夷"的校尉增至两个,一个是原来的南蛮校尉,另一个是设于宋泰始三年、由巴东太守兼领、专门管理"峡中蛮"的三巴校尉。同时又设左郡、左县,利用蛮酋管理"蛮夷"较多、"汉化程度"较高的"蛮夷"地区。① 荆州曾在宋文帝时立宋安左郡,下领拓边、乐宁、仰泽等七县,未有直接涉及武陵地区的左郡、左县。②

(2)封官赐爵"蛮酋"

赐封"蛮酋"及其君长在秦汉时有之,三国魏晋南北朝时亦有之。前述三国时刘蜀、孙吴授"武陵蛮"金银铜印即是如此,两晋也沿袭之。湖南常德桃源县出土的"晋蛮夷率善邑君"铜印和"虎牙将军章银印"即是"武陵蛮"在咸宁三年(277)归顺晋王朝时朝廷给酋帅的赐封。③ 又晋大兴三年(320),建平夷王向弘、向瓅等请求拜除,尚书郎张亮认为不能给"夷貊"军号。元帝为笼络"蛮帅",仍封向弘为折冲将军、当平乡侯,授"亲晋王",并赐"朝服"。④ 同时还任命了一批"酋豪"担任左郡、左县的刺史、郡守、县令。因武陵地区未直接设左郡、左县,故当地"酋豪"担任官职者罕见。由此可见,三国魏晋南北朝时,统治者曾借助封官赐爵笼络"蛮夷"酋帅,以达到"以蛮夷治蛮夷"的目的。

(3)别租赋、减赋役

秦汉时期,统治者业已采取因俗而治,对武陵诸"蛮夷"采取减免或优待赋役的政策。三国魏晋南北朝时期,这一政策仍在执行并得到强化。晋

---

① 参见王延武《两晋南朝的治"蛮"机构与"蛮族"活动》,《中南民族学院学报》(哲学社会科学版)1983年第3期;吴永章《南朝对"蛮"族的统治与"抚纳"政策》,《江汉论坛》1983年第6期;杨武泉《"蛮左"试释》,《江汉论坛》1986年第3期;张雄《从南朝荆郢雍州侨、左郡建置看汉、胡、蛮的迁徙与融合》,《中南民族学院学报》(哲学社会科学版)1996年第3期;方高峰《试论左郡左县制》,《中国边疆史地研究》2006年第2期。
② (南朝梁)沈约撰《宋书》卷37《州郡三·荆州》,第1117页。
③ 转引自伍新福《湖南民族关系史(上)》,第105页。
④ (南朝梁)萧子显撰《南齐书》卷58《蛮列传·东南夷》,第1008页。

朝之制户调之式，丁男之户，每年输绢三匹、棉三斤；为户女及次丁男则减半。边远的郡县视情况而定，近者三分之二，远者三分之一。"夷人"纳赉布也视远近而定，近者每户一匹，远者只需交一丈。而且，"远夷"不输田税，只交义米及算钱。①

南北朝袭晋之制，其赋役主要分两种形式上交：一是通常的"输谷"，一是特别的"责赎"。通常情况下，"顺附蛮民"一户只需输谷数斛，其余则无杂调；未顺附的"蛮民"，自然无须缴纳任何赋税。② 至于特别之"赎"，它实际上是"蛮夷"赎罪之货。沈攸之曾为"责赎"千万讨伐荆州界内诸"蛮夷"，兼及武陵五溪地区，以致"群蛮怒，酉溪蛮王田头拟杀攸之使"③。由此可见，"责赎"并非南北朝赋役征收之常态。在上述别租税、减赋役政策之下，不堪重负的宋民"多逃亡入蛮"④。在此，是否在缴纳赋役成了民和"蛮"的重要区别之一。

（4）军事征讨和开发"化导"

由前述"对武陵地区的争夺"可知，三国时期孙吴对"向蜀"的"武陵蛮"有多次的征讨和"抚绥"。南朝宋沈攸之曾"遣军入峡讨蛮帅田五郡等"⑤；"建平蛮向光侯寇暴峡川"时，巴东太守王济、荆州刺史朱修之也"遣军讨之"⑥；梁秦二州刺史阴子春曾"讨峡中蛮"⑦。

军事征讨是极端的治理方式，统治者一般在动乱之际用之。在政局比较稳定时，他们也会任用一些比较有能力的官员采取一些措施开发教化地方，促进地方经济社会的发展和各族群间的互动、交流。如晋尚书杜预任镇南大将军、都督荆州诸军事时，曾居安思危，一边"勤于讲武"，"错置屯营，分据要害之地，以固维持之势"；一边兴修水利，造福地方，使包括武陵地区在内的民众安居乐业。《晋书》载曰："又修邵信臣遗迹，激用滍、淯诸水以浸原田万余顷，分疆刊石，使有定分，公私同利。众庶赖之，号曰：

---

① （唐）房玄龄等撰《晋书》卷26《食货志》，第790页。
② （南朝梁）沈约撰《宋书》卷97《夷蛮传》，第2396页。
③ （南朝梁）萧子显撰《南齐书》卷22《豫章文献王传》，第405页。
④ （南朝梁）沈约撰《宋书》卷97《夷蛮传》，第2396页。
⑤ （南朝梁）沈约撰《宋书》卷74《沈攸之传》，第1932页。
⑥ （南朝梁）沈约撰《宋书》卷97《夷蛮传》，第2397页。
⑦ （唐）姚思廉撰《梁书》卷46《周子春传》，中华书局，2011，第645页。

'杜父'。旧水道唯沔汉达江陵千数百里，北无通路。又巴丘湖，沅湘之会，表里山川，实为险固，荆蛮之所恃也。预乃开杨口，起夏水达巴陵千余里，内泻长江之险，外通零桂之漕。南土歌之曰：'后世无叛由杜翁，孰识智名与勇功。'"① 又如北周太原阳曲人郭彦，在其任澧州刺史时，当地"蛮左生梗，未遵朝宪。至于赋税，违命者多，聚散无恒，不营农业"。在彦"劝以耕稼，禁其游猎"的治理下，澧州所辖（今澧县、临澧、石门、慈利等）之民"皆务本，家有余粮。亡命之徒，咸从赋役"。②

三　人口的流动与土客关系的变化

三国魏晋南北朝时期，北方战乱、灾害频发，民众死伤者众多，其余的人也多有南迁。与此同时，统治者为控制各地"诸蛮夷"，在征战的同时又采取移居"蛮民"至内地或容易控制的新区的政策。由此带来了武陵地区人口的流动和土客关系的变化。

1. 人口的流动

三国特别是晋永嘉之乱之后，北方民众大量南迁，荆州、益州、雍州等地成为北方民众主要的迁入地。加上永兴年间（153～154）益州客籍流民掀起反抗官府的起义，大批民众更是涌入荆湖地区。故《魏书》载蜀之流人曰："自桓温破蜀之后，力不能制，又蜀人东流，山险之地多空，獠遂挟山傍谷。"③ 是时，荆州流民达 10 万余户，羁旅贫乏之人多为盗贼，并形成了客籍"流民"问题。④ 如散在荆湘地区的巴蜀流人曾与土人发生纷争，由此杀县令，屯聚乐乡。官府讨之，则以杜弢为主，揭竿起义，流民"四五万家一时俱反"。⑤ 为安置这些客籍流民，自东晋始，统治者在南方各流民集中处建置了许多侨郡。在荆州设置的侨郡主要有新兴郡、南河东郡、南义阳郡、绥安郡、武宁郡、汶阳郡，这些侨郡多在江汉平原，只有南义阳郡（位于今湖南安乡、澧县一带）位于武陵地区的边缘。武陵地区

---

① （唐）房玄龄等撰《晋书》卷 34《杜预传》，第 1031 页。
② （唐）令狐德棻撰《周书》卷 37《郭彦传》，第 667 页。
③ （北齐）魏收撰《魏书》卷 101《蛮传》，中华书局，2012，第 2249 页。
④ （唐）房玄龄等撰《晋书》卷 66《刘弘传》，第 1766 页。
⑤ （唐）房玄龄等撰《晋书》卷 43《王澄传》，第 1240 页。

未设侨郡、侨县，并不意味着没有客籍流民涌入。东晋陶渊明的《桃花源记》记载了晋太元年间（376~396），一武陵打鱼人误入桃花源所发生的故事。故事云桃花源人乃先世率妻子、邑人避秦乱而来，后与世隔绝，不知有汉，也无论魏晋。故事本身并非一定是历史真实，却反映了魏晋南北朝时的历史背景，具有一定的历史依据，即当时为逃避战火，人们纷纷逃入深山，希望过着与世无争的生活。前述《宋书》"宋民赋役严苦，贫者不复堪命，多逃亡如蛮"即是《桃花源记》的历史依据。其实，自汉末以来，因避乱或其他原因迁入武陵地区的大有人在。建安七子之一的王粲在《七哀诗》中曾言中原汉民避乱逃亡入"蛮"，曰："复弃中国去，远身适荆蛮。"[1] 据光绪《桃源县志》载：晋代时值司马桓温跋扈，瞿硎曾隐居于湖南桃源县灵岩洞。[2] 嘉庆《石门县志》也载：晋王裕之，早期担任天门太守，担任太守期间，无事则钟情于山水，安帝元兴时转为南平太守，"因桓玄擅晋，遂弃官隐东山"。[3] 同治《宜昌府志》则载郭璞曰："郭璞，字景纯，河东闻喜人。父瑗为建平太守，即今归巴地。永嘉之乱避地东南，今城中有尔雅、明月二台。"[4] 既然是"远身适荆蛮"或者隐遁，那么他们多半是不上户口不入籍，否则，我们无法解释魏晋南北朝时期官方统计的武陵地区人口不升反而锐减的现象（见表1-2）。

表1-2 西晋太康元年（280）和刘宋大明八年（464）武陵地区户口估算

单位：户，口

郡名	太康元年				刘宋大明八年			
	史载户数		属今武陵地区户数		史载户数		属今武陵地区户数	
	户	口	户	口	户	口	户	口
武陵郡	14000	91000	14000	91000	5090	37555	5090	37555
天门郡	3100	20250	3100	20250	3195	18211	3195	18211

① （南朝梁）萧统编，（唐）李善等注《六臣注文选》卷23《咏怀》，四库丛刊·初编·集部，上海涵芬楼藏宋刊本。

② （清）余良栋修，刘凤苞纂《桃源县志》卷10《人物志下·隐逸》，清光绪十八年刻本。

③ （清）苏益馨修，梅峄纂《石门县志》卷38《政绩志》，清嘉庆二十三年刻本。

④ （清）聂光銮修，王柏心、雷春沼纂《宜昌府志》卷13下《士女·流寓》，清同治五年刊本。

续表

郡名	太康元年				刘宋大明八年			
	史载户数		属今武陵地区户数		史载户数		属今武陵地区户数	
	户	口	户	口	户	口	户	口
宜都郡(佷山)	8700	56550	2900	18850	1843	34210	461	8550
建平郡(建始、沙渠县)	13200	85800	3100	20150	1329	20814	379	5947
合计	39000	253600	23100	150250	11457	110790	9125	70263

说明:(1)上述数据主要引自《晋书·地理志下》和《宋书·州郡志三》。

(2)上述数据中太康元年有户无口,人口数据依据全国平均水平6.5口/户计算;刘宋大明八年天门郡有户无口,其人口数据依据刘宋5.7口/户计算。

(3)天门郡是晋从武陵郡分出建郡的,其部分在武陵地区,部分不在武陵地区。在此模糊将其全部算入。

(4)宜都郡太康元年辖三县,只有佷山县在今武陵地区,其户口计三分之一;宜都郡刘宋大明八年辖县四,佷山县在其中,其户口计郡四分之一。

(5)建平郡太康元年辖县八,建始、沙渠在其中,其户口计郡四分之一;刘宋大明八年辖县七,建始、沙渠在其中,其户口计郡七分之二。

(6)武陵地区其他县市由于史料记载问题,未计算在内。

由表1-2可知,从西晋太康元年(280)至刘宋大明八年(464)前后184年,武陵地区官方统计的户数从23100户锐减至9125户,人数从150250口减至70263口,在籍户数消失了60%,人数则消失了一半有余。全国其他地区情况大致也是如此。至于其原因,王勇之《湖南人口变迁史》认为主要有四:一是魏晋南北朝时期,封建大土地所有制发展,当时的世家豪族荫附户口分割了王朝的人口;二是永嘉之乱后,北方移民南迁,东晋王朝设置了大量侨郡、侨县,这些人未编入户籍;三是兵家、吏家户籍另立,未归郡县管辖;四是大量"蛮夷"和"逃亡入蛮"的汉人不在州县编户之内。① 笔者认为,武陵地区未直接设侨郡、侨县,但仍有不少流民;虽有少量世家大族(如前述廖立、潘濬等大族),但更多的是"蛮夷酋豪"。因此,武陵地区户口锐减的原因主要有三:一是大量土著"蛮夷"和"逃亡入蛮"的汉人未成为编户齐民;二是兵家、吏家户籍没有计算在内;三是流民问题严重,造成了户籍的遗失和混乱。故《南史》载:孝武大明中巴东、天门、宜都、建平郡蛮为寇作乱时,"诸郡人户流散,百不存一"。明帝、顺帝时

---

① 王勇:《湖南人口变迁史》,湖南人民出版社,2009,第19~37页。

人户流散更加厉害。① 同时，我们据此也可洞见三国魏晋南北朝时期客民的大致来源。一是兵家、吏家带来的人员。二是"逃亡入蛮"的汉人编民。这种类型的汉人编民既有武陵地区的在籍编民，也有来自非武陵地区的在籍编民。对此，雷翔在分析江沔"蛮民"来源时认为，魏晋南北朝时的"蛮民"成分复杂，其中包含不少脱离了官方统治的汉人。将其统称为"蛮民"，有混淆"盗贼"与"蛮"的嫌疑。② 雷翔分析的对象主要是江沔"蛮民"，但对武陵地区的"蛮民"同样具有一定的参考性。三是流民。流民以北来汉人为主，同时也包括一部分的"蛮民"。特别是来自巴蜀、巴峡地区的流民，就有一部分属于当地"蛮民"。③

　　2. 土客关系的变化

　　"逃亡入蛮"的汉人、兵家、吏家、流民进入武陵地区，与当地的土著"蛮夷"和汉人，一同构成了三国魏晋南北朝时期武陵地区的土与客，并为这一时期他们的关系注入了新的内涵。客民的迁入，带来了一些新的观念和技术，促进了武陵地区特别是沿江、平原地带经济社会的发展。经济方面，农业、手工业、畜牧业和商业都有较大的发展。农业上，水利条件有所改善，水稻已在平原、丘陵的平坝、山间的台地上得到较大规模的种植。前述晋尚书杜预任镇南大将军、都督荆州诸军事时，曾兴修水利，造福地方，使包括武陵地区在内的民众安居乐业。北齐李元忠任"蛮民"聚居地南荆州刺史时，曾于州内"开立陂渠，溉稻千顷"，由此"公私赖之"。④ 水利灌溉条件的改善，带来了水稻种植面积的扩大。刘宋时期，遇秦雍流民南入梁州，武帝赈灾所用之谷即来自荆、雍州。⑤ 荆州刺史沈庆之征讨武溪时，发现当地"蛮田大稔，积谷重崖，未有积弊"，宋军从冬到春所用粮食，也是"因粮蛮谷"。⑥ 前述北周郭彦任澧州刺史

---

① （唐）李延寿撰《南史》卷79《夷貊传下》，第1981页。

② 雷翔：《魏晋南北朝"蛮民"的来源》，《湖北民族学院学报》（哲学社会科学版）1990年第1期。

③ 伍新福：《湖南民族关系史（上）》，第87页。

④ （唐）李百药撰《北齐书》卷22《李元忠传》，中华书局，2012，第318页。

⑤ （宋）司马光撰，（元）胡三省注《资治通鉴》卷119《宋纪一》，中华书局，2012，第3805页。

⑥ （南朝梁）沈约撰《宋书》卷77《沈庆之传》，第1997页。

时，"蛮左生梗，未遵朝宪。至于赋税，违命者多，聚散无恒，不营农业"。在彦的劝导下，民"皆务本，家有余粮。亡命之徒，咸从赋役"。[①] 沿江与平原的居民也逐渐放弃"刀耕火种"，从游耕走向定耕，"与夏人参居者"更是"颇输租赋"。[②]

农业的发展带动了手工业、畜牧业和商业的发展。在手工业方面，在周长孙俭任荆州刺史东南道行台仆射时，"荆蛮"之地，"少不敬长"。在俭的"殷勤劝导"下，风俗大变，"务广耕商"，"民安其业"。[③] 在畜牧业方面，周史宁讨抚荆州"蛮左"时，一次得税马1500匹。[④] 沈攸之任职荆州时，在江陵更是养"战士十万，铁马二千"[⑤]，由此可见畜牧业的发展。在商业方面，南齐荆州刺史鱼腹侯子响曾"令内人私作锦袍绛袄"交换"蛮夷"之器仗[⑥]，建康民汤天更是"获商行入（荆雍州）蛮"[⑦]，和武陵地区的"蛮夷"做起了生意。汉人与"蛮夷"交换的商品主要是盐米之类的生活必需品，故前述沈攸之讨伐和"责赇"武陵地区诸"蛮夷"时曾采取"禁断鱼盐""断其盐米"的措施，以致"群蛮怒，西溪蛮王田头拟杀攸之使"。[⑧] 由此可见，既有朝廷官吏用内地特有商品与武陵地区的器物交换，也有民间的相互交往，而且内地与武陵地区是相互依赖、各取所需的。

武陵地区经济的发展主要是在沿江、平原一带，至于武陵地区的山区，人们还是不事农业，以渔猎为生。湘西一些地方仍是"鸿蒙未辟，狉狉榛榛"，黔东北的一些地方则是"俗好巫鬼禁忌，寡畜生（牲），又无蚕桑"。[⑨]

经济的发展一方面满足人们的生活需求，另一方面也促进了社会的变迁和文化的交融。武陵地区土著"蛮夷"在与客民交往交流中，不仅学习他

① （唐）令狐德棻撰《周书》卷37《郭彦传》，第667页。
② （北齐）魏收撰《魏书》卷101《蛮传》，第2249页。
③ （唐）令狐德棻撰《周书》卷26《长孙俭传》，第428页。
④ （唐）令狐德棻撰《周书》卷28《史宁传》，第465页。
⑤ （南朝梁）沈约撰《宋书》卷74《沈攸之传》，第1933页。
⑥ （南朝梁）萧子显撰《南齐书》卷40《武十七王传》，第705页。
⑦ （南朝梁）萧子显撰《南齐书》卷25《张敬儿传》，第474页。
⑧ （南朝梁）萧子显撰《南齐书》卷22《豫章文献王传》，第405页。
⑨ （南朝宋）范晔撰，（唐）李贤等注《后汉书》卷86《南蛮传》，第2845页。

们的技术，而且习得了一些观念性的知识。沿江与平原居民生计方式从游耕转向定耕之后，与之相适应，其居住方式也开始发生较大的转变，即参照华夏客民屯聚山谷或平坝，定居生活。否则《魏书》中不会有"冉氏、向氏者，陬落尤盛。余则大者万家，小者千户。更相崇树，僭称王侯，屯据三峡，断遏水路，荆、蜀行人，至有假道者"① 的记载。与此同时，他们也参照魏晋南北朝时的门阀士族或宗族的方式，实行大姓统治，以致魏晋南北朝时期的史籍中出现了大量的田、向、冉等大姓的酋帅。② 经历了三国魏晋南北朝的动荡和族群融合，至隋朝，南郡、清江等郡虽"多杂蛮左"，但这些"蛮左""与夏人杂居者，则与诸华不别。其僻处山谷者，则言语不通，嗜好居处全异，颇与巴、渝同俗"。③ 由此可见，与经济发展一样，武陵地区的社会变迁和土客之间文化交流融合也具有不平衡性。与夏人杂居或接触多的土著"蛮左"与夏人越来越相似，藏在深山与夏人接触少者则仍保持自己鲜明的族群特色。

客民的迁入，一方面促进了武陵地区经济社会的发展和各族群文化的融合，另一方面也带来土客的矛盾。杜弢领导的流民起义就是土客之纷争引起的。据《晋书》载，晋惠帝末，王澄任荆州刺史，时"巴蜀流人散在荆湘者，与土人忿争，遂杀县令，屯聚乐乡。澄使成都内史王机讨之。贼请降。澄伪许之，既而袭之，于宠洲以其妻子为赏，沉八千余人于江中。于是益梁流人四五万家一时俱反，推杜弢为主，南破零桂，东掠武昌，败王机于巴陵"。④ 在此事件中，杜弢乃蜀郡人，以才学著称于西州。时为醴陵令，与南平太守应詹曾镇压过巴蜀流民起义。后因湘州参军冯素与蜀人汝班有隙，言于刺史荀眺："蜀流民皆欲反。"荀眺相信了冯素的话，"欲尽诛流民"。流民大惧，俱反，并因杜弢在西州有重望，推其为主。杜弢也自称梁、益二州牧，领湘州刺史。⑤ 清人黄恩彤所撰《鉴评别录》更是认为，晋之乱，多由流民而起，"初失之于李特，再失之于张昌，三失之于王如，四失之于杜

---

① （北齐）魏收撰《魏书》卷 101《蛮传》，第 2248 页。

② 吴永章、田敏：《鄂西民族地区发展史》，第 41 页。

③ （唐）魏徵等撰《隋书》卷 31《地理志下》，第 897 页。

④ （唐）房玄龄等撰《晋书》卷 43《王戎传》，第 1240 页。

⑤ （宋）司马光撰，（元）胡三省注《资治通鉴》卷 87《晋纪九》，第 2806 页。

毁"。① 流民是客民中没有稳定职业或工作的人,是客民的重要组成部分。由此可见,晋朝之乱,多带有一定的土客矛盾的因素。

第四节 隋唐五代时期武陵地区的土客及其关系

经历了三国魏晋南北朝的长期动荡和土客族群融合之后,隋唐五代时期的武陵地区逐渐恢复了相对的稳定。这一时期,随着中央王朝统治力量的加强和更多的人进入或者走出武陵地区,生活在武陵地区特别是平原、山区平坝和交通要道上的土著人群,逐渐为外界和统治者所认知。他们既是三国魏晋南北朝时期土客融合的结果,又与新来的客民一道,构成了隋唐五代时期武陵地区的土与客。

一 土著的分布和变迁

隋唐五代时期,武陵地区的土著有所细化,既有"蛮夷",也有"夏人"。土著的"蛮夷"和夏人之间,并没有严格的族群边界。与夏人杂居或毗邻而居的"蛮夷",有些不仅文化上已与"诸华不别",而且还入籍成了"编户齐民"。由此,他们逐渐完成了"华化"和"王化",成了王朝的子民,也不再被士人歧视为"蛮夷"。与此同时,部分土著夏人或遁入,或被掳掠至深山,与没有成为"编户齐民"的"蛮夷"生活在一起,其文化则与诸"蛮夷"不别,由此他们转化成了被视为"异于华夏"的"蛮夷"异类。

1. 土著"蛮夷"

隋唐五代时期武陵地区的土著"蛮夷"主要有"清江蛮"、"峡中蛮蜑"、"武陵蛮"、"石门蛮"、"五溪蛮"(内分"溪州蛮""辰州蛮""锦州蛮""奖州蛮""叙州蛮"等)、"五溪獠"、"思州蛮"。

"清江蛮"主要是指生活在鄂西南清江流域的"蛮夷"。《隋书·地理志上》载清江诸郡的族群情况时言"多杂蛮左",藏于偏僻山谷的"蛮左","言语不通","颇与巴、渝同俗"。② 《隋书·周法尚传》也载:"黔安夷向

---

① (清)黄恩彤撰《鉴评别录》卷20《晋纪三》,清光绪三十一年家塾刻本。
② (唐)魏徵等撰《隋书》卷31《地理志下》,第897页。

思多反，杀将军鹿愿，围太守萧选，法尚与将军李景分路讨之。法尚击思多于清江，破之，斩首三千级。"又载炀帝时隋将郭荣讨黔安首领田罗驹曰："（田罗驹）阻清江作乱，夷陵诸郡民夷多应者，诏荣击平之。"上述"清江蛮"不是隋唐始有，在前述南北朝时期即有酋帅向邹兄弟四人在北周建德二年（573）相率内附、立施州，"建平蛮"向光侯"寇暴峡川""走清江"，巴东、建平、宜都等郡"蛮夷"为寇，"诸郡人户流散，百不存一"。由此可见，"清江蛮"是南北朝时期"建平蛮""宜都蛮""峡中蛮"等"蛮左"融合体的继替，同时又吸收了流散或逃亡入蛮的人户。

"峡中蛮蜑"是指生活在峡中一带的"蛮夷"和"蜑人"。早在南北朝时，"峡中蛮"就比较活跃。北周赵煚迁硖州刺史时，"蛮酋向天王聚众作乱，以兵攻信陵（今湖北巴东县）、秭归"。[1] 隋朝赵轨任夷陵郡刺史时，朝廷更是利用恩惠"抚辑萌夷"。[2] 李唐时，"峡中蛮"势力未减，有"开州蛮首冉肇则反，率众寇夔州"；有巴东"蛮帅"冉安昌率"蛮兵"助唐军平萧铣，李唐王朝封其为昭慰使，满足其"以务川当牂牁要路，请置郡以抚之"的要求，这成为思、逸等州境土"置辟夷，民之附"[3] 之始。五代时，峡中一带虽地连巴蜀，但道路受制于生活在此的"蛮夷"。

至于峡中一带的"蜑人"，他们在魏晋南北朝更是兴盛一时，"更相崇树，僭称王侯，屯据三峡，断遏水路"[4]，以致隋在灭陈之战争中，信州（治今重庆奉节县）总督杨素依靠"蜑人"之舟师攻取三峡天堑。《隋书》对此载曰："素遣巴蜑卒千人，乘五牙四艘，以柏樯碎贼十余舰，遂大破之，俘甲士二千余人，（陈南康内史吕）仲肃仅以身免。"[5] 五代时，峡中仍有"蜑人"活动，否则《旧五代史》中不会有"数年间，巴、邛蛮蜑不敢犯境"[6] 的记载。五代之后，峡中一带的"蜑人"鲜见于史，这表明他们已与其他族群融合，作为一个族群业已不复存在。

---

① （唐）魏徵等撰《隋书》卷46《赵煚传》，第2249页。

② （清）穆彰阿撰《嘉庆重修一统志》卷208《河南府·人物》，《四部丛刊续编》第99~308册，上海涵芬楼景印清史馆茂进呈写本。

③ （明）郭经修，张道纂《贵州通志》卷9《名宦》，明嘉靖刻本。

④ （唐）令狐德棻撰《周书》卷49《蛮獠传》，第887页。

⑤ （唐）魏徵等撰《隋书》卷48《杨素传》。

⑥ （宋）薛居正等撰《旧五代史》卷90《李承约传》，中华书局，2016，第1381页。

与秦汉和魏晋南北朝时期不同，隋唐五代时期的"武陵蛮"虽然指的仍是生活在武陵郡的"蛮夷"，但由于这一时期的朗州武陵郡仅辖武陵、龙阳二县（详见下文"王朝的经营和治理"），是时的"武陵蛮"早已不是湘西与黔东北"诸蛮"的统称，而是活动范围大为缩小的"朗州蛮"。[①] 对此，相关史志以雷满起义为中心有详载。雷满者，朗州武陵人，本是渔师，有勇力。当时"武陵诸蛮"数叛，荆南节度使高骈擢满为裨将，准备去镇压"蛮夷"。满从骈至淮南，后逃归，与里人区景思猎大泽中，啸亡命少年千人，署伍长，自号"朗团军"，推满为帅，区景思为司马，袭州杀刺史崔翥。[②] 后满请附于唐，被授武贞军（澧、朗）节度使。此外，从文献对雷满"凶悍骄勇、文身断发"[③] 的记载观之，其所领导的"武陵蛮"应是秦汉魏晋南北朝时期"武陵蛮"在朗州的延续。在雷满的影响下，"石门蛮"也蠢蠢欲动。

"石门蛮"即生活于唐代澧州石门县一带的土著"蛮夷"。该"蛮夷"是秦汉"武陵蛮"、魏晋南北朝"天门郡蛮"的传续。受"武陵蛮"雷满举兵得志之影响，石门峒酋向瓌也"集夷獠数千，屠牛劳众，操长刀柘弩寇州县，自称'朗北团'"，并攻陷澧州，杀刺史吕自牧，自称刺史。[④] 朝廷征讨之，向则召梅山十峒獠响应，共同抗争。

"五溪蛮"是指生活于隋唐五代时期五溪地区的"蛮夷"。此时的"五溪"大致与秦汉魏晋南北朝时期的"五溪"地区相当，主要包括沅水中上游以及酉、武、锦、巫诸支流地区，其所涉州主要有辰州、锦州、奖州、叙州、溪州、晃州等，故"五溪蛮"实乃"五溪"地区诸州"蛮夷"的统称。《新唐书·杨思勖传》载："（开元）十二年，五溪首领覃行章乱。诏思勖为黔中招讨使，率兵六万往执行章，斩首三万级。"[⑤]《旧五代史》则是明确将溪州置于五溪统辖之下，故有"（天福四年）夏四月庚寅朔，湖南奏，溪州刺史彭士愁、五溪酋长等乞降，已立铜柱于溪州，铸誓状于其上，以五

---

① 伍新福：《湖南民族关系史（上）》，第129页。

② （宋）欧阳修、宋祁撰《新唐书》卷186《雷满传》，第5421页。

③ （宋）欧阳修撰《新五代史》卷41《雷满传》，中华书局，2016，第507页。

④ （宋）欧阳修、宋祁撰《新唐书》卷186《雷满传》，第4521页。

⑤ （宋）欧阳修、宋祁撰《新唐书》卷207《杨思勖传》，第5857页。

溪铜柱图上之"①之记载。此外，唐代张鹭的《朝野金载》更是详载了"五溪蛮"的悬棺葬俗。具体而言，隋唐五代时期的"五溪蛮"主要细分为"溪州蛮""辰州蛮""锦州蛮""奖州蛮""叙州蛮""飞山蛮"。"溪州蛮"是指源自唐始置的溪州灵溪郡（设置详见下文"王朝的经营和治理"）一带的土著"蛮夷"。该族群在南北朝时有"酉溪蛮""黔阳蛮"等称呼，自唐始有"溪州蛮"之称呼，迨至元明仍有该称呼见于史籍。其活动范围主要在今湘西州龙山、保靖、永顺、古丈县地。"辰州蛮"是指源自辰州卢溪郡（设置详见下文"王朝的经营和治理"）一带的土著"蛮夷"。该称呼唐代有之，五代沿袭之，故《旧唐书》中有"黔中观察使窦群为开州刺史，以为政烦苛。辰、锦二州蛮叛"②之言，《新五代史》中则有"辰州蛮酋宋邺"等"率溪峒诸蛮皆附于殷"③之载。其在唐五代时的活动范围主要在今沅陵、泸溪、辰溪、古丈、吉首、花垣等县（市）地。"锦州蛮"是指源自唐置锦州灵阳郡（建置详见下文"王朝的经营和治理"）一带的"蛮夷"。唐代有"锦州蛮叛"④之记载，五代则有"黔南巡内溪州刺史彭士愁引奖、锦州蛮万余寇辰、澧州"⑤之言。其在唐与五代时期的活动范围主要在今湖南怀化麻阳、凤凰、保靖等县地。"奖州蛮"即源自唐置奖州龙溪郡（建置见下文"王朝的经营和治理"）一带的"蛮夷"。如前所述，五代即有"奖州蛮"受溪州刺史彭士愁"引导"与"锦州蛮"一同"寇掠"辰州、澧州，其活动范围主要在今新晃、芷江和怀化市部分地域。"叙州蛮"是指源自唐置叙州潭阳郡（建置见下文"王朝的经营和治理"）一带的"蛮夷"。该"蛮夷"主要活动于今湖南怀化市会同、洪江、通道、靖州，邵阳绥宁、城步等地。后述唐宪宗年间由黔州观察使窦群"督役太急"所引起的张伯靖领导的"蛮反"就有"叙州蛮"参与。据《资治通鉴》"后梁开平三年（909）"条载，"叙州蛮"在酋帅潘金盛的领导下"恃其所居深险"，数次侵扰马楚边；乾化元年（911），马楚将吕师周"攀藤缘崖入飞山洞袭潘金

---

① （宋）薛居正等撰《旧五代史》卷79《晋书第五·高祖纪五》，第1216页。

② （后晋）刘昫等撰《旧唐书》卷14《宪宗纪上》。

③ （宋）欧阳修撰《新五代史》卷66《楚世家第六·马殷传》，第928页。

④ （后晋）刘昫等撰《旧唐书》卷14《宪宗纪上》，第437页。

⑤ （宋）司马光撰，（元）胡三省注《资治通鉴》卷282《后晋纪三》，第9335页。

盛"，并"擒送武冈，斩之"。[①] 此外，《资治通鉴·唐纪七十六》也载"飞山、梅山蛮"曾一同"寇湘潭"。[②] 所谓"飞山"者，今靖州、城步有之。故"飞山蛮"即生活在今湖南怀化靖州、邵阳城步等地之"蛮夷"。又因这些地方在唐代属叙州，"飞山蛮"应是"叙州蛮"之一部。

此外，尤中等先生的研究成果显示，包括唐代思州在内的湘西、黔东、黔中、渝东南一带生活有一定数量的"獠"人。[③] 这些"獠"人是魏晋南北朝时期"武陵五溪獠"的延续，故其在隋唐五代时期也主要分布于五溪一带，如《元和郡县图志·江南道六》载唐洛浦县曰："东西各有石城一，甚险固，仡獠反乱，居人皆保其土。"载叙州曰："舞溪獠、浒之类……但羁縻而已。"载朗溪县境沅、奖水言："西南自獠界流入。"[④] 沅、奖水之西南界，即包括黔东北、渝东南一带，故《太平寰宇记》言黔州多是"杂居溪洞""性犷悍"[⑤] 的"蛮獠"，又载思州风俗曰："同黔中地，在荒徼之外，蛮獠杂居，言语各异。"[⑥] 此外，思邛县也是"唐开元四年招辑生夷所置"[⑦]。由此可见，隋唐五代时期，五溪地区不仅生活着"蛮"，还有一部分的"獠"人。

"思州蛮"是指生活在唐五代时思州及周边一带（建置见下文"王朝的经营和治理"）的"蛮夷"。其活动范围大致相当于今贵州思南、沿河、印江、务川以及重庆秀山、酉阳等县（市、区）地。如后所述，思州始置于唐。自此，"思州蛮"逐步进入人们的视野。其"蛮"最为人知晓的是隋朝"文武兼资，以平蛮功开皇二年（582）授黔中刺史，累功授宣慰节度使，子孙世袭宣慰职，今思、石、酉阳、沿、婺皆其辟地"[⑧] 的田宗显，唐代

---

① （宋）司马光撰，（元）胡三省注《资治通鉴》卷267《后梁纪二》，第8857页。
② （宋）司马光撰，（元）胡三省注《资治通鉴》卷260《唐纪七十六》，第8599页。
③ 参见尤中《中国西南民族史》，云南人民出版社，1985，第210页；陈天俊《唐代黔州"领""督"州县的民族状况与唐王朝的"羁縻"政策》，《贵州民族研究》1984年第4期；彭福荣《隋唐五代时期的乌江流域各民族与中央王朝之经略》，《黑龙江民族丛刊》2011年第1期。
④ （唐）李吉甫撰《元和郡县图志》卷30《江南道六·黔州》，中华书局，2008，第751页。
⑤ （宋）乐史撰，王建等点校《太平寰宇记》卷120《江南西道十八·黔州》，第2395页。
⑥ （宋）乐史撰，王建等点校《太平寰宇记》卷122《江南西道二十·思州》，第2421页。
⑦ （唐）李吉甫撰《元和郡县图志》卷30《江南道六·思州》，第741页。
⑧ 杨化育、覃梦松、张定中主修《沿河县志》卷14《人物志一·乡贤》，沿河土家族自治县地方志办公室点校，1996，内部资料，第213页。

"以务川当牂牁要路，请置郡以抚之"① 的"蛮帅"冉安昌。

上述土著"蛮夷"主要是按地域，而不是种类、族属进行分类的。这些土著"蛮夷"可能只有一个种类或族群，也可能包含多个种类或族群，其具体情况需具体分析。如"清江蛮"主要属"廪君蛮"，他们主要是土家族的先民；"五溪蛮獠"则包含多个种类或族群，他们既有"盘瓠蛮""廪君蛮"，也有部分的古濮人或者越人，主要是苗族、土家族、侗族、仡佬族的先民。因本书研究的主要是武陵地区的土客关系，而不是民族关系，故在此对具体的族属辨析不做展开和探讨。

2. 土著"夏人"

隋唐五代时期，武陵地区的土著除了前述的"蛮夷"外，还有不少的"夏人"。故《隋书》在言沅陵、清江等郡"多杂蛮左"时曰："其与夏人杂居者，则与诸华不别。"② 五代时期，后周武平（今湖南常德市一带）节度使周行逢也有"朗州民蛮杂居""旧将骄惰"③ 之言。可见，武陵地区之沅陵、清江、武陵郡存在不少的"夏人"，且他们的居处不是偏僻的山谷，而是交通等条件相对较好的城郭。对此，《方舆胜览》引唐时所修的《夔州图经》言涪州之风俗曰："俗有夏、巴、蛮、夷。夏则中夏之人，……巴夏居城郭，蛮夷居山谷。"④ 至于土著"夏人"的户口，《隋书·地理志》所载大业五年（609）武陵地区各州郡之户口总体上即是其反映，具体如表1-3。

表1-3 隋大业五年（609）武陵地区户口估算

单位：户，口

郡名	辖县	大业五年（609）			
		史载户数		属今武陵地区户数	
		户	口	户	口
武陵郡	武陵、龙阳	3416	17080	3416	17080
澧州郡	石门、慈利、崇义等六县	8906	44530	4453	22265
辰 郡	沅陵、大乡、盐泉、辰溪、龙标	4140	20700	4140	20700

① （明）郭经修，张道纂《贵州通志》卷9《名宦·思南府》，明嘉靖刻本。

② （唐）魏徵等撰《隋书》卷31《地理志下》，第897页。

③ （宋）司马光撰，（元）胡三省注《资治通鉴》卷293《后周纪四·世宗睿武孝武皇帝中》，第9688页。

④ （宋）祝穆：《方舆胜览》卷61《涪州》，宋刻本，第1607~1608页。

续表

| 郡名 | 辖县 | 大业五年(609) | | | |
| | | 史载户数 | | 属今武陵地区户数 | |
		户	口	户	口
黔 州	彭水、涪川	1460	7300	1460	7300
清江郡	盐水、巴山、清江、开夷、建始	2568	12840	2568	12840
巴东郡	巴东、务川等十四县	21070	10350	3010	15050
合 计	共辖34县,其中武陵地区19县	41560	112800	19047	95235

说明:1.《隋书·地理志》只载当时各郡户,并未载口。是时尽管存在狭、宽之别,在此仍以当时全国平均每户5口折算。

2. 澧州郡当时辖6县,属武陵地区有3县,故户口只取其一半。

3. 巴东郡当时辖14县,属武陵地区有2县,故户口只取其七分之一。

隋唐五代时期,土著"蛮獠"一般不是编户齐民,其户口多未被官府统计且流动人口入籍一般需要较长的时间,因此,这一时期武陵地区的户口数基本上是土著"夏人"的户口。也就是说,武陵地区在大业五年(609)大致有19047户95235口的土著"夏人"。其中,代表性的土著有两位:一是唐时武陵人韩约,他曾历两池榷运使、虔州刺史、榷安南都护使,文宗时授左金吾大将军;[①] 一位是五代长阳人李景威,他"曾仕高氏,为水手都指挥。宋建隆中,假道江陵以讨张文表。景威恐宋师袭己,欲伏兵攻之。判官孙光宪不从。景威扼吭而死。太祖曰:'忠臣也。'命王仁赡,厚恤其家"。[②]

唐代前期,由于战乱较少,社会相对比较稳定,武陵地区与全国一样,人口增长很快。中后期特别是"安史之乱"以后,户口又出现锐减的情况。这种猛增和剧减一方面与政局或社会稳定有关,另一方面也是人口流动、迁徙的反映。这将在下文的"人口的迁入和土客关系的演化"中得到详述。

二 王朝的经营和治理

隋唐五代时期,随着朝廷力量的加强,统治者加强了对武陵地区的经营和治理。但由于武陵地区距离京师较远,交通不便,族群众多,其经营和治

---

① (明)李贤等撰《明一统志》卷64《常德府·人物》,四库全书本。

② (明)李贤等撰《明一统志》卷62《荆州府·人物》,四库全书本。

理又根据中央王朝的强弱呈现一定的波动。不过，这一地区始终保持着与中原内地的政治、经济和文化的交流和联系。

1. 置州郡和委派官宦

隋继北周、南朝陈而起，其对南北的统治政策存在较大差别。对于武陵地区，其控制多沿袭自汉以来就以道、左郡、左县等形式存在的羁縻制度，大量任用地方酋豪为羁縻州郡的长官，地方赋税也是"各随轻重收其赕物"，杂物也是"随土所出，临时折课市取，乃无恒法定令"①。是时，隋在武陵地区设立的州郡主要情况是：鄂西南设清江郡，统盐水（治今湖北恩施东）、巴山（今湖北长阳县）、清江（治今湖北恩施市）、开夷（治今湖北恩施北）、建始五县；巴东郡，统县十四，辖武陵地区的有巴东、务川（包括今贵州沿河、德江县地）；湘东北设澧州郡，辖石门、慈利、崇义（今湖南张家界永定区和桑植县地）等县；武陵郡，统武陵、龙阳二县；湘西设辰郡（开皇九年置辰州），统沅陵（今湖南吉首、花垣、古丈、泸溪等县地）、大乡（今湖南永顺、龙山、保靖等县地）、盐泉、辰溪（今湖南辰溪、中方、麻阳、溆浦、凤凰、吉首，贵州铜仁、江口、石阡等地）、龙标（今洪江、通道、芷江等地）五县；渝东南和黔东北设黔州，统彭水（今彭水及贵州沿河等地）、涪川（辖贵州德江、思南等地）、扶阳（辖贵州沿河、德江县地）三县。隋朝在武陵地区虽设置了较多的郡县，但由于统治力量的限制，中央王朝的势力真正控制的地方比较有限，许多的地方仍是由王朝委任的土著"蛮夷"酋帅所统治。

李唐前期，统治者根据自身控制力和地方势力的强弱，在实行和完善郡县管理体制的同时，在西南地区正式创建和推行"羁縻州"制度。羁縻州郡与普通的州郡存在较大差别，其官吏不是由朝廷吏部任命，而是实行"南选"，由都督、御史推荐。唐总章三年（670），"其黔中、岭南、闽中州县官，不由吏部，委都督选择土人补授"。②《新唐书》载："高宗上元二年（675），以岭南五管、黔中都督府得即任土人，而官或非其才，乃遣郎官、御史为选补使，谓之南选。"③ 在此，都督、御史推荐的"土人"指的是当

① （唐）魏徵等撰《隋书》卷24《食货志》，第674页。
② （宋）司马光撰，（元）胡三省注《资治通鉴》卷201《唐纪十七》，第6477页。
③ （宋）欧阳修、宋祁撰《新唐书》卷45《选举志》，第1180页。

地人，并未言是"土蛮酋豪"。可见，羁縻州县的长官并不一定都是"蛮夷"酋帅，其中可能也包括一些土著的汉人。后述溪州彭氏江西来源传说即是这种情况的民间解释。不仅州县官员不由吏部任命，其他地方事宜，除定期朝觐、入贡外，均由羁縻州县土著豪酋自主处理。这一时期，武陵地区州郡设置情况大致如下：澧州，天宝元年（742）领郡县四，分别是澧阳郡、安乡县、石门县、慈利县（崇义并入）；朗州，天宝元年领武陵郡、龙阳县两郡县；辰州，天宝元年领郡县五，分别是沅陵郡、溆浦县（析辰溪县地置）、麻阳县（析沅陵、辰溪二县地置）、卢溪县（析沅陵县地置）、辰溪县；以辰州、麻阳县地并"开山洞"，置锦州，天宝元年领郡县五，分别是卢阳郡（治卢阳，今麻阳）、招谕（今麻阳、凤凰县地）、渭阳（今凤凰县地）、常丰、洛浦（析大乡县置）；叙州潭阳郡本巫州，贞观八年析辰州、龙标县地置，天宝元年领县三，分别是龙标县、朗溪县、潭阳县（析龙标县地置）；长安四年析沅州二县置舞州，开元十三年改为鹤州，二十年改为业州，天宝元年改龙标郡，乾元元年复为业州，领县三，分别是峨山（治今新晃西北）、渭溪（治今新晃西北）、梓姜；天授二年（691）析辰州大乡地置溪州，天宝元年（742）改溪州为灵溪郡，乾元元年（758）复为溪州，领大乡（今湖南永顺县地）、三亭（今湖南保靖县地）二县；武德三年（620）置思州，天宝元年领县四，分别是务川、宁夷、思王、思印（开元间开生獠置）；贞观四年（630）析思州置涪川，析扶阳二县置费州，天宝元年领县四，分别是涪川（今贵州思南县）、多田（今贵州思南东北、德江东南一带）、扶阳、城乐（今贵州凤冈东部）；黔州，天宝元年领县六，分别是彭水（今重庆彭水县）、黔江（今重庆黔江区）、洪杜（今重庆酉阳）、洋水（今重庆彭水西南）、信宁（今重庆武隆）、都濡（今贵州道真东、重庆彭水西南）；施州，天宝年领郡县二，分别是清江郡、建始县。[①] 此外，峡州的长阳县、归州的巴东县也属武陵地区。[②] 至于在王朝版图之内，但未设郡县的地方，是为"化外之地"，这些地方的统治完全由"蛮夷"酋帅完成。与此同时，武陵地区上述州郡县，其军事先由都督府管理，后

① （后晋）刘昫等撰《旧唐书》卷40《地理志三·江南道七》，第1620～1622页。
② （后晋）刘昫等撰《旧唐书》卷39《地理志二·山南道五》，第1553页。

又发展成由都督府、道共同管理①。具体说来，鄂西南长阳、巴东县，湘西的澧州、朗州属山南东道、荆州都督府（治江陵，今荆州）管辖②；鄂西施州，湘西、黔东北、渝东南各州郡开元二十一年（733）从江南西道划出，属黔州都督府（治今重庆彭水）、黔中道（治今常德）管辖。③另由刘统先生的《唐代羁縻府州研究》可知，在黔州都督府下辖的羁縻州当中，史载分布在武陵地区的羁縻州主要有两个，一个是晃州。《新唐书》卷43下《地理志·羁縻州》也明载晃州为江南道诸蛮州之一。④《宋史》载："淳化二年，知晃州田汉权言，本管砂井步夷人粟忠获古晃州印一纽来献。"⑤所献之印即唐印无疑。《大清一统志》载晃州直隶厅建置沿革时言："汉武陵郡地，隋沅陵郡地，唐为羁縻晃州。属黔州都督府，田氏蛮居之。"⑥一个是诚徽州。《宋史》载："诚徽州，唐溪峒州。崇宁初改诚州为靖州。"宋靖州即今湖南省靖县。此外，还有一些唐代史料未载的羁縻州，如五代时马楚政权向湘西扩张时，曾征服五溪部落，记载其中即有许多羁縻州；如同治《来凤县志》载施州曾设羁縻州时曰："唐初，溪峒蛮酋归附者，世授刺史，置羁縻州县，隶于都督府，为授世职置始。"⑦又如唐朝派使节招抚开置的思州，名为正州，实为羁縻州。嘉靖《贵州通志》载："唐冉安昌，为招慰使，以务川当牂牁要路，请置郡以

① 开始时军事受都督府管理，纠察、采访等权受道管辖。后道之观察使演变成了地方军政长官，由此形成都督府、道共管军事的局面。与此同时，都督府与道区并不一定完全重合，有一道之中置数都督府者，也有一都督府兼领数道者。开元二十一年（733），唐玄宗将原来10道析分为15道。江南道一分为三：江南东道、江南西道、黔中道。山南道一分为二：山南东、山南西道。
② 唐初曾在各要地设军政合一的总管府。这一时期，武陵地区的澧、朗、辰诸州郡隶属于荆州大总管府。武德七年（624）改总管府为都督府，专管若干州军事。至此，长阳、巴东以及澧、朗州仍属荆州都督府管辖，辰、溪、锦、业、巫（叙）、晃、施等州均隶属黔州都督府。在此期间，辰州曾在景云二年（711）升为都督府，督锦、巫（叙）、业三州军事。后在开元二十七年废除。
③ 乔凤岐：《隋唐地方行政与军防制度研究：以府兵制时期为中心》，人民出版社，2013，第121～122页。
④ （宋）欧阳修、宋祁撰《新唐书》卷43下《地理志·羁縻州》，第1144页。
⑤ （元）脱脱等撰《宋史》卷493《蛮夷传一·西南溪峒诸蛮夷上》，第14174页。
⑥ （清）穆彰阿撰《大清一统志》卷382《晃州直隶厅》，《四部丛刊续编》第99～305册，上海证券楼景印清史馆进呈本。
⑦ （清）李勖修《来凤县志》卷27《土司志》，清同治五年刊本。

抚之，后思、夷等州境土之辟，夷民之附，皆自斯举始。"① 由此可见，唐代武陵地区的羁縻州数量远不止两个，有名的或者无名的可能更多。

唐末五代时期，随着社会矛盾的激化和李氏中央王朝控制力的减弱，各地方势力逐步兴起，并拥兵自重、割据一方。中央王朝在武陵地区设置的州县要么被废弃，要么由地方豪酋领兵自保、拥兵割据。如前述朗州武陵人、渔师雷满与里人区景思起兵据朗州，自署刺史，"请命于唐。昭宗以澧、朗为武贞郡，拜满节度使"；② 石门峒酋向瑰"闻满得志，亦集夷獠数千，屠牛劳众，操长刀柘弩寇州县，自称'朗北团'。陷澧州，杀刺史吕自牧，自称刺史"；③ 溪峒诸蛮宋邺、昌师益等起兵剽掠，更是以轻舟上下荆江，攻劫州县，后率溪峒"诸蛮"附于马殷，殷则封邺为辰州刺史，师益为溆州刺史；④ 施州田行皋在元和元年（806）从高崇文讨平刘辟之乱后，知万、溪、溶、施招讨把载使，后加施州刺史，仍知万、溪、溶、施四州诸军事。⑤ 特别是彭姓，以其"强力多积聚"，"诱胁诸蛮皆归之，胜兵万余人"，"春夏则营种，秋冬则暴掠"⑥，为害一方。后彭氏与来凤酋帅向柏林联合战胜当地土蛮首领吴著冲，盘踞于溪州，为溪州刺史和后世之土司，统治溪州800余年，直至"改土归流"结束。

2. "从半输课"和纳物进贡

隋唐时期先后施行过"租庸调"和"两税法"两种赋税制度，面向的主要是内地核心区域，对于羁縻州，一般没有执行统一的赋税制度，而是区别对待。如唐武德七年（624）制定律令时明载："若夷獠之户，皆从半输。蕃胡内附者，上户丁税钱十文，次户五文，下户免之。"⑦ 杜佑《通典》中更是明确记载："诸边远州有夷獠杂类之所，应输课役者，随事酌量，不必同之华夏。"⑧ 边远和羁縻州的"蛮夷"，他们不用直接向朝廷缴纳赋税，而

---

① （明）郭经修，张道纂《贵州通志》卷9《名宦·思南府》，明嘉靖刻本。
② （宋）欧阳修撰《新五代史》卷41《雷满传》，第507页。
③ （宋）欧阳修、宋祁撰《新唐书》卷186《雷满传》，第5421页。
④ （宋）司马光撰，（元）胡三省注《资治通鉴》卷268《后梁纪三》，第8872页。
⑤ （清）吉钟颖主修《鹤峰州志》卷1《沿革》，清道光二年刊本。
⑥ （宋）路振撰《九国志》卷11《彭师暠传》，清道光二十四年金山钱氏刻守山阁丛书本。
⑦ （后晋）刘昫等撰《旧唐书》卷48《食货志上》，第2088～2089页。
⑧ （唐）杜佑撰《通典》卷6《赋税下》，第109页。

是由地方豪酋向朝廷进贡纳物代替（表1-4）。

地方豪酋所纳贡物多不是他们自己所产，而是由他们向所在地方的民众征收而来。其征收的名目虽不是正税，但赋役、杂役同样也很繁重。如贞元十三年（797）十月，黔中观察使请停溪州杂役曰："溪州人户诉，被前刺史魏从琚于两税法外，每年加进朱砂一千斛，水银二百驮，户民疾苦。请停。"[1] 又如唐宪宗元和年间（806～820），黔州发大水，毁坏城郭，观察使窦群驱使"溪峒蛮治之"，"督役太急"，由是导致张伯靖领导的"辰、溆二州蛮反"[2]。

表1-4　《新唐书》中唐代武陵地区土贡一览

州郡	时间	土贡
峡州夷陵郡（长阳）	贞观九年	纻、葛、箭竹、柑、茶、蜡、芒硝、五加、杜若、鬼臼
归州巴东郡（巴东）	武德二年	纻、葛、茶、蜜、蜡
澧州澧阳郡	—	纹、绫、纻、练、缚巾、犀角、竹簟、光粉、柑橘、恒山蜀漆
朗州武陵郡	—	葛、纻、练、簟、柑、犀角
黔州黔中郡	天宝元年	犀角、光明、丹砂、蜡
辰州卢溪郡	天宝元年	光明、丹砂、犀角、黄连、黄牙
锦州卢阳郡	垂拱二年	光明、丹砂、犀角
施州清化郡	天宝元年	麸金、犀角、黄连、蜡、药实
叙州潭阳郡	贞观八年	麸金、犀角
奖州龙溪郡	长安四年	麸金、犀角、蜡
思州宁夷郡	武德四年	蜡
费州涪川郡	贞观四年	蜡
溪州灵溪郡	天授二年	丹砂、犀角、茶、牙

资料来源：《新唐书》卷40《地理志四》、卷41《地理志五》。

3. 军事镇戍和名宦、流贬官员的开发

唐前期武陵地区主要由荆州都督府和黔州都督府统辖军事大权。"安史之乱"后，唐朝在各道又设置大批的"防御使""团练使""观察使"统领军事。其后，其性质又发生变化，成了掌握地方军政大权的节度使。武陵地

---

[1] （后晋）刘昫等撰《旧唐书》卷13《德宗纪下》，第386页。
[2] （宋）司马光撰，（元）胡三省注《资治通鉴》卷238《唐纪五十四》，第7808页。

区分隶的观察使、节度使主要是：荆南节度使（治湖北荆州），领荆、澧、朗、峡、归等十州；澧朗溆都团练使和武贞军节度使（治湖南澧州），领澧、朗、溆三州郡；黔州观察使和武泰军节度使（先治辰州，后移黔州），领黔、施、思、辰、溪、溆、奖、锦等州。其具体演变情况《新唐书》中有详载：开元二十六年，黔州置五溪诸州经略使；天宝十四年，五溪经略使增领守捉使；大历四年，置辰、溪、巫、锦、业五州都团练守捉观察处置使，治辰州；大历十二年，置黔州经略招讨观察使，领黔、施、夷、辰、思、费、溆、播、南、秦、珍、锦十二州，治黔州；贞元元年，黔州观察使徙治辰州，增领奖、溪二州；贞元三年，黔州观察使复治黔州；元和元年，黔州观察增领涪州；大中二年，涪州隶荆南节度，未几，复隶黔州观察；大顺元年，赐黔州观察使号武泰军节度使；光化元年，溆州隶武贞军节度。[①]

武陵地区上述观察使、节度使的设置，主要是为了加强对"蛮夷"的军事镇戍。一旦地方有乱，即用其与地方刺史领兵镇压。前述唐宪宗年间由黔州观察使窦群"督役太急"所引起的张伯靖领导的"辰、溆二州蛮反"即是具有代表性的例子。"辰、溆二州蛮"起义，"杀长吏，据辰、锦诸州，连九峒以自固"，观察使窦群派兵讨伐，"不能定"，故被贬为开州刺史。[②]后朝廷又以蜀州刺史崔能为黔中观察使，连同荆南节度使严绶、剑南东川节度使潘孟阳等讨伐之，仍不能平，直至张伯靖请降，朝廷招抚，并封授张"右威翊府中郎将"官职才得以平息此次"蛮反"。[③]

军事镇戍是治理地方不得已而用之的手段。正常情况下，王朝运用更多的手段是官吏管理、开发地方。如前所述，在羁縻州县，主要由地方土著豪酋治理；在经制州县，则由王朝派官管理。关于隋唐五代时期治理武陵地区有政绩者，如鄂西南地区，施州隋代李超，"庸州清江令，治绩显著，为当时最。及去，民间立祠祀之"；唐代南承嗣，"历施、涪二州别驾。柳宗元

① （宋）欧阳修、宋祁撰《新唐书》卷69《方镇表》，第1932～1953页。
② （宋）司马光撰，（元）胡三省注《资治通鉴》卷238《唐纪五十四》，第7808页。
③ （唐）柳宗元：《武冈铭并序》，柳宗元撰，（明）蒋之翘辑注《柳河东集》卷20《铭》，续四部丛刊·集部·唐别集，三径藏书本。

称其服忠思孝，无替负荷"；唐代房武，"为施州刺史，有遗爱，吏民思之"①；湘西地区，唐代大历中有温造为辰州刺史，治声良好；②湘东北地区，唐代朗州刺史温造，"开后乡等渠，以溉田，凡三千顷。郡人德之，名为右史渠"③；州刺史李翱"开樊陂及津石陂灌田，惠政及民"④；州刺史李璡"修通古䈞陂堰，又为永泰渠溉田，民甚赖焉，名曰'润禾堰'"⑤；湘东北地区，唐代澧州李泌永泰间为澧州团练使，"治有风绩，更筑新城，澧人德而歌之"，大历中崔瓘为澧州刺史时，"不为烦苛人便安之，流亡还居。二年，增户数万，歌颂之声闻于朝廷"。⑥上述名宦任职武陵地区州县时，多有善政，多受到当地民众和官员的拥戴，有的甚至被立祠祭祀。他们的政绩，对加强武陵地区的治理、开发，沟通内地与武陵地区的联系，促进内地与武陵地区的交流具有重要意义。

名宦之外，一些流贬官员对隋唐五代时期武陵地区的治理和开发也具有重要作用。武陵地区是这一时期中央王朝的重要流贬之所，其中又以黔州、施州为主，其他地方有之，但数量不多。在流贬黔州的官员中，比较著名的有太子李承乾、太子太傅长孙无忌、梁王李忠、苏州刺史曹王李明、霍王李元轨、御史中丞左庶子韦伦；在流贬施州的官员中，比较著名的有曾被封为吴国公的李孝逸、右仆射兼山陵使斐冕、因"为右拾遗，上疏言五危二乱七事"⑦遭谪的张古道；其他州郡流贬官员主要有唐时从江宁县丞流贬辰州府龙标尉的王昌龄、被贬为朗州司马的刘禹锡。上述官员多刚正不阿的有识之士，他们的到来，推动了武陵地区的治理、开发以及与内地的文化交流，如被贬为朗州司马的刘禹锡在任期间即创作了大量陶冶性情的诗文"以教巫祝，故武陵溪峒间夷歌多禹锡之词"。⑧

①　（明）李贤等撰《明一统志》卷66《施州卫军民指挥司·名宦》，四库全书本。
②　（明）李贤等撰《明一统志》卷65《辰州府·名宦》，四库全书本。
③　（明）李贤等撰《明一统志》卷64《常德府·名宦》，四库全书本。
④　（明）李贤等撰《明一统志》卷64《常德府·名宦》，四库全书本。
⑤　（明）李贤等撰《明一统志》卷64《常德府·名宦》，四库全书本。
⑥　（明）李贤等撰《明一统志》卷62《岳州府·名宦》，四库全书本。
⑦　（明）李贤等撰《明一统志》卷66《施州卫军民指挥司·名宦》，四库全书本。
⑧　（明）李贤等撰《明一统志》卷64《常德府·名宦》，四库全书本。

三 人口的迁入和土客关系的演化

隋唐五代是武陵地区经济社会发展的一个重要时期。至"安史之乱"爆发之前,伴随着区域开发的加快以及区域社会的相对稳定,武陵地区迁入了不少的人口。"安史之乱"之后,北方社会动荡、战火纷飞,不少在籍之人为躲避战乱,也南下荆楚或流迁武陵地区。他们的到来,既促进了区域经济社会的发展,也带来土客关系的新变化。

1. 人口的迁入

受中国经济重心逐步南移、统治者重视以及区域社会相对稳定等因素影响,武陵地区在隋唐五代时期涌入不少的人口。这些人的来源是多方面的,既有避乱的,也有招徕的。据《旧唐书·地理志二》载:至德年间之后,由于中原多变故,北方襄、邓等州郡百姓以及"两京衣冠"多至江、湘,使包括武陵地区部分地方在内的荆南各州郡人口比之前增长了十倍,因此才设置了荆南节度使。[①] 此外,崔瓘升迁澧州刺史时,曾通过"下车削去烦苛,以安人为务"的方式招集"流亡襁负",增加户口数万。[②] 一边是战乱,一边是相对安定,再加上一定的招徕政策,故而造成大量客民的迁入。如湖南常德卜氏,其先祖即因避唐乱由陕西播迁楚南浏阳石桥,然后十四世树德公之子希荣、希华在明永乐间迁居武陵地区;[③] 如湖南怀化靖州会同县张启祥,本河南祥符人,开元进士,也在"安史之乱"时"避于楚地"靖州;[④] 如湖南怀化会同伏龙张氏,其始迁祖祥公本金陵人,先徙中州汴梁,因"安史之乱"徙楚之长沙,数年后又徙居会同伏龙乡蓝田村;[⑤] 如北宋武陵青陵人柳拱辰,其先祖本系青州人,五代时避乱荆楚而成武陵人。[⑥]

上述避乱或者招徕的,主要是普通民众,尚不包括因置州郡而迁入或者贬入的官宦,以及因军事镇戍而迁入的军士。其实,隋唐五代时期,武陵地

① (后晋)刘昫等撰《旧唐书》卷39《地理志》,第1552页。
② (后晋)刘昫等撰《旧唐书》卷115《崔瓘传》。
③ 湖南图书馆编《湖南氏族迁徙源流(一)》,岳麓书社,2010,第11页。
④ (清)吴起凤、劳铭勋等修《靖州直隶州志》卷10《流寓》,清光绪五年刻本。
⑤ 湖南图书馆《湖南氏族迁徙源流(二)》,岳麓书社,2010,第1214~1215页。
⑥ (宋)王象之撰《舆地纪胜》卷68《常德府·人物》,中华书局,2003,第2324页。

区也迁入不少的官宦、军士及其眷属。这些官宦、军士及其眷属，多数任满后返回京城或原籍，但也有一部分因卒于任上，或者落籍，或者其他原因留在了武陵地区，成了当地的土著。如湖南怀化麻阳板栗树田家寨田氏，据传其先祖系隋时留居湘西乾州之官；[①] 湖南辰州府传有瞿夫人，本豫章人，隋末其兄为辰州刺史，亦随其兄来辰，并经其兄介绍嫁给了豫章人黄元仙，元仙后因隋亡弃官，二人隐居州西之罗山，并羽化为神；[②] 唐宪宗时滑州灵昌（今河南滑县）人卢杞曾贬谪于澧州，并卒于官，留在了当地；[③] 沅陵宋氏，其先世祖居江西南昌府新建县，移居吉安府吉水县，五代随马希范征苗，至沅陵而落业，继后天荣公率三子孟龙、孟虎、孟麒家于城西铁炉巷，以及散居县境江南江北上下游河滨；[④] 湖北长阳椰坪秦氏，其始迁祖珦公，系唐僖宗元年赐进士出身，为越州（今湖北秭归）刺史，因黄巢之乱避兵龙城乡（秭归乡名）白庙岭，后旋移长阳很阳咸池落业。[⑤]

除普通民众、官宦、军士及其眷属外，一部分的僧道随佛道教的传播在隋唐五代时期迁入了武陵地区，特别是澧州、朗州，更是吸引了数位高僧驻锡于此。如唐澧州慧演本湖北襄阳人，"因入南岳，遂住澧阳"[⑥] 时，周边得道者已比较多；澧州苏溪元安，俗姓淡，凤翔麟游人，"闻道夹山，道盛德至，造澧阳"，"又增明净，后开乐普山，寻居苏溪，答训请益，多偶句，华美为四海传焉"；[⑦] 澧州开元寺道行，姓杨，桂阳人，"就澧阳西南伐木为室，方丈而居，虎豹多伏击于床榻之间"；[⑧] 驻朗州开元寺的慧昭，不知何处人也，其性僻而高，极有感通；[⑨] 原居于澧州澧阳，后经武陵太守薛延望坚请始迁居朗州德山院的宣鉴，姓周，剑南人，"其道芬馨

---

①　湖南图书馆编《湖南氏族迁徙源流（二）》，第 839 页。

②　（明）李贤等撰《明一统志》卷 65《辰州府·仙释》，四库全书本。

③　（宋）欧阳修、宋祁撰《新唐书》卷 223 下《卢杞传》，第 6354 页。

④　湖南图书馆编《湖南氏族迁徙源流（二）》，第 763 页。

⑤　长阳民族宗教事务委员会、长阳民族文化研究会、长阳土家族自治县档案局编《长阳宗谱资料初编》，内部资料，2001，第 20 页。

⑥　（宋）释赞宁撰《宋高僧传》卷 29《唐澧州慧演传》，四库全书本。

⑦　（宋）释赞宁撰《宋高僧传》卷 12《唐澧州苏溪元安传》，四库全书本。

⑧　（宋）释赞宁撰《宋高僧传》卷 120《唐澧州开元寺道行传》，四库全书本。

⑨　（宋）释赞宁撰《宋高僧传》卷 18《唐武陵开元寺慧昭传》，四库全书本。

四海,禅徒辐凑,伏腊堂中常有半千人矣"①;朗州乐山唯俨,俗姓寒,绛县人。②

其实,不管是民众,还是官宦、军士,抑或是僧道,其进入武陵地区的路线主要有如下三条。一是由长江,沿沅水、酉水、澧水等溯江而上进入,其中尤以地势相对平坦、交通条件较好的朗州、澧州接纳的人数为多,渐次是以丘陵为主的峡州、辰州,接着才是以山地为主的施、锦、溪等州。刘禹锡贬为朗州司马时所作的《武陵书怀五十韵并序》中"邻里皆迁客,儿童习左言"③的诗句足见当时朗州一带的"迁客"之多。其后,刘禹锡任夔州刺史时在建平郡(今重庆巫山县)听到当地的竹枝歌"如吴音"则说明当地可能迁入了不少江南的人,否则不会有巴蜀之竹枝歌带有吴声。④ 湖北来凤、湖南龙山交界处,酉水河边唐时开凿的仙佛寺摩崖造像更是说明,唐时已有不少人来到了武陵地区的腹地。一是由长江沿清江溯江而上,然后走陆路进入施州。一是由长江沿乌江溯江而上进入。唐贞观十三年(639)与天宝元年(742)统计的武陵地区各州郡户口增长也反映了这一情况(表1-5)。

表1-5 唐代贞观十三年(639)和天宝元年(742)武陵地区户口估算

郡名	贞观十三年					天宝元年				
	领县(个)	史载户口		属武陵地区户口		领县(个)	史载户口		属武陵地区户口	
		户	口	户	口		户	口	户	口
澧州	5	3474	25826	3474	25826	4	19620	93349	19620	93349
朗州	2	2149	19013	2149	19013	2	9306	43716	9306	43716
辰州	7	9283	39225	9283	39225	5	4241	28554	4241	28554
巫(叙)州	3	4032	14495	4032	14495	3	5368	22738	5368	22738
锦州						5	2872	4374	2872	4374
奖(业)州						3	1672	7284	1672	7284
溪州						2	2184	15282	2184	15282

---

① (宋)释赞宁撰《宋高僧传》卷12《唐朗州德山院宣鉴传》,四库全书本。
② (宋)释赞宁撰《宋高僧传》卷17《唐朗州乐山唯俨传》,四库全书本。
③ 《武陵书怀五十韵并序》,《全唐诗》卷362,第4087页。
④ 孙杰:《竹枝词发展史》,博士学位论文,复旦大学,2012。

续表

郡名	贞观十三年					天宝元年				
	领县（个）	史载户口		属武陵地区户口		领县（个）	史载户口		属武陵地区户口	
		户	口	户	口		户	口	户	口
黔州	5	5913	27433	5913	27433	6	4270	24204	4270	24204
施州	3	2312	10825	2312	10825	2	3702	16444	3702	16444
思州	3	2603	7599	2603	7599	3	1599	12021	1599	12021
归州	3	3531	20011	1177	6677	3	4645	23427	1548	7809
硖州	5	4300	17127	860	3425	5	8098	45066	1619	9013
合计	36	37597	181554	31803	154518	43	67577	336459	58001	284788

说明：（1）巫州跨湖南、贵州与广西三省，领3县，但主体仍在武陵地区，故忽略其不在部分。

（2）贞观十三年及之前，湘西只设辰、巫州，锦州、奖州、溪州贞观十三年未有设置，故空缺。

（3）锦州领5县，奖州领3县，跨湖南、贵州两省，但均在武陵地区，故其户口均列入。

（4）归州领3县，其中只有巴东在武陵地区，故其贞观、天宝年间的统计数据只计三分之一；硖州领5县，其中只有长阳在武陵地区，故其贞观、天宝年间的统计数据只计五分之一。

资料来源：《旧唐书·地理志》和《新唐书·地理志》。

由上可知，天宝元年（742）武陵地区户口与贞观十三年（639）相比增长了近一倍。其中增长最快的是澧水、沅水流域。澧州五县在贞观十三年户、口统计数字分别是 3474 户、25826 口，至天宝元年户增至 19620户，口则增至 93349 口。100 年左右的时间户数增加了 4 倍多，人口增加了将近 3 倍。这种增长虽然有唐前期政局稳定带来的正常的猛增，但也超过全国户口的水平，由此说明这一时期澧州还吸收了大量的外来人口。朗州户口增长的速度虽没有澧州快，但户数也增长了 3 倍，人口也增长了 1倍多。至于沅水中上游，从贞观年间辰、巫（叙）的 2 州 10 县到 5 州 18县的州县设置本身就说明这一时期该地区户口的增长，否则朝廷不会在此辟设新的州县。表现在具体的数字上则是户增加 3022 户，人口增加 24512口。考虑到当时沅水中上游主要还是不入版籍的土著"蛮獠"的天下，李氏唐朝的控制仅局限于沅水沿岸的河谷平地以及交通要道或周边的实际，户口的这种增长除了反映人口的自然繁衍，也在一定程度上体现了外来人口的迁入。

如前举例，这些迁入的人以来自北方的为主，但也不排除一些来自东方或者东北方向的民众。对此，谭其骧先生在《湖南人由来考》中也有"五代以前，外省人之移入湖南者，大都来自北方"[1] "至五代而江西人始有组织自动的湖南开发行动"[2] 之言。谭先生分析的虽然是湖南地区，但湘西属武陵地区，故其分析亦可在一定程度上说明武陵地区之情况。此外，东北方向的峡江或者江汉平原也有部分民众受区域地区开发挤压的影响迁入了武陵地区。如湖北长阳土家族自治县贺家坪二岩坡《熊氏族谱》载："吾祖来也，江西到鄂江陵，历经五代，乃移二坡（二岩坡）。高祖远、照二公生于归州，家成长阳。"[3] 这些民众虽以汉人为主，但也包含部分的"蛮民"，否则不会出现前述思州酋帅冉安昌"据保巴东，立家夔州"的传说和记载。[4] 此外，杨洪林在研究鄂西南移民时也认为，隋唐时期有蛮民从峡江地区迁徙至清江流域。[5] 由此可见，隋唐五代时期迁入武陵地区的民众成分复杂，虽以汉人为主，但也包含部分"蛮民"。

2. 土客关系的演化

隋唐五代时期大量外来人口的迁入，带来新的生产工具和技术，使武陵地区的农业、手工业等有了较大的发展。农业方面，武陵地区虽然总体上仍是以刀耕火种为主，但在一些交通相对比较便利、地势相对平坦的盆地、坝子或河谷台地上还是使用了犁锄、鼎铛之类的工具，并开辟了不少的耕地。前述黔东北费州多田县的设置本身就说明当地开垦了不少的田地，否则不会以"多田"命名；杜甫《郑典设自施州归》诗中"又重田畴辟"[6] 则说明鄂西南之施州耕地面积的扩大。手工业方面，楚王马希范与彭士愁在溪州（今湖南永顺县）会溪坪结盟所铸的铜柱则显示了冶炼技术和手工技术的发展水平：铜柱重 5000 斤，高 1 丈 2 尺，六棱中空，柱面镌刻 2118 字铭誓，十分精巧。商业方面，一些外来商人深入武陵地区收购"溪货"，同时又把外面的农具和生活用品运往溪峒，满足了人们的需要。故有溪州铜柱铭刻

---

① 谭其骧:《湖南人由来考》,《长水集（上）》,第301页。
② 谭其骧:《湖南人由来考》,《长水集（上）》,第301页
③ 长阳民族宗教事务委员会、长阳民族文化研究会、长阳土家族自治县档案局编《长阳宗谱资料初编》,第27页。
④ （清）萧琯纂《松桃厅志》卷16《名宦》,清道光十六年松高书院刻本。
⑤ 杨洪林:《明清移民与鄂西南少数民族地区乡村社会变迁研究》,第18页。
⑥ （唐）杜甫撰《杜工部集》卷6《古诗五十三首》,玉钩草堂本。

言：“凡是王廷差纲，收买溪货，并都幕采伐土产，不许辄有庇占。”①

在经济发展和外来人口的影响下，武陵地区土客文化交流逐步加快，并极大地推动了地方文化的发展。故明朝庞一德在《〈施南卫掌故初编〉序》中言施州之变曰：“施州冠带，肇自隋代。”② 同治《恩施县志》则载：“恩施自唐宋以来，历千余年，皆有学，人才炳蔚，已代有传人矣。”③ 在土、客混居的沅陵、清江等郡县，与夏人杂居的土著“蛮左”已与“华夏”没有什么区别。④ 与此同时，一些或“军事镇戍”，或“武力胁迫进入”，或逃避战乱进入偏远的土著“蛮夷”居住区的客民则逐渐习得土著“蛮獠”的文化。武陵地区流传大量有关外来客民土著化或者“蛮化”的传说故事。如五溪都防御使、富州刺史向通汉本青州（今山东青州）人，唐僖宗朝迁在溪峒，经过发展，向氏“反客为土”，在与辰州接境的地方成了大姓巨族。向通汉成了豪酋，但仍保持一定的华夏特色，故《宋会要辑稿·蕃夷道释》载曰：“（向通汉）因母疾，不食荤迨今三十年，言语与中华无异，所居与辰州接境。时王师讨彭儒猛之叛，通汉表请纳土入觐，故优礼之。”⑤ 怀化会同杨姓传说其嫡祖杨再思之父系唐文宗开成四年（839）由淮南（扬州）丞调守叙州而来；⑥ 湘西、黔东北田姓则认为其始祖宗显公原系陕西蓝田县人，居巴峡，隋开皇年间以平蛮功授黔州刺史，遂家黔，今思南、石柱、酉阳、沿河、务川等皆其开地，花垣一带子孙成了苗族，思南、石柱、沿河、酉阳等地的则成了土家族；⑦ 永顺、保靖、龙山彭姓则流传其祖先来自江西吉安，依附于“老蛮头吴著冲”，后彭瑊（有的言彭士愁）与漫水（今湖北来凤）向氏联合打败吴著冲，成为溪州刺史。⑧ 上述传说，诚如谭

---

① （清）段汝霖编纂，谢华著，伍新福校《湘西土司辑略》，岳麓书社，2008，第282页。
② （清）松林、周庆榕修，何远鉴、廖彭龄纂《增修施南府志·旧序》，清同治十年刻本。
③ 《中国方志丛书·华中地方》第355号。
④ （唐）魏徵等撰《隋书》卷29《地理志上》，第897页。
⑤ （清）徐松辑，郭声波点校《宋会要辑稿·蕃夷道释·蕃夷五·南蛮》，四川大学出版社，2010，第387页。
⑥ 湖南图书馆编《湖南氏族迁徙源流（二）》，第1099页。
⑦ 湖南图书馆编《湖南氏族迁徙源流（二）》，第840页。
⑧ 参见永顺县民间文学集成办公室编《中国民间故事集成·湖南卷·永顺县资料本·土司王的来历》，内部资料，1987，第23~24页；龙山县民间文学集成办公室编《中国民间故事集成湖南卷·龙山县资料本·吴著厅传说》，内部资料，1988，第103~107页。

其骧先生所言："诸家假设其祖籍所在，往往归之于江西，如会同之杨，永、保之彭之托始于金溪、吉水是也。……此其故盖以江西移民本占湖南今日汉族之绝大多数，为适应环境计，自以托籍江西为最有利，且最可见信于人耳。"[1] 但这些传说故事隐含着一定的历史真实，即唐末五代时武陵地区已迁入不少的外来人口。永顺、保靖、龙山流传的彭、吴作战的传说更是说明，一部分外来的酋豪已"反客为土"，与土著"酋豪"争夺地方的控制权。唐末五代马楚政权与土著彭氏的大战就是土客酋豪争夺地方控制权的典型案例。许州鄢陵（今河南鄢陵）人马殷通过武力，陆续消灭了各州割据势力，建立了马楚政权。武陵地区之朗、澧、辰、叙等州以及贵州、广西一部分地区皆其辖区。前述朗州酋帅雷满、溪峒酋帅宋邺、昌师益等均附于马楚，马楚则沿袭唐之羁縻府州制度，册命各酋帅刺史等官职，由其代为统治各地。与此同时，为扩大自己的势力，溪州土著彭氏在战胜吴氏后，"春夏则营种，秋冬则暴掠"[2]，也多次进入马楚之境掠夺财富与丁口，并于天福四年（939）由彭士愁率溪、锦、奖等州"蛮獠"攻打马楚之辰、澧二州。马楚派刘勍、廖匡齐等率兵征讨彭士愁。彭兵败，逃入山中，并遣其子彭师暠率酋豪以及锦、奖、溪三州牌印请降。后经议和，彭氏表示愿归顺马楚政权，马楚政权则仍授彭氏为溪州刺史，"就加检校太保，其诸子、将吏，咸复职员，锡赉有差，俾安其土"，并于天福五年（940）"立柱以誓"。[3] 外来马楚与土著彭氏之争，以马楚妥协结束。从此，土著彭氏合法拥有了溪州，直至"改土归流"的到来。

又如五代后期彭玕部将刘言与武陵土著王逵、周行逢的争斗，同样具有上述性质。刘言原为彭玕部将，后随彭投马楚政权，被马希范封为辰州刺史；周行逢，武陵人，少时起陇亩为团兵，坐罪黥配溪州铜坑，后投奔刘言，成为指挥使；王逵，武陵人，少为静江军卒，为马希萼之部下，后升为静江指挥使。马希萼引"武陵蛮"攻打长沙时，命逵为先锋。攻取长沙后，王逵与副指挥使周行逢率兵千人在长沙营建长沙府舍，并决定举兵反马希萼。于是，王逵与周行逢从长沙回朗州，废马希萼之子，赶走节度使马光

---

[1] 谭其骧：《近代湖南人中之蛮族血统》，《长水集（上）》，第381页。

[2] （宋）路振撰《九国志》卷11《彭师暠传》，清道光二十四年金山钱氏刻守山阁丛书本。

[3] （清）黄德基修，关天申纂《永顺县志》卷4《风土志》，清乾隆五十八年刻本。

惠，并推举刘言为武平军留后。刘言被推举为武平军留后不久，于广顺二年（952）移治所于朗州，并向周朝贡。刘由此被封为武平军节度使，王逵为武安军节度使，周行逢为武清军节度使权知潭州军府事，并置武平军于武安军之上。王逵对此不满，周行逢为其谋策遂杀刘言。由此王逵成为朗州的控制者。此后，王被岳州团练使潘叔嗣所袭杀。潘派部将李简率武陵人迎周行逢于潭州为帅。周至朗州后，设计又斩杀了潘叔嗣。至此，周成了朗州的实际控制者，并被后周封为武平军节度使，制武安、静江等军事。周"故为武陵农家子，少贫贱无行，多慷慨大言，及居武陵，能俭约自勉"，并能以严法约束部将，故在其治下，朗州在短时间内达到了仓廪充实的程度。[①]

由上可见，唐末五代武陵地区方镇割据势力之间的战争，在一定意义上具有土客之争的性质，是土著酋豪与外来大族争夺地方控制权的结果。战争有时以外来大族妥协结束，有时以土著酋豪胜利告终，但武陵地区羁縻控制的方式仍在延续。

---

① 吴永章主编《中南民族关系史》，第 169～170 页。

第二章
两宋时期武陵地区的土客及其关系

历经唐末五代时期的社会动荡和土客融合之后，两宋时期的武陵地区逐步稳定。这一时期，赵氏王朝沿袭唐制，以澧州、辰州、沅州、黔州、施州为据点，继续推行羁縻政策管理武陵地区，但管理的效度较之于李唐已有所加强。北宋至道三年（997），天下分为十五路；崇宁四年（1105）分为二十四路。武陵地区主要属荆湖北路（治今湖北江陵）、夔州路（治今重庆市奉节）。荆湖北路辖下武陵地区的州县主要有峡、归、鼎、澧、辰、溪、沅、靖、晃等经制州和羁縻州；夔州路辖下武陵地区的州县主要有施、黔、思等经制州和羁縻州（详见下文）。随着王朝统治力量的加强和更多客民的进入，武陵地区在两宋时期已得到了较大程度的开发。借此，外界对武陵地区的土著特别是土著"蛮夷"的认知也逐步深入，其与新来的客民的关系也逐渐受关注。

第一节　土著的构成与"主/客户"
"土人""土军"的出现

两宋时期，武陵地区的土著与唐宋五代时期一样，既有"蛮夷"，也有"汉人"。但随着统治者对武陵地区开发的加强，土著"蛮夷"的称呼更复杂、具体。既有泛称，也有专门的称呼。与此同时，由于税赋、军制、羁縻等政策和制度的变化，武陵地区又出现了与土著关系密切的"土户""主户""土人""土军"等特别的称呼。

一　土著的构成

1. 土著"蛮夷"

两宋时期，武陵地区的土著"蛮夷"主要有"两江诸蛮""施州蛮""思州蛮僚""黔州蛮僚"等。

　　"两江诸蛮"主要是指生活在南、北江溪峒的各"蛮夷"族群。"两江"是南、北江的简称。大体而言，北江是指沅江下游和澧水流域，包括澧、鼎、辰州以及溪州等羁縻州；南江则指沅江中游及其支流，包括沅、靖州及晃州等羁縻州。① 由地域范围观之，两江与秦汉以来所谓的"武陵郡"以及习惯所称的"五溪"地区大体相当，故两宋时期的"两江诸蛮"总体上就是前述的"武陵蛮"或"五溪蛮"。由是宋在五溪地区设置了由当地"蛮酋"担任的"五溪团练使""五溪都防御使""五溪统军都指挥使"，以管理当地兵事。担任过上述职务的五溪"蛮酋"有彭允足、田汉琼、田汉度、向通汉等。《宋史·太宗纪二》也载：淳化元年（990），"五溪蛮田汉权来附"②。该书《李绚传》又载：天圣三年（1025），"五溪蛮叛，湖南转运使李绚乘传戒诸蛮"③。对于"两江诸蛮"概称的来历，《宋史》则载曰："辰州布衣张翘亦上书言南、北江利害，遂以章惇察访湖北，经制蛮事。"④具体而言，"南江诸蛮"自辰州达于长沙、邵阳，各有溪峒，主要包括锦、奖、叙、靖（诚）等十六羁縻州之"蛮"，《宋史·蛮夷传一》载辰州布衣张翘细述"南江诸蛮"曰："南江诸蛮虽有十六州之地，惟富、峡、叙仅有千户，余不满百。"⑤"北江诸蛮"主要包括澧、鼎、辰、溪州以及溪州管辖的20余个羁縻州的"蛮"。"北江诸蛮"大致分为两部分，一是生活于经制州澧州、鼎州境内的"蛮夷"。《宋史·蛮夷传一》载澧州慈利县"蛮"互相仇劫时曰："（大中祥符）三年，澧州言，慈利县蛮相仇劫，知州刘仁霸请率兵定之。上恐深入蛮境，使其疑惧，止令仁霸宣谕诏旨，遂皆感服。"⑥《宋会要辑稿·蕃夷道释》也载："（天禧三年）六月，命内殿崇班阁门祗候张纶赴辰、澧、鼎州，安抚招捉蛮人。"⑦ 由此可见，两宋时期的鼎、澧州仍有"蛮夷"活动。一是生活于溪州及羁縻州的"蛮夷"。《宋史·蛮夷传一》载"西南溪峒诸蛮"曰："初，北江蛮最大者曰彭氏，世有溪州，州有

　　① 吴永章主编《中南民族关系史》，第187页。
　　② （元）脱脱等撰《宋史》卷5《太宗纪二》，第85页。
　　③ （元）脱脱等撰《宋史》卷302《李绚传》，第10028页。
　　④ （元）脱脱等撰《宋史》卷493《蛮夷传一·西南溪峒诸蛮上》，第14180页。
　　⑤ （元）脱脱等撰《宋史》卷493《蛮夷传一·西南溪峒诸蛮上》，第14180页。
　　⑥ （元）脱脱等撰《宋史》卷493《蛮夷传一·西南溪峒诸蛮列传》，第14176页。
　　⑦ （清）徐松辑，郭声波点校《宋会要辑稿·蕃夷道释·蕃夷五》，第387页。

三,曰上、中、下溪。又有龙赐、天赐、忠顺……总二十州,皆置刺史。"①
其实,不管是"南江诸蛮"还是"北江诸蛮",他们实行的都是大姓"蛮
酋"的统治。"南江诸蛮"的大姓主要有居于叙、峡、中胜、元等州溪峒的
舒姓,居于奖、锦、晃、懿等州溪峒的田姓,居于富、鹤、保顺、天赐、古
等州溪峒的向姓,其中以舒姓势力最大;"北江诸蛮"的大姓主要有彭、
田、向、覃、罗、朱等,其中又以彭姓势力最为强大,故彭姓被尊为"都
誓主"。

"两江诸蛮"不仅包括"蛮"族群,还包括"徭""僚""僮""仡
佬""苗"等族群。宋人朱辅在《溪蛮丛笑》中明确划分:"沅其故壤,
环四封而居者,今有五:曰苗、曰徭、曰僚、曰僮、曰仡佬。"② 曾任职
于潭州(今湖南长沙)的朱熹在《记三苗》中也说:"在湖南见说,溪
峒蛮徭略有四种:曰僚,曰仡,曰伶,而其最轻捷者曰苗……岂三苗之
遗民乎。"③ 在此,朱熹认为,溪峒蛮徭主要有四种,且认为"苗"是
"三苗"的后代,与最早记载"苗"并言"苗众"乃"盘瓠之后"的
《蛮书》观点相左。此外,《宋史》载"辰州徭、沅州徭"也言:徽宗崇
宁元年(1102),"辰、沅州徭人入寇,知枢密院蒋之奇请遣将讨之。仍
以其地为徽、靖二州"。④ 由此可见,"两江诸蛮"与前述的"武陵蛮"
"五溪蛮"一样,是多族群的统称,其包括的族群有"蛮""徭""僚"
"僮""仡佬""苗"等。

"施州蛮"是指两宋时期生活于施州八寨(清江县的歌罗、宁边、细
沙、夷平、尖木、安碓、行廊,建始县的连天寨)及施州控制的羁縻州的
"蛮夷",是隋唐五代时"彭水蛮"等"蛮夷"的延续。《宋史·蛮夷传四》
载:"施州蛮者,夔路徼外熟夷,南接牂牁诸蛮,又与顺、富、高、溪四州
蛮相错,盖唐彭水蛮也。"⑤ 与"两江诸蛮"一样,"施州蛮"实行的也是
大姓统治,其大姓主要有田氏、谭氏、向氏、冉氏等。如蛮酋珍州刺史田景

---

① (元)脱脱等撰《宋史》卷493《蛮夷传一·西南溪峒诸蛮上》,第14177页。
② (宋)朱辅撰《溪蛮丛笑》,中华书局,1991。
③ (宋)朱熹撰《晦庵先生文集》卷71《杂著》,宋刊浙本。
④ (元)脱脱等撰《宋史》卷343《蒋之奇传》,第10917页。
⑤ (元)脱脱等撰《宋史》卷496《蛮夷传四》,第14242页。

迁于乾德三年（965）内附纳土，以西江为界。自此，西江以北夜郎县故地尽入施州，田氏也世袭羁縻州之职位；① 有富顺州蛮田彦晏于乾兴元年（1022）率其部将田承恩寇施州暗利砦，纵火而去，知夔州史方率兵围追堵截，降之；② 有施民谭汝翼者，与知思州田汝弼交恶，会汝弼卒，汝翼则率兵两千人伐其丧，汝弼之子祖周则报复之，两边的"蛮兵"大战于二州之边境，由是施、黔大震。③

"黔州蛮獠"是指两宋时期生活在黔州（后改为绍庆府）境内的"蛮獠"。《宋会要辑稿·蕃夷道释》载雍熙六年（989）夔州路转运使丁谓时言："黔州南蛮族颇有善马，请致馆设，给缯帛，每岁收市。"④ 至道二年（996）六月戊戌，黔州上报曰："蛮寇盐井，巡检使王惟节战死。"⑤ 大中祥符元年（1008）八月乙巳，黔州言磨嵯、洛浦蛮首领龚行满等率族二千三百人内附。⑥ 天圣七年（1029），有龟兹、下溪州、黔州蛮来贡。⑦ 可见，宋时黔州不但有"蛮"，而且他们还会养马，以致夔州路转运使请求朝廷"请致馆设，给缯帛，每岁收市"。此外，黔州还有一部分的"獠"。《太平寰宇记》载黔州风俗时曰："杂居溪洞，多是蛮獠。其性犷悍，其风淫祀，礼法之道，故不知之。"⑧

"思州蛮僚"是指两宋时期生活在羁縻州思州境内的"蛮僚"，他们是隋唐五代时"思州蛮僚"的延续。其构成复杂，既有"蛮"族群，也有"僚""苗"等族群，故《太平寰宇记》载思州曰："在荒徼之外，蛮獠杂居，言语各异。"⑨ 又载毗邻思州的费州言："风俗地同黔州，尤杂生獠。"⑩ 其"蛮獠"主要有田氏、冉氏等，其中田氏势力最大，为地方之统治者。前述与施州"蛮夷"谭汝翼交恶的田汝弼即来自思州。大观元年

①　（清）张家澜修，朱寅赞纂《恩施县志》卷1《关隘》，清嘉庆十三年刻本。
②　（元）脱脱等撰《宋史》卷326《史方传》，第10527页。
③　（元）脱脱等撰《宋史》卷394《林栗传》，第12030页。
④　（清）徐松辑，郭声波点校《宋会要辑稿·蕃夷道释·蕃夷五》，第380页。
⑤　（元）脱脱等撰《宋史》卷5《太宗纪二》，第99页。
⑥　（元）脱脱等撰《宋史》卷7《真宗纪二》，第137页。
⑦　（元）脱脱等撰《宋史》卷9《仁宗纪一》，第187页。
⑧　（宋）乐史撰，王建等点校《太平寰宇记》卷120《江南西道十八》，第2395页。
⑨　（宋）乐史撰，王建等点校《太平寰宇记》卷122《江南西道二十》，第2421页。
⑩　（宋）乐史撰，王建等点校《太平寰宇记》卷121《江南西道十九》，第2415页。

（1107）率众内附，愿意成为"王民""酋帅"的田祐恭也是来自思州。《宋会要辑稿·南蛮传》注"嘉定二年"条言思州时也说："（思州）夷族世袭，近田氏互争承袭，于黔州省地纷扰。……夷蛮无所畏忌，以致杀伤省民。"①

由上可见，两宋时期武陵地区的土著"蛮夷"成分复杂，既有"蛮"族群，也有"僚""徭""僮""仡佬""苗"等族群。其族称虽然仍有"五溪蛮""南江诸蛮""北江诸蛮"等指涉空间范围较大的统称或者诸如"蛮""夷""僚"的泛称，但更多的是更具体、针对性更强的称呼，如以更小地名命名的"靖州蛮""诚州蛮""思州蛮僚"，以自称命名的"仡伶""苗"。分类即是一种认知，分类越复杂，意味着认知越深入。武陵地区土著"蛮夷"族称的细化、复杂化，固然有武陵地区土著"蛮夷"分化的原因，但同时也是赵氏统治力量与土著"汉人"、客民深入武陵地区的结果。随着越来越多的力量和人进入武陵地区，人们对生活在该地区的人群了解越来越深入、具体化，由此这些族群的称呼也发生改变，变得指向性更强，更符合族群的文化实际。

2. 土著"汉人"

受中国经济重心逐步南移、统治者重视以及区域社会相对稳定等因素影响，武陵地区在隋唐五代时期迁入了不少的人。这些人以避乱、招徕为主，既有官宦、军士，也有普通民众；既有汉人，也有少量江峡或者其他地区受区域开发等因素影响迁入的"蛮民"。这些迁入的"客民"与早已生活在武陵地区的土著历经文化的交流融合，也逐步实现了土著化。如前述怀化会同张氏、武陵青陵柳氏等，通过若干代的发展，逐步演变成了两宋时期武陵地区的土著。特别是武陵柳氏，发展至柳拱辰时，已是代有才人。拱辰"精于《春秋》，宋举进士通判鄂岳州，有惠爱"，弟应辰、子平猷等皆相继擢第，号"武陵五柳"。② 遁入或者被掳掠进入"蛮区"的则与土著"蛮民"无异，逐步实现了"蛮化"；与土著"夏人"杂居的"客民"则基本上与夏人无别，逐步实现了"华夏化"。《太

---

① （清）徐松辑，刘琳、刁忠民、舒大刚校点《宋会要辑稿·南蛮传》，上海古籍出版社，2014，第9257页。

② （明）李贤等撰《明一统志》卷64《常德府·流寓》，四库全书本。

平寰宇记》记载的北宋初武陵地区各州的主户数所统计的虽并不一定都是土著夏人，但总体上仍呈现了该地区土著"夏人"情况（详见下文）。具体如表 2 - 1。

表 2 - 1 北宋初武陵地区各州主、客户数

单位：户

州名	户数		合计
	主户	客户	
澧州	6136	5810	11946
朗州	12240	3451	15691
黔州	1279	2540	3819
施州	9323	9781	19104
辰州	5669	3244	8913
沅（叙）州	7051	3514	10565
合计	41698	28340	70038

说明：（1）上述数字中，澧州、朗州、黔州主客户数来自《太平寰宇记》，年代大致为太平兴国二年至端拱二年（980～989）。又因《太平寰宇记》无施州、辰州、沅（叙）州统计数字，故又引《元丰九域志》补缺，时间大致为元丰初年（1080）。

（2）宋初武陵地区辖经制州与羁縻州，多数羁縻州主客户未统计，故缺；此外，长阳所属的峡州、巴东所属的归州由于没有长阳、巴东县，具体的主客户数也未列入。

由表 2 - 1 可见，北宋初期武陵地区的户数为 70038 户，其中主户数为 41698 户，客户数为 28340 户。其空间分布情况是，开发越早的州户数越多，开发较晚的则较少。澧、朗州由于开发较早，其户数也是较多的，分别达到了 11946、15691 户；而开发较晚的黔州仅 3819 户。此外，宋初施州户数达到了 19104 户，是天宝元年（742）的 3702 户的 5 倍多，超过了开发较早的澧、朗州的户数。除去施州统计数字是元丰初年（1080 年左右）的因素，宋初施州户数较大规模的增长是显而易见的。这在一定程度上说明唐末五代时期施州已有较大规模的开发。

当然，在此需要说明的是，上述统计的武陵地区的主、客户数并不完全是汉人，其中包括一定数量的王化成民的"蛮民"。如熙宁五年（1072），章惇开"梅山"后又"击南江蛮"。经过招讨，南江诸峒皆平。

111

《宋史·蛮夷传一》载："张景谓、彭德儒、向永胜、覃文猛、覃彦霸各以其地归版籍，师晏遂降。……（下溪州）隶辰州，出租赋如汉民。"①又载：诚州杨光富等则率其族二十二峒"归附"，"出租赋为汉民"。②又如前述大观元年（1107），田祐恭率其"蛮众"内附成了"王民"。事实并未如官修史书所载，下溪州、诚州、思州只是向赵氏王朝"称臣"，承认其"中央"的统治地位，它们仍是原来"纳贡"与"回赐"、自主性很强的羁縻州，其"出租赋为汉民"或者"出租赋如汉民"的记载却在一定程度上说明，在有宋两朝，"蛮民"与"汉民"、省民的区别并不是绝对化的，只要"蛮民"上户进入版籍，那他们就成了王化的"省民"或者"汉民"。

二 "主户""客户"的出现以及与土著的关系

户籍制度是古代国家重要的政治制度，反映了古代国家对基层社会和人民的政治控制程度。这种制度的形成以家庭、国家的出现以及一定的文化、物质、技术为条件。古代中国的户籍制度萌芽于夏商周，形成于春秋战国时期。春秋时期，在齐国管仲改革的引导下，逐步形成了具有集中化性质的户籍制度。其特征就是户口登记与征发赋税相结合，编制基层社区的户籍组织与国家对基层社会的控制相结合。由此，古代中国的编户齐民开始出现。战国时期，以秦国商鞅变法为契机，形成了政治控制与经济剥削相结合的户籍制度。其主要内容有定期进行户口登记和禁止人口迁徙，编制具有军事化色彩的基层社区组织体系，重新确定社会身份体系和社会激励机制，实行分户政策和对家庭的干涉，进行普通户籍与特殊户籍的分类，清查户口与知"十三数"等。随着秦国一统天下，其户籍制度也在全国得到推广，由此，古代中国的户籍制度形成。③

秦亡汉兴，汉朝总体上延续了秦代的户籍制度，同时又对秦之户籍制度进行一定程度的修改变通，并将户籍管理纳入了《九章律》中，形成了独

---

① （元）脱脱等撰《宋史》卷493《蛮夷传一》，第14179~14180页。
② （元）脱脱等撰《宋史》卷494《蛮夷传二》，第14197页。
③ 王威海：《中国户籍制度：历史与政治分析》，上海文化出版社，2006。

具特色的户籍管理制度——"案比"，即每年八月，老幼百姓必须到县城接受官吏的查验，"阅其貌以验老小之实"。[①]

魏晋南北朝时期，豪强割据，战火纷飞，封建国家控制力急剧下降。户籍制度为适应这一形式，也出现了一定的变化。如三国时期的曹魏政权为拉拢豪强地主，颁布了"赐公卿以下租牛客户"的法令，从政治上确认了官僚地主占有佃农的合法性。又如东晋为安置北方战乱而大量南迁的官宦士族和民众，颁布了侨寄法，在南方流民集中的地方建立了一些侨州、侨郡、侨县（见前述"魏晋南北朝时期武陵地区的土客及其关系"）。对于这些侨居户，东晋王朝没有将其编入正式户籍黄籍当中，而是登记在白纸写的临时户籍之上，由此形成了颇具特色的"黄籍"与"白籍"。

隋唐时期是古代中国的大一统时期。这一时期，封建国家继承并改进了北魏的均田制，开创了科举制，同时还进一步完善了户籍制度。如形成了"手实"申报与"貌阅"的管理制度。特别是建中元年（780）"以资产为宗"的两税法的实施，更是对后世的户籍制度产生了深远影响。此后，唐王朝的政治控制能力得到加强，在籍户口迅速增加。也就是在这一时期，"土户""客户"的记载频繁出现在相关的史料之中。其实，在此之前，"客"作为一个群体概念早已出现在古代中国的历史文献中。其最初的含义是被主人招募，替主人出谋划策或者卖命的具有一定能力的宾客、食客。随后其含义逐步扩大，泛指佃客、浮客等外出或者寄居之人。《后汉书·马援传》中的"宾客多归附者，遂役属数百家"[②]中的"宾客"其实就是种植马援土地的"佃客"。商鞅变法之后，随着土地私有制的发展，土地兼并日益严重，大量的自耕农失去了他们所依存的土地，沦为盗贼、奴隶或者依附于豪强大族的浮客、佣工。至汉末则演变成了割据地方的豪强，由是在魏晋南北朝时期出现了政府与地主豪强相互妥协的"荫客制""给客制"等。曹魏政权颁布的"赐公卿以下租牛客户"的法令即是"荫客制""给客制"的前身。《晋书·食货志》

---

①　（宋）司马光撰，（元）胡三省注《资治通鉴》卷176《陈纪十》，第5584页。
②　（南朝宋）范晔撰，（唐）李贤等注《后汉书》卷24《马援传》，第828页。

对其给予了详载，并对各品位的官员占有"食客"或者"佃客"的数量规定给予了记载，过之则属违法。同时，又要求"客"经过县令"貌阅"后方可"录名"，故《隋书·食货志》中有"客皆注家籍"① 之言。但是否附籍于主家未有可知。李唐时期，随着均田制的瓦解，大量的自耕农被迫背井离乡，成了寄人篱下的"浮客"或"客户"。由《唐会要》所载当时户籍管理办法可知，客户若居住一年以上，自贴买得田地有农桑者，"无问于庄荫家住及自造房舍"，即可编为百姓，"差科比居人例减一半"②。《五代会要》也载："其浮寄人户有桑土者，仍收为正户。"③ 唐德宗也说："百姓有业怀土为居户，失业则去乡为客户。"④ 由此观之，唐代初期"客户"与魏晋南北朝时期的"客户"在性质上存在较大的差别。魏晋时期的"客户"主要是国家赐给公卿的俸禄的重要组成部分，属国家农奴制之下的一种人丁分配制度⑤，唐初的"客户"则是指背井离乡的侨寓户，籍贯是判定他们的主要依据。与之相对，"主户"即为土著的民户。建中元年（780）实行两税法之后，主户、客户的含义发生一定的变化。"至德宗相杨炎，遂作两税法，夏输无过六月，秋输无过十一月。置两税使以总之，量出制入。户无主、客，以居者为簿；人无丁、中，以贫富为差"⑥，拥有田产、纳两税者，皆可列入现居地的正式户，而没有田产、不纳税者则成了客户。此时的主户、客户与唐初的主户、客户已具有较大的差别，其区别的依据不仅有籍贯，还有田产。⑦ "土户"已不是"土籍户"，只能用"主户"称之；"客户"也不是"客籍户"，而是没有资产、不纳两税的民人。而且，"自贴买得田地"的客户经过一定的居住年限，也可以转化为百姓或正户。

宋代沿袭李唐中后期的户口分类，并在户籍册上正式使用"主户""客户"的称呼。宋太宗时编的《太平寰宇记》、宋神宗时编的《元丰九

---

① （唐）魏徵等撰《隋书》卷24《食货志》，第 674 页。
② （宋）王溥撰《唐会要》卷85《账籍》，四库全书本。
③ （宋）王溥撰《五代会要》卷20《县令下》，四库全书本。
④ （宋）王钦若《册府元龟》卷147《帝王部·恤下第二》，明钞本。
⑤ 穆朝庆：《论宋代的无产客户》，《中州学刊》1989 年第 6 期。
⑥ （宋）欧阳修、宋祁撰《新唐书》卷52《食货志》。
⑦ 华山：《于关宋代的客户问题》，《历史研究》1960 年 Z1 期。

域志》中的户口采用的都是此分类和称呼。此外，《续资治通鉴长编》载："近世之民，离乡亲家，东西南北转徙而四方，固不以为患，而居作一年，即听附籍。"① 由此可见，宋代的客户多是"转徙四方"的客民，不过，他们与主户一样，具有户籍，且被政府当成了"编户齐民"。对于客户是否有田产，宋初石介解释曰："乡墅有不占田之民，借人之牛，受人之土，庸而耕者，谓之客户。"② 由此观之，宋代的客户多是无产的客民。与其相对，"主户"则为拥有田产之税户。同时，他们之间并不是绝对区隔的。主户如果丧失土地，就会沦为客户；客户通过垦荒或者购买等途径获得一块土地，同时缴纳两税，亦可上升为主户。③ 故吕大钧在《民议》中有"为国之计，莫急于保民，保民之要，在于存恤主户，又招诱客户，使之置田以为主户"④ 之说，《庆元条法事类》中有"若创新立户者，须声说，某年月日，于某乡里，某人户下，置到田产立户"⑤ 之言。此外，朝廷在大中祥符二年（1009）对招增户口者还出台了奖励政策。《宋史·食货志上二》载曰："二年，颁募职州县官招徕户口旌赏条制。旧制吏能招增户口者，县即升等，乃加其奉。"⑥ 以致地方竞相"析客户为主户"，荆湘之间的客户也是"稍能买田宅三五亩，出立户名，便欲脱离主户而去"⑦。后由于"虽登于籍而赋税无所增"，故在大中祥符四年（1011）"诏禁之"。⑧

由此可见，唐初出现的"土户""客户"是具有籍贯、乡里意义的户籍分类方式和称呼，该分类和称呼与本研究所分析的"土/客"密切相关。唐初的"土户""客户"是本研究中的"土""客"的重要组成部分。本研究

---

① （宋）李焘撰《续资治通鉴长编》卷214《神宗》，中华书局，2018，第5214页。

② （宋）石介撰《徂徕集》卷8《录檄者言》，景印文渊阁四库全书，台湾商务印书馆，1986。

③ 邹艾秋：《论宋代乡村客户的经济地位和封建隶属关系》，《云南师范大学学报》（哲学社会科学版）1983年第1期。

④ （宋）吕祖谦编撰《皇朝文鉴》卷106，四部丛刊·初编·集部，景常熟瞿氏铁琴铜剑楼藏宋刊本。

⑤ （宋）谢深甫撰《庆元条法事类》卷47《赋役令》，清抄本。

⑥ （元）脱脱等撰《宋史》卷174《食货志上二》，第4205页。

⑦ （宋）胡宏撰《五峰集》卷2《书》，四库全书本。

⑧ （元）脱脱等撰《宋史》卷174《食货志上二》，第4205页。

中的"土"不仅包含入籍的"土户",而且包括未入籍但长期生活在武陵地区的各类土著"蛮夷";本研究中的"客"不仅包含唐初文献中的侨寓"客户",而且包括流民、移民等外来人员。唐中后期和宋代的"主户""客户"的区别依据虽发生了从籍贯到田产、两税的转变,但与本研究中的"土/客"仍存在一定的联系。唐中后期和宋代户籍中的"主户"可能是本研究中的"土",也有可能是外来的、取得籍贯、拥有田产、缴纳两税的"客";唐中后期和宋代户籍中的"客户"可能是本研究中失去田产的"土",也有可能是本研究中的"客"。但就总体而言,"主户"多"土著","客户"多侨寓客民。

三 "土人""土军"的出现以及与土著的关系

两宋时期,武陵地区出现了"土人""土丁""土军"等称呼。这些称呼的出现,是古代中国人口流动、文化交流、兵制发展变迁的结果,具有特定的历史含义。

1. "土人"与土著

"土人"的称呼在汉文献中出现的时间较早,杨卫在研究青海土族族源时对"土人"的文献记载及其意义的变迁有详细的分析。① 由其研究可知,"土人"的空间分布范围比较广,不仅涉及国内各个地方,而且有国外的一些地方,如现在的伊朗,其含义基本上也与"土著人"相当,即"当地人"或者"本地人"。其出现的时间也较早,《史记》中即有不少有关记载。随着时间的推移,"土人"所指范围有所缩小,转为专指"以农耕为主要生计方式,过着定居生活,完全归化于中央王朝统治和管辖的当地人"。这些人既与少数民族相区别,又不完全等同于"汉人"。笔者认为,杨卫对"土人"的界定有一定的道理,他注意到了"土人"总体的含义指的是"当地人"或"本地人",但对"以农耕为主要生计方式"以及"完全归化于中央王朝统治和管辖"的强调又存在一定的问题。毕竟,"土人"的生计方式是由其生活的生态环境所塑造或者规约的。在西北地区,"土人"可能多农耕;在田地稀缺的西南部分地区以及东南沿海和大江大河边,一些"土人"

---

① 杨卫:《"土人"再考》,《青海民族大学学报》(社会科学版) 2013 年第 3 期。

可能从事"渔猎"。至于"土人"的归化程度，也具有一定的历时性和空间性。同一历史时期、生活在不同地区与处于不同历史时期、生活在同一地区的"土人"，其归化程度肯定存在较大的差异。至于"土人"之族属，也不能概而言之，要视具体的历史时空而论。

就武陵地区而言，"土人"称呼的出现始于宋代。如《宋史·兵志五·乡兵二》载："北路辰澧二州，南路全、邵、道、永四州皆置（土丁、弩手），盖溪峒诸蛮保据岩险，叛服不常，其控制须土人，故置是军。皆选自户籍，蠲免徭赋，番戍砦栅。"① 该书《蛮夷传二》也载："（绍兴三年）九月诏荆湖南、北路溪峒头首土人及主管年满人合给恩赐。"②《方舆胜览》注辰州光明山曰："在沅陵县，一名龙门山，有砂井，土人采取。"③《太平寰宇记》载黔州黔江县仙掌山曰："仙掌，在县二里崖面上，指掌如画。土人传为仙掌。"④ 魏了翁《观亭记》中也有"靖为州，南距广西，东障湖南，北抵辰沅，西极夜郎。四境之外，降自灵均，代有显人，播之诗骚。靖以晚出，未尝有显者来。惟程子山以忤桧居岁余，土人田氏作观亭"⑤ 的记载。此外，《靖州直隶州志》更是将诚州刺史杨通宝当成"土人"。⑥ 由此可知，两宋时期，"土人"泛指的是"汉化"程度较高的当地人。这些人不等于"汉人"，又与"溪峒诸蛮"相区别。否则，《宋史》不会将"土人"与"溪峒诸蛮"并称，并有"盖溪峒诸蛮保据岩险，叛服不常，其控制须土人"之载。与此同时，两宋时期的"土人"也不能与下文将要论述的"土兵""土丁""土军"等一起被视为土家族形成的标志。⑦ 究其原因，主要是两宋时期武陵地区的"土人"虽然具有"蛮夷"的身份，但他们没有一个统一和明确的族属。由前文可知，两宋时期武陵地区土著"蛮夷"复杂，既有"蛮"，也有"僚""徭""僮""仡佬""苗"等其他的族群。这些

---

① （元）脱脱等撰《宋史》卷191《兵志五·乡兵二》，第4741页。
② （元）脱脱等撰《宋史》卷494《蛮夷传二》，第14188页。
③ （宋）祝穆：《方舆胜览》卷30《辰州》，宋刻本，第546页。
④ （宋）乐史撰，王建等点校《太平寰宇记》卷120《江南西道十八·黔州》，第2397页。
⑤ （清）李大翥辑《靖州志》卷6《艺文》，清康熙二十三年刻本。
⑥ （清）吴起凤、劳铭勋等修《靖州直隶州志》卷1《沿革》，清光绪五年刻本。
⑦ 在土家族族源研究中，部分学者将宋代"土人""土民""土丁""土兵"的出现当成土家族作为一个民族共同体形成的标志。具体参见潘光旦《湘西北的"土家"与古代的巴人》，载潘光旦著，潘乃穆、潘乃和编《潘光旦文集》（第7卷），北京大学出版社，2000。

"汉化"程度较高、与省民或者汉民比邻而居的"土人"，其族属不可能只有一个。实际的情况可能是既有土家族先民，也有苗族、侗族、仡佬族等少数民族的先民。《靖州直隶州志》将侗族先民杨通宝记载为"土人"即是例证。不过，上述情况发展至明清时期，特别是"改土归流"以后已出现较大的转变。是时的"土人""土家"与"苗""客家"等已有明确的族属划分（详见下文）。

由上可见，两宋时期武陵地区的"土人"指的是汉化程度较高的当地人。这些人族属复杂，既有土家族先民，也有其他少数民族的先民。不过，他们都是土著的重要组成部分。

2. "土军"与土著

宋代在不同历史时期军种不一。总体看来，大致有禁兵、厢兵、乡兵、番兵、土兵和弓手。[①] 对于其当时的区别，南宋叶适有言："厢军供杂役，禁军教战守，弓手为县之巡徼，土兵为乡之控扼。"[②] 至于被称为"民兵"的"乡兵"，则属于朝廷不供养的非正规的地方军。宋因袭后周遗制，在各地设置了很多乡兵。北宋在武陵地区设置的乡兵主要有荆湖义军土丁、弩手、刀弩手，施、黔、思州义军土丁、壮丁等，南宋在武陵地区设置的乡兵主要有湖北路土丁刀弩手，辰州、沅州、靖州峒丁等。[③] 这些"土丁""刀弩手""弩手"等乡兵，学界将其统称为"土军"或者"土兵"，并对其形成原因、设置、活动情况以及特点进行了深入的分析和探讨，在此不再赘述。[④] 笔者认为，"土丁""刀弩手"与"土兵"或"土军"虽然存在招募、军种、隶属等方面的差异，但其都属于地方军，都有本地之军的含义。其主要从前述"土人"中募集而来。既然前述"土人"是土著的重要组成部分，那么从他们当中募集而来的兵丁也应是土著的重要组成部分。至于其族属，由于"土人"族属本身就复杂、多样，那么由其募集而来的"土军"不可能都是土家族先民。故吴永章先生在《中南民族关系史》中分析荆湖南、

① 王曾瑜：《宋朝军制初探》，中华书局，2011，第80页。

② （宋）叶适撰《叶适集第三册·水心别集》卷12《厢禁军弓手土兵》，中华书局，1960。

③ （元）脱脱等撰《宋史》卷191《兵志五·乡兵二》，第4741页。

④ 参见段超《宋代土家族地区的"土军"初论》，《中央民族大学学报》（哲学社会科学版）2001年第6期；石亚洲《宋王朝的政策与土家族土兵的形成》，《西南民族学院学报》（哲学社会科学版）2003年第2期。

北路的乡兵义军时言："乡兵义军（有土丁、刀弩手、乡社数种）主要由有户籍的丁壮充当；然而也有一部分土丁义军，是业已归附的溪峒蛮酋率领的陬落氏族所组成。"[①] 朱圣钟在其研究中也认为：土家族地区的寨堡兵丁主要为当地土著居民，同时又有不少"募民为弓弩手，给地以耕"的汉人。[②] 既然"土军"的兵丁不完全是土家族先民，那么将其视为土家族形成的标志也就值得商榷。

第二节　客民的进入

两宋时期，武陵地区结束了唐末五代割据混乱的局面。虽然没有完全实现南北的统一，但总体的政治还是比较稳定的。因此，这一时期武陵地区的客民多因垦殖招徕，少量因南宋战乱、宦任或其他原因迁入。这些客民既有来自北方的，也有来自南方的；既有"蛮夷"，也有汉民；既有普通民众，也有官宦、军士及其眷属。

一　客民的总体情况

两宋时期，武陵地区人口有较大的增长。这种增长既表现在区域的整体上，也表现于具体的州郡方面（具体见表 2 - 2）。从整体上看，从元丰初年（1078～1082）至崇宁元年（1102）20 年左右的时间，如果排除管辖范围因素，武陵地区的户数即从 167390 户增至 218962 户，足足增加了 51572 户。根据吴松弟先生的研究，宋代每户平均口数为 5.34～5.40。[③] 考虑到武陵地区各州县总体上属中、下等，故本研究选择每户人口最低值。如此，武陵地区在排除羁縻州县的情况下，其人口 20 年间增长了275394 人。如此大规模的增长，一方面得益于两宋时期武陵地区社会相对比较稳定、人口自然增长率较高，另一方面与前述赵氏朝廷恩信绥怀、垦

---

① 吴永章主编《中南民族关系史》，第 202 页。
② 朱圣钟：《五代至清末土家族地区的民族分布与变迁》，《西南史地》（第 1 辑），巴蜀书社，2009，第 111 页。
③ 据《宋史·地理志》以及各地方志，宋代每户平均一般在 2 口左右。此数据并不是人口隐漏所导致的，而是由于当时户籍一般只统计男子或成年男子。对此，学界仍存在一定的分歧。本研究采用的是吴松弟先生的研究成果，具体参见其《中国人口史》（第三卷，复旦大学出版社，2005，第 156～158 页）。

辟荒地等政策息息相关。在上述政策之下,不仅不少不附版籍的土著"蛮夷"成了编户齐民,而且还招徕了大量的客民。虽如前文所言,两宋时期的主、客户区别的主要依据是是否拥有田产、缴纳两税,但就总体而言,"主户"多"土著","客户"多侨寓客民。因此,两宋时期客户数量的增加也在一定程度上反映了外来客民的增长。这种增长在澧、朗(鼎)两州表现得尤为显著。由表2-2可知,宋初的澧州、朗(鼎)州的客户数分别是5810户、3451户,延至宋中期的元丰初,两州的客户已增至39736户、8096户,100年左右的时间,分别增加了33926、4645户。此外,宋初、宋中期主、客户和总户数的百分比同样也可佐证客民数量的增长。从表2-2可知,宋初武陵地区主、客户与总户数的百分比分别是62.18%、37.82%;宋中期武陵地区的主、客户与总户数的百分比则变成了54.74%、45.26%,特别是澧州、施州、黔州以及峡州的长阳,其客户都超过了主户,且黔州、长阳的客户是主户的2倍多。由此可见,宋元丰前后,武陵地区确实涌入了一些客民。

表2-2 宋初期、中期和后期武陵地区户数估算

单位:户

郡州 (府)	宋初期(《太平寰宇记》)				宋中期(《元丰九域志》)				宋后期(《宋史》)	
	史载户		属武陵地区户		史载户		属武陵地区户		史载户	属武陵地区户
	主	客	主	客	主	客	主	客		
澧州	6136	5810	6136	5810	19403	39736	19403	39736	81673	81673
朗(鼎)州 (常德府)	12240	3451	12240	3451	33064	8096	33064	8096	58297	58297
辰州	—	—	—	—	5669	2244	5669	2244	10730	10730
沅(叙)州	—	—	—	—	7051	3514	7051	3514	9659	9659
靖州	—	—	—	—	—	—	—	—	18692	18692
诚州	—	—	—	—	9734	741	9734	741	—	—
施州	—	—	—	—	9333	9761	9333	9761	19804 (△)	19804 (△)
黔州(绍庆府)	1279	2540	1279	2540	790	2058	790	2058	2848 (△)	2848 (△)

郡州 (府)	宋初期(《太平寰宇记》)				宋中期(《元丰九域志》)				宋后期(《宋史》)	
	史载户		属武陵地区户		史载户		属武陵地区户		史载户	属武陵 地区户
	主	客	主	客	主	客	主	客		
归州	1127	1435	375	478	6877	2771	3438	1385	21058	7019
峡州	2983	1418	745	354	12609	32887	3152	8221	40980	10240
小计	23765	14654	20775	12633	104530	101808	91634	75756	263741	218962
合计	38419		33408		206338		167390		263741	218962

说明:(1)宋初期数据来自《太平寰宇记》,时间大致为太平兴国二年至端拱二年(980~989);宋中期数据来自《元丰九域志》,时间大致为元丰初年(1078~1082);宋后期数据来自《宋史》,时间大致为崇宁元年(1102)。

(2)《太平寰宇记》中只载澧、朗、黔、归、峡州数据,故其他州户缺。同时,宋初归州辖三县,巴东是其一,故其户取三分之一;峡州辖县四,长阳是其一,故其户取四分之一。

(3)因区划设置或羁縻因素影响,《元丰九域志》无思州、靖州数据,故缺。同时,宋中期归州辖二县,巴东是其一,故其户取二分之一;峡州辖县四,长阳是其一,故其户取四分之一。

(4)因区划设置或羁縻因素影响,《宋史》无思、溪、诚州户,故缺;施州(△)、绍庆府(△)户非崇宁元年(1102)所统数据,而是元丰年间的数据;同时,宋初归州辖三县,巴东是其一,故其户取三分之一;峡州辖县四,长阳是其一,故其户取四分之一。

(5)根据前文(本章第一节)分析,宋初期、中期的客户虽不能与客民等同,但多数是入了户的客民,主户也有部分从客户转化而来,但绝大多数属入籍的土著。故在上述户数中,宋后期所统计的户数大致相当于初、中期的主、客户相加之数。

(6)溪州、思州等羁縻州未有统计数据,故未列入表中。

二 客民的成分及进入之动因

按照宋代的户籍制度,除了主体的主户与客户外,还有一些特殊的户籍。如被称为"形势之家"的形势户,对王朝依附性很强的半奴隶户,随城市工商业经济发展而起的坊郭户,由枢密院全权管理的兵籍[①],实行敕账和全账交叉制约、不承担身丁钱和劳役的寺观户,从事手工业等方面的杂户。前述客民多没有田产、不缴纳两税但已附籍的客户,并不包括特殊的户籍。其实,将士、官宦、士大夫等是两宋时期客民的重要来源。

两宋时期,赵氏王朝通过扎寨设堡置城的形式完善了对武陵地区的

---

① 宋代军队中,列入兵籍的主要是禁军、厢军,维持地方治安的乡兵并不列入兵籍,而是划入民籍。

驻军。在这些将士当中，尽管主要是选自民籍的土军，但仍有不少从外地迁入、属兵籍的禁军、厢军将士。这些将士有戍守的，也有被派到武陵地区"征蛮"的。湘西地区，以这种形式进入武陵地区的客民为数不少（见附表1）。湘西的大小章人，传其远祖即为江西人，故光绪《古丈坪厅志》有"江西章姓兄弟二人为屯长居泸溪上五都之大章、小章等处，分支而出，子孙繁衍，其出兄弟为大章，出弟者为小章，后改为章，散居于永、保、永绥之间，坪扒、丫家、茶洞、老旺寨、尖岩等处为多"①的记载。靖州黄氏始迁祖黄龟年即由征讨"峒苗"而来，光绪《靖州乡土志》载曰：

> 黄氏，谱称系出江夏。宋黄进科，福建永福人，仕至左副都御史，生二子，曰俊朝、俊国。国字龟年，登崇宁五年进士。靖康元年除吏部员外，拜监察御史，寻除尚书左司员外郎，中书门下检正官，迁殿中侍御史，劾秦桧，再相。绍兴四年适荆南叛，议征之。俊国与潘、明、姚、蒙四将同往，峒苗归附。奏捷，封兴国侯。因家于靖。时谭将军去言为覃，同居为覃黄团。俊国九子。②

该书载覃、明、龙氏曰：

> 覃氏，谱称本姓谭，宋绍兴初谭鏊，字立极，江西泰和人，以智勇为将军，南征辰州，剿双江瓦窑中村龙保六黄竹寨古州八万皮林潭溪，遂与黄尚书同镇是州，合筑一宅，去言为覃，名覃黄团，世居焉。子二，曰龙虎。彪生六子，关儒、关庆、关荣、关华、关琦，分居靖州、绥宁、会同。关景居辰州。
>
> 明氏，……宋乾道中有明星者，征徭，由淮安迁靖之凤山园，今传三十二世。
>
> 龙氏，宋元祐中，禹官籍河南汲县，官湖南安抚招讨使，卒。

---

① （清）董鸿勋纂修《古丈坪厅志》卷9《民族上》，清光绪三十三年刊本。
② （清）金蓉镜纂辑《靖州乡土志》卷2《氏族志》，清光绪三十四年刊本。

子四：宗麻、宗朝、宗廷、宗旺。麻继为宣抚处置副使，屯靖州路之草荐寨，因家于绥宁之铁冲，分四支，散处靖、会、绥、辰、沅、黔、粤。①

民国《溆浦县志》载童家脑童氏曰：

童家脑童氏，始祖再荣，原籍江西泰和县。宋末官辰州参军，解组后来溆，遂留居不去。②

《湖南氏族迁徙源流》载常德"民家"谷氏曰：

宋元之际，蒙古南侵，元将元良合台自云南大理国率一支由白尼族组成的"寸白军"，出云南，道广西，攻湖南，宋景定二年（1261）因战事平息，寸白军于鄂州解散。伍中将领谷均万、谷均千、谷均百及王朋凯、钟千一、熊再时等无法回滇，遂留居湘西大庸、桑植一带，"插草为标，指手为界"，均千卜居澧州，均百落籍鼎城（今常德）。③

1984 年，国家将留居常德、桑植一带的"民家"人谷、王、钟、熊、李、赵、杨、段、刘诸姓认定为白族，对他们的客民身份作了进一步的佐证。类似上述情况的资料还有不少，在此不一一列举。这些资料来源主要有两类，一是地方志，一是谱牒。其所载各姓之军功，可能存在一定的攀附或者美化的现象，但这种攀附或美化也不是胡乱编造，而是宋代开发"梅山"以及"两江"地区的历史隐喻。

与湘西地区大体相似，鄂西南、渝东南、黔东北地区也在两宋时期迁入了一些征剿"蛮夷"或者戍守边徼之地的将士。湖北鹤峰刘氏，其始迁祖念庆公，即宋祥符间由江西泰和县长炉村率师征蛮，尔后落籍鹤峰，并被授

---

① （清）金蓉镜纂辑《靖州乡土志》卷 2《氏族志》，清光绪三十四年刊本。
② （清）舒立淇纂《溆浦县志》卷 14《氏族志》，民国 10 年活字本。
③ 湖南图书馆编《湖南氏族迁徙源流（一）》，第 197 页。

为安抚司。传至世达、世贤，明洪武初随土司唐涌归顺，为青山隘正、副百户。第十六世安相公于明末清初再由鹤峰迁居湖南桑植，接着迁慈利东岳观刘家湾。①石柱陈姓则同马定虎平夷，"授石砫安抚司同知。传子陈曰，应袭织守土，派分十八支巨族大姓，至今传三十余代"②。黔东北张姓，据其族谱载，祖籍陕西白云庵。③黔东北省溪司土官戴氏，族谱载其始迁祖天祐公籍江西吉安府庐陵县竹巷村，"宋绍兴元年以湖广沿边防御使奉诏征黔蛮，历八番等处，剿抚兼施，恩威并著，敕授平蛮心义大夫，黔南道军民都点管，兼勤农事。寻加太子太傅衔。宝祐二年卒于思南州邛水，葬峨岭稿寨坡右边天观地，埋有刀枪为记，创业思唐一带"。④

除征剿或戍守的将士之外，官宦和士大夫也是两宋时期武陵地区客民的重要组成部分。如前所述，两宋时期赵氏朝廷对武陵地区的治理方式是以羁縻制为主，同时辅以经制制度。宋代采取经制制度的州府主要有鼎州（常德府）、澧州、辰州、沅州、靖州、施州、黔州（绍庆府）。⑤在这些州府当中，治理的官员虽然有本地之人，但也有不少朝廷委派的来自外地的仕宦。对于这些外来的官宦，史志中的人物部分多辟"名宦"或"流寓"载之。据同治《恩施县志》卷9《人物志》、《明一统志》卷62《荆州府》等史志载，两宋时曾到鄂西南为官的名宦有寇准、欧阳修。宋代著名的文学家、书法家黄庭坚曾贬谪为涪州（今涪陵）别驾、黔州（今彭水）安置，并在当地开堂讲学，成为渝东南文化、教育的重要启蒙者。南宋初有名文人程敦颐因忤秦桧也曾谪居靖州。⑥这些外来的仕宦，有的任满后升迁离开武陵地区，有的则落叶归根、返回原籍，有的则留居当地。湘西的鼎州、澧州、辰州、靖州是仕官留居的主要地区。兹列举如下：澧县高氏，其始迁祖星明、星富由南昌迁吉安，越数十传至迁公，宋嘉定间进士，授官慈利，卜居澧州

---

① 湖南图书馆编《湖南氏族迁徙源流（一）》，第 197 页。

② （清）杨应玑、谭永泰、刘青云编《石砫厅乡土志·历史·氏族》，清宣统元年抄本。

③ 陈国安编辑《民族志资料汇编》第九集《土家族》，内部资料，1989，第 381 页。

④ 陈国安编辑《民族志资料汇编》第九集《土家族》，第 392 页。

⑤ 在此需要说明的是，上述经制州府，其能控制的地方并不能覆盖整个辖区，其控制的地方局限于主要交通干线、州、县城以及周边。对于广大的边远山区，采取的仍是羁縻的治理方式。

⑥ （明）李贤等撰《明一统志》卷66《靖州》，四库全书本。

珍珠巷;① 杜昉,定州安喜(今河北迁安市)人,曾为密州通判,宋建炎初寓居常德,"会钟贼(钟相)之乱,贼欲强公从己,公骂之不绝,遂遇害";② 常德桃源水田龟山黄氏,其始迁祖福海公,原籍江西丰城,南宋时仕鼎州知府,兵燹解组落业于桃源县东水田之石家湾;③ 邢绎,郑人,"父倞,宋知鼎州,因家焉。绎以荫入官,连倅五郡,后倅襄,与帅争疑狱,因不仕,起知兴国军,秩满归武陵,号复庵居士";④ 常德桃源木塘孔氏,始迁祖端位公系山东历城人,任常德录事参军,孙抃公因金人南侵而附籍于桃源,落业于杜青村孔家河;⑤ 慈利伍氏,其始迁祖仕纯公,原籍江西南昌府新建县,宋宝祐间任常德府通判,卸任隐居慈利羊角山麓,景定元年(1260)又迁五里坪(今称伍家坪、贾家坪);⑥ 慈利徐如晖,字光伯,人称徐公,祖籍江西南昌府丰城县桂湖,性格豪爽,工诗文,于宋太祖时由中书舍人迁任慈利县主簿,理政务、民事,嘉庆《慈利县志》载,徐任主簿期间,"辨冤狱,察民情,大旱致鱼,人比东海",⑦ 据有关史料考证,徐在任内,执事行政,"有典有责,廉慎公敏,恤民训士",为慈邑之名宦,百姓之父母,为邑人所爱戴,徐年高离任,"留恋治土而忘其所归,遂落籍慈城八卦井老公馆",后筑别馆于五雷主峰西麓,从此,徐之后裔,逐渐成为慈利于、皇、徐、刘、丁、卓、闻、朱八大家族之一;⑧ 靖州龙氏,其始迁祖禹原籍河南汲县,官湖南安抚招讨使,生四子——宗麻、宗朝、宗廷、宗旺,麻继为宣抚处置副使,屯靖州路之草荐寨,因家于绥宁之铁冲,分四支,散处靖、会、绥、辰、沅、黔、粤;⑨ 溆浦张翔,其"先世籍四川绵竹。宋末官辰州,生四子庚、申、器、允。申留居沅陵,器、允俊徙新化,

---

① 湖南图书馆编《湖南氏族迁徙源流(一)》,第182~183页。

② (宋)王象之纂《舆地纪胜》卷68《常德府·人物》,第2325页。

③ 湖南图书馆编《湖南氏族迁徙源流(一)》,第313页。

④ (明)李贤等撰《明一统志》卷64《常德府·流寓》、卷65《辰州府·仙释》,四库全书本。

⑤ 湖南图书馆编《湖南氏族迁徙源流(一)》,第355~356页。

⑥ 湖南图书馆编《湖南氏族迁徙源流(二)》,第961页。

⑦ (清)稽有庆修、魏湘纂《续修慈利县志》卷7《名宦》,清同治八年刻本。

⑧ 向延振、吴建国编《张家界文物古迹》,中国文史出版社,2011,第368页。

⑨ (清)金蓉镜纂辑《靖州乡土志》卷2《氏族志》,清光绪三十四年刊本。

庚后迁溆"；① 溆浦向纯，"原籍江西新建县。其父文皋以宋孝宗隆兴进士官辰州，留居沅陵狗子潭"。②

除了湘西外，鄂西南、渝东南、黔东北也有一定数量的留居官宦和士大夫。如郭雍者，"字子和，其先洛阳人。父忠校师事程颐，著《易说》，号'兼山先生'。雍传其父学，通世务，隐居峡州，放浪长阳山水间，号'白云先生'。乾道中以峡守任清臣、湖北帅张孝祥荐于朝。旌召不起，赐号'冲晦处士'。孝宗稔知其贤，每对辅臣称道之。命所在州县岁时致礼，存问后更封颐正先生"。③ 弘治《夷陵州志》也有载："郭雍，河南人。父忠孝从程颐学，得其传，持宪陕西，死于金人之难。雍退居峡州，放浪长阳县鲤鱼山。宋乾道间征不起，赐号'冲晦处士'。……雍传其父学，纂《逍告》，有《易说》、《中庸说》行世。"④ 由此可见郭雍是一位来自北方、隐居长阳的士人。又如思州夏大均，嘉靖《思南府志》载其曰："政和间，藩部长田祐恭被召入觐。进止不类远人。徽宗异之，问其故，曰：'臣门客夏大均实教臣。'上悦之，厚赐之，拜大均保州文学。"⑤ 万历《贵州通志》也载："夏大均，不知何许人，为藩部长田祐恭塾宾。"由嘉靖《思南府志》、万历《贵州通志》将夏列入"流寓"中以及"蛮帅"田祐恭称其为熟悉华夏礼仪的"门客"可知，夏绝非思州土著，而是外来的客民。

进入武陵地区的将士、官宦、士大夫等不是一般的客民，而是中上层的客民。他们的进入，不仅加强了武陵地区与内地的联系，而且推动了区域经济、文化的发展以及土客间的交流（详见本章第三节）。除了这些中上层的客民，宋时迁入武陵地区的客民主要还是普通的民众。其迁入武陵地区的原因不一，有被招徕垦荒者，有贸易而来者，有避役、避乱者，有负罪逃避惩罚者，有被"蛮夷"掳掠进入者，等等。关于被招徕垦荒的客民，前文有关王朝经营和治理的内容已有详述。至于贸易而来的客民，《宋史·食货

---

① （清）舒立淇纂《溆浦县志》卷14《氏族志》，民国10年活字本。
② （清）舒立淇纂《溆浦县志》卷14《氏族志》，民国10年活字本。
③ （清）聂光銮修，王柏心、雷春沼纂《宜昌府志》卷13下《士女·流寓》，清同治五年刊本。
④ （明）陈宣修，刘允、沈宽纂《夷陵州志》卷7《流寓》，明弘治九年刻本。
⑤ （明）万炯修，钟添纂《思南府志》卷8《人物门·流寓》，明嘉靖刻本。

志》中"楚、蜀、南粤之地，与蛮獠溪峒相接者，以及西州沿边羌戎，皆听与民通市""湖北路及沅、锦、黔江口，蜀之黎、雅州皆置博易场"① 的记载也可在一定程度上说明，宋时已有客商往来于武陵地区。此外，一些地方文献中也多有这方面的记载。如以谱牒为基础编纂的《湖南氏族迁徙源流》载会同唐氏曰："始迁祖国良公，宋朝人，因与宝庆有贸易往来而由全州兴安县迁居湖南靖州会同等地。"② 该书又载泸溪石氏曰："始迁祖开基公，南宋祥兴二年（1279）自江西吉安府因贸易迁此。"③

除垦荒、贸易之外，避役、避乱也是客民进入武陵地区的一个重要原因。由前述王朝对武陵地区的治理可知，赵宋王朝对溪峒"诸蛮"采取了有别省区的"减免租赋，荒服不征"政策。在此政策之下，许多不堪重负的省民遁入溪峒"蛮区"，故隆兴初右正言尹穑言"湖南州县多邻溪峒，省民往往交通徭人，擅自易田，豪猾大姓或诈匿其产徭人，以避科差"，以致朝廷不得不出台"禁民毋质田徭人"④ 与"诏辰州省地民先逃入溪峒今复归者，蠲免丁税"⑤ 的政策。

两宋之际以及宋末元初，中国北方大乱，大批民众纷纷南迁，出现了"中原士民扶携南渡，不知其几千万人"⑥ 之局面。这一时期，武陵地区除鼎、澧州有所波及外，其他地方相对比较稳定。由是，武陵地区成了中原和内地客民的迁入地。特别是湘西辰、沅、靖州一带，由于其地理偏僻、自然条件又相对比较优越，更是成为客民避乱的首选之地。故在各种史志和地方文献中，上述三州避乱客民尤多。如溆浦文庚一，原籍江西吉水县，其先于宋末因乱避地湖南，寄居泸溪，元时庚一复由泸溪徙溆；⑦ 湖南怀化会同黎氏，其始迁祖文奎公为河南开封人，官两广御史，致仕值金人之乱，遂自华容迁黔阳，复迁会同；⑧ 会同桐木田唐氏，其始迁祖光富公原为南京鹅巷口

① （元）脱脱等撰《宋史》卷186《食货志下八·市易》，第4564页。
② 湖南图书馆编《湖南氏族迁徙源流（二）》，第828页。
③ 湖南图书馆编《湖南氏族迁徙源流（二）》，第747页。
④ （元）脱脱等撰《宋史》卷494《蛮夷传二·西南溪峒诸蛮下》，第14190页。
⑤ （宋）李焘撰《续资治通鉴长编》卷194《仁宗》，第4692页。
⑥ （宋）李心传撰《建炎以来年要录》卷86，四库全书本。
⑦ （清）舒立淇纂《溆浦县志》卷14《氏族志》，民国10年活字本。
⑧ 湖南图书馆编《湖南氏族迁徙源流（一）》，第381页。

人，宋哲宗朝进士，避金人之乱徙居会同。①

除了垦荒、贸易、避乱、避役外，一些客民进入武陵地区是为了逃避法律的惩罚，还有一些客民则是被"蛮夷"掳掠而来的。有关负罪之徒逃避惩罚逃入溪峒，王安石在熙宁五年（1072）有"诸溪洞负罪逃亡人不少"之言，知辰州石鉴则有"溪洞多有向时亡命之人，阻隔蛮情"之说。朝廷担心这些负罪逃亡之人"怀疑煽惑，别致中变"，因此出台了释其罪而招诱其出洞的政策，载曰："荆湖溪洞中亡命之人，今日以前，罪无轻重皆释之。如愿居本处，或欲归本乡，各从其便；如能自效，显有劳绩，令章惇等保明等第酬奖。"② 至于被掳掠进入武陵地区的客民，史志多有详载。如宋咸平六年（1003），高州义军务头角田承进等在擒"生蛮"六百六十余人的同时，还夺回被"蛮夷"所略汉口四百余人；③ 宋景德二年（1005），朝廷对荆湖溪峒被"蛮人"所掳掠之民曾下有"勿限年月，给还旧产"④ 之诏；大中祥符五年（1012），史方"奉职为潭、澧、鼎、沿边同巡检，改右班殿、直阁门祗候"时，"澧州民诉下溪州蛮侵其土地"，史方等遣乘驿"往视"，收复失地四百余里，"得所掠五百余人"。⑤ 由上可知，宋代虽然对武陵地区采取了"禁山封堠，立柱划界"的边防要策，但仍无法禁止"蛮夷"侵掠"省地"，掳掠"省民"。

综上可知，两宋时期的武陵地区的客民成分复杂，既有官宦、将士、士大夫，也有普通的民众。其迁入动因不一，官僚多宦居，将士则多戍守著籍，士大夫则有隐居者，普通民众则有被招徕垦荒者，有贸易而来者，有避役、避乱者，有负罪逃避惩罚者，有被"蛮夷"掳掠进入者。

三　客民的原籍或迁出地：以湘西为中心的考察

两宋时期，进入武陵地区的客民的原籍或迁出地不一。有的自北方，如渝东南石柱马氏始迁祖马定虎即由陕西扶风"奉召平夷，授石砫安抚司，

---

① 湖南图书馆编《湖南氏族迁徙源流（二）》，第 828 页。
② （宋）李焘撰《续资治通鉴长编》卷 241《神宗》，第 5874 页。
③ （元）脱脱等撰《宋史》卷 493《蛮夷传一·西南溪峒诸蛮上》，第 14175 页。
④ （元）脱脱等撰《宋史》卷 7《真宗纪二》，第 129 页。
⑤ （元）脱脱等撰《宋史》卷 326《史方传》，第 10526～10527 页。

世守其土"①，湘西靖州的龙氏即因官湖南安抚招讨使由河南汲县迁至靖州②；有的来自江南或者东南，如湘西靖州的黄龟年，其父黄进科系福建永福人，至龟年官拜监察御史时，"适荆南叛，议征之"，龟年与潘、明、姚、蒙四将前往征剿，封兴国侯，故因家于靖;③ 有的来自四川，如湘西溆浦县的张翔，其先世籍四川绵竹，宋末官辰州，遂留居。④ 在这些客民当中，原籍或迁出地属江西最多。在湘西164例客民个案（附表1）当中，原籍或迁出地是江西的客民多达93例，占总数的56.7%。在原籍江西的客民中，尤以吉安府为多。在93例来自江西的客民个案中，来自吉安府（包括泰和、吉水、永丰等县）的客民多达49例，占江西客民总数的52.7%。而这在谭其骧先生对宋代湖南人来源的总体分析中也得到了印证："总五代、北宋五十二族，江西居其四十七，非江西但有五族，十之一耳。……南宋四十四族，非江西居其十。"⑤ 至于江西客民居多之原因，笔者认为更多系"狭乡迁宽乡"。宋时，江西之经济文化在全国处于领先地位，江西之人口密度大，湖南、湖北人口密度小，加上江西与湖南、湖北毗邻，故武陵地区成了江西客民重要的迁入地。据梁方仲先生《中国历代户口、田地、田赋统计》的统计，崇宁元年（1102）江西路的人口密度是27.7人/公里^2，荆湖北路的人口密度是10.6人/公里^2，元丰三年（1080）夔州路的人口密度是4.4人/公里^2，荆湖北路、夔州路的人口密度分别是江西路人口密度的38.3%、15.9%；南宋嘉定十六年（1223），江西路的人口密度是37.7人/公里^2，荆湖北路的人口密度是7.0人/公里^2，夔州路的人口密度是2.6人/公里^2，荆湖北路、夔州路的人口密度分别是江西路人口密度的18.6%、6.9%。⑥ 梁先生的上述统计数字虽然不是宋代武陵地区的人口密度，但是时武陵地区主要归属于荆湖北路与夔州路，故宋代江西路、荆湖北路、夔州路的人口密度仍可在一定程度上解释武陵地区客民主要来自江西的原因。此

---

① （清）杨应玑、谭永泰、刘青云编《石砫厅乡土志·历史·氏族》，清宣统元年抄本。
② （清）金蓉镜纂辑《靖州乡土志》卷2《氏族志》，清光绪三十四年刊本。
③ （清）金蓉镜纂辑《靖州乡土志》卷2《氏族志》，清光绪三十四年刊本。
④ （清）舒立淇纂《溆浦县志》卷14《氏族志》，民国10年活字本。
⑤ 谭其骧：《湖南人由来考》，《长水集（上）》，第340～341页。
⑥ 参见梁方仲《中国历代户口、田地、田赋统计》甲表40宋代各路人口密度（梁方仲编著《中国历代户口、田地、田赋统计》，中华书局，2008，第164页）。

外，《宋史·食货志》关于鼎、澧等州地之客民请佃之记载也可给予说明，曰："江南狭乡百姓，扶老携幼，远来请佃。"[1] 引文虽然指的是江南，未明确具体之来源地，但由于江西各州县在地理区位上与鼎、澧等州接近，故这些"江南狭乡百姓"也多来自江西。

第三节 王朝的经略、治理与土客的"互化"

族群关系史是民族史研究的重要内容。在武陵族群关系研究中，多数研究要么将赵宋王朝与各族群之间的关系等同于族群关系，要么用"同化"的视野看待武陵地区各族群间的交往、交流与融合。在上述视野下，中央王朝与地方族群、族群与族群之间的关系简单表述成了上与下、控制与逃离、"汉化"。这种表述将国家与民族关系场域中的地方或少数族群当成完全的被动接受者，忽略了地方或者少数族群的主体性以及这些族群面对强势统治者、强大族群时的主动选择。如此，两宋时期武陵地区的族群关系更多地被表述成了王朝开发与少数民族反抗、少数民族"汉化"的历史。土客关系是宋时武陵地区族群关系的重要组成部分。此关系不是民族关系，而是土著与移民、流民等外来客民之间的关系。他们之间的关系受王朝经略、治理的影响，但不是单向的"汉化"，而是双向、相互的交往、交流、交融。

一 赵宋王朝的经略和治理

两宋时期是武陵地区经济社会发展的一个重要时期。这一时期，由于北方少数民族政权的存在，赵氏两宋为稳定后方、避免背腹受敌，对南方的治理除了宋初章惇的开发两江地区之外，以采取羁縻、驻军、招抚、牵制等怀柔政策为主。在此政策之下，南方获得了相对稳定的环境和较大的地方自主权，经济社会得到了快速发展，人口增长迅速。作为"内地的边缘"的武陵山区也在这一时期得到了较大的发展，并成为"靖康之乱"和南宋偏安后北方人口的一个重要迁入地。两宋对武陵地区的经略和治理主要体现在"三个结合"上，即郡县制与羁縻州制相结合，军事防御与恩信绥怀相结

---

① （元）脱脱等撰《宋史》卷174《食货志上二》，第4218页。

合，垦辟荒地与禁止省民占买溪峒土地相结合。

1. 郡县制和羁縻州制相结合

两宋时期，赵氏总体上因袭了隋唐时期对武陵地区所采取的郡县制与羁縻州制并行的统治策略。在自然环境条件相对较好、具有一定开发基础的地方施行的主要是郡县制，在溪峒"诸蛮"居住相对比较集中的地方则采取的是羁縻州县制度，"因其疆域，参唐制分析其种落，大者为州，小者为县，又小者为峒"①。其总体情况如下。

湘西隶属荆湖北路，共 5 个州（府）以及若干个羁縻州。常德府，本鼎州武陵郡，乾道元年（1165）升为府，提举鼎、澧、辰、沅、靖五州，辖武陵、桃源、龙阳三县。南渡后，沅江来辖。澧州澧阳郡，辖澧阳、石门、慈利、安乡四县。其中石门有台宜砦，慈利有索口、安福、西牛、武口、澧州五砦。辰州卢溪郡辖沅陵、溆浦、辰溪、卢溪四县。其中溆浦有悬鼓一砦、龙潭一堡，辰溪有龙门、铜安二砦，卢溪有会溪城一，池蓬、镇溪、黔安三砦。沅州潭阳郡，本懿州，熙宁七年（1074）以潭阳县地置卢阳县，以辰州麻阳、招谕二县隶州。八年，并锦州砦人户及招谕县入麻阳，为一县。元丰五年（1082）升渠阳砦为县。辖卢阳、麻阳、黔阳、渠阳四县。其中：卢阳有蒋州、西县、八洲、长宜、回溪、镇江、龙门、怀化八铺；麻阳有锦州、龚溪二砦，龙溪、龙家、竹砦、虚踵、齐天、叉溪六铺；黔阳有竹砦、烟溪、无状、木州、洪江五铺；渠阳有托口、洪江、安江、竹滩、便溪、若溪等八砦，丰山新堡一堡。靖州辖永平、会同、通道三县。其中通道有狼江、收溪、贯保、罗蒙四砦，有石家、浐村、多星、大由、天村、羊镇堡、木砦堡、飞山堡、零溪堡、通平堡十堡。羁縻州则由灵溪郡废置而来，主要有永顺州、渭州、保静州、溶州、上溪州、中溪州、下溪州等。

鄂西南分属荆湖北路与夔州路，主要有峡州夷陵郡长阳县、归州巴东郡巴东县、施州清江郡以及若干羁縻州。峡州夷陵郡有夷陵、宜都、长杨、远安四县，其中的长杨即今长阳县，属武陵地区。归州巴东郡有巴东县、秭归

---

① （清）顾祖禹撰《读史方舆纪要》卷 106 "左江"条，清康熙通志堂刻本。参见《桂海虞衡志·志蛮》，清知不足斋丛书本、《文献通考》卷 331《四裔考八》，清浙江书局本。

县、兴山县，其中的巴东县也属武陵地区。该县在宋时有圻叠一砦。施州清江郡有清江、建始二县。其中清江县有歌罗、永宁、细沙、宁边、尖木、夷平六砦，建始县有连天一砦。羁縻州主要有西高州（前身为珍州，在今湖北宣恩和咸丰县之间）①、顺州、保顺州、富州（在今湖北来凤和湖南龙山县之间）、天赐州等。其中富州、天赐州、顺州、保顺州在荆湖北路北江羁縻州中，而《宋史·地理志》和《元丰九域志》则没有记载施州羁縻州。这可能是宋代施州"开边"所致。②

渝东南、黔东北隶属夔州路，主要有邵庆府、思州及若干羁縻州。渝东南的邵庆府本黔州黔中郡，系武泰郡节度。绍定元年（1228）升府，辖彭水、黔江二县。其中彭水县有洪杜、小洞、界上、难溪四砦，黔江有白石、门阑、佐水、永安、安乐、双洪、射营、右水、蛮冢、浴水、潜平、鹿角、万就、六堡、白水、土溪、小溪、石柱、高望、木孔、东流、李昌、仆射、相阳、小村、石门、茆田、木栅、虎眼二十九砦。羁縻州主要有费州（今贵州思南）、思州（今贵州沿河）等。③

由上可知，两宋时期武陵地区在行政上施行的是并轨制的管理方式。在一些具有一定开发基础的地方推行的主要是郡县制，在溪峒"诸蛮"聚居的地方实行的则是羁縻州制。同时，受"开边"等因素的影响，一些羁縻州在北宋初被废或者转为了经制州。章惇经略两江地区时，蒋、晃等羁縻州被新设的沅州、靖州所统即属于此种情况。此外，北宋中后期以及南宋时期，随着中央王朝对一些西南地区控制力的减弱，一些在北宋初新开的郡县基本上又恢复了羁縻状态。由是，武陵地区的郡县多被土著大姓酋豪所据。④ 但不管如何，赵宋两朝通过政治怀远、经济优惠、军事防御等政策松散地保持了中央与武陵地区的联系，促进了国家与地方、内地与内地边缘的经济、文化的交流。

---

① 胡挠：《关于羁縻珍州、高州及高罗土司的考证》，《中央民族学院学报》1983年第1期。
② 刘复生：《宋代羁縻州"虚像"及其制度问题》，《中国边疆史地研究》2007年第4期。
③ 李昌宪：《中国行政区划通史（宋西夏卷）》，复旦大学出版社，2007，第668~676页。
④ 参见吴永章主编《中南民族关系史》第十章；马力：《北宋北江羁縻州》，《史学月刊》1988年第1期；《北宋南江地区羁縻州考》，《文史》第34辑，中华书局，1992；刘复生：《宋代羁縻州"虚像"及其制度问题》，《中国边疆史地研究》2007年第4期；唐春生：《宋初对夔州路的少数民族政策》，《重庆师范大学学报》（哲学社会科学版）2012年第1期。

2. 军事防戍和恩信绥怀相结合

两宋时期，赵宋中央王朝对武陵地区的政治控制方式虽然是比较松散的，但这种关系的维系不是简单的"不闻不问"，而是以一定的军事防戍为基础，同时配合执行一定的恩信绥怀的政策。[①]

在军事防戍上，赵宋中央王朝主要采取的措施有以下两种。（1）扎寨设堡建城，完善地方驻军。为加强对武陵地区政治监控和军事威慑，赵氏中央王朝通过扎寨设堡置城的形式完善了对武陵地区的驻军。是时创筑的城有施州清江郡城、辰州城、靖州城等，创设的寨堡在崇宁元年（1102）则达到了 79 个[②]。如《宋史·理宗纪》载淳祐三年（1243）五月诏书言，宋时施州创筑了清江郡与 60 余所关隘据，该州将士、中州戍守兵卒，执役三年者皆可转补一官；[③]《宋会要辑稿·方域九》载辰州外城言："嘉祐二年七月十六日，诏辰州筑外城，候工毕，人给盐三斤。"又载靖州城曰："淳熙十四年五月二十四日，诏：'尚书省给降度牒二十道，付湖北安抚司，充靖州修城支用，候农隙日兴工。仍先次计料，开具奏闻。'"[④] 守边的军队，除了来自中央的禁军外，还有地方的厢兵、乡兵、土兵和弓手等。由王曾瑜先生的研究可知，宋仁宗时武陵地区派驻的禁军主要分布在鼎州、澧州、辰州。"归远"军共三个指挥，其中鼎州一个，澧州两个；"雄略"军六个指挥，其中鼎州两个，澧州两个，辰州两个；"宣毅"军五个指挥，其中鼎州三个，澧州一个，辰州一个。[⑤] 厢兵"宣节"军则主要分布在鼎州等州，多选自户籍或由土民应募的土丁、刀弩手、峒丁、义军等非正规的土军，各州皆有（详见本章第一节中的"'土军'与土著"部分），人数不等。上述兵丁，禁军教战守，厢兵则供杂，土丁、义军、刀弩手、峒丁等土军则协助禁军戍守，维持地方治安，以控扼地方。（2）禁山划界，分类管理。宋初，为了加强对边地的控制，朝廷采取了"禁山封堠，立柱划界"的边防要策。所谓"禁山"，即在"蕃夷"与边郡连接之处建立"封堠"，不准

① 吴永章、田敏：《鄂西民族地区发展史》，第 70～74 页。
② （元）脱脱等撰《宋史》卷 88《地理志四》、卷 89《地理志五》。
③ （元）脱脱等撰《宋史》卷 42《理宗纪二》，第 826 页。
④ （清）徐松辑，刘琳、刁忠民、舒大刚校点《宋会要辑稿·方域九·修城下》，第 9453 页。
⑤ 王曾瑜：《宋朝军制初探》，第 65 页。

"民间请佃、斫伐贩卖"。《宋会要辑稿·方域九》载知成都府胡元质言："蜀之边郡文、龙、威、茂、嘉、叙、恭、涪、施、黔连接蕃夷，各于其界建立封堠，谓之禁山。"① "禁山"之真正目的并不是涵养山林，而是通过"养其林木，使之增长蕃茂，幽晖杳冥，隔离天日，毒蛇猛兽窟宅其间"以减轻"筑城戍兵"的压力，防止"蛮夷"之间联合反叛朝廷。所谓"划界"，即在溪峒"蛮夷"与省民交界处立石或铜柱划定边界，并派土兵戍守。前述唐末五代时马楚政权与土著彭氏所立的溪州铜柱即具有划定边界之性质。此外，鄂西南的恩施在宋代也立有划界的石柱。如《宋史》载，太宗淳化年间（990~994），王均叛乱，朝廷调施、黔、高、溪州"蛮子弟以捍贼，既而反为寇"。丁谓至，任夔州路转运使，"召其种酋开谕制，且言有诏赦不杀。酋感泣，愿世奉贡。乃作誓刻石柱，立境上"。② 对此，道光《施南府志·疆域》给予了记载，并明确言丁谓所立石柱在今湖北恩施土家族苗族自治州宣恩县境。③ 与"禁山"有所不同，"划界"主要是为防止宋代省地官员进入"蛮区""贪功而启衅"，防止省民擅入"蛮区"生事和"蛮酋"骚扰省地。故《宋史·蛮夷传》载："诏禁沿边奸人毋越逸溪峒，诱致蛮僚侵内地，违者论如律，其不能防闲致越逸者亦罪之。"④ 《续资治通鉴长编》也曰："诏荆湖北路安抚司，军士遁入蛮界，其防边土丁能捕获二人以上，与迁一资。"⑤

"恩威并济"是多数统治者的策略。在一定的军事防戍基础之上，赵宋朝廷对武陵地区还采取了招纳、招抚以及经济优惠等"恩信绥怀"的政策。（1）招纳、招抚土著豪酋。由于北方少数民族政权的存在，赵宋王朝在武陵地区多用恩赏等"招纳""招抚"地方豪酋，以达到消解地方势力，防止其与中央朝廷对抗、实现政治一统的目的。在大湘西地区，宋廷招抚了辰州徭人首领秦再雄，并封其为辰州刺史；招纳了晃州田汉权、懿州田汉琼等，

---

① （清）徐松辑，刘琳、刁忠民、舒大刚校点《宋会要辑稿·方域九·修城下》，第 9257 页。
② （元）脱脱等撰《宋史》卷 283《丁谓传》，第 9566 页。
③ 《中国方志丛书·华中地方》第 328 号。
④ （元）脱脱等撰《宋史》卷 494《蛮夷传二》，第 14191 页。
⑤ （宋）李焘撰《续资治通鉴长编》卷 176《仁宗》，第 4263 页。

并赐封他们为一州刺史。① 在鄂西南，夔州路转运判官董钺、副使以招纳"蛮酋田现等内附"被赏②；夔州路转运使丁谓在太宗淳化年间（990～994）也因招抚"溪蛮"有威惠而备受部人爱戴③。在渝东南、黔东北，田祐恭则在招纳政策下于宋徽宗大观元年（1107）入朝内附，朝廷则赐封其为思州刺史，并诏其讨伐过晏州夷人叛乱以及荆楚地区的饥民起义。（2）在经济上给予一定的优惠。主要表现在两个方面。一是允许省地与溪峒"蛮夷"互市，并在一定程度上解除其盐、榷酒之禁。如熙宁六年（1073）在湖北路及沅、锦、黔江口等边徼要地设置博易场，开展沿边贸易。④ 夔州路转运使丁谓在招抚"施州蛮"时，根据"蛮地饶粟而常乏盐"的实际情况，允许"蛮夷""以粟易盐"，"蛮人大悦"。⑤《宋史·食货志》则载，在太平兴国七年（982）多地罢榷酤的形势之下，唯夔之施州、黔州，荆湖之辰州等"蛮区"不禁酒。⑥ 二是减免租赋，"荒服不征"。两宋时期，中央王朝对生活在武陵地区的"蛮夷"实行的是减免租赋、"荒服不征"的政策。在此政策之下，即使武陵地区内附之"蛮"或者其"酋帅"愿意比照内地输租税，朝廷也多以"荒服之地"拒之。如太平兴国八年（983），面对"锦、溪、叙、富四州蛮相率诣辰州，言愿比内郡输租税"，朝廷不是爽快答应，而是"诏长吏察其谣俗情伪"，并最终不许。又如咸平元年（998），富州刺史向通汉"请定租赋"，宋真宗也以"荒服不征"，"弗之许"。⑦ 此外，对于生活于临近溪峒"蛮区"之民，朝廷则减少赋，以鼓励民众到边徼之地垦荒。对此，荆湖北路转运使王赟有言："近溪峒田，先以蛮人侵扰，禁其垦植。今边境安静，民复耕莳，已遣官检括置籍，请令依旧输租。"⑧

---

① 参见（元）脱脱等撰《宋史》卷493《蛮夷一》、卷494《蛮夷二》，第14172～14174、14191页。

② （元）脱脱等撰《宋史》卷496《蛮夷传四》，第14243页。

③ （元）脱脱等撰《宋史》卷283《丁谓传》，第9566页。

④ （元）脱脱等撰《宋史》卷186《食货志下八·市易》，第4564页。

⑤ （元）脱脱等撰《宋史》卷283《丁谓传》，第9566页。

⑥ （元）脱脱等撰《宋史》卷185《食货志下七·酒》，第4514页。

⑦ （元）脱脱等撰《宋史》卷493《蛮夷传一》，第14174页。

⑧ （宋）李焘撰《续资治通鉴长编》卷54《真宗》，第1192页。

3. 垦辟荒地与禁止省民占买溪峒土地相结合

经历了隋唐五代时期的开发之后，武陵地区经济社会已有所发展。但就总体而言，武陵地区仍是地广人稀，土地开发有限。否则，辰州布衣张翘不会有"南江诸蛮虽有十六州之地，惟富、峡、叙仅有千户，余不满百"[1]之言，他更不会与流人李资等向朝廷建言"偏师压境"，大力开发"为蛮人向氏舒氏田氏所据，良田数千万顷"的"辰州之南江"。[2]绍兴十二年（1142），知邵州吕稽仲在奏折中也有"湖南、广西闲田甚多"之说，并建议"轻租召佃，取其说资，权其赢，余可宽州县"。[3]在此背景下，朝廷采取了屯田、募民开荒的垦殖措施。屯田有军屯与民屯之分。民屯是屯田的主要部分，以各地县令主导。[4]两宋时朝廷在武陵地区的辰、澧等州曾鼓励民屯田地。对此，《宋史·食货志上四》载："凡民，水田亩赋秔米一斗，陆田豆麦夏秋各五升。满二年，无欠，给为永业。"又言："今荒田甚多，当听百姓请射其有，缺耕牛者，宜用人耕之，法以二人曳一犁。凡授田，五人为甲，别给蔬地五亩为庐舍场圃。"[5]

与民屯以县令为主导不同，军屯则是以大使臣主之。两宋时期，武陵地区军屯之兵主要是前述朝廷在当地所募集的包括土丁、峒丁、义军、刀弩手在内的"土军"。这些军士"分处要害，量给土田，训练以时，耕战合度，庶可备御"[6]，战时是兵，农时则是民，"且守且耕，耕必给费，敛复给粮，依锄田法，余并入官"[7]。至于所谓的土地量，朝廷也有明确的规定："每招土兵一名，给官田百亩，亦足以充一岁之用"，土地使用"或耕或佃，各从其便"。[8]

两宋时期，除了屯田，朝廷以及地方豪酋还提供优惠条件募民到武陵地区开荒。如南宋开禧元年（1205），据夔州路转运判官范荪言，该路施、黔

① （元）脱脱等撰《宋史》卷493《蛮夷传一》，第14180页。
② （宋）苏轼撰，郎晔注《经进东坡文集事略》卷40《代张方平谏用兵书》注"章淳造衅于梅山"条，四部丛刊·初编·集部，景乌程张氏南海潘氏合藏宋刊本。
③ （清）张起鹍修，刘应祁纂《邵阳县志》卷16《志余》，清康熙二十三年刻本。
④ 李幹、周祉征、李倩：《土家族经济史》，陕西人民教育出版社，1996，第21页。
⑤ （元）脱脱等撰《宋史》卷176《食货志上四》，第4271页。
⑥ （元）脱脱等撰《宋史》卷494《蛮夷传二》，第14188页。
⑦ （元）脱脱等撰《宋史》卷176《食货志上四》，第4271页。
⑧ （清）徐松辑，刘琳、刁忠民、舒大刚校点《宋会要辑稿·兵三·续会要》，第9257页。

等州荒远，绵亘山谷，地旷人稀，"其占田多者，须人耕垦，富豪之家，诱客户举室迁去"，并乞求朝廷校定皇祐官庄客户逃移之法："凡为客户者，许役其身，毋及其家属；凡典卖田宅，听其离业，毋就租以充客户；凡货钱止凭文约交还，毋抑勒以为地客；凡客户身故，其妻改嫁者，听其自便，女听其自嫁，庶使深山穷谷之民得安生理。"① 朝廷认为，皇祐旧法轻重适中，从富豪之家之请。此外，对于武陵地区的"降蛮"，朝廷也是给其选择的自由。天禧二年（1018）五月，朝廷招抚高州等地"诸蛮"言："如挈属来降，愿给田耕凿，或却还溪峒，皆听从便。"②

在上述优惠条件的吸引下，不少民众来到武陵地区。宋神宗时，徽、诚州由于已涌入不少客民购买溪峒土地耕种，朝廷为解决财力问题，趁机设立了"直立税"。对此，《续资治通鉴长编》载荆湖路相度公事、左司外郎孙览之请曰："沅水已招怀结狼九衙等百三十余州峒乞委本州随其风俗，量宜约束，不必置官屯守，自困财力。卢阳、麻阳之间，有莫徭五百余户，乞招抚补授。令把托道路，自诚州至融州、融江口十一程，可通广西盐。乞许入钱于诚州买钞，融江口支盐，增息一份，可省湖北岁馈诚州之费，辰、沅州准此。徽诚蛮多典卖田与外来户，乞立法：溪峒典卖田与百姓，即计直立税，田虽赎，税仍旧。不二十年，蛮地有税者过半，则所入渐可减本路之费。乞下诚、沅、邵三州施行。"又载朝廷之回复言："立蛮人地税，……并施行。"③ 朝廷在诚、沅等州设置直立税，实际上是承认了客民买卖"溪峒蛮"土地行为的合法性。在这样的鼓励政策之下，越来越多的客民涌入了武陵地区，两宋时客户数量的增长对此给予了佐证（详见前文）。与此同时，新的问题也随之出现，即土著"省民"与客民大量进入武陵地区的"蛮区"，利用各种手段侵占土著"蛮夷"的田产，最后导致本已汉化的"蛮夷""多不聊生，往往奔入生界溪峒受雇以赡口腹，或为乡导，或为徒伴，引惹生界出没省地"。④ 由此，朝廷又不得不禁止土著"省民"与客民进入"蛮区"。故《宋会要辑稿·蕃夷道释》载溪峒之专条曰："夫熟户、

---

① （元）脱脱等撰《宋史》卷173《食货志上一》，第4178页。
② （宋）李焘撰《续资治通鉴长编》卷92《真宗》，第2116页。
③ （宋）李焘撰《续资治通鉴长编》卷345《神宗》，第8285页。
④ （清）徐松辑，郭声波点校《宋会要辑稿·蕃夷道释·蕃夷五》，第450页。

山徭、峒丁，有田不许擅鬻，不问顷亩多寡，山畲阔狭，各有界至，任其耕种……山徭、峒丁田地并不许与省民交易。"又载："凡属溪峒去处，山徭、峒丁归业，不得擅与省民交易，犯者科以违制之罪，仍以其田归之。"① 由此可见，在开发武陵地区农业的过程中，赵宋朝廷采取的措施确实是垦辟荒地与禁止省民、客民占买溪峒土地相结合。在此措施中，军屯、民屯以及募民开荒在一定程度上解决了劳动力短缺的问题，禁止省民、客民占买溪峒土地则可较好地保护土著"蛮獠"的利益，在一定程度上减少了边衅的产生。

上述经营、治理措施，既加强了作为"内地的边缘"的武陵地区与内地的联系，也吸引了大量客民进入武陵地区，加速了该地区经济社会的发展，促进了土客经济文化的交流。

二 土客的"互化"

两宋时期，受赵宋王朝经略、治理以及客民大量进入之影响，武陵地区的土客出现了一定程度的"互化"。这种"互化"包含两个方面，一是土著的"客化"，二是客民的"土化"。因客民多以汉人为主，所以"客化"主要表现为"汉化"。

1. 土著的"客化"

两宋时期对客民的政策前后变化较大。北宋初，受"禁山封堠，立柱划界"边防要策的影响，客民进入"溪峒"受到严格的控制。如太平兴国二年（977）朝廷要求"峒蛮""不得与汉民交通，其地不得耕牧"，② 咸平六年（1003）"禁蛮人市牛入溪峒"③。在严格的控制之下，除湘西澧州慈利、石门等地外，武陵地区大部分地方的土客交流以及土著的"客民化"得到限制。④ 北宋中后期，随着国家的初定以及对武陵地区统治力量的加强，王朝逐步在该地区实施屯田、募民开荒的政策，打破了限制客民迁入武

① （清）徐松辑，郭声波点校《宋会要辑稿·蕃夷道释·蕃夷五》，第450页。
② （元）脱脱等撰《宋史》卷494《蛮夷二》，第14196页。
③ （宋）李焘撰《续资治通鉴长编》卷54《真宗》，第1187页。
④ 刘兴亮：《从湘西地区"蛮民越界"事件看两宋羁縻政策之演变》，《铜仁学院学报》2014年第6期。

陵地区特别是武陵地区之溪峒"蛮区"的禁令。由此，大量客民进入武陵地区。面对客民的大量进入，土著的经济、文化艺术等出现了一定程度的"客化"。

（1）经济。宋初，由于朝廷"禁蛮人市牛入溪峒"，除澧水中下游的澧州、沅水中下游的鼎州外，武陵地区大部分地方的农业生产仍是刀耕火种，没有实现牛耕。宋神宗年间，限制客民进入溪峒之区禁令被解除，牛耕技术随着客民的进入逐步在武陵地区得到推广。在湘西，牛耕技术的推广伴随神宗熙宁年间（1068～1077）"开梅山"而展开，故章惇之《开梅山》中有"给牛货种使开垦，植桑种稻输缗钱"① 之言。在鄂西南，宋神宗之前的施州有"群僚不习服牛之礼"② 之说。通过"选谪戍知田"官员的努力，施州不但"辟田数千亩"，而且实现了"市牛使耕，军食赖以足"。③ 除牛耕之外，恩施还通过外来官员从外地引进了西瓜及其栽培技术，并出现了"满郡皆兴""种亦遍及乡村处"的局面。对此，恩施州城遗址中保存至今的"西瓜碑"有详载，曰：

> 郡守秦将军到此，栽养万桑，诣菜园间修迤花池，创立接客亭及种西瓜。西瓜有四种：内一种蒙头蝉儿瓜；一种团西瓜；一种细子儿，又名御西瓜；此三种在淮南种食八十余年矣。又一种回回瓜，其身长大，自庚子嘉熙北游带过种来，外甜瓜，稍瓜有数种。咸淳五年（1269）在此试种，种出多产，满郡皆兴，支逸其味甚加（佳），种亦遍及乡村处，刻石于此，不可不知也。此瓜于二月盥刑淹种，须是三五次淹种，恐雨不稠。咸淳庚午孟春朐山秦伯玉谨记。④

由引文可知，西瓜并非恩施之土产，而是从外地引种。在引种过程中，"郡守秦将军"发挥了重要作用。"蒙头蝉儿瓜""团西瓜""细子儿"系其

---

① （清）梁碧海修，刘应祁纂《宝庆府志》卷34《艺文志》，清康熙二十三年刻本。
② （清）徐松辑，郭声波点校《宋会要辑稿·藩夷道释·藩夷五》，第404页。
③ （元）脱脱等撰《宋史》卷344《李周传》，第10934页。
④ 转引自邓辉《土家族区域的考古文化》，第290页；刘清华《湖北恩施"西瓜碑"碑文考》，《古今农业》2005年第2期。

从淮南引种，"回回瓜"则由其"自庚子嘉熙北游带过来"，并在咸淳五年（1269）试种成功。

除了引进客民先进的生产技术，土著还吸收了客民的经济制度和管理方式。宋神宗开禁以后，不少客民进入溪峒之区购买田地。在与土著省民和客民的交往中，一些溪峒土著逐步习得了省民和客民的生产方式，如沅陵浦口一带，地平衍膏腴，水田很多，宋乾道年间常为"徭蛮侵掠"，以致"民皆转徙而田野荒秽"，会守由是以其田按省民之生产方式租给靖州"犵狫杨姓者"，由其垦耕纳税。[①] 一些土著酋豪则习得、发展了"地主经济"。他们不仅在溪峒之区大置田产，而且还到峒外购买省地，"以为己业，役省地之民以为耕夫，岁以租赋输之于官"。[②] 如人力不够，则募集客民或掳掠、诱胁省民，对此文献多有记载。如太宗淳化五年（994），朝廷江南西路、荆湖南北、岭南有"蕃商、外国使诱子女出境者捕之"[③]；真宗景德二年（1005），朝廷为吸引被掳掠进入溪峒的省民，曾下有"毋限年月，给还旧产"[④] 之诏；渝东南一带的土著"熟夷"更是"以威势诱胁汉户"，对于不从者则"屠之"，并"没入土田""投充客户"[⑤]。

（2）文化艺术。两宋时期，在赵宋朝廷羁縻与经制制度的治理之下，武陵地区特别是土客杂居区的土著，受客民文化习俗（主要是汉文化）的影响比较大，一些土著已会客语，用汉文著书立说。如五溪地区的一些"溪蛮"已能讲被称为"省民之言"的"客语"[⑥]，富州刺史向通汉曾献《五溪地理图》于朝廷，以示效忠。[⑦] 一些地方则出现了不少的土著科举人才，如渝东南宋代出现了窦敷、文焕、冯章、魏汝功、项德五名进士；施州在元祐三年（1088）考中进士者多达八人，分别是詹邈、向九锡、谭荣明、

---

① （元）脱脱等撰《宋史》卷494《蛮夷传二》，第14192页。
② （清）徐松辑，刘琳、刁忠民、舒大刚校点《宋会要辑稿·蕃夷五》，第9257页。
③ （元）脱脱等撰《宋史》卷5《太宗纪二》，第96页。
④ （元）脱脱等撰《宋史》卷7《真宗纪二》，第129页。
⑤ （宋）李焘撰《续资治通鉴长编》卷219《神宗》，第5322页。
⑥ （宋）朱辅撰《溪蛮丛笑》。
⑦ （元）脱脱等撰《宋史》卷493《蛮夷传一》，第14177页。

谭荣昌、谭和敬、谭国计、谭汝山、向中之。① 特别是詹邈，他取得了博学
鸿词科第一的成绩，因此恩施、利川、建始等县皆以其为荣，奉其为乡
贤。② 一些地方则通过朝廷的化导和客民的影响，风俗为之一变，如澧州风
俗虽杂"夷獠"，却"有屈原之遗风"③；辰州虽"夷獠杂居"，但"处城市
者，衣服言语皆华人"④；靖州通过绍兴年间兴办"新民学"，招收"群山
溪酋豪之子弟而教之"⑤，至宋末已出现了"彬彬儒风，进侔中州"⑥ 的局
面；施州"五代迄宋，生聚日繁，纷华亦纷日盛"，故旧志载宋儒之有"施
州风土，大类长沙，论文学则骎骎大国风，论人情则渐多浇离，少淳厚"⑦
之言；思州虽"蛮獠杂居"，但也"渐被华风"，故《图经》载思南之地之
习俗转变时有"饮食言语，素所服习。椎髻之俗，劲悍之性，靡然变易
矣"⑧ 的感叹。此外，《土家族简史》载，唐宋时期，由于土家族地区和汉
族地区的联系得到加强，土家族先民吸收了中原地区雕刻、建筑艺术，从而
使本地区的雕刻和建筑艺术得到了较大的发展。这在永顺老司城、巴东秋风
亭等地的雕刻、建筑中得到体现或佐证。⑨

2. 客民的"土化"：以桑植白族为中心的考察

两宋时期，客民进入武陵地区，带来的不只有土著的"客化"，还有与
其同步展开的客民"入乡随俗"式的"土化"。这种"土化"可从语言、
文化习俗、通婚等方面得到佐证。两宋时期武陵地区迁入了不少的客民。这
些客民来源复杂，既有留居之官宦、戍守之将士，也有狭乡迁宽乡，逃避赋
役和迫害、战乱之人。这些迁入的客民，部分居于城市或者汉民较多的地
方，较好地保存了其既有的文化传统，遁入溪峒或者与土著"蛮夷"杂居
者，有的"入乡随俗"，完全习得了土著的语言、文化习俗，从而成了土著

① （清）王协梦修，罗德昆纂《施南府志》卷23《选举》，清道光十七年刻本。
② （清）王协梦修，罗德昆纂《施南府志》卷25《人物》，清道光十七年刻本。
③ （宋）祝穆：《方舆胜览》卷30《澧州》，宋刻本，第541页。
④ （宋）祝穆：《方舆胜览》卷30《辰州》，宋刻本，第545页。
⑤ （宋）刘辰翁撰《须溪集》卷3《印洲记》，四库全书本。
⑥ （清）梁碧海修，刘应祁纂《宝庆府志》卷29《艺文志二》，清康熙二十三年刻本。
⑦ （清）多寿修，罗凌汉纂《恩施县志》卷7《风俗·习尚》，清同治三年麟溪书院刻本。
⑧ （宋）祝穆：《方舆胜览》卷61《思州》，宋刻本，第1080页。
⑨ 《土家族简史》编写组、《土家族简史》修订本编写组编《土家族简史》，民族出版社，
2009，第63～64页。

"蛮夷"。前述湘西之大小章即是如此，在其"入赘彼地"后，"遂仍其俗，在土村为土民，在苗寨为苗人"，"往来浦市、泸溪经商贸易者，能言客语，与外人无异。居村寨中，未尝至城市者，则专为土语。又其自相问答，俱不作客语"①。有的则部分"土化"，但仍保持着"我族"的族群特色。湖南张家界桑植一带的白族就是客民"土化"，同时又保持一定族群特色的典型。由相关的研究②以及前面的叙述可知，桑植白族是宋末元初蒙古统治者在云南召集的以白族子弟为主的"寸白军"后裔。"寸白军"可能南下到过江西，然后从江西迁出，"溯长江，渡洞庭，漫津澧，步慈阳"，最后来到桑植落地生根，开启了"土化"的过程。作为外来的客民，其落地生根和"土化"并不是一帆风顺的，而是存在一个从"冲突"到"融合"的过程。初来乍到，他们并不被与其错居的土著"溪蛮峒苗"所接受，并与之发生了一定的冲突。对此，桑植白族流传的一些传说故事的部分情节给予了说明。据桑植麦地坪流传的"潘家廊"的故事："潘家廊"原本是由白族本主潘大公开创的，后来白族钟千一也来到了麦地坪，并被潘所接受，成为当地有名的两家大户之一。是时，与其比邻而居的土司舍把经常制造事端，侵犯麦地坪。潘、钟两姓联合将土司舍把打败，并结下了秦晋之好。土司舍把兄弟不甘心失败，于是派人把潘家屋后的七根岩桩龙脉拦腰斩断。如此，潘氏突然在麦地坪消失了，只剩下钟氏一家。③桑植马合口仗鼓舞由来的传说故事则载：

据老人相传，我们"民家"人初来这里落业时，由于人少势孤，常受其他民族欺侮，特别是受官府衙门的压迫。为图生计，民家人习武形成风气。有一年的春节前，民家兄弟三人，在家打糍粑，一

---

① （清）严如熤撰，黄守红标点，朱树人校订《严如熤集》第二集，第576～577页。
② 具体参见向光清、谷忠诚《桑植白族史》，光明日报出版社，2005；张丽剑《"民家情"：散杂居背景下的族群认同——湖南桑植白族研究》，博士学位论文，中央民族大学，2007；陆群《土司政权与民族关系——基于桑植白族本主信仰的口述史分析》，《青海民族研究》2015年第2期；钟江华《湖南白族汉语方言的语音底层问题》，《湘潭大学学报》（哲学社会科学版）2014年第2期。
③ 陆群：《土司政权与民族关系——基于桑植白族本主信仰的口述史分析》，《青海民族研究》2015年第2期。

小队官兵突然闯进来。他们不管三七二十一，抓起糍粑就吃，吃饱肚子不算，吃不完的乱打乱丢作儿戏。临走，还强行要剩余的糍粑带走。兄弟三人，一年辛苦到头，好不容易才打点糍粑，眼看官兵要抢走，哪里能甘心呢！当下就和官兵打起架来。开始大家都是拉拉扯扯，后来就动起刀枪。三兄弟因取武器不及，顺手都抄起打糍粑用的杵棍来招架。弟兄三人武艺精湛，几下就把官兵打得东倒西歪，一个个吓得屁滚尿流地溜走了，打退了官兵，保住了糍粑，兄弟三人喜欢得跳起来。后人为了纪念祖先的这次胜利，就编成舞蹈，用杵形的长鼓作道具，其中不少动作，都是从武术中提炼出来的，因此称作"仗鼓舞"。每逢节日喜庆，民家人就自觉跳起仗鼓舞，特别是在"游神"中还有一条规定，不会跳仗鼓舞的人，还不得参加"游神"的队伍哩！①

芙蓉桥、马合口、麦地坪一带白族流传的民家土家"连理会"的故事也载：

> 很久很久以前，土家和民家人不能通婚，土家是世代居住，民家是云南来的客家人，受土家人的歧视。那时马合口一带土家住在茶叶寨，民家住在覆手坡，中间隔着山涧，涧两旁都是悬崖绝壁，涧下河水咆哮湍急。隔涧早相见，晚相望，但却无法来往。②

传说故事并不一定是真实的历史，但它是历史的隐喻。由上述三则传说故事可知，在桑植，民家人是外来的客民，土家是当地的土著。民家人迁到桑植之初，土著不欢迎他们，官府欺压他们，故他们不与外界往来，也不与土著通婚。为了"捍御外敌"，反抗官府欺压，民家人不得不"同种联合"，"与同徙王、钟诸姓杂互联派，以为团结"③，并在诸

---

① 桑植县民间文学集成办公室编《中国民间故事集成·湖南卷·桑植县资料本》，1987，第158~159页。
② 桑植县民间文学集成办公室编《中国民间故事集成·湖南卷·桑植县资料本》，第172页。
③ 湖南图书馆编《湖南氏族迁徙源流（一）》，第197页。

姓间"自相婚姻"，以实现群体生命的延续，还形成了独具特色的仗鼓舞。

交往、交流是解决族群冲突的必由之路，也是实现土客交流、客民"土化"的基础。随着朝廷对客民和边缘治理政策的变革，客民终将跨越阻隔他们与土著交往、交流的"山涧"、"悬崖"与"河水"，实现自我的"土化"，第一则、第三则故事结尾的转变即是最好的说明。"潘家廊"故事情节发展到后面是：土司舍把兄弟全寨遭遇灭顶之灾，遭病魔侵扰，在无郎中可治的情况下，潘大公托梦给钟千一，让他找药治好了土司舍把兄弟全寨人的病，从此，土著的"土司兄弟"及其全寨与客民钟氏和睦相处。① 民家土家"连理会"的故事情节则发展成了覆手坡白族姑娘香君与土家后生好猎手色森互相爱慕，在他们爱情的感染下，月宫娘娘将他们搭建的布桥点化成了石桥，民家与土家认为这是神灵相助，由是消除了民族隔阂，取消了民家土家不通婚的禁习，香君和色森也终成眷属，土家、民家此后在每年的这一天便通过石桥欢聚在一起，尽情欢乐，通宵达旦，祝贺双方的五谷丰登，年轻人在这一天结伴对歌和跳舞，互送爱慕。②

民家与土家的跨界通婚是客民与土著关系改善的体现，也是其"土化"过程中重要的一步。跨界通婚之后，作为客民的民家逐渐被当地的土著所接受，民家的文化也逐渐"土化"。其中，桑植白族的"三元教"信仰就是这方面的生动体现。由张丽剑的研究可知，"三元教"本质虽属白族本主信仰，其歌颂祖先创业的《拜祖词》也是"山有昆仑水有源，花有清香月有影，竹根有笋林成荫，莲蓬定从节上生。一拜祖先来路远，二拜祖先善勤俭，三拜祖先创业苦，四拜祖先功绩显。家住云南喜州岭，苍山脚下有家园，大宋义士人皆晓，洱海逸民万代传"，但它明显受武陵地区傩愿戏的影响。如三元教供奉的红、黑、白脸三尊半身齐胸的神明尽管被表述为花脸"青玄妙道"、"傩部真君"谷均万、红脸"飞天五岳"、"化光大帝"王朋凯、"五童五显"、"灵官大帝"钟千一，但其形式明显杂糅了高傩与低傩的

---

① 陆群：《土司政权与民族关系——基于桑植白族本主信仰的口述史分析》，《青海民族研究》2015 年第 2 期。
② 桑植县民间文学集成办公室编《中国民间故事集成·湖南卷·桑植县资料本》，第 172～175 页。

神明：在多被苗民信奉的高傩中，男女菩萨分别是红脸与白脸、伏羲与女娲；在多被土家族信仰的低傩中，神明是半身的男菩萨，为五童五显。此外，三元教的法术，仪式，符咒，对真君、祖师、大帝的称谓也源自道教或深受当地傩愿戏的影响。①

---

① 张丽剑：《论湖南桑植白族"三元教"》，《思想战线》2009 年第 1 期。

第三章
元明时期武陵地区的土客及其关系

元明时期是中国历史上重要的大一统时期之一。这一时期，随着地方行政建置和军事体制的完善，特别是土司制度的创立和发展，武陵地区与内地在政治、经济、文化等方面的交往、交流得到加强；这一时期，受宋末元初、元末明初战争与元、明中央王朝移民政策等因素的影响，江西等地的人口大量迁入湖南、湖北地区，而湖南、湖北则有大批的人口迁入四川、贵州，这就是历史上所谓的"江西填湖广""湖广填四川"。在这一人口大迁徙的背景之下，武陵地区不仅迁入了大量来自江西等地的客民，而且迁出了不少原有的土著。这些迁入的客民，虽然多数是来自江西等地的"招垦客户"，但也有不少军事、官宦等其他方面的客民。这些客民以汉民为主，但也包括一些诸如回族、维吾尔族、蒙古族的少数民族。而迁出的土著，虽然包括一些当地的"蛮夷"，却以落地生根、身为"编户齐民"的汉民为主。由此，武陵地区的土客关系出现了新的变化。

第一节　土著的承替和变迁

伴随着两宋时期武陵地区客民的"土化"以及土客关系的发展，元明时期武陵地区的土著虽然仍由土著"蛮夷"与土著"汉民"构成，但其所指已发生了较大的变化。

一　元代武陵地区的土著

元代武陵地区的土著主要有"蛮"、"苗"（"猫"）、"猺"、"獠"、"民家"、"土人"以及汉民。总体上看，元代的土著"蛮夷"是两宋时期土著"蛮夷"的传承与继替。在湘西地区，元代的"五溪峒蛮""辰、沅峒蛮""常德、澧州峒蛮"在一定程度上就是两宋时期"两江诸蛮"的具体化、地方化。至元二十一年（1284）四川南道宣慰使李忽兰吉、参政曲里吉思、金省巴八、左丞汪惟正进取的"五溪峒蛮"根据其进军路线来看总体上就是"两江诸蛮"①，延祐二年（1315）为寇的"辰、沅峒蛮吴于道"就是生活在沅江中游一带的"南江蛮"，延祐七年（1320）"合诸峒为寇"的"常德、澧州峒蛮贞公"，具体来说就是生活在沅江下游和澧水流域的"北江蛮"。在鄂西南，至元十六年（1279）招降的"又巴（在今湖北宣恩县境）、散毛（在今湖北来凤县境）等四峒番蛮酋长"②、至元十九年（1282）"叛乱"的"蛮峒向世雄兄弟及散毛诸峒"③、行省曲立吉思率师征讨的"九溪、散猫（即散毛）、大盘蛮"④等总体上就是两宋"施州蛮"的延续。在渝东南，元代的"绍庆府（路）峒蛮""酉阳耸侬峒蛮""大小石隄蛮""何惹峒蛮"等总体上就是宋代"黔州蛮"的继替。在黔东北，元代的"猫""土人""冉家蛮""峒人"等就是宋代"思州蛮僚"的沿袭。至元十四年（1277），忽必烈诏谕的思州安抚使田景贤等即是黔东北诸"蛮"的酋帅。此外，元代，武陵地区的土著"蛮夷"还添加了新的成员。宋末迁入桑植并实现"落地生根"的"民家人"就是来自云南大理的白族。

不过，在此需要说明的是，本章所说的元代武陵地区的土著"蛮夷"总体上是两宋时期武陵地区土著"蛮夷"的传承和继替，并不是说两个时代的"蛮夷"是完全相同的，而是指他们之间存在一定的传袭和继承关系。至于族称，元代与两宋时期相比明显存在具体化或者细化的倾向。这一情况的出现，一方面是统治力量在武陵地区加强的结果，另一方面也体现了土著"蛮夷"族群本身的分化、演变。

"蛮夷"之外，元代武陵地区的土著中还有部分的汉民。前述两宋时期迁入武陵地区的汉族客民到元代大部分已"落地"为土著。如在湘西的澧州路、常德路、辰州路、沅州路，鄂西南的峡州路，渝东南的绍州府的省区以及省区向"蛮区"的过渡地带，就生活着不少的汉民。据《元史·地理志》载，至元二十七年（1290），澧州路有 209989 户 1111540 口，常德路有 206425 户 1026042 口，辰州路有 83223 户 115945 口，沅州路有 48632 户

---

① （明）宋濂等撰《元史》卷162《李忽兰吉传》，中华书局，2013，第3794页。

② （明）宋濂等撰《元史》卷10《世祖本纪》，第209页。

③ （明）宋濂等撰《元史》卷12《世祖本纪》，第246页。

④ （明）宋濂等撰《元史》卷135《铁哥术传》，第3277页。

79545 口,靖州路有 26594 户 79545 口,峡州路有 37291 户 93947 口,绍州府有 3944 户 15189 口。① 上述户口数据,可能包括一些内迁的"汉化""蛮夷",但多数应是汉民。多数的"山泽溪峒之民",《元史》未做统计,曰:"得户一千一百八十四万八百有奇。于是南北之户总书于策者,一千三百一十九万六千二百有六,口五千八百八十三万四千七百一十有一,而山泽溪峒之民不与焉。"② 也因此,元代设置于武陵地区的羁縻州府均没有户口数。可见,元代在统计户口时,并未将羁縻路州府的"户口"统计在内。在此需说明的是,由于元代统计制度上的问题,一些州县的统计肯定是有问题的,如辰州路平均每户仅 1.39 口,但并不妨碍说明武陵地区的省区以及省区向"蛮区"过渡地带已有不少土著"汉民"。

《元史》虽未对羁縻路州府户口进行统计,但并不是说这些地区没有土著"汉民"。在这些地区,由于朝廷曾一度推行过隘丁弓弩手制度、"选民立屯"③,部分汉民也随之进入,但主要分布于军事要塞附近。故朱圣钟在《五代至清末土家族地区的民族分布与变迁》中认为,应募、避罪、武力胁迫而入的汉人主要居住在省区或者省区向"蛮区"的过渡地带,军事戍守的汉人及其后裔则以点状形式分布于各军事砦堡周围。④

二 明朝武陵地区的土著

明朝武陵地区的土著是元朝武陵地区土著的延续,但又比元朝更具体、更细化。其土著主要分为"蛮""洞蛮""土人""土民""土兵""苗""洞苗""徭"等土著"蛮夷"与土著汉民。

(一)土著"蛮夷"

1. "蛮""洞蛮"

与元朝相似,明朝武陵地区的土著少数民族仍多被统称为"蛮"或者"洞蛮"。不过,由于统治力量的加强和对"蛮夷"认知的深入,是时多在

---

① 具体参见（明）宋濂等撰《元史》卷 59《地理志二》、卷 60《地理志三》、卷 63《地理志六》,第 1395、1423、1523 页。

② （明）宋濂等撰《元史》卷 58《地理志一》,第 1346 页。

③ （明）宋濂等撰《元史》卷 162《刘国杰传》,第 3811 页。

④ 朱圣钟:《五代至清末土家族地区的民族分布与变迁》,《西南史地》(第 1 辑),第 111 页。

"蛮"或"洞蛮"之称呼之前加地名。在湘西，土著"蛮"或"洞蛮"有"慈利蛮""九溪洞蛮""澧州洞蛮""靖州诸蛮""卢溪蛮"。如洪武二年（1369）江夏侯周德兴与平章杨璟征讨的"蛮夷"就是慈利县的"土酋覃垕"。《罪惟录》载："时慈利土酋叛，杀千户覃友仁，命江夏侯周德兴讨之。明年，覃垕作乱，诱杀我使，平章杨璟穷讨，贼遁。"① 洪武五年（1372），在"澧州洞蛮""作乱"后，征南将军邓愈率师平九溪、辰州"诸蛮"，克四十八洞，副将吴良"讨靖州会同县蛮寇"②，"平五开、古州诸蛮凡二百二十三洞，籍其民一万五千，收集溃散士卒四千五百余人"③；十九年（1386），征南将军胡海"讨中澧州、九溪诸蛮"④；二十年（1387），再平"九溪洞蛮"；二十一年（1388），安福所千户夏德忠诱"九溪洞蛮"为乱，朝廷派叶升、胡海讨平之，并立九溪、永定二卫；洪武三十年（1397）二月，朝廷则"以卢溪（即泸溪）上五都蛮民分为十里，置镇溪所"⑤。在渝东南，土著"蛮"或"洞蛮"有"酉阳诸洞蛮""石柱溪洞蛮"。如洪武十一年（1378）九月，彭水知县聂原济呈报，屡为黔江民患的就是酉阳等地的"诸洞蛮寇"⑥；十六年（1383）七月，"石柱溪洞蛮寇施州"⑦；洪武十七年（1384）正月，"归州所辖长阳、巴东二县，居大江之南，地连容美诸洞，其蛮人常由石柱、响洞等关至巴东劫掠"⑧。在鄂西南，土著"蛮"或"洞蛮"有"散毛洞蛮""大盘蛮""容米洞蛮"等。如洪武十七年（1384），景川侯曹震曾上报朝廷，请求招讨之："散毛等洞蛮时寇掠为民患，已令施州卫及施南宣抚覃大胜招之，如负固，请发兵讨。"⑨ 二十三年（1390），凉国公蓝玉在攻克散毛洞，擒喇

---

① （明）查继佐撰《罪惟录》卷34《蛮苗列传·湖广诸蛮苗》，四部丛刊·三编·史部，吴兴刘氏嘉业堂藏手稿本。

② 《明太祖实录》卷74，中研院历史语言研究所校印，1962，第1370页。

③ （清）张廷玉等撰《明史》卷310《湖广土司传》，中华书局，2013，第7983页。

④ （清）张廷玉等撰《明史》卷130《胡海传》，第3831页。

⑤ （清）蒋琦溥纂修，林书勋续修，张先达续纂《乾州厅志》卷8《苗防二》，清同治十一年修，清光绪三年续修本。

⑥ 《明太祖实录》卷119，第1944页。

⑦ 《明太祖实录》卷155，第2416页。

⑧ 《明太祖实录》卷159，第2455页。

⑨ （清）张廷玉等撰《明史》卷310《湖广土司传》，第7985页。

惹长官覃大旺等人后，以"散毛、镇南、大旺、施南等洞蛮叛服不常，黔江、施州卫兵相去远，难应援"[1]为由，改散毛为大田，置大田军民千户所镇之。

2. "土人""土民""土兵"等

武陵地区"土丁""土兵""土人""土军"的称呼最先出现在宋代。宋代的"土丁""土军"属"选自户籍或应募"的"乡兵"，是一种军制，其成员虽然有一部分是落籍的"溪洞蛮夷"，但也有一部分是汉民，迨至明代，"土兵"的含义已发生较大的转变。由伍新福先生的研究可知，是时的"土兵"并非专指某一族群或民族，多指湖广和西南各土司地区奉命征调，由土司率领的"亦兵亦农"的兵丁。[2] 其制度源自明朝的军事制度，成员多由当地的土著"蛮夷"构成，但并非都是土著"蛮夷"或者所谓的土家族先民"土民"。如在湘西永顺土兵旗中，除了"土民"旗外，还有由苗丁抽调组成的"苗旗"，故严如熤在《苗防备览》中有"遇有征调，辄抽苗丁，令土弁督为先驱，无敢违者"[3]之言，吴永章先生也认为"永顺、保靖土兵是由土家、苗两族成员共同构成的，不单为湘西土家人"[4]。此外，鄂西南容美土司所率领的土兵中还包含一部分的客兵。据《容美纪游》载，其土兵"又有领纛，主客兵，以客将为之"。这些客兵，多来源于战俘，故《容美纪游》又言："得俘，问三声，不降则杀而葬之，曰：义士也。降则缭其足，令种田，期年而释之，编为客兵。"[5] 由此可见，明代的土兵与宋代的土丁、土军一样，均非专指土家族。

关于"土人""土民"，两宋时期主要是指汉化程度较高的当地人。这些人族属复杂，在武陵地区既有汉民、土家族先民，也有其他少数民族的先民。不过，他们都是土著的重要组成部分。至明代，"土人""土民"所指有了变化，除了指土著的汉民外，在一些地方已有具体所指，即指从土著"蛮夷"中分化出来的人群。在原"北江诸蛮"地区，"土人""土民"已

---

① （清）张廷玉等撰《明史》卷310《湖广土司传》，第7985页。

② 伍新福：《湖南民族关系史（上）》，第180页。

③ （清）严如熤撰，黄守红标点，朱树人校订《严如熤集》第二集《苗防备览》卷2《村寨考上》，第439页。

④ 吴永章主编《中南民族关系史》，第280页。

⑤ （清）顾彩：《容美纪游注释》，高润身主笔，天津古籍出版社，1991，第55页。

成了与"苗""徭""僚"并称，并有一定差别的族群。如永乐八年（1410）六月，湖广都指挥佥事遣常德卫（即今常德市）指挥同知李忠，同"熟苗及土人""赍榜"入苗寨宣谕。① 在此，"熟苗"与"土人"并提说明，"土人"已从泛称的"蛮夷"中分化出来了。宣德四年（1429），保靖宣慰司（治今湘西保靖县）宣慰、同知副使等缺，朝廷以"蛮夷之性难驯，流官不谙土俗，治之尤难"为由，"令都督萧授就土人中，择其素有恩信者""从公选择"②。此外，《明世宗实录》载永顺、保靖、酉阳等地土司曰："诸土司实环诸苗境外……土人且与苗为婚姻。"③《明史》则载保靖司彭氏与两江口长官彭氏之世仇曰："弘治初，胜祖以年老，世英无官，恐仕珑夺其地，援例求世袭，奏行核实，仕珑辄沮之，以是仇恨益甚，两家所辖土人亦各分党仇杀。永顺宣慰使彭世麒取胜祖女，复左右之，以是互相攻击，奏诉无宁岁。"④ 万历《慈利县志》载麻寮隘丁千户所、添平隘丁千户所曰："麻寮隘丁千户所，旧志洪武二年开设，地名樱桃隘。……因以土酋为千百户，土民为隘丁，无以汉官协守，后以百户口分成各隘，隶常德卫。……添平隘丁千户所，……洪武元年，土官夏克武举土酋覃顺为寨官。洪武二年（1369）肇设。今地为所，仍以顺等土酋为千百户，领土民守之。"⑤ 在此，"土人""土民"不是"蛮夷"的统称或者泛称，而是与苗并称，并与之有别的"蛮夷"，属于专称。

不过，在鄂西南、渝东南与黔东北，"土人""土民"仍多指土著之人。其人群中既有土著汉民，也有土著"蛮夷"。大多数情况下，"土民"系土著"蛮夷"。如弘治二年（1489），木册长官田贤及容美致在田保富各进马为土人谭敬保等赎罪时，刑部回复他们言："蛮民纳马赎罪，轻者可原，重者难宥。"⑥ 弘治十二年（1499）七月，四川酉阳宣抚司土民冉通等与保靖、永顺二宣慰司彭仕珑、彭世麟并奏，邑梅副长官杨胜刚父子谋据酉阳，结俊倍等洞长杨广震等，号召宋农、后溪"诸蛮"，聚兵杀掠，荼毒夷民，请发

① 《明太宗实录》卷105，第1361页。
② 《明宣宗实录》卷56，第1330页。
③ 《明世宗实录》卷315，第5896页。
④ （清）张廷玉等撰《明史》卷310《湖广土司传》，第7997页。
⑤ 《慈利县志》，上海古籍出版社据宁波天一阁藏明代万历圳本影印，1962。
⑥ （清）张廷玉等撰《明史》卷310《湖广土司传》，第7988页。

兵讨之。① 宣德七年（1432），湖广施南宣抚司忠路长官司有"盘顺峒长向墨杓耸为仰墨施前虎备等所杀，下散毛纳主峒土民驴拔送为田大旺送等所杀，悉虏掠人口家财，请罪之"② 之奏。《明英宗实录》载："（正统六年，1441）贵州思南府土民接连湖广镇远等卫屯军，相参居住，屯田旧无丈量文册，致土民得以昏占。……又贵州、云南二都司并各卫所军职官员，不思保障军民，科敛土官、土民财物，以致逼迫非为。"③ 《明宪宗实录》载湖广忠路安抚司坝峒峒长奏言："邻近洗罗峒长麦答洗楮等窥知本峒土兵调征两广，村寨无备，扇诱本峒原管上、中、下打撒蛮贼等攻围村寨，杀虏土民，劫掠财产。"④ 嘉靖《思南府志》载："郡西北，若水德蛮夷、若婺川、若沿河，号曰土人，有土蛮，稍平易近俗而彼此亦不皆同。"⑤ 在上述材料中，从朝廷的回复、"驴拔送"的称呼等可知，上述"土民"不是一般的土著，而是土著"蛮夷"。不过，并不是所有的"土民"都是"蛮夷"，部分"土民"其实是土著汉民。如在《明太祖实录》卷159中，湖广左布政使靳奎所言的率众击退"蛮人"劫掠的谭天富就是土著的汉民，否则靳奎不会将"蛮人"与"土民"并称，并有"归州所辖长阳、巴东二县居大江之南，地连容美诸洞。其蛮人常由石柱、响洞等关至巴东劫掠。有土民谭天富者，常率众击败之。归所掠男女二十二人，斩首十三级，生擒四人"⑥ 之言。

关于"土官""土司"制度及其文化等，学界的研究浩如烟海，本书不再赘述。在此，笔者关注或强调的是，土官、土司与土著存在密切关系，但非潘光旦先生所言"（土司）不是一般的土官，而是'土家'人所担任的'土'官"⑦，而是以"土民""土人"为主，同时包含一些属于其他族群的土官、土司。武陵地区流传的不少类似"庄蹻入滇"的传说即是另类的佐证。传说故事并非真实的历史，但传说故事不是空穴来风，而是真实历史的

---

① 《明孝宗实录》卷152，第2701页。

② 《明宣宗实录》卷87，第2003页。

③ 《明英宗实录》卷84，第1676页。

④ 《明宪宗实录》卷31，第620页。

⑤ （明）万炯修，钟添纂《思南府志》卷1《地理志·风俗》，明嘉靖刻本。

⑥ 《明太祖实录》卷159，第2455页。

⑦ 潘光旦：《湘西北的"土家"与古代的巴人》，《中国少数民族社会历史调查资料丛刊》修订编辑委员会编《土家族社会历史调查》，第27页。

隐喻。武陵地区流传的汉族大姓客民迁入武陵地区并成为土官、土司的传说虽然与土著"蛮夷""汉化"以及"改土归流"后期土司为划清与土司的关系，从而攀附中原汉姓有一定的关联，但也在一定程度上说明，历史上确有不少汉族大姓客民迁入。此外，学界对武陵地区土官、土司族属的争论本身也是一种注释。伍新福认为，湘西地区的土司大多是汉族客民，他们一般是征讨或镇抚"蛮夷"、"开疆拓土"而来。由于长期"据有"地方，与溪洞"蛮夷"杂处，渐入乡随俗，与"蛮夷"通婚，并在土著"蛮夷"中形成了相当的影响力，至元明时期发展成土司。[1] 蒙默的《宋思州田祐恭族属考索》认为，思南、思州田氏是盘瓠族。[2] 成臻铭在《群在时空之间：论明代土司的民族族系分布特点》中也认为，明代土司族属复杂，武陵地区的土司不仅有土家族土司，还有分布在铜仁市万山区黄道乡、碧江区漾头乡、石阡县县城城西以及南河坝乡的侗族土司，分布于铜仁市松桃县乌罗镇、平头乡的苗族土司。[3] 王希辉更是认为，恩施咸丰县唐崖土司是蒙古族的后裔。[4] 可见，武陵地区的土司族属是比较复杂的，并不一定是"土家"人担任的"土官"。

综上可知，明代武陵地区"土"之所指虽然总体上仍与两宋时期大致相似，主要是泛称，但在个别地方，其含义已有所变化。如"土兵"一词，虽然并非一族群之专称，但它并非一般的乡兵，而是指湖广和西南各土司地区奉命征调，由土司率领的"亦兵亦农"的兵丁。又如"土人""土民"，虽然在鄂西南、渝东南、黔东北指涉的仍是土著，但在湘西，其所指已明确为从土著"蛮夷"中分化出来的人群。

3. "苗""洞苗"等

在明代，武陵地区有关"苗"的记载相当丰富。与宋元相比，这一时期除了有泛称的"苗"或"苗蛮"外，还有更加细化的称呼。根据聚居和分布地域的差异，可在称呼前冠以不同的地名。如在湘西，洪武十九年

---

[1] 伍新福：《湘西地区土司族属初探》，《贵州民族研究》1989 年第 2 期。

[2] 蒙默：《宋思州田祐恭族属考索》，《贵州民族研究》1990 年第 3 期。

[3] 成臻铭：《群在时空之间：论明代土司的民族族系分布特点》，《青海民族研究》2011 年第 1 期。

[4] 王希辉、杨杰：《唐崖土司覃氏世系及其征调述略》，《三峡大学学报》（人文社会科学版）2009 年第 6 期。

（1386）五月有"靖州苗蛮复叛"[1]；成化二年（1466）三月有"湖广靖
州……武冈等处苗"为"患"[2]；嘉靖十九年（1540）十月，贵州抚镇官奏
称，有"湖广镇溪、箄子坪苗寨、苗贼依凭险阻，时出掳掠"[3]；嘉靖三十
年（1551）三月，都督湖广川贵右都御史张岳奏，有"湖广蜡尔山诸苗寨
纠同贵苗作孽，屡抚不从，怙终已甚"[4]；万历初，"会麻阳苗金道侣等作
乱"，朝廷"擢（邓子龙）参将讨之"[5]。如在黔东北与渝东南，弘治八年
（1495），镇溪苗民龙麻阳等与铜仁苗头龙童保"聚徒攻剽，杀虏人畜及焚
荡官民庐舍，不可胜算"[6]；永乐十二年（1414），镇远侯顾成镇压的"蛮
夷"就是来自思州台罗等十四寨、以普亮为首的"苗蛮"："先是普亮据台
罗等十四寨，与靖州会同县青龙渡等处蛮寇连结为乱。朝廷遣人招谕。不
从，遂敕成（顾成）等讨之。成与贵州布政司参议江英等合兵集之，斩普
亮，杀叛党不可胜计。"[7] 其实，在鄂西南、黔东北、渝东南一带，"诸苗"
活跃，并不会固定于某一地，而是流徙于各处。在此需要说明的是，武陵地
区特别是在湘西与黔东毗邻之地，被称为"苗"或"洞苗"的人并不一定
都是苗族，他们当中可能也包含着土家、侗、瑶族或者其他的族群。故在明
代的史籍和文献中，"苗""洞苗""洞蛮""洞僚""苗僚"等称呼经常混
合使用。

　　除了聚居和分布的区域外，"诸苗"还可按照"汉化"程度或者服饰颜
色等特征进行分类。如"汉化"程度较高的"苗蛮"被称为"熟苗"，"汉
化"程度较低的"苗蛮"被称为"生苗"；服饰尚红的被称为"红苗"，服
饰尚黑的被称为"黑苗"。通常情况下，生活在诸如永顺、保靖、桑植等省
区向"蛮区"过渡地带或者省区边缘的苗被称为"熟苗"。如永乐八年
（1410），思州宣慰司言在"台罗及上下坪等寨苗贼肆行劫掠，烧毁屯粮，
杀虏人口"的情况下，与常德卫指挥同知李忠"入其地谕以祸福"的就是

---

①　《明太祖实录》卷178，第2693页。
②　《明宪宗实录》卷28，第552页。
③　《明世宗实录》卷242，第4883页。
④　《明世宗实录》卷371，第6626页。
⑤　（清）张廷玉等撰《明史》卷247《邓子龙传》，第6410页。
⑥　《明武宗实录》卷126，第2530页。
⑦　《明太宗实录》卷147，第1727页。

汉化程度较高的"熟苗及土人"①。生活在湘西及黔东北"蛮区"的"苗"多为"红苗",故万历间任右佥都御史、巡抚贵州的张鹤鸣在谈及"红苗"时有"红苗为患,蹂躏三省(指湖广、四川、贵州)"②"又有红苗,环铜仁、石阡、思州、思南四郡,数十万"③之言。

4. "猺"

除了前述"蛮""洞蛮""土人""苗""洞苗"外,明代武陵地区的土著"蛮夷"中还包含一定数量的"猺"。否则,朝廷不会在洪武二十八年(1395)"徙靖州会同县蛮洞民,常通猺贼者往戍大同"④,正统十二年(1447)十月湖广左布政使萧宽同、巡按御史张文、副使邢端考辰州府黔阳县主簿时也不会有"县民相率伏阙言,初到任期年,清谨有为,化服洞猺,委非老疾,乞令还任事"⑤之载。此外,民国《溆浦县志》载:该县明时有"溆猺沈亚当"在嘉靖三十八年(1559)叛乱,杀害龙潭巡检刘纲及生员唐元宗。总督石勇派总兵石邦宪镇压,擒亚当。天启元年(1621),值"城步猺入寇","溆猺卜前溪"也乘机起事。崇祯十七年(1644),"溆猺刘南山、连山"与"邵猺奉明还"等更是劫掠两丫乡大竹、小溪二峒,烧毁当地房屋。⑥道光《辰溪县志》载,该县东山一隅也有一定数量的"猺民","此外并无蛮苗杂处"⑦。同治《沅陵县志》载明人所撰的《郡邑志》有言,沅陵一带,居住在城市的人,语言、服饰皆华人,居于偏远山谷间的人则杂有"猺俗"。⑧由此可见,明时湘西之溆浦、辰溪、沅陵等确有一定数量的"猺民"。

5. "仡佬"

明代,湘西、黔东北居住有部分"仡佬"土著居民。嘉靖《思南府志》载:该郡"旧有蛮夷""仡佬、木猺数种",他们"疾病则信巫屏医,专事

---

① 《明太宗实录》卷105,第1361页。

② 《明神宗实录》卷541,第10294页。

③ (清)张廷玉等撰《明史》卷257《张鹤鸣传》,第6617页。

④ 《明太祖实录》卷242,第3516页。

⑤ 《明英宗实录》卷159,第3105页。

⑥ (清)舒立淇纂《溆浦县志》卷4《纪事志》,民国10年活字本。

⑦ (清)徐会云、唐守纂修《辰溪县志》卷19《武功》,清道光元年刊本。

⑧ (清)守忠等修,许光曙纂《沅陵县志》卷37《风俗》,清光绪二十八年补版重印本。

祭鬼"，"客至，则击鼓以迎"。① 沈瓒《五溪蛮图志》转《辰州风土记》载："其种有四。一曰七村归明户。……四曰仡佬。其名，虽自为区别，要其衣服居处趣向，大略相似。其实皆盘瓠之裔也。"至沈瓒生活的世代，"仡佬"仍然存在。故其有"以今观之，种类有五：猺、苗、伶、佬、㧐"②之言。

（二）土著汉民

在元代，在武陵地区省区或者省区向"蛮区"的过渡地带以及各军事砦堡周围存在不少土著汉民。在经历朝廷鼎革的情况下，明代的武陵地区尽管原有土著汉民大量散亡，但各地仍留存一定数量的土著汉民。在湘西沅陵县，尽管"邑中老籍""尤以江西为最多"，但"其来自开封者盖宋时之游宦"；③ 在溆浦县，据民国《溆浦县志·氏族志》载，明以前从外地迁入的姓氏有舒、向、刘、严、荆、李、邓、夏、张、陈、贺、周、黄、匡、蒋、戴、萧、吴、郑、邹、赵、丁、文、毛、唐、杨、田、彭、覃、段、童、聂、侯、杜等。④ 在这些姓氏中，尽管诸如舒、向、田、覃属于土著"蛮夷"的大姓，但多数是汉姓。这些汉姓，经过长时间的生活，多数已落地生根，成了土著；在靖州县，据光绪《靖州乡土志》载，该县明以前从外地迁入的姓氏有黄、覃、明、姚、唐、龙、吴、林、石、赵、苏、张、李、陈、蒙、潘。⑤ 在这些姓氏中，除覃、石、吴姓可能是土著"蛮夷"外，其他的多是汉民姓氏。

张家界尽管初设永定卫时，"无以土著之民，官军俱各省调集"，但据光绪《永定乡土志》载，明以前迁入的汉姓仍有王、吴、郑、许、张、李等⑥，可见明时张家界也有不少从移民转为土著的汉民；在常德部分县，由《湖南氏族迁徙源流》以及前述两宋之移民个案可知，当地虽然遭受了宋末元初、元末明初战争的伤害，但有不少早在唐宋时就迁入的土著汉民仍留居

---

① （明）万炯修，钟添纂《思南府志》卷1《地理志·风俗》，明嘉靖刻本。
② （明）沈瓒编撰，（清）李涌重编，陈心传补编《五溪蛮图志》第二集《五溪风土·风俗》，岳麓书社，2012，第62页。
③ 许显辰、修承浩纂修《沅陵县志》卷6，民国19年刊本。
④ （清）舒立淇纂《溆浦县志》卷14《氏族志》，民国10年活字本。
⑤ （清）金蓉镜纂辑《靖州乡土志》卷2《氏族》，清光绪三十四年刊本。
⑥ （清）王树人修，侯昌铭纂《永定乡土志》下篇《氏族第九》，清光绪三十三年刻本。

在当地。如石门新关邓氏，系出禹公支派，始迁祖冲公，行七郎，宋朝时以都司官永定（今张家界），因时值鼎革之际，兄弟十五人遭乱播迁，因留家永定天门山，生二子：再望后裔居住永定，再一后裔居住石门中乡、南乡，慈利下二十五都、永定、澧州合口等地。宗祠则在新关。① 常德石氏，始祖孟公，字敏若，原籍河南，宋哲宗时进士，因不附权阉梁师成而游幕于楚，后因河南没于金而不得不归籍，遂安家于常德。数传至廷河公，拜元初万户侯。廷河以前具体世系不可考，故以廷河为常德石氏一世祖，族人散布于桑植、慈利、石门、澧县、桃源、南县等地。祖祠在常德石公桥。至于1948年，已传25代，共5万余人。②

在鄂西南，虽如万历《湖广总志》所言，包括鄂西南大部分地方在内的湖广地区"自元季兵燹相仍，土著几尽"③，但仍有一定数量的土著汉民留居或辗转于当地的偏远山间沟壑。恩施环城内外，"官师之所群集"，"仍是汉官威仪，此邹公维琏所以称其士绅文学子弟彬彬"。④ 在长阳县，据《长阳宗谱资料初编》和1992年出版的《长阳县志》载，唐、五代时移入的家族有李、秦二姓，宋代移入的有向、胡、郭、刘、薛、孙、张等十一姓，元代移入的有刘、向、谭、张、田等七姓。在这些姓氏中，李、张等姓族谱明确宣称来自江西。⑤ 可见，明代鄂西南地区仍居住有一定数量的土著汉民。

在渝东南石柱县，据《石砫厅乡土志》载，该县明代以前从外地迁入的姓氏有马、陈、冉、谭、向。⑥ 除冉、谭、向可能是土著"蛮夷"攀附外，马、陈均是从武陵地区之外迁入的。可见，明代渝东南地区也有一定数量的土著汉民。

在黔东北，尽管该地明以前多为"苗夷所居"，但也居有一定数量的土著汉民。宋时施、黔等州富豪之家通过优惠措施"招诱"的入山开垦荒田

---

① 湖南图书馆编《湖南氏族迁徙源流（一）》，第115页。

② 湖南图书馆编《湖南氏族迁徙源流（二）》，第747页。

③ （明）徐学谟纂修《湖广总志》卷35《风俗》，明万历十九年刻本。

④ （清）多寿等纂修《恩施县志》卷7《风俗·恩邑风俗三变说》，清同治三年修，民国20年铅字重印本。

⑤ 参见长阳民族宗教事务委员会、长阳民族文化研究会、长阳土家族自治县档案局编《长阳宗谱资料初编》；长阳土家族自治县地方志编纂委员会编《长阳县志》，中国城市出版社，1992。

⑥ （清）杨应玑、谭永泰、刘青云编《石砫厅乡土志·历史·氏族》，清宣统元年抄本。

的客户汉民就是其中的一部分。这些客户汉民通过上百年的适应，大多实现了土著化。此外，邹立发、张著森整理的《张氏族谱》载：张氏先祖张香本陕西西安府咸宁县人，卒葬于南岳衡山，敕封宋疆王之爵，祖籍陕西白云庵。张香姓王氏生三子，长怀居关中，次居毕迹，三张恢由进士初任四川夔州路马步兵马府武功大夫，南宋绍兴年间，奉命同浙东副总管李显忠、全四川宣抚司郑刚中，统领土汉军兵，征剿思州三十六洞"苗蛮"有功，晋秩西中大夫。祖姓许氏生焕，随父南征，恢祖班师，行次彭水大浩，病卒，葬于彭水大浩坝子山午向。思州诸洞"苗蛮"闻知，纠师复叛。焕以计战退，总兵李显忠表朝廷，即以焕为参佐，授思州宣抚司同知，奉命留镇思南，因以为家。[①]

综上可见，明代武陵地区的土著虽然以"蛮""洞蛮""土人""苗""洞苗""徭"等"蛮夷"为主，但仍留居一定数量的土著汉民。这些土著汉民多由前期的客民转化而成，并与元代一样，主要居住在省区、省区向"蛮区"的过渡地带以及军事寨堡或者卫所的周边。

第二节　王朝的统治、经营与客民的入迁

元明时期是武陵地区经济社会发展的一个重要时期。与隋唐两宋时期采取的郡县和羁縻相结合的统治方式相比，元明时期王朝对武陵地区的统治与经营更加广泛和深入。这一时期，元明统治者在行政军事上采取经制、土司或者经制、土司和卫所制度相结合的策略，在法制上采取区别对待的措施，在经济上则推行筑路通驿与军屯、民屯并行等政策。在上述统治、经营策略与政策之下，不同类型的客民以不同的方式从不同的地方大量入迁武陵地区，给武陵地区的族群关系注入了新的活力。

一　王朝的统治和经营

1. 统治的建立

元明两朝在武陵地区统治的建立不是一蹴而就的，而是一个逐步推进的过程。元朝对武陵地区的占领始于元世祖至元十二年（1275）。该年四月，

---

① 陈国安编辑《民族志资料汇编》第九集《土家族》，第 381 页。

阿里海牙率元军进攻两湖地区，下沙市，取江陵，并"释系囚，放戍券军，除其徭役及法令之繁细者"①，"分道遣使招谕未下州郡"②，"传檄郢、归、峡、常德、澧、随、辰、沅、靖、复、均、房、施、荆门及诸洞"，峡州、归州、澧州、常德府等州府官员"悉以城降"③。在东、南、北三面被包围的形势之下，居于省区向"蛮夷"聚居区过渡地带以及居于"蛮区"的土著"蛮酋"纷纷归附元朝。在鄂西南，最先归附的"蛮酋"是又巴、散毛东土酋。《元史》载：至元十六年（1279）正月，"诏谕又巴、散毛等四洞番蛮酋长使降"。④又巴、散毛归降后，鄂西南其他洞土酋也陆续归附。在湘西，最先归附元朝的是永顺彭氏。对此，乾隆《永顺县志》载永顺彭氏内附元朝时间是至元十六年（1279）⑤，永顺《彭氏族谱》云归附时间为中统三年（1262）⑥，《元史》则载永顺路彭世强等土酋朝贡并授蛮夷官一事发生于至元三十年（1293）⑦。尽管归附具体时间存在争议，但其归附确有其事，毋庸置疑。在渝东南，至元十二年（1275）十月，绍庆府（治今重庆彭水县）以及周边的诸蛮就有"向化之心"，"乞降诏使之自新"之意。至元十五年（1278）元将杨文安攻克绍庆后，渝东南诸洞土酋虽然做了一定的抵抗，但在至元二十年（1283）派四川行省参政曲里吉思等讨平九溪十八洞之后，朝廷也就基本确立了对渝东南的统治。在黔东北，诸史志所载田氏归附时间不一，《读史方舆纪要》卷122思州府、《贵州图经新志》卷4思州府载为至元十二年（1275），《新元史·世祖本纪》作至元十三年（1276），《元史类编·世祖一》、道光《思南府续志》卷1等作至元十四年（1277），《思南府志》卷1《地理沿革》则作至元十五年（1278）。田敏先生分析认为，准确的时间应该是至元十四年（1277）。因为这一年元世祖已下诏使其来附。⑧由此可见，元朝对武陵地区的统治是逐渐实现的，其过程从

① （明）宋濂等撰《元史》卷128《阿里海牙传》，第3126页。
② （明）宋濂等撰《元史》卷8《世祖本纪·世祖五》，第165页。
③ （明）宋濂等撰《元史》卷128《阿里海牙传》，第3126页。
④ （明）宋濂等撰《元史》卷10《世祖本纪·世祖十》，第209页。
⑤ （清）黄德基修，关天申纂《永顺县志》卷4《风土志》，清乾隆五十八年刻本。
⑥ 湖南省少数民族古籍办编，王承尧、罗午、彭荣德辑录《土家族土司史录》，岳麓书社，1991，第18页。
⑦ （明）宋濂等撰《元史》卷17《世祖本纪·世祖十四》，第372页。
⑧ 田敏：《土家族土司兴亡史》，第41页。

至元十二年（1275）开始，至至元二十年（1283）前后全面完成。

与元朝相似，明代对武陵地区的统治也是逐步实现的。至正二十三年（1363）七月，朱元璋在鄱阳湖口大败陈友谅，随即在第二年攻下武昌，包括澧州、常德、辰州、靖州等地在内，原属陈友谅的两湖大部分地区转为朱元璋所有，武陵地区的土司也"弃旧迎新"，陆续归附明朝。朱元璋则对"西南易来归者""以原官授之"①。在这些归附的土司中，以湘西、鄂西南交界之慈利、大庸、鹤峰等地土司为先，以湘西、黔东北土司为次，以鄂西、渝东南土司为晚。随着洪武七年（1374）"石柱安抚使马克用遣其子付德与同知陈世显入朝，贡方物"②，明王朝通过军事威慑、招抚土司等手段，全面完成了对武陵地区的控制。

2. 因地制宜、因俗而治：行省、土司与卫所制度相结合

元代是行省制度的定型时期，也是土司建立、形成时期。这一时期，武陵地区的行政区域、行政制度前后发生了一定的变化。为了有效统治地方，元朝政府在大部分地方推行了行省制度。在行省以下一般的地区设道、路、州（府第）、县各级，由朝廷派驻流官；在"溪峒蛮夷"地区则在唐宋羁縻州的基础上推行土司制度，分设招讨司、宣抚司、安抚司、长官司、番民总管和洞民总管等。招讨和宣抚使一般为流官，有时兼用土官。安抚使、长官、总管等则完全由土官充任，并可以世袭。同时，军事上初期在中央设枢密院统领全国军务，地方则分设枢密院统各翼镇戍军民，各路立万户府，路之总管治民，万户统军；发展至元成宗时期则确立了以行省长官兼掌军政的体制。总体而言，元朝武陵地区的军政主要隶属于湖广行省、四川行省、河南江北行省管辖。湘西经制区主要隶属于湖广行省、江南湖北道，境内置常德、澧州、辰州、沅州和靖州等路，置桃源、龙阳、慈利、柿溪等州，置武陵、沅江、澧阳（今澧县、津市、临澧）、石门、安乡、沅陵、辰溪、卢溪（即泸溪）、溆浦、卢阳（今怀化、芷江、新晃）、黔阳、麻阳、会同、永平（今靖州）、通道等县；"溪峒蛮夷"地区则分隶于湖广行省和四川行省，置永顺安抚司、保靖州、安定土州（今永定区）、柿溪土

---

① （清）张廷玉等撰《明史》卷310《湖广土司传》，第7982页。
② （清）张廷玉等撰《明史》卷312《四川土司传》，第8059页。

州（今桑植县）、白崖洞（今龙山县）、会溪施溶等处，驴迟洞（今永顺县）、腊惹洞（今永顺县）、麦着黄洞（今永顺县）、五寨（今凤凰县）等长官司。①

鄂西南经制区主要属河南江北行省，湖广行省山南江北道、江南湖北道与川南道，境内置峡州、夔州等路，施州等州，长阳、巴东、建始等县；"溪峒蛮夷"地区主要隶属于四川行省，主要有散毛土府（今来凤县）、怀德土府（今宣恩县）、盘顺土府（今鹤峰县）、东乡五路军民土府（今宣恩县）、施南道宣慰司（今利川与宣恩县境）、湖南镇边毛岭洞宣慰司（今宣恩县）、隆奉宣抚司或长官司（今宣恩县）、龙潭宣抚司或安抚司（今咸丰县）、高罗宣抚司（今宣恩县）、容美等处宣抚司（今鹤峰县）、金峒安抚司（今咸丰县）、木册安抚司（今宣恩县）、师壁洞安抚司（今来凤县）、忠孝军民安抚司（今宣恩县）、又把洞安抚司（今咸丰县）、唐崖长官司（今咸丰县）。②

渝东南经制区主要属四川行省川南道，设绍庆路，置有绍庆府、怀德府以及彭水县、黔江县；"溪峒蛮夷"地区主要有酉阳土州③、石砫宣抚司、石耶洞、平茶洞、邑梅洞等。

黔东北的行政机构主要有思州军民安抚司。该安抚司是在元世祖忽必烈的招抚下设置的，初置于德江（即今贵州德江），后升为宣抚司，先隶属于四川行省，后改隶湖广行省。至元二十一年（1284）降为军民安抚司，泰定四年（1327）又升为宣慰司（治龙泉坪，即今贵州凤冈）。据《元史·地理志六》载，思州军民安抚司领一府、十四州、一县、五十二长官司。属武陵地区长官司的主要有沿河、祐溪、龙泉坪、水特江、思印江等处，五寨铜人等处，平头著可通达等处等长官司。④

明承元制，地方仍设行省，但行省分设"三司"，即布政使、按察使、

---

① 田敏：《土家族土司兴亡史》，第 13～27 页。

② 田敏：《土家族土司兴亡史》，第 2～13 页。

③ 由田敏《土家族土司兴亡史》研究可知，元初酉阳名为州，实为冉氏控制的土州。明玉珍据蜀后，更是将其改为酉阳沿边溪洞军民宣慰司。

④ 思州军民安抚司中属武陵地区的长官司包括一部分湘西、渝东南的诸长官司，属湘西的有会溪施溶等，感化州等处，腊惹洞、驴迟洞、麦著土村等，属渝东南的有溶江芝子平等处等。

都指挥使，分别掌握行政、司法、军事。全国共分 13 省，省下改路为府，府领州、县，部分州直隶布政司。与此同时，明王朝进一步完善和发展了元朝建立的土司制度。与元代相比，明朝土司以宣慰使司和土府为最大，下设安抚使司、长官司、土州和土舍。其辖地、职权、隶属关系也更为明确。此外，为了镇压、控制、威慑与防范地方特别是"蛮夷"，明初在朱元璋的主导下还创设了卫所制度。总体而言，武陵地区的行政军事主要属湖广省、四川省、贵州省管辖。湘西的行政军事主要属湖广省之岳州府、常德府、辰州府、靖州、永顺宣慰司、保靖宣慰司以及各个卫所统辖。其中岳州府属武陵地区的经制州县有澧州、澧县、临澧、安乡、石门、慈利，土司有桑植安抚司，上洞、下洞、茅冈长官司，与之对应属武陵地区的卫所有九溪卫（驻今慈利县）、永定卫（驻今张家界永定区）、安福守御千户所（驻桑植县外半县）、麻寮守御千户所（驻今慈利县）、大庸守御千户所（驻今张家界永定区）、澧州守御千户所（驻今澧县）、添平守御千户所（驻今石门县）；常德府的经制州县有武陵、龙阳、桃源、沅江县，与之对应的卫所有常德卫；辰州府的经制州县有沅陵、卢溪、辰溪、溆浦、黔阳、沅州、麻阳等，与之对应的卫所有辰州卫、镇溪军民千户所（驻今吉首市）；靖州在武陵地区的县有靖县、通道、会同，卫所有靖州卫；属永顺宣慰司的有南渭州、施溶州、上溪州三土州，腊惹洞（元故洞）、麦著洞（元麦著土村）、驴迟洞（元故洞）、施溶溪（元会溪施溶等处土巡检司）、白崖洞（元故洞）、田家洞（今古丈县断龙一带）六长官司；属保靖宣慰司的有五寨（治今凤凰县城）、筸子坪（治今凤凰县筸子坪乡旧司坪）二长官司，两江口（在今保靖县西北）土舍。

鄂西南主要属四川省夔州府、湖广省荆州府。其中属四川省夔州府的有施州（治今恩施市）与建始县。后施州改隶湖广省，设施州卫、大田等千户所。所领土司有容美、施南、忠建、散毛等宣抚司，龙潭、忠孝、大旺、东乡五路、高罗、金峒、忠路等安抚司，剑南、西坪、唐崖、腊壁峒、东流、木册、椒山玛瑙、石梁下峒、五峰石宝、水浕源通塔平等长官司；属夷陵州的经制县有长阳县，属归州的有巴东县。

渝东南主要属四川省重庆府、四川布政司管辖。永乐定制后，重庆卫统辖的县有彭水县、黔江县；重庆卫所领的土司有酉阳、石砫宣抚司，邑梅、石耶长官司，地坝副长官司，四川布政司所领的土司有平茶洞长官司。

黔东北主要属贵州省思南府、铜仁府。永乐定制后，思南府所领的县有婺川县，长官司有水德江（今思南县地）、蛮夷（今思南县地）、沿河祐溪（今沿河县地）、朗溪（今印江县地）四长官司，铜仁府所领主要有乌罗（今松桃县地）、铜仁、大万山（今铜仁万山区地）、省溪（今江口县地）、提溪（今江口县地）、平都著可（今松桃县地）六长官司。

由上可见，元代的统治者在武陵地区采取的行政军事架构主要是经制与土司制度相结合的方式，明朝统治者则在元朝的基础上创设了卫所制度。在上述行政军事架构之下，统治、治理地方的官员既有土官、土司，也有朝廷派遣的流官。经制州县由流官控制；"蛮夷"聚居区是化外之区，分为两层：第一层是土司管辖区，主要实行土官、土司制度，辖区内之大小事宜均由土官、土司做主；第二层是"生苗"区，主要位于湘西和湘黔边以腊尔山为中心的"苗蛮"聚居地，这里没有正常的行政管理体制，中央王朝主要利用周边土司、卫所对这一地区进行军事镇控。[①]"夷夏"杂居区则实行土流并治，并在其中建立军事卫所，派驻大量的军民进行戍守。与流官不同，土官、土司不仅拥有私人武装土兵，自设衙门、监狱，自属"舍把""土目"等掌管各种军政钱粮事务官吏等特权，而且可世代相袭。有关武陵地区土司的性质、权力等，田敏的《土家族土司兴亡史》、成臻铭的《清代土司研究：一种政治文化的历史人类学观察》等有深入的分析和探讨，故在此不再赘述。

3. 筑路通驿

元明时期，为加强中央集权，促进边疆与内地的沟通、交流，统治者特别重视筑路通驿。元代，王朝推行了"站赤"，构建了比较完善的水陆交通网络。"站赤"即"通达边情，布宣号令"之"驿传之译名"[②]。它源自商代，历经各朝各代之发展，直到清末民初方被近代邮政所替代。在其发展过程中，元朝最为发达。据《元史·兵志四·站赤》载，元代在湖广、四川、河南江北行省共设站赤484处。其中，湖广等处中书行省所辖共173处，内

---

① 伍新福：《湖南民族关系史（上）》，第167页。
② （明）宋濂等撰《元史》卷101《兵志四·站赤》，第2583页。

有陆站 100 处，马 2550 匹，车 70 辆，牛 545 头，坐轿 175 乘，卧轿 30 乘，水站 73 处，船 580 只。仅湖广行省镇远（今贵州镇远）至岳州（今湖南岳阳）的沅水水道就设立水站 24 处，置船 125 只，水手 803 人。[①] 河南江北等处中书行省所辖共 196 处，内有陆站 106 处，马 3928 匹，车 217 辆，牛 192 头，驴 534 头，水站 90 处，船 1512 只。四川行中书省所辖共 132 处，内有陆站 48 处，马 986 匹，牛 226 头，水站 84 处，船 654 只。建立于武陵地区或经由武陵地区各路府州的站赤有马站 24 处、马 554 匹，水站 27 处、船 155 只。其具体分布情况是湖广行中书省常德路所辖和丰、大龙、桃源县站，郑家市站，新店 5 处马站，马 148 匹，水站 6 处，船 34 只；澧州路所辖清化、兰江、顺林 3 处马站，马 100 匹；辰州路所辖在城、寺前、辰溪、杨溪、马底、界亭 6 处马站，马 156 匹，水站 6 处，船 30 只；靖州路所辖会同、靖安 2 处马站，马 28 匹，水站 1 处，船 5 只；沅州路所辖在城、白牛堡、盈口、竹墓、便溪、晃州、平溪、竹滩 8 处马站，马 122 匹，水站 8 处，船 48 只；四川行中书省绍庆府所辖在城站、新滩、辛酉滩 3 处水站，船 8 只；河南江北行省湖北道所辖归州巴东、万流、秭归 3 处水站，船 30 只（表 3-1）。[②]

表 3-1　武陵地区各路府州站赤情况

行中书省、道	路府州	马站(处)	水站(处)	轿站(处)	马(匹)	船(只)	轿(乘)	车(辆)	牛(只)
直隶属湖广行中书省所辖	常德	5	6		148	34			
	澧州	3			100				
	辰州	6	6		156	30			
	靖州	2	1		28	5			
	沅州	8	8		122	48			
直隶四川行中书省所辖	绍庆		3			8			

---

① （明）解缙等纂《永乐大典》卷 19423《站赤八》，中华书局，1986。
② （明）解缙等纂《永乐大典》卷 19422《站赤七》、卷 19423《站赤八》。

行中书省、道	路府州	马站(处)	水站(处)	轿站(处)	马(匹)	船(只)	轿(乘)	车(辆)	牛(只)
河南江北等处行中书省湖北道所辖	归州		3			30			
合计		24	27		554	155			

资料来源:《永乐大典》卷19422《站赤七》、卷19423《站赤八》。

沿着上述站赤,元朝在至元二十九年(1292)开通了湘黔滇驿道,整治了长江水驿。湘黔滇驿道分为湖广段(即被称为湘黔驿道或湖广驿道)、云贵段(也被称为滇黔古驿道)。湖广驿道正好贯穿武陵地区。湖广驿道北起河南江北行省之江陵,往南经荆门、公安连接湖广行省的澧州,然后自东向西连通常德、辰州、沅州、镇远、偏桥(今贵州施秉)等地,再由普定、普安(今贵州盘州市)进入云南曲靖,然后经马龙、杨林到达中庆(今云南昆明);自江陵向北,经襄阳、南阳、郑州、邯郸、顺德、保定、涿州而到达大都。[①] 湖广驿道的设立和开通,加强了元朝全国范围内政治上的统一,便利了作为"内地的边缘"的武陵地区与内地的互动、往来。故方铁在《西南通史》中言湘黔滇驿道时曰:"元历明、清至近代,从昆明经贵州达湖南的道路,一直是西南边疆联系内地交通最为方便、往来最迅速、客流也最大的交通要道。"[②]

至于沿长江之驿道,元代之前早已开通。至元十五年(1278),元朝决定建立川蜀至荆南水驿。十六年(1279),元世祖诏高州、筠连州腾川县新附民在叙州等处治道立驿,又于叙州、夔州至江陵地界设水驿。十八年(1281),升叙州为路,并令官吏郭汉杰等整治道路,自叙州(今四川宜宾)至荆南(今湖北荆州)共设19处站赤,增2100名站户以及船只212艘。[③]

---

① (明)解缙等纂《永乐大典》卷19423《站赤八》。
② 方铁主编《西南通史》,中州古籍出版社,2003,第550页。
③ (明)宋濂等撰《元史》卷10、11《世祖本纪·世祖七》《世组本纪·世祖八》,第201、213、230页。

此外，元廷还改善了乌江沿线的交通条件，整修了宜昌至施州的"施宜大道"以及其他的交通支线。关于乌江沿线交通条件的改善，绍庆府（治今重庆彭水）城站、新滩、辛酉滩 3 处水站的设置就是说明。至于施宜大道，其整修源自施州行政区划的转变。有元一代，施州先属四川行省，后改隶湖广行省。这一改变促使施州道路建设转向东部，由此，施州至宜昌的道路，逐渐从山道变成大道，最后成了驿道。此路始于施州卫，经向家村、南里渡等地至建始，又经红岩子等进巴东，再经野三关、椰坪、贺家坪、木桥溪、安安庙等地而达宜昌。有明一代，这条道路没有大的变化。① 至于其他的交通支线，由朱圣钟的研究可知，仅元代容米十七洞（即后来之容美土司）之地就有四条通向外地的交通道路：一是从巴东经红砂寨到今鹤峰县的道路；一是自今慈利县经桑植达容米洞的道路；一是自彭水经宣恩到鹤峰的道路；一是自澧州武口到永顺、古丈一带的道路。②

迨至明朝，明廷深知交通对作战以及经济、文化交流具有重要意义，因此在元代的基础上整治旧道，同时也新辟了一些驿路。武陵地区作为深入滇黔的交通要道，其重要性逐渐被明朝统治者所认知。因此，自开拓疆土、确立统治伊始，王朝就着手修整武陵地区的道路和置设驿站。至正二十三年（1363），朱元璋在鄱阳湖大败陈友谅后随即攻克武昌，包括澧州、常德、辰州、靖州等地在内，原属陈友谅的两湖大部分地区转为朱元璋所有。洪武四年（1371），随着明玉珍政权的覆灭，鄂西南、渝东南的大中小土司也渐次向明王朝投诚，明王朝则向来附的多数土司以原官授之。由是，明王朝对武陵地区的统治得到确立，一些旧道得到整治，一些新驿也被开辟。与元朝大体相似，主要的驿道有三条：一条是区域北面的驿道，该驿道自夷陵州沿长江而上，穿越三峡水道至重庆；一条是区域东南方向的驿道，该驿道自澧州出发，经常德、辰州，溯沅水而上，过晃州而入贵州，达贵阳；一条是区域西部的驿道，该驿道自涪陵，经彭水、沿

---

① 郑敬东:《长江三峡交通文化研究》，中国文史出版社，2005，第 218 页。
② 朱圣钟:《鄂湘渝黔土家族地区历史经济地理研究》，博士学位论文，陕西师范大学，2002，第 29 页。

河、思南、播州达于贵阳。① 在上述三条驿道中，北面驿道与东南方向驿道岳州至辰州段添设、整顿于洪武十四年（1381）。是年冬，明廷先后修整了自湖广夷陵至成都府等长江中上游驿道，并添设水、马驿站26站；② 接着又整顿了岳州至辰州驿道，每六十里置一驿，共设置马驿18站。③ 洪武十五年（1382），朝廷初步平定云南之后接着又整顿、增设了辰州至贵州以及西部重庆至贵州的驿路，其中湖广增设的9驿中就有思南梅溪、相见2驿以及播州平溪1驿。④

除了上述三条主要的驿路外，明廷在不同时期还疏浚了乌江、镇阳江等水道，拓修了一些连接各州县以及土司地区的道路。如在洪武三十年（1397），楚王桢、湘王柏派兵自湖广沅州"伐山开路"200余里至黔南洪州永从诸寨，以便攻打"古州蛮"；⑤ 在永乐十一年（1413）拓修了思麻驿道，⑥ 该驿道自思南，经印江、江口、铜仁达麻阳；在嘉靖十八年（1539）应四川按察使田秋之建议，疏浚了乌江航道；⑦ 在万历年间派贵州按察副使冯俊、贵州都司钱中选等先后疏凿了发源于贵州瓮安垛丁山路，流经贵州黄平、施秉、镇远、玉屏，湖南新晃、芷江，在湖南黔阳汇入沅水的镇阳江。⑧ 至于连接各州县以及土司地区的道路，通过朝廷以及地方政府的努力，武陵地区在明代也基本形成了以州县与土司治所为中心的水陆交通网。⑨

通过上述筑路通驿，元明时期武陵地区交通条件有了较大的改善。这种改善，不仅方便了武陵地区与区域外的经济文化交流，而且为客民的进入创造了良好的条件。

---

① 孟凡松：《郡县的历程》，博士学位论文，陕西师范大学，2009，第23页。
② 《明太祖实录》卷139，第2195页。
③ 《明太祖实录》卷140，第2201页。
④ 《明太祖实录》卷142，第2238页。
⑤ （清）鄂尔泰等：《贵州通志》卷19《秩官·名宦》，清乾隆六年刻本。
⑥ 江口县志编纂委员会编《江口县志》，贵州人民出版社，1994，第403页。
⑦ 黎世贵：《乌江航道思南段整治始末》，《贵州地方志通讯》1987年第5期。
⑧ （明）郭子章：《黔记》卷12《山水志中》，明万历三十六年刻本。
⑨ 朱圣钟：《鄂湘渝黔土家族地区历史经济地理研究》，博士学位论文，陕西师范大学，2002，第30～31页。

4. 屯垦

元明时期，中央王朝为加强对武陵地区的统治，在该地区实施了军民屯田的制度。屯田有军屯与民屯之分。元朝的军屯沿袭于宋代的屯戍，主要做法是在各路、府、州、县设治的据点以及军事重地周边展开，实行寓兵于农、且耕且守的制度。对于该制度的来源、内容、作用等，《元史·刘国杰传》有详载，曰："辰、溪地接溪峒，宋尝选民立屯，免其徭役，使御之，在澧者曰隘丁，在辰者曰寨兵，宋亡，皆废。国杰悉复其制，班师。……凡广东、江西盗所出入之地，南北三千里，置戍三十有八，分屯将士以守之，由是东尽交广，西亘黔中，地周湖广，四境皆有屯戍，制度周密，诸蛮不能复寇，盗贼遂息。"[1] 既然元的屯戍"地周湖广，四境皆有"，武陵地区大部在元时属湖广，故该地区应有军屯。对此，《元史·李忽兰吉传》和《元史·兵志三·屯田》关于夔州路的记载可作例证。《元史·李忽兰吉传》载，至元六年（1269），"赐（李忽兰吉）虎符，授昭勇大将军、夔东路招讨使，以军三千，立章广，平山寨，置屯田"。[2]《元史·兵志三·屯田》载夔州路万户府军屯时曰："世祖至元二十一年（1284），从四川行省议，除沿边重地分军镇守，余军一万人，命官于成都诸处，择膏腴地，立屯开耕。为户三百五十一人，为田五十六顷七十亩。凡创立十四屯。"[3] 由两处引文可知，至元六年与至元二十一年，夔州路不仅有军屯，且规模较大。既然夔州路有军屯，鄂西当时属夔州路管辖，故当地也应有军屯。

除了军屯，元时在武陵地区也推行了民屯。如至元十九年（1282）、二十年（1283）、二十一年（1284）、二十六年（1289），元廷即在四川行省绍庆路开展了民屯，《元史·兵志三·屯田》载："于本路（绍庆路）未当差民户内，佥二十三名，置立屯田。二十年于彭水县籍管万州寄户内，佥二十户。二十一年，佥彭水县未当差民户三十二户增入。二十六年，屯户贫乏者多负逋。复佥彭水县编民一十六户补置。为户九十一。"[4] 又如湘西，大德元年（1297）湖北道廉访司佥事张经言，该地区也推行过民屯，乾隆《辰

---

① （明）宋濂等撰《元史》卷162《刘国杰传》，第3811页。
② （明）宋濂等撰《元史》卷162《李忽兰吉传》，第3793页。
③ （明）宋濂等撰《元史》卷100《兵志三·屯田》，第2573页。
④ （明）宋濂等撰《元史》卷100《兵志三·屯田》，第2571页。

州府志》载:"'叛蛮田万顷等虽诛,靖、辰、澧等州接界,率多旷土,宜召民耕种,使蛮疆日渐开拓,异时皆为省地。'湖广行省然其行之。"[1] 至于民屯户的来源,如上述两条引文所言,既有来自当地的"未当差户",也有从万州迁过来的"寄户",还有来自内地的应召汉民。否则,民屯无法达到湖北道廉访司佥事张经所追求的"使蛮疆日渐开拓,异时皆为省地"的目标。

与元代有所不同,明代的屯田除了军屯、民屯外,还有商屯,但以军屯为主。军屯主要由与卫所联系密切的军丁及其家口完成(其来源等参见下文"'江西填湖广,湖广填四川'与客民的进入")。《明史·食货志》载:"天下卫所州县,军民皆事垦辟矣。其制移民就宽乡,或召募,或罪徙者,为民屯,皆领之有司。而军屯则领之卫所。边地三分守城,七分屯种。内地二分守城,八分屯种",军士"每军受田五十亩为一分"。[2] 但也有百亩、七十亩、三十亩不等,具体根据地区而定。如湘西之永定卫始设之时,仅有屯田五百一十顷七十亩三分三厘;[3] 鄂西施州卫则有二百六十余顷的屯田,其中大田所(在今咸丰县)就屯田一百五十五顷六十亩;[4] 黔东北平溪卫(在今贵州玉屏县)在思州仅有熟田八千三百五十二亩。至于军屯的时间,大体上是自各卫所建立时业已展开,但军屯真正的发展是在明王朝完全确立对武陵地区的统治之后。如湘西最早设立的羊山卫,该卫设置于洪武三年(1370),地点位于永顺土司境内,但由于"险远运粮不继",故在设卫第二年随即迁至大庸地,并改名大庸卫。[5] 从羊山卫因"险远运粮不继"而变迁可知,明朝廷早期在武陵地区所建的卫所主要是军事职能,其所谓的屯田受制于军事方面的压力并没有随着卫所的建立而真正展开。又如鄂西南施州卫,该卫在洪武十四年(1381)建卫以及兵员及其家属进山后,屯田就业已开始。但当时卫所的官兵主要忙于征战,卫所仍依赖于朝廷供给,而不是军屯。故直到永乐年间,朝廷完全完成对鄂西南的招抚和官衙的重建后,施州卫所的军屯才得到真正的发展。但受

---

① (清)谢鸣谦纂修《辰州府志》卷12《备边考》,清乾隆三十年刊本。
② (清)张廷玉等撰《明史》卷77《食货志一》,第1884页。
③ (清)潘义修,杨显德纂辑《永定卫志》卷2《田赋》,清康熙二十四年刊本,张家界市政协学习文史委员会编《张家界卫所史话》,内部资料,2006,第237页。
④ (明)徐学谟纂修《湖广总志》卷29《兵防一》,明万历十九年刻本。
⑤ 胡履新、张孔修纂《永顺县志》卷7《建置志》,民国19年铅印影本。

制于自然条件，施州卫所军屯的发展仍比较有限。故同治《增修施南府志》载明咸丰官员余麟曰："余麟，万历元年封湘王，到荆州委牛口邑丞。余麟临所（按：大田所），丈征开垦田土，编户条粮。见其深沟陡箐，崖多土少，民不堪命，勉强丈征编银二百五十四两五钱，将本所前项银两改为湘府样米。"① "深沟陡箐，崖多土少，民不堪命"即大田所屯田所面临的困难。

除了军屯，明朝还通过"移民就宽乡""官给牛及农具者，乃收其税，额外垦荒者永不起科"等招垦政策开展了民屯。屯垦之民，"或召募，或罪徙者"②。如在湘西常德府，朝廷在洪武三十年（1397）就从江西迁移一部分无田失业之人或者贫民到该地垦荒屯田。在湘西、鄂西南、渝东南、黔东北，由相关研究可知，明代也有不少客民在朝廷的招徕等政策的引导下到这些地方垦荒屯田。③ 故万历《湖广总志》在描述湖广地区客民的情况时有"自元季兵燹相仍，土著几尽，五方招徕，民屯杂置，江右、徽、黄胥来附会"④ 之言，王士琦论及镇竿苗地屯粮时也有"不论土著、流寓，悉听籍名，照州县保甲之法，一甲五户，一户若干丁，联为乡兵，任其无主之地自议开垦，各分疆界，创结茅庐，……每岁终，哨官以乡丁某垦若干亩，申夷官为稽核，以杜争冒。抚夷官仍每岁于哨官中择其善能相劝，开垦最多者，详请优奖，以示激励"⑤ 之说。

在明初，除了军屯、民屯外，还有商屯。该屯垦又称"开中"，主要由政府许外来商人以盐引，允许他们出资招收民户，立屯堡，开辟土地，将收获的粮食交给卫所军队食用，以补军粮之不足，然后由当地布政司和都司发凭证，在产盐处照价换盐，最后由商业将盐转卖各地。⑥ 武陵地区的商屯主要在产盐的渝东南展开，所产出的粮食也比较有限，但也是一种解决卫所军粮

① （清）松林、周庆榕修，何远鉴、廖彭龄纂《增修施南府志》卷27《人物志·流寓》，清同治十年刻本。
② （清）张廷玉等撰《明史》卷77《食货志一》，第1882页。
③ 参见谭其骧《湖南人由来考》，《长水集（上）》；曹树基《中国移民史》第五卷《明清时期》；杨洪林《明清移民与鄂西南少数民族地区乡村社会变迁研究》。
④ （明）徐学谟纂修《湖广总志》卷35《风俗》，明万历十九年刻本。
⑤ （清）谢鸣谦纂修《辰州府志》卷40《艺文志第一》，清乾隆三十年刊本。
⑥ 李幹、周祉征、李倩：《土家族经济史》，第36页。

不足的途径。①

以上是元明时期统治者在确立统治时与确立统治后所设置、采取的一些治理武陵地区的制度或措施。这些制度或措施的实施，对客民迁入武陵地区以及土客关系的发展演变具有一定的推动作用。

二　客民人口的总体情况

元明时期，武陵地区的人口出现了比较大的变动。宋末元初，由于受战争影响较小，武陵地区与北方不同，其人口并没有骤减，且与南宋相比还有较大幅度的增长。又因朝廷当时对"蛮夷居住区"实行土司制度，土司辖区以及"生苗"区的民众并未编户入籍，故武陵地区人口的增长与这一时期大量来自北方和中原地区的客民迁入武陵地区经制区或省区密切相关（见表3-2）。

表3-2　宋元时期武陵地区部分州府户数比较

单位：户

郡路州（府）	宋后期史载户（《宋史》）	元中期史载户（《元史》）
澧州	81673	209989
朗（鼎）州（常德）	58297	206425
辰州	10730	83223
沅（叙）州	9659	48632
靖州	18692	26594
黔州（绍庆）	2848	3944

说明：（1）宋后期数据来自《宋史》，时间大致为崇宁元年（1102）；元中期数据来自《元史》，时间大致为至元二十七年（1290）。

（2）溪州、思州等羁縻路州府或土司辖区未有统计数据，故未列入表中。

（3）绍庆府宋后期户非崇宁元年（1102）所统数据，而是元丰年间的数据。

由表3-2可知，与宋后期相比，元中期武陵地区的经制区或省区史载在籍户数均出现了较大的增长。澧州路宋后期在籍户数为81673户，发展至元中期已达209989户，在籍户数增长了1.5倍；常德路宋后期在籍户数为58297户，发展至元中期达206425户，在籍户数增长了2.5倍；辰州路宋

---

① 张世友：《变迁与交融：乌江流域历代移民与民族关系研究》，第222~223页。

后期在籍户数为 10730 户，发展至元中期达 83223 户，在籍户数增长了近 7 倍；沅州路宋后期在籍户数为 9659 户，发展至元中期为 48632 户，在籍户数增长了 4 倍；增长最少的为绍庆路，宋元丰年间在籍户数为 2848 户，发展至元中期也增加了 1000 余户，在籍户数增至 3944 户。

明代，武陵地区人口及其结构出现了较大的变动。一方面，由于元末明初的战乱与兵燹，武陵地区特别是毗邻洞庭湖平原湘西地区的土著大量散亡，人口锐减。如元至元二十七年（1290），常德路在籍户数为 206425 户，在籍口数为 1026042 口；至明洪武二十四年（1391），常德府的在籍户口不仅没有增长，反而出现了大规模的下降，户仅为 29277 户，口则为 128895 口。① 考虑到行政区域变化所导致的户口的变化以及明代户口等级和统计所存在的差漏，明代常德府的实际户口数可能大大高于官府登记和统计的户口数，但这并不能否认明代常德府户口较之于元代明显下降的事实。另一方面，在明朝廷屯垦、招徕等政策之下，大批来自江西等地的客民涌入武陵地区，使该地区的土客人口结构及其关系发生了较大的转变。于是，武陵地区各地流传着"江西填湖广，湖广填四川"的传说（详见下文）。当然，除了"江西填湖广，湖广填四川"移入的客民外，元明时期的客民还存在将士戍守著籍、官僚宦居等其他的类型。

三 "江西填湖广，湖广填四川"与客民的进入

"江西填湖广，湖广填四川"是中国历史上一次重要的移民运动，该运动兴起于元末明初，持续至清中期结束。② 明确记载"江西填湖广，湖广

---

① （明）陈洪谟纂《常德府志》卷6《食货志·户口》，明嘉靖二十六年刻本。
② 有关"江西填湖广，湖广填四川"移民运动的起止时间，学界没有定论。以曹树基先生、葛剑雄先生为代表的一种观点认为，这次移民运动从元末明初持续到了清中期；以王炎先生、陈世松先生为代表的另一种观点则认为，"江西填湖广，湖广填四川"从康熙中叶开始，延续至乾隆中叶结束。双方争论的焦点在于以移民事实为依据还是以文献中出现"江西填湖广，湖广填四川"为依据。笔者认为，以大规模移民的事实为依据更为妥当，故认为"江西填湖广，湖广填四川"运动的起点是元末明初。相关文献具体参见曹树基的《中国移民史》第五卷《明清时期》、葛剑雄的《中国历史上的移民发源地之一——麻城孝感乡》（《寻根》1997 年第 1 期）、张国雄的《明清时期的两湖移民》、王炎的《"湖广填四川"的移民浪潮与清政府的行政调控》（《社会学研究》1998 年第 6 期）、陈世松《"湖广填四川"研究平议》（《天府新论》2005 年第 3 期）、孙晓芬编著的《清代前期的移民填四川》等。

填四川"民谣的文献是清代魏源的《湖广水利论》。该文载曰："当明之季世，张贼屠蜀，民殆尽；楚次之，而江西少受其害。事定之后，江西人入楚，楚人入蜀。故当时有'江西填湖广，湖广填四川'之谣。"① 此外，光绪《辰州府乡土志》也载："（明崇祯末年）此十数年间，郡属四邑胁掠，逃散男女殆尽，市无贸易，村绝人烟，本郡固有'江西填湖广'之俗谚。"② 由魏之记载可知，"江西填湖广，湖广填四川"之民谣专指的是明末到清中期的移民运动。但从移民的事实来看，"江西填湖广，湖广填四川"在元末明初业已发生。据《明太祖实录》载，洪武三十年（1397）二月，常德府武陵县县民上书言："武陵等十县，自丙申（元顺帝至正十六年，即1356年）兵兴，人民逃散，虽或复业，而土旷人稀，耕种者少，荒芜者多，邻近江西州县，多有无田失业之人，乞敕江西量迁贫民开种，庶民尽其力，地尽其利。"明太祖"悦其言，命户部遣官于江西，分丁多人民及无业者于其地耕种"。③ 丘濬的《江右民迁荆湖议》则曰："荆湖之地，田多而人少，江右之地，田少而人多，江右之人大半侨寓于荆湖。"④ 上述材料是地方志以外的官方典籍中仅有的有关"江西填湖广"的记录。虽然此方面的史料很少，且与明代严格的户口管理制度不太吻合，但并不能否认地方志、家谱以及民间传说故事中有关这场移民运动的表述与记忆。由前文可知，武陵地区在两宋时期业已吸收不少来自中国东部和北部的客民。在元明时期的移民运动中，该地区同样也是客民的目的地。这一时期以及清代迁入湖广和四川的客民虽不只来自江西，但他们的迁出地以江西为主，故这场运动以"江西填湖广，湖广填四川"而"冠名"。

（一）鄂西南

早在元初以及元中期，统治者攻取武陵地区以及在该地区实行屯垦之时，鄂西南就迁入了不少的军士以及屯垦之民。对于军事行动是否留下客民，正史与地方志虽未明载，但鄂西南地区一些家族的蒙古人记忆为我们留下了一些线索。咸丰县唐崖土司城的土司后裔覃氏现在是土家族，但他

---

① （清）魏源：《魏源集》，中华书局，1976，第388页。

② （清）觉罗清泰等纂《辰州府乡土志》卷4《兵事》，光绪三十三年刻本。

③ 《明太祖实录》卷250，第3619～3620页。

④ （明）陈子龙等辑《皇明经世文编》卷72《丘文庄公文集》，明崇祯中云间平露堂刻本。

们保存着一段蒙古人后裔的族群记忆。民国《覃氏族谱》载"铁木乃儿—颜伯占—文殊海牙—脱音帖儿—福寿不花"的早期世系，唐崖土司城覃氏在新编的族谱中直接将覃氏始祖塑造成了蒙古人后裔："元朝宗籍始祖木乃耳，是授平肩之职，生颜伯占儿，生文殊海牙，……脱音贴儿生福寿不花，生覃启处送，后因边夷南蛮累叛，奉旨征剿，招安蛮民，镇守于斯，分茅设土，安营于宣武山。"① 除族谱外，覃氏土家族还流传着始祖是蒙古人后裔的传说：唐崖覃氏的祖先是铁木耳、铁木真、铁木依三兄弟，原来居住在蒙古草原，后因从军镇压南蛮叛乱，驻守于唐崖一带，建立了唐崖土司，由是世代居住在唐崖土司城。此外，当地的张姓也保存一定的覃氏蒙古后裔的记忆："以前蒙古人和张家来唐崖司的拜唐崖司，唐崖司的丞相是唐崖司的人，领导是蒙古人。蒙古人来了就要把唐崖司的人消灭掉，支持蒙古人。我们的丞相就放了三十夜的火炮。一家放过一家放过。蒙古人要在这边安家落户就要把这边的人都灭了。蒙古男人都来这边了，就要把这边的男人一家一家杀光。"② 对唐崖土司世系以及口传资料等研究之后，刘文政、吴畏、王平、王希辉等先生认为唐崖土司覃氏始祖源出蒙古族，王平先生更是认为："湖北咸丰境内的唐崖土司的覃氏，是当地土家族吸收元代中期铁木乃尔后裔率领的一支蒙古族逐步演变而来的，与鄂西土著覃氏同源异流，在民族源流上有远源和近源之分：其远源是廪君蛮'五姓'之一的'瞫'姓演变而来的土家族强宗大姓'覃'氏；近源是元代中期铁木乃耳后裔率领的一支蒙古族。"③ 但是，覃双武、曾超、覃发扬等先生提出了异议，认为唐崖土司并非蒙古后裔，而是当地的土著。④ 笔者

---

① 民国6年唐崖《覃氏族谱》，原件存咸丰县统战部。

② 报道人：张国禄，78岁，咸丰尖山乡唐崖司四组人。访谈人：岳小国。访谈时间：2013年5月11日。访谈地点：咸丰尖山乡唐崖司四组。摘自三峡大学民族学院课题组编《唐崖土司历史资料汇编》，内部资料，2013。

③ 参见刘文政、吴畏《唐崖土司概观》，国际文化出版社，2001；王平《唐崖土司覃氏源流考》，《贵州民族研究》2001年第3期；王希辉、杨杰《唐崖土司覃氏世系及其征调述略》，《三峡大学学报》（人文社会科学版）2009年第6期。

④ 覃双武：《关于唐崖土司属覃氏渊源的考证》，http：//www.zhqsw.cn/html/4-1/1057.htm；曾超：《唐崖土司覃氏"蒙古人"疑议》，湖北省文物局、三峡大学、唐崖土司城遗址管理处编《唐崖土司学术研讨会论文集》，科学出版社，2014，第76～90页；覃发扬、覃柏洲：《关于唐崖土司属覃氏渊源的考证》，www.zhqsw.cn。

认为，上述两种观点都有一定的道理，但都存在一定的问题，即不管是
"土著说"还是"蒙古后裔说"，都把诸如家谱、民间传说故事等材料或
者历史记忆当成历史的真实或者真实的历史，然后去探究覃氏所谓的
"真实"的族源。事实上，家谱、民间传说故事等中有关唐崖覃氏的族
源记忆虽是鄂西区域社会历史发展、变迁在一定程度上的表述或者隐喻，
但并不能将其等同于真实的历史或者历史的真实。因此，我们对待唐崖
土司覃氏"蒙古后裔"的族源记忆，只能将其放置于更大的区域社会发
展变迁中理解，探求其族源记忆生产、形成的社会语境。唐崖土司城覃
氏"蒙古后裔"的族源记忆，不仅是土司简单的社会身份的转换，而且
是土司以及土司地区地方化与国家化的反映；[1] 不是无稽之谈或者空穴来
风，而是蒙古人征战鄂西、统治者屯戍鄂西以及唐崖千户所设立的历史
在地方或民间的表述。关于元朝征战鄂西，《元史》载：至元十三年
（1276），元将杨文安在平定重庆万县后，立刻"分兵略施州，擒统制薛
忠。会大雪，遣元帅蔡邦光夜攻，杀宋帅何良，夺其城"。[2] 蔡在夺取施
州城后南下去平定散毛，但遭遇散毛抵抗，自己也身死蛮边。至元十八年
（1281），契丹人石抹不老为镇压施州及其周边诸峒蛮叛乱，"命领诸翼蒙
古、汉军三千人戍施州，既而蛮酋向贵什用等降，其余峒蛮之未服者悉
平"。[3] 至元二十一年（1284），又巴、散毛大规模反抗，元世祖"敕荆湖、
四川两省合兵讨又巴、散毛洞蛮"，又"思、播以南，施、黔、鼎、澧、
辰、沅之界，蛮獠叛服不常，往往劫掠边民，乃诏四川行省讨之"。[4] 时任
四川南道宣慰使李忽兰吉奉命与参政曲里吉思、金省巴八等兵分四路，合
力攻打，散毛酋长谭顺"力屈始降"。此外，《元史》载"塔海贴木儿"
曰："塔海贴木儿，答答里带人，宣武将军、管军总管，五溪蛮散毛、大
盘蛮向木得什用等叛。从行省曲里吉思帅师往讨，皆擒之，杀其酋长头狗

① 岳小国：《鄂西土司社会身份变迁研究——兼论土司的"地方化"与"国家化"》，湖北省
　　文物局、三峡大学、唐崖土司城遗址管理处编《唐崖土司学术研讨会论文集》，第304~
　　315页。
② （明）宋濂等撰《元史》卷161《杨文安传》，第3784页。
③ （明）宋濂等撰《元史》卷154《石抹按只传》，第3642页。
④ （明）宋濂等撰《元史》卷162《李忽兰吉传》，第3794页。

等。"① 又载契丹人"石抹狗狗"言："至元二十一年，（石抹狗狗）以蒙古军八百人从征散猫（即散毛）蛮，战于菜园坪、渗水溪，皆败之，壁守石寨一月余，散猫降，大盘诸蛮亦降。"② 关于元朝在鄂西屯戍，前文"王朝的统治和经营"已做介绍，在此不再赘述。关于唐崖千户所的设立，《明史·地理志》载唐崖土司曰："唐崖长官司，元唐崖军民千户所。明玉珍改安抚司。洪武七年（1374）改长官司，后废。永乐四年（1406）三月复置，直隶施州卫。"③ 上述史实与民间历史记忆的存在及其之间的差异，既为唐崖土司覃氏建构"蒙古人后裔"的族源记忆提供了素材，也为学者的研究提供了空间。加上当下民族优惠政策的大力推行及旅游业的发展，唐崖土司覃氏的族属也就成了学界讨论的话题。

除了军事客民外，鄂西南在元初以及元中期也迁入了因做官或者其他因素留居的客民。长阳巴山田氏祖子信公"原籍西蜀中州大坝北门外里许。因兄子贤公为元泰定进士，由部选实授湖北彝陵州事"，子信公也"例授修职郎"，"随兄在署"。"贤公莅任多年，于解组后，弟兄爱很邑（即长阳县）田地肥美，风俗淳厚。于是贤公上游卜居泉水，吾祖信公下游卜居巴山，兄弟相隔三十余里；兄分为德五甲，弟分为德八甲。"④ 长阳秀峰桥李氏，"始祖李仔，妻刘氏，原籍江西广信府贵溪县木母荣子街，伯始祖李信任四川布政使司，兄弟在任，复调云南，未赴任。元至正二年，因元兵散乱，致仕回乡，行至三楚，走到荆州府，经过宜昌而来长阳落业。李信落业于下桑木山，李仔落业于上桑木山仙人桥马黄坳，后来又只身一人，载粮五斗，迁榔坪、白果园、水竹园、风香园、万丈溪"⑤。

如果说元初和元中期是"江西填湖广，湖广填四川"移民大潮进入鄂西南的前奏，那么元末明初就是这场运动的开始。元末，社会动荡，逃亡

---

① （明）宋濂等撰《元史》卷135《塔海贴木儿传》，第3277页。
② （明）宋濂等撰《元史》卷166《石抹狗狗传》，第3901页。
③ （清）张廷玉等撰《明史》卷44《地理志五·湖广》，第1099页。
④ 长阳民族宗教事务委员会、长阳民族文化研究会、长阳土家族自治县档案局编《长阳宗谱资料初编》，第5页。
⑤ 长阳民族宗教事务委员会、长阳民族文化研究会、长阳土家族自治县档案局编《长阳宗谱资料初编》，第12~13页。

者多，特别是随州明玉珍入蜀，在重庆建立大夏政权，带来了不少来自随州一带的将士及其家眷。是时，鄂西南地区大部分属于大夏政权管辖，故鄂西南可能也迁入不少的客民。加上大夏政权建立后诱招的垦殖以及避乱的客民，进入鄂西南之人应有不少。① 明初，朝廷实施了一系列招抚流民、稳定统治的政策。洪武元年（1368）八月，朱元璋大赦天下，发布了"州郡人民，因兵乱逃避他方，田产已归于有力之家，其耕垦成熟者，听为己业；若还乡复业者，有司于旁近荒田内如数给与耕种，其余荒田亦许民垦辟为己业，免徭役三年"② 的诏书。顾炎武《日知录》也载："明承元末大乱之后，山东、河南多是无人之地。洪武中，诏有能开垦者，即为己业，永不起科。"③ 其后，朝廷还出台了"官给牛及农具者，乃收其税，额外垦荒者永不起科"④ 的招垦政策。在上述因素的合力之下，鄂西南在元末明初迁入了大量的客民。万历《湖广总志》载："自元季兵燹相仍，土著几尽，五方招徕，民屯杂置，江右、徽、黄胥来附会。"⑤ 恩施市沙地乡中间坪社淌坪保存的民国甲子年（1924）《谭姓宗谱序》碑载该地谭姓源流曰：

> 始祖籍自江西吉安府吉水县大州大栗树人氏。麒麟鸾凤，始自四祖分支。至元末明初，麒公自江西而迁楚北，再由荆州石码头徙居巴东落婆坪，传至绪公，妣佘君，生祖八人，分属八坪。⑥

由引文可知，社淌坪谭氏来自江西吉安府吉水县，其进入鄂西南的时间是元末明初，线路是从江西至楚北，然后至荆州，然后迁至巴东，再由巴东分迁至鄂西南。引文中的"佘君"，巴东县清太坪乡桥河村同立于道光三年（1823）的《谭母佘老太夫人墓碑》以及《谭天飞墓碑》给予了详载，较好

① 参见陈世松《"解手"的传说与明清"湖广填四川"》，《中华文化论坛》2003年第3期；王纲《"湖广填四川"问题探讨》，《社会科学研究》1979年第3期。
② 《明太祖实录》卷34，第615页。
③ （清）顾炎武：《日知录》卷10《开垦荒地》，清乾隆刻本。
④ （清）张廷玉等撰《明史》卷77《食货志一》，第1882页。
⑤ （明）徐学谟纂修《湖广总志》卷35《风俗》，明万历十九年刻本。
⑥ 王晓宁编著《恩施自治州碑刻大观》，新华出版社，2004，第4页。

地解释了社淌坪谭姓与巴东佘婆婆谭姓之间的关系。《谭母佘老太夫人墓碑》载曰:

> 太祖母佘氏,元末人也。相传元季之乱,蜀楚骚甚,太夫人从太祖避乱山中,遇土寇猖獗,遂相失。太夫人走避本邑(巴东)响洞,及出则峭壁万仞,鸟道俱绝,太夫人仰天大哭。忽巨鹰,伏身作人言,令其瞑目登背勿恐。因祝曰:"谭氏有后,当得不死",遂跨焉。甫闭目间,身已及地。后人因名其地曰"落婆坪",纪实也。其后,太夫人生一子,讳天飞。……太夫人乃从含饴弄孙之余寿终于太平时焉,葬于本坪锦鸡水之北。孙等系桂芳公之裔也,居与墓近。[1]

该神道碑较好地介绍了"佘老太夫人"迁入巴东的时间、原因。与此同时,碑刻上所载的太夫人之子谭天飞的墓碑则详载了谭氏的流向,曰:

> 始祖天飞公,太祖母佘太夫人之子也。生于元季,长以孝闻,生八子,分居八坪。长,桂寅,居首蓿坪;次,桂传,居大天坪;次,桂芳,居水流坪;次,桂旺,居双社坪;次,桂枝,居家社坪;次,桂甫,居四川上阳坪;次,桂林,居长阳磨石坪;次,桂海,居落婆坪。公墓在落婆坪之麓,久而荒芜。孙等固桂芳公之裔,居与墓邻。[2]

由此可见,社淌坪与巴东佘婆婆谭氏系元末明初从江西吉安避乱迁来。

除了巴东佘婆婆谭氏,鄂西南还有不少在元末明初迁入的客民。《长阳宗谱资料初编》载,该县有不少的姓氏系元末明初迁入的。据杨洪林统计,在明代迁徙长阳的 25 个家族中,16 支来自江西。[3] 田氏是鄂西南土家族大姓,有部分族谱明确记载其始迁祖来自蜀地。长阳天池口光绪二十九年

---

① 王晓宁编著《恩施自治州碑刻大观》,第 1 页。
② 王晓宁编著《恩施自治州碑刻大观》,第 3 页。
③ 杨洪林:《明清移民与鄂西南少数民族地区乡村社会变迁研究》,第 43 页。

（1903）编雁门堂《田氏族谱·谱序一》载："田氏始迁长阳之祖曰九邱。公自明初由蜀中州定居于邑天池口之落脚荒。"① 长阳泉水《紫荆堂·田氏族谱·谱序一》载，其始迁祖子贤公系元至正间自蜀之鱼腹浦来牧夷陵，然后迁居长阳。② 除田氏外，长阳其他姓氏也多宣称其始祖系元末明初迁入的。西湾思敬堂《吕氏族谱·谱序二》载："吾族原籍江西南昌府南昌县朱氏巷大栗树土地人氏。前明皇开，始祖炳忠公同弟炳信公来楚，信公落籍枝江洋角洲成族，我祖忠公落籍长乐细沙洗，配覃孺人，有子五：长宪，次朝，三文，四武，五玥。今分为五房。复由长乐迁长阳德乡西湾院子隶籍。"③ 江家坨民国24年（1935）编济阳堂《江氏族谱·谱序一》载："我始祖庆山公配孔氏，生英才、英发、英贵三公，原籍江西吉安府吉水县之铁厂湾大栗树。于明洪武二年，英才公率眷西上，卜地于宜邑之江家棚，是为江氏在宜邑（即今宜都市）之始祖。而发、贵二公则卜居四川重庆。"④ 傅家堰光绪元年（1875）编的百忍堂《张氏族谱·谱序》载："我祖清河著姓，江西为家。有远祖亨一公者，原籍江西省南昌府南昌县葵花井铁树庄大梨树人氏。元末，因时局变迁，兄弟三人，别故土以西徙，望他邦而庡止。闻之祖述，知二祖公亨二落籍荆州，三祖公亨三落籍巴东。唯我祖亨一公则卜筑于恨阳之眸珠（即今五峰傅家堰乡眸珠，原属长阳），因以荫青屋场名其庐焉。"⑤ 枝柘坪"离光堂"覃氏，原籍江西，元朝末年为避免战乱先迁到四川，暂居石柱厅牛羊司，继由川河下至宜都红花套，由此再西进恨山。一同迁徙的三兄弟在三所坟分手，"恐异日子孙失序，乃对天同约一誓：'不吃见丧饭，吃者黄肿病死……'后三公后嗣，虽历代百世，迁移他乡，

---

① 长阳民族宗教事务委员会、长阳民族文化研究会、长阳土家族自治县档案局编《长阳宗谱资料初编》，第87页。

② 长阳民族宗教事务委员会、长阳民族文化研究会、长阳土家族自治县档案局编《长阳宗谱资料初编》，第94页。

③ 长阳民族宗教事务委员会、长阳民族文化研究会、长阳土家族自治县档案局编《长阳宗谱资料初编》，第107页。

④ 长阳民族宗教事务委员会、长阳民族文化研究会、长阳土家族自治县档案局编《长阳宗谱资料初编》，第114页。

⑤ 长阳民族宗教事务委员会、长阳民族文化研究会、长阳土家族自治县档案局编《长阳宗谱资料初编》，第139页。

皆可问誓而知为族人也"。①

除长阳县外,五峰、咸丰、利川等县也有相关的记载。五峰县仁和坪民国 8 年(1919)修的富春堂《严氏宗谱》②载,严氏家族自明洪武二年(1369)由江西迁楚北后散居至此。咸丰活龙坪《秦氏族谱》载:

> 祖思安公,祖籍山东,曾祖移居江南应天府,地名高坎子,猪市街,皇祖迁湖北汉阳府孝感县。元季时,思安公官千户邑,生四子,时四方扰乱,携四子赶苗至四川,直奔酉阳彭水县长潭坝落业。二世秦国龙,思安公长子,洪武四年官仍授千户邑,中山侯。乞缴照。洪武七年,改设唐崖活龙坪长官,领比字十二号印篆。③

利川市谋道乡大兴鱼木寨《成永高夫妇墓碑》载:

> 惟翁之始祖,籍起于楚麻城高岗。自大明洪武年间,弃楚入蜀,落业万邑南岸龙驹坝,百有余载,户广丁繁,源流派别,至凤高祖方至猪羊坪受业。又住数十年,至泽公,弃祖业而至鱼木寨破屋湾落业,于斯开创基业永立宏图者矣。其中之源源本本,亲亲长长,其载谱帙碑志勿得赘言载录。④

利川市谋道区铜锣关乡四合村漆僚坝上坝保存的道光八年的《陈居申墓碑》载:

> 陈君申九公系江西洪都来合籍也,源分富、贵、荣、华四大支,大明洪武年间迁于湖南宝庆府邵阳县,历十七世至应昌,生正林祖,生学祖,生国攸祖,至大清雍正年间由楚入川,落业于四川磨刀溪(今恩

---

① 长阳土家族自治县地方志编纂委员会编《长阳县志》,第 71 页。
② 今藏湖北五峰土家族自治县仁和坪镇水井村严玉陔处。
③ 鄂西土家族苗族自治州民族事务委员会编《鄂西少数民族史料辑录》,内部资料,1986,第 93 页。
④ 王晓宁编著《恩施自治州碑刻大观》,第 71 页。

施利川谋道一部分，原属四川），买置老业，国攸祖继移七僚坝。①

综上资料可见，元末明初迁入鄂西南的客民已具有相当的规模。

明中后期特别是明末崇祯年间（1628～1644），受张献忠、李自成领导的农民起义的影响，鄂西南特别是长阳、巴东、建始伤亡、逃匿者众。归州人丁原有2350口，自明末诸寇出没，盘踞蹂躏数十年，百姓逃亡殆尽。康熙三年（1664），李来亨部被剿平之后，先后招抚到难民共1337户。② 长阳户口在明朝有50000余口，崇祯年间迭遭兵火，犹有万户，继以土司掳掠，转沟壑者十之三四，罹锋刃者十之二三，逃四方者十仅存一。即遭"蹂躏几数十载，风鹤震恐，鸟奔兽散，城邑空虚，处处榛芜"③。同治《增修施南府志》载：

> 明崇祯七年，流寇自楚入蜀，由巴东过建始，众数十万，居民屠戮大半，自是往来不绝。十七年，献贼大驱荆民入蜀，路出建始，又肆杀掠，卫有土司之扰，里民之变。此时流寇尚未入卫，以犹僻处，故也。改革后，闯献余孽上自川东，下达彝陵，尽为贼薮。④

康熙《巴东县志》载：

> 明崇祯七年，流贼遇巴东，江壮居民遭其屠掠者大半，自是陆续往来，岁十数起，百姓流离失业。十六年，李自成遣其伪知县王一恒至巴东，年氏率蛮众以讨贼为名，恣行杀掳，县治被焚。十七年二月，张献忠尽驱荆州民入蜀，男女扶携，鱼贯而进越数月，始毕饿毙者，积尸满道，巴东亦被掠千余人。⑤

---

① 王晓宁编著《恩施自治州碑刻大观》，第63页。
② 《中国方志丛书·华中地方》第334号。
③ （清）陈惟模等修（同治）《长阳县志》，江苏古籍出版社，2001年影印，第424页。
④ （清）松林、周庆榕修，何远鉴、廖彭龄纂《增修施南府志》卷17《武备志·兵事》，清同治十年刻本。
⑤ （清）齐祖望纂修《巴东县志》卷3《事变志·寇乱》，清康熙二十二年刻本。

同治《建始县志》也载：

> 明崇祯七年，流贼数十万众自楚入蜀，由巴东过建始，居民荼毒大半，自是陆续往来，岁无宁日，百姓流离失业，逃川滇者甚众。十六年，张献忠尽驱荆民入川，路经建始。男女扶携，鱼贯而进数月，始毕饿死者，积尸道途。建民之被掠，亦复不少。[①]

在农民起义的影响下，鄂西南"岁无宁日，百姓流离失业，逃川滇者甚众"，人口空虚，这就为明末客民的进入创造了条件，故前引魏源在《湖广水利论》中有"当明之季世，张贼屠蜀，民殆尽；楚次之，而江西少受其害。事定之后，江西人入楚，楚人入蜀"[②] 之言，地方文献中则保留着明中后期"江西填湖广，湖广填四川"的历史记忆。《长阳宗族资料初编》载，王家套王氏祖先显公系明武宗时自江西南昌府南昌县大栗树王家庙迁来。与显公同来的还有弟王谢、王安以及吉安府吉水县王庆云之裔孙王丝弟兄四人。入迁长阳后，谢、安公无传，王丝公落业西湾，显公则落籍后湾。沿头洗邓氏则保有第十世祖先邓世澄逃难至江西吉安府吉水县弯柳树土地朱氏巷居住、第十一世祖友庆公于隆庆间迁长阳县落业永和坪的记忆。青岩陇西堂《李氏宗谱序》中则有"我先祖贵□，始居江西吉安府吉水县弯柳树土地人氏，……时逢明末，干戈扰攘，其□□远徙于归州，散居于东湖，流落于枝江"的记载，朱栗山孝友堂《张刘氏重修祠堂序》中则有"刘福公仁先曾与张公福升结兄弟盟，息明弘治十三年，因避难来西山，遂承升公家业，居长阳之朱栗山，实为迁越始祖，而张刘于以合姓焉"之说，当地人则有"生姓张，死归刘"的俗语。此外，刻于清光绪十五年（1889），高1.2米，宽0.52米，厚0.12米的张刘福仁墓碑及其碑文内容也给予佐证。椿树坪张氏祖先张统则是明季由江西南昌府南昌县大栗树镇关土地迁徙而来。沿头溪夏氏则认为，其始祖原籍江西彭泽，后为避彭泽水灾于明末只身流落长阳沿头溪鸡公山，入赘上官氏。青石溪彭氏祖先正朝公生于江西省南

---

① 《中国方志丛书·华中地方》第 345 号。
② （清）魏源：《魏源集》，第 388 页。

昌县彭家坝大栗树村。因避明末乱，寄籍湖北省安陆府潜江县木头湖太平乡东门外。后于乾隆元年再由枝江迁居长阳青石溪彭家坡。① 利川市沙溪乡小河溪龙潭包刻于民国元年（1912）的《何天秩墓碑》则记载了何氏自湖北麻城入利川伐皇木及落户的经过，曰：

> 先大父讳述颜，天秩，施州革井人，世居黄州麻城。始祖枝公宦游西蜀，崇祯旋奉旨入山采办皇木，陡遇甲申之变（按：指明末李自成起义攻占北京），遂隐居于利而终焉。其后，世世业儒，恩恢先绪，至盛典公始飞升黉序。曾祖庭望公昆仲四人，屡列前茅。及我祖曾、恩两公，亦手奋志鸡窗，虽未能扬眉吐气，而书香常未坠也。忆往恃正侍祖父左右，祖常抚正而谓之曰：汝父□学未售，今亦矣！所赖以光大吾门者，吾于孙有厚望焉！正时尚幼，不知其言之可悲也。……兹值丰碑将竖，因缀崖□，以垂奕祀焉。②

由上可见，何天秩虽是施州革井人，但其祖先系湖北麻城迁徙而来。其始祖枝公迁徙利川的原因是"崇祯旋奉旨入山采办皇木"，留居利川的原因则是"陡遇甲申之变"。对此，《何氏族谱》给予了佐证，曰："'金枝公'弟兄四人，长金天，官桃源县；次金地，官礼州；三金全，官南花县；四金枝，官四川南部县。'金枝公'少时以茂才异等，除南部郡令，五年迁剑州司马，又五年推升知府，寻蒙国恩，擢为御史，奉谕入山采木沙溪。流寇频兴，水陆不通，材木莫达。献逆（指张献忠）久居成都，无家可归，遂隐于斯。"③ 同治《增修施南府志》也载："皇木槽，在县一百八十里。崇祯时，工部差官何金枝在此采办皇木。凿山开道，木由此下河。"④ 同书《人物志》又载"何金枝"曰："何金枝，麻城人。明崇祯时以茂才异等除西川南部令，历升至监察御史，奉命至沙溪司采办皇木。值甲申之乱，遂弃

---

① 长阳民族宗教事务委员会、长阳民族文化研究会、长阳土家族自治县档案局编《长阳宗谱资料初编》，第 1～27 页。
② 王晓宁编著《恩施自治州碑刻大观》，第 44 页。
③ 王晓宁编著《恩施自治州碑刻大观》，第 44 页。
④ 《中国地方志集成·湖北府县志辑⑤》。

官隐居沙溪。后川督李国英以原官屡征不起。临终切嘱其子，但题其墓曰：'明故生员何金枝之墓。'"①

此外，傅一中先生编纂的《建始县晚清至民国志略》载，该县石马西山傅氏系永乐年间从江西南昌府南昌县棋盘街迁徙而来，西乡坊郭里二甲向家湾王氏系万历四十四年（1616）从江西南昌府定阳县半边街迁徙而来，花坪大红寨龙氏系明末由江西迁徙而来，西门于家坝于氏则是天顺年间由江南镇江府金坛县迁徙而来。② 同治《增修施南府志》载明朝恩施县流寓则曰："滕之伦，字伯伦。广西解元，……崇祯末至施。……熊汝学，字自福。江西南昌人，……避兵至此。陈正言，字鹿野。夷陵州人，川东制宪。工诗书。避兵至施。张京，字士将，汉阳举人。陕西道避兵至施。主奇，字大可。麻阳举人。访守戎至施。多题咏。刘福，字宾善。蜀人，访黄溥（按：广信弋阳人。天顺二年由四川按察使谪施州卫经历）至施。"③ 又载"释氏"曰："王峰，不知何处人。明时往来施地，初在小茶园建寺。……僧锡极，西蜀人。崇祯初挂锡于邑之忠路七保。"④ 由引文可知，明代迁入恩施的客民既有避兵乱的，也有访亲友的，还有传播佛道的僧侣。民国《咸丰县志》载该县"氏族"时曰："丁寨魏氏，其始祖迁，江西临江府新淦县人。明隆庆元年因商由蜀徙大田所之西江口，屡世忠厚。前清中叶，生齿日蕃，今于丁寨场东北聚族居者，皆其裔也。永丰里冯氏，其氏族朝鹏，四川忠州指挥使。崇祯时，以楚乱追贼至施，旋值甲申之变，施夔糜烂，归蜀道梗。土司向某妻以女，遂卜居于月台山。前清康乾以后，族日昌盛。今附城冯氏，皆朝鹏之后裔也。"⑤ 可见，明末进入鄂西南的客民已具有相当规模，且客民来源以江西为主，但也有来自其他地方的；他们迁入鄂西南的原因多样，既有避乱的，也有经商的；既有访亲投奔的，也有做官以及传播

---

① （清）松林、周庆榕修，何远鉴、廖彭龄纂《增修施南府志》卷7《人物志·流寓》，清同治十年刻本。

② 傅一中编纂《建始县晚清至民国志略》，内部资料，2004。

③ （清）松林、周庆榕修，何远鉴、廖彭龄纂《增修施南府志》卷27《人物志·流寓》，清同治十年刻本。

④ （清）松林、周庆榕修，何远鉴、廖彭龄纂《增修施南府志》卷27《人物志·释氏》，清同治十年刻本。

⑤ 陈侃：《咸丰县志》卷11《氏族志》，民国3年刊本，1983年重印本。

佛道教留居的。

在客民中，有一群体特别值得关注，他们就是明代的卫所客民。卫所是明朝国家机器中军事系列的基层组织，与卫所制度具有密切联系的军丁及其家口必须实行前述的屯田，因此，军屯对明朝的确立及社会的稳定具有重要作用。有关明代鄂西南的卫所的设立及其情况，吴永章、范植清等先生有详述①，在此不做赘述。根据明代政策规定，军籍人员须娶妻，子孙可继承军职，由此造就卫所移民。卫所移民主要分为两类，一是普通士兵及其家眷，二是卫所官员及其家眷。由杨洪林援引万历《湖广总志》、《明史》、《明实录》、同治《恩施县志》、同治《咸丰县志》、《大田说舆图及其文册》等史料的研究可知，仅在明初施州卫和大田千户所就有5789名官兵（其中施州卫4679人，大田千户所1110人），加上官兵所携带的家眷，计3万人有余，可见其规模之大。② 对于这些普通士兵来源，史志仅见嘉庆《恩施县志》中有"惟屯籍系明末国初调拨各省官军之家"③ 之语，万历《湖广总志》和顾炎武《天下郡国利病书》中有"军皆迁诸内地"④ 之说。不过，施州卫下属的朱砂屯（现属利川市）流传的"八大姓开基"的传说，恩施市安乐屯流传的"九姓一起进山"的传说，大田千户所下属的杨洞（今咸丰县平坝营镇）流传的杨、卢二姓同源的传说对我们管窥他们的来源具有重要的价值。传说并不一定等同于历史，但它是历史的隐喻。由这些传说隐喻的历史可知，施州卫与大田千户所的普通士兵来源多样，既有江西的，也有江浙的，还有重庆酉阳和秀山的土兵。特别是大田千户所，更是以酉阳和秀山的土兵为主。⑤

对于卫所官员，一些正史和地方志则有不同程度的记载。如嘉庆《恩施县志》列举童昶、李忠等施州卫世袭官员的来源情况，具体如表3 - 3。

---

① 参见吴永章主编《中南民族关系史》；吴永章、田敏《鄂西民族地区发展史》；范植清《施州卫建置屯成考》，《中南民族学院学报》（哲学社会科学版）1991年第5期。

② 杨洪林：《明清移民与鄂西南少数民族地区乡村社会变迁研究》，第66页。

③ （清）张家澜修，朱寅赞纂《恩施县志》卷4《风俗》，清嘉庆十三年刻本。

④ （明）徐学谟纂修《湖广总志》卷30《兵防二》，明万历十九年刻本。

⑤ 杨洪林：《明清移民与鄂西南少数民族地区乡村社会变迁研究》，第69~70页。

表 3 - 3　施州卫世袭卫指挥来源

序号	姓名	原籍	调任时间
1	童昶	安徽合肥	永乐四年(1406)
2	李忠	河北蠡县	宣德二年(1427)
3	赵浩	湖北房县	宣德元年(1426)
4	周斌	安徽怀远	洪武三十年(1397)
5	唐全	江苏沛县	永乐十三年(1415)
6	冯端	河北涿州	宣德六年(1431)
7	孙荣	河南清丰	洪熙元年(1425)
8	马昇	江苏邳州	成化元年(1465)
9	石岩	安徽寿州	洪武二十年(1387)
10	邓善	湖北麻城	永乐元年(1403)
11	孙演	江苏无锡	洪武十七年(1384)
12	陶铸	安徽合肥	洪武三十一年(1398)
13	杜忠	河北宛平	宣德六年(1431)

说明：据杨洪林《明清移民与鄂西南少数民族地区乡村社会变迁研究》相关内容整理。

资料来源：(清) 张家澜修，朱寅赞纂《恩施县志》卷三《人物十三·列传》，清嘉庆十三年刻本。

由表 3 - 3 可见，明代施州卫 13 位卫指挥均系外地迁入，来源地主要有江苏无锡、邳州、沛县，河北宛平、涿州、蠡县，安徽寿州、合肥、怀远，河南清丰，湖北麻城、房县。其中来自江南的指挥多系洪武年间调任，来自北方的多系宣德年间调任。这种情况的出现与两种因素密切相关：一是洪武年间的指挥多系朱氏及其部将，而朱氏发迹于安徽，故指挥多安徽籍，这在大田千户所世袭官员的籍贯方面也得到了佐证（详见下文）；二是洪武年间明廷的首都是南京，宣德年间则是北京。在军士防戍中，京畿历来是重点，故在以军功为晋升条件的军队中，来自京畿及其周边的军士更有机会获得晋升。因此，洪武间施州卫指挥以原籍来自南京及其周边的为多，宣德间则以原籍来自北京及其周边的为主。

此外，嘉庆《恩施县志》与民国《咸丰县志》还详载了大田千户所世袭卫所官员的来源。具体如表 3 - 4。

表 3 - 4　大田千户所世袭官员来源及其后嗣情况

序号	姓名	原籍	职位	授职时间	后嗣居住地
1	耿全	河南汝阳	千户	不详	不详
2	杨公保	江南淮安府山阳县	千户	洪武二十三年(1390)	平阳里
3	冉应义兄弟	四川酉阳	千、百户	洪武二十五年(1392)	平阳、礼忠二里
4	蒋春	江南凤阳府	千户	明初	永丰、下平阳二里
5	张官音	山东济南府宣城县	掌印千户	洪武二十三年(1390)	永丰里子房沟
6	徐腾达	江南凤阳府	千户	洪武二十三年(1390)	乐乡里丁寨
7	丁德	江南凤阳府	千户	明初	乐乡里丁寨
8	梅世相	江南府凤阳府颍川县	副千户	明初	下平阳忠堡
9	邢源	江南府凤阳府	千户	永乐	乐乡、平阳
10	蒋天佑	黄州府麻城县	掌印百户	明时	未详
11	许成祖	四川酉阳	百户	明初	未详
12	舒成祖	黄州府蕲水县	掌印百户	明时	未详
13	杨正太	四川酉阳地坝里	土千户	明末	未详
14	田国保	四川酉阳车碧	土千户	明末	未详
15	张仕元	未详	副千户	明初	未详
16	田茂璧	南浦县	千户	明初	未详
17	田惟贵	未详	百户	明末	未详
18	尚守仁	未详	百户	明末	未详
19	孙式略	未详	百户	明末	未详
20	孙抚相	未详	百户	明末	未详
21	杨昌祚	未详	千户	明末	未详
22	杨国光	未详	千户	明末	未详

　　说明：据杨洪林《明清移民与鄂西南少数民族地区乡村社会变迁研究》（中国社会科学出版社，2013，第73页）所列"大田所世袭官员来源统计表"整理而成。不过，杨表未将田国保、田惟贵、尚守仁、孙式略、孙抚相、杨昌祚、杨国光等千、百户列入。

　　资料来源：（清）张家澜修，朱寅赞纂《恩施县志》卷3《人物十三·列传》，清嘉庆十三年刻本；（民国）陈侃《咸丰县志》卷11《氏族志》，民国3年刊本。

　　由表3-4可知，在22位千、百户中，除去原籍未详的外，千、百户主要来自安徽凤阳与四川酉阳。这些千、百户主要来自安徽凤阳的原因，前文已做解释，在此不再赘述。至于有不少来自四川酉阳的原因，与洪武二十三年（1390）凉国公蓝玉征讨散毛诸峒时曾征调酉阳土兵有关。这些土兵在战争中获得了军功，故多被授因征讨而建立的大田军民千户所千、百户官员。因此，民国《咸丰县志》在介绍冉应义时曰："冉应义，原籍四川酉阳司宣慰使如彪之子。明洪武二十三年,与弟应礼、应信,随其叔如豹,隶蓝玉军征散毛诸峒有功。后如豹授施州卫指挥。二十五年,应义、应礼、应信俱授大田千、百户等职。"①

(二)湘西

元明时期,虽然湘西经历的战乱与湘北以及江汉平原相比规模较小,但也具有一定的影响。加上朝廷招徕等政策的刺激,在元明时期的"江西填湖广,湖广填四川"移民运动中,作为迁徙孔道的湘西也吸收了客民。这些客民迁入的动因不一,既有避乱的难民,也有经济移民、政治移民以及布道落居者。故清代李涌在重编《五溪蛮图志》作序时有"况自宋、元末季,华夏避乱者,商者,仕者,流寓者,多卜宅焉"②之说。

1. 难民

社会动荡时期,人们为了保全性命往往背井离乡,远离战乱之区。这种客民在王朝鼎革之际的元末与明末尤多,特别是元末的红巾军起义与明末农民起义,更是给湘西带来不少的难民。万历《湖广总志》载:"自元季兵燹相仍,土著几尽,五方招徕,民屯杂置,江右、徽、黄胥来附会。"③嘉庆《常德府志·隐逸》载杨宗寿曰:"杨宗寿,字仁山,吉水人。靖难兵起抗节,偕子克铭隐居武陵著籍。"④同治《续修慈利县志》载:"明初峒蛮罩屋肆虐,民不聊生,几于逃亡殆尽。永乐而后,流民复业,生齿日繁。逮崇祯末张李诸贼倡乱,黎元复罹兵革。"⑤光绪《沅陵县志》载:"县之四塞,山川险峻,故自元明以来,他省避兵者卒流徙于此。今之号称土著者,原籍江西十之六七,其江浙豫晋川陕各省入籍者,亦不乏。"⑥民国2年(1913年)江陵《胡氏族谱》卷1《五分合修谱总序》则曰:"洎乎元明革命,赣省兵燹迭见,人民不遑宁处。其由江右而播迁荆楚者,凡如江出西陵,其奔流放肆大,南合湘、沅,北会江沔,其势益涨。"⑦张家界市永定区沅古坪

---

① 陈侃:《咸丰县志》卷11《氏族志》,民国3年刊本。
② (明)沈瓒编撰,(清)李涌重编,陈心传补编《五溪蛮图志·李序》,第10页。
③ (明)徐学谟纂修《湖广总志》卷35《风俗》,明万历十九年刻本。
④ (清)应先烈修,陈楷礼纂《常德府志》卷44《列传·隐逸》,清嘉庆十八年刻本。
⑤ (清)稽有庆修,魏湘纂《续修慈利县志》卷4《户口》,清同治八年刻本。
⑥ (清)守忠等修,许光曙纂《沅陵县志》卷37《风俗》,清光绪二十八年补版重印本。
⑦ 转引自张国雄《明清时期的两湖移民》,第16页。

镇栗子坪村文公脑保存的一块清初的《龚氏世祖龚永明墓碑》则载："二世祖公永明……祖父曾京灭元功臣，缘助陈友谅战朱败北，于洪武二年二月十八日与九姓护陈室，弃江西创湖南。明公少幼敏精笃学，……然厌弃烽火连年，不慕荣华，不屈权势，不入仕途，乐事农桑。"[①] 民国《永定县乡土志》卷3《氏族志第九》载麻城人"罗嘉禄"曰："明末避寇乱居澧州，后亦迁永定，传十二代。"[②]《湖南氏族迁徙源流》更是记载有大量避乱迁入湘西的客民：桃源麻寺峪程氏始迁祖寿一公，因元末兵乱自南昌徙居湖广崇阳，子云一于明洪武初年迁桃源县西南麻寺峪；澧县、石门杜氏始迁祖文广、文通二公原籍江西南昌丰城，明洪武二年（1369）连同家人四十八人避乱来湘，分迁慈利、石门等地；会同何氏始祖球荫公，自江西吉水官贵州牧守，因元末明初之乱，三子分居各处，长子万年居会同；常德六李湾李氏始迁祖凤鸣公，原籍江西吉安吉水县折桂乡拖船埠，因元明之际兵乱于洪武七年偕长子逊忠、三子逊吾迁居常德六李湾；临澧、石门李氏始迁祖滨阳公，原籍江西，历任四川川东道及左都御史等职，明季兵燹，子孙四散，散处于临澧、石门一带；桑植老官潭李氏始迁祖荣先公及其子思志，因避元末战乱于至正二十六年（1366）自江西吉水李家村迁居慈姑州十五都老官潭七甲里；会同李氏始迁祖锦兴公，明初因避乱自江西吉水隐居会同；怀化刘氏始迁祖文质公，江西南昌官靖州知州，解组时遇陈友谅之乱阻隔滞留湖南，卜居黔阳县铜湾，后子孙散居怀化等地；桃源碧云乡仙人溪璩氏元末明初遇鄱阳湖之乱，携子万钧、万正、万富公由江右豫章饶州迁徙而来；临澧史家冲史氏始迁祖卜海、普海二公元末因避战乱自江西吉安迁福建漳州龙溪，明永乐二年（1404）又自龙溪迁湖南安福珠日桥百草堰史家冲；石门唐氏一世祖林公即是避元末陈友谅之乱从江西吉水县文昌乡召集义兵屯居石门的；慈利落庄唐氏始祖安一公，因元末之乱，偕弟安二由江西南昌府丰城县迁居武陵柳塘泄陂十甲；澧县田氏始迁祖均公、朋公兄弟原居江西吉安府吉水县北门外，明季兵变，迁澧西大堰田家庙冲，后道贞、道远一居田家坪，一居青树岭；常

---

①　国家民族事务委员会全国少数民族古籍整理研究室编《中国少数民族古籍总目提要·土家族卷》，中国大百科全书出版社，2010，第121页。

②　（民国）王树人修，侯昌铭纂《永定县乡土志》卷3《氏族志第九》，民国9年铅印本，台北，成文出版有限公司印行，1975。

德铁氏始迁祖铉公，原籍河南邓州，明建文帝兵部尚书，为成祖所杀，子戈公于永乐二年（1404）迁常德；常德封火王氏始迁祖世科公避张献忠乱，携仆从由安陆奔走武昌、巴陵，然后卜居武陵北关外；常德后河王南山王氏始迁祖肇元公，原籍江西吉水县大樟树拖船埠，授衡山县教谕，因明世兵乱遂迁常德落业；澧县白塘堰王氏先祖原籍江西吉安府吉水县大樟树，自明洪武二年（1369）被兵逃散，三先祖应荣、应亨、应选迁至澧西白塘堰，离城二十余里；黔阳双溪乡冷水井王氏始迁祖成元公，原籍浙江武林郡温州府永嘉县，元泰定年间因避乱迁湘，卜居黔阳；永顺富坪王氏始迁祖惠公，因避朱宸濠之乱，明正德七年（1512）由江西丰城县大西门外鸭子渡黄堂观携家眷卜居永顺富坪渡口西岸；汉寿熊氏始迁祖键公为常郡太守，其子先、玺、华、帝等于明永乐元年（1403）因兵燹猖獗，由江西丰城迁居湖南常德府龙阳县，先落业熊家滩，玺落业笑藤港，华落业大茅坪，旋落业大栏冲，帝落业柳林嘴；张家界鱼泉峪熊氏始迁祖安国公，明洪武时避陈友谅乱，由江西丰城马家冈迁澧源，落籍慈利羊角山，继迁桑植幡杆坪；芷江杨氏始迁祖通一公，明永乐二年（1404）由江西丰城县株树巷洪桥头因避兵旱灾迁至芷江；桃源麻寺峪张氏始迁祖必显公，元末避兵由江西南昌迁桃源大高村田家河，再迁麻寺峪；张家界张氏始迁祖万户公，元泰定五年（1328）因避乱自江西南昌丰城铁炉巷大栗树迁湘，开基于湖南大庸（今张家界）八都；张家界郑氏始迁祖在望公，徽州歙县人，以元进士为澧州学官，明初避乱迁永定。[①] 由此可见，元明时期湘西确实迁入不少的避乱难民。

2. 招垦移民

动乱或者战乱是形成难民的根本原因。一般情况下，社会安定后，难民会陆续返乡重建家园。但这种情况在上述难民中极其少见。究其更深层次的原因，可能与经济因素的"诱导"密切相关。[②] 在湘西，朝廷或地方政府在元明时期推行过招垦政策，前述的屯垦就是明证。洪武元年（1368）八月

① 湖南图书馆编《湖南氏族迁徙源流（一、二）》，第87、142、234、427、434、434、450、548、722、751、818、820、837、841、885、885、892、916、917、1030、1032、1101、1203、1204、1231页。
② 张国雄：《明清时期的两湖移民》，第85页。

"大赦天下诏"称："州郡人民，因兵乱逃避他方，田产已归于有力之家，其耕垦成熟者，听为己业；若还乡复业者，有司于旁近荒田内如数给与耕种，其余荒田亦许民垦辟为己业，免徭役三年。"① 民国《桃源县志·氏族志》也载："元末兵乱，桃源故有人口不及五万，以面积一万方公里计，其密度每一方里不满五人，其土旷人稀明矣。而赣省吉水、丰城、南昌等县人，遂于洪武、永乐时纷纷移至，立标垦荒。洪武十八年，下诏许其永业。"② 此外，地方志的"名宦""人物"中也有部分"招垦"的记录。如嘉靖《常德府志》载马汝舟曰："元末四方兵起。汝舟团聚乡兵，以保障生灵。国初甲辰年知天命有在，率众归附时，总兵徐丞相就令掌管府事。汝舟开创郡治，以临民，修建公宇，以署事，收戢流亡，教其耕稼。时为之劝课，且令民间俊秀诵读，以学文事草昧之，初民获安堵，皆顺治而无梗化。"③ 乾隆《沅州府志·名宦》载吴世溥曰："吴世溥，字弘济。浙江天台人。弘治初令黔阳，爱民如子，百废具举，抚流移，垦田地，赈饥荒，筑城坛社、桥梁、学宫，悉为修治。建鼓楼、城隍庙，土民翕然向化。去之日有去思碑。"④ 由此可见，明初朝廷或者湘西地方政府确实出台过招民垦荒的政策。

在招垦政策的驱动下，湘西在元明时期特别是明初迁入了大量的客民。故前引万历《湖广总志》中有"自元季兵燹相仍，土著几尽，五方招徕，民屯杂置，江右、徽、黄胥来附会"⑤ 之言，《皇明经世文编》引丘濬的《江右民迁荆湖议》中有"荆湖之地，田多而人少，江右之地，田少而人多，江右之人大半侨寓于荆湖"⑥ 的记载，嘉靖《常德府志》中则有"版籍每十年一更，制也。吾郡屡更屡诎者，何哉？土民日啬，而客户日盛矣。客户江右为多，膏腴之田，湖泽之利，皆为彼所据"⑦ 的感叹。上述客民虽

① 《明太祖实录》卷34，第615页。
② 民国《桃源县志·氏族志》，转引自张国雄《明清时期的两湖移民》，第86页。
③ （明）陈洪谟纂《常德府志》卷13《官守志·郡官》，明嘉靖二十六年刻本。
④ （清）瑃珠修，朱景英、郭瑷龄纂《沅州府志》卷36《名宦》，清乾隆二十二年稿成，刻年未详本。
⑤ （明）徐学谟纂修《湖广总志》卷35《风俗》，明万历十九年刻本。
⑥ （明）陈子龙等辑《皇明经世文编》卷72《丘文庄公文集》，明崇祯中云间平露堂刻本。
⑦ （明）陈洪谟纂《常德府志》卷6《食货志·户口》，明嘉靖二十六年刻本。

然并非全是招垦之民，但其中招垦之民也占有不小的比例，如汉寿军山乡胡氏始迁祖福亨公原南昌教谕，明永乐二年（1404）奉开种楚省敕田，由江西吉水安插至汉寿军山；① 汉寿东关外安居里《胡氏族谱》更是载其始迁祖庭柏公系元末倡乱，湖广诸地蹂躏殆尽，有武陵老人李德裕奏拨江西庐陵吉水永丰四县按册抽丁，奉诏拨补南楚而来；② 汉寿曾氏始迁祖宣杰公，明永乐二年（1404）奉旨均丁，由江西吉水迁至汉寿小塘，生荣公，荣公生政、富、友三公，房分三大房；③ 汉寿檀树湾王氏始迁祖仁彬公，生叙忠、良等子，礼、让、明、节四子于明永乐二年（1404）奉开垦之敕，由江西永丰小岭南迁龙阳县南疆总檀树湾；④ 麻阳绿溪口、韩家湾韩氏始迁祖通判公，原籍山东济南府新城县正港，明永乐二年（1404）由山东迁辰州，沿辰河而上至麻阳绿溪口，见土地肥沃，地势平坦，遂定居于此；⑤ 麻阳新营下担王氏始迁祖兴发公，明洪武二年（1369），朝廷下旨移民，以江西填湖南，自江西婺源县圳上移居麻阳；⑥ 沅陵清浪杨氏始迁祖木庆公在明洪武二年（1369）朝廷辟土开疆，大移豫章稠民时由江西迁常德，再迁辰州，定居沅陵清浪。⑦

3. 逃避赋役

除了招垦，逃避赋役也是客民从其他地方迁入武陵地区重要的经济原因。明朝江西赋役繁重，故吉安府有"不苦赋而苦役""赋有常则，役无定款。行之弊者，至嘉靖而极"⑧ 之说。相比之下，湖广特别是湘西的赋役负担则轻得多。故嘉靖《常德府志》解释"土民日敝，而客户日盛"的原因时有"客户江右为多，膏腴之田，湖泽之利，皆为彼所据，捆载以归，去住靡常，固有强壮盈室而不入版图，阡陌遍野而不出租粮者矣"⑨ 的感叹。逃居湘西的江西客民，不仅可以得新开发之地

---

① 湖南图书馆编《湖南氏族迁徙源流（一）》，第 278 页。
② 湖南图书馆编《湖南氏族迁徙源流（一）》，第 278 ~ 279 页。
③ 湖南图书馆编《湖南氏族迁徙源流（二）》，第 1167 页。
④ 湖南图书馆编《湖南氏族迁徙源流（二）》，第 887 页。
⑤ 湖南图书馆编《湖南氏族迁徙源流（一）》，第 213 页。
⑥ 湖南图书馆编《湖南氏族迁徙源流（二）》，第 917 页。
⑦ 湖南图书馆编《湖南氏族迁徙源流（二）》，第 1100 页。
⑧ （清）朱承煦、林有席纂《吉安府志》卷 33《赋役志》，清乾隆四十一年刻本。
⑨ （明）陈洪谟纂《常德府志》卷 6《食货志·户口》，明嘉靖二十六年刻本。

"膏腴之田，湖泽之利"，而且可以不供原籍与湘西的"苦役"。在新旧开发区赋役差别的推动下，客民自江西迁入湘西也就成了必然之事。汉寿李氏始祖信生公因江西赋役繁重，在明永乐初率二子自永丰县迁居汉寿石人坳。[①]

4. 商贸移民

至于为谋求商业利益迁居湘西的客民，其数量也不在少数。昆山沈瓒所写《五溪蛮图志·原序》在介绍"五溪蛮"时载："五溪在辰之西北，悉槃瓠子孙所居。溪山限隔，风气为之不通，人亦异俗。辰为咽喉控制。故其商贩者，弗惮艰险，涉历其境，而能知其俗。"[②] 文中的"五溪"大致相当于今天的湘西自治州以及怀化市。明时该地尽管"溪山限隔，风气为之不通"，但仍有"弗惮艰险"的商贩"涉历其境"。泸溪武溪金氏始迁祖宪公，即是明嘉靖间由江西丰城县田南巷贸易而来，开基于泸溪县武溪镇。[③] "溪山限隔"的"五溪"地区如此，进入交通条件相对便利的湘西的商贸客民更多。如常德李古子岗李氏始迁祖仁公，明永乐年间因经商自江西吉水县十二都拖船埠大樟树迁居常德东门外八官障李古子岗；[④] 桃源观甫湾刘氏始迁祖习宗公，原籍江西九江府湖口县，明正统间率本族兄弟数十人来湘贸易，散落湖南各州县，习宗公于正统十一年（1446）卜居桃源沙萝溪梅子冲；[⑤] 石门南圻乡晏家蓬晏氏始迁祖文吉、文宝、文照兄弟明时因贸易由江西省宜丰（新昌）迁湘，开基于石门县南圻乡晏家蓬。[⑥] 这些客民从进入湘西经商到最后定居是一个长期的过程。他们进入湘西时是典型的"暂住"人口。随着资金和商品销售的日渐稳定，他们中的一部分人也逐渐从暂住人口转变为"常住"人口。正因为迁入湘西的客商比较多，故万历年间沅州府出现了"操重赀婚聘"[⑦] 的婚俗，以致当地风俗靡然。同时，沿着沅水与澧水，

---

① 湖南图书馆编《湖南氏族迁徙源流（一）》，第 430 页。
② （明）沈瓒编撰，（清）李涌重编，陈心传补编《五溪蛮图志·原序》，第 9 页。
③ 湖南图书馆编《湖南氏族迁徙源流（一）》，第 351 页。
④ 湖南图书馆编《湖南氏族迁徙源流（一）》，第 428 页。
⑤ 湖南图书馆编《湖南氏族迁徙源流（一）》，第 527 页。
⑥ 湖南图书馆编《湖南氏族迁徙源流（二）》，第 1068 页。
⑦ （清）瑺珠修，朱景英、郭瑷龄纂《沅州府志》卷 23《风俗》，清乾隆二十二年稿成，刻年未详本。

客民在明时已建有一定数量的商业会馆。这些会馆以江西客商为主。由黄建胜《湘西地区江西会馆功能研究——以浦市、凤凰万寿宫为例》可知,湘西地区明确为明代建立的江西客民的祠庙就有多处。① 如民国《溆浦县志》载"水府庙"曰:"在西城外,祀旌阳令许逊,一名万寿宫。明万历二年建。"② 同治《芷江县志》载"许真君庙"曰:"在城内西街,祀晋旌阳令许逊。初在东门外。明建。为江西客民崇祀。"③ 乾隆《辰州府志》载辰溪"水府庙"曰:"在县临河,万历二十四年知县李藻兴建。康熙中修。"④ 这些明代所建的祠庙最初多是江西客民祭祀具有江西乡土性的神明许真君的乡祠,随后随着江西客商的增加,逐步形成了具有联谊同乡、聚会议事、组织协调商贸活动功能的会馆。特别是"改土归流"后,这种功能更是得到了加强(参见第四章)。

5. 政治移民

元明时期湘西的政治移民主要分为两类:一是仕宦入籍,一是随军入籍。由于仕宦入籍者身份特殊,上层关系多,经济条件相对较好,影响较大,故他们不仅发展成了地方的缙绅名族,而且各地方志、族谱多有记载。这些官宦,有的在任职地定居,如元代庐陵人刘安叔系至正间为澧州路总管落籍安乡⑤,元代吴籍人宋宰诚系元初同弟宦石门、慈利落籍的⑥,元代江西永丰人胡有谋系至正二十年(1360)任靖州永宁令家会同的,明代泰和人李仲辉系任职靖州后留居当地的⑦;有的则是在其他地方任职,在湘西入籍,如元时河南彰德府人皇甫伯纲,"元至正间官御史行台,以言事罢职,偕弟伯纪避居江南浦口。洪武甲寅迁慈利,遂家焉",⑧ 元时宛平人苏尚元

① 黄建胜:《湘西地区江西会馆功能研究——以浦市、凤凰万寿宫为例》,硕士学位论文,吉首大学,2012,第16~17页。
② (清)舒立淇纂《溆浦县志》卷5《建置志一》,民国10年活字本。
③ (清)盛庆绂、吴秉慈修,盛一林纂《芷江县志》卷13《坛庙》,清同治九年刻本。
④ (清)谢鸣谦纂修《辰州府志》卷18《坛庙》,清乾隆三十年刊本。
⑤ (清)王基巩纂修《安乡县志》卷8《人物志·侨寓》,日本内阁文库藏清康熙二十六年刻本。
⑥ (清)稽有庆修,魏湘纂《续修慈利县志》卷9《流寓》,清同治八年刻本。
⑦ (清)吴起凤、劳铭勋等修《靖州直隶州志》卷10《流寓》,清光绪五年刻本。
⑧ (清)稽有庆修,魏湘纂《续修慈利县志》卷9《流寓》,清同治八年刻本。

系至元初官广东韶州府尹，后徙居会同；① 有的则是死于任上，子孙留居当地的，如明代平阳人徐天骥系卒于桃源县令留居的②，明代福建邵武府光泽县人黄梦舟是卒于慈利县知县落籍的③；有的则是贬谪留居当地的，如明代山西太原人李谅系宏治庚戌以言事谪居靖州的④。具体个案情况，详见附表2"元明时期湘西客民个案迁入情况"。

至于随军入籍的客民，其来源又分为征剿入籍和驻防入籍两种。除了一些在外地服役来湘西落籍的外，多数随军入籍的客民系征剿或驻防当地卫所而落籍的，故沅陵县有"邑中老籍，有开封者，有江南者，尤以江西为最多。其来自开封者，盖宋时之游宦；其来自江南者，盖明初之屯卫；其来自江西者，则明时宦于屯卫"⑤ 之说，永定卫初设立时基本上没有土著之民，官军都是从各省调集而来。对此，湘西的一些地方志的记载给予了佐证。同治《续修慈利县志》载明"荫袭"曰："卓文德，字有邻。洪武时征苗有功，敕赐武德将军，世袭九溪、麻寮说指挥千户职。卓文庳，字旧武。从兄文德征苗有功，敕赐显信校尉镇抚司，世袭九溪、麻寮说百户职。"⑥ 该志又载该县明时"名宦"曰："周璧，字子厚。其先河南息县人，永乐中有为千户者，成化时改隶九溪营，遂世为慈利人。"⑦ 同治《乾州厅志》载创立镇溪所之段文、孙应龙时曰："段文，江西建昌守御千户所正千户。洪武三十年丁丑二月，奉太祖诏命，给铜印，令世袭镇溪所正千户，又赐表祖牙笏宝钞银带，偕孙镇抚。应龙暨副千户，贵州乌撒卫陈牙、四川泸州卫宋贵并吏目一，典史四。五月至镇溪所，创设备署，建立制度，井井有条。土苗咸奉约束。……后裔家镇溪，子孙俱繁盛焉。"⑧ 光绪《靖州直隶州志》载"流寓"刘大曰："江南人。洪武元年以千户指挥从征靖州苗匪。有功封武

① （清）吴起凤、劳铭勋等修《靖州直隶州志》卷10《流寓》，清光绪五年刻本。
② （明）郑天佐修，李徽纂《桃源县志》卷上《人文志中·县令》，日本尊经阁文库藏明万历四年刻本。
③ （清）稽有庆修，魏湘纂《续修慈利县志》卷9《流寓》，清同治八年刻本。
④ （清）吴起凤、劳铭勋等修《靖州直隶州志》卷10《流寓》，清光绪五年刻本。
⑤ 许显辰、修承浩等纂《沅陵县志》卷6《户口类上》，民国19年刊本。
⑥ （清）稽有庆修，魏湘纂《续修慈利县志》卷7《名宦·荫袭》，清同治八年刻本。
⑦ （清）稽有庆修，魏湘纂《续修慈利县志》卷8《人物·名臣》，清同治八年刻本。
⑧ （清）蒋琦溥纂修，林书勤续修，张先达续纂《乾州厅志》卷9《职官志·武职》，清同治十一年修，清光绪三年续修本。

烈将军，遂落籍靖州。"① 民国《永定县乡土志》、民国《溆浦县志》、光绪《靖州乡土志》中的《氏族志》在介绍三县姓氏来源时详载了一些随军入籍客民的情况，康熙《永定卫志·秩官》更是完整记录了军官的原籍。其中，永定县元明时迁入的随军入籍客民多达王、吴、郑、张、李、胡、田、彭、刘、熊、樊、罗、丁、赵、周、昌、邱、宋、秦、汤、冯、袁、侯、郭 24 姓，官军原籍以苏、皖为主。在有明确原籍的 63 名军官中，苏、皖两省多达 33 人，占总数的 52.4%。其形成原因与明代军士的来源密切相关。② 这在前述鄂西南施州卫时已有详论，在此不赘述。此外，《湖南氏族迁徙源流》所载各地族谱中也有不少有关随军入籍客民（具体参见附表 2 "元明时期湘西客民个案迁入情况"）。上述随军入籍者绝大多数是军官，而随军客民主体是士兵的却比较少见。究其原因，可能如张国雄先生所言，"官兵各自条件有别，后来发展各异，军官进入当地社会上层的机会远远大于士兵，从而在家谱及其他文献中军官的身份得以保存下来，而士兵漏载的可能性就很大，使我们今天难以具体了解"③。

6. 隐居与布道者

元明时期，迁入湘西的客民除了前述的难民、招垦移民、逃避赋役的移民、商贸移民、政治移民外，还有两类比较特殊的人群，他们就是隐居者与布道者。这一时期隐居湘西的有元代隐居天门山的四川邛崃王申，明朝隐居会同的永安人秦少儒、端赵人王兴惠等。其中，王申著有《大易集》《说春秋类传》，大德间曾拒刺史与之官位；④ 秦少儒"胸怀有先民遗风，居恒不事生产，嗜酒赋诗，坐茂林以终日，酌清泉以自洁"；王兴惠则"秉性清洁，立志高尚"，"怡情诗画，寄兴烹茶焚香"。⑤ 传播佛教或者道教的布道者有梅虚白、妙镽、蒲大仙、胡有道等。其中梅虚白者，江西贵溪人，曾得张道陵之秘，云游至石门，隐梅仙宅。时郡县屡旱，虚白祷雨辄应，境赖以安。元至正朝曾被赐号"体仁应物保和大法真人"。明教谕周容《彭山庙碑

① （清）吴起凤、劳铭勋等修《靖州直隶州志》卷 10《流寓》，清光绪五年刻本。
② 韩定国：《〈永定卫志〉〈九溪卫志〉解读》，张家界市政协学习文史委员会编《张家界卫所史话》，第 34～41 页。
③ 张国雄：《明清时期的两湖移民》，第 101 页。
④ （明）陈光前纂修《慈利县志》卷 18《侨寓》，明万历元年刻本。
⑤ （清）佚名修《重修会同县志》卷 8《人物志·隐逸》，清故宫珍本丛刊本，清乾隆本。

记》对其有载。① 妙鏒者，释子也，大德中自袁州来驻锡沅陵，"丰彩神异，明度世禁气之术，募建普安寺"②。蒲大仙者，"正德间结庵于麻阳西晃山最高处修炼有年，素与乡人天永庆善"③。胡有道者，江西吉安永丰人，习道教。元至正丁未以次兄翰林侍讲胡巨智奏宣入朝，拜醮敕封大法真官。其长兄有谋任靖之永平令。后裁永平，遂家于会同。④ 上述两类客民由于文献记载较少等原因，常被研究者所忽略，但他们确实是不同历史时期客民的重要组成部分，特别是传播佛教、道教的布道者，他们的进入，对湘西乃至整个武陵地区的宗教信仰的变迁发挥了重要的作用。

（三）渝东南

元明时期，渝东南多数地方为土著豪强所控。即使这一时期始终置设有县的彭水，也是"土苗相错"⑤，黔江县更是"半没于彝，为龚、胡、秦、向四土豪地。龚据水寨，胡据峡口，秦据栅山，向据后坝"⑥。尽管如此，仍有不少的客民从其他地方迁入。由于渝东南相对比较偏僻，在其他地方特别是明末川蜀发生战乱的时候，一些民众为躲避战乱就沿乌江溯源而上进入渝东南地区，由是形成了"五方杂处，流寓多于土著"⑦ 的局面。明末陕西人王中军就是在张献忠蹂躏全蜀时避险于彭水的。当时"彭以险僻，巴、合、长、涪士民串徙避祸"⑧，络绎不绝。黔江新华乡的陈氏则是元末明初避陈友谅与朱元璋争天下之乱从江西迁至重庆金字门，然后迁涪陵、彭水，最后才定居于黔江的。⑨ 黔江石柳乡马栏村蔡氏始迁祖蔡春原籍湖北麻城孝感，也是在元末避陈友谅与朱元璋之战乱移居而来。其先迁至常德，洪武初

① （清）苏益馨修，梅峄纂《石门县志》卷43《仙释志》，清嘉庆二十三年刻本。
② （清）守忠等修，许光曙纂《沅陵县志》卷49《外纪下·方外》，清光绪二十八年补版重印本。
③ （清）张官五等纂修，吴嗣仲续修《沅州府志》卷35《仙释》，清同治十二年续修乾隆本。
④ （清）孙炳煜等修，黄世昌纂《会同县志》卷13《形胜志·庙祠》，清光绪二年刻本。
⑤ （清）庄定域修，支承祜等纂《彭水县志》，康熙四十九年序，清光绪元年刊本。
⑥ （清）邵陆编纂《酉阳直隶州总志》卷3《黔江县志·兵制》，清乾隆四十年刻本，第66页。
⑦ （清）王蓥绪纂《石柱厅志》卷10《节烈志》，清乾隆四十年刊本。
⑧ （清）邵陆编纂《酉阳直隶州总志》卷4《彭水县志·艺文》，清乾隆四十年刻本，第167页。
⑨ 重庆黔江区政协学习文史委员会、黔江区民族宗教事务委员会编《黔江文史·墓志铭专辑》，内部资料，2006，第325～326页。

再移黔江。① 除了上述避乱的，也有避难迁入的客民。彭水郁山南京街葛氏始迁祖葛太贵就是从应天府上元县猪市街避难而来的客民。嘉靖六年（1527），牛产麒麟，家奴将麒麟杀死沉河底。邻居以擅杀国家祥瑞，奏于皇上，官府追求此物，于是随带栾、李、马、梁、裴姓家奴潜逃至郁山南京街。然后在清滩坝一带插标为界，各造房屋，开辟垦种。发迹后，五家各占其地。②

　　除了避乱，军事行动后留戍、屯卫的军士以及任职后落籍的官宦也是客民重要的组成部分。关于军事客民，据《元史·兵志三·屯田》，至元二十一年（1284）在夔州路军屯即创立了十四军屯。明代在凉国公蓝玉征平之后，也在彭水、黔江等地设立了千户所。当时黔江有正千户1名，副千户1名，管领百户5名，官兵1216名，以608名为守军，608名为屯军，守军分饷以给屯，屯军分粮以给守，互相通济。分桃山、茶园、南沟等三屯（即今黔江三屯乡）。上述三屯与彭水水田等处军屯共二十四处，遗迹尚存。千户、百户以军功荫袭，世守其职，隶重庆卫。③ 这些将士，特别是卫所的官兵，大部留居在当地，成为明末清初府州县客民的重要来源。彭水的秦思安、窦桂年，黔江千户所百户谢昂、千户宋陆、掌印千户钟天宝、千户孙旺等即是其中的典型。秦思安，应天府高坎子猪市街人，后迁湖北孝感乡。元末官至千户邑，携四子"赶苗"至四川，在彭水长滩坝落业。窦桂年，江西豫章人，因征明玉珍有功，授千总。元末到彭水，任东邑路把总、里长，在今窦家坝（桑柘乡）落业。④ 谢昂，南京凤阳府人。其父谢钧杰曾为明立过战功，被授予"定远将军"。洪武四年（1371）谢钧杰调至四川，任重庆卫都骑校尉，洪武八年（1375）被派驻黔江守边。谢昂则被授予"忠武将军"，任黔江千户所的百户，来黔屯田，定居谢家坝。他到任后，组织官兵建立蒲家营、梁家营等一系列军营，建立谢家坝、官村坝等一系列屯垦基地。⑤ 宋陆者，原籍江苏凤阳府宿州，明洪武十三年（1380）带兵

---

① 彭水县志编纂委员会编纂《彭水县志》，第701页。
② 彭水县志编纂委员会编纂《彭水县志》，第702页。
③ （清）邵陆编纂《酉阳直隶州总志》卷3《黔江县志·兵制》，清乾隆四十年刻本，第66页。
④ 彭水县志编纂委员会编纂《彭水县志》，第700页。
⑤ 管维良主编《重庆民族史》，第270～271页。

来黔江"平蛮",后也落居境内,其后裔散居青冈、联合等乡镇。① 黔江蒲花乡钟氏始迁祖钟天宝原籍江南,洪武年间"以武功承袭选卫黔守御千户所,掌印一十五年"②,被授明威将军。明末隐居于黔江,后裔散居蒲花乡一带。黔江南沟孙氏始迁祖孙旺,原籍江苏,洪武初"以功授重庆卫千户",旺于洪武二十三年(1390)袭黔江指挥千户,屯田南沟、桃子坝、茶园,建衙城内,③ 后定居于黔,后裔散居太极、正阳、后坝、南海、冯家坝等乡镇。与谢昂、宋陆、钟天宝、孙旺类似的客民较多,在此不逐一列举。

至于仕宦留居的客民,各县方志以及民间族谱中也有所载。乾隆《酉阳直隶州总志》卷4《彭水县志·官师》载元时王师能曰:"王师能,文宗时知府事,师旅甫定,民力困疲,修复旧志,民忘其劳。入祀名宦,子孙家焉。"又载向午凤言:"江南上元人,廷对第一。顺帝时,仕至绍庆府总管。理烦治剧,洁己爱人。祀名宦,子孙亦家焉。"④ 王师能、向午凤均非彭水人,都是因在当地任职,子孙才落籍于此的。除了彭水,黔江也有不少仕宦留居的客民。黔江舟白乡曾氏,原籍山东武城,后迁至江西,至十五世曾治礼任石城(即黔江)知县,最后又在洪武二年(1369)迁至五里松树林居住;⑤ 黔江杉岭乡李氏始迁祖李懋学,原籍江西新淦县,明万历间任湖广麻城县事,后父母亡,解组归田,客游彭水,由是客居彭水梨子园,子孙散居黔江杉岭乡等地。⑥

此外,元明时期还有一些客民是民屯、招垦,开发盐、丹,采伐皇

---

① 参见重庆黔江区政协学习文史委员会、黔江区民族宗教事务委员会编《黔江文史·墓志铭专辑》,第445页;黔江土家族苗族自治县县志编纂委员会编《黔江县志》,中国社会出版社,1994,第619页。

② 重庆黔江区政协学习文史委员会、黔江区民族宗教事务委员会编《黔江文史·墓志铭专辑》,第78~79页。

③ (清)张九章修,陈藩垣、陶祖谦等纂《黔江县志》卷4《人物·武职》,清光绪二十年刻本。

④ (清)邵陆编纂《酉阳直隶州总志》卷4《彭水县志·官师》,清乾隆四十年刻本,第132页。

⑤ 重庆黔江区政协学习文史委员会、黔江区民族宗教事务委员会编《黔江文史·墓志铭专辑》,第381页。

⑥ 重庆黔江区政协学习文史委员会、黔江区民族宗教事务委员会编《黔江文史·墓志铭专辑》,第222~223页。

木，贸易，布道留居的。如前所述，元明时期彭水就招集汉民或流民垦荒地耕种。万历年间宜都人在任黔江经历时就推行过"合县所为一城，招徕户口，迁建县署"①的政策；前述《元史·兵志三·屯田》更是载，绍庆府（今彭水）在元至正年间实行过民屯。至元十九年（1282），签发未当差民 20 户置立屯田；二十年（1283），又签发在彭水县籍的万州寄户 20 户；二十一年（1284），又增加 32 户未当差民户；二十六年（1289），屯户贫乏者多负逋，又再签彭水县编民 16 户补置。②此外，民间族谱中也有一些有关招垦的历史记忆。如彭水县靛水乡赵家坝赵氏传说其始迁祖赵秉銮即是永乐七年（1409）从江西新余县十字街高阶沿迁徙而来。当时得官约一张，执管河西，官赐耕牛一头，犁耙两件，开荒纳粮，插标为界。③

　　至于商贸的客民，元明时期渝东南也有不少。由于渝东南是川黔的重要通道之一，这里矿产丰富，多出盐、木材、桐油等，故元明时期有许多来自外地的商人在该地区经商。特别是彭水，由于其"县治之西有水程直达涪州，接大河，……又有县治溯而上之曰郁山镇，有盐井"，"邻省商人行盐其地者"尤多。这些来往客商，有不少因经年驻扎于黔东北，最后就落籍于此。明宪宗成化十年（1474），因大批江西商人涌入包括渝东南在内的民族地区开采矿山、交易铜铁，刑部明令禁止了这些活动。④此外，秀山土家族苗族自治县清溪场镇三合村明末修建的万寿宫也说明，当时已有客商到此经商。如彭水龙洋乡邵、晏二姓始迁祖先邵以明、晏贵明（郎舅关系）即是洪武元年（1368）从江西瑞州府上高县泡花园子来彭水经商落业的。邵落业于邵家堡（今彭水龙洋乡洋水桥），以割漆为界；晏贵明落业于晏家湾天井（今龙洋乡莲花寺村），以撵鹿为界。彭水走马乡万家村李氏始迁祖李念贵是洪武二十年（1387）前后从涪陵到彭水经商定居的。彭水龙射堡土子坝萧氏始迁祖萧荣京即永乐九年（1411）在自流井、富顺等地务农经商

---

① （清）邵陆编纂《酉阳直隶州总志》卷 3《黔江县志·官师》，清乾隆四十年刻本，第77 页。
② （明）宋濂等撰《元史》卷 100《兵志三·屯田》，第 2571 页。
③ 彭水县志编纂委员会编纂《彭水县志》，第 701 页。
④ 《皇明条法事类纂》卷 29《江西人不许往四川地方闪结夷人、讦告私债例》，日本东京大学附属图书馆藏，古典研究会，1996 年影印本。

分迁落籍。彭水岩东乡绕旗村李氏始迁祖李芳原籍江西新淦登贤乡万春里红藕塘第八都李家村，永乐初年以盐商身份入彭水，落籍于绕溪巴堆（即绕旗村）。彭水双龙乡龟池村董氏始迁祖董仁高系永乐时（1403～1424）奉旨来彭水采购皇木，见当地风俗淳厚，有心居此，延数年才回京复旨。后从江西吉水县洞水乡南岭西坑迁至龟池坝隐居。①

至于文献记载有限、少被世人关注的传播佛道教的客民，渝东南也有一些。如净石和尚，原籍江南金坛人，俗姓高，名作霖，生卒不详，系明代贡生。初任定远令，历官至观察使。明末弃官为僧，游于石柱，驻锡藏经寺。②

（四）黔东北

贵州偏安西南，未建省以前，虽有"四方流冗，亡赖匿命此焉"③，但数量有限。明永乐十一年（1413）贵州建省以后，黔东北的开发得到加快，由是吸引了大量客民的迁入。故弘治以后的思南府，不仅有"蜀中兵荒流移入境"，当地的土著大姓也是"将各空闲山地，招佃安插，据为其业，或以一家跨有百里之地者"，并形成了"流移之人，亲戚相招，缰属而至，日积月累，有来无去"④ "土著之民无几，而四方流寓者多矣"⑤ 的局面；石阡府的民众则"以耕殖为业，渐染中华之教"⑥；铜仁府更是"舟楫往来，商贾云集"⑦。如前述鄂西南、湘西、渝东南一样，这些客民迁入动机不一，既有避乱的，仕宦、军事留居的，招垦的，也有做生意留下来的。招垦的客民，除了前述思南府大姓在蜀中兵荒时以空闲山地招佃安插外，铜仁府在明末也招垦了一批客民。否则万历《铜仁府志》不会在坊乡中发出"铜入版图未久，民户无多，而地确田窳，生聚无几，……辟土地，招流移，在今日诚亟矣"⑧ 的感叹。

---

① 彭水县志编纂委员会编纂《彭水县志》，第701页。
② （清）王槐龄纂修《补辑石柱厅新志》卷8《人物志·流寓》，清道光二十三年刊本。
③ （明）万炯修，钟添纂《思南府志·序》，明嘉靖刻本。
④ （明）万炯修，钟添纂《思南府志》卷5《官师志》，明嘉靖刻本。
⑤ （明）万炯修，钟添纂《思南府志·后序》，明嘉靖刻本。
⑥ （明）沈庠修，赵瓒纂《贵州图经新志》卷6《石阡府·风俗》，明弘治刻本。
⑦ （明）万士英纂，陈以跃修《铜仁府志》卷4《秩官志·迁谪》，明万历四十年刊本，铜仁市碧江区档案局整理，第146页。
⑧ （明）万士英纂，陈以跃修《铜仁府志》卷2《方舆志·风俗》，明万历四十年刊本。

避乱或者避难的客民，则多以"蜀中兵荒流移"为主，故明时思南府进士田秋有言："（思南府）与川东重庆、播州、酉阳等处接界，中间山溪平壤，连延千里。每遇荒年，川民流入境内就食。正德六年（1511），流民入境数多。"① 由田之言可知，因黔东北与川东交界，川民遇荒年喜流入黔东北就食避荒。正因川中流移较多，故黔东北明代就建有不少的敬奉李冰的川主祠庙（详见下文）。此外，避乱或者避难的客民也有来自其他省的。道光《印江县志》载："唐思邛人物无征矣，南宋及元传闻亦渺，今之土著，大抵明初流寓，江右楚蜀之人。"② 民国《沿河县志》载赵恺所写的《刘氏木鱼山双阡表》言，该县鄢家寨之刘氏先祖即是由江苏始迁重庆涪陵之澧渡，明末逃乱再入黔迁居沿河鄢家寨的。③

军事留居的则以来自陕西、江西等省为主。嘉靖《思南府志》载："至今居民，皆流寓者。而陕西、江西为多。陕西皆宣慰氏之羽翼，各司正副官与里之长是也。多巨族，负地望，颇以富足夸诈相高。江西皆商贾宦游之裔，多读书，乐仕进，亦渐趋于浮薄。"④ 虽说"陕西皆宣慰氏之羽翼，各司正副官与里之长是也"之说可能是一种攀附，但不能否认元明时期黔东北迁入了不少来自陕西的客民的史实。明初，为贯彻"新附州城，悉署衙府，广成兵，增屯田，以为万世不拔之计"，朱元璋在平定西南地区之后，先后命令征南军中来自陕西、江西、湖广、南京等都司的官兵驻守本地，并根据其卫所制度，屯守官兵可携带家眷，世袭其职，长期驻守，不得随意逃亡。思南板桥现存的军民摩崖石刻、嘉靖《思南府志》有关"板桥屯"的记载以及孙斗轩墓志铭的记载也佐证了这一史实。特别是孙斗轩墓志铭，更是为我们了解屯卫官兵落籍情况提供了参考，其曰：

> 安乐世传以来，由来已久矣，自武主将略堪夸。迨我祖从义公来自山东，洪武二十二年开辟云贵，领军到卫。斗轩公因得与国家出力，克

---

① （明）万炯修，钟添纂《思南府志》卷7《拾遗志》，明嘉靖刻本。
② （清）郑士范撰《印江县志》卷6《人物志》，清道光修，民国石印重印本。
③ 《中国方志丛书·华中地方》第280号。杨化育、覃梦松、张定中主修《沿河县志》，沿河土家族自治县地方志办公室点校，第252~253页。
④ （明）万炯修，钟添纂《思南府志》卷1《地理志·风俗》，明嘉靖刻本。

继厥职将军之名，良有久也。后至镇远千功坪分散靖军，平定之后叨
沐，圣朝功尝军业一庄，地名板桥。受袭本职千户，荣莫及矣，孰加
焉。迄今代远年湮，坟茔颓败，子孙既众能勿而然乎？爰择吉日勒石垂
名，庶得佳城永固云尔。

> 明故孙公讳斗轩实授冠带忠翊武勇将军
>
> 镇远府庠生李文锦题
>
> 道光十九年己亥季冬上浣　　重立①

由墓志铭可知，孙斗轩来自山东，洪武二十二年（1389）开辟云贵时
屯卫镇远，功封将军之名，世袭千功坪千户，落籍思南板桥。由此可见，明
代黔东北确实迁入了不少来自陕西、江西等省的军事客民。

仕宦留居的客民以来自江西的为主。如江西高安人罗璟即是景泰中以监
生任四川成都府推官，然后谪铜仁府经历落籍的；② 印江魏氏先祖则是万历
年间从江西南昌府入黔镇守，然后卜居印江甲山的；③ 葬于思南城北椅子山
的思南万历十四年（1586）进士肖重望虽然生于思南城肖家堎，但其原籍
江西丰城，系父辈迁思南定居。除了江西，仕宦留居的客民也有来自其他省
的。嘉靖《思南府志》载知府王治曰："王治，四川泸州人，正统六年以户
部郎升任，后因家焉。卒葬于地名昔乐溪。"又载首领经历童珍曰："童珍，
湖广江夏县人，由监生任。在任有为，勤于赞政，卒葬于此，其子遂占籍
焉。"④ 道光《思南府续志》载流寓谭丝等人曰："谭丝，潼川人，崇祯庚
午（1630）举人，以教谕分职滇南，历官陕西临洮府知府，避寇乱侨寓于
此，极自爱重。……（婺川）童世俊，湖广施州卫人，庠生，携家婺川，
精于《易》，好学不倦，婺志校于其手。"⑤ 又载职官郑吉士云："云南石屏

---

① 汪育江编著《思南石籍》，内部资料，2009，第195页。
② （明）万士英纂，陈以跃修《铜仁府志》卷4《秩官志·迁谪》，明万历四十年刊本，第
　　297页。
③ 印江自治县文化体育广播电视旅游局编《印江土家族苗族自治县文物志》，内部资料，
　　2013，第101~102页。
④ （明）万炯修，钟添纂《思南府志》卷5《官师志》，明嘉靖刻本。
⑤ （清）萧琯纂《思南府续志》卷8《人物门·流寓》，清道光二十一年刻本。

州人，拔贡，任哈州知州降补，寄籍思南。子于蕃辛丑进士。"① 此外，印江平窝陈氏入黔始祖陈应南墓是明代墓葬，碑刻则是清光绪十六年（1890）竖立，1993 年再次竖碑。该碑对联是："渊源追蜀土，支派衍黔山。"碑序则是："吾祖由蜀来黔，期之遗谋时也。宅于兹二子从，长讳洪为阳巷太祖，次讳瑄为平窝祖，迄今十余世云，仍蕃衍不下数万人，其间列贤书、入宦路、游庠食，禄指不胜屈远，近以富室者，……因流溯源，故勒石而略为志。"② 由碑联、碑序可知，陈应南系明时从四川宦游而来。由此可见，明时仕宦留居黔东北的客民以江西的为主，但也杂有来自四川、湖广、云南等省的客民。

至于往来的客商，思南府由于位于乌江边，是蜀楚进入贵州的重要通道，该地"舟楫往来，商贾鳞集"③；铜仁府由于"郡居辰沅上游"，也是"舟楫往来，商贾云集"④；镇远府则因控制湘黔出入的水道，更是舟车辐辏，货物聚集。这些商贸留居的客民以来自江西、湖广、陕西的为主，故嘉靖《思南府志》中有"江西皆商贾宦游之裔"⑤ 之语，万历《铜仁府志》中有"汉人皆中州人，或以仕宦，或以商贾、流寓附籍。江西最众，蜀次之，楚又次之"⑥ 之言，道光《思南府续志》中更是有"商之由陕、由江至者。边引蜀盐，陕人主之。棉花布匹，江人主之"⑦ 之说。黔东北各县明时所建的会馆也印证了上述说法。明代创建的会馆以江西、湖广、四川会馆为主，同时还有福建会馆。江西会馆主要有石阡豫章阁省会馆、德江县城的万寿宫、德江合兴乡清明村的万寿宫、思南县城的万寿宫、思南板桥万寿宫、思南文家店镇街上的两湘会馆，湖广会馆主要有石阡禹王宫、玉屏的禹王宫等，福建会馆有玉屏的天后宫等，四川会馆主要有铜仁市区的川主宫、思南的川主庙等（表 3 - 5）。

---

① （清）萧瑄纂《思南府续志》卷4《秩官门·职官》，清道光二十一年刻本。
② 印江自治县文化体育广播电视旅游局编《印江土家族苗族自治县文物志》，第182页。
③ （明）万炯修，钟添纂《思南府志》卷1《地理志·风俗》，明嘉靖刻本。
④ （明）万士英纂，陈以跃修《铜仁府志》卷2《方舆志·风俗》，明万历四十年刊本。
⑤ （明）万炯修，钟添纂《思南府志》卷1《地理志·风俗》，明嘉靖刻本。
⑥ （明）万士英纂，陈以跃修《铜仁府志》卷2《方舆志·风俗》，明万历四十年刊本。
⑦ （清）萧瑄纂《思南府续志》卷2《地理门·风俗》，清道光二十一年刻本。

表3－5　明代黔东北客商所建会馆一览

序号	名称	创建地点	创建时间	相关记载	资料来源
1	豫章阁省会馆	石阡	万历初年	雍正十三年（1735）重修，乾隆三年（1738）再修，乾隆三十二年（1767）江西客商捐资改建	《黔东名胜古迹》
2	禹王宫	石阡	万历十六年（1588）	又称水府阁，顺治十四年（1657）毁，康熙五十五年（1716）、乾隆四十五年（1780）、嘉庆二十年（1815）维修增建	《黔东名胜古迹》
3	寿佛寺	石阡	不详	湘籍客商建，道光、光绪年间重修	《黔东名胜古迹》
4	德江万寿宫	德江青龙镇中华街北段西侧	明嘉靖年间	康熙四十年（1701）、乾隆年间重修，同治元年（1862）维修	《黔东名胜古迹》
5	合兴万寿宫	德江合兴乡清明村	明代	光绪三年（1877）维修	《黔东名胜古迹》
6	川主宫	铜仁市铜岩西岸	洪武八年（1375）	川籍客商建，后屡修葺，光绪十年（1884）重建	《黔东名胜古迹》
7	禹王宫	玉屏平溪镇中华路和东市路之间	明代	康熙时重建，同治三年（1864）毁，光绪二十年（1894）再建	《黔东名胜古迹》
8	天后宫	玉屏平溪镇中华路	永乐年间		《黔东名胜古迹》
9	万寿宫	思南县中山街中段西侧	明代	建立年代无考，原称英佑侯祠、水府祠，祭祀肖英佑，正德五年（1510）毁于水，嘉靖十三年（1534）重建，万历二年（1574）迁今址重建，祭祀许逊，兼祀肖英佑侯、晏平浪侯，嘉庆六年（1801）更名万寿宫	《黔东名胜古迹》《嘉靖思南府志卷四祠祀志·祠庙》
10	川主庙	思南县安化街南段西侧	明正统年间	长官安洛建。成化年间，长官安方重建	《黔东名胜古迹》《嘉靖思南府志卷四祠祀志·祠庙》

除了上述招垦、避乱或避难、仕宦、贸易留居的客民外，元明时期的黔东北还迁入了一些传播佛教的和尚。这些和尚主要驻锡于梵净山及其周边的一些寺庙。位于印江和江口县交界处、梵净山山角的明然和尚墓塔及《脉源宗谱碑》载，明然如泰大师系"西蜀涪州周氏子"，生于万历庚子年

（1600）十月十日，圆寂于康熙丁巳年（1677）十一月二十一日，在梵净山一带落难有年，后受戒从其师，于梵净山兴置常住，是为妙玄开山派临济正宗第五代主持。[1]

综上可见，元明时期的武陵地区无论是鄂西南、湘西，还是渝东南、黔东北都迁入了大量客民。这场移民运动虽被冠名为"江西填湖广，湖广填四川"，但客民的原籍或者来源非江西一省所能涵盖，而是以江西为主，同时包含陕西、河南、江苏、福建、浙江、河北、广东等省。这些客民迁入的动机复杂，既有避乱、避难、隐居的，也有军事、仕宦留居的；既有招垦、商贸、投靠亲朋好友的，也有传播佛道驻锡者；等等。随着这些客民的迁入，武陵地区的族群关系有了新的内涵，区域社会的经济文化也发生了结构性的变迁。

第三节　元明时期武陵地区土客关系的发展

元明时期武陵地区迁入大量来自江西等省的客民。他们族群成分复杂，虽以汉人为主，但仍杂有一定的"蛮夷"。他们中的汉人与"蛮夷"尽管存在一定的文化差别，但又具有一定的共性，他们又与土著相区别，构成了新的土客关系。随着他们的关系从冲突走向融合，武陵地区也实现了区域社会的发展与变迁。

一　客民不等于汉民：客民的族属

元明时期特别是明代，武陵地区迁入了大量的客民。这些客民虽然多数是江西等省的汉民，但也杂有一定数量的来自其他地区的少数民族。这一时期，以客民身份迁入武陵地区的主要有回、维吾尔、蒙古、白族等民族。

回族（元明时称为"回回"）进入武陵地区肇始于宋末元初。是时，元太祖成吉思汗在征西后，回族部落归附元朝，由此元军中有了不少回族的军士，朝廷中也有不少回族的官宦。在元朝征服武陵地区之后，也有少数的军士、官宦留居于武陵地区。迨至明初，一支由回族人组成的军队被征调进入

---

①　印江自治县文化体育广播电视旅游局编《印江土家族苗族自治县文物志》，第114页。

武陵地区。当时就有马、魏、黄、李、刘、杨等姓回族军士落籍常德、靖州等地。首先进入的是马姓回民。明洪武五年（1372），回族将领马德成驻守常德，任指挥使，后落籍常德东门外。其后，魏、黄、李等姓回民也在永乐年间或仕宦，或征战，或戍守，或宦游落籍汉寿、澧县、常德、靖州等地（具体参见附表2）。除了上述征调、戍守、宦游落籍的回民外，武陵地区在元明以及清代也迁入了一些来自东南沿海经商定居的回民。如明代由南京、扬州等地迁居常德的、被统称为"南京帮"的马、金、伍、李、哈等金陵十姓回商。[①]

元明时称维吾尔族为"畏兀"，这一时期迁入武陵地区的维吾尔族客民主要是剪姓。崇祯《桃源县志·补遗卫志》载剪八士曰：

> 剪八士，洪武五年辰州十八洞等处连结作乱，奉旨讨平，凡克四十八洞。复令讨铜鼓、五开、古州等蛮，班师回京。……洪武十六年，封平蛮将军。其子剪拜著，洪武十八年，奉旨征剿五开洞蛮有功。洪武二十一年，奉旨征剿云南诸蛮有功。洪武二十二年封靖边将军。父子俱死疆场，奉旨验葬。永乐二年，命荫生剪常黎安插常德卫，实授常德卫左新正指挥使，给田一庄三十顷，门军八名，外给养军田七百二十亩，子孙世袭，历洪熙、宣德、正统、景泰四世。其袭指挥职者为剪原狄、剪成、剪祥、剪锭辈，复平交趾，剿捕安定、曲光诸寇与征麓川有功。至成化三年，武陵县库被劫，因率卫兵捕盗，限期未获，降级留任。及成化五年春，奉旨将指挥剪相降本卫左所千户，赴部领袭，子孙世袭。剪应朝、剪戎、剪崇德辈剿水西，平镇竿，征广西，剿流寇，有功于朝，难以枚举。[②]

由上文可知，剪氏系"征蛮"而来，但其族属未明确说明。不过，民国《桃源县志初稿·民族志》给予了确认，曰：

---

① 马亮生：《湖南回族的来源与变迁》，《宁夏社会科学》1988年第1期。
② （明）罗人琼纂修《桃源县志·补遗卫志》，明崇祯十五年刻本，转引自湖南少数民族古籍办公室编《湖南地方志少数民族史料》（下册），岳麓书社，1992，第613页。

始祖剪八士，原籍清真回部，姓哈氏，从明太祖征蛮有功，赐姓剪氏。其孙剪常黎于明永乐二年迁于本县东陬市之剪家冈，历今二十五世，人口约二千余，分布于莫溪埔、金鸡山、明月山及常德等处。人文蔚起，簪缨不绝，贡生一人，庠生四十人，武官十四人，中学生九人，大学生十人，军官学校毕业生二人。族谱于民国十一年二月，由剪敦劲等三修。①

此外，《剪氏族谱·回部世系源流》也载，剪氏本姓哈，远祖来自西域。元时从元太祖征西夏，立下战功，被授"折冲将军"，并在朝廷世代为官，迁入内地。有明一代，其后裔哈勒·八十有勇有谋，洪武五年（1372）被太祖封"八士"，为荆襄都督、镇南定国将军，镇守辰州、常德一带。洪武二十二年哈勒·八十卒于军，葬常德东关门外黄龙岗。长子辞世袭之官返回西域，次子则定居于常德，子孙聚居桃源、常德一带。②

蒙古族客民进入武陵地区始自前述宋末元初元自西南向东的用兵。在元朝对武陵地区实现统治之后，一些蒙古族的将士因为战争、戍守或仕宦官等原因也留居在了这一地区。如元至正十八年（1358），石抹按只"领诸翼蒙古、汉军三千余人戍施州"。③ 因此，这一地区一些地方不仅保存着蒙古人的族源记忆，而且还有部分民众被识别为蒙古族，甚至建立了蒙古族村。如咸丰县唐崖土司城覃氏，澧县、鹤峰三家台一带的部姓，彭水鹿鸣乡向家坝村的谭、张二姓，彭水太原乡香树坝村的谭姓，彭水润溪乡石坝村的余氏，石柱石渠里老屋基的谭姓，思南塘头白鱼村的余姓。有关咸丰县唐崖土司城村覃氏的蒙古人记忆，详见前文，在此不做赘述。有关澧县、鹤峰三家台一带的部姓，由《部氏族谱》以及相关研究可知，部姓原为铁木真、忽必烈之后裔，在元末明初元明战争中，部氏祖先被家臣陈美所所救，定居于湖北

---

① 文骏、陈宗兰等纂修《桃源县志初稿·民族志》，民国37年稿本，转引自湖南少数民族古籍办公室编《湖南地方志少数民族史料》（下册），第623页。

② 黄丽：《湖南维吾尔族的社会变迁与文化调适》，博士学位论文，兰州大学，2008，第18~21页。

③ （明）宋濂等撰《元史》卷154《石抹安只传》，第3642页。

松滋、湖南澧县一带，最后分迁至鹤峰、恩施市等地。[1] 有关彭水县鹿鸣乡向家坝村的谭、张二姓，由相关研究可知他们系蒙古奇渥温家族的后裔，原在湖北镇守，后因元末农民大起义入川，五兄弟易姓改族，隐居民间，并留有"本是元朝帝王家，红巾追散入川涯。绿杨岸上各分手，凤柳桥头折柳桠。咬破指头书血字，挥开泪眼滴黄沙。后人记得诗八句，五百年前是一家"的认祖归宗诗。其中一人改姓谭，流落到夔州府。传至第九代谭启鸾者，任明川湖总兵属下镇守夔州府武官，封武侯。明末谭启鸾率家属迁彭水，攀亲寄居张姓家，从张姓，生张经、谭能、谭斗三子，随后再迁鹿鸣乡向家坝。[2] 彭水太原乡香树坝村谭氏，据其族谱，他们是铁木耳的十子中的铁满四等七兄弟。元末被心腹谭国知（化名谭国明）带着，化装成汉人，易族改姓，逃出大都，隐居于河南灵宝，后经湖北麻城孝感再迁重庆。其中，谭满四与其妻黄氏落业于忠州珠子乡大梨树，后迁居巫山、石柱，最后迁至彭水龙射堡。[3] 彭水、石柱余氏祖先相传也是铁姓蒙古人，均系元末明初避难迁徙而来。[4] 石柱石渠里老屋基的谭氏相传也是铁木耳的后代，也是元末明初避乱迁居此地，其后散居忠州九里桂塘溪、垫江高滩等地。[5] 思南塘头白鱼村余姓据其家谱载，是铁木真的后裔，祖先曾世袭封江南，久居楚省，至铁木健生四子（即秀一、秀二、秀三、秀四），顺帝时受难，兄弟分散，其中秀一在沪阳凤凰锦桥分手后逃至江南临江府清江县，其后朝德、朝拔、朝三在明末清初再迁贵州铜仁。朝德到乌罗，朝拔到印江，朝三到塘头

① 具体参见邓和平《湘鄂边一支蒙古人的来源与迁徙》，《内蒙古大学学报》（人文社会科学版）1999 年 5 期；王志清、陈曲《湖北蒙古族族源传说的记录史与生命史——以三家台村的陈美所传说为研究对象》，《中央民族大学学报》（哲学社会科学版）2014 年第 5 期；王希辉《湖北三家台村蒙古族的生计变迁与文化适应》，《广西民族大学学报》（哲学社会科学版）2014 年第 2 期。

② 具体参见彭水县志编纂委员会编纂《彭水县志》，第 734 页；王希辉等《田野图志——重庆彭水少数民族非物质文化遗产考察》，西南交通大学出版社，2012，第 224～225 页；莫代山等《重庆世居少数民族研究（侗族、蒙古族卷）》，重庆出版集团，2013，第 293～294 页；东人达《成吉思汗在西南的后裔》，《内蒙古大学学报》（哲学社会科学版）2004 年第 1 期；曾超《唐崖土司覃氏"蒙古人"疑议》，湖北省文物局、三峡大学、唐崖土司城遗址管理处《唐崖土司学术研讨会论文集》，第 83 页。

③ 彭水县志编纂委员会编纂《彭水县志》，第 735 页。

④ 参见彭水县志编纂委员会编纂《彭水县志》，第 705 页；莫代山等《重庆世居少数民族研究（侗族、蒙古族卷）》，第 217～218 页。

⑤ 蔡玉葵：《石柱土家族姓氏源流》，内部资料，2013，第 55～57 页。

白鱼村。①

白族是宋末元初迁入武陵地区的，主要分布在常德、张家界市、桑植、慈利以及鄂西南鹤峰。在"两宋时期武陵地区的土客及其关系"中已有详述，在此不做赘述。

综上可见，元明时期武陵地区迁入的客民族群成分多样，虽然汉族占据了大多数，但也间有其他的少数民族。其中主要的有回族、维吾尔族、蒙古族、白族。这些民族进入武陵地区的原因复杂，且以军事戍守、仕宦、避难留居为由居多，同时也有因商贸而落籍的。同期迁入的汉民与他们一道，构成了规模庞大、与土著相对应的"客民"群体。

二 "内外有别"：土客之边界

元明时期武陵地区的行政区有经制区、"蛮夷"聚居区。经制区主要由流官控制；"蛮夷"聚居区是化外之区，分为两层：第一层是土司管辖区，主要实行土官、土司制度，辖区内之大小事宜均由土官、土司做主；第二层是"生苗"区，主要位于湘黔边以腊尔山为中心的"苗蛮"聚居地。这里没有正常的行政管理体制，中央王朝主要利用周边土司、卫所对这一地区进行军事镇控。此外，在经制区与"蛮夷"聚居区的交界地方，还存在一个过渡地带。朝廷在这些地方实行土流并治，并在其中建立军事卫所，派驻大量的军民进行戍守。如湘西的慈利县、桑植县，沅州府、辰州府，鄂西南的长阳县、巴东县，渝东南的酉阳州、黔江县，黔东北的思南府、铜仁府等。由于开发相对较早，交通条件、自然环境相对比较优越，经制区与过渡地带是外来客民主要的迁入和分布区，如开发较早的常德府在客民大量进入的情况下形成了"土民日敝，而客户日盛"②的格局；鄂西南"居民鲜少"的巴东在明嘉靖年间已是"流徙日聚"③；黔东北思南府则在明永乐间"改土归流"后"流民入境者络绎道途"的情况下形成了"客既胜而主人弱"④

① 思南县民族事务委员会编《思南民族志》，内部资料，1988，第159~160页。
② （明）陈洪谟纂《常德府志》卷6《食货志·户口》，明嘉靖二十六年刻本。
③ （明）杨培志纂《巴东县志》卷1《舆地纪》，明嘉靖三十年刻本。
④ （明）万烱修，钟添纂《思南府志》卷7《拾遗志》，明嘉靖刻本。

"土著之民无几，而四方流寓者多矣"① 的局面，铜仁府也涌入了"或以仕宦，或以商贾、流寓附籍"② 的汉人。"蛮夷"聚居区以土著"蛮夷"为主，间有少量的客民。

至于土客之间的边界，经制区与过渡地带、"蛮夷"聚居区是有区别的。中央王朝统治时间较长的经制区尽管也存在一些"归化"的土著"蛮夷"和未"归化"的土著"蛮夷"，但该区域区别土客的依据主要是户籍和赋税。因此，嘉靖《常德府志》在分析"土民日敝，而客户日盛"的原因时有"客户江右为多，膏腴之田，湖泽之利，皆为彼所据，捆载以归，去住靡常，固有强壮盈室而不入版图，阡陌遍野而不出租粮者矣"的感慨，又曰："国初（明初）不相远哉，使造册之年清审有法。于土户，不许其漏丁。于客丁，必责其附籍。"③ 可见，明时常德府土客的区别主要是是否"入版图"和"承差纳粮"，而不在于居住时间的长短。

由于朝廷奉行"汉不入峒，蛮不出峒"的族群"隔离"政策，"蛮夷"聚居区的民众多土著"蛮夷"，少客民。这在前述湘西移民个案中得到窥见，也可通过贵州沿河县洪渡镇接官厅的《军门禁约碑》得到管窥。该碑详载了明末黔东北一带禁止客民进入"夷区"勾引作为土著的"夷人入汉"的情况（具体分析详见下文）。土著"蛮夷"和客民由于大都未入籍，遁入数量有限的客民又以汉人为主，故在"蛮夷"聚居区区别土客的依据主要是差异明显的文化。因此，在有关"蛮夷"聚居区文化的记载中，史志撰写者大多会描述这些地方土著"蛮夷"之异俗，也会讲土著"蛮夷"在汉人客民的影响下渐染华风。湘西永顺军民宣慰使司"击铜鼓以祀神鬼，渔猎养生，刻木为契，短裙椎髻，常带刀弩"④，保靖州军民宣慰使司"喜食腥膻，淫祀邪鬼，刀耕火种为业"⑤。鄂西南施州风俗淳朴，"民集夷獠，犹近华风，男女不裹头，女衣花布"⑥。渝东南的酉阳

①　（明）万炯修，钟添纂《思南府志·后序》，明嘉靖刻本。
②　（明）万士英纂、陈以跃修《铜仁府志》卷2《方舆志·风俗》，明万历四十年刊本。
③　（明）陈洪谟纂《常德府志》卷6《食货志·户口》，明嘉靖二十六年刻本。
④　（明）李贤等撰《明一统志》卷66《永顺军民指挥使司》，四库全书本。
⑤　（明）李贤等撰《明一统志》卷66《保靖州军民指挥使司》，四库全书本。
⑥　（明）李贤等撰《明一统志》卷66《施州卫军民指挥使司》，四库全书本。

宣抚司，人分为三种，分别是犵獠、冉家、南客。这些人"暖时捕猎山林，寒则散处岩穴，借贷以刻木为契，婚姻则累世为亲"①。邑梅长官司，其人"语异蛮音，衣穿斑布，用木浪槽为臼而春稻粱，……婚姻以牛只为等，疾病以巫祝为医"②。石耶长官司"人织斑布以为衣，佩长刀而捕猎"③。平茶长官司所属有五种夷，南客之夷，"言语侏离，性好捕猎，火炕烘谷，野麻缉布，巫祷治病，歌唱送殡"④。石柱宣抚司"其民捍而好斗，兵马称强"⑤。黔东北的"腹里边方，风俗则异。途授流除，官属则异。苗僚土客，人民各异。异则必问而后知，必讲而后明"⑥。思南府的陕西客民更是"多巨族，负地望，颇以富足夸诈相高"，江西客民"皆商贾宦游之裔，多读书，乐仕进，亦渐趋于浮薄"，印江、朗溪"土人"则"勤生啬用，亦险健，善持长吏长短"。⑦ 可见，"蛮夷"聚居区区别土客主要的标志是文化。

经制区与"蛮夷"聚居区交界的过渡地带是土与客、华与"夷"混居的地区，这一地区行政上属经制区，又经常受到聚居区"蛮夷"的侵扰，同时还设有卫所。因此，该地区土客关系复杂，边界也比较模糊。总体上，过渡地带行政上是由朝廷直接管辖，实行流官统治，因此，该地区如统治时间比较长的经制区一样，区别土客的主要依据是户籍。所以，在各民间文献特别是族谱中，客民特别强调落籍。但是，并不是说有版籍的人就是土著。同治《桑植县志》载该县土司时期的五种户籍曰："县民最杂糅，由慈利县拨归者曰民籍，旧土司治者曰土籍，旧卫所辖者曰军籍，苗曰苗籍，自外县

① （明）曹学佺：《蜀中广记》卷38《边防记·第八·上川东》，《景印文渊阁四库全书》，第591册，第491页。
② （明）曹学佺：《蜀中广记》卷38《边防记·第八·上川东》，《景印文渊阁四库全书》，第591册，第492页。
③ （明）曹学佺：《蜀中广记》卷38《边防记·第八·上川东》，《景印文渊阁四库全书》，第591册，第491页。
④ （明）曹学佺：《蜀中广记》卷38《边防记·第八·上川东》，《景印文渊阁四库全书》，第591册，第492页。
⑤ （明）曹学佺：《蜀中广记》卷39《边防记·第九·下川东》，《景印文渊阁四库全书》，第591册，第493页。
⑥ （明）万炯修，钟添纂《思南府志·书后》，明嘉靖刻本。
⑦ （明）万炯修，钟添纂《思南府志》卷1《地理志·风俗》，明嘉靖刻本。

迁移来者曰客籍。"① 其中的军籍是明代为登记和管理卫所军人而设的。在这些进入版籍的人中，"民籍"是从慈利县划拨之民，"土籍"是土司统治之下之人，"苗籍"则是苗民，但他们都是土著，而军籍是卫所移民，与"自外县迁移来者"的客籍一样，属于客民。与桑植相似，辖制辰州卫的沅陵县、辖制沅州卫的芷江县、辖制九溪卫的慈利县、辖制永定卫的永定区、辖制施州卫的恩施市、辖制镇远卫的镇远县等都有卫所移民，他们拥有军籍，却不是土著，而是客民。故道光《施南府志》载，施州之民，有里屯二籍之分，里籍主要是土著，屯籍则主要是明末清初调拨而来的各省官军之家。② 可见，户籍是区别过渡区土客的重要依据，但绝不是唯一的依据。要对该区域的土客进行区分，还需参照文化。故史志对过渡区的风俗描述常强调当地土著拥有一些"奇风异俗"，同时又言在汉人客民的影响下，这些风俗发生了一定的变迁。故湘西靖州有编户二十二里，但方志编纂者仍特别强调当地的风俗是"嗜好居处，颇与巴渝同俗""要约以木、铁为契""奉约束如中州，民淳好俭，俗尚巫鬼"。③ 乾隆《沅州府志》编纂者认为沅州风俗从明正德年间"敦古重礼，力本务稿，不作无益。妇女非世戚寡所识面。里民虽贫困不鬻男女"到明万历年间"厚资以饰神庙""操重资婚聘"的转变，多与"客商畸民"的迁入有一定关联："客商畸民"婚聘费"五七十金"，"土著才十志三四"④。至于湘西的过渡地带，康熙《永定卫志》载永定卫初设时强调："无一土著之民，官军俱各省调集，以实卫城。其声音清历，礼仪彬雅，绝不染方言蛮俗。在屯之民，附近各州县者，多从其语言好尚。虽有小异，究无大殊。"⑤ "俱各省调集"的官军"声音清历，礼仪彬雅，绝不染方言蛮俗"，屯田之民也是"从其（官军）语言好尚"，由此可见湘西经制区向"蛮区"过渡地带的客民与土著在文化上确实存在一定的差别。鄂西南土地旷达、"居民鲜少"、"四方杂居"、"夷

① 《中国地方志集成·湖南府县志辑⑦》。
② （清）王协梦修，罗德昆纂《施南府志》卷10《典礼·风俗》，清道光十七年刻本。
③ （明）李贤等撰《明一统志》卷66《靖州》，四库全书本。
④ （清）瑸珠修，朱景英、郭瑗龄纂修《沅州府志》卷23《风俗》，清乾隆二十二年稿成，刻本不详。
⑤ （清）杨显德纂辑，陈自文、田奇富、龚岳雄点校《永定卫志》卷2《风俗》，张家界市政协学习文史委员会编《张家界卫所史话》，第242页。

夏相半"的巴东，一方面希望流移上户入籍，从而摆脱客民身份，另一方面又强调土客在文化上的差别，由此出现了嘉靖《巴东县志》所记之怪状：既有"近年山地垦辟，流徙日聚。其去留无常，而登于册籍者止此"[1] 的感慨，又强调当地土著之民"多劲勇""信鬼尚巫，伐鼓以祭祀，斗啸以兴哀"。[2] 此外，《施南府志》载施州卫一带有里屯二籍之分，同时对他们的文化进行了区分：里籍土著，"俗尚俭朴，水耕火耨，男女杂作，房间设火铺，饮斯，食斯"；而屯籍的客民则"河南、江南为多，言语服食各从本贯"。[3] 由此可见，过渡区的土客边界是复杂、模糊的，有时强调用户籍进行区分，有时则用文化进行界定。其具体标准，视具体情况而定。

三 土客的冲突与融合

元明时期，随着客民的大量进入，除"蛮夷"聚居区外，武陵地区已是"五方杂处"。由于利益、语言、风俗习惯等方面的差异，土客之间产生矛盾和冲突不可避免。冲突也是一种交往、交流的方式。通过这种交往、交流，土客之间相互学习，相互影响，较好地实现了区域社会的整合。

（一）土客的冲突：以土地为中心的考察

元明时期武陵地区的客民，不管是仕宦、随军落籍的政治移民，还是社会动荡形成的难民、区域发展引发的经济移民，他们来到武陵地区后，都存在一个定居和融入的过程。在定居和融入的过程中，为了生存和发展，土客之间在土地等方面产生了一定的矛盾和冲突。

武陵地区是中国地势第二阶梯向第三阶梯的过渡地带。这一地区多高山和低山，少山间盆地和河谷台地，土地资源十分有限。元明时期，武陵地区土著稀少，其土地较之江西等内地省份较为旷达，因此，该地区土客之间对土地的争夺不会像江西等人口稠密的省份那样残酷。但并不是说毫无土地压力。这可从土客对屯田的争夺中得到管窥。

---

① （明）杨培志纂《巴东县志》卷1《舆地纪·民数》，明嘉靖三十年刻本。
② （明）杨培志纂《巴东县志》卷2《政教纪·风俗》，明嘉靖三十年刻本。
③ （清）王协梦修，罗德昆纂《施南府志》，清道光十七年刻本。

为了镇压、控制、威慑与防范地方特别是"蛮夷"，明王朝在元代的基础上创设了卫所制度，在武陵地区经制区向"蛮区"过渡的地带创设了常德卫、九溪卫、永定卫、辰州卫、沅州卫、羊山卫、施州卫、镇远卫、澧州守御千户所、酉水千户所、安福千户所、镇溪守御千户所、麻寮千户所、散毛千户所、大田军民千户所、黔江千户所、思州千户所等卫所。根据明时卫所的人员编制，一卫官兵大致为5000人，加上家眷（以平均5人计），一卫军事客民多达3万人。一般时期，武陵地区有常德卫、永定卫、九溪卫、辰州卫、沅州卫、施州卫、镇远卫、平溪卫、清浪卫等9个卫。以一卫3万人计，军事客民至少达27万人。由此可见数量之大。这么多的卫所客民，没有相当数量的土地是难以长期生存的，因此他们在卫所周边进行了大规模的屯田。屯田一般每军50亩，也有100亩、70亩、30亩不等，具体根据地区而定。即以每军50亩计，武陵地区的屯田的数量也是十分巨大的。据朱圣钟考隆庆六年（1572）全国的统计数据，永定卫有屯田1467顷25亩，九溪卫有屯田1467顷25亩，施州卫有屯田206顷60亩。[①] 这么多的屯田，对土地资源有限的武陵地区来说是十分珍贵的。由此，卫所客民不得不采取各种手段获取田地。由王毓铨先生的研究可知，明代军屯田地的来源多样，有"官田"（或称"公田"）、"没官田"、"废田"、"荒田"、"绝户田"、"空地"（或称"闲田"）、"夷田"、"民田"等。其中，云贵、湖广、四川等少数民族地区屯地的主要来源是所谓的"夷田"或"夷地"。[②] 武陵地区正好属上述地区的交界地带，其屯田的主要来源也是"夷田"或"夷地"。如湘西位于今桑植县的九溪卫安福所不仅设在"蛮"区，而且其屯田也有部分在"蛮"区，是为"夷地"。民国《九溪卫志》卷4《风俗》载："明初设立卫所，惟澧州所附文明之区，余皆蛮地，自不免多蛮族遗俗。"又言安福所曰："安福所荒野之地，土人不知甲子。"[③] 鄂西南施州卫大田千户所，系蓝玉克土散毛土司之后，割散毛地设置，其屯地就是典型的"夷地"，其屯

---

① 朱圣钟：《历史时期土家族地区农业的分布与变迁》，苏晓云主编《社会转型与土家族社会文化发展》，民族出版社，2012，第191～195页。

② 王毓铨：《明代的军屯》，中华书局，2009，第82页。

③ 陈宗瀛、羡邹甫纂，陈自文、田奇富、龚岳雄点校《九溪卫志》卷4《风俗》，张家界市政协学习文史委员会编《张家界卫所史话》，第355页。

区以今咸丰县治为中心，以龙潭河为界在河之南向东北、西南展开，东北至今宣恩县晓关镇，与施州卫屯地遥相呼应，西南则伸入重庆黔江区马喇湖①；支罗镇守百户所是平定支罗上下峒长黄中反叛后，割其地所置，其屯地也属"夷地"。与大田千户所相似，渝东南的黔江守御千户所是蓝玉率兵讨"黔江蛮"所置，其屯田（在今黔江桃子坝、南沟、茶园等地）也是"夷田"。黔东北军屯田同样也是来自"夷地"。《明史·贵州土司传》："（洪武）十八年，思州诸洞蛮作乱，命信国公汤和等讨之。时寇出没不常，闻师至，辄窜山谷间，退则复出剽掠。和等师抵其地，恐蛮人惊溃，乃令军士于诸洞分屯立栅，与蛮人杂耕，使不复疑。"②军士分屯"诸洞"，且与"蛮人杂耕"，可见其地属"夷地"。

除了"夷田"之外，卫所所获屯田还有一部分"官田"、"荒田"、"绝户田"与"民田"。"官田"主要来自元代官员之田，主要分布在卫城及其周边，"荒田"则是卫所客民开垦的"荒地"。"绝户田"则是指没有户头的土田。明初麻阳县编户三十九里，因受土著"苗人侵扰"，"居民荡析"，永乐元年"以绝户土田割付平、清、偏、镇、辰、沅六卫屯田"③，仅存七里，可见卫所所获绝户田之多。"民田"则主要来自卫所移民与土著交错杂居的地方，系"诏各荒空土，不拘主客军民官舍，尽心开垦"④ "民田界内安插垦荒，自征自食"⑤ 所致。湘西永定卫"隶在慈境，其寄庄参杂于寨隘，屯田坐落于州县"⑥，其五所屯粮"皆坐澧州、石门、慈利、桃源、武陵各属治内"⑦，永定县"屯民杂处，膏腴之田大半为官兵垦种，而土著之民十无二三"⑧，慈利寄庄民田更是达到了五百九十八顷四十六亩八分，可见其田多

① 杨昌沅、范植清：《略述明代军屯制度在鄂西山地的实施》，《史学月刊》1989 年第 6 期。

② （清）张廷玉等撰《明史》卷 316《贵州土司传》，第 8177 页。

③ （清）张官五纂修，吴嗣仲续修《沅州府志》卷 7《乡都》，清同治十二年续修乾隆本。

④ （明）朱健撰《古今治平略》卷 5《屯田篇》，六府文藏·子部·类书类，明崇祯钟宏刻本。

⑤ （清）董儒修纂辑《九溪卫志》卷 2《屯丁闲丁志》，康熙二十四年刊本，张家界市政协学习文史委员会编《张家界卫所史话》，第 273 页。

⑥ （清）杨显德纂辑，陈自文、田奇富、龚岳雄点校《永定卫志》卷 1《疆界》，张家界市政协学习文史委员会编《张家界卫所史话》，第 229 页。

⑦ （清）杨显德纂辑，陈自文、田奇富、龚岳雄点校《永定卫志》卷 1《山川》，张家界市政协学习文史委员会编《张家界卫所史话》，第 236 页。

⑧ 《中国地方志集成·湖北府县志辑⑤》。

属民田；九溪卫安福所军事辖区在今桑植县，其屯田虽有一部分是"夷地"，但主要是分布于今澧县牯牛坝、恶蛇溪、凉水井等处的民田。此外，万历《桃源县志》也载："国初八十余里，后因耆老苏奏减四十余里，内荻坪四村，香山三村去县一百五十□，人户凋落，田地又为慈利、永定军民越占。景泰三年遂并七村为一。"① 可见，湘西卫所屯田确有"越占"民田之事。鄂西南施州卫所辖的崇宁里、郭市里、都亭里，即包括卫所屯垦的南屯堡、屯堡，其来源也可能是民田。② 对此，民间还流传一些有关卫所客民获取土地的传说。如咸丰县甲马池杨洞杨姓流传的杨将军与冉土司的传说：

> 杨家是洪武二年（1369）从江西猪市街来的，一世祖叫杨通守，是杨家将的后代。有一年杨将军（将军的名字叫武德将军）在贵州当官回江西，路过杨洞，听说杨洞的冉土司无恶不作，欺压老百姓，这里的老百姓（对土司）非常反感，但是没有办法。杨将军到杨洞了首先住在翟家堡，这里的人就去向杨将军反映，要他把土司治一下（告诫土司不要欺压百姓），杨将军带的人比较少，就设了一个计。他叫一些人把一尺多的草鞋用磨石磨烂了甩在路上，又把巴山豆和红苕做成粪便到处摆放，就拿人出去放风，说杨将军来了，说他是一个了不起的巨人，过几天要来取冉土司的人头。冉土司就派人出去看，看了之后相信了，赶紧召集手下各路人马到土司坝开会。杨将军晓得了这个消息，就爬到将军山上，他捡起一个石头打过去，正好打到他们开会的会场中的盘子，冉土司当场就吓破了胆，一命呜呼了，其他的人也就跑了。他的家属也扶着棺材往西边跑了，在中途歇了一下，这个地方就叫棺停堡，现在叫官田堡，后来冉土司埋在新场那边的蛮王牌。③

---

① （明）郑天佐修，李徽纂《桃源县志》卷1《地文志·坊乡》，日本尊经阁文库藏明万历四年刻本。
② 杨洪林：《明清移民与鄂西南少数民族地区乡村社会变迁研究》，第114～115页。
③ 杨洪林：《明清移民与鄂西南少数民族地区乡村社会变迁研究》，第112～113页。

与其形成鲜明的对比,咸丰县坪坝营镇新场村大华尖的冉姓的记忆则是:

> 冉家的祖籍陕西三原县,先到杨洞土司坝后到酉阳,搬到酉阳去是因为洪武元年(1368)来了一个杨将军(名叫)杨通守,他和卢本九(与杨将军一起来的人)设计(谋),用米和巴山豆一起煮,再把这些煮熟的东西灌在竹筒里面捣烂,做成一节一节的东西,像人大粪。他们还做了几双一尺多长的草鞋,在磨石上磨,把他振涩(做旧)。乘着天黑的时候,他们把做好的粪和烂草鞋沿路摆放,还在一些稀泥巴的地方用一尺多长的草鞋踩起脚印,冉土司就这样跑到酉阳去了。后来,冉朝公待人来镇压散毛土司,成立了大田所,冉家又来了杨洞和甲马池。现在冉家住的地方不大,在甲马池的时候住的是大屋沟,嘉庆年的时候搬到大华尖。①

上述两则有关杨将军与冉土司的传说,站在冉姓的角度看是杨将军设计赶走了冉土司,站在杨姓的角度看则是杨将军顺应民意赶走了无恶不作的冉土司。传说故事并不一定是历史真实,却是历史的隐喻。通过上述两则传说,我们可以依稀看到卫所客民与土司之间的田地之争,也可以窥见在"军强民弱"的情况下,强势的卫所客民运用一些手段"巧取豪夺"土司的地盘以及一些民地的过程。发展至最后,包括土司在内的土著不得不揭竿而起,反抗明王朝的统治。这与明初土司的积极归附形成了鲜明的对比。这些反抗斗争有洪武二年(1369)覃垕聚集十八"峒蛮"的起事伐明,洪武十四年(1381)水尽源通塔坪等土司的反抗,洪武十六年(1383)石柱"溪峒蛮寇施州",洪武二十二年(1389)澧州土官夏得忠联合慈利一带的"九溪蛮"的起事,景泰年间湘、黔、桂边的起义,嘉靖中叶以腊尔山为中心的苗民起义等。

当然,卫所客民与土著的土地之争,并不是卫所客民永远强势。明中后期,屯政松弛、屯法破坏后,官豪、土司更是抢占土地。故成化、弘治之后,湘西的永定、九溪卫出现了"军多逃亡,民多削弱,官豪舍余投隙占

---

① 杨洪林:《明清移民与鄂西南少数民族地区乡村社会变迁研究》,第112页。

种，故一官而有数百家之别墅，一军而有数百亩之产业"① 的情况。今天临澧县族谱中有关明代从军祖先有"遗田""鹅鸭田"的记载就是屯田私有化的明证；鄂西南也是如此。一些昔日屯垦地以卫所官姓氏命名（如丁寨、冉家院子、蒋家坝、童家庄、杨家坪等），反映了明中叶以后军屯已逐渐遭受破坏，屯地已被卫所官侵吞为私家产业的历史事实。此外，一些土司也趁军屯破坏之际大肆侵占卫所的屯田。这可从明末与清初湘西屯田数量的缩减中得到管窥。据万历《湖广总志·屯田》引《续文献通考》载隆庆六年（1572）全国统计数字：永定卫当时的屯田是 1467 顷 25 亩，屯粮 5168 石；九溪卫屯田 1467 顷 25 亩，屯粮 6795 石 8 斗；安福千户所屯田 320 顷 19 亩，屯粮 2143 石 3 斗。据康熙《永定卫志·坊乡》载，永定卫此时的屯粮为 4989 石；据康熙《九溪卫志》载，九溪卫屯田面积为 1250 顷 82 亩，安福所屯为 195 顷 38 亩。可见，其屯田从明末至清初已有所减少。这些流失的屯田，一部分系军官私占，另一部分则是被土司所占。故万历《慈利县志》载"隘粮议"曰：

> 洪武初年因内峒作乱，奉例将本县十七都设立麻寮所，十隘百户所，就将各里百姓，收充土官隘军员役，坐隘把守。各军在彼开垦田地，起课纳粮当差。成化年间千户唐勇奏称：十七都一图二图、十九都三图田地，各系刀耕火种，买米完粮，相应优免杂差。彼时三里田粮止得九十六石有零，后各土官舍余殷实，陆续之买二十三、四、五等都民粮一千余石，亦称隘粮，不当民差。又有本县附近奸民并九溪舍余，亦将粮诡寄隘里，躲避差徭。经蒙巡抚都御史瞿，分巡副使郑，案委本府陈同知县查议得十七都一图三图田地，委系刀耕火种，除里甲正办外，准免杂差，名曰全里隘丁。②

引文中的十九都加上十七都一部分，再加上二十二、二十三、二十四都，相当于今慈利县北部地区。这些地方虽是麻寮所的地盘，但其耕

---

① （清）苏益馨修，梅峄纂《石门县志》卷 20《屯田志》，清嘉庆二十三年刻本。
② （明）陈光前纂修《慈利县志》卷 8《田赋》，明万历元年刻本。

种方式是"刀耕火种"，且系土官通过"买民粮"获得的。此外，据康熙三十二年（1694）以后麻寮所千户唐德昌所写的呈文，经明末卫所中的土司侵占，麻寮所的面积已有所扩大，增加了二都、四都、五都、一都，曰："标下旗丁门役男妇共一千五百余人丁，粮共扣三百余石，附籍慈利十七都、十九都、二十三都、二都、四都、五都、二十都、一都，以上等都之粮，系麻寮守御所扣除。"① 由此可见，麻寮所镇守军官是土官，该所名为卫所，实为土司之地。通过霸占或购买，土官不仅侵占了卫所的地盘，还侵吞了民地。

与湘西的永定卫、九溪卫相似，鄂西南卫所之屯田也遭受了土司的侵占。民国《咸丰县志》载大田千户所一带的屯田被土司侵占云：

县境自明洪武二十二年（1389）割散毛司之半，设大田千户所，置汉土千百户等官。因粮于酉阳、黔江等地置军驻屯。介于宣、来、咸、利诸土司壤地之间。终明之世，尚足籍资控驭。崇祯末年，大田掌印千户杨正麟，千户升指挥金事舒相度，进呈舆图官军文册，内开：……一所城东北三十里，有清水堡、蒋家坝，又五十里有马湖屯，又五十里有龙坪堡，系千户蒋永镇带兵一百名屯守，又五十里有白沙溪，抵晓关，直至大岩坝、钯捞土，交施南司界，左有石虎关、张角铺，有段启元带兵屯守。而散毛司霸占清水堡，改名散毛河，又霸占蒋家坝，改名蛮寨子，施南司霸占龙坪堡、白沙溪、晓关、大岩坝、石虎关、张角铺、土鱼塘、上佛坝等处；一所城东去十五里有土地关，前通进水溪，直通至老鸦关，路通散毛司、木册司，直至忠堡屯，有千户梅拱辰带兵一百名屯守，左有滴水关，进通东流司，内有马官屯，有百户马忠带兵一百名屯守，后因散毛司土官覃玉鉴觊觎马官屯，破开长荒一路名为新开山，直至滴水关，霸占屯堡，改为苦窝洞。……一所城南去三十里，有独乐关、高山堡，内有独乐坪、小车沟、万家屯、野猫屯，有百户赵武臣带兵一百名屯守，竟遭腊璧司土官田琦扎营独乐坪，霸占小车沟、唐家沟、万家屯、野猫屯，横截所地，梗塞不通。各司出劫，

---

① 中共鹤峰县委统战部等编印《容美土司史料汇编》，内部资料，1984，第473～477页。

惟滴水、独乐二关最为紧要。一所城正西八十里为石牙关，内有蛮王牌，有千户张其绅带兵一百名屯守。以上皆前明旧案。①

由上可见，由于军屯遭受破坏，大田千户所一带许多屯田被散毛司、腊壁司等土官侵占，散毛土司"霸占清水堡，改名散毛河，又霸占蒋家坝，改名蛮寨子，施南司霸占龙坪堡、白沙溪、晓关、大岩坝、石虎关、张角铺、土鱼塘、上佛坝等处"，腊壁土司田琦"扎营独乐坪，霸占小车沟、唐家沟、万家屯、野猫屯"，由此引发土客争斗不息，以致延至清初康熙年间官府不得不铭钟纪案，"钮断令土司退出所占，而令汉民备价赎取"②。

此外，渝东南黔江千户所、彭水千户所的24处军屯田，同样也遭受土司的侵占。否则咸丰《黔江县志》不会在言及屯田时有"遗迹久湮"③之语，崇祯末年彭水也不会被忠路土司"寇掠"郁民千余人，"土寇"也不会"乘窃机牙掠地，雄据邓甲，据采芹城，以掠四乡"④。

除了卫所客民与土著，普通客民与土著之间为土地同样也有矛盾。元明之初，武陵地区土旷人稀，土著愿意招客民承佃，故严如熤在《三省边防备览》中有"土著百姓以纳课为难，募人领地承赋""土著人少，所种者十分一二，招外省客民纳课数金，辄指地一块，立约给其垦□，□民不能尽种，转招客佃，积数十年，有至七八转者"⑤之言，明嘉靖《思南府志》中有"土著大姓将各空闲山地，招佃安插，据为其业，或以一家跨有百里之地者，流移之人，亲戚相招，缫属而至，日积月累，有来无去"⑥之叹，湖广出现了"自元季兵燹相仍，土著几尽，五方招徕，民屯杂置，江右、徽、黄胥来附会"⑦的情况，思南府则出现了"土著之民无几，而四方流寓者多

① 陈侃纂《咸丰县志》卷10《土司志》，民国3年刊本，1983年重印本。
② 陈侃纂《咸丰县志》卷10《土司志》，民国3年刊本，1983年重印本。
③ （清）张绍龄纂修《黔江县志》卷2《武功志·兵制》，清咸丰元年刻本。
④ （清）邵陆编纂《酉阳直隶州总志》卷4《彭水县志·艺文·王中军传》，清乾隆四十年刻本，第167页。
⑤ （清）严如熤撰，黄守红标点，朱树人校订《严如熤集》第三集《三省边防备览》卷11《策略》，第1089页。
⑥ （明）万炯修，钟添纂《思南府志》卷7《拾遗志》，明嘉靖刻本。
⑦ （明）徐学谟纂修《湖广总志》卷35《风俗》，明万历十九年刻本。

矣"① 的局面。随着客民的大量进入，加上客民没有户籍，不承担赋役，一些地方出现了"土民日敝，而客户日盛"② "客既胜而主人弱"③ 的情况。究其原因，时人认为系客民不入户籍所致，曰："客户江右为多，膏腴之田，湖泽之利，皆为彼所据，捆载以归，去住靡常，固有强壮盈室而不入版图，阡陌遍野而不出租粮者矣！"④ 当然，除了"不入版图、不出租粮"外，客民在技艺、商业意识等方面具有优势也是他们迅速致富、崛起的重要原因。因此，在武陵地区各地方志中，每言及技艺、商贾，必言客民。如龙山邑人虽知操司，但"工多自外来"⑤；鹤峰"工匠皆自外来"⑥；思南"工匠不能备具，木工、石工，间有习其艺者，多笨拙，其细致者，举由他省来。此处埏埴、缝纫、铜、铁、锡、银等匠，胥致他郡，居人亦为之，不精也"⑦。商人多来自外地，容美土司田舜年"爱客礼贤，招徕客贾"，"客司中者，江、浙、秦、鲁人俱有，或以贸易，或以技艺来，皆仰膳官厨"。⑧ 利川民（客）籍皆"明末国初调拨各省官军之家，或流寓行商"⑨。思南"商之由陕、由江至者。边引蜀盐，陕人主之。棉花布匹，江人主之"⑩。

面对客民占据膏腴之田、湖泽之利，却不缴纳税赋的情况，加上客民中混杂的桀骜不驯的"脱罪亡命""亡赖匿命"之徒给地方社会带来了一些负面影响，一些地方的土著对客民尤为痛恨，并由此引发他们之间的矛盾。这可从一些客民落籍的传说以及贵州沿河县洪渡镇接官厅发现的明万历四十三年（1615）《军门禁约碑》中得到管窥。张家界《龚氏族谱·沅澧龚氏支系》载：

---

① （明）万炯修，钟添纂《思南府志·后序》，明嘉靖刻本。
② （明）陈洪谟纂《常德府志》卷6《食货志》，明嘉靖二十六年刻本。
③ （明）万炯修，钟添纂《思南府志》卷7《拾遗志》，明嘉靖刻本。
④ （明）陈洪谟纂《常德府志》卷6《食货志》，明嘉靖二十六年刻本。
⑤ （清）缴继祖修，洪际清纂《龙山县志》卷7《风俗》，清嘉庆二十三年刻本。
⑥ （清）聂光銮修，王柏心、雷春沼纂《宜昌府志》卷11《风土志·风俗》，清同治五年刊本。
⑦ （清）萧琯纂《思南府续志》卷2《地理门·风俗》，清道光二十一年刻本。
⑧ （清）顾彩：《容美纪游注释》，高润身主笔，第5、47页。
⑨ （清）何蕙馨纂修《利川县志》卷10《风俗》，清同治四年刊本。
⑩ （清）萧琯纂《思南府续志》卷2《地理门·风俗》，清道光二十一年刻本。

元末，朱元璋、陈友谅交锋，陈败北，逃至鄱阳湖，在九江中箭而亡。次子陈理即位。陈氏无处安身，陈婆马氏、俞氏带着两个儿子即长子重一、次子重二，隐姓埋名，逃至部属龚曾京故居——南昌府丰城县林家坪住下。后因朱派兵追杀，陈友谅部属欧、张、周、李、秦、龚、孙、全、赵等十条汉子约集大栗树土地，略叙往事，歃血为盟，便按年龄称兄道弟，结成金昆玉友，带着家眷，护陈母弃江西创湖南。一家欧，二家张，三家周，四家李，五家秦，六家龚，七家孙，八家全，九家赵，十家全，即所谓九姓十排联。

洪武二年二月十八日，曾京公率三子礼、智、信与赵、秦、孙等姓兄弟护陈母溯澧水而上。信公创业慈利下三都三潭坪，智公创业澧州永定康士湾，礼公随父曾京返回江西丰城。曾京公的仁、义二子与张、李、全、全溯沅水而上，仁公于常德府桃源县骆落口安居创业，义公排行第二，创业于辰州府沅陵县城上南门铁炉巷。生三子：长永兆，字德，留守沅陵守业；次子永明，字德见，落业永定红土坪；三子永清，字德光，居慈利饭甑山宝藏湾。

1383年冬，永明公被红土坪科举人李寅文招为女婿，落户红土坪。李将中坪稻田一半为嫁妆。后因界址争议，曾与本地祖居者发生争吵甚至武斗。……为缓和矛盾，顺溪而上，迁往筑桑溪、雷公溪、麻潭河等地。后子孙逐步向横山峪、黄沙堰、盘塘、芳石坪、锅小二溪等地发展，成为当地一大望族。[①]

由上可见，客民龚姓落籍张家界是一段艰难的过程：在红土坪，龚永明以招赘方式落籍。但由于与土著争夺田地发生争吵，最后演变为武斗，龚不得不沿溪再迁至筑桑溪、雷公溪、麻潭河等地发展，最后方落地生根，成为地方一大望族。该过程充分体现了客民在落籍过程中与土著发生的争夺田土的矛盾。

与张家界《龚氏族谱·沅澧龚氏支系》所载有所不同，湖北长阳西关外《四知堂·杨氏》中记载的土客矛盾是客民与土著土司的矛盾。该谱谱

---

① 张家界市政协学习文史委员会编《张家界姓氏史话》，内部资料，2008，第367～368页。

序载:"吾始祖海公来自江西,核其里居乃吉安府吉水县湾柳树是其籍也。自明及清,数百有余载矣。当年偕宿氏、尹氏由彼而至长邑,不知几历辛苦,爰止于县治之河南沿市寇小峰山落业为居。"由于该地逼近容美土司,"屡防侵掠,于是迁移于河北菖蒲溪,爰居爰处,庶得安逸"。该谱载"杨氏六世七世常变考":"原先界近容美,常遭其害。县治河南一带,人烟星处,多居河北。自明末时,土人肆威,乘机来县,南北一空,百姓尽逃外邑。"① 上述内容表面呈现的是杨氏遭受容美土司侵扰之事,但实质是土客之间的矛盾。其原因是,杨氏是外来的客民,土司是当地的土著,所以杨氏被容美土司侵扰系土著侵扰客民。这种情况清代多有发生。故民国《咸丰县志》中有"时土司豪强,侵占客民田地甚多,历任长官多优容顾忌"② 之语,巴东县令齐祖望有"请严边防"之请。

与长阳情况类似,贵州沿河县《军门禁约碑》中所呈现的内容表面看是"汉/夷"关系,本质却是土著与移民的关系。《军门禁约碑》高1.7米,宽1米,为明朝万历四十三年(1615)十月十五日,由里老陈思忠、陈再信,乡约熊齐仁、邓应斌、陈天爵等奉命所立。民国《沿河县志》载其碑文曰:

　　一、汉人入夷,勾引夷人入汉,酿起边衅危害地方者,依律处斩。
　　二、将汉人拐入夷转卖得财者,依律发边远充军。
　　汉人入夷,律有明禁。或逆命奸徒,携家投夷,或本城汉人假借入夷生意担挑货物为名,遂谋诱骗消息,探听往来缙绅商贾,掳掠人畜,凌辱夷人,以至道路断绝,地方凋残,皆由此辈诱夷出劫所为。今后,各该有司、府管,凡遇通夷关隘及夷贼出游道路,严加盘诘。凡有军民或外省奸徒,或单身携妻子担挑货物入夷者,即当贼脚,须迅速提送该管衙门审察,依法处斩。军民重赏,官即优钗。倘讥察不严,受贿纵放,一经查出,或经人告发,除犯人另完外,并将该管盘疏给各役,严加处治。

---

① 长阳民族宗教事务委员会、长阳民族文化研究会、长阳土家族自治县档案馆编《长阳宗谱资料初编》,第135~136页。
② 陈侃:《咸丰县志》卷6《官司志》,民国3年刊本。

思南府知务川县事文林郎胡奉

钦差巡视贵州省兼督湖北湖南川东等地方

提督军务都察使右检都御史张

万历四十三年十月十五日

里老　陈思忠　陈再信

乡约　熊齐二　邓应斌　陈天爵[①]

关于此碑，田用三、叶成勇等都有过讨论。田氏的研究属于资料介绍，叶氏的研究则以碑文为线索，分析碑文的内容、历史背景及其所反映的"汉/夷"之间特定的政治经济关系。[②] 不过，二人的立足点总体上都是民族关系。其实，该碑表面上反映的的确是"汉/夷"关系，但其隐含的是客民与土著的关系。元明时期，武陵地区迁入大量的客民。这些客民以汉人为主，既有避乱、避难、隐居的，也有军事、仕宦留居的，既有招垦、商贸、投靠亲朋好友的，也有传播佛道驻锡者。特别是明中后期，随着朝廷对该地区统治的弱化以及卫所制度的松弛，一些卫所军民纷纷逃亡，与其他的一些客民一起，涌入"蛮"区，"酿起边患"，引发"蛮夷"起事，"危害地方"。在这一形势之下，朝廷一方面派兵镇压"蛮夷"之起事，另一方面出台政策，下令禁止"汉人入夷，勾引夷人入汉"。这一政策也得到了地方里老的响应和支持。于是在黔东北的边防要冲之地出现了勒石示众的乡规民约——《军门禁约碑》。这就是《军门禁约碑》的产生背景。

至于其涉及的"汉/夷"，表面看来涉及的是民族关系。但从前述所谈的黔东北多"中州流寓子孙"、"蜀中、江右之民"以及"客强主弱"的情况可知，这些所谓的汉人绝大多数是不同时期从不同地方迁入黔东北的客民。这些客民由于知识文化背景、技能等方面的差异，又具有不

---

① 杨化育、覃梦松、张定中主修《沿河县志》卷17《古遗志》，沿河土家族自治县地方志办公室点校，第270～271页。

② 参见田用三《沿河洪渡"军门禁约碑"》，《贵州文史丛刊》1987年第4期；叶成勇《贵州沿河县万历时期〈军门禁约〉碑文考论——兼论贵州明代中晚期"夷"汉关系》，《民族研究》2014年第5期。

同的群体分层。他们中既有大姓巨族，也有商贾宦游，还有生活在社会底层的军丁、流民、难民与有罪之民。较之于大姓巨族，处于社会底层的客民迫于生计、惩罚等方面的压力，不得不"假借入夷生意担挑货物为名"，"遁入"、"逃入"或者"潜入""蛮区"，以致思南土著田秋在《陈愚见以备遗策疏》中有"（思南府）与川东重庆、播州、酉阳等处接界，中间山溪平壤，连延千里。每遇荒年，川民流入境内就食。正德六年（1511），流民入境数多。贼首方四，乘时啸聚，……传闻今年流民入境者，络绎道途，布满村落，已不下数万，较之正德六年（1511）尤多"①的言论，嘉靖《贵州通志》中也有"各军卫徙自中原……至愚无知者，或乃见变于夷"②的记载。部分客民汉人"乘时抢掠"甚至"凌辱夷人""诱夷出劫"，引发社会动荡、不安，以致地方里老大为不满。在政府的倡导之下，他们形成了禁止客民汉人进入"蛮"区的乡规民约。至于碑刻中所论及的"夷人"，如本章第一节所言，基本上是地方社会的土著；至于里老，他们与"夷人"一样，也是土著，且是进入了里甲系统的土著。由此可见，碑刻中的"汉"是具有移民性质的汉民，"夷人"与"里老"是土著之民。他们的关系就是客民与土著的关系，他们的矛盾就是客民与土著的矛盾。

（二）土客的融合

作为外来的社群，客民迁入武陵地区初期，在定居的过程中，为了生存和发展，必然与当地的土著发生一定的矛盾和冲突。但伴随着时间的推移，政府对人口和赋役制度的不断调整，土客之间沟通、交流障碍的打破，土客之间相互影响，逐步实现了融合。这种融合主要表现在经济、文化、信仰、通婚等方面。

经济上，土著农业、手工业等方面受到客民迁入的影响出现了较大的发展和变化。农业方面，土著逐步吸收了客民的先进生产工具、先进的生产技术以及各种农作物新品种。生产工具主要体现在牛的使用上。元明时期，尽管武陵地区比较偏远的地方大都仍是刀耕火种，但平畴地区已普遍使用牛。

---

① （明）万炯修，钟添纂《思南府志》卷7《拾遗志》，明嘉靖刻本。
② （明）郭经修，张道纂《贵州通志》卷3《风俗》，明嘉靖刻本。

如恩施"高低田地，皆用牛犁，间有绝壑，牛犁所不至者，则以人力刀耕"①，咸丰"山多田少，皆用牛犁"②。所使用的牛，有黄牛、水牛。大体而言，山区、高原使用的是黄牛，丘陵与平地使用的则是水牛。其来源有本地饲养的，也有朝廷下拨的。如洪武二十三年（1390），朝廷就拨了6770余头官牛给沅州、思州、镇远等屯垦的将士。所使用的工具有铁铧犁、铁锄等。生产技术主要体现在水利灌溉上。在坝子上，土著已知修渠引水灌溉，山区则视水源情况，利用水筒、水车等灌田。在没有水源的地方，则筑堰成塘，用戽兜灌田。至于农作物新品种，苞谷的引进就是典型。明末苞谷传入武陵地区后，逐步得到推广，"渐种渐多"③，成了人们主要的粮食作物。手工业方面，在客民的影响下，土著建筑、纺织等方面的技术与两宋相比较已有较大的进步。④ 特别是能工巧匠，尽管多来自外地，但本地亦在客民的影响下出现了不少。如常德"本地无制锦绣为业"，受五开诸边卫及永顺诸宣慰司等地的影响，也以"织制锦绣为业"，且织品"亦五色可爱"⑤；龙山"工多外来，近邑人亦知操司"⑥；恩施的百工则"多系本地人"。⑦ 商业方面，在客商的影响下，武陵地区与内地的联系在元明时期大大加强。武陵地区大量的土特产以及奇珍异物通过客商以及本地商人沿着水路交通源源不断地输入内地。这些商品既有大宗的矿产、山货，也有非大宗的牲畜等。为了便于土客以及各族群众开展经贸活动，元廷至元八年（1271）在辰、沅、靖等处设转运司，"印制锡引"。每引收钱三百文发给商人贩锡，每引准许售锡一百斤。⑧ 至元十一年（1274）在施州等地还设置了互市。有明一朝，城镇与集市大量出现，商业发展更是迅速，以致土司衙署所在地都成了商品交换的场所。如容美土司署"南门正临龙溪江，闾阎栉比，甃石为街，民

① （清）多寿修，罗凌汉纂《恩施县志》卷7《风俗》，清同治三年麟溪书院刻本。
② （清）张梓修，张光杰纂《咸丰县志》卷7《典礼志·风俗》，清同治四年刻本。
③ （清）谢鸣谦纂修《辰州府志》卷15《物产考》，清乾隆三十年刊本。
④ 李斡、周祉征、李倩：《土家族经济史》，第45～49页。
⑤ （明）陈洪谟纂《常德府志》卷1《地理志·风俗》，明嘉靖二十六年刻本。
⑥ （清）缴继祖修，洪际清纂《龙山县志》卷7《风俗》，清嘉庆二十三年刻本。
⑦ （清）松林、周庆榕修，何远鉴、廖彭龄纂《增修施南府志》卷10《典礼志·风俗》，清同治十年刻本。
⑧ （明）宋濂等撰《元史》卷94《食货志二》，第2382页。

家多以纺织为业。当明盛时，百货俱集，绸肆典铺，无不有之"①。永顺土司老司城也是"城内铺店颇多"，根据不同的交易物品划分为不同的街区。成化年间，黔东北的思州城也是"界四门以通衢，因地势以建公署，逋逃四归，商民聚处，环城内外，栉比蜂屯，鲜有空隙，弦诵洋溢，鸡犬熙蕃"②。思南府由于上接乌江，下通蜀楚，"舟楫往来，商贾鳞集"③；镇远府系辰、沅之上游，云、贵之门户，该地也是"崇冈复岭，城堡罗列，长江大河，舟楫通利"④；铜仁府则居辰、常上游，"舟楫往来，商贾所集，颇有楚风"⑤。各卫所所在地也是建城池，修驿道，除了保障驻军安全外，也逐渐发展成了各地商品的集散地。如黔东北的清远、偏桥、镇远卫，屯戍的军民与当地的土著互通有无形成了集市，周边的土民常负薪炭等土特产来集市进行交易，"市如云集，朝至暮归"⑥。在客商的带动下，武陵地区土著的商业意识也有较大提升。一些本地的商人，除了收集、贩运土特产到外地，也从外地贩运货物到武陵地区进行销售。巴东商贾"倚川江之便，民多逐末"。没有大资本之贫民，则"负土货出县，或往来施州卫，以所得佣值税租，易盐布"⑦。

　　文化上，迁入的客民与土著在交往交流中实现了相互影响，相互吸收，在经制区与过渡区更是如此。风俗习惯方面，"人多淳朴，少宦情"的常德府，在客民的影响下虽然"人聚五方"，但"风气日开""气习日移"，出现了"尚侈靡者"以及"竞利健讼"⑧的情况。沅州府也"因客商畸民操重资婚聘，费至五七十金""以致风靡"⑨。辰州府山谷间虽"颇杂猺俗"，但居住在城市的土著"蛮夷""衣服言语皆华人"⑩。施州卫军民指挥使司

---

① （清）顾彩：《容美纪游注释》，高润身主笔，第39页。

② （明）郭经修，张道纂《贵州通志》卷5《职官》，明嘉靖刻本。

③ （明）万炯修，钟添纂《思南府志》卷1《地理志》，明嘉靖刻本。

④ （明）沈庠修，赵瓒纂《贵州图经新志》卷5《镇远府》，明弘治刻本。

⑤ （明）郭经修，张道纂《贵州通志》卷3《风俗》，明嘉靖刻本。

⑥ （清）谷应泰：《明末纪事本末》卷4《西南群蛮》，涵芬楼秘笈本。

⑦ （清）齐祖望纂修《巴东县志》卷2《风土志》，清康熙二十二年刻本。

⑧ （明）陈洪谟纂《常德府志》卷1《地理志·风俗》，明嘉靖二十六年刻本。

⑨ （清）瑭珠修，朱景英、郭瑗龄纂《沅州府志》卷23《风俗》，清乾隆二十二年稿成，刻年未详本。

⑩ （明）李贤等撰《明一统志》卷65《辰州府》，四库全书本。

"民集夷獠"，"犹近华风"。① 尤其是在卫所周边，土著与客民经过长期的文化濡染，已处于明末邹维琏在《重修〈卫志〉序》中所言的"不华不夷之间"② 的状态。思南府原本"蛮獠杂居，言语各异"，发展至明中期，已是"文教覃敷，民俗渐化"，土著"蛮夷""渐被华风"，"言语俱类中州，素所服习垂髻之俗，悍劲之性，靡然变易矣"，土著"汉民""婚娶礼仪，服食体制，与中州多同"③。铜仁府的"土人"是"杨黄之属"，明代归附时还是"语艰□不可晓，其人好耕耨渔猎，性狡无常，皆窃难治（一统志）。屏医信巫，举听于神"，但"渐被日久"后，语言、食饮已"不异华人"④。

文化的交流是相互的，并不是单向的。在土客的交流过程中，尽管客民具有文化上的主导优势，但并不是说他们不受土著文化的影响。一些客民落籍后通过通婚等方式被土著同化，完全忘其所自来。故《明熹宗实录》卷9在言及湖广、云南内地商贩时有"浙江、江西、川湖流离及市鱼盐瓜果为生者，久之而化为苗"之言。渝东南彭水一带的外来盐商富民也是"挈资而来，结庐而处，踵相接，衡相忘也"⑤。

信仰方面，不仅土著信奉一些外来的神明，客民也建有一些地方的祠庙，并参与其中的祭祀活动。随着客民的迁入，外来宗教也进入武陵地区。道教自东汉张陵创立天师道起，即对武陵地区产生了一定的影响。道教传入武陵地区的具体时间无从考究，但至唐代，该地区已建有湖北长阳天柱山、湖南慈利五雷山等道观。道教从传入武陵地区开始，就与当地的民间信仰相融合，形成了宗教职业者——道士。他们主持民间丧葬等活动，长期影响武陵地区民众的生活。元明时期，这种关系更加紧密。这在土家族土老师的神像图中得到了体现。在土老师神明谱系中，除了土家族的彭公爵主、向老官人、八部大神等祖神外，还有不少来自道教的神明，如"三清"、玉皇大

① （明）李贤等撰《明一统志》卷66《施州卫军民指挥使司》，四库全书本。
② 《重修〈卫志〉序》，（清）王协梦修，罗德昆纂《施南府志》，清道光十七年刻本。
③ （明）万烔修，钟添纂《思南府志·后序》，明嘉靖刻本。
④ （明）万士英纂，陈以跃修《铜仁府志》卷2《方舆志·风俗》，明万历四十年刊本。
⑤ （清）邵陆编纂《酉阳直隶州总志》卷4《彭水县志·风俗》，清乾隆四十年刻本，第147页。

帝、王母等。① 佛教早在晋代已传入武陵地区。重庆酉阳县万木乡的永和寺即建于东晋永和八年（352）。此外，湖北来凤县的仙佛寺也是咸康年间建成的。该寺庙除了塑有释迦牟尼、弥勒、燃灯三座巨佛，还有19尊其他的佛。由此可见，佛教传入武陵地区的时间之早。② 佛教传入武陵地区后，一方面在该地区的名山大川建立了许多寺庙，成为信徒烧香拜佛的重要场所；另一方面，佛教与地方的民间信仰相结合，形成了许多有佛教成分的民间信仰，如土家族道士分为文派和武派，文派明显受佛教的影响，演唱的经文多为佛教内容。元明时期，武陵地区建成佛教寺庙更多，且为不同的人群所信奉。这些人群既有客民，也有土著。这从关公信仰在容美土司区的传播中可得到管窥。如容美土司在明万历年间就开始大规模修建关公庙。土司时期有史可稽的关帝庙多达14处，这些关庙既有明末修建的，也有清代修建的，主要位于鹤峰县五里坪、城南门外、三路口、太平镇、走马坪、奇峰关、烧巴岩、躲避峡、青山坪、羊角岩、乔阳坪和五峰县的石梁司、白溢寨、北门。顾彩在清初曾目睹了容美土司关公信仰的盛景。他在《容美纪游》中做了详细的记录，如他讲张桓侯庙时有"土人最敬关公"③ 之言，在描写南门内龙脊上的关圣庙时有"甚壮丽"④ 的感叹。这些记录记载的时间虽是清初，但也在一定程度上反映了明代的情形。毕竟，土司区内关公信仰不是短时间所能形成的。关公信仰在容美土司的传播与发展，一方面与容美土司距关公信仰形成地之一当阳很近有关，另一方面也离不开中央王朝、土司的积极推动以及客民迁入的影响。⑤

与土著信仰"客化"相对应，客民的信仰也出现了"地方化"。一些客民除了信奉来自原籍地的神明外，也逐步敬奉地方土著的一些神明。如靖州飞山庙，该庙祭祀的主要神明是当地"飞山蛮"首领杨再思，而这种信仰也得到了客民的信奉："正统十年，郡守苏忞重建。正德戊辰年，参将黄公焘竖石坊于庙前。岁时旱潦，及疫厉。祷之辄应。每六月初六日

---

① 宋恩常编《中国少数民族宗教（初编）》，云南人民出版社，1985，第406页。
② 刘孝瑜：《土家族》，民族出版社，1989，第62～63页。
③ （清）顾彩：《容美纪游注释》，高润身主笔，第26页。
④ （清）顾彩：《容美纪游注释》，高润身主笔，第53页。
⑤ 黄柏权、葛政委：《关公信仰在容美土司的"地方化"及其诠释》，《广西民族大学学报》（哲学社会科学版）2014年第3期。

侯生辰，十月廿六日侯忌辰，有司具太牢祀之。"① 引文中的郡守苏忞系靖州知州，广西怀集人；参将黄公焘则是湖北安陆人。与靖州飞山庙相似，铜仁府的飞山祠同样受到土著与客民的敬奉。该庙正德年间由土官李椿建，万历四十年（1612）由知府陈以跃重修。② 此外，由杨洪林的研究可知，施州卫治周边建设有清江流域土家人祠祀的巴公祠、向王庙、竹王祠等祠庙，卫所官兵也参与这些祠庙的祭祀活动，并成为他们信仰文化的一部分。③

　　作为外来的社群，通过朝廷的政策以及其他的方式，客民经过一段时间的努力之后大都能落籍和定居。落籍、定居之后，客民要真正融入地域社会，需要与土著交流、互动才能避免与之长期发生矛盾和冲突，从而导致再次迁徙。除了经济、文化、宗教信仰等方面的调适外，通婚也是实现上述目的的重要方式。

　　客民与土著通婚，正史或地方志记载较少，但族谱中或民间传说甚多，而且通婚历史源远流长。如前述之彭士愁，永顺、龙山等县一带即有他通过娶土王吴著冲的女儿秀英进而打败吴著冲的传说故事。④ 这一传说故事并不是说彭士愁一定娶了土王女儿，而是以民间话语的方式告知我们，早在隋唐五代时期，武陵地区土客之间已有通婚。至于两宋与元明时期，伴随着客民数量的增加，土客通婚之事也是越来越多。前述桑植一带流传的"民家土家'连理会'"故事即是土著与客民打破禁忌实现土客通婚的典型。与连理会相似，鹤峰县老牛湾的故事讲述的是老牛湾、老牛山地名的来历，但也隐含着土客打破藩篱通婚的历史信息：

　　　　很早以前，高山底下，大河两岸，一边住着客家人，一边住着土家人。客家人和土家人是不准通婚的，如果结了婚，坏了土司规矩，就要受到沉潭的处罚。有个土家后生叫向长生，长得十分英俊，又有一身好武艺，茅箭能射天上的老鹰，钢鞭能打山上的猛虎。许多姑娘都爱他，

① （清）李大翥辑《靖州志》卷3《坛庙》，清康熙二十三年刻本。
② （明）万士英撰，陈以跃修《铜仁府志》卷6《祠祀志》，明万历四十年刊本，第329页。
③ 杨洪林：《明清移民与鄂西南少数民族地区乡村社会变迁研究》，第139页。
④ 向福盛：《老司城民间故事集》，中国戏剧出版社，2010，第81～102页。

说媒的一路一路来，就是向长生不答应。原来，他爱上了对河的客家姑娘张秀英。

一天深夜，他悄悄过河找到张秀英，求她和自己一块儿逃出去，男耕女织过日子。秀英十分喜欢，就是担心没有一个好廊场躲藏，让土司抓住要沉潭。向长生告诉她，在老湾里有一座高山，山顶一块平地，土地肥沃，好种庄稼。上山一条独路，人上去都十分危险。秀英听了，很高兴。大黄牛上不去，向长生就把自家的小黄牯抱来，和秀英上了山，过着安静甜蜜的日子。

上十年过去了，小黄牯都长成大黄牛了，山下的客家人也可以通婚了，两族的关系搞好了。向长生和秀英商量，下山侍奉父母，免得日后让人骂个不忠不孝之罪。家当都搬完了，就是老黄牛下不了山。夫妻俩想到这条牛上山上十年，耕地开荒出了力，丢下它实在不忍心。只见老牛流着泪，叫了两声，栽下绝壁坂死了。

后来，人们就把这山叫老牛山，湾叫老牛湾。①

民国时期陈心传补编《五溪蛮图志》载：《明史》所称之镇溪苗黄吉、五寨司苗侯答保，"其世系本皆非苗族，习与之化；或妇纳苗女，其生易繁，转迁而既入苗之巢穴，遂变为苗也"。遍居于沅陵之西北，古丈之东西及泸溪西北，与乾城以东，四县毗连之地的仡佬，"其最著者，有符、向、张三姓。今之张姓者，多改为陈姓。谓其原为明朝陈友谅之后裔也。姓符者，亦多不承认己为苗族。谓其祖，亦系明朝之得有某爵而为官，以落业于此五溪者。后因有一世之祖，娶有一苗籍之女为妇，自此遂渐染苗俗而使之然者也"②。据段超先生研究，土司区定居的汉族客民，当中有不少与土民通婚；鹤峰流传田姓有"家姓田"与"野姓田"之区分，传说后者是明代京城汉族客女随土司进贡嫁入而进入的。③

---

① 向国安口述，刘际爱整理，王月圣、张群安主编《细柳城：鹤峰民族民间故事、传说续集》，内部资料，1981，第45～46页。
② （明）沈瓒编撰，（清）李涌重编，陈心传补编《五溪蛮图志》第二集《五溪风土·风俗》，第65页。
③ 段超：《元至清初汉族与土家族文化互动探析》，《民族研究》2004年第6期。

此外，武陵地区的族谱中也有较多有关土客通婚的记载。湖南张家界桑植竹叶坪民国16年（1927）《甄氏族谱》载，其启祖甄德系元末明初重庆市竹篾门瓦窑岗人。其落籍容美土司谭家坪就是入赘谭氏实现的。20岁游楚，落籍容美司谭家坪，入赘谭氏为婿，子孙繁衍，散居湘鄂西边境。分布于湘西土家族苗族自治州龙山县蔡家湾、小溪、黄泥田、符家寨、老寨沟等地的符氏苗族则是落地生根的客民。符氏始祖启胜公明成化九年（1473）自江西南昌迁广西桂林全州，后转迁湖南凤凰，娶当地土著苗女入苗籍。隆庆五年（1571）复迁龙山县一带。[1] 恩施大吉《焦氏族谱》也载："焦氏高祖原在南京竹排门，猪豕巷人氏，明太祖洪武辛酉年（1381）拨于湖广施州卫，镇守地名磨子岩，借住二载，四处查访落业之所，得南乡安乐屯。焦八斗甲春（1384）遂搬此处，携家小一起共驻，待至万历年间，数载二百春有七矣（1591，万历十九年），不幸于九年被残兵扰乱，庶民不安，以致兵强民弱，不能安生，遂逃去，喜得与唐崖土司侯姓开亲，方得趋吉避凶，又有数十年矣。"[2] 由引文可见，焦氏祖先是屯戍而来的卫所军士，其落籍存在一个四处漂泊以及与土著唐崖土司侯姓通婚的过程。借助通婚，焦氏"方得趋吉避凶"数十年。虽然该姓的《焦氏史歌》中有"九姓便是此地方，常受客家来相欺"之言，但此处的"客家"是相对后来的客民而言的。其实，焦氏本身也是客民，故《焦氏史歌》中又有"祖贯原籍是江西，洪武年间始分离"之语。

由上可见，元明时期，随着土客文化日益融合，相互间的通婚较之于两宋已有较大的发展。

综上可见，随着朝廷对人口和赋役制度的不断调整，元明时期武陵地区的土客在经历了矛盾和冲突后逐步打破沟通、交流的障碍，在经济、文化、信仰、通婚等方面都实现了较好的融合。经济方面，土著引入了客民先进的生产工具、生产技术以及各种农作物新品种，吸收他们的一些观念，与客民共同推动了区域农业、手工业的变化与发展。文化上，迁入的客民与土著在交往交流中实现了相互影响，相互吸收。尽管这种影响以土著的客化为主，

---

[1]　湖南图书馆编《湖南氏族迁徙源流》，第171页。

[2]　鄂西土家族苗族自治州民族事务委员会编《鄂西少数民族史料辑录》，第97～98页。

但同时也伴随着客民的土化。表现在宗教信仰上，即为佛道教在土著中的快速传播以及迁入客民对土著神明的吸收、敬奉与崇拜。通婚方面，尽管客民迁入初期存在一定的禁忌，但经过一段时间调试后，这种禁忌逐渐被打破。客民借此也融入了地方社会，成为区域社会的重要组成部分。

第四章
清代武陵地区的土客及其关系

　　清朝是我国最后一个大一统的封建王朝。这一时期，武陵地区的资源继续得到开发，社会经济持续发展，水陆交通更为便捷。交通的改善，促进了区域社会经济的发展，也为客民的进入创造了条件。这时期，受"江西填湖广，湖广填四川"移民新浪潮、明末农民起义军余部转战、吴三桂叛乱、"改土归流"、白莲教起义等历史事件的影响，大批客民迁入武陵地区。他们成分复杂，来源多样，有留居的官员、军士，有垦荒、开矿的贫民，有从事贸易的商人。他们来来往往，走走停停，但其中的大部分人最终在此定居。在定居的过程中，他们与区域土著有冲突，但更多的是经济、文化等方面的交往、交流、交融。"改土归流"之后，武陵地区土著与客民交往和联系得到显著加强，客民文化得到进一步传播，区域社会也整体实现了从"化外之区"到"内地的边缘"、从"土流并治社会""土司社会"到"家族社会"的结构转型。

第一节　清代武陵地区的土著及其分布

　　元明时期的客民在经历冲突与融合后，大部分已在清代落地生根，"反客为土"，成了区域社会的土著。与此同时，受朝代更替战争、朝廷治理政策的调整以及内地人口的剧增等因素的影响，作为内地边缘的武陵地区又迎来一批又一批的客民。随着这些客民的到来，武陵地区的土客人口结构发生了根本性的变化，从土多客少演变成了客多土少的局面。

一　土著"蛮夷"及其分布

1. "土人""土民""土蛮"

清代文献和方志对武陵地区的民族进行了简单的分类，较为常见的是

"汉""苗""土""客"四类并列相称，[①] 如《清续文献通考》说："客民附居苗寨，如果相安，亦可渐次开化，……嗣后无论汉、苗、土、客，由各属按季清查，切实详报，归入户口，表册一并咨部。"光绪《古丈坪厅志》则将境内民族分为土族、客族、苗族。乾隆年间，湘西的永顺、保靖、龙山三县岁科两考，童生填报户籍时明确要求"遵照填明土、客、苗三籍"。[②] 土、客、苗三籍是较为粗略的定性划分，具体到某一类型的户籍划分时就更为繁杂。如文献关于"土"就有"土人""土民""土蛮"等不同称呼，较之苗与客，"土"在数量上也较大，湘西永顺县"隶楚极边，土人、汉人、苗民杂处，土人十分之四，汉人三分，苗民亦仅三分"，"各乡惟功全、冲正、西英、田家、罗衣等保系苗人，余具土人"。[③] 又如，保靖县"幅员七百余里……左系苗人，与永绥、乾州毗连，右系土民，与永顺、龙山交界"[④]，"七、八都苗寨，与永绥、乾州界毗连。其去县绝远者，谓之生苗，稍近如哄哄寨之属，虽苗种落，实系土蛮，边徼有事，颇得其力。征苗时诱擒首逆石三保等，俱土蛮潜报官兵擒捕"[⑤]。

从上述文献的记载看，清代对"土人""土民""土蛮"界定更为明确，如"土蛮"，一般认为是土司遗民，魏源在《乾隆湖贵征苗记》中说永绥、凤凰、乾州三厅"苗叛时，惟沿边土蛮不从乱。土蛮者，故土司遗民也，聚众自保，苗甚惮，……永顺、保靖无虞得其力。刘君辅花园之战，亦以土蛮三百陷阵"[⑥]。这里的"土"已经完全从原来"苗民"种落中分离出来，再未混称为"蛮""苗蛮"，而是与苗、客并列相提，成为各自有别的单一民族性的称呼。[⑦] 后世的土家族很多就是从"土蛮"演进而来的。乾隆

---

① （清）刘锦藻撰《清续文献通考》卷25《户口》，民国影印十通本。
② （清）张天如等纂修，魏式曾增修，郭鉴襄增纂《永顺府志》卷11《檄示》，清同治十二年增刻乾隆本。
③ （清）黄德基修，关天申纂《永顺县志》卷4《风俗志》，清乾隆五十八年刻本。
④ 《中国地方志集成·湖北府县志辑㉟》。
⑤ （清）林继钦等修，袁祖绶纂《保靖县志》卷12《艺文志·杂识》，清同治十年刻本。
⑥ 《乾隆湖贵征苗记》，中华书局，第316页。
⑦ 事实上，直至后世，仍有将"土蛮"视作苗族之一种，如《五溪蛮图志》第二集《风俗》曰："土蛮，闻亦为苗族之一种。然其仿效性，比较苗、仡均佳。现散居于乾、泸、古、保、绥各县之民，苗与仡佬间。今闻除其语言尚有一种独存之特性外，其习俗则皆近民同民，近苗同苗，近仡同仡，而与之俱化矣。"

《永顺县志》介绍"土蛮"风俗时曰："其民柔懦，朴拙淳直，惧官怕讼。每岁三月，杀白羊击鼓吹笙以祀鬼。四月十八、七月十五夜祀祖。九月九日，合寨宰牲祀重阳，以报土功。十二月二十八日夜祀祖，名曰祭鬼，禁闻猫大声。稼穑而外，不事商贾。他若疾病，不事医药，歌丧哭嫁，崇巫尚鬼，同姓为婚，嫁娶背负，男女混杂，乃其俗之陋者。然可取者，男耕女织，不事奢华，颇有古风云。"① 其中的"歌丧哭嫁""崇巫尚鬼""演傩戏""跳摆手""唱山歌""祭伏波"等与今天土家族的某些习俗颇为相似。②

"土"是相对于"客"而言的，"土人"多指土著"蛮民"，《五溪蛮图志》记载说：《辰州风土记》云：'其种有四。一曰七村归明户。起居饮食类省民，但左衽耳。二曰施溪、武源归明蛮人，三曰山徭，四曰仡佬。其名，虽自为区别，要其衣服居处趣向，大略相似。其实皆槃瓠之裔也。'以今观之，种类有五：徭、苗、伶、佬、犵。虽其裔出槃瓠，皆曰土人，亦各分为派。长沙、澧州、靖州蛮夷，皆由五溪延蔓。"③ "土人"包含了徭、苗、伶、佬和犵五种土著民族，其中，也包括了"故土司遗民"在内。所以，"土蛮"与"土家族"不能等同，现在的土家族是经清、民国时期境内各民族长期融合的结果。民国《溆浦县志》亦云"大小章人者，故土司遗民，散处边界，名曰犵狫"④，说明仡佬也属"土人"范围。彭水等地，历次"赶苗"留存下来的苗民，被人称作"古老户""土老户"，或者是"土老虎"。与"土人"内涵相近的是"土民"，民国《贵州通志》中有《土民志》，子目包含"苗族""羌氐族""百粤族""百濮族""汉族同化者"等种类。土著大体包含两部分族群，一为土著蛮民，一为土著汉民。

"土人""土蛮"聚居于"改土归流"后新设的永顺府所辖永顺、保靖、龙山、桑植四县，澧州所辖安福、永定二县以及黔东北、鄂西南相邻地区。土人风俗习惯，与汉人、苗人有所差别，"客户多辰、沅人，江右、闽、广人亦贸易于此，衣冠华饰与土苗异，……土人能官话，苗人亦间有学

① （清）黄德基修，关天申纂《永顺县志》卷4《风俗志》，清乾隆五十八年刻本。
② （清）张天如等纂修，魏式曾增修，郭鉴襄增纂《永顺府志》卷10《风俗》，清同治十二年增刻乾隆本。
③ （明）沈瓒编撰，（清）李涌重编，陈心传补编《五溪蛮图志》第二集《五溪风土·风俗》，第62页。
④ （清）舒立淇纂《溆浦县志》卷30《文征二》，民国10年活字本。

官话者"①。乾隆《凤凰厅志》也云："土蛮与苗,其习俗嗜欲不甚相远,故婚姻相通,情伪习知。而其中有大异者,土蛮每洞各服一酋,酋长一言,不敢逆命,井然有冠履上下之分。……驯良如内地,且为更淳于内地者,如永顺府属四县之土民。"②"土民"崇信巫鬼,同治《保靖县志》亦有记载:"土民虽轻生好斗,而朴拙蠢直,多淫祀,所奉之神梅山、云霄诸名,为民地所不知。"③ 乾隆二十五年(1760),永顺府下辖四县编户总数为85942户,其中土民计有46311户,220036口,户、口约占总数的54%、60%,如永顺县苗土客编户为34187户,185021口,土民20346户,113765口;龙山县,苗土客编户为18417户,95117口,土民9982户,50555口,所占比重都较苗户、客户为大。

2."红苗""花苗""苗人""苗民""生苗""蛮苗"

清代武陵地区的苗族,种类众多,称谓亦繁。按是否编户齐民分,有"生苗""熟苗"之分;若按其外在属性,又有"红苗""花苗""黑苗""青衣苗""花衣苗"多种;亦有延续前代的"苗人""苗民"等相对宽泛和模糊的概念,即便叙述者加以区分,但多种界定相互重叠的现象仍较为常见。清代文献中的"苗"是西南地区各少数民族居民的泛称,与今天的苗族并不等同。《辨苗纪略》就说:"苗有㑩、瑶、僮、仡佬、伶僚之分。其处广西边者为僮,处云南边者为㑩,处湖广零陵、宝庆边者为瑶,处靖州、天柱等处与黔接壤及环黔而处者,为仡佬、伶僚,皆苗也。"④《苗防备览》也曰:"苗民犷悍轻生,服食起居与内地齐民迥殊。其间若永顺之土蛮,泸溪之仡佬,似苗非苗。种类既分,风俗亦异,盖有驯于苗者。至沿边各邑,虽与苗蛮杂处,而涵濡礼教,非卉服鸟语者可比也。"⑤ 明确将永顺府的"土蛮"和泸溪县的"仡佬"与苗疆的"苗民"加以区分。

---

① (清)张天如等纂修,魏式曾增修,郭鉴襄增纂《永顺府志》卷10《风俗》,清同治十二年增刻乾隆本。

② (清)潘曙、杨盛芳纂修《凤凰厅志》卷3《沿革》,清乾隆二十一年版,第5页。

③ (清)林继钦等修,袁祖绥纂《保靖县志》卷12《艺文志》,清同治十年刻本。

④ (清)蒋琦溥纂修,林书勋续修,张先达续纂《乾州厅志》卷14《艺文志》,清同治十一年修,清光绪三年续修本。

⑤ (清)严如熤撰,黄守红标点,朱树人校订《严如熤集》第二集《苗防备览》卷8《风俗考上》,第558页。

自明代始，苗疆有"生苗"与"熟苗"之分，"生苗"指的是不入国家户籍，不向国家承担赋税和徭役的苗民，体现的是政治身份和待遇与"编户齐民"的不同。"生苗"是游离在统治之外，"熟苗"则是中央王朝直接统治或间接统治的部分。明清两代为了有效管理苗疆地区，专门设置了苗疆边墙，边墙以外为生苗区，苗疆以内的苗民与其他民族村民错杂居住，赋税徭役与内地人民大体相同，史籍称之为"熟苗"。雍正十三年（1735）"改土归流"后，"生苗"与"熟苗"之间的政治待遇差距逐渐缩小，生苗区与熟苗区之间的交往也逐渐增多。"生苗"，郭子章《黔记》云："苗人，古三苗之裔，……其人有名无姓，有族属无君长。近省界为熟苗，输租服役，稍同良家，则官司籍其户口，息耗登于天府，不与是籍者谓生苗，生苗多而熟苗寡。"① 清代方亨咸的《苗俗纪闻》则记载："自沅州以西即多苗民，……曰黑脚苗，曰花苗，……皆苗裔也。但有生熟知异，生者匿深菁不敢出，无从见，熟者服力役，纳田租，与汉人等，往往见之。""熟苗"与"生苗"是一个相对的范畴，随着王朝国家统治势力的深入以及苗、蛮、汉等族交往的增加，生苗也往往会向熟苗转化，反之亦然。清代武陵地区的生苗区主要分布在今湖南、重庆、贵州三省市交界地区，境内尤以"红苗"和"黑苗"二者为著。

"红苗"是明中后期对湘西支系的苗族的通称，因妇女喜穿红色短褶裙而名。"红苗"分布较广，"以红苗称者，楚、蜀、黔三省之隅所居一族，谓其衣带尚红，性黠地险，较诸苗为最盛。北至永顺、保靖土司，南至麻阳县界，东至辰州府界，西至四川平茶头、酉阳土司，东南至五寨司，西南至贵州铜仁府，经三百里，纬百二十里，周千二百里"②。又《大清一统志·镇远府》亦记载："生苗，在施秉县，与铜仁府红苗为一类，有吴、龙、石、麻、田。"湘西的乾州厅、永绥厅、凤凰厅红苗尤多，"永绥一厅统为六里红苗"，"红苗"寨多人繁，为诸部所畏，"红苗众于黑苗"。③ 康熙

---

① （明）郭子章：《黔记》卷 59《诸夷》，明万历三十六年刻本。
② （清）方显：《辨苗纪略》，刘显世、谷正伦修，任可澄、杨恩元纂《贵州通志（六）·土民志二》，民国 37 年贵阳书局铅印本。
③ （清）段汝霖纂修《乾州志》卷 3：康熙二十八年辰州知府刘应中"平苗记"、"楚黔蜀万山之交皆苗也，种类不一，……箄子哨外之苗，曰箄苗，以其接壤箄子也"。

《黔书》记"生苗红苗"风俗为："生苗在施秉县，红苗在铜仁府，有吴、龙、石、麻、田五姓。衣被俱用斑丝，女工以此为务，牲畜不宰，多掊杀，以火去毛，带血而食之。死用棺，将所遗衣服装像，击鼓歌舞，名曰调鼓。每岁五月寅日，夫妇各宿，不敢言，不出户，以避鬼，恐虎伤，卜用梳。同类相杀，以妇人劝方解。凡出劫，富者出牛酒以集众，有获则中分之，遇杀死，出银以偿之，被虏者，必索金赎，少则加以非刑。""生苗各分寨落，在松、永、乾、凤交界地者，地势毗连，犬牙相错，有部落，无酋长，其俗不以人命为重，寨中有父子兄弟数人、数十人，强梁健斗，或能见官府讲客话者，则寨中畏之，共推为寨长，如寨中再有一户一人，则又各自为党，故一寨一长，或一寨数长，皆以盛衰强弱，递变更易，不能如他部之有酋长，世受统辖也。"①

"黑苗"主要分布在贵州省的黔东南州以及湖南与广西的交界地带，因这支苗民喜欢穿黑色的衣裙而得名。清代改土归流后，"黑苗"之名开始变得常见。湖南永绥厅南"雅酉、栗林各寨，则土民皆指黑苗，至厅北巳东坪、茶洞、腊耳堡与保靖、秀山接界，又黑苗而兼土蛮也"，因"黑苗地险气悍""黑苗凶于红苗"，发动叛乱的首领多是黑苗，"旧统称为六里红苗，而所属黄瓜、鸦酉等寨，则土民皆指为黑苗。红苗寨多人繁众于黑苗，黑苗地险气悍凶于红苗，故乾隆乙卯，各首逆石三保、石柳邓、吴半生、吴八月等，皆自供为黑苗"。黑苗习俗，"苗人一副，俱皂黑布为之，上下如一，其衣带用红者为红苗，缠脚并用黑布者为黑苗，缠脚用青布白布者为青苗，白苗衣折绣花及缠脚亦用之，为花苗。考各志统谓之红苗，而查近日文案则多曰黑苗，良以苗衣深黑，处处皆然，而用红带花带缠腰，不过老寨旧习相沿不改，其实今日之黑苗，即往日之红苗，非三厅于红苗外，又添一黑苗种类也"。②

"花苗"居凤凰以西各山寨。光绪《靖州乡土志》云："苗民……男俱辫发，女则上衣直领，下积裙，缘以花，花衣苗也。"③

按苗民居住时间的长短，清代文献中又有"真苗""非真苗"一说，道

---

① （清）田雯撰《黔书》上，民国铅印本。

② （清）严如熤撰，黄守红标点，朱树人校订《严如熤集》第二集《苗防备览》卷8《风俗考上》，第558、568页。

③ （清）金蓉镜纂辑《靖州乡土志》卷2《人类》，清光绪三十四年刻本。

光《凤凰厅志》云："苗类甚多，厅属中前营曰花苗，左右营曰黑苗、红苗，以其衣领、腰带分色别类而言，统计三种，惟吴、陇、石、麻、廖五姓为真苗，其欧阳、彭、洪等姓乃外民入赘，习其俗久，遂成族类，非真苗也。"① 乾隆《乾州志》也记载："乾州逼近红苗，数经蹂躏，人烟寥落，户口凋残，其土民半系招徕，苗民皆系新附，列不征丁徭，数十年来享太平无事之福，沐生聚教训之恩，渐有鸡犬桑麻之乐，诗书弦诵之声。"② 所谓"非真苗"，即是较早迁来苗寨附近，与苗民长期杂居之后"苗化"的反映。据记载，清雍正八年（1730）永绥设厅时招徕所辖六里苗民，共计3228户，男妇23636口，到了乾隆十六年（1751），厅属六里共增加苗户1028户，增男妇5100口，增幅分别为1/3、1/5。③ 增加幅度大，主要是在"改土归流"之后。

此外，苗民在武陵不同地区间互有迁徙，《宣恩县民族志》记载宣恩境内的高罗龙河、苗寨、麻阳寨、小茅坡营等地的石、龙、冯、杨等姓苗族，多为在康熙至嘉庆年间从湖南花垣县避难而先后迁来的。④

3. "徭""徭峒""峒民""峒人""峒蛮""峒僚"

瑶族，清代志书、文献记载较多，分布十分广泛，有和其他民族混称的，如"苗徭""徭僮""徭僚"，也有按系别特征或按地域和姓氏称呼的，如"山地徭""平地徭""过山徭""顶板徭""盘徭""七姓徭"之属，也可按其发展程度划分或者说是否编户划分为"生徭""熟徭""民徭"。涉及地域范围包括沅州、靖州、澧州以及黔东北少数地区。光绪《湖南通志》记载辰州府泸溪县"旧有峒头、鸾团等二十五寨，今为熟户"，辰溪县"有东山七姓徭，……今为熟户"，溆浦县"南路龙潭乡有雷打、白水等四徭峒，东南路两丫乡力九溪、金竹等六徭峒"。"溆徭唯卜、奉、回、阳、蒲、刘、沈七姓，其余丰、丁、严、兰、贺、覃、吴等七姓，多自外至，而以贺、覃、吴三姓为之招主"，沅州府黔阳县罗翁山，引《徭山志》曰："黔阳东南罗翁山，……绵亘七八百里，徭人沈怀山、克绍宇、风亚六、苟荣山

① （清）黄应培修，孙钧铨、黄元复纂《凤凰厅志》卷11《苗防志一》，清道光四年刻本。
② （清）王玮纂修《乾州志》卷1《户役志·苗户附》，清乾隆四年刻本。
③ （清）段汝霖纂修《永绥厅志》卷3《田赋》，清乾隆十六年刻本。
④ 高恨非等主编《宣恩县民族志》，中国文联出版社，2001。

四族,依险结寨。"靖州绥宁县罗岩山有赤板、六甲、地林等 11 个徭寨,外罗岩里有潭泥水、平溪、瑶山等 18 徭峒,苗里有白水、溪上、黄柏果、彭家山等 30 徭峒。又同治《溆浦县志》卷 5 "猺峒"记载:"雷打峒为箭杆猺,余峒皆顶板猺。今多剃发如汉人。"民国《溆浦县志》卷 2 "猺"峒也记载有雷打峒、白水峒、梁家峒、蒲家峒、九溪峒、金竹峒、对马峒、雷打尚、大竹峒、小溪峒等 10 "徭"峒,共计"徭"总 10 人,"徭"户 999 户。

清代,侗族主要居住于今湖南、贵州、广西三省区交界地区。清代文献将侗族称为"峒民""峒人",如乾隆《芷江县志》云"西溪之苗……自称曰峒人",其语言"自称曰峒话"。也有将峒混称为苗的,如王士性《广志绎》记载:"出沅州而西,晃州即贵竹地,顾清浪、镇远、偏桥诸卫旧辖湖省,其地止借一线之路入滇,两岸皆苗,……然非一种,曰宋家、曰蔡家、曰仲家、曰龙家……曰西苗、紫姜苗。"其时将峒混称为苗。严如熤的《苗疆风俗考》也记载,"芷江西溪土民,称之曰徭,而实为峒苗"。方志在统计境内人口时,未有将峒人户口单独列出,而多置于苗户或徭户之中。鄂西南地区的侗族是在清代由湘西地区迁来的,据宣恩县侗族乾姓留下的碑文记载,居住在恩施石灰窑和宣恩县猫山、大岩坝、晓关以及咸丰狗耳石等地的乾姓侗族,原本姓陈,因遭灾祸于康熙五十七年(1718)由芷江县辗转迁来。又侗族杨姓《承裔簿》记载,现居住于宣恩马虎坪、九坝、茶园沟、白岩山等地的杨姓侗族,乃雍正四年(1726)因战乱、水灾由芷江迁来。[①] 新编《新晃县志》记载,自康熙至乾隆年间,从晃州宴家、皂溪、新寨、坪地、复梭溪等地,经贵州迁往宣恩、恩施、咸丰等县定居的侗族有千余人之多。[②]

4. "大、小章人""回""缠回""蒙古人""民家人"

"大、小章",主要分布于古丈县、溆浦、泸溪等地。大章人,文献称作"仡佬","大小章者,仡佬也。散处乾州、泸溪边界,……似苗非苗,似土非土,盖边徼中另一种类"。《苗防备览》称之为"大小章土蛮"。光绪《古丈坪厅志》按语言将境内的人群分为民、土、章、客四种,"民言语、土言语、章言语、客言语,皆各不同,长潭、热溪一带多土,官坪、平坝一

---

① 伍新福:《湖南民族关系史》,第 263～264 页。
② 新晃县地方志编委会编《新晃县志》,三联书店,1993。

带多章，而皆齐于民。田、向八姓先来此土，遂为土著之民。江右商民多，各省偶有流寓，分住各村寨，年岁久暂通称为客。客与民，对章、对土，统自称客。章对苗，自称客苗，亦曰熟苗。土人与民似近矣，而非苗、非章、非客、非民，自成为风俗礼制"。① 溆浦地区的大、小章人与苗族关系较为紧张，"大小章人者，故土司遗民，散处边界，名曰犵狫，最劲健，与苗世仇。苗之攻浦市也，假道犵狫，不应，怒焚其寨，犵狫率众出保浦市，兵勇渐集，不能御，苗则执犵狫以为功，犵狫忿苗，因诱与俱叛，官军频失利，公乃募能为犵狫语者，得向国果数人，赴大小章开示利害，挟其酋六人以出，公推诚与同卧起，咸感动歃血誓不反"。② 其族属，有将之视作单一族者，"大小章姓，各分房支，今尽为张，厥始来自江西，俗别于苗，自成章籍"。③ "大、小章"也有不姓张者，"张姓人数极众，符姓次之，其他覃、杨、谢、刘各姓，皆零星杂住"。

回族，主要落籍于宝庆府、常德府等地。宝庆回族有马、苏、海等姓，马姓回族自明代徙入，其部分后裔迁居常德、城步、溆浦等地，苏姓回族于清代后期迁居汉寿等地，海姓回族也于清代有所迁徙。常德地区有云南马氏，其祖马如龙于光绪初年奉调镇守楚南，驻扎常德，遂落籍。又有杨姓回族，祖籍顺天府大汾县，乾隆十六年（1751）其始祖奉调征广东，后定居于澧县。亦有部分回族于雍正年间"改土归流"后，从其他地方经贸而迁至龙山、保靖、凤凰、永顺等地。靖州有丁姓回民，明初军屯至此，至清代"汰卫裁军"，其后多迁居会同、绥宁、芷江、怀化等地。

"回""缠回"是清代对维吾尔族的统称。武陵地区的回族自明代迁入后，多为剪八士之后裔，分居于常德府桃源县以及德山、汉寿等地。在清代，大多数人已经"失其官爵，遂为黎庶"。其已多用汉语，风俗习惯中则保留有原有的一些伊斯兰教信仰、习俗。

清代的"民家人"，在武陵地区主要分布在桑植、沅陵、泸溪、溆浦等

---

① （清）董鸿勋纂修《古丈坪厅志》卷3《舆图下·说民村寨》，清光绪三十三年仿铅字聚珍版印本。
② 陶澍：《布政使衔陕西按察使严如熤墓志铭》，（清）舒立淇纂《溆浦县志》卷30《文征》，民国10年活字本。
③ （清）董鸿勋纂修《古丈坪厅志》卷9《民族》，清光绪三十三年仿铅字聚珍版印本。

县，有谷、王、钟、熊、李五姓。一般认为，湘西地区的"民家人"来源于宋末元初蒙古军队攻打四川、青海等处时，从云南招募的两万余爨僰人。在战争结束后，一部分的爨僰军遣返云南，一部分官兵则流落于长江流域，湘西地区的民家人可能就是从江西等地迁来的。"民家人"自称白子、白尼，或者自称民家人，而周边人则称这群人为"民家佬"。民家人在衣着上喜欢穿白色衣服，在岁时节日上除春节、端午、中秋等节日外，冬至节和祭祖节较为隆重，尤其是后者，民家人居住区域内祠堂和家庙数量颇多。在宗教信仰方面，主要信奉本主，本主有大二三神、马公元帅、韦陀、杨泗、陈吉、王占、潘大公、王灵官、黑神爷以及关羽、刘备、张飞等。① 1984 年，在民族识别时确定民家人为白族。

黔东北地区还有"冉家蛮"，《大清一统志》曰："冉家蛮，在石阡府城北沿河司，性犷戾，……祭鬼为乐，俗与新添、丹行二司之蛮人同，石阡亦有之。"②

二　土著汉民及其分布

若按人群定居一地的时间而论，武陵地区的人群又可分为土著蛮民、土著汉民两大类。历史时期，人群是流动的，所以"土著"的概念是相对于"客"而言的，都有其特定的时间范畴。乾隆《永顺府志》记载境内人群时说："桑植县……俱取土民，永保龙三县亦多取土童，少取客童，详定在前朝入籍者为土，在本朝入籍者为客，以土三客一为率。"③ 方志纂修者认为"土著"是指明朝从外省迁入本地区的移民，而清代入籍者则归为客民，显然，其"土著"的时间界定是从清代乾隆年间算起的。同治《恩施县志》中也有类似的记载："邑氏有本户客户之分，本户皆前代土著，客户则乾隆设府后贸迁而来者。"④ 恩施县的土与客，同样是以乾隆年间为界。《黔南职

---

① 吴万源：《关于桑植县民家人的族别问题》，《云南民族学院学报》（哲学社会科学版）1985年第 3 期。

② （清）穆彰阿等修《嘉庆重修一统志》卷 504《思南府》，《四部丛刊续编》第 99～308 册，上海涵芬楼景印清史馆藏进程写本。

③ （清）张天如等修纂，魏式曾增修，郭鉴襄增纂《永顺府志》卷 5《学额》，清同治十二年增刻乾隆本。

④ （清）多寿修，罗凌汉纂《恩施县志》卷 7《风俗·地情》，清同治三年麟溪书院刻本。

方纪略》亦云："客民之自外而来者，各省俱有，亦有已成土著，聚族结寨而居者"，"零星散处苗民，今日皆为汉民佃户，久已编入汉民户口"，"于是土著汉民日增月盛，故为苗汉夹杂之区……汉多夷少"。①

"户籍"是中央王朝管理地方社会较为有效的措施，清代将户籍分为"土籍""客籍""军籍"三类，三种户籍在科考、田赋方面享有的利益不尽相同，相比较而言，"土籍"获取的"好处"更大。因此，江西、四川、湖广等外省移民"因此地粮轻产贱，且可冒考，嗣随倚亲托故，陆续前来，构产入籍"，从土著苗民处购置田产是客民获取土籍身份的一种常见做法。鉴于此，雍正八年（1730）永顺知府袁承宠有《详革土司积弊略》，认为土民、客民应一体编里：

> 查土司地方，江西、辰州、沅、泸等处外来之人甚多，有置有产业，葬有坟墓，住居三五十年以致二三代者，皆自称客家，不当土差。切思川蜀等处，凡住居三十年以上置有产业丁粮，俱准为土著。今既有产业，居住年久，应与土民一例编甲，以便稽查。至于初至贸易客民，并无产业，居址未定者，不在此限，但亦须房主保管，以杜奸匪。②

袁承宠提出，移民要成为土著，须满足以下条件：达到一定的居住时间，如三十年、五十年，而且要置有产业，以及有固定的居所。事实上，对家境殷实的客民来说，要满足入籍条件并非难事。为了使子孙获得更好的科考机会，客民会选择从土苗处购置田产，进而成功入籍，享受与土民同样的待遇。以致永顺、保靖、桑植等县"土户""苗户"在应试名额方面产生较大分歧，乾隆二十六年（1761）知府张天如在《桑植县客童应考详》中提出，永顺府"以前朝入籍者，俱为土童，在本朝者，俱作客籍"，针对桑植县的情况，又提出"请于土童之中，以实在土籍之童，填为原土籍，其买地入籍之客户，填为新土籍"。③"原土籍""新土籍"实际上都应属于土著汉民的范畴。

---

① （清）罗绕典：《黔南职方纪略》卷1《贵阳府》，清道光二十七年刻本。

② （清）张天如等纂修，魏式曾增修，郭鉴襄增纂《永顺府志》卷11《檄示》，清同治十二年增刻乾隆本。

③ （清）张天如等纂修，魏式曾增修，郭鉴襄增纂《永顺府志》卷11《檄示》，清同治十二年增刻乾隆本。

土著汉民在黔东北地区亦有不少。招民垦荒,明代即有,所谓土著汉民指的就是明代的迁入者,他们或是军人及其后裔,或是贸易商民,到了清代亦是如此。自顺治初年到康熙、雍正年间,清廷在贵州地区实行奖励垦荒、与民休息的政策,招徕各地逃亡民众,"不论原籍别籍","开垦耕种,永准为业",官府甚至还资助其耕牛和种子,并采取减轻徭役、减免钱粮的措施。另有一种军事性移民,平定"三藩之乱"以及"改土归流"后,贵州各地广设汛塘关哨,嘉庆初在镇压石柳邓苗民起义后,在松桃厅城东南至北边 80 余里范围内设有 14 汛、111 座碉卡,南接铜仁府,北接湖南永绥厅。① 驻防士兵多从外地招募而来,尔后直接在驻防之地安家立业,渐成聚落。《黔南职方纪略》载"黔省郡县,惟思南属归流最早,是以境内悉系土著汉民,既无客户,亦无苗种,惟安化所辖村、江、堡、瓮四图,每图十里,有东越印江县,插花在松、铜之间为半河地方,有苗民十余寨"② 说的就是此类。

第二节　清王朝的经略、治理与客民的进入

明末清初,朝代鼎革,由此而引发的诸多战事发生在战略地位突出的武陵地区,如著名的农民起义余部转战鄂西地区、吴三桂发动叛乱以及土司之间的攻伐,长时间的战乱,给地区社会带来深远影响,较为突出的就是人口的流动。经历几次大规模的动乱,区域内人口数量、人口构成都发生了巨大改变。人口流动,又是促使经济社会变革的主要原因。

一　清王朝对武陵地区的经略和治理

清代大一统王朝的确定,结束了明末长时间的社会动荡。但在相对偏远的武陵山地区,反清势力仍然较为活跃,顺治年间的"夔东十三家"以及康熙年间吴三桂反清活动,都给王朝统治带来一定的挑战。在平定叛乱后,中央政府开始在武陵地区推行大规模的"改土归流"运动。

(一) 统治的确立

1. 明末清初农民起义军余部转战武陵地区

顺治三年 (1646),李自成死于通城后,其从孙李来亨与陕西人刘体纯 (二

---

① (清)爱必达:《黔南识略》卷 20《松桃直隶同知》,清乾隆十四年修刊本。
② (清)罗绕典:《黔南职方纪略》卷 6《思南府》,清道光二十七年刻本。

虎）等由粤西入楚，所过之处，生灵惨遭涂炭。又有郝尧奇（摇旗）、袁宗弟、
笪天保、马腾云、党守素、何无宠、牛万才、贺珍、王进才等各自雄长，不相
统属，有"夔东十三家""西山寇"之称，他们主要活动于巴、渠、巫、施
间，兴山县之茅麓山为其主要根据地，坚持抗清活动。康熙元年（1662），四
川总督李国英统率秦、豫、湖广三省兵马进剿。康熙三年（1664），起义军首
领李来亨于茅麓山自缢而死，其余部被清军歼灭，起义军自此宣告结束。

以李来亨为首的起义军转战武陵地区，所过之处，烧杀抢掠，百姓流
离，"夔东千里无烟，行旅绝迹"。① 而武陵地区的建始、巴东、利川、恩施
等县被灾尤为严重：

> 明崇祯七年，流寇自楚入蜀，由巴东过建始，众数十万，居民屠戮
> 大半，自是往来不绝。十七年，献贼大驱荆民入蜀，路出建始，又肆杀
> 掠。卫有土司之扰、里民之变，此时流寇尚未入卫，以犹僻处故也。改
> 鼎后，闯献余蘖，上自川东，下达夷陵，尽为贼薮。丁亥五月，一支虎
> （即李过）始率十三家余烬入卫地，肆屠掠，与土司战于城南，大破之，
> 遂移营容美。……乙巳正月，出山大驱施、建民，同出壮威，民扶老携
> 幼，践踏弃捐，死者过半。至巴东，压卫人舱底，而地方了无人迹。②

崇祯七年（1634）起义军过巴东之时，有一斗、十万等号，"江壮居民
遭其屠掠者大半，自是陆续往来，岁十数起，百姓流离失业"。③ 十六年，
李自成遣其知县王一恒至巴东，"牟氏率蛮众以讨贼为名，恣行杀掳，县治
被焚"。顺治二年（1645），王学诗率川东十三隘兵驻巴东，部队残暴无纪
律，百姓惨遭其害。顺治三年，李来亨、高必正等自归兴来巴东，攻寨洞，
焚庐舍，男女被掳，索取钱财。其后，谭毅、谭弘、余大海等又不时出没于
巴东，"杀掠无算"。④

---

① （清）刘景伯撰《蜀龟鉴》卷3，清咸丰间刻本。
② （清）松林、周庆榕修，何远鉴、廖彭龄纂《增修施南府志》卷17《武备志》，清同治十
　年刻本。
③ （清）齐祖望纂修《巴东县志》卷3《事变志·寇乱》，清康熙二十二年刻本。
④ （清）齐祖望纂修《巴东县志》卷3《事变志·寇乱》，清康熙二十二年刻本。

建始县也是起义军由楚入蜀的过境之地，数十万之众，恣意抢掠，人口损耗严重：

> 明崇祯七年，流贼数十万众，自楚入蜀，由巴东过建始，居民荼毒大半，自是陆续往来，岁无宁日，百姓流离失业，逃川滇者甚众。十六年，张献忠尽驱荆民入川，路经建始，男女扶携，鱼贯而进，数月始毕，饿死者积尸道途，建民之被掠亦复不少。迨顺治二年，王学诗率川东十三隘兵往巴东，残暴无纪，邑东近巴之氏，皆罹其害。四年，李自成余孽李来亨、高必正等从巴东来，男妇被掳不杀，索财赎之，寻往施州卫。①

顺治四年（1647）五月，施南府城以及周边县市也颇受其害，李赤心率众来施州卫，"肆屠掠，与土司战于城南，大破之，移驻容美"，赤心走后，又有王观兴者，其党"残酷百端"。顺治六年，李来亨、高必正、姚黄先后至施州，"掳人口，索金钱赎之"。顺治八年，刘体纯"至掳无所得，尽褫男女衣，纵之"。② 在十三家轮番洗劫之下，境内百姓流离失所，残酷的战争造成了大量的人口损耗。不仅如此，参与清军平叛的土司也乘机暴乱，光绪《利川县志》引《施州卫志》云："崇祯七年施南、东乡二土司以兵随指挥邓宗震、唐尧德、僧寂明□流寇，至巴东平阳坝，败绩，寂明死之。十二月，下施南土司覃良士卫狱，良士之党以兵围卫城，胁指挥唐复元出，良士所过，残灭殆尽。"③ 直至康熙二十年（1681），张献忠余党谭宏据四川天成山叛，利川县被其攻占。起义军各部被清军追击，四处逃窜，牛万才一支败走湘西地区，大掠新化、溆浦，攻下苗寨据之，后为总兵所困。而明末伺机而起的土司"通同诸贼，盘踞归、巴，窥伺夷陵"。④

起义军长期辗转鄂西地区，给鄂西社会带来深远影响，战乱导致人口大

---

① （清）熊启咏纂修《建始县志》卷1《方舆志》，清同治五年刻本。
② （清）松林、周庆榕修，何远鉴、廖彭龄纂《增修施南府志》卷17《武备志》，清同治十年刻本。
③ （清）黄世崇纂修《利川县志》卷10《武备志》，清光绪二十年钟灵书院刻本。
④ 《清世祖实录》卷35，顺治四年丁亥十二月己丑条，清内府钞本。

量损减，土地荒芜，社会萧条，也间接促使了鄂西地区人口的移动，在这种背景之下，更有大量人口迁往贵州、四川等地。叛乱平息后，清政府一方面积极加强守备，"设兵以资保障，请酌拨荆、彝、郧、襄四镇额兵，各于紧要处地方驻守"，① 另一方面，积极招抚流民，恢复生产：

> 户部议覆，湖广总督张长庚疏言：归州、巴东、长阳、兴山、房县、保康、竹溪、竹山等州县，久为巨逆盘踞，人民逃窜。今贼巢已平，难民渐归，愿就耕种，苦无农器。请酌给牛种，听其开垦，三年后起科。应如所请，从之。②

巴东县在招抚政策的影响下，人口规模得到一定程度的恢复，同治《巴东县志·户口》云："本朝赋役全书即依万历三十年成丁之数编为原额，而实在户口，自诸寇盘踞以来，死亡略尽。康熙四年招抚人丁六十八。康熙五年招抚人丁七十四。康熙六年招抚人丁二十四。康熙九年招抚人丁六。康熙十年招抚人丁四。康熙二十一年审增人丁二。以上通计人丁一百七十八。"③ 建始县经明末清初动乱之后，情况与巴东县类似，"明季叠经流寇蹂躏，加以容美土司乘机肆虐，邑中绝人烟者十余年。我朝康熙二十年后，寇乱弭平，抚绥劳徕，邑人始得安居，计其时复业之民仅八十户编坊郭里，余皆裁汰。闻乾隆初年，城外尚多深林大箐，虎狼猛兽，窟宅其中。附近如蹋沙坡等处，树密如织，夏月行人，不畏暑日，则前此之榛榛狉狉，固可想见。而离城弯远之区，其荒凉寥落，益可知矣。"④ 鄂西地区因战乱而荒芜的土地，也吸引着外来省份流民的迁入，在一定程度上改变了本地区人口的规模与结构。

2. 吴三桂叛乱

康熙十二年（1673）底，明平西伯、宁远总兵，清平西王吴三桂在云南发布讨清檄文，起兵反清。四省接合部的鄂西地区经明末清初起义军蹂躏之后，又为吴三桂叛乱所波及，施州卫、建始县、巴东县、鹤峰州、利川县

---

① 《清圣祖实录》卷13，康熙三年八月甲寅条，清内府钞本。
② 《清圣祖实录》卷15，康熙四年四月辛卯条，清内府钞本。
③ （清）熊启咏等纂修《巴东县志》卷4《赋役志·户口》，清同治五年刻本。
④ （清）佚名纂修《建始县志》卷上《户口志》，清嘉庆十七年增修抄本。

等地尽归吴周政权所有。康熙十三年,施州卫守备游击贾进才率官民降。后吴三桂战败,有经历李纯弼、夏一麒,游击徐暹、朱栋,守备蒋明琏,总兵李春儒者"合穷寇数万,由施入黔,一路抢掠,赖春儒多方供给,卫人免供输焉,建始亦降"①。又如容美土司亦归降吴三桂。康熙十三年,容美"土官田舜年遣人杀死红砂堡防兵勾玉景、张大虎等,发兵迎贼,邑旋被陷"。② 同年,巴东守备投降,三桂授佳为游击,仍驻巴东,并令乡民运送米粮等物至南漳等地,运送板材至彝陵,民不能堪,队伍所经之处,劫掠殆尽。施州卫守备游击贾进才归降吴三桂后"率官民降,利川复陷于贼。三桂败,穷寇数万由施入黔,一路抢掠,利川被祸最烈。十七年三桂死,驻施伪总兵李春儒率众投诚,利川复反正"。③ 大规模叛乱致使武陵地区社会动荡,施南府尤重,"施为明末流寇所虔刘,凋残特甚。迨乎王师南下,肃清滇蜀,斯民始庆更生。重以吴逆之变,兹地复经骚扰,至于武功奋伐,苞蘖悉除,海瀁山陬,同嬉化日,嗣是土舍归诚,穴鼠息争,泽鸿渐集,涵濡生息,百有余年,生齿之繁,同乎内地"④。除鄂西南地区外,湘西、黔东北等地也是战乱之地,百姓四处逃难。道光《思南府续志》记载府属烈女事迹,多有涉及吴三桂叛乱之事,如詹俸禄妻吴氏"蛮彝司人,吴逆兵溃,氏避难孙岩山中,兵至,度不免,遂坠崖死";敖鸣雷长女、次女、子起宗妻张氏"皆郡人,吴逆兵肆掠,鸣雷挈家避垒后洞中,贼缘岩至,知不免,姑嫂结襟投崖,裂肢死";冉国辅妻张氏"安化人,吴逆兵溃,氏逃窜洞中,被搜,度必受辱,乃诱言取物,贼信之,投崖死";李承眷长女、三女、四女、媳周氏、表侄女田氏"皆郡人,吴逆兵追,恐辱,同坠崖死"。⑤ 又如怀化的麻阳县:

　　麻阳,原属穷边苗地,自建置以来,驿站无设,差使罕经,额粮仅一千六百有零,户丁鲜少,家无盖藏。维昔屡经苗顽构患,近年新被吴

① (清)松林、周庆榕修,何远鉴、廖彭龄纂《增修施南府志》卷17《武备志》,清同治十年刻本。
② (清)齐祖望纂修《巴东县志》卷2《经制志·兵防》,清康熙二十二年刻本。
③ (清)黄世崇纂修《利川县志》卷10《武备志》,清光绪二十年钟灵书院刻本。
④ (清)松林、周庆榕修,何远鉴、廖彭龄纂《增修施南府志》卷17《武备志》,清同治十年刻本。
⑤ (清)萧琯纂《思南府续志》卷7《人物门·烈女》,清道光二十一年刻本。

递荼毒，迨克复之后，各处溃贼，俱经麻邑而奔铜仁、思南，焚毁庐舍，攻劫寨堡，城市村落为之丘墟沟壑，逃亡何止减半，盖遭逆贼残坏之惨，未有如麻阳之甚者也。①

社会动荡，民不聊生，康熙二十年吴三桂叛乱失败后，各地方政府积极招抚流民，如九溪卫守备袁彪，战乱后，"多方招抚，劝课农桑，流离归籍者众，谳狱平允，纂修卫志"。② 地方官绅也积极参与地方恢复，如慈利县有刘嗣畿者，"康熙初年，吴逆逃兵四散，土匪乘间滋扰，嗣畿率乡勇，多方捍御，里境无恙，吴逆平悉，访诸孤寡，凡有田地者，并归之，今洞坡庵田地庙宇，皆其所施也"③。经过一段时间的休养生息，流民逐渐会集，土地渐次开垦。

（二）"改土归流"

清代土司制度因明制，在明代制度的基础上稍加减益，所以清代一般被视作土司制度的延续时期。尤其是清朝初年，在平定吴三桂等叛乱之后，对新归附的地方土酋都有较为优厚的待遇。从土司发展态势看，土司的存在与王朝大一统思想存有抵牾。武陵地区的土司经过元明两朝的发展，弊端日益明显，如容美土司，顾彩在《容美纪游》中说："其刑法，重者径斩，……次宫刑，次断一指，次割耳。盖奸者宫，盗者斩，慢客及失期会者，割耳，盗物者，断指，皆亲绝。余最则发管事人棍责，亦有死杖下者。"④ 滥用酷刑，任意掠夺土民田地，苛索钱财，私建土军，专事劫杀，四川酉阳土司"擅敢设立五营，副将五人，守备五人，千总二十人，把总四十人。衙门大旗书崇文振武四大字，地分十二里，恣意征派。邻司受其压制，土民被其苛虐。间有赴省控诉者，即遣土弁半路截杀"⑤。此外，土司之间互相攻伐，或者肆意抢掠民财也是明末清初土司常有之事，明崇祯末年，忠路土司寇彭水，掠郡民千余人。顺治乙酉年，土寇劫掠彭水，忠路土

① （清）黄志璋纂修《麻阳县志》卷5《食货志》，日本内阁文库藏清康熙二十四年刻本。
② （清）嵇有庆修，魏湘纂《续修慈利县志》卷7《名宦》，清同治八年刊本。
③ （清）嵇有庆修，魏湘纂《续修慈利县志》卷8《人物》，清同治八年刊本。
④ （清）顾彩：《容美纪游注释》，高润身主笔，第53～54页。
⑤ 《朱批谕旨》（第28册），雍正八年十一月二十八日云贵广西总督鄂尔泰，光绪石印本，第51页。

司、沙溪土司大掠于野。丁亥，酉阳土司兵掠彭水民千余口，忠路、唐崖、大旺三土司土兵也四处焚掠，境内居民深受其害。[①] 违抗朝廷命令、欺压土民等等，这都说明土司制度在清代已经开始腐化，对中央集权国家政治产生威胁和挑战。所以，清政府借进入西南少数民族地区之机，继续推动废除世袭土官制度，改由中央政府委任定期轮换的流官，原羁縻地区直接变成王朝的统辖区域。

清王朝进行全国性大规模的改土运动是在雍正年间，清廷委任鄂尔泰为云贵广西三省总督，负责改土事宜。《清史稿》记载："自四年至九年，蛮悉改流，苗亦归化。间有叛逆，旋即平定。"[②]《清续文献通考》载，宣统三年（1911）民政部奏各省土司拟请设改流官称："西南各省土府州县及宣慰宣抚安抚长官诸司之制，大都沿自前明，远承唐宋，因仍旧俗，官其酋长，俾之世守，用示羁縻。要皆封建之规，实殊牧令之治。康熙雍正年间，川楚滇桂各省，迭议改土归流，如湖北之施南，湖南之永顺，四川之宁远，广西之泗城，云南之东川，贵州之古州、威宁等府厅州县，先后建置，渐成内地。……伏维川、滇等省，僻处边陲，自非一律更张，不足以巩固疆圉。惟各省情形不同，办法亦难一致，除湖北、湖南土司已全改流官外，广西土州县、贵州长官司等，名虽土官，实已渐同郡县，经画改置，当不甚难。四川则未改流者，尚十之六七。云南土司，多接外服，甘肃土司从未变革，似须审慎办理，乃可徐就范围。"[③] 在此背景之下，湖南、湖北两地土司纷纷纳土。清政府对原土司地区采取设置流官、戍兵、编户籍、立保甲等措施，设立了与全国一致的地方政权机构，在鄂西南原十九家土司地区设施南府，辖恩施、宣恩、利川、咸丰、来凤和建始县以及鹤峰州，在湖南设置永顺府，辖永顺、保靖、龙山、桑植四县，另设有乾州、永绥、凤凰、晃州诸厅；在贵州和四川设立了酉阳直隶厅、石砫直隶厅、秀山、彭水、黔江、松桃等县。此外，在经济层面，清朝政府鼓励土民开垦荒地，并招募汉族农民前往垦种，"无论有主无主，皆作官土赏裁，并而发给印照，永远管业不改。敢

---

① （清）庄定域修，支承祜等纂《彭水县志》卷4《杂事志·寇乱》，清光绪元年刊本。
② 赵尔巽撰《清史稿》卷512《土司传一》。
③ （清）刘锦藻撰《清续文献通考》卷136《职官考二十二·直省土官》，民国影印十通本。

有根据阻拦，按律计荒究解"①。"改土归流"以前，为了将汉民与少数民族隔离，推行"土人不许出境，汉人不许入峒"的政策，人口往来较少。"改土归流"后，土汉自由交往的限制被打破，加之武陵地区丰富的资源，于是大量移民纷至沓来，如施南"一府僻处万山，……自雍正十三年改土归流以来，久成内地，以致附近川黔两楚民人，或贪其土旷粮轻，携资置产，或籍以开山力作，搭厂垦荒，逐队成群，前后接踵"②。同治《利川县志》亦记载："自改土归流，远人麇至。"③ 湘西之永顺县，"改土后客民四至，在他省则江西为多，而湖北次之，福建、浙江又次之。在本省则沅陵为多，而芷江次之，常德、宝庆又次之"④。民国《永顺县志》记载，从迁移的距离看，客民一般以短距离为主，以务农为生，而长距离的迁移则多是经商贸易而来。同治《永顺府志》卷10《风俗》："客户多辰沅民，江右、闽、广人亦贸易于此。"⑤ 移民带来先进的生产工具和生产技术，也带来了玉米、番薯等高产作物，大大促进了武陵民族地区经济的开发，如恩施县，"环邑皆高山，以包谷为正粮，间有稻田种植，收获恒迟，贫民则以种薯为正务，最高之山惟种药材，近则遍植洋芋，穷民赖以为生。恩邑年岁，惟视高山之收成以定丰歉，里人呼包谷各种为杂粮，而呼稻谷为大粮，邑民食稻者十之三，食杂粮者十之七"⑥。地区的开发、农业的发展、手工业的兴起也直接带动了地区商业的繁盛，交通日益便捷，催生出了大批货物中转的集镇，来凤县"广货、川货四时皆有，京货、陕货亦以时至"⑦，桐油、茶油以及土特产为对外贸易的大宗，而布匹、瓷器、食盐则是境内所需生产、生活用品。

（三）白莲教起义

嘉庆年间，湘鄂川黔诸省白莲教发动起义，是引发清中后期武陵地方社会

---

① （清）毛峻德纂修《鹤峰州志》卷下《风俗》，清乾隆六年刻本。
② 台湾"故宫"编辑《宫中档乾隆朝奏折》（第四辑），1982，第461页。
③ （清）何蕙馨纂修《利川县志》卷3《风俗》，清同治四年刊本。
④ （清）何蕙馨纂修《利川县志》卷4《食货》，清同治四年刊本。
⑤ （清）张天如等纂修，魏式曾增修，郭鉴襄增纂《永顺府志》卷10《风俗》，清同治十二年增刻乾隆本。
⑥ （清）多寿修，罗凌汉纂《恩施县志》卷7《风俗·地情》，清同治三年麟溪书院刻本。
⑦ （清）李勷修《来凤县志》卷28《风俗》，清同治五年刊本。

动乱的一件大事。其先为乾隆年间韩龙、杨龙，在陕西传习邪教，后入湖北境内煽惑乡民，后被蒋遇春、夏之连等剿灭，余部转至襄阳等地。嘉庆元年（1796）正月，湖北宜都、枝江两地人民在聂人杰、张正谟等人的率领下发动了白莲教起义。长阳县覃加耀起于榔坪，林之华起于九河州，覃士辉起于宗溪。二月起义发展至来凤，小坳唐贵祭刀起事，龙山杨子敖等亦蜂拥而起。起义之白莲教徒"裹白巾，旗帜尽白，口念经咒，妖异骇人"①。自称教首之人，诱人入伙，每人名下少者七八百人，多者三四千人，分布各处，烧抢劫掠。利川、宣恩、龙山、桑植等县教徒数万先后归旗鼓寨，分为九寨，其后叛乱波及酉阳、黔江、澧州、石门、慈利、永定、永顺等地，其后湘西地区苗寨亦有所相连。起义军占据山寨，攻打县城，提出惩办贪官、杀富济贫等口号，一时吸引不少贫民参与，"湖北教匪，蔓延施南、永顺所属地方"，② 龙山"邑人多附从"，还有不少家境殷实的地主趁机加入，成为教首。面对日益发展的起义形势，清政府积极调遣湖南、湖北、四川等地官兵数十万人会剿，后又征调山东直隶、山西、两粤等地官兵前往湖北。起义军与清军在鄂西南、湘西等地爆发了来凤城、小坳、旗鼓寨等战役。尤其是湖北的来凤县，是教乱最为集中的地方：

> 地方官俱被戕害，贼匪到处焚掠，聚集甚多，……今贼匪又纠合数千，前来窥伺卯峒，峒民惶惑，皆思纷纷逃避。③

> 来凤县治，本无城垣，现闻该处民房，被贼烧毁殆尽，居民俱已逃散，贼人时来时去，并无屯聚县城，其余乡镇集市及一切要路，贼匪到处布满，并无行人往来。④

> 比及嘉庆初年，教匪阑入，来凤首被其毒，迫兵勇剿捕，又复奔逸四出，延至六七年之久，大兵四合，始就荡平，其时官绅尽节，士庶效忠，义勇之风昭乎远近。⑤

---

① 鄂西土家族苗族自治州民族事务委员会编《鄂西少数民族史料辑录》，第485页。
② （清）卞宝第等修，曾国荃、郭嵩焘：《湖南通志》卷首之3《诏谕三·嘉庆元年至道光三十年》，上海古籍出版社，1990年影印本。
③ 鄂西土家族苗族自治州民族事务委员会编《鄂西少数民族史料辑录》，第491页。
④ 鄂西土家族苗族自治州民族事务委员会编《鄂西少数民族史料辑录》，第492页。
⑤ （清）松林、周庆榕修，何远鉴、廖彭龄纂《增修施南府志》卷17《武备志》，清同治十年刻本。

起义军战败之后，不少被俘义军惨遭杀害，现在距离来凤县城十五里处旗鼓寨林家堡尚留有万人坑遗址，战争惨烈可见一斑。

二　清朝流入客民的总体情况

（一）湘西地区

清代，湘西地区是客民主要迁入地，客民数量颇众。谭其骧在《湖南人由来考》中说："湖南人来自天下，江浙皖闽赣东方之人居其什九，江西一省又居东方之什九，而庐陵一道、南昌一府，又居江西什九。"① 曹树基的观点与谭氏较为相似，其在《湖南人由来新考》中进一步论证：湖南全省人口中，56%是元以前移民的后裔，35%左右是元代及明代移民之后裔，9%左右是明初以后移民之后裔。② 从清代地方志统计的户口数据看，湘西地区的客民数量估计有50%左右。像怀化的沅陵县，大量江西籍客民的迁入，极大地改变了当地的人口结构，"县之四塞，山川险峻，故自元明以来，他省避兵者，卒流徙于此。今之号称土著者，原籍江西，十之六七，其江浙、豫、晋、川陕各省入籍者亦不乏，衣服言语，皆华人，亦固其宜，山谷猺俗，今不存矣"③。永绥直隶厅的情况与之大体相同，雍正十一年（1733）厅内有户5228户，口23636口，乾隆十六年（1751）苗民户6256户，口28736户，客民户1914户，口8721口，嘉庆二十二年（1817）苗民户12103户，口50954口，客民户3321户，口18455口；新入籍客民户948户，口5619口。④ 永绥厅城外的每寸土地向来皆是苗民所有，"改土归流"六十年后，已被"尽占为民地"。⑤ 湘西的桑植，同治《桑植县志》云："县民最杂糅，由慈利县拨归者曰民籍，旧土司治者曰土籍，旧卫所辖者曰军籍，苗曰苗籍，自外县迁移来者曰客籍。籍有五，民数则土四之，客六之。"⑥ 桑植县乾隆二十五年户口统计数据显示，其有客民12547户，土民8031户，苗民163户，合计客、土、苗民共20741户，大小男妇总计96641口，每户约4.7口，

① 谭其骧：《湖南人由来考》，《长水集（上）》，第349~350页。
② 曹树基：《湖南人由来新考》，《历史地理》（第九辑），上海人民出版社，1991，第129页。
③ （清）守忠等修，许光曙纂《沅陵县志》卷37《风俗》，清光绪二十八年补版重印本。
④ （清）董鸿勋纂修《永绥直隶厅志》卷15《食货门》，清宣统元年铅印本。
⑤ （清）魏源撰《圣武记》卷7《乾隆湖贵征苗记》，古微堂刊本。
⑥ （清）周来贺修，卢元勋纂《桑植县志》卷2《建置志·户口》，清同治十一年刻本。

其中客民户口数占总户数的60%左右。龙山县，雍正七年（1729）"改土归流"前后，土籍9982户，共55555丁口，苗籍1244户，共45657丁口，而客籍则有6966户，共计44514丁口。① 客籍约占总数的38%左右。此外，"改土归流"后，人口数量增长较快，乾隆二十六年（1761），共计136192丁口，嘉庆十九年（1814）再次编查户口则增至24188户，141934丁口。同治《永顺府志》卷4《户口》则将永顺府所辖四县人口做了详细统计（表5-1）。

表5-1 乾隆二十五年永顺府所辖四县人口统计

单位：户、口

地区	土户	土户口	苗户	苗户口	客户	客户口	总计户	总计口
永顺	20346	113765	4686	25133	9155	46123	34187	185021
保靖	7952	34497	3227	12386	1418	5552	12597	52435
龙山	9982	50555	1364	7155	7071	37407	18417	95117
桑植	8031	21219	163	536	12547	30837	20741	52592
合计	46311	220036	9440	45210	30191	119919	85942	385165

从表5-1中数据统计可看出，乾隆二十五年永顺境内土、苗、客三种户籍人口占总人口比重分别为61.5%、13.6%、24.9%，保靖县则分别为65.8%、23.6%、10.6%，龙山县为53.2%、7.5%、39.3%，桑植县为40.3%、1.0%、58.6%。其中龙山县、永顺县客民数量在四县之中是最高的，同治年间桑植县的客民统计数量与《桑植县志》所记相比略低。永顺县土、苗、客每户人数为5.6人、5.4人、5人；保靖土、苗、客为每户4.3人、3.8人、3.9人；龙山县分别为每户5.1人、5.2人、5.3人；而桑植则为每户2.6人、3.3人、2.5人，比永顺、龙山县为低。其后，《永顺府志》又有《户口续编》，将同治十年、同治二十年的户口数据加以统计：府属土、苗、客民编户108057户，839894口（四县总数）。永顺县土苗客民编户27882户，141962口。内古丈坪厅土苗7353户，36291口（同治十年造报）；保靖县土苗客民编20454户，92284口（咸丰十年造报）；龙山县土苗客民编户25716户，148540口（同治四年造报）；桑植县土苗客民编户

---

① （清）缴继祖修，洪际清纂《龙山县志》卷2《户口》，清嘉庆二十三年刻本；（清）谢宝文修，刘沛纂《龙山县志》卷4《户口》，清光绪四年续修刻本。

34000 户，180000 口（同治十二年造报）。① 除永顺县人口增幅不大外，其余各县增长明显，特别是桑植县人口增长竟达 3 倍有余，这可能也与客民的迁入有关。

（二）鄂西南地区

清代鄂西南地区经过"改土归流"以后，流民大量迁入。同治《建始县志·物产》云："迨改土以来，流人麇至，穷岩邃谷，尽行耕垦。"② 施南府各县从 1754 年至 1774 年的二十年间，即开垦土地 55396 亩。设置流官后，境内各县市人口都有很大程度的增加（表 5－2）。

表 5－2　武陵地区部分地方户口增长情况

地区/州县		时间	人口数	资料来源
鄂西南地区	建始县	乾隆二十年	户 16000，口 70000	嘉庆《建始县志》卷之上《户口》
		乾隆四十一年	户 24000，口 144000	
		乾隆四十八年	户 35745，口 170836	
	来凤县	雍正十三年	户 10758，口 47445	同治《来凤县志》卷 4《食货志》
		乾隆二十五年	户缺，口 76572	
	宣恩县	乾隆初年	户 5915，口 40685	同治《宣恩县志》卷 9《户口》
		乾隆四十年	户 33777，口 150450	
湘西地区	永顺县	雍正十二年	户 10082，口 44024	乾隆《永顺府志》卷 4《户口》
		乾隆二十五年	户 34187，口 185022	
	保靖县	雍正八年	户 7122，口 30349	
		乾隆二十五年	户 12597，口 52435	
渝东南	秀山县	乾隆九年	户 1570，口缺	光绪《秀山县志》卷 5《赋役志》
		乾隆二十九年	增户 4568，增口 6130	
	石柱厅	乾隆二十三年	户 20564，口 96185	乾隆《石柱厅志》卷 5
		乾隆四十年	户 5699，口 198685	

而《甄氏族谱·山羊隘沿革纪略》也对客民进入有详细记载：

> 至乾隆年间，始种包谷，于是开铁厂者来矣，烧石灰者至焉，众来斯土，斧斤伐之，可以为美乎？叠已青山为之一扫光矣。……而外来各

----

① （清）张天如等纂修，魏式曾增修，郭鉴襄增纂《永顺府志》卷 4《户口续编》，清同治十二年增刻乾隆本。
② （清）熊启咏纂修《建始县志》卷 4《物产》，清同治五年刻本。

处人民挈妻负子，佃地种田，植苞谷者，接踵而来。山之颠，水之涯，昔日禽兽窠巢，今皆为膏腴之所。①

同治《恩施县志》载："户口较前奚啻十倍，地日加辟，民日加聚，从前所弃为区脱者，今皆尽地垦种之，幽岩邃谷亦筑茅其下，绝壑穷岭亦播种其上，可谓地无遗利，人无遗力矣。邑民有本户、客户之分。本户皆前代土著，客户则乾隆设府后贸迁而来者。大抵本户之民多质直，客户之民尚圆通。"② 而该书卷6《食货志·户口》对该县各保甲土著、流寓客户情况又载：

> 典史汛一甲，环绕府城，周围七十四里，土著一千余户，流寓四百三十七户。一甲内，共土著、流寓一千四百七十五户，共计男妇大小十万三千二百余丁口。

> 典史汛二甲，离城十里，周围一百零七里，土著一千八百户，流寓四百八十户。二甲内，共土著、流寓二千二百八十户，共计男妇大小一万九千九百余丁口。

> 典史汛三甲，离城二十五里，周围一百一十里，土著一千七百零一户，流寓四百户。三甲内，共土著、流寓二千一百零一户，共计男妇大小一万二千四百四十七丁口。

> 典史汛四甲，离城三十里，周围二百里，土著一千八百户，流寓四百一十户。四甲内，共土著、流寓二千二百一十户，共计男妇大小一万二千六百九十余丁口。

> 典史汛五甲，离城五十里，周围八十里，土著一千九百余户，流寓四百八十一户。五甲内，共土著、流寓二千四百余户，共计男妇大小一万三千七百五十丁口。

> 典史汛六甲，离城二十里，周围一百三十里，土著一千五百六十五户，流寓四百三十九户。六甲内，共土著、流寓二千零四户，共计男妇

---

① 《甄氏族谱》，甄学贤《山羊隘沿革纪略》，乾隆五十九年撰，转引自中共鹤峰县委统战部等编印《容美土司史料汇编》，第489页。
② （清）多寿修，罗凌汉纂《恩施县志》卷7《风俗·地情》，清同治三年麟溪书院刻本。

大小七千八百零丁口。

典史汛七甲，离城七十里，周围一百五十里，土著一千五百余户，流寓三百八十户。七甲内，共土著、流寓一千八百九十六户，共计男妇大小一万九百余丁口。

典史汛八甲，离城四十里，周围二百八十里，土著一千九百余户，流寓五百户。八甲内，共土著、流寓二千四百九十户，共计男妇大小一万二千五百余丁口。

典史汛九甲，环绕县城四百三十里，以上典史汛内共九甲，共土著、流寓一万九千三百五十八户，共土著、流寓男妇大小人口一十一万一千七百八十余丁口。

巡检汛一甲，离城一百二十里，周围一百里，土著、流寓一千四百七十五户，一甲内共计男妇大小一万二千八百六十丁口。

巡检汛二甲，离城九十里，周围一百二十里，土著、流寓二千二百二十三户，二甲内共计男妇大小一万二千四百二十丁口。

巡检汛三甲，离城九十里，周围一百八十里，土著、流寓一千八百二十八户，三甲内共计男妇大小一万五千三百八十余丁口。

巡检汛四甲，离城七十里，周围一百八十里，土著、流寓一千八百二十八户，四甲内共计男妇大小一万五千三百八十余丁口。

巡检汛五甲，离城三十里，周围一百二十里，土著、流寓一千九百三十余户，五甲内共计男妇大小一万六千四百七十丁口。

巡检汛六甲，离城二十里，周围一百八十里，土著、流寓一千八百二十户，六甲内共计男妇大小一万五千三百四十余丁口。

巡检汛七甲，离城四十里，周围一百二十里，土著、流寓一千九百三十九户，七甲内共计男妇大小一万五千六百三十余丁口。

巡检汛八甲，离城三十里，周围一百一十里，土著，流寓一千四百二十五户，八甲内共计男妇大小一万二千八百二十余丁口。

以上东路巡检汛内共八甲，共土著、流寓一万四千五百七十户，共土著流寓男妇大小一十一万六千七百八十余丁口。

县丞汛一甲，离城四十里，周围一百九十里，土著、流寓二千一百零一户，一甲内共计男妇大小一万一千五百三十余丁口。

县丞汛二甲，离城一百二十里，周围一百二十里，土著、流寓二千二百零八户，二甲内共计男妇大小一万六千七百七十余丁口。

县丞汛三甲，离城九十里，周围一百九十里，土著、流寓二千三百四十六户，三甲内共计男妇大小一万三千五百四十余丁口。

县丞汛四甲，离城一百四十里，周围一百八十里，土著、流寓一千九百六十一户，四甲内共计男妇大小一万四千六百九十余丁口。

县丞汛五甲，离城九十里，周围一百八十里，土著、流寓二千零六户，五甲内共计男妇大小一万一千二百五十余丁口。

县丞汛六甲，离城八十里，周围一百八十里，土著、流寓一千九百六十一户，六甲内共计男妇大小一万四千六百九十余丁口。

县丞汛七甲，离城二十里，周围一百零十里，土著、流寓二千一百零二户，七甲内共计男妇大小一万三千五百五十余丁口。

县丞汛八甲，离城二十里，周围一百二十里，土著、流寓二千二百三十四户，八甲内共计男妇大小一万二千四百余丁口。

以上县丞汛内共八甲，共土著流寓一万六千九百一十九户，共土著流寓男妇大小人口十万零八千四百四十余丁口。

总共一县共二十五甲，共乡约二十五名，保正一百名，甲长一千六百五十七名，牌头四千七百五十九名，共土著、流寓五万零八百四十余户，总共土著、流寓男妇大小人口三十三万七千零丁口。①

清代县一级政权设正印官知县，为七品，又设佐二官县丞，为正八品，另设相当于县尉的典史，以丞簿尉分掌粮马、征税、户籍、缉捕诸事，再于关津要冲、繁华市镇之地设驻巡检司（类似于现今社会的公安派出所）巡检，为从九品，掌缉捕盗贼之责，典史、县丞、巡检三者一般都有自己的辖地，三者辖地之和与知县所管大体一致。从恩施县县下行政机构管辖范围内人口土著、流寓统计看，只有典史汛将流寓户数单列，其所负责的九个甲总户为 19358 户，其中客民 3527 户，约占总数的 18%，按每户 5 人计，则典史汛共有流寓人口 17635 口，全县则将有 5 万多客民，由此推算出施南府移

---

① （清）多寿修，罗凌汉纂《恩施县志》卷6《食货·户口》，清同治三年麟溪书院刻本。

民数量约有 30 万人。事实上，恩施县实际客民数量可能要更多，嘉庆《恩施县志》云：

> 各处流民入山伐木，支椽上盖苑草，仅庇风雨。借粮作种，谓之棚民。客民赶场作市，设有场头客总，土著只十之二三，余俱外省人。①

咸丰县也是流民迁入的重点区域，同治《咸丰县志》对比"改土归流"前后境内人口构成后，说："咸邑旧帷土著，自改所归流后，外来寄籍者不少，然皆耕凿相安，两无猜忌。迄咸丰初年，四川彭邑人民始有迁移入咸者，近则愈迁愈甚，接踵而至者遍满乡邑，有非我族类之感焉。"② 同治年间编纂的县志将客民户口数单列出来，记载雍正年间土民 2169 户，15642 口，客民 3746 户，25043 口，客民数量远超过土民数量。③ 而同一时期的来凤县共计 10758 户，47445 口，其中土民 2312 户，客民 8446 户，客民数量为土民数量 3 倍有余。④ 五峰县客民数量也不少，"设县初，惟张、唐、田、向四姓为土著，合覃、王、史、李为八大姓，继有十大姓之称。向李曾杨郭王皮邓田庹是也"⑤。按照同治《施南府志》的统计，嘉庆二十五年（1820）施南府人口有 92 万人，移民人口约 46 万人。

（三）渝东南地区

明清时期的"江西填湖广，湖广填四川"运动波及渝东南地区，尤其是清代"改土归流"以来，境内客民数量与日俱增。光绪《秀山县志》记载，乾隆九年（1744）秀山县有 1570 户，到了乾隆二十九年（1764），户口增加到 4568 户，增加人口 6138 口。乾隆年间彭水县的情况与秀山大体相似，乾隆初旧额户口 19397 口，滋生人丁为 29654 口。如酉阳直隶州，"境内居民，土著稀少，率皆黔、楚及江右人，流寓兹土，垦荒邱，刘深菁，附谷附山，接茅庐，树板屋，并有树皮盖者，瓦房屋十之三"⑥。又如黔江县，"黔楚流民踵

① （清）张家澜修，朱寅赞纂《恩施县志》卷4《风俗十八》，清嘉庆十三年刊本。
② （清）张梓修，张光杰纂《咸丰县志》卷7《典礼志》，清同治四年刻本。
③ （清）多寿修，罗凌汉纂《宣恩县志》卷9《户口》，清同治三年麟溪书院刻本。
④ （清）李勖修《来凤县志》卷13《食货志》，清同治五年刊本。
⑤ （清）李涣春原本，郭敦佑续修《长乐县志》卷12《风俗志》，清咸丰二年刻本。
⑥ （清）邵陆纂修《酉阳直隶州总志》卷19《风俗》，清乾隆四十年刻本。

至，错处相与"。秀山县，"设县之后，吴、闽、秦、楚之民悦其风土，咸来受廛"①。石柱县，"川省寇乱之后，五方杂处，流寓多于土著"②。

（四）黔东北地区

黔东北地区的客民自明弘治年间开始增多，客民迁出地主要是邻近的四川地区，嘉靖《思南府志》记载："弘治以前，川民不入境，大率土广人稀，材木足于林薮，渔猎易于山泽，而商贾通其盐布，时有鸡犬之盗，人皆摈而不容于乡，官司亦得因而治之。弘治以来，蜀中兵荒，流移入境，而土著大姓将各空闲山地，招佃安插，据为其业，或以一家跨有百里之地者，流移之人，亲戚相招，缰属而至，日积月累，有来无去。因地产棉花，种之获利，土人且效其所为，弃菽粟而艺棉。由是，生之寡，食之众，饥馑荐臻。客既胜而主人弱，祸乱且起矣。合抱连云之材，尽山伐而焚之，播种其中，谓之'烟田'，而地力穷矣。工匠技艺之徒，嚣讼穿窬之辈，处处有之，而民风坏矣。"③ 弘治以来迁入的客民带来了先进的生产工具和生产技术，改变了当地农业经济活动规律，也对迁入地社会发展乃至环境都产生了巨大的影响。康熙年间平定贵州叛乱后，清廷在当地设置9个卫，109个堡，并开始了屯军，计有8930余户。为进一步巩固在黔省的统治，雍正与乾隆年间，张广泗奏请朝廷在黔东南地区屯军。民国《贵州通志》载："因逆苗蠢动，饬令通省招募新兵，共五千余名，训练已经一年，技艺娴熟，今军务告竣，现在酌减归农，即在此新兵内，招其能种田亩，并情愿前赴苗疆承领者，给予耕种，如仍田多兵少，即就近招募年富力强可充兵丁之人，令其领种，但屯军与汉民不同，汉民三时力作之外，别无余事，屯军于农隙之时，当令操演训练，遇事调遣行走，自应筹划充裕，自无缺乏之虞。"④ 中原地区和相邻省份很多破产的汉族农民纷纷前往贵州充为屯军。另外，贵州隔壁省份受灾，汉族灾民逃荒进入也是移民的一种形式。《清宣宗实录》载："此种流民"，大多系"湖广土著，因近岁水患，觅食维艰，始不过数十人散入苗

---

① （清）王寿松修，李稽勋等纂《秀山县志》卷7《礼志》，清光绪十八年刻本。
② （清）王槐龄纂修《补辑石柱厅新志》卷10《节烈志》，清道光二十三年刻本。
③ （明）万炯修，钟添纂《思南府志》卷7《拾遗志》，明嘉靖刻本。
④ 刘显世、谷正伦修，任可澄、杨恩元纂《贵州通志》卷20《前事志》，民国37年贵阳书局铅印本。

疆，租种山田，自成熟后获利颇丰，遂结盖草房，搬运妻孥前往"，道光十三年（1833），"由湖南至贵州一路，扶老携幼，肩挑背负者，不绝于道"。①军机大臣所奏主要是指贵州兴义一带客民，但从客民的迁移路线看，贵州东北地区的铜仁也是客民大军途经之地，"兴义及普安、大定、安顺、镇远、铜仁、黎平等处，上年及本年外来流民均系湖广、江南等省被水外来求食之人"。②此外，贵州地区的客民与其他地区略有不同，其中，外省破产的贸易商人、手工艺人和汉族农民选择贵州定居的较多，贸易商人和手工业者多居城市，而破产的汉族流民则多客居乡间。③

客民大规模迁入贵州是在雍正年间，康熙九年（1670）贵州巡抚罗绘锦上疏时说："黔省开辟方今九载，汉少苗多。"三十一年巡抚阎兴邦在奏疏中也说："自三十一年编审人丁，部驳查明加增，但黔地偏小，苗仲十居六七。"到了雍正年间，境内人口规模和构成发生了巨大变化，人口密度逐渐增大，宣统年间贵州每平方千米的人数为54.45人，密度大小在全国排序已为第 16 位。④整个贵州由清初的 60 余万人，发展到了清末的 870 多万人，增长近 14 倍。⑤这与雍正以来客民的流动密不可分。

《黔南职方纪略》记载贵州有六万余户客民，而松桃厅有客民 857 户，镇远府有 2062 户，黎平府有 7502 户。再如铜仁府，"其他如湖南之永绥、凤凰，四川之秀山各邻省客民，以及江西、湖广各省会馆向苗人当买之产亦复不少"⑥。《黔南识略》卷 1《总叙》将客民分为三种：置苗产客民、不置产客民、城居客民。思南府的这三种客民分别为 10 户、8 户、0 户，铜仁府为 86 户、0 户、0 户，松桃厅则有 46 户、0 户、811 户，按每户 5 人计，松桃厅城居客民的数量约有 4000 人。道光年间，松桃厅有苗民 3980 户，共计18423 口，有汉民 38110 户，121788 口，而归化苗民则有 4448 户，21379

---

① 《清宣宗实录》卷 253，清道光十四年，清内府钞本。
② 刘显世、谷正伦修，任可澄、杨恩元纂《贵州通志》卷 21《前事志》，民国 37 年贵阳书局铅印本。
③ 刘显世、谷正伦修，任可澄、杨恩元纂《贵州通志》卷 21《前事志》，民国 37 年贵阳书局铅印本。
④ 赵文林等：《中国人口史》，人民出版社，1988，第 474~475 页。
⑤ 蒋德学：《试论清代贵州的移民》，《人口研究》1983 年第 5 期。
⑥ （清）罗绕典：《黔南职方纪略》卷 6《铜仁府》，清道光二十七年刻本。

口。汉民数量远超苗民数量，归化苗民数量亦不少，也当有不少客民。道光《松桃厅志》所载"松属皆红苗，苗有五姓，吴、龙、石、麻、白最著，麻、白近湖广界，吴、龙近四川界，石止铜仁、松桃境内，近来族类既繁，姓氏亦杂"[1] 就是很好的写照。在客民长期与少数民族交往过程中，还出现了彼此融合的现象，《苗疆闻见录》云："其地有汉民变苗者，大约多江楚之人，懋迁熟悉，渐结亲串，日久相沿浸成异俗，清江南北岸皆有之，称熟苗半多此类。"[2] 道光《凤凰厅志》载严如熤《平苗议》："自开辟日久，附近客民与之相习，肩挑贸易，亦时出入各寨。"[3] 可见，在长期的交往过程中，客民、土著之间关系相对融洽。

三 清朝的客民活动与客民的流入

清代武陵地区的客民运动，可视作明代客民运动的延续，虽然规模比之明代略有不足，但呈现的内容又有所不同。

移民分类有多种，依据最初意愿，移民可分为强制性移民和自愿性移民两种，随军入籍、政府层面的招垦活动多属强制性移民。从武陵地区地方志、族谱以及碑刻资料来看，境内客民大体也可分为因招垦而来的客民、因军事戍守而来的客民、因经商而来的客民、因宦游落籍的客民以及避灾祸的流民五种。经商、避乱、宦游明显是属于自愿性移民，而其他两者则带有一定的强制性。以渝东南地区的彭水县、黔江县为例，其移民情况可见表5 - 3、表5 - 4。

表5 - 3　清代渝东南彭水县客民个案

姓名	迁出地	迁徙时间	迁入地	迁徙缘由
黄辅	贵州遵义	顺治四年	黄家坝	
谭启鸾	夔府	顺治五年	下塘口张邦墨家	
徐应明	江西新余县	顺治八年	黄泥坡	
卢贵阳		顺治初年	彭水郭家坝	避乱

① （清）萧琯纂《松桃厅志》卷6《风俗·苗蛮》，清道光十六年松高书院刻本。
② （清）徐家干撰《苗疆闻见录》，巴蜀书社，2006，第602~603页。
③ （清）黄应培修，孙均铨、黄元复纂《凤凰厅志》卷11《苗防志一》，清道光四年刻本。

续表

姓名	迁出地	迁徙时间	迁入地	迁徙缘由
王儒林	巴县双山岭	顺治年间	郁山状元堡	
童相桓	麻城孝感乡	顺治年间	郁山棉子地	熬盐为生
景云	江西人	顺治年间	走马乡万家村	
楚冲煊	夔府	康熙初年	郁山状元堡	
董世满	陕西蓝田县	康熙十年	彭水县	宦游
董永年	巴县	康熙十年	凤凰山	奉命来彭水清粮定册
刘滚	江西新余县	康熙十三年	龙溪乡架榔村	奉命入川平吴三桂叛乱,后落籍
龙天贵、龙天德	云南人	康熙十三年	县城本门、长滩	吴三桂部属,来彭水驻防,后定居于此
程文进	江西九江	康熙十七年	走马乡大圆子	
邹正发	江西临江府	康熙二十三年	走马乡郎家村	
徐氏兄弟	丰都石盘水	康熙二十五年	棣棠乡、长滩乡、高谷乡等地	祸乱
苏世光	湖北麻城孝感乡	康熙三十六年	鹿菁乡盖阳村	
严玉	江西新余县	康熙四十二年	郁山南京街	
崔杰珍	江西南城县	康熙四十四年	郁山南京街	经商
陶后山	浙江会稽	康熙四十八年	彭水县	随知县陶文彬来住大士阁
余在芳	江西新余县十字街	康熙四十八年	润溪乡石坝村	避难
杨秀元	湖南芷江麻池沟	康熙五十三年	砂石乡萧家村	族长于清明节召3000族人在祠堂祭祖时,新任县官赴任路过,派兵干预,发生摩擦,混乱中族人将县官及官兵打死,各奔前程,秀元率子迁彭水以割漆为生
唐朝仲、唐朝明	麻城孝感乡	康熙五十八年	郁山镇南京街	避乱
蒋怀中	江西临江府	康熙年间	郁山镇南京街、走马乡	
昌懿生	江西	康熙年间	顺水坝	避灾害
安行让	贵州	康熙年间	先迁利川,再迁棣棠乡	抵抗吴三桂叛乱失利逃到彭水

续表

姓名	迁出地	迁徙时间	迁入地	迁徙缘由
游仲文	江西临江府	雍正三年	郁山南京街、茅坪	经商
巫慧仙	广东	雍正十三年	蚂蟥窑	
苟世泽	江西	雍正年间	张家土	
王锡龙	江西	雍正年间	高谷天公堂	
朱月旦、朱月朝、朱月明	麻城孝感乡	雍正年间	梁家沟、瓦屋沟、崇来沟	
支贲	陕西富平县	乾隆二年	郁山	开盐井
李光壎	福建安溪	乾隆二年	彭水	先任彭水知县，后升酉阳知州，离任后在彭水安家
张廷钦	黔南思塘	乾隆三年	彭水县	
刘宾学	广东平远县	乾隆初年	彭水县	经商
刘在希	江西临江府长排十字街	乾隆九年	亭子坝	因遭灾来彭水
钱平	甘肃临夏	乾隆七年	彭水	为黔彭营千总，驻防统境关，后定居
萧绍员	江西庐陵县儒林乡十二都曲塘张家湖	乾隆二十一年	陈园坝	经商
邓国荣	江西新建县	乾隆二十七年	茅田乡	经营货殖
周正乾	贵州黄平县	乾隆中叶	普子乡普子村	因打抱不平遭祸
杨汝沣	江西清江县十字街	乾隆中叶	普子坝芭蕉沱	外出经商，来彭水经营染坊
柏世贵	湖南永定	乾隆四十年	黔江黑溪乡冷竹菁	
盛世华兄弟	江西新余县十字街	乾隆年间	先迁酉阳感坪里官庄龙池坝	贩盐入彭水，在牛山开铺定居
陈国于	江西	乾隆年间	菖蒲塘梁子	
湛懋仁	丰都	乾隆年间	彭水学坝	
敖逢顺	湖北巴陵壁洞秧田坡	乾隆末年	茅田乡	
潘正阳	麻城孝感乡	嘉庆十五年	太原乡英光村中岭	
汤家龙	武昌	嘉庆二十五年	妖精滩	开屠宰业来彭
欧阳尚美	江西泰和县千秋乡五十八都上茅坪	嘉庆年间	甘棠乡李家营	
白忠甲	麻城孝感乡	道光四年	郁山镇水麻溪	

姓名	迁出地	迁徙时间	迁入地	迁徙缘由
殷聘三	江西金溪县马栏桥	咸丰年间	乾隆末年迁黔江三屯乡,咸丰末年迁郁山学经商,后定居	
明家斑	重庆江北铁炉沟	同治年间	利川忠路司十五保茅坝,子孙迁太原乡	
胡思贤	江西泸溪县茹陵乡十二都窑塘堡东鼓岭	光绪十六年	宝石楼	开中药铺
粟光成	江西	光绪年间	先迁贵州,再迁普子坝荒瓜泉	

资料来源:彭水县志编纂委员会编纂《彭水县志》,四川人民出版社,1998,第700~707页。

表5-4　清代渝东南黔江客民个案

始迁祖	迁出地	迁出时间	迁入地	迁移原因	资料来源
宁氏	湖北	雍正、乾隆年间	黔江城北乡		《黔江文史·墓志铭专辑》
陈氏	江西抚州	乾隆年间	黔江冯家坝		《黔江文史·墓志铭专辑》
陈氏	江苏盱眙	嘉庆年间	黔江清杠乡		《黔江文史·墓志铭专辑》
陈氏	江西建昌府	乾隆年间	黔江两河镇	经商	
杨氏	浙江	乾隆年间	黔江正阳乡		《黔江文史·墓志铭专辑》
杨氏	四川保宁	咸丰年间	黔江南海乡		《黔江文史·墓志铭专辑》
陶氏	重庆市	康熙年间	黔江太极乡	经商	《黔江文史·墓志铭专辑》
陶永远	江西浔阳	康熙年间	黔江白合乡		《黔江文史·墓志铭专辑》
戴星鳌	江西南昌	康熙年间	黔江蓬东乡		《黔江文史·墓志铭专辑》
李国民	贵州	嘉庆年间	黔江冯家镇		《黔江文史·墓志铭专辑》
李士乙	陕西巩昌	雍正十年	先迁彭水,再迁黔江南海		《黔江文史·墓志铭专辑》
李文庆	江西	嘉庆年间	黔江南海	经商	《黔江文史·墓志铭专辑》
雷氏	江西	乾隆年间	黔江正阳乡		《黔江文史·墓志铭专辑》
赵云彩	山西平阳	康熙年间	黔江西山	宦游	《黔江文史·墓志铭专辑》
王氏	湖北沔阳	清初	黔江新华乡		《黔江文史·墓志铭专辑》
谈茂林	江西	同治年间	黔江后坝乡	公少孤,家不甚裕,承媚训,敦孝友,尚节俭,始勤诵,继重农商,由少有而富有,名之著于家者,如此	《黔江文史·墓志铭专辑》

续表

始迁祖	迁出地	迁出时间	迁入地	迁移原因	资料来源
何兰台	湖南益阳	乾隆初年	黔江南海乡		《黔江文史·墓志铭专辑》
查荫庭	湖南	同治年间	黔江	皇考讳光映,当洪杨乱,困于生计,弃儒就商,由皖之吴、之湘。清同治初始来黔,主持"詹义成"号务,爱其山水风俗,遂卜居焉	《黔江文史·墓志铭专辑》
喻爵	江西高安县	清末	黔江冯家镇	避兵荒	《黔江文史·墓志铭专辑》
咎氏	贵州	乾隆年间	黔江县后坝	后缔结婚姻,下嫁刘氏,入居黔江之地	《黔江文史·墓志铭专辑》
俞氏	湖南安化	乾隆年间	黔江南海		《黔江文史·墓志铭专辑》

清代彭水县客民迁徙原因,以避乱、经商、宦游居多,招垦、军事屯戍则在黔东北地区较为多见。而迁出地多为江西,占40%左右,其中尤其以江西新余县十字街为多,其余有重庆、湖南、湖北、贵州、浙江、福建等省,数量不及江西客民多。

湘西地区的客民类型（见表5-5）,与彭水县略有不同。从表5-5中已经明确标注的迁移原因看,经商、宦游、避乱三种类型为多。迁徙时间以康雍乾三朝较为集中。迁出地以江西为最,其次则是邻近的湖南、湖北地区,福建、四川、贵州亦有不少客民流入。在迁徙的过程中,二次迁徙、多次迁徙现象较为普遍,也反映出移民的迁徙路线以及移民迁徙的层次性,而由东而西的规律性较为明显,其中,常德、沅陵两地是移民迁徙的中转站,诸多姓氏或者说是姓氏的支派多由沅陵再迁至其他地区。

表5-5 清代湘西客民个案

始迁祖	迁出地	迁出时间	迁入地	迁移原因	资料来源
古成	平江县	清代	常德		《湖南氏族迁徙源流》
马如龙	云南	同治年间	常德	奉调戍守,后落籍草坪	《湖南氏族迁徙源流》
史尊然	江西吉水	顺治年间	常德城东	拖船埠至常	《湖南氏族迁徙源流》

续表

始迁祖	迁出地	迁出时间	迁入地	迁移原因	资料来源
常朝凤	河南开封	康熙三十年	桃源		《桃源氏族》
傅春阳	福建福州	雍正年间	桃源陬市	宦骠骑将军	《桃源氏族》
冯时贵	湖北麻城	顺治十二年	桃源浯溪		《桃源氏族》
凤敬乾	江苏	康熙三十年	桃源漆河		《桃源氏族》
胡仁朝	江西吉水	清初	桃源		《桃源氏族》
李氏	湖南安乡县	清代	桃源浮阳坪		《湖南氏族迁徙源流》
李宏德	云南昆明	康熙年间	桃源溪东坪	因父助吴三桂叛乱而死,扶柩葬此	《桃源氏族》
罗源	江西吉水	清初	桃源畲田		《桃源氏族》
黄兆圣	江西	清初	桃源		《桃源氏族》
莫氏	江西	清初	桃源灵岩		《桃源氏族》
吴正宇	湖北公安	康熙初年	桃源	搜购荒货	湖南省桃源县架桥乡农团村《吴氏族谱辑要稿》1998年
谢氏	闽县	乾隆元年	桃源青山湾	商贸	《湖南氏族迁徙源流》
颜章玉	湖南浏阳	顺治年间	桃源菉萝坪	避兵乱	《湖南氏族迁徙源流》
余胜华	浙江杭州	康熙十三年	桃源白石铺	避耿精忠乱	《桃源氏族》
朱氏	江西	康熙五十年	桃源		《桃源氏族》
张进廷	江西吉水	顺治初年	桃源		《桃源氏族》
郭文成	山西汾阳	清代	永定	官千总	《永定氏族》
聂日章		康熙八年	永定	游艺	《永定氏族》
徐思学	江西	顺治初	始迁辰州,再迁永定		《永定氏族》
陈丑、陈引	江西吉水	明末清初	沅陵梅溪坪		《湖南氏族迁徙源流》
杜门五	江西吉水	清初	沅陵		《麻阳氏族》
戴滕禄、滕远	江西	顺治五年	沅陵		《桃源氏族》
彭其典	江西新淦县	同治六年	沅陵		《溆浦氏族志》
饶玉镒	江西	雍正二年之前	沅陵		《溆浦氏族志》
谢氏	浙江会稽	顺治年间	沅陵		《溆浦氏族志》
邓氏	江西	清初	石门升坪		《湖南氏族迁徙源流》
官氏	江西金溪	乾隆年间	石门南圻		《湖南氏族迁徙源流》
周贤文	江西吉水	康熙末年	先迁湖北石首,复迁石门		《湖南氏族迁徙源流》

续表

始迁祖	迁出地	迁出时间	迁入地	迁移原因	资料来源
史嘉漳	湖北当阳	雍正年间	澧县荣家河		《湖南氏族迁徙源流》
王启谟	湖北公安县	康熙年间	澧县王家码头		《湖南氏族迁徙源流》
习必成	江西	康熙二十八年	澧县	镇守九溪卫,后落业澧郡	《湖南氏族迁徙源流》
方云芝	江西东乡	乾隆年间	溆浦东山		《溆浦氏族志》
傅绍梅	江西	康熙年间	溆浦低庄		《溆浦氏族志》
傅本地	江西清江	乾隆四年	溆浦		《溆浦氏族志》
封尚远	江西	康熙年间	溆浦香炉湾		《溆浦氏族志》
官廷秀	江西东乡	乾隆年间	溆浦统溪		《溆浦氏族志》
郭明道	河南	清初	溆浦县城	官湖南沅州,解组来溆	《溆浦县志》
李余庆	江西吉水	同治五年	溆浦		《溆浦氏族志》
刘畴孙	江西	乾隆年间	溆浦		《溆浦氏族志》
刘裕三	江西金溪	乾隆年间	溆浦小江桥		《溆浦氏族志》
刘载征	江西庐陵	雍正二年	溆浦桥江		《溆浦氏族志》
梅文茂	江西泰和	乾隆年间	溆浦大塘		《溆浦氏族志》
欧阳应龙	江西	清初	初客寓益阳、旋迁溆浦低庄		《溆浦氏族志》
饶玉镒	江西	清代	先迁沅陵,雍正二年迁溆浦		《湖南氏族迁徙源流》
徐万世	湖北沔阳州	清初	始迁宝庆,再迁溆浦		《溆浦氏族志》
叶天元	江西建昌	顺治年间	溆浦邓家坡		《溆浦氏族志》
杨寿香	江西丰城	同治十年	溆浦		《溆浦氏族志》
周朝魁	江西丰城	清初	始迁武陵、沅陵,再迁溆浦		《溆浦氏族志》
章氏	江西金溪	清代	溆浦低庄		《溆浦氏族志》
穆氏	河南	清初	先迁四川、再迁泸溪		《湖南氏族迁徙源流》
高氏		康熙年间	泸溪	宦游	《湖南氏族迁徙源流》
王金榜	江西庐陵县	康熙年间	泸溪檐鹏下	贸迁,嘉庆十五年顶入民籍	《湖南氏族迁徙源流》
文氏	江西	清代	泸溪		《麻阳姓氏》
何氏	贵州铜仁	同治年间	麻阳		《麻阳姓氏》
郎杨氏	四川秀山	乾嘉年间	麻阳	苗乱	《麻阳姓氏》
鲁氏	四川秀山	清代	麻阳锦和		《湖南氏族迁徙源流》

始迁祖	迁出地	迁出时间	迁入地	迁移原因	资料来源
伍氏	福建	乾隆年间	麻阳岩门		《麻阳姓氏》
奚氏	江西	清中叶	麻阳锦和张公坡	为官解组后落籍麻阳	《湖南氏族迁徙源流》
夏跋铨	江西清溪	清代	麻阳	宦游	《麻阳姓氏》
夏氏	江西丰城	清末	麻阳		《麻阳姓氏》
徐氏	江西	清代	麻阳		《麻阳姓氏》
易祖信	江西	乾隆年间	麻阳吕家坪	贸易	《麻阳姓氏》
左氏	江西丰城	清中后期	麻阳	游艺	《麻阳姓氏》
詹氏	广东	清初	靖县七里街		《靖州氏族志》
程朝珍	湖北武昌	道光二十七年	会同	贸易	《会同氏族》
郑氏	贵州天柱县	康熙年间	会同宝田		《湖南氏族迁徙源流》
周连升	福建汀州连城	乾隆四年	会同	避乱	《会同氏族》
蔡忠山、胜顶	宝阳	康熙二十六年	新晃枫树屯村	行医、石工手艺谋生计	《湖南氏族迁徙源流》
程福九	江西	道光年间	桑植县城		《湖南氏族迁徙源流》
贺崇先	湖北安陆	康熙中叶	桑植洪家官	宦游	《湖南氏族迁徙源流》
罗经声兄弟	江西广信府	乾隆中叶	先迁桃源县，再迁桑植大木塘乡		《湖南氏族迁徙源流》
马氏	甘肃	清代康熙	县官居沅陵，再迁桑植白竹坪	饥荒	《湖南氏族迁徙源流》
王姓鲤	江西安福县	乾隆三十年	桑植五里桥	贩卖瓷器	《湖南氏族迁徙源流》
郁孔融	江西安福县	康熙末年	桑植凉水口		《湖南氏族迁徙源流》
邹世璋	广东龙川县	乾隆四十六年	桑植汨湖乡		《湖南氏族迁徙源流》
杜门六	江西吉水	清初	永顺、大庸		《麻阳姓氏》
范文达、文迁	湖南长沙	乾隆五十年	龙山		《湖南氏族迁徙源流》
何家元	江西高安县	康熙末年	永顺勾哈基湖		《湖南氏族迁徙源流》

续表

始迁祖	迁出地	迁出时间	迁入地	迁移原因	资料来源
罗秉计等	江西瑞州府	乾隆元年	永顺毛坝乡		《湖南氏族迁徙源流》
史孔伦	桂阳州	顺治年间	永顺		《湖南氏族迁徙源流》
童金鳌、金玉	江西建昌府	嘉庆末年	永绥厅	经商	《湖南氏族迁徙源流》
方宗舜	武冈	嘉庆年间	凤凰厅		《麻阳姓氏》

资料来源：此表根据薛政超《湖南移民表——氏族资料所载湖南移民》（中国戏剧出版社，2008）整理而成。综合《黔江文史·墓志铭专辑》（黔江文史委，2006）、曾超的《黔江墓志所见移民姓族录考》（《长江师范学院学报》2012年第1期）。

1. 招民垦荒客民

清兵入关后，因追剿南明政府和平定三藩之乱，西南地区饱受战乱之苦，人口损耗较为严重。清廷为了解决内地人口膨胀的问题以及更好地控制西南民族地区社会，鼓励内地农民到人口稀少的地方进行垦荒种地。顺治六年（1649）颁发的垦荒令称："自兵兴以来，地多荒芜，民多逃亡，流离无告，深可悯恻。……凡各处逃亡民人，不论原籍别籍，必广加招徕编入保甲，俾之安居乐业察。本地方无主荒田，州县官给以印信执照开垦耕种，永准为业。"① 招垦对象，一种是因战乱而迁居他处的土著，另一种则是从他省招募而来的流民。武陵地区的黔东北以及渝东南地区，是清初鼓励移民垦荒的地区。顺治十八年（1661），清政府批准云贵总督赵廷臣的奏议："滇黔田土荒芜，当亟开垦。将有主荒田令本主开垦，无主荒田招民垦种，俱三年起科，该州县给以印票，永为己业。"② 康熙四年（1665），贵州巡抚罗绘又奏准，对开垦的荒地不立田赋始征年限。乾隆六年（1741），户部再议准凡依山傍岭及清薄之地，"悉听民垦种"，并永免征税。在朝廷的鼓励之下，大量内地客民纷至沓来，荒芜之地或者因战事而抛荒的田地被客民所垦种。《圣武记·乾隆湖贵征苗记》记载："苗介湖南、贵州万山之中，环以凤凰（今湖南凤凰县）、永绥（今

---

① 《清世宗实录》卷43，顺治六年壬子条。
② 《清圣祖实录》卷1，康熙元年二月乙未条。

湖南花垣县南部）、松桃（今贵州松桃县）、保靖（今湖南保靖县）、乾州（今湖南吉首西南之乾州镇）各城，营汛间错相望。……初，永绥厅悬苗巢中，环城外寸地皆苗，不数十年尽占为民地。兽穷则啮，于是奸苗倡言逐客民，复故地，而群寨争杀，百户响应矣。"① 而据《清实录》的统计，贵州地区，康熙年间为 66657 亩，雍正时期为 25200 亩，而乾隆时期则有 91967 亩。

2. 商贸侨居客民

清代武陵地区的各类客民中，因为经商而落户武陵地区的属最为常见的一种。其中江西、湖广、福建、浙江、四川、贵州、广东等省是主要迁出地，而江西、福建、湖广商人又是其中最多的。如重庆酉阳县的龙潭镇，位于川湘边区出入的门户，兼有水陆交通之便，境内盛产茶、漆、桐油、青麻、蓝靛、朱砂、麝香等土货，又有棉花、布匹、瓷器、盐等货品集散。为满足物流中转的需要，从乾隆年间开始先后建成船舶停靠码头九座，如乾隆四十七年（1782）建成的江西潭码头之类，吸引着湘、闽、粤、赣、黔、陕、鄂、皖等各省及本省其他客商来龙潭经商贸易，很多则在清末、民国时期落籍龙潭。从乾隆年间起，外省客商纷纷修建庙宇，办有公益、慈善事业，如江西会馆的万寿宫、南昌义地，两湖会馆的禹王宫、两湖义地，福建会馆的天后宫、闽中义地。在诸多外省客民中，江西商人群体尤为突出。明代王士性在《广志绎》卷 4《江南诸省》中说："江、浙、闽三处，人稠地狭，总之不足以当中原之一省，故身不有技则不糊，足不出外则技不售。唯江右尤甚，而其士商工贾，谭天悬河，又人人辩足以济之。又其出也，能不事子母本，徒张空拳以笼百务，虚往实归，如堪舆、星相、医卜、轮舆、梓匠之类，非有盐商、木客、筐丝、聚宝之业也。故作客莫如江右，江右莫如抚州。"《松窗梦语》记载："（江西）地产窄而生齿繁，人无积聚，质俭勤苦而多贫，多设智巧技艺，经营四方，至老死不归。"② 同治《南昌府志》也载："编户之民，五方杂处，多以逐末为业。"③ 江西地区的抚州是江西商人的重要来源地，明人王士性说"作客莫如江右，江右莫如抚州"，抚州商

---

① （清）魏源撰《圣武记》卷 7《乾隆湖贵征苗记》，古微堂刊本。
② （明）张瀚：《松窗梦语》卷 4《商贾记》，中华书局，1985。
③ （清）许应鑅、王之藩修，曾作舟纂《南昌府志》卷 8《风俗》，清同治十二年刻本。

人遍及云贵诸省，缅甸等东南亚国家也都有抚州商人的足迹。江西的丰城县，也有大量民众外出经商，到了明清时期，湖广地区有了"无江西人不成市场"的谚语，足可见江西商人繁盛之状况。① 从彭水县、湘西地区的移民不难看出，因经商而落籍武陵地区的客民数量所占比例较大，而尤以江西商人为最，湖北、福建、四川、浙江等地又次之。如黔东北的松桃，"城市乡场，蜀、楚、江西商民居多，年久便为土著，……贸易以赶场为期，场多客民，各立客总，以约束之。场以五日为期"②。铜仁府，多有来自江西的汉民，"抱布贸丝，游历苗寨"③。《黔南职方纪略》卷6《铜仁府》亦云贵州的商人，多为江西籍。鄂西南地区的容美土司境内，康熙年间亦"江、浙、秦、鲁人俱有，或以贸易至，或以技艺来"。渝东南的酉阳直隶州，"境内居民，土著稀少，率皆黔、楚及江右人。……其户皆零星四散，罕聚族而居者，五方杂处"④。再如湘西地区，"苗地不许汉人往来，原恐其唆弄生事，第楚南如永顺、永绥、乾州、凤凰营、城绥（城步、绥宁）、长安营（城步）各处，俱就苗地设立府厅县治，建城安营，内地民人俱纷纷搬往，或开铺贸易，或手艺营生"⑤。又如龙山县：

> 客民多长、衡、常、辰各府及江西、贵州各省者，其先服贾而来，或独身持褙被入境，转物候时，十余年间即累赀巨万，置田庐，缔姻戚，子弟以次并列庠序，故县属巨族自来客籍为多，服食言动，皆沿华风，至伏腊婚祭一切习尚，或各守其祖籍之旧，往往大同小异。乡居与土风相染，久之不免于纤啬，争校细微，浸成积讼。贫穷之户，佃耕为

---

① 明清时期的江西商人遍布全国各地，明人徐世溥《榆溪集选·楚游诗序》述及江西商人活动情况："豫章之为商者，其言适楚犹门庭也。北贾汝、宛、徐、邓、汾、鄂，东贾韶、夏、夔、巫，西南贾滇、僰、黔、沔，南贾苍梧、桂林、柳州，为盐、麦、竹箭、鲍木、旃罽、皮革所输会。"江西商人活动覆盖全国十多个省份。

② （清）爱必达：《黔南识略》卷20《松桃直隶同知》，清乾隆十四年修刊本。

③ （清）爱必达：《黔南识略》卷19《铜仁府》，清乾隆十四年修刊本。

④ （清）王鳞飞等修，冯世瀛、冉崇文纂《增修酉阳直隶州总志》卷19《风俗志·总论》，清同治二年刻本。

⑤ 《湖南巡抚蒋溥奏酌议抚苗事宜三条折》，中国历史第一档案馆《清代档案史料丛刊》第14辑，中华书局，1990。

业，并佣役于人，大抵性质较驯，鲜强梗者。①

从湘西地区的谱牒资料看，有不少客民因商贸而迁至各县市，如：

会同程氏：始迁祖朝珍公，湖北武昌人，因贸易至会同，清道光二十七年纳监入籍，族人分布于城东。

石门官渡沈氏：始祖仕爵公，清乾隆九年因经商自广东梅县来湘，始居石门所市，继迁石门官渡。族人多分布在官渡、所市、磨市。②

花垣童氏：始迁祖金鳌、金玉，清嘉庆末年自江西建昌府今抚州市南城县建昌镇因经商迁居永绥厅，开设大仁商号，经销桐油。③

桑植五里桥王氏：始迁祖姓鲤公兄弟，清乾隆三十年自江西安福县西乡十七都贩卖瓷器至桑植，因亏损无力回乡而滞留今五里桥乡蔡家峪落籍。④

泸溪檐棚下王氏：始迁祖金榜公，字殿元，清康熙间由吉安府庐陵县延复乡五十三都二图九甲直岭阁因贸迁此地。其后嘉庆十五年顶入民籍。⑤

桃源青山湾谢氏：始迁祖而芳公，清乾隆元年自闽县因商贸迁来桃源县南之青山湾。⑥

麻阳吕家坪易氏：始迁祖信行公，清乾隆年间自江西贸易迁麻阳吕家坪之稿潭溪。⑦

会馆是明清时期客民的精神家园，建立会馆出于乡土观念下形成的一种保护机制，抑或是客民自我生存的本能需要，是移民群体于客居之地生存初期在适应新文化、新社会环境时对本土文化、母体文化的一种依恋心理的体

---

① （清）谢宝文修，刘沛纂《龙山县志》卷11《风俗》，清光绪四年续修刻本。
② 湖南图书馆编《湖南氏族迁徙源流》，第739～740页。
③ 湖南图书馆编《湖南氏族迁徙源流》，第844页。
④ 湖南图书馆编《湖南氏族迁徙源流》，第906页。
⑤ 湖南图书馆编《湖南氏族迁徙源流》，第917页。
⑥ 湖南图书馆编《湖南氏族迁徙源流》，第1018页。
⑦ 湖南图书馆编《湖南氏族迁徙源流》，第1121页。

现。所以在客民集中的地方，往往会建立同省会馆或者是同地区会馆，江西商人多建万寿宫，或称许真君庙、水府庙，但地方志书中的万寿宫并不全是江西会馆，有的是当地官员举办庆典聚会的场所。规模庞大的江西商人，其内部又可分为南昌商人、抚州商人、丰城商人、吉安商人、建昌商人、临江商人等，不同地域的商人从事的商品贸易也不尽相同，如吉安商人多以贩卖布匹为生，临江商人则多经营药材生意。福建商人则建有天后宫，祭祀妈祖。广东商人则是建南华宫，祀六祖慧能。两湖地区的客民多建禹王宫，祭祀大禹。山西商人建关圣宫，祭祀关羽。另外还有四川商人共建的川主庙，贵州商客建立的忠烈祠，靖州商人建立的飞山庙，黄州商人的帝主宫，浙江商人的两浙书院，以及大量的地方会馆。具体可见表5-6。

表5-6　清代武陵地区会馆个案

地区	会馆名称	创建时间	会馆所在地	创建人	资料来源
巴东	两浙书院/浙帮公所	乾隆二年	在治东一里许	浙江客民孙源昌、沈圣昭、祝庆远等同建	同治《巴东县志》卷3《建置志》
	许旌阳庙/万寿宫	乾隆二年	不详	江西客民	
建始	万寿宫/江西会馆	不详	县西门外	江西商人	同治《建始县志》卷3《寺观》，同治《施南府志》卷9《典礼志·寺观》
	天后宫	不详	在县东门内	福建商人	
	三义馆	不详	不详	陕西客民	
	禹王宫/湖南会馆	不详	在县北门外	湖南、湖北客民	
	东岳宫	不详	在县北门外	长沙客民	
	水府庙	不详	在县北门外	南昌府客民	
恩施	万寿宫	不详	县城北门外	江西客民	同治《施南府志》卷9《典礼志·寺观》，同治《恩施县志》卷2
	天后宫(2)	不详	一在恩施县城东门内薛家巷；一在城南峡口	福建客民	
	武圣宫	不详	不详	陕西、山西客民	
	禹王宫	不详	县城南一百八十里大吉场	湖南客民	
	帝主宫	不详	不详	黄州客民	
宣恩	万寿宫	不详	县城江西街	江西客民	同治《宣恩县志》卷8，同治《施南府志》卷9《典礼志·寺观》
	禹王宫(3)	不详	一在小关石□里；一在高罗；一在忠峒里畲刀	湖南、湖北客民	

续表

地区	会馆名称	创建时间	会馆所在地	创建人	资料来源
咸丰	万寿宫	不详	在县西门内	江西客民	同治《咸丰县志》
	禹王宫(4)	不详	一在县西门内;一在清水塘;一在活龙坪;一在大路	湖南、湖北客民	
	地主宫	不详	在西门外	黄州客民	
	川主庙(2)	不详	一在县南五里;一在县南十里	四川客民	
来凤	禹王宫/湖南会馆(3)	乾隆二十年	县南门,卯峒大河坝,旧司场	湖南、湖北客民	同治《施南府志》卷9《典礼志·寺观》,同治《来凤县志》卷9
	许真君庙/万寿宫(4)	乾隆二十年	一在县南门外;一在卯峒大河坝;一在旧司场;一在上寨场	江西客民	
	天后宫	不详	东门内	福建客民	
	浙江会馆	道光年间	县城内白鸟巷	浙江客民	
	南华宫/广东会馆	不详	不详	广东客民	
	武圣宫/陕西会馆	不详	不详	陕西客民	
	川主庙/四川会馆	不详	元阜旧屋基	四川客民	
利川	禹王宫	不详	北门内	湖南客民	同治《施南府志》卷9《典礼志·寺观》
	帝主宫	不详	北门内	黄州客民	
	天后宫	不详	北门内	福建客民	
	南华宫	不详	北门内	广东客民	
	赣府庙	不详	南门内	江西赣州府客民	
常德	江西会馆/万寿宫	不详	大河街	江西客民	嘉庆《常德府志》卷8《建置志》、卷12《秩祀考》
	江南会馆/三元宫	不详	道门口	江南客民	
	广东会馆	不详	大河街	广东客民	
	山陕会馆/忠义宫	不详	下南门内	山陕客民	
	福建爵馆/万福宫/天妃庙	康熙初年	上十字街	福建客民	
	太平宫	康熙中期	南关对岸	宝庆客民	
	水府庙	不详	东关外	江西客民	
靖州	长沙会馆	不详	在南门外下西街	长沙客民	光绪《靖州直隶厅志》卷2下
	衡州会馆	不详	南门外大码头右	衡州客民	
	永州会馆	不详	小南门内城上	永州客民	
	宝庆会馆	不详	南门外正街右	宝庆府客民	
	江西会馆	不详	南门外仁和街右	江西客民	
	福建会馆	不详	小南门内城上	福建客民	

续表

地区	会馆名称	创建时间	会馆所在地	创建人	资料来源
会同	万寿宫/江西会馆	嘉庆七年	县城南门外;另公置义山二处	江西商人	光绪《会同县志》卷13《形胜志·宫馆》
	关圣宫	不详	洪江	靖属会馆	
	万寿宫	康熙丙辰年	洪江大河边	江西商人	
	帝主宫/黄州会馆	康熙年间	洪江大河边	黄州客民	
	天后宫/福建会馆	不详	洪市龙船冲	福建客民	
	南岳宫	不详	在洪江	长沙客民	
	飞山宫	嘉庆十七年	在洪市	靖州客民	
	洞庭宫	乾隆三年	洪市大河边	江西南昌府会馆	
	关帝宫/山陕会馆	不详	在洪市六甲港龙川冲	陕西、山西商人共建	
	太平宫	雍正年间	洪市大河边	宝庆府客民	
	九华宫/青阳会馆	嘉庆十九年	洪市左边	池州府客民	
	忠烈堂/黔省会馆	不详	在洪江大河边桅杆坪	贵州商人	
	渠阳馆	康熙三十三年	西关外校场坪脚	靖州绅民	
	湖州馆	乾隆四十年	洪市新街	湖州客民	
	苏州会馆	乾隆三十六年	洪市龙船冲	苏州客民	
	辰沅馆	乾隆四十二年	洪市一甲巷口	辰州、沅州两府	
	正一殿	不详	洪市龙船冲	常德府客民	
芷江	许真君庙	明代	城内西街	江西商人	同治《芷江县志》卷13《坛庙》
	天后宫	乾隆十三年	在河西岸	福建客民	
	飞山宫	雍正八年	在河西后街	靖州客民	
溆浦	万寿宫/水府庙(4)	不详	一在西郊,万历二年建;一在大江口,乾隆九年建;一在桥江,乾隆十八年建;一在低庄,乾隆二十八年建	江西各府商民	同治《溆浦县志》卷20《寺观》,乾隆《辰州府志》卷18《庙堂考》
	仁寿宫	不详	不详	临江府商民所建	
	南昌馆	不详	城西门外	南昌府商民	
	抚州馆	不详	城西门外	江西抚州人	
	天后宫	不详	不详	福建客商	
	龙城馆	不详	不详	湘乡县商民	

地区	会馆名称	创建时间	会馆所在地	创建人	资料来源
桃源	万寿宫	不详	不详	江西商人	光绪《桃源县志县城图》
	天后宫	不详	不详	福建商人	
石门	万寿宫/江右会馆	不详	一在县治东；一在县东十五里易家渡	江西商人	同治《石门县志》卷9《祀典志·寺观》，嘉庆《石门县志》卷27《寺观志》
	万寿观/抚州会馆	不详	县市南	江西抚州客民	
永顺	禹王宫	道光十六年	县西门外利济桥	湖南、湖北客民	同治《永顺府志》卷5
	许真君庙/江西会馆	不详	一在王村河码头上；一在东门外（乾隆年间建）	江西绅商	
花垣	水府庙/旌阳庙	不详	在东门外沙湾	江西客民	道光《凤凰厅志》卷4《坛庙志·寺观》，光绪《凤凰厅续志》卷4《坛庙志》
	天后宫	咸丰年间	东门内正街路南	福建商人	
保靖	天后宫/福建会馆	不详	在县西滥泥湾街	福建商人	同治《保靖县志》卷6《会馆》
	浙江宫/浙江乡祠	不详	在县西北坝溶	浙江商人	
	万寿宫/江西会馆	不详	在县西十字街	江西商人	
	禹王宫	不详	在芭茅寨	湖南客民	
	江西庙	不详	在芭茅寨	江西客民	
桑植	江西会馆	不详	不详	江西商人	同治《桑植县志县城图》
龙山	万寿宫(7)	不详	一在城正南；一在县东九十里红岩溪；一在县南洗车河；一在县东一百三十里农车塘；一在县东辰旗里汝池河；一在隆头中街；一在县南招头寨	江西客民	嘉庆《龙山县志》卷6《寺观》，同治《永顺府志》卷5
	关圣大帝庙	不详	不详	宝庆府客民	
	天后宫	不详	西门外	福建商人	
	东岳宫/三闾宫	不详	城西	常德府客民	
	南岳宫	不详	城西南	长沙府客民	
	许真君庙	不详	城南	江西客民	
	南将军庙	不详	城北	辰州府客民	
	宝灵宫	不详	城东	宝庆府客民	
	帝主宫	不详	县南六十里招头寨	黄州客民	

续表

地区	会馆名称	创建时间	会馆所在地	创建人	资料来源
张家界	万寿宫(江西会馆)	嘉庆四年	永定区	江西商人	向延振、吴建国：《张家界文物古迹》,中国文史出版社2011年版
	西蜀宫	清代中期	永定卫城东南沿河街	王、田、许、廖、谭等姓商人共建	
	天后宫	清代中期	南门口	福建商人	
	万寿宫	嘉庆年间	大庸所城对岸；永定官坪茅溪	江西商人	
	东岳宫	乾隆十八年	永定街口宝塔岗南	长沙商人	
	许真君庙	清初	永定城南门外河街	江西客商	
	水府庙	清代中期	沿河街	宝庆客商、本地客商	
	伏波庙	清初	东门外河街	辰州客商	
黔江	禹王宫	雍正年间	石会	湖南客民	光绪《黔江县志》卷2《寺观》
	许真君庙	康熙初年	不详	江西来川人共建	
	轩辕宫/附江西馆	道光三年	不详	江西某府馆	
	万寿宫	不详	两河；金溪；黄溪	江西客民	
彭水	许真君庙	不详	不详	江西客民	光绪《彭水县志》
	禹王宫	不详	不详	湖南客民	
	南华宫	不详	不详	广东客民	
秀山	禹庙	不详	不详	两湖人共建	光绪《秀山县志》卷7《礼志》
	万寿宫	不详	不详	江西商人	
	天后宫	不详	不详	福建商人	
	南将军庙	不详	不详	贵州人共建	
	萧公宴公庙	不详	不详	江西抚州人	
酉阳	禹王宫	清代	龙潭镇	湖北客民	乾隆《酉阳直隶州总志》
	西秦会馆	清代	龚滩	陕籍盐商	
	川主庙	清代	不详	四川客民	
	忠烈宫	清代	不详	黔省客民	
	万寿宫	乾隆三年	龙潭镇	江西客民	
	东岳庙	清代	不详	湖南客民	
	南华宫	清代	不详	广东客民	
	帝主宫	清代	不详	黄州客民	
	飞山庙	清代	不详	靖州客民	
印江	万寿宫	嘉庆八年	印江县天堂村	江西客民	汪育江《思南石籍》,道光《思南府续志》卷2《地理门》
思南	禹王宫	道光六年	思南县城中山街；各场市均有,皆湖商共建不具列	湖南、湖北商人共建	
	两湖(湘)会馆	明末清初	思南县文家店镇	湖南、湖北商人共建	
	关帝庙/山陕会馆	不详	城外祭江门街左	陕西、山西客民	
	万寿宫/水府祠	明代建	府署右	江西客民	
	天后宫	嘉庆十七年	城东门外	福建商人	

续表

地区	会馆名称	创建时间	会馆所在地	创建人	资料来源
松桃	万寿宫	嘉庆二十三年	城东麻阳街;一在寨英;一在大坪;一在孟溪	江西客民	道光《松桃厅志》卷9《坛庙》
	禹王宫	嘉庆十四年	城东麻阳街;一在盘信;一在麦地	湖南、湖北客民共建	
	天后宫	嘉庆六年	城东麻阳街	福建客民	
沿河	万寿宫	乾隆五十四年	在西岸下街	江西客民	民国《沿河县志》卷17《古迹志·寺观》
	禹王宫	道光年间	在西岸中街	湖南、湖北客民	
	川主庙	咸丰三年	在何家沟	四川客民	
	川主庙	宣统二年	在西岸大十字	四川客民	

资料来源:本表在何炳棣《中国会馆史论》(中华书局,2017)第五章"会馆的地理分布"基础上综合而成,其中,文献中未加说明的一些宫、庙,并不在此列。

从表5-6的统计数据看,万寿宫、禹王宫、天后宫是数量最多的,武陵地区每个县几乎都有此三种会馆,有些州县甚至建有多所,如思南县的禹王宫,方志中记载"各场市均有",龙山一县建有7所万寿宫。会馆建立的时间,最早可追溯至明代,但会馆大规模出现还是在乾隆朝以后。就会馆的分布而言,沿江分布以及市镇分布特点较为明显,这与移民和经商多走水路有关。

客商广建会馆,主要是用地缘关系将在外省从事商品贸易的客民凝聚起来,提供一个共叙乡谊、共议事宜、信息交流的公共场所。恩施市东门广场有《万寿宫碑》,详细记述了江西商民共建会馆之事:

> 盖闻徒杠舆梁盛世原有济人之具,除石拨□,吾儒每怀荡平之风。予自别吴来楚北经营施城历有年数,每逢朔望游东关外进万寿宫敬奉神圣,窃见路途崎岖,跋涉艰难,未尝不流连而三叹也。久怀此志,未称其心。兹居仲夏,历五月自愧无闻,抱疚良多,爰捐资鸠工,刻日告竣,亦遂平生之□愿也,是为□刻。江西瑞州府高安县国学生刘九龄字恒茂全男□□、狮象、长寿、双喜敬立。乾隆丙午年仲冬月日

吉旦。①

另，湖北利川县的《江西会馆义塾碑》记载：

> 天下事之大而可久者，惟以义耳。人若以义制事，而仁爱之心，礼
> 教之典，经画之智，忠信之忱油然而生。……我江西赣州府所属一十二
> 县，人民繁庶，缘乾隆丙辰年，圣朝建设利川县治，同郡之望乐土而襁
> 负者，后先接踵焉。或居城，或住乡，拓土开居，创业垂统，迁其地而
> 良者指不胜屈。但其中有只身孤客，既无恒业，苦死他乡，目击沧然，
> 情何能已！每至清明祭扫告费惟艰。乾隆二十二年，有乡谊徐会五、刘
> 国典、赖天佑、张学政、兰万兴、李书秀、叶正茂等，联集同郡亲友，
> 设簿募捐，粒金咸相乐助，存放生息，作递年祭扫孤墓之资。越二十年
> 来，广集金资，创置公山一座，埋葬孤尸，复置义塾一所，延师教读。
> 并买水田山土，取稞租永为祭费、俸金，亦既粗成其略矣。②

到了明清时期，会馆功能愈加完善，规模也愈加庞大，大者占地万余平
方米，几千平方米的会馆各省均有，像凤凰县的万寿宫全盛时期面积达
4000 平方米，保靖的万寿宫也有 2600 平方米。会馆一般配有正殿、偏殿、
祠堂、戏台、厢房、钟鼓楼、厨房、库房等，集祭祀、聚会、娱乐以及寄宿
等功能为一体。除了拥有共同祭祀的神灵以及举办公共活动的戏台之外，还
会附带有一些公产，例如义塾、义冢以及田产、房产、店铺等业，《闽人建
庙碑》云：

> 定光古佛者，闽省所钦敬而崇祀者也。原夫此庙自乾隆三十二年，
> 有闽省众首士等，不吝解囊遍化建造斯庙，庙虽成而古佛无会装。于是
> 汀州之罗志君、阴常质等恐后无供祀之资，故于三十六年，复化汀州之
> 众而立会装，及生息颇有，而会内人等每借无还，幸罗志君、阴常质固

---

① 王晓宁编著《恩施自治州碑刻大观》，第 97 页。
② 王晓宁编著《恩施自治州碑刻大观》，第 252 页。

蓄生发，于四十八年当谢姓之田，丁巳年又买伍姓之业，去钱一百四十三千文，及后，庚申年交迁，钟攀柱、张世伦二人均体佛德，于丁酉年承买谢姓之田，去银四百二十两，丁卯年又买□姓之田土，去银一百两零伍钱，其中并无浸蚀、耗散，于己巳年新迁。首土潘金泰、陈新发与新会首阁府商议，佛之供祀可谓足矣，而前人之功德可表，后人之述作足微，今欲不朽，勒石以志。嘉庆十四年□□月。①

清代迁入武陵地区的客商，也常常热心当地公共事务，乾隆十六年（1751），常德府各省客商积极帮修书院、捐贾育婴堂，"江西客总全兆瑛、彭廷佐等共捐银三百两；盐客总陈鼎盛、王仁和等共捐银二百五十两；徽州客总程旭、吴启祥等共捐银二百两；江南客总窦彬、吴毓澄等共捐银百两；广东客总黄源江、谭高昌等共捐银百两；山陕客总巨邦光、赵正玉等共捐银七十两；福建客总何思任、揭楚珍等共捐银五十两"，七地客商总计捐资一千余两，数额十分巨大，这是客商为更好地融入当地社会而采取的反哺社会的一种行为。②

3. 仕宦留居客民

明清时期编纂的地方志书，一般设有《流寓志》或者是在《人物志》中附流寓、方技等人物事迹。从志书编修者选择的人物看，不同的作者对"流寓"的理解也不尽相同，但也有一个较为普遍的规律，即"流寓"多为在此地为官而后落籍下来的人或者是其后裔，也有不少是在此地落籍或者是卒于此的名人或名人之后。落籍的原因，主要有：一是为官，后年老或者是卒于此，子孙选择留居，为官者又有文武之分，有以文官入职的，亦有奉檄来此地戍守之官员；二是主动辞去官职，选择一地落籍。为官后终老于此的，福建安溪人李光埰，"先任彭水知县，后升酉阳知州，离任后在彭水安家"③。印江的刘玉麟，原籍江西南丰，由举人分发贵州，署镇宁州，补印江知县。凤凰厅的朱凤藻、汪宸二人也属此类：

① 王晓宁编著《恩施自治州碑刻大观》，第115页。
② （清）应先烈修，陈楷礼纂《常德府志》卷8《建置考》，清嘉庆十八年刻本。
③ 彭水县志编纂委员会编纂《彭水县志》，第706页。

朱凤藻,号晓山,浙之钱塘人。嘉道间,以练执边情,奏委苗疆佐贰,初补茶洞知事,继补得胜营知事,俱以丁艰解职服阙。再经奏留历署凤凰经历。……生六子,各擅清才。道光六年卒,卜葬北关擂草坡义勇祠之左。

汪宸,号浣桐,浙江钱塘附生,习兼名法。嘉庆初,游学湖南辰沅。观察傅重莘、姚香南递次兴屯延资,部画绥民保塞,厚赖助。嗣是,巡台每股前席。居凤三十余,稔年逮七旬。道光癸巳卒,葬西关外。①

奉檄来武陵地区戍守的武职官员也有不少。甘肃临夏人钱平乾隆年间"为黔彭营千总,驻防统境关,后定居"。江西新余人刘滚,康熙十三年(1674)"奉命入川平吴三桂叛乱,后落籍龙溪乡架榔村",云南人龙天贵、龙天德兄弟也因康熙十三年(1674)"来彭水驻防,后定居于县城本门、长滩"。② 又如澧县习氏,"始迁祖必成公,原籍江西,清康熙二十八年奉檄镇守九溪卫,遂落业澧郡"③。又有常德马氏"始迁祖如龙公,任湖南提督军门,清同治年间从云南奉调来戍守常德,后落籍草坪夹溪岭、白云村一带"④。

解下绶印,主动辞去官职,而后落籍的也是仕宦留居客民的一种。麻阳锦和张公坡奚氏,其先世祖籍江西,清中叶为官解组后定居麻阳县城之东十里张公坡。⑤ 溆浦县城的郭氏,祖籍河南,清初郭明道在湖南沅陵为官,后解组来溆浦县城定居。客民中有的是因为贫困不能返乡,选择落籍的,如保靖的丁其琅"浙江山阴人,幼随祖父永绥分司任。祖殁,不能归,寄寓保靖十余载,依母舅车文德抚之成立,始归祖父样,即入都访亲友,考授供事,颇有蓄积。常记念舅父抚育恩,不置思厚报之,且以绥靖名其堂,示不忘本也"。⑥

---

① (清)侯晟、耿维中修,黄河清纂《凤凰厅续志》卷16《杂述志·流寓》,清光绪十八年刻本。
② 彭水县志编纂委员会编纂《彭水县志》,第704~705页。
③ 湖南图书馆编《湖南氏族迁徙源流》,第965页。
④ 湖南图书馆编《湖南氏族迁徙源流》,第622页。
⑤ 湖南图书馆编《湖南氏族迁徙源流》,第964页。
⑥ (清)林继钦等修,袁祖绶纂《保靖县志》卷9《人物志》,清同治十年刻本。

仕宦落籍者，还有一种情况比较特殊，即在本地区外任官，又因某种原因选择于此地落籍。同治《芷江县志》中就有三例。康熙年间的朱炎，"汉军镶红旗人，康熙戊子举人，擢湖南茶陵州牧，旋莅沅州。乾隆元年，升州为府，仍擢发为郡守。九年，晋贵州贵西道。后卒于威行署，榇归过沅，沅人哀思，留其家止焉，遂葬于城东之龙井侧，子孙庐于车渠巷"①。朱炎的后人落籍沅陵是因为本地人念其政绩。而浙江乌程人龚廷国"雍正癸卯武进士，游击龚堂之孙也，仕贵州安南营守备，卸事后寄寓芷邑。乾隆二十四年卒，葬于东郭门外，有侄奉祀焉"，则是在贵州任职后，选择落籍芷江。另有昭质，情形又有所不同，其先为李衡，"河南商邱人，初徙凤凰厅，考乾隆辛酉选贡，由教习充国子监，期满，以知县用历署高邑望都完县宛平篆，授顺天府良乡知县"。昭质为"乾隆丁酉选贡，任醴陵教谕，于乾隆五十三年拨入芷江县学，遂隶籍焉"。②

4. 流民

流民是中国历史上较为常见的移动人群，在战乱时代以及自然灾害严重时数量尤其多。明清时期，因为战争、灾害等因素移流至武陵地区的人口占有一定比例，他们中多数属于在原居住地没有什么财产的贫农、佃农、奴婢等，在外乡获得了比原来好的居住环境，往往会选择在当地落籍；如在当地无法定居，他们又会继续流动，直到寻找到较为合适的定居地为止。在社会动荡年代，对灾害流民，迁入地政府一般会设置临时安置场所，灾害过后予以遣返，有时也会为难以遣返的流民办理入籍，将其纳入编户。③ 从湘西地区、彭水县姓氏源流看，避乱而来的客民仍有不少。如康熙五十三年（1714），从湖南芷江麻池沟迁至彭水的杨氏，其迁徙原因为"族长于清明节召3000族人在祠堂祭祖时，新任县官赴任路过，派兵干预，发生摩擦，混乱中族人将县官及官兵打死，各奔前程，秀元率子迁彭水以割漆为生"。彭水县普子乡普子村的周氏，原籍贵州黄平，"因打抱不平遭祸"迁至彭水。又如桃源白石铺的余氏，原籍浙江杭州，康熙十三年因避耿精忠乱而迁此。

清朝的户口制度对流民有详细规定，《嘉庆朝清会典事例》云："贸易

---

① 《中国地方志集成·湖南府县志辑⑥》。
② （清）盛庆绂、吴秉慈修，盛一林纂《芷江县志》卷30《流寓》，清同治九年刻本。
③ 葛剑雄主编《中国移民史》（第一卷），第20页。

客民只准居住民村，不得假宿苗寨。"① 即便如此，清代武陵地区仍然涌入不少流民。严如熤在《三省边防备览》中说："流民之入山者，北则取道西安、凤翔，东则取道商州、郧阳，西南则取道重庆、夔州、宜昌，扶老携幼，千百为群，到处络绎不绝。不由大路，不下客寓，夜在沿途之祠庙、岩屋或密林中住宿，取石支锅，拾柴作饭。遇有乡贯，便寄住写地开垦，伐木支椽，上覆茅草，仅蔽风雨。借杂粮数石作种，数年有收，典当山地，方渐次筑土屋数板，否则仍徙他处，故统谓之棚民。"② 如施南府的恩施县，"各处流民，入山伐木，支椽上盖苑草，仅庇风雨。借粮作种，谓之棚民。客民赶场作市，设有场头、客总，土著只十之二三，余俱外省人"。③ 再如贵州地区，"兴义及普安、大定、安顺、镇远、铜仁、黎平等处，上年及本年外来流民均系湖广、江南等省被水外来求食之人"④。长阳县《孙家榜乐安堂孙氏族谱序》云："复考长阳孙氏，源出乐安堂，后移至江西省南昌府南昌县大柳树。传至政贵公，走奔湖北省荆州府枝江县百里洲孙家台子。……因珠公身故，且屡遭水灾，乃于清康熙间，母子五人走奔长阳西山，落籍孙家榜。"⑤ 流民群体中，因躲避战乱而迁徙至武陵地区的所占比例不小，如《桃源羯羊铺郑氏》谱云："始迁祖新宇公，因避王马之乱于顺治初年携其子文林、子伯自沅陵迁桃源县南白石村之羯羊铺。"⑥ 桃源白石铺余氏始迁祖胜华，也是康熙年间因避乱自浙江杭州徙居桃源县南白石铺小溪口的。⑦ 桃源菉萝坪颜氏始迁祖章玉，亦是顺治间因避兵乱自浏阳迁至桃源县南菉萝坪。⑧ 再如慈利黄栗峪唐氏，其先宣彝因清初战乱迁慈利七都黄栗峪。⑨ 此外，流民因水灾、饥荒以及其他因素逃难至武陵地区的也有不少。桑植赤溪

---

① （清）托津等奉敕编《嘉庆朝清会典事例》卷134《户部·户口》，清光绪朝版本。
② （清）严如熤撰，黄守红标点，朱树人校订《严如熤集》第三集《三省边防备览》卷11《策略》，第1089页。
③ （清）张家澜修，朱寅赞纂《恩施县志》卷4《风俗十八》，清嘉庆十三年刻本。
④ 刘显世、谷正伦修，任可澄、杨恩元纂《贵州通志·前事志》卷21，民国37年贵阳书局铅印本。
⑤ 长阳民族宗教事务委员会、长阳民族文化研究会、长阳土家族自治县档案局编《长阳族谱资料初编》，内部资料，2001，第10页。
⑥ 湖南图书馆编《湖南氏族迁徙源流》，第1131页。
⑦ 湖南图书馆编《湖南氏族迁徙源流》，第1140页。
⑧ 湖南图书馆编《湖南氏族迁徙源流》，第1066页。
⑨ 湖南图书馆编《湖南氏族迁徙源流》，第821页。

吴氏的始迁祖文采于康熙末年携孙仲朝、母赢氏自辰州泸溪县观音阁逃难至桑植走马坪乡唐家塔苦竹界，再迁今赤溪乡吴家湾落籍。① 桑植龙潭坪乡白竹坪村马氏，清康熙初年始祖宣，因辰沅饥荒携眷徙居桑植白竹坪。麻阳高村郎氏，原居四川秀山县，清时先世因参加苗民起义，遭清廷迫害，祖婆杨氏率子再恕、再祥逃离四川，讨饭求生，至麻阳高村洲上，给马南滕姓看守竹园，佃地种菜度日，子孙今繁衍于绿溪口乡。②

大量的流民屯聚在丘陵山地，从事开垦荒地、开采矿产、种植经济作物之劳作，但也催生出了一批游民，行盗抢之事：

> 黔苗合楚苗，蠢动一时值。大抵因客民，用计占其地（黔楚苗人久安生业，二月初旬，忽据湖广总督福宁、提督刘君辅、湖南巡抚姜晟、贵州巡抚冯光熊等奏：贵州松桃厅逆苗石柳邓，勾结湖南永绥厅逆苗石三保迫胁各寨苗人抢劫客商，烧毁民居，仓猝之际，官兵未能一时调集，贼匪遂肆猖獗。因思数十年来，朕并未有欲将苗疆征剿以及改土归流之念，而彼亦断非无故自干罪庆，细加访问，始闻该处客民有以盐茶等物用计盘剥苗人地亩，间有控诉，地方官或不与之凭公剖断，以致苗人蓄怨已久，一旦肆逆冀图报复，此亦情事之所必有也）。③

同治《恩施县志》也记载恩施县游民之事：

> 户口较前奚啻十倍，地日加辟，民日加聚，……邑民有本户、客户之分。本户皆前代土著，客户则乾隆设府后贸迁而来者。大抵本户之民多质直，客户之民尚圆通。……邑之西、南、北皆与四川接境，径僻山深，咽匪不时窃入，嗦结本地游民，号曰皮家，常以赌博窝藏丑类，或于僻地夺取人物或于村集攫取人财，互相瓜分。邑侯多公所，以行团练保甲之法。④

---

① 湖南图书馆编《湖南氏族迁徙源流》，第 951 页。
② 湖南图书馆编《湖南氏族迁徙源流》，第 367 页。
③ （清）鄂辉撰《钦定平苗纪略》卷 1《御制诗》，清嘉庆武英殿活字印本。
④ （清）多寿修，罗凌汉纂《恩施县志》卷 7《风俗》，清同治三年麟溪书院刻本。

比之于经商、垦荒以及宦游而来的客民，从本区域外移流而来的客民迁入武陵地区后，生存状况略有差异。来自同一省份、同一地区的客民为尽同乡之情，对生存困难的流民有所关怀，最为典型的就是置义塾、设义冢等社会救济机构和设施，尤其是义冢一项，在武陵地区多有体现。设置义冢最多的是常德府，有8省、地区会馆义冢21处：

> 福建义冢，郡城五处：一在东关贺八巷北大岗岭；一在碑记汊路口；一在官家岔；一在西关桑树园；一在西关石椒桥。建义堂一所，在进溪村有田十丘。又会馆田四处，共六石八斗五升。
>
> 山陕义冢，一处，在西关外莫公碛。客民建公善堂，前至大街，后抵千佛寺。会馆忠义宫在城仙水星楼，前抵城，后至大街。信持僧月朗置善卷村柳柳垱田一十二石。
>
> 苏州义冢一处，在德山茅湾。建公祠，额曰金庭义庄，乾隆五十二年苏州客民置，嘉庆元年复置水龙，救河街一带火灾，杂用岁需百金。
>
> 泾县义冢一处，在府西关长生桥。建乐义堂，贫者延医、送死具有成规。旁有园曰琴园，饶花石之胜，嘉庆五年，泾县客民置。
>
> 江西义冢，共八处：贺八巷后地一区，田一石一升；康家巷后地一区；长乐村麦家园地一区，屋一进；德山蜈蚣山地一区，祠屋一所；庙山嘴地一区；谨花池地共三区，田三址，俱乾隆乙亥岁后江西客总先后续置。大庾杨宗岱有《江西义冢并祠屋记》，宗岱工持古，由进士令蜀中，掌教朗江书院，卒于朗江，葬德山。江西义冢，龙阳西关一处，沅江蒋保一处。
>
> 湘阴义冢，沅江一处，在山巷口。
>
> 苏州义冢，沅江一处，在先农坛南。
>
> 长郡义冢，在府小西门外骤马店侧，系置李姓地房屋六间，续置张姓、王姓地，前至街，后至沟，左抵谌宅，右抵熊宅内，各有古冢为界。①

---

① （清）应先烈修，陈楷礼纂《常德府志》卷6《山川考·各会馆义冢》，清嘉庆十八年刻本。

另外，在龙山县，也有三处义冢，"一在县西三里麂皮坝，长沙府人公置；一在县北三里黄土坡，江西省人公置；一在县南明溪里河冲口，江右客民置"。① 慈利县有江西人共建的义冢三处，"一在城西永安渡南毛家山，江右客民置；一在县南红土坡路西曾家峪堰湾，江右客民置；一在县东胡家台，江右客民置"。② 客民集资修建的义冢，对那些流民来说是一个相对较好的归宿，也是移民客居他乡互帮互助的一种体现。

客民落籍方式有多种，纳监入籍是其中较为便捷的一种，光绪《会同县志》较为详细地记载了客民纳监入籍的情况：

> 程朝珍，湖北武昌县民籍。贸易至会，于道光二十七年纳监入籍会同。今城东程祖述，其后也。
>
> 周金鹏、周金鳌兄弟，原籍福建汀州府连城县人。其父周连升、周士菉于乾隆四十年间避台湾逆乱至会，遂家于渡头河之长田尾。金鹏于道光十四年纳监入籍，并捐钱一百一十千，以作修圣宫文昌阁明伦堂考棚等费。生员周炳湘保举。蓝翎千总炳麟，其裔也。
>
> 郑廷富兄弟，原籍宝庆，于道光十八年入籍会同，捐田五十余石入文庙，以作香灯祭祀之费。
>
> 彭训周叔侄，原籍宝庆，于同治二年入籍会同，捐田二十石为阖邑科举之费。
>
> 吴集烈兄弟，原籍天柱，于乾隆五十三年入籍会同，酌捐银二十五两，以为科举之费。③

纳监，即纳资为监生，乾隆年以后的监生管理相对宽松，一般未入府、州、县学而欲应乡试，或未得科举而入仕做官者，都必须先纳捐取得监生出身，但不一定在监读书。从会同县外省客民纳监方式看，这不失为一种很好的获得当地户籍的方法，所费资金对于客商而言亦在能承受范围内。

除上述五种类型移民之外，"方技""教学""僧侣"等也常见于武陵

---

①　（清）缴继祖修，洪际清纂《龙山县志》卷14《义冢》，清嘉庆二十三年刻本。

②　（清）稽有庆修，魏湘纂《续修慈利县志》卷10《义冢》，清同治八年刊本。

③　（清）孙炳煜等修，黄世昌纂《会同县志》卷9《选举志·入籍》，清光绪二年刻本。

地区移民群体之中。外省客民行医，扶贫济弱，深得民心。浙江山阴人孙规灼于道光初年来保靖县，"以贸易起家千缗。性恬静，精外医，术刀圭，所施无不奇验。恒备丹济人，不取值。晚无嗣，舍家奉兰，若所建圣泉寺，工费甚巨，业产悉充焉。寺侧营夫妇生茔，题知足二字以自侃，卒年七十一"。另有江西清江人关良玉，嘉庆年间迁至保靖，因喜保靖山水，遂定居于此。因"素精岐黄，用以济人，有求之者，无论贫富，必到以救，人皆爱而敬之。……年七十余，卒葬于某原子庆"。① 亦有以教书为业，后取得户籍者，如茶陵州人罗成章，"父先贸迁至施，折贷下能规。章以教读在籍，所获修金，岁寄以养父。后送其母至施，遂寄籍恩施。博学工文，邑士多出其门"。荆州监利人吴朝发也是游学至恩施，后"设帐授徒，讲求制艺极精，施之文风颇资其力"。② 保靖县又有熊尚位者，"嘉庆七年游保，居牙科砚田作生涯凡五十余年……四子英谙，字渭南，以永籍入颣，犹及见之，席先业授徒，几于舍不能容，沅陵、龙山、永绥厅远近借来，一时登庠序、入成均者，殆将百人，亦可见为儒之益"③。

第三节　清代武陵地区土客关系的演变与区域社会的变迁

有清一代，受移民政策、战争、王朝管理少数民族地方制度变化等方面的影响，大批客民迁入了武陵地区。这些客民，类型复杂，族群身份多样。在定居的过程中，他们与土著虽然在土地、教育资源等方面存在一定的利益之争，但主流仍是相互之间存在经济、文化等方面的交流交往交融。

一　清代客民的族性

清代迁入武陵地区的客民主要来自东中部地区，其中尤以江西居多。对此，谭其骧、曹树基、张国雄等先生在论及湖南或两湖移民时已有所涉及。明清时期，东中部的江西、浙江、安徽、福建等地虽然存在一定数量的诸如"畲民"的"蛮夷"，但这些地方的居民绝大多数是汉民。因此，从这些地

---

① （清）林继钦等修，袁祖绥纂《保靖县志》卷9《人物志》，清同治十年刻本。
② （清）多寿修，罗凌汉纂《恩施县志》卷9《人物·流寓》，清同治三年麟溪书院刻本。
③ （清）林继钦等修，袁祖绥纂《保靖县志》卷9《人物志》，清同治十年刻本。

方迁入武陵地区的客民多数也是汉民。不过，这并不是说所有的客民都是汉民。在清代迁入武陵地区的客民当中，也夹杂少量因屯戍、为官、经商等因素迁入的少数民族居民。这些少数民族客民主要是回民、蒙古人。如前一章所述，早在元明时期，武陵地区就迁入了部分因从军、经商而来的回民。他们主要落籍在湘西常德、靖州等地。清代陆续又有部分回民迁入武陵地区。如常德"云南马氏"回民，其祖马如龙就是清光绪初年奉调镇守"楚南"，从而驻扎常德，落籍于此；杨姓回民，祖籍顺天府，清乾隆十六年（1751）其始祖出征广东，后定居澧县。"改土归流"后，随着武陵地区交通的逐步畅通，农业、商业、手工业的进一步发展，有的回商也进入武陵地区经商，并在当地定居下来。如清代中期从南京迁入常德的回民李开武父子，在当地开设了金陵皮革皮件厂，时间长达100余年。该厂生产的皮革，全部作为本厂生产的皮件和皮鞋的主料。产品式样新颖，质地优良。皮件品种多样，主营批发，并承做批量军需。其生产的皮箱、皮件、皮鞋等产品远销上海、南京、武汉、广州、长沙等地。又如龙山、永顺、凤凰、桑植等县的回民，部分是"改土归流"后经沅水、酉水迁入，部分则从邵阳等地迁来。他们主要从事农业、手工业和小商业。清朝末年，也有部分回民因遇灾荒、战乱从河南、安徽、陕西、河北、山东等省迁入武陵地区。①

蒙古族客民进入武陵地区始自前述宋末元初元自西南向东的用兵。在元代对武陵地区实现统治之后，一些蒙古族的将士因为战争、戍守或仕宦官等也留居了这一地区。元朝灭亡后，这些蒙古族客民流散各地，易服改姓。至清代，区域外流落的蒙古族客民又有部分辗转迁入了武陵地区。重庆彭水县鹿鸣乡向家村蒙古人自称，他们是蒙古奇渥温家族的后裔，在湖北镇守。元末爆发著名的红巾军起义，他们因战败被赶入四川。于是，兄弟几人改服易姓，流落民间。元灭亡后，他们秘密积聚力量抗明复元。后被发觉，于是又流落到一个叫凤柳桥的地方，决定各奔前程。临别时，他们以八句诗作为日后认宗合族的暗语。其中一人改姓谭，流落到夔州府定居了240年。传至第九代，一位名谭启鸾的，为明代镇守夔州府的武官，封武侯，夫人为敕封

---

① 湖南省地方志编纂委员会编《湖南省志·民族志》，湖南人民出版社，1998，第619～621页。

的诰命夫人。明亡后,清政府对曾经参与南明王朝"反清复明"活动的残余势力实行清查、追捕,谭启鸾便率家属潜来彭水下塘口。因张邦墨的妻子姓谭,便攀亲寄于张家,从其张姓,改名攀桂。生张经、谭能、谭斗三子,后迁鹿鸣乡向家坝,并在此繁衍至今。当地张、谭两姓由此字派相同,互不通婚。① 与向家村自称蒙古人相似的故事,武陵地区还有不少,如贵州铜仁市思南县塘头白鱼村的余姓,传说他们就是明末清初迁入的蒙古族客民。武陵地区流传的这些有关蒙古族客民在清代辗转迁入的传说可能受中华人民共和国成立后整个社会的民族话语体系的影响,牵强附会甚至人为制造了一些故事情节。但并不能否认,可能存在一些流落或者隐姓埋名于东中部地区的蒙古族客民,他们伴随清代自东而西的移民浪潮,迁入了武陵地区。这或许就是武陵地区多地流传的蒙古人传说所表达的真实的历史。

综上可知,清代迁入武陵地区的客民由于多来自东中部地区,其族性多属汉民,但仍夹杂有少量非汉的客民。这些客民主要是回民、蒙古人。因此,清代武陵地区的客民可以说多数是汉民,但不能将其等同于汉民。

二 户籍、文化与地理:清代武陵地区土客的区别和边界

边界是一个地区或者族群区别你与我、"你群"与"我群"的一种界限。这种界限有诸如服饰、地理等有形的边界,也有诸如语言、习俗等无形的边界。树立边界,既可催生地域与族群意识,也可使之强化甚至固化,并引发国家、地域与族群的冲突;跨越、消融边界,则可较好地实现地域与族群的融合。

(一) 户籍的区别

清初的统治者由于战乱尚未平息以及客观经济形势等因素一方面沿用了明代的户籍制度,另一方面鉴于黄册制度在明代的失败开始寻求建立新的户籍管理制度。顺治三年(1646),清政府诏告天下,依照明旧例黄册制度的做法编天下户口,希望恢复人丁编审,重建里甲体系。然而,明朝通过的"一条鞭"法的现实说明,黄册制度已不适合社会发展。在一片反对声中,清王

---

① 重庆市民族宗教事务委员会编纂《重庆民族志》,重庆出版社,2002,第 264 页。

朝又在康熙七年（1668）停止攒造黄册。以黄册为核心的户籍制度废止后，清政府确认了以人丁编审为核心的户籍制度。然而，以人丁编审为核心的户籍制度总体上与以黄册为核心的户籍制度除了在最好攒造的册籍上有所差别外，其他的内容和上报过程均大体相似。因此，人丁编审的册籍仍无法反映户口增长之真实情况。基于此，清政府在康熙五十一年（1712）颁布了"永不加赋"的诏令，在雍正年间推行了"摊丁入亩"，将丁税摊入田赋中。由是，人丁编审的户籍制度失去了存在的基础，清政府在乾隆三十七年（1772）完全停止了人丁编审。为了加强社会管理和控制，人丁编审停止后，清政府在乾隆六年（1741）开始改由保甲造报人口，并在乾隆二十二年（1757）再次制定了保甲条例十五条，实施了以保甲为核心的户籍管理制度。在此编制制度之下，"客明总内地贸易，或置有产业者""盐场、矿厂、煤窑及至山居棚民、寮民、商船、渔船、寺观僧道、流丐"等均编例保甲。因此，不管是土著还是客民，大都进入了王朝以保甲制度为核心的户籍管理系统。由此观之，似乎清代土著与客民的户籍没有多大区别。

然而，实际情况并非如此。首先，迁入武陵地区时间较短的客民没有田产，其户籍或在原居地，或者根本没有（如罪犯、逃逸之人），因此他们与编户齐民的土著之间存在有无户籍的差别。其次，清代特别是"改土归流"将土司制度下的领户转变为国家正式的编户齐民后，武陵地区多数土著与"流寓入籍者、所在安置为民者"以及"苗民"一同被列为"民户""苗户"，但他们之间存在土客之别。这在清代武陵地区地方历史文献中有关客民的称呼上得到体现。这些称呼主要有"流寓""流民""客民""客家""客籍""客户"等。在这些称呼中，"客籍""客户"等明显体现了客民与武陵地区土著居民在户籍上的差别。具体而言，多数土著居民是指拥有本地里甲户籍之民，俗称"本籍""土籍""本户""苗籍"，而多数的客民虽根据清廷的政策可以入籍，但其户籍是"客籍"或者"客户"。对此，清"改土归流"后涌入大量客民的永顺、龙山、桑植等县的方志中有详载。乾隆《永顺县志》载：

> 乾隆七年春，知县王伯麟奉檄编查保甲，亲赴各乡点查实在人丁户口。土籍一万一千五百八户，大男妇三万六千三百五十六名口，小男女一万八千七百一十八名口。客籍五千四百四十六户，大男妇一万四千六

百六十一名口,小男女一万一千七百七十七名口。苗籍二千七百三十九户,大男妇一万一千六百二十二名口,小男女一万零五百四十九名口。①

光绪《龙山县志》载:

雍正七年改土归流,土籍原额户口九千九百八十二户,男妇大小五万五百五十五丁;苗籍一千二百四十四户,共男妇大小四万五千六百五十七丁口;客籍六千九百六十六户,共男妇大小四万四千五百一十四丁口。②

同治《桑植县志》载:

县民最杂糅,由慈利县拨归者曰民籍,旧土司治者曰土籍,旧卫所辖者曰军籍,苗曰苗籍,自外县迁移来者曰客籍。籍有五民,数则土四之,客六之。……乾隆二十五年,查编客民一万二千五百四十七户,土民八千零三十一户,苗民一百六十三户,合计客、土、苗民共二万零七百四十一户,大小男妇总共九万六千六百四十一口。③

同治增刻乾隆版《永顺府志》载乾隆二十五年府属各县土、苗、客民编户情况曰:

乾隆二十五年,府属土、苗、客民编户八万五千九百四十二,口三十八万五千一百六十五。内土户四万六千三百一十一,口二十二万三十四;苗户九千四百四十,口四万五千二百一十;客户三万一百九十一,口一十一万九千九百二十一。

永顺县土、苗、客民编户三万四千一百八十七,口一十八万五千二十一。内土户二万三百四十六,口一十一万三千七百六十五;苗户四千六百八十六,口二万五千一百三十三;客户九千一百五十五,口四万六

---

① (清)黄德基修,关天申纂《永顺县志》卷3《赋役志·户口》,清乾隆五十八年刻本。
② (清)谢宝文修,刘沛纂《龙山县志》卷4《户口》,清光绪四年续修刻本。
③ (清)周来贺修,卢元勋纂《桑植县志》卷2《赋役志》,清同治十一年刻本。

千一百二十三。

保靖县苗、土、客民编户一万二千五百九十七，口五万二千四百三十五。内土户七千九百五十二，口三万四千四百九十七；苗户三千二百二十七，口一万二千三百八十六；客户一千四百一十八，口五千五百五十二。

龙山县苗、土、客民编户一万八千四百一十七，口九万五千一百一十七。内土户九千九百八十二，口五万五百五十五；苗户一千三百六十四，口七千一百五十五；客户七千七百七十一，口三万七千四百七。

桑植县苗、土、客民编户二万七百四十一，口五万二千五百九十二。内土户八千三十一，口二万一千二百一十九；苗户一百六十三，口五百三十六；客户一万二千五百四十七，口三万八百三十七。[①]

光绪《古丈坪厅志》载：

环古丈坪厅城而居者，有田、尚（向）八姓，自谓从土司披草莱，驱狐狸豺狼，以辟此土。至今与向之生长斯土者，称土著之民。在昔土苗交开服贾牵车，四方流寓之民，与土著之民交通往来，子女婚姻，谓之客。……土族者，民族之最古者。民籍之视他籍，自等土著之民。土籍之视民籍，尤土著之土著也。……古之民有二类，一当土官时先汉人至，斩荆棘，驱豺狼，以开此土者，今自称为土著之最先；一则凡汉人之居此以承世者，先至者有八姓，今言绝其二，与土人异时能为土话，以习于土人也。……客族姓者，民之介乎民姓土姓之间，其时代大抵后土籍先民籍。[②]

宣统《永绥厅志》载：

乾隆十六年清查：增苗户一千零二十八户，正男妇五千一百名口。新增民村一百零九村。新增内地徙入民户一千九百一十四户，新增男妇八千七百二十一名口。

① （清）张天如等纂修，魏式曾增修，郭鉴襄增纂《永顺府志》卷4《户口》，清同治十二年增刻乾隆本。
② （清）董鸿勋纂修《古丈坪厅志》卷9《民族上》，清光绪三十三年刊本。

嘉庆二十二年清查：沿边一代，民户三千三百二十一户，男妇一万八千四百五十五名。寄籍客民九百四十八户，男妇五千六百一十九名口。土户八十九户，男妇四百一十五名口。①

光绪《乾州厅志》载：

余李氏，客民祚福妻，年十九夫故守节三十三年。现年五十二岁。祚福，江西丰城客籍。李氏，乾州女。②

乾隆《沅州府志》载"商贩"曰：

土著颇稀，近市者间逐什一。然率居积营生，少离乡井。所在列肆零星，多属客户，亦无高赀巨贾。往来此间，或有私立牙店坐列，估价以蠹。③

同治《来凤县志》载：

成名者，土童十之八九，客籍十或一二焉。三十七年以后，土籍客籍各居其半。④

该县志卷 13《食货志》更是详述了土客之数：土民 2312 户，客民 8446 户。⑤ 同治《宣恩县志》也载：该县雍正年间有土民 2169 户 15642 口，客民 3746 户 25043 口。⑥ 道光《松桃厅志·凡例》载：

---

① （清）董鸿勋纂修《永绥厅志》卷 15《食货门·户口》，清宣统元年铅印本。
② （清）蒋琦溥纂修，林书勋续修，张先达续纂《乾州厅志》卷 12《烈女志》，清同治十一年修，清光绪三年续修本。
③ （清）瑭珠修，朱景英、郭瑗龄纂《沅州府志》卷 23《风俗》，清乾隆二十二年稿成，刻年未详本。
④ （清）李勋修《来凤县志》卷 28《风俗》，清同治五年刊本。
⑤ （清）李勋修《来凤县志》卷 13《食货志》，清同治五年刊本。
⑥ （清）多寿修，罗凌汉纂《宣恩县志》卷 9《户口》，清同治三年麟溪书院刻本。

至学分有不尽属铜仁府县者。又缘麻兔司旧辖地界畸零穴散，客籍十居其九，犬牙相错之地，凡有官册田粮例可随棚应试。①

此外，康熙年间麻阳知县陈五典的《与乡民语》透露了"客户"的艰辛：

乙巳嘉平月，公□龙家堡归。侵晨单骑至咸池凹索火乡。民火固未炊也。因问麻阳县官何姓，以不知对。问其疾苦，笑曰："目今可过，若西山夫？不息岳举，不堪命矣。"去过数武，系马入茅店，向乡民作礼，问如前民，亦茫不知也。因与语，岂有距县城十余里而不知父母官姓名者，乡民曰我："客户年来苦佃田，不足糊口，唯事生理不输税，又不与人争讼，从不到县，又安知官府姓名哉？"予为之欢息，辞去。今西山幸平，而谷贱伤农，又将何以策之。纪其事以俟？之同官者。②

"改土归流"后保靖县首任县令王钦命在《详定保甲》中也言：

今卑职册式，将都村分注于前，各村四至以及同姓之众寡分注于后。将十甲、十牌、十户逐一分晰于内。又于一户之下，开明土著、客籍。日后设立学校，可以分别取录，不至客籍起借名假冒之弊，而使土著有失上进之志也。③

由上可知，清代武陵地区永顺、龙山、恩施、来凤等县的户籍不仅存在"民籍""土籍""客籍"（客户）之分，还根据族性，将乾州、永顺、凤凰、秀山、酉阳、松桃等厅县的苗民单列为"苗籍"，根据职业，将有原编屯卫或并厅州县的屯丁、军官及其子孙列为"军籍"。由光绪《钦定大清会典》"凡户之别，有民户（土著者、流寓入籍者、八旗销除旗档者、汉军出旗者、所在安置为民者，皆为民户）；有军户（原编屯卫，或归并厅州县，或仍隶卫所

①　（清）萧琯纂《松桃厅志·凡例》，清道光十六年松高书院刻本。
②　（清）黄志璋纂修《麻阳县志》卷9《艺文志》，日本内阁文库藏清康熙二十四年刻本。
③　（清）林继钦等修，袁祖绶纂《保靖县志》卷12《艺文志》，清同治十年刻本。

官，其屯丁皆为军户。凡充发为军者，其随配之子孙及到配所生之子孙，亦为军户）；……有苗户（湖南乾州、凤凰、永绥、城步、绥宁，四川酉阳、秀山，广西龙胜、怀远、庆远、泗城，贵州都匀、兴义、黎平、松桃等处所属有苗户）"① 的规定可知，引文中的"土籍""客籍""民籍"其实都是"民户"，"军籍"即是"军户"，"苗籍"即是"苗户"。若从土客关系的角度观之，大致上"土籍""苗籍"属土著之民，而"客籍""军籍"属外来之客民。

至于武陵地区土客之间出现户籍差别的原因，一方面与清代户籍制度沿用明朝户籍制度有关，另一方面也与客民入籍、土客冲突以及朝廷对弱势的土著居民的保护有一定的关系。下文"清代武陵地区土客之间的矛盾冲突"将对此进行深入分析，在此不做赘述。

综上可见，清代武陵地区土客之间在户籍上存在一定的区别。土著居民的户籍通常被分为"土籍""本籍""本户""土著""苗籍"，客民则被分为"客籍""客户""军籍"。土客这种户籍制度上的区别，通过文化的差异可以放大，也可以借助文化的融合实现跨越、弥合。

（二）文化的差异

清初特别是"改土归流"后，武陵地区迁入了大量的客民。这些客民的来源多样，迁出地主要是东中部地区。一方水土养一方人，东中部的山水养育了东中部的民众，也造就了与武陵地区不一样的地域文化。这些主要来自东中部的客民，"携带"的是其迁出地的文化，他们与武陵地区土著居民相比较，在语言、信仰、手工技艺、商业意识、习俗等方面具有较大的差异。这种差异，在清代武陵地区地方志中多有记载。

语言方面，尽管客民因方言不同存在一定的差异，但与土著特别是土著"蛮夷"相比较，其差异则更为明显。对此，武陵地区一些方志有载。民国时期，陈心传补编《五溪蛮图志》时载"言语"言：民国时期"花苗"之言即"苗蛮"之言，"红苗"之言即"佶伶"之言，"仡佬"之言即"佶佬"之言，"土蛮"之言即"捌人"之言。此外，沅陵边区，与永、保、辰、泸、古各县苗民杂居之村民，还有一种所谓"乡话"。此语属"亦苗亦

---

① （清）昆冈等修，吴树海等纂《钦定大清会典》卷17《户部》，《续修四库全书》第794册，上海古籍出版社，2002，第162页。

汉"的瓦乡的语言，该语言根据今人之研究，系客民与土著"蛮夷"居民语言融合的结果。① 既然民国时期"五溪蛮"仍保留自己"侏离"之语言，清代可想而知，故作者又言："种类之名称，虽今古不一，然究其今古言语之侏离，仍大同小异。"由此可见，清代武陵地区土著居民语言与客民语言之间是存在较大差异的。对此，乾隆《沅州府志》引《黔阳县志》载黔阳罗翁山沈姓"诸猺"习俗曰："山所生惟黍荞，凡菽粟盐补皆需于外。猺语言服饰不与外同，不敢到市贸易。"② 乾隆《永顺县志》载："土人言语呢喃难辨，近开关渐久，能道官音者十有五六。"③ 同治增刻乾隆版《永顺府志》载："土人能官话，苗人亦间有学官话者，客户则杂，各从其乡谈土音也。"④ 光绪《乾州厅志》载严如煜之《平苗议》言："生苗之于汉人，言语不通。"⑤ 民国《永顺县志》也载："我县昔时语言最为庞杂，盖其地土民居多，从前古丈一带间有苗民，今已析置为县，故县属无苗。改土后，客民四至，在他省则江西为多，而湖北次之，是以立谈之，顷竟有瞠目莫辨者。"⑥ 乾隆《重修会同县志》也载："言语，会同有二，有官语，有客语。与漳、潮相类，乡落通言置，官语或杂土音，非正韵孰能齐也。"⑦ 此外，乾隆《乾州志》列举了"红苗"之"苗语"，嘉庆《龙山县志·风俗》列举了该县土著居民的"土语""苗语"，同治《保靖县志》列举了"苗语"，民国《溆浦县志》列举了"猺语"。由上可知，作为土著居民语言的"苗语""猺语""土语""土音"，与"官音""官话""客语"是存在较大差异的，否则，其语言不会被官方表述成"啁哳侏离""呢喃难辨"，也不会被方志专门列举。

---

① 参见王辅世《湖南泸溪瓦乡话语音》，《语言研究》1982 年第 1 期；鲍厚星《湖南省汉语方言地图三幅》，《方言》1985 年第 4 期；李启群《湘西州汉语与土家语、苗语的相互影响》，《方言》2002 年第 1 期；刘兴禄《湘西"瓦乡人"及其研究现状考察》，《湖北民族学院学报》（哲学社会科学版）2013 年第 1 期。
② （清）瑭珠修，朱景英、郭瑷龄纂《沅州府志》卷 48《记兵》，清乾隆二十二年稿成，刻年未详本。
③ （清）黄德基、关天申纂《永顺县志》卷 4《风土志·言语》，清乾隆五十八年刻本。
④ （清）张天如等纂修，魏式曾增修，郭鉴襄增纂《永顺府志》卷 10《风俗》，清同治十二年增刻乾隆本。
⑤ （清）蒋琦溥纂修，林书勋续修，张先达续纂《乾州厅志》卷 7《苗防志》，清同治十一年修，清光绪三年续修本。
⑥ 胡履新、张孔修纂《永顺县志》卷 6《地理志·风俗·语言》，民国 19 年铅印本。
⑦ （清）佚名修《重修会同县志》卷 2《地理志·风俗》，清故宫珍本丛刊本。

服饰方面，武陵地区各清代方志所载虽多将苗民、"猺民"、土民服饰与汉民比较，但苗民、土民、"猺民"即土著居民，客民多汉民，故苗民、土民、"猺民"与汉民服饰的"不同"在一定意义上就是土客之间服饰的差别。如前述乾隆《沅州府志》载黔阳罗翁山"诸猺""服饰不与外同"；乾隆《乾州志》载"红苗"服饰言："苗人惟寨长剃发，其余皆裹头椎髻，去髭须如妇人，短衣跣足，以红布搭包系腰，着青布衫袴。"① 嘉庆《通道县志》载，该县"苗俗则饮食服饰多不与汉同"②。道光《松桃厅志》也载："苗人服饰五姓皆同，青布裹头，衣尚青，短仅蔽膝，男著裤，女著裙。"③ 正因客民与土著"蛮夷"服饰上的差异，故同治增刻乾隆版《永顺府志》中有"客户多辰、沅民，江右闽广人亦贸易于此，衣冠华饰与土苗异"④ 之言。

信仰方面，武陵地区的土著居民尽管深受儒道释的影响，但他们也有自己独特的信仰。特别是土著"蛮夷"，他们信奉的祖先神具有较强的区域性、族群性。如土民信奉的廪君、土王、彭公爵主、向老官人、田好汉，峒民信奉的飞山公，苗民信奉的白帝天王。这些神明，与江西客民信奉的许真君，福建客民信奉的妈祖，湖广客民信奉的禹王，四川客民信奉的川主李冰父子等形成鲜明的对比。这充分体现了土客在信奉方面的差异。

手工技艺和商业意识方面，尽管有土著经商或从事手工业，但与客民相比，其人数、意识均具有较大差距。因此，各地方志风俗部分多有土著少工商，匠人、商人多来自外地之语。湘西石门、桑植、沅陵等地方志多记载。嘉庆《石门县志》载，该县"近山僻"，没有富商大贾，城市里面开店做生意的"多江右人"。⑤ 同治《桑植县志》载，该县土著之民"不娴匠作"，所需木、石、铜、铁等工匠，多来自桃源、蒲圻、辰州等地；由于"土少出产，河道险隘，不通贩运"，商业贸易者也只有常德、江右者，"土人任负贸迁谋朝夕而已"。⑥ 光绪《沅陵县志》载："工多外至者，技艺较土人

---

① （清）王玮纂修《乾州志》卷4《红苗风土志》，清乾隆四年刻本。

② （清）蔡象衡、罗临远修，李逢生纂《通道县志》卷8《风土志·风俗》，民国20年石印本。

③ （清）萧琯纂《松桃厅志》卷6《风俗》，清道光十六年松高书院刻本。

④ （清）张天如等纂修，魏式曾增修，郭鉴襄增纂《永顺府志》卷10《风俗》，清同治十二年增刻乾隆本。

⑤ （清）苏益馨修，梅峄纂《石门县志》卷18《风俗志》，清嘉庆二十三年刻本。

⑥ （清）周来贺修，卢元劻纂《桑植县志》卷2《风俗志》，清同治十一年刊本。

为稍巧。"① 光绪《龙山县志》载："客民多长、衡、常、辰各府及江西、贵州各省者，其先服贾而来，或独身持襆被入境，转物候时，十余年间即累赀巨万，置田庐，缔姻戚，子弟以次并列庠序，故县属巨族自来客籍为多……"② 同治增刻乾隆版《永顺府志》载：府属客民多辰、沅内部迁徙之民，"江右闽广人亦贸易于此"。③ 前述乾隆《沅州府志》也载，该府"工无奇巧，攻木攻金，取足于用而已。其自他邑来者，较工"，土著少商贩，"近市者间逐什一。然率居积营生，少离乡井，所在列肆零星，多数客户，亦无高赀巨贾"。④ 与其他县相似，凤凰县土著居民之工匠技艺也是"性拙而不灵，凡木工、土工、石工之类，欲求其稍有匠心者，必求诸他邑，来此佣工之人，本地绝无"⑤。鄂西南县的情况大致与湘西相似。除了有川江便利的巴东县外，其他各县的土著大多也是不善工技与商贸。同治《宜昌府志》载长阳曰："长阳工匠，土人甚少，制器作室多属流寓。"载鹤峰曰："工匠，皆自外来，近年间有习技艺者。"载长乐（今五峰县）曰："长乐工匠，皆自外来，其地不产棉桑，均与鹤等。渔樵亦同。商贾，惟渔洋关为一邑巨镇，百货丛集，十倍于城中，然贾客皆广东、江西及汉阳之人。"⑥ 嘉庆《恩施县志》载：该县管理圩市的"场头""客总"，仅十之二三是土著，其余的均乃客民。⑦ 渝东南、黔东北也与湘西、鄂西南大体相似，与客民相比，土著居民不善工技与商贸。渝东南彭水县治"近年则舟楫往来，商贾辐辏，百货云集，盐、茶、油、漆、苎麻诸物，转运各处，而楚、黔、闽、粤、江右等省，俱通商贩焉"⑧，其产盐之地郁山"比年以来，井更旺而灶更多，邻省商人行盐其地者，往往遂家焉"⑨。黔东北思南县，土著工匠

① （清）守忠等修，许光曙纂《沅陵县志》卷37《风俗》，清光绪二十八年补版重印本。
② （清）谢宝文修，刘沛纂《龙山县志》卷11《风俗》，清光绪四年续修刻本。
③ （清）张天如等纂修，魏式曾增修，郭鉴襄增纂《永顺府志》卷10《风俗》，清同治十二年增刻乾隆本。
④ （清）璘珠修，朱景英、郭瑷龄纂《沅州府志》卷23《风俗》，清乾隆二十二年稿成，刻年未详本。
⑤ （清）潘曙、杨盛芳纂修《凤凰厅志》卷14《风俗》，清乾隆二十一年版，第56~57页。
⑥ （清）聂光銮修，王柏心、雷春沼纂《宜昌府志》卷11《风土志·风俗》，清同治五年刊本。
⑦ （清）张家澜修，朱寅赞纂《恩施县志》卷4《风俗十八》，清嘉庆十三年刻本。
⑧ （清）庄定域修，支承祜等纂《彭水县志》卷3《风俗志》，清光绪元年刻本。
⑨ （清）王鳞飞等修，冯世瀛、冉崇文纂《增修酉阳直隶州总志》卷19《风俗志·总论》，清同治二年刻本。

不能具备,"木工、石工,间有习其艺者,多笨拙,其细致者,举由他省来"。本地瓦、缝纫、铜、铁等匠,"居人亦为之,不精也"。商业更是由客民控制,"商之由陕、由江至者。边引蜀盐,陕人主之。棉花布匹,江人主之"①。

习俗方面,历经唐宋元明统治者的"教化",清代武陵地区流官统治的州县的土著习俗已发生较大改变,渐与外来汉族客民趋同,但土汉官并治区、土司区以及"苗区"的土著"蛮夷"直至"改土归流"前仍保留大量的"异俗"。这些地方的方志多有详载。湘西地区,芷江土著居民之丧礼,"尤甚者,丧家每夜群聚而讴,鼓歌弦唱,彻夜不休,谓之闹丧"②。土人四分、客民与苗民各三分的永顺县,汉人客民与内地相同,"苗性悍野,贪而多疑,蓄发垂髻,两耳带圈,出入佩刀携枪,祀青草鬼,刻竹为契,少不合即行劫杀,血誓为信","土民柔懦朴拙,淳直惧官怕讼,每岁三月杀白羊击鼓吹笙以祀鬼"③。土、苗、客杂居的龙山县,土客也是"其俗不一"④。鄂西巴东是流官控制区向土司区的过渡地带,该县共八里,前四里多客民,"俗尚与鄂、郧略相似,而民较醇朴,无江汉间淫靡风,畏官长,急公役,少争讼,颇以衣冠文物相高",以土著"蛮夷"为主的后四里则是"椎髻侏语,信鬼尚巫,小忿易讼,亦易解"⑤之地。与巴东相似的恩施有本户、客户,"大抵本户之民多质直,客户之民尚圆通"⑥。而深受土司影响的来凤,"隶土籍者,悍而直。隶客籍者,谨而愿。可以理遣,可以情恕,无顽梗不化者。故讼狱少,而图圄常虚"⑦。为容美土司控制的长乐县过小年,"土著则在二十三日夜祀灶神,客户则在二十四日夜谓之送司命上天"⑧。鹤峰则是"州民客土杂处,习尚不一"⑨。渝东南秀山,"设县之后,吴、闽、秦、

① (清)萧琯纂《思南府续志》卷2《地理门·风俗》,清道光二十一年刻本。
② (清)闵从隆等纂《芷江县志》卷5《志风土》,清乾隆二十五年刻本。
③ (清)黄德基、关天申纂《永顺县志》卷4《风土志·习俗》,清乾隆五十八年刻本。
④ (清)缴继祖修,洪际清纂《龙山县志》卷7《风俗》,清嘉庆二十三年刻本。
⑤ (清)廖恩树修,萧佩声纂《巴东县志》卷10《风俗志·风俗》,清同治五年刻,清光绪六年重刊本影印,台北,成文出版社,1975。
⑥ (清)多寿等纂修《恩施县志》卷7《风俗志》,清同治三年修,民国26年铅字重刊本影印,台北,成文出版社,1975。
⑦ (清)李勖修《来凤县志》卷28《风俗志》,清同治五年刊本。
⑧ (清)李焕春原本,郭敦佑续修《长乐县志》卷12《风土志》,清咸丰二年刻本。
⑨ 吉钟颖等修《鹤峰县志》卷6《风俗志》,1933,鹤峰土家族自治县档案馆,1980年重印本。

楚之民悦其风土，咸来受廛，未能合族比居，故颇集五方之俗"，"其土著大姓杨氏、田氏、吴氏、彭氏、白氏，或千家，或数百家，亦皆错互散处，至其通族共事，相助亲睦"，"东南边村俗近苗峒，则群聚歌唱，相答多男女之词，表白大小"。① 黔东北地区，一方面是早在明代完成"改土归流"的思南县城及周边在四方流寓的影响下文教渐开，民俗渐化，"易土著为齐民久矣"，另一方面则是腹里边方之土著居民，与客民相比，习俗各异，千差万别。如铜仁府介于川楚之交的松桃"未向化"之"苗蛮"，"率以寨计"，"有自相毗连至数十寨不等者，所居多幽阻险隘之地，崇山广谷，自为风气"；② 如"各处有之，性好斗"之"土人"，"在思南府之沿河司好渔猎，俗与蛮人同"的"冉家蛮"。③

此外，清代武陵地区的土著居民与客民在居室等方面也具有较大的差异。如湘西乾州厅、凤凰厅"苗人相土而居，斩木结茅，以蔽风雨。其室卑隘，近亦有建瓦屋者。每屋三四五间，每间四五六柱不等，无层次定向，亦无窗牖。墙垣缭以茅茨。檐低门矮。出入必俯首。内设一大榻，高四五尺，中设火炉炊□，坐卧其上，曰火床。翁姑、子妇、兄弟、妯娌、男女杂卧，并无间隔。即客民宿其家，亦与之杂处，不以为怪"④。龙山县的土、客、苗三籍杂处，"贤愚不一"，除了衣服外，饮食、居处、嗜好也是各有不通。⑤ 前述鄂西南巴东前四里客民与后四里土著"蛮夷"居处也是有异。渝东南酉阳州的"黔、楚及江右人流寓"，则是"谷依山，结茅庐，树板屋，并有以树皮盖者，瓦房居十之三，名曰以蔽风雨，实则四壁萧然"⑥。黔东北松桃"苗家无祖龛，以碗柜为上。其祭之大者拣旷坦地，延苗巫鼓歌，集亲戚族姓于场椎牛宴乐"⑦。

---

① （清）王寿松修，李稽勋等纂《秀山县志》卷7《礼志》，清光绪十八年刻本。
② （清）萧琯纂《松桃厅志》卷6《风俗》，清道光十六年松高书院刻本。
③ （清）李宗昉撰《黔记》卷3，《中国西南文献丛书》第二辑《西南稀见文献丛书第六卷》，兰州大学出版社，2003。
④ （清）王玮纂修《乾州志》卷4《红苗风土志》，清乾隆四年刻本；（清）黄应培修，孙均铨、黄元复纂《凤凰厅志》卷11《苗防志一》，清道光四年刻本。
⑤ （清）缴继祖修，洪际清纂《龙山县志》卷7《风俗》，清嘉庆二十三年刻本。
⑥ （清）王鳞飞等修，冯世瀛、冉崇文纂《增修酉阳直隶州总志》卷19《风俗志·总论》，清同治二年刻本。
⑦ （清）萧琯纂《松桃厅志》卷6《风俗》，清道光十六年松高书院刻本。

综上可见,清代武陵地区的客民主要来自东中部,其文化与土著居民特别是土著"蛮夷"相比,无论是语言、服饰、信仰,还是技艺、商业意识、习俗以及居室,都具有一定的差别。这种差别与户籍、地理边界相结合,在一定程度上增强了他们的土客意识,对其族群边界的形成具有重要意义。

(三) 地理的边界

族群之间的区隔既有制度、文化的区隔,也有地理的区分。族群间地理的边界随着区域社会的变迁也在不断发生变化。"改土归流"之前,无论秦汉时期的"道"、唐宋时期的羁縻还是元明时期的土司统治,无论是中央王朝还是地方政权,由于它们总体奉行的是"分区而治"的政策,因此不同时期武陵地区的"蛮区"与"汉区"相对比较明显,进入该地区的客民则主要分布在军队驻扎的寨堡、从中南到云贵川的交通要道的两侧以及流官控制的"汉区"。其分布变迁总体上也呈现从点到线,然后到面的特点。五代时期的溪州铜柱既是马楚政权对彭氏统治溪州的认可,也是一种土客之间的地理划界。在彭氏统治的溪州版图之内,主要的居民是土著居民"土蛮"。

宋代奉行的是"禁山封堠,立柱划界"的守边要策。在此要策之下,宋朝往往在溪峒"蛮夷"与省民交界处设立关隘或者立石(铜)柱划界,以防止省民擅入"蛮区"或者"蛮民"到"省区"生事。如在施州界立石柱,在辰州与下溪州接界处立铜柱。这些划界之柱,针对的不只是省民,同样还有客民。因此,这些石柱不仅是"蛮区"与"省区"区别的地理边界,而且在一定意义上也是土著"蛮民"与客民的地理分界。

元明时期,统治者实行分类管理,在武陵地区实行行省、土司与卫所制度相结合的统治政策,要求"汉不入峒,蛮不出峒"。在此形势之下,多数客民一般难以进入"苗区"、土司区,主要分布在流官以及卫所控制的区域。由此,"苗区"、土司区与省区、卫所的界线在一定意义上也成了土著"蛮夷"居民与客民之间的地理边界。武陵地区的"苗疆边墙"以及目前保存的数块明末的疆界碑即是明证。有关"苗疆边墙"形成变迁、线路、性质、功能等,凌纯声、芮逸夫、石邦彦、杨庭硕、吴曦云、伍新福、张应强、谭必友等多有研究,并对其性质、功能形成了一定的学术共识,即明代始建、清代重建的"苗疆边墙"是中央王朝区隔、管理"生苗"的军事设施，具有区划"生苗"与"熟苗"、苗民与汉民的作用。① 在此，笔者须说明和强调的是，"苗疆边墙"不仅是"生苗"与"熟苗"、苗民与汉民的界线，而且是土著居民与客民的地理边界。边墙之内主要是土著居民"生苗"，边墙之外虽有土著"熟苗"与汉民，但也有大量包括军士在内的客民。因此，"苗疆边墙"区隔的不只有"生苗"与"熟苗"、苗民与汉民，还有土著居民与客民。借此，土著苗民难以进入汉区，外来客民也被边墙所阻隔，难以进入"苗区"，从而实现分类管理，一定程度地避免了事端的产生。

贵州沿河县明万历年间的《军门禁约碑》表面看处理的是"汉/夷"关系，本质上却是土著居民与客民的关系，即禁止客民进入"蛮区"的乡规民约。同样，前述贵州思南县板桥一带发现的多处"军民界"也具有军事客民与土著居民地理分界的性质。明末黔东北出现两块有关土客分界的碑刻，与永乐十一年（1413）思南、思州较早实行"改土归流"具有一定关系。明廷在黔东北"改土归流"后，大量客民迁入该地区，与土著争夺生存的资源与空间，由此带来了土客关系的紧张。在地方政府的操控下，以划界或者乡规民约限制客民进入"蛮区"也就成了必然。

"改土归流"前，武陵地区土客之间延续了元明时期的地理边界。这在湖北五峰竹桥、红渔坪发现的"汉土疆界碑"、湖南桑植利福塔金家台发现的"汉地界碑"上得到了充分的体现。湖南桑植发现的同治二年（1863）重立的"汉地界碑"同样具有划分"土民"与"客民"的作用。该碑位于桑植县利福塔乡金家台，碑高1.45米，宽0.7米，厚0.15米。碑的正面上方自右至左阳刻楷书"慈利县"三个字，正中竖刻楷书"汉地界"三个大字。右边自上而下阴刻楷书"康熙叁拾年分奉"七字，左边直排书刻"旨清大建立碑记"七字。碑刻的背面上方自右至左阴刻楷书"茅岗司"三个大字，下方自右至左竖"皇路清夷，界止于慈。重熙累治，四表伊耆。无疆无界，俗美风移。亿万斯年，遗爱残碑。

---

① 参见凌纯声、芮逸夫《湘西苗族调查报告》，台湾南天书局有限公司，1978；石邦彦《苗疆边墙试析》，《吉首大学学报》（社会科学版）1990年第1期；杨庭硕《从中原到西南》，《寻根》1995年第1期；吴曦云《边墙与湘西苗疆》，《中南民族学院学报》（哲学社会科学版）1996年第6期；张应强《边墙兴废与明清苗疆社会》，《中山大学学报》（社会科学版）2001年第2期；伍新福《明代湘黔"苗疆"哨堡"边墙"考》，《中南民族大学学报》（人文社会科学版）2003年第2期；谭必友《苗疆边墙与清代湘西民族事务的深层对话》，《中南民族大学学报》（人文社会科学版）2007年第1期。

周松圃颂。同治二年周景溪、金光治重立"。① 由碑刻内容以及相关史实可知，"汉地界碑"是"茅岗司"（即湖广茅岗隘安抚使覃垕的属地）与"慈利县"（即今张家界慈利县）的划界碑。该碑虽重立于同治二年，但反映的是"改土归流"前茅岗司与慈利划界之事。由于茅岗司是土司控制之地，慈利是以土著汉民与汉族客民为主的"汉地"、省区，因此，"汉地界碑"不只是慈利与茅岗司的汉土边界，还是朝廷与土司区隔土著居民与客民的地理边界。

由上可见，"改土归流"前的清初，武陵地区省区与土司区的界线大致上就是土著居民与客民之间的地理边界。边界之内主要是土著"蛮夷"，边界之外有零散的土著"蛮夷"，也有土著汉人，还有大量迁入武陵地区的客民。受"汉不入峒，蛮不出峒"禁令的影响，客民难以进入边界之内，多数土著"蛮夷"也限制在边界之外，因此，汉土之地理边界也就成了土客的地理边界。

雍正年间"改土归流"后，大量客民涌入土司区，土司之区、苗区转为省区，管理者总体上实现了土司到流官的转变，原先的汉土、汉苗整体的边界随之"土崩瓦解"。但这并不意味着土客之间的地理边界完全消失了，其以局部、片段的形式得到了延续，特别是乾嘉苗民起义平息后，总督傅鼐重修的边墙更是成了土著苗民与汉族客民之间的一道地理边界，在一定程度上阻隔了土著苗民与汉族客民之间的交往交流。此外，民国时期陈心传在补编《五溪蛮图志》时"（熊溪）溪间居民，现概为汉籍。……（明溪）溪间苗人，现闻已多与汉人同化矣。……（酉溪）溪内居民，在古、保、绥三县者，苗籍居半。……（武溪）查溪内居民，苗族亦很多。……（辰溪）溪中居民，在麻阳以下者，概为汉籍。以上在贵州铜仁以内者，亦杂有苗籍之民在其中"② 的记载说明，民国时期武陵地区土著居民"五溪蛮"与"汉籍"客民仍存在地理上的区分。这种区分看起来是民国时期的情况，但同时也是清代的延续。与五溪地区土客在地理上的区分相似，巴东前后四里的差别同样具有土客地理边界的性质。故同治《巴东县志》载："邑前后八里，前四里俗尚与鄂、郧略相似，而民较醇朴，无江汉间淫靡风，畏官长，急公役，少争讼，颇以衣冠文物相高。后四里古为蛮夷，椎髻侏语，信鬼尚

<hr>

① 王芳龙、周扬声主编《桑植文物》，作家出版社，2003，第52~54页。
② （明）沈瓒编撰，（清）李涌重编，陈心传补编《五溪蛮图志》第二集《溪名》，第58~60页。

巫，小忿易讼，亦易解。解则匿，不肯赴公庭勾摄，经年不结，但甘俭朴，惯劳苦，深山野处，混沌未凿，多有老死未见官府者，其居处、服食、婚丧、交际、节序、好尚类有异同。"① 显然，前四里是外来的客民，而后四里是土著"蛮民"，故其居住、服饰、婚丧、交际、节序、好尚呈现异同。

类似巴东前后四里，武陵地区以村寨的地理边界区别土客的地方还有很多，一些清代与民国的方志对此区分更是有详载。嘉庆《通道县志》、道光《松桃厅志》对该县汉民、苗民的村寨做了详细区分，具体如表5-7。

表5-7 通道、松桃县（厅）村寨一览

单位：个

县厅	分辖地	属性	村寨名称	数量
通道	福佑里	民村	村寨：高寨 茱冲 略团 包里 土溪冲 罗岭头 下水涌 牛埂 黄坛冲 蒋家寨 卜应冲 翁槐冲 黄强 架溪 大团 扛冲 额溪 赞字岩 黄家塝 上水涌 大鱼塘 潭保湾古冲 岩门寨 犁子嘴 石门州 小坟坡 竿子溪 垦溪杨晚寨 多星 东溪 柱田 平朝寨 己庙 流溪 赛口赛金 坪口 深渡 元璧 西林璧 下寨 半冲 江口 西团 道塘 覃家 莲花团 社团 西流 地宅 艾港 龙潭湾；老屯：大歇屯 曹家屯 地阳屯 木缆屯 盘寨屯 腰固屯 爪坪屯 琴板屯 地旺屯；新屯：中中所 龙鳞屯 黄寨屯 流团屯 下腰屯 屯里屯 金竹屯 三百屯 赵家屯 贺家屯	70
	文坡里	苗寨	下甲 黄张 田家 塘豹 木溪 圆现团 寨角 树团 绞坪 枫香 茶溪 土溪 铜鼓 旗帜坡 新寨 金角口 八毫 茶寨 上新团	19
	天星里	苗寨	楼团 贯团 陈团 濛冲 吃可团 新寨 寨头	7
	黄寨里	苗寨	黄土寨 播扬坪 众团 黄门 黄大寨 新团 黄垢 大高坪 水獭 猛团 寨武 冲远 冲龙寨 野峒 猛峒 黄小寨 上香 龙脊 破香 寨石 菖蒲	21
	粟家里	苗寨	大新团 团头 古伦 塘冲 通坪 老寨 古豹 地马 巽冲 桥寨	10
	八寨	苗寨	独坡 金坑 验头 木瓜 扇子冲 地坪 虾团 上岩 美冲 □旺 孟冲	11
			合计	138

---

① （清）廖恩树修，萧佩声纂《巴东县志》卷10《风俗志》，清同治五年刻，清光绪六年重刊本影印。

续表

县厅	分辖地	属性	村寨名称	数量
松桃	近城乡村	民村	东上老沙坝　下老沙坝　鱼泉沟　南打岩厂　菜园塯　西小河　矮里　水竹坪　北黄土坡　石板滩　白鼠塘	11
	康金汛	民村	康金场　上马　乾溪　五里牌　大红岩　白寨　地州　盘豹　西泥寨	9
		苗寨	康金寨　小红岩　盘重鹅　凉水井　大红岩　课吉甲　□木山　弩矢坡　老蜡耳山　新蜡耳山　有泥　新寨　大哥朵　茶山堪　洞口寨　洞口　盘颈鹅	17
	盘石汛	民村	标山　十八栈　尖坡　凉水井　下十八栈	5
		苗寨	下臭脑　黄连寨　上臭脑　下盘朵　冷水溪　巴巴寨　响水洞　禾梨寨　石家寨　白们寨　沙刀湾　旧瓜寨　乾沙溪　桃树湾	14
	麦地汛	民村	麦地场　白果坝　老虎岩　白泥塘　下旧重寨　上柳瓦　长坪场　架朵寨　乾溪口　塘寨　地甲司　雾露山　洗马口　下柳瓦	14
		苗寨	□□□　打□沟　槲□□　都库营　□□□　高坡坪　□□寨　□□寨　溪□沟　黄土坡　上地旱　下地旱　上旧重山　乾溪寨　上黑水　下黑水　上长坪　下长坪　乾沙坪　茶洞山　盐厂　芒冬寨　岩窠寨　石家寨　新塘寨　老塘寨	26
	芭茅坪汛	民村	桃古坪　大铅厂　小铅厂　火烧炭　新寨　陇统　兴隆寨　流桶寨	8
		苗寨	过肘　桿子坳　董那坝　岱塯　乾溪　沙泥塘　虾公坳　竹子山　大塘　小火烧炭　芭茅坪　代那寨　盘报　大火烧炭　杨家寨　滥草坪　坡脚寨　上陇统寨　肆荀寨　下陇统　李子坳　上滥草坪　鸦耳寨　洗铅寨　沙塘山　潦箭寨　盘古达　豆札寨　尖坡寨　竹子寨　小新寨　碓砲寨　岩科寨　董瓦寨　小乾溪	35
	构皮汛	民村	罗家冲　盘石场　烂泥垄　下蓬　构皮场　马脑台　老寨洞　乾溪　张家沟　分水岭　三保营　高山　芭蕉溪　千功坪　保固营　芦塘　桂枝溪　大蜡山　葫芦坪　杜南　老营岔溪　鬼贡　灰洞　土路　茶山　地塞　桂磨	27
		苗寨	麻州　楼台　长滩　芒董　小塘　地容　深沟　新营龙塘　塘湾　坡岩　田垄　后寨　大湾　平楚　长坪　茶园　紫营大寨　紫营小寨　构皮寨　桐木寨　响水洞　淘沙坪　梓人塘　牛脑塘　柳补寨　甲地营　小龙塘　冷水溪　冷风洞　雷打寨　斗牛山　铁矿坪　羊角塘　代两河　炉罐冲东门营　江口坪　庵堂坡　金竹园　古庄坪　岩□坪　三角庄　老猪寨　洪家寨	43
	岩坳汛	民村	地所坪　兔山　龙塘　板栗坪　兴隆寨　上下盘寨　上保龙坪　岩坳场	8
		苗寨	小溪　报国营　烂泥塘　打罗寨　爪壁　登高楼　杉木寨　裁缝山　岩门　保龙山　吴家寨　清水塘　黑塘　老虎寨　豹子陀　杨桃坪　麻塘　喇叭塘　岩坳寨　庙湾　下保龙坪　上瓦窑坪　下瓦窑坪　上丙子寨　下丙子寨　中丙子寨	26

县厅	分辖地	属性	村寨名称	数量
松桃	正大营	民村	官舟营 寄宝营 雷打岩 盘塘坳 杨梅寨 正大场 水竹坪 哑喇塘 大兴场 新塘头 琉璃寨 长沙坑 大堡屯 将军山 马儿塘 土拱塘 新寨 沙坪 滥桥 坳田	20
	落塘汛	民村	车盆 上稿坪 中稿坪 下稿坪 黄坂 瓦罐窑 落塘汛 麻家寨 盐井 石板滩 白蜡塘 水竹坪 万田坪 三屯岩 水源头 大门洞 长坪寨 天塘寨 天塘山 龙虎寨 烂泥沟 龙洞沟 梅子陀 九龙沟 上蒙雾溪 下雾溪 相连洞 老松桃	28
		苗寨	长冲 茶园 镇篁河 大卡落 小龙 小卡落 上蜡冲 下蜡冲 界牌 鸡爪沟 蒙雾溪 老虎岩 治川 竹窝寨 凤田沟 上彭宗 新寨 小新寨 下彭宗 吴家寨 干塘 桿子坳 龙洞沟 芦荻坪 虎头寨 小河 青鱼塘 老堡茨	28
	大坪茶汛	民村	金贡 盘豹 补正洞 麻家寨 龙亭 乾溪 窝矢卡 水井寨 沙柳	9
		苗寨	木厂 偏岩 洞坎寨 桐木湾 家多寨 登高坡 奇龙寨 狗嘴寨 下平所 老虎寨 盘们寨 大平茶 上平所 田家寨 顶罐寨 小平茶 岩窝寨 底哨寨 吴家寨 乾塘寨 虎头寨 柴雾溪 头盔寨 石花寨 青龙嘴 牛栏圈 龙亭 老寨 龙亭 新寨 上水田坝 中水田坝 下水田坝 大湾	34
	太平营	民村	到水 上寨 太平营 乌梅哨 大湾 小湾 滚牛坡 鬼丛沟 龙田 新屯 凉水井 马乾溪 五里牌 金湾塘 六塘 水竹塘 大溪沟 鬼树沟 吴家桥 红岩坪 高车 乾河	22
		苗寨	傍坡 红岩 石榴溪 油麻湾 斗山 老宅 古庄坪 鬼龙湾 岩脚 乜到 大堰沟 岩窝寨 新寨 桂山 芭蕉坪 蕨箕坳 平浪 水竹园 巴蜡田 母猪料 大院子 芭蕉湾 黄茅蓬 鸡凶沟 高枧寨 琵琶塘 龙田寨 核桃湾 大岩儿 下牛厂 上牛厂 凤鸣界 鸦雀柯 上瓦厂 下瓦厂 鬼秀溪 上鬼秀溪 中鬼秀溪 傍坡下寨 葛藤坡	40
	大塘汛	民村	深沟 长兴堡 大塘寨 五里寨 买稿 散小□ 黄泥塘 杀牛坡 水湾 □木山 黄蜡沟 石宝溪 小龙 上革党 下革党 禾梨坪 窖孔 龙龙洞 大花厂 白竹溪 瓦厂 落水洞 小寨寅 地龙箐 长田 上北抵 下北抵 麻家寨 田湾 滥木寨 石灰寨 沙流墥 鸡子岩 滥泥塘 三虎屯 天星桥 洞口中寨 洞口下寨	38
		苗寨	洞口 牛圈湾 竹子坳 桃子坪 麻塘 沙子坡 花堡寨 施把寨 新寨 大寨寅 白果树 梅子坳 撒者 椰木坪 天星寨 杨宗寨 抵易 杨十寨 独科寨 羊六寨 石花 虾公寨 小水田 虾蟆寨 路边寨	25

续表

县厅	分辖地	属性	村寨名称	数量
松桃	木树汛	民村	永兴寨　兴隆寨　杨柳塘　潮水溪　至雾寨　龙塘沟　木池寨　大地眼　小地眼　新庄寨　牛角井	11
		苗寨	木树寨　至坡寨　盘龙寨　小木树　小龙塘　当板寨　白抵寨　塘柳脚　九牛塘　柳同寨　美易寨　张坝寨　和尚屯　麻家寨　彭贡寨　对门寨　尚家寨　水源头　余水洞　三脚坡	20
	振武汛	民村	干山　静岘场　凉伞溪　两淇塘　车盆　金龙沟　金龙顶　大榜坡　万田　大焰寨　茶园坳　岑麦坡　板栗寨　老蛇溪　吴家寨	15
	坝得汛	民村	□得寨　青山坪　下屯沟　乜架场　麻家寨　老苏屯　冷水溪　罗播寨　马鞍山　中坝寨　□路沟　桐皮沟　石豆□　猴儿跳　兔蜡寨　上蓬寨　上屯寨　晚森	18
		苗寨	岑洞寨　达车寨　施浩寨　牛角井　岩门寨　洞口寨　躲着寨　柳都坪	8
	凉亭坳汛	民村	樟桂溪　杉木坳　银梳沟　凉水井　严家坡　向家湾　舒家坡	7
		苗寨	上扒龙　中扒龙　下扒龙	3
	石岘卫	民村	得胜　大平　绥宁　茶园　西溪　怀恩　九牛　冷水溪　达叶溪	9
		苗寨	岩屯沟　上潮　下潮	3
	平头司寨榜里	民村	黎家堡	1
	平贵里	民村	平贵寨　兴隆寨　凯岩　凯马　岑射坡　马道子　寨芽　寨楼　茶耳岩　大院子　岑锁　叠埃　桂冲沟　岑洞坪	14
	江口里	民村	石宝岩　姚家坪　沈家洞　滥田　凯汇沟　小鸡公　罗鼓坡　长坪　麻阳溪　明净山　岑坂　老寨	12
	苗佃里	民村	龙塘堡　兴隆塘　坪大　老寨　新龙塘　禾梨坪　田家庄　罐子窑　天塘坪　答叶溪　凉风坳　小岩屯沟	12
	瓮上里	民村	大湾　枫香坪　上马石　下马石　偏岩　田家庄　新基坪　施家寨　司城　龙马屯　江家洞　白泥垱　上坝　老屯湾　枫香营　鸡公屯　岑洞　上院子　老里溪　龙洞湾　贵盘　岑桂冲　黑岩坪　红岩　大坪　头经　白岩	27
	瓮下里	民村	冷水溪　白岩溪　上平土　下平土　菖蒲田　香炉山　转湾塘　黑岩坪　雷打岩　兴隆寨　桐子园　杨家上　李家湾　龟形	14
	平会里	民村	芒奔　老寨坪　龙奔坎　新院子　大平　曲江坪　柑子园　两河口　桂家寨　山脚坡　下马岩　歇气坪　白岩屯　马蝗冲	14

县厅	分辖地	属性	村寨名称	数量
松桃	寨楼里	民村	岑字坡 白岩溪 白岩屯 莲塘堡 岑茶山 老田寨 王婆田 张家寨 岩油屯 石灰窑 实质口 狗崽岩 罗家寨 乾田湾 龙头营 后水门 老虎岩 后山坡 长柳营 水冲	20
	瓮必里	民村	龙秀 马荼 上平梭 下平梭 隘门 下堡 张妹冲 侯达溪 上堡 平所 石马 小枫香坪 平干	13
	坝带里	民村	观音岩 鲤鱼塘 张家寨 菖蒲塘 黄保田 邓落坡 白蜡冲	7
	大桥里	民村	岩窝寨 大树湾 上燕坡 朗溪司 吴家寨 平干	6
	小桥里	民村	下寨 老营 太平营 中院子 新庄 窑上 龙桂屯 登高坡 枫木寨 蒙家园 文家寨 朱家寨	12
	地佃里	民村	棉花坪 龙家寨 罗家寨 寨英场 圣旨塘 蒋家屯 吴家寨 地形□	8
	举贤里	民村	挂冠 琴音 大院子 口岩坪 半河 屯山 大塘坡 黑石坡 贵尧溪 石灰窑 朱家土 殷家坡 谢家寨	13
	落满里	民村	□岑 上圃 落满场 麻树田 堡子 石龙 万家堰 老虎岩 新田 龙洞 曹家寨 五里坡 屯上 高膀 孙家庄 田家坡 乐山 老屯 八斗膀 三道水 钟山 新庵 虾蟆溪 杨家蓬	24
	乌罗司司下牌	民村	团龙 大湾 高枧 川岩 望秀 峰岩 乌罗场 堡子寨 舍竹坪 团鱼岩 蚌壳塘 洞边寨 得胜场 水平桥 三岔河 黄泥陀 秦海坡 老屋基 赶场口 苦竹园 高粱坝 龙家堡 陶家堡 迎水寺	24
	毛牌里	民村	叶溪口 黄土坎 寨安坝 太平田 李家湾 永兴堡 余家湾 大院子 杨家寨 天井□ 何家堡 陈家湾 周家湾 宝峰寺 两河口 老阳沟 天马寺 瓦窑田 罗家沟 护守屯 塞朗沟 犀水屯 寨淹沟 毛溪沟 大塘水 石塘 大堰	27
	上牌	民村	万家墈 司城 苦竹寨 老屋基 岑心坡 干金洞	6
	舍股里	民村	上衡 杉树岭 龙家贯 邱家湾 五千 羊立掌 界牌沟 冷家坝	8
	石梁里	民村	官庄 郭家堡 谭家湾 龙塘场 革善 何家寨 黄家寨 桂柿溪 到陀 胡家堡 田家寨	11
	乌溪里	民村	凤形 麻溪河 零碎江 老屋基 官寨 兴隆场 田家坝 周家寨 下寨 谌家湾 补子坳	11
	乜江里	民村	乜江场 山羊溪 革荼溪 木材溪 红岩溪 黑岩溪 石门坎 谢家沟 黄泥坡 尚家坳 青龙洞 地二陀 木降 平屯 木滥溪 笋角岭 望岫 大湾 鬼石塘 铁厂沟 地盈 格曲 格乌坝 荆竹坪 格堤 耿溪	26

续表

县厅	分辖地	属性	村寨名称	数量
松桃	贯平上里	民村	平洞 楼角 戴家冲 干田坝 寨贯 平稿 大路河 两河口 寨院 寨阳 黑坡沟 黑坡城 龙塘 寨稿 石塔沟 大水溪 寨乾 上寨 凯塘溪 乾坝沟 眼溪 油蓬 太平山 孙家堡 中寨 倒塘 杨家堡 龙团山 窝朗 坪南 虾蟆塘 黄檀坪 □屯 和尚坪 木耳溪 石梯子 任家寨 铜钱山 孟溪场 冉家堡	40
	贯平下里	民村	旧城 八乜 瓦厂 小寨堡 偏岩 任罗 平仓 卢家坳 寨石 地览 必陀 鞍子山 新场 桂寨 桂眼 壬午屯 后屯 平屯 干川 地耶河 苗隘 新庄 寨旭 狗崽岩 长田 盘龙桥 镇江营 楠木坪 樟洞	29
	麻兔司司前里	民村	官城 傅家城 瓦厂坝 吴家洞 瓦房 山岔溪 大团厂 甘龙口 新城 榔木树 岩板滩 错坝坡 甘塘 潢水泉 忙登桥 石家坝 地茶 旋风陀 龙潭盖 巴被利 龙秀 梅子陀 枹木陀 甘白台 芹塘 大溪 大坳 枹木山	28
	关子里	民村	有贡 瓦溪 黄家园 石塘口 芦坪 毛坝 白泥坝 兴隆哨寨地 坝木 泗水堂 花果园 芒随 上寨 杜家坝 下五郎 东门 西门 焦溪场 中五郎 上五郎 岩桑坝 漆园坝 大铁厂 小王江 大王江 大土平 桐子园 书稿坪 中麻阳 早儿坪	30
	小五里	民村	土墩坝 五官坝 侯家沟 老虎山 芹坝 上麻阳 张家湾 伍家寨 天堂	9
	岩寨里	民村	旺牌 岩寨坝 凯阳溪 客滕坡 行田 喻家沟 火烧桥 黄金溪 土地堂 茶园沟	10
	凯牌里	民村	排木林 茶园坡 岑戈坡 梁家坡 混水洞 大水溪 王家平 牛塘坡 上堡 下堡 大坡	11
	寨榜里	民村	复兴寨 打鱼洞 大溪沟 通塔坪 九峰寺 盐菜沟 谢家沟 桂牙沟 磨子堡	9
	卜居里	民村	黎枝水 浸口坝 田家寨	3
	宽坪里	民村	上寨 中寨 下寨 张家湾 庙湾 中洞 下洞 洞子寨 上洞	9
	大保里	民村	解家屯	1
	督陀里	民村	豆麻 鸦鹊嘴 酸枣水 闻家寨 闻家湾	5

续表

县厅	分辖地	属性	村寨名称	数量
松桃	六曲里	民村	岩门　蛮溪　上寨河　矛紫山　陆洞　澎溪　大鸡公　小鸡公　广坪　高寨　上寨河　袁家山　稿楼　克下　铁厂沟　天心桥　地连　芦令　铜广坪　虾蟆塘　新寨　地赖　禾梨树　八角屋基	24
合计				1099
总计				1237

资料来源：嘉庆《通道县志》卷 2《村寨》，道光《松桃厅志》卷 3。

从通道村寨的情况可知，在 138 个村寨当中，汉民村落 70 个，苗民村落 68 个。此数与嘉庆《通道县志·户口》所载汉户 9492 户、苗户 6683 户，汉丁 37557 口、苗丁 27581 口大致相当。这说明通道村寨的统计数字是比较准确的。在 70 个汉民村落当中，多数村落是客民的村落。从地名学的角度，"中中所""黄寨屯""流团屯""赵家屯""贺家屯""略团"等带有"屯""堡""团""所""营"的村名对此给予佐证。这些汉民村落主要分布在通道城周边 20 公里之内地势相对比较平缓的平坝，而 68 个苗寨则主要分布在与广西、贵州交界的牙堡屯、独坡、播阳等山区。因此，通道汉苗村寨的分布在一定意义上也是土著居民与客民地理边界的体现。

与通道相似，松桃的民村与苗寨的分布也具有土客之别。在松桃厅的 1099 个登记在册的村寨中，民村 777 个，苗寨仅 322 个，从数量上看，"民村"占据绝大多数，苗寨较少。但实际人口与村寨数量并不一致。道光《松桃厅志》载："松桃汉民五分之二，平头、乌罗等司皆外省。寄籍以日以年，遂成聚落，壤僻而瘠一切。"[1] 言下之意甚为明确，即汉民仅占总人口的 40% 左右，而苗民占 60%。出现村寨数与人口数占比的不一致，既与"松地苗蛮，率以寨计""有自相毗连至数十寨不等者"[2] 有关，也与户口的登记相连。根据上谕，当时朝廷登记苗寨、苗民时，苗民村寨名要登记，而户口只登记"归化"苗民，"生苗"则被排除在外。因此，汉民的户口是完整的，而苗民的户口是残缺的，还有大量的"生苗"并未在编。此外，

---

① （清）萧琯纂《松桃厅志》卷 6《风俗》，清道光十六年松高书院刻本。

② （清）萧琯纂《松桃厅志》卷 6《风俗·苗蛮》，清道光十六年松高书院刻本。

民村的汉民尽管有一部分是土著居民，但也有不少清代迁入的客民，而且他们多居住在城镇周边的平坝或河边台地，自然环境条件相对较好。对此，以"庄"、"堡"、"屯"、姓氏命名的村寨从地名学的角度也给予了印证。与之相对，苗寨的居民多数是土著，其"所居多幽阻险隘之地"，距离城镇较远。因此，清代松桃民村与苗寨的地理分布在一定意义上也具有土客地理边界的意义。

综上可见，武陵地区土客之间不仅存在制度上的区别、文化上的差异，而且具有地理的边界。"改土归流"前的清初，武陵地区省区与土司区、苗区的界线大致上就是土客的地理边界。雍正年间"改土归流"后，汉土、汉苗整体的边界"土崩瓦解"，取而代之的是以村寨为形式、以地理环境为内核的边界。以此边界观之，土著居民特别是土著"蛮民"大多居住在自然条件相对较差的山区，客民则居住在地势相对平坦、自然环境相对较好的平坝或河谷。

三 清代武陵地区土客之间的矛盾冲突

清初以降特别是改土归流后，在招徕等政策的鼓励下，东中部地区的客民潮水般地涌向包括武陵地区在内的山区。因开发程度的差别，武陵地区各地吸收的客民也各不相同。湘西常德、辰州、沅州等流官控制的府县因开发较早，接纳的客民数量也有限，而"改土归流"后才得到大规模开发的土司区或者苗区的州、厅、县则吸纳了大量的客民，有的地方客民甚至超过土著居民。由东南地区的既有研究可知，一个地方的移民达到能与土著抗衡的数量时，这一区域的土客冲突就会显得激烈，反之则不然。[①] 武陵地区也是如此。在清代迁入客民数量有限或者是客民群体力量有限的府、厅、县，土客之间的矛盾较少。这些县尽管也有一些诸如客民建会馆、祠庙等方面的活动或者记载，但这些客民没有与土著居民形成激烈、尖锐的矛盾和冲突。然而，在省区向土司区、苗区过渡地带及土司区、苗区之内，土客之间的矛盾冲突则比较激烈、尖锐。在这些地区，土客之间主要围绕土地、经济利益与教育资源展开争夺。

---

① 曹树基：《中国移民史》第六卷《清民国时期》，第 148 页。

（一）田土山地的争夺

传统中国总体上是一个农耕社会，农耕社会的根本是土地。因此，传统中国许多的社会问题围绕土地展开。总体来看，清代武陵地区土客之间对田土山地的争夺虽有清初土司势力强大时土民占有客民田土山地的情况，但主流是客民采用开荒、购买或者非法掠夺等方式，大肆占有土著居民的田土山地。

1. 土民对客民田土山地的占有

明末清初，朝廷更迭，战火纷飞，中央王朝对土司的控制力减弱，加上"卫所之官还常常与土司互为表里，未尽控制之责，反行纵容之实"①。对此，时任钦差巡抚都御史刘大漠在其《题设守备疏》中详细论述了卫所官员的"互为表里"以及纵容："朝廷原设州卫，未一统辖各土司，先年卫官犹畏国法，遵例钤制夷汉，不许出入，地方得宁。自正德年间兰、鄢叛乱，调取土兵征剿，因而尽知蜀道险易，熟谙州县村落，致惹后来不时出没为害，流劫地方，杀掳人财，奸人妻女，遂将所劫子女财帛，分送施州卫官，遂与土官习为表里，违制结渊，故纵劫掠，肆无忌惮。名虽本管，实同窝主，及至事发，上司委官提勘，该卫官员非惟占吝不发，且又力为党蔽，捏文回护。昔年唐崖长官覃万全等夷出劫黔江等州县，众议调动官军，将首恶擒获，该卫又受财蒙胧卖放。近日散毛假土官付使黄廷表等统领千人，劫杀掳掠，至今未擒拿。该卫仍复窝隐，不肯解发……而施州卫指挥、千百户、旗军，食夔州府十三州县民粮，全无统驭，却仍纵恶殃民。"② 在卫所官员的包庇纵容下，武陵地区各土司更是肆无忌惮，乘机侵掠卫所以及省地与土司区过渡地带的人丁财物以及田土山地，扩大自己的势力。此情况尤以鄂西南的土司最为典型。民国《咸丰县志》载：万历、崇祯年间，散毛、唐崖、大旺、东流诸土司时有不靖，"崇祯七年（1634），唐崖土叛突起，环夷四出"，"复因东流、腊壁攻劫蒋、徐二寨"，"（崇祯）九年，大旺土司纠合群夷，四出焚掠，攻城（大田所城）及刘李屯、石板堡"③。在散毛土司的攻城之下，大田千户梅拱辰还"因公殉职"。此外，土司还侵夺、霸占卫所之

---

① 田敏：《土家族土司兴亡史》，第 161 页。
② （明）刘大漠等修，杨慎、杨名等纂《四川总志》卷 16，明嘉靖十九年刊本。
③ 陈侃：《咸丰县志》卷 8《人物志》，民国 3 年刊本。

屯田土地，"寇掠"民地。民国《咸丰县志》载："散毛土司霸占清水堡，改名散毛河，又霸占蒋家坝，改名蛮寨子。施南司霸占龙坪堡、白沙溪、小关、大岩坝、石虎关、张角铺、土鱼塘、三佛坝等处。"① 对此，同治《咸丰县志》载康熙四十五年（1706）大田所守御钮正巳之《退赎民屯案略》曰：

> 窃惟吾于丙戌夏赴任以来，目睹地方情形，民生疾苦，甚为惨恻。以有限贱弱之民，处诸土司环绕之中，焉有不被其侵虐者乎？所以边境田地，为木册、散毛、腊璧、唐岩、施南侵占不下数百处。前任入牧，日与之争，而强梗莫献。已自愧力薄，午夜以思，既身任地方，安可坐废？是以不惮烦剧，就于侵田，尽行退赎。有约者，计价值；无据者，量开垦。而诸土司俱各乐出，毫无嫌怨。于是详院定案，永为民世业。又思学校未设，而士进无阶，田地任荒，而国赋难增，实为司牧之愧。特详定额六名，而文武生童蔚然上进，遍示招抚，给荒垦种；而民屯田地郁然渐达矣！所喜此地虽属边方，而民情还复其旧，其绅衿虽才华少逊于大邦，而文理无遗乎上古。官斯土者，惟有因地制宜，临事以宽缓为先，处已以忍耐为要。土司可和而不可怨，货财可却而不可染，适情变化，斟酌损益，有合于今。至于强大富教之猷，则有待于继此之高贤，已则未能。第退赎民屯事案，恐人心叵测，日久更变，谨序案略，铭志神钟，用垂不朽云尔。
>
> 计开赎回各土司田地：
>
> 一，赎回施南司退出龙坪屯。
>
> 一，赎回唐崖司退出四度坝、麻地坨、冉寨屯、大河边、谢家泉、龟肚溪、生地坝、偏坡屯、陵家田、市子堡、官岩沟、王家沟、红石坂、赵家堡、铜厂沟、魏家坝、长沙坝。
>
> 一，赎回散毛司退出马湖坝、青水堡、麻谷溪、忠堡屯、南千坝、魏家山、大寺、小寺、马官屯、泡木园。
>
> 一，赎回腊璧司退出唐家沟、方家庄、三道河、南寨沟。
>
> 东至本册岩阿，南至沟水，西至大旺口、梅子丫，北至白腊园。壬

---

① 陈侃：《咸丰县志》卷10《土司志》，民国3年刊本。

年报粮，丙年纳赋。①

由上钮正巳赎回的田地可知，施南、唐崖、散毛、腊壁土司明末清初确实侵掠了大量卫所的屯地和民地。

对于唐崖、忠路等土司"寇掠"之罪，渝东南彭水、黔江等县地方志均有记载。光绪《彭水县志》载："明崇祯末，忠路土司寇彭水。"甲申年掠郁山民千余人。顺治乙酉年（1645），忠路土司与沙溪土司再次"寇掠"彭水，大掠于野。丙戌年（1646），忠路、沙溪"土寇焚县城"。丁亥年（1647），"诸土司兵寇彭水"，酉阳土司兵掠邑民千余寇，忠路、唐崖、大旺三土司兵掠四野。戊子年（1648），酉阳、忠路、唐崖土司同时再寇彭水。② 光绪《黔江县志》也载："崇祯甲午，忠路土司寇扰黔江，至彭水掠郁（山）民千余家。国朝顺治乙酉，忠路土司寇掠县地，至彭水。丁亥，酉阳、忠路、唐崖、大旺各土兵寇掠各邑。戊子，酉阳、忠路、唐崖各土兵同时寇掠。"③

此外，力量相对较弱的桑植土司也曾侵夺过永定卫十四都、十七都之境土，后被卫人钟再睿统乡兵与战而收复之，卫人因此也死伤百余人；④ 保靖土司彭泽虹也购买了不少的汉民田地，仅缴粮税就达八百余两，可见数量之大。

与酉阳、忠路、唐崖、桑植等土司明末清初对鄂西南、渝东南的"攻城掠地"相比，雄踞一方的容美土司对巴东、建始、长阳等县土地的占有更甚，且次数更为频繁，持续时间也更长，直至"改土归流"方结束。明末，容美土司自嘉靖年间始逐步有计划地扩张，侵占巴东、建始、长阳等县地。康熙《巴东县志》载："容美侵害巴民，自嘉靖十三年（1534）始，田世爵其流于前，田九龙、田玄扬其波于后，田甘霖及其子舜年皆欲奄有后都，为久假不归之计。"巴东有前后八里，后四里与容美土司接壤，杂有"蛮俗"。容美土司将其视为"囊中之物"，有计划地侵占后四里。对此，巴

① （清）张梓修，张光杰纂《咸丰县志》卷19《艺文志·文》，清同治四年刻本。
② （清）庄定域修，支承祜等纂《彭水县志》卷4《杂事志·寇乱》，清光绪元年刊本。
③ （清）张九章修，陈藩垣、陶祖谦等纂《黔江县志》卷3《武备志·武事》，清光绪二十年刻本。
④ （清）王树人修，侯昌铭纂《永定乡土志》上篇《兵事第三》，清光绪三十三年刻本。

东后一都八旬老人邓天益在其奏书中有详述。万历中,原设于巴东、容美交界处的连天关巡检司、红砂堡等也被迫内迁,由是"堡军孤悬,土蛮益猖獗,无所忌"。① 至崇祯年间,巴东后二都已为容美土司所占据。不仅如此,容美土司还向北侵占了建始县草塘、永福二里,向东扩张至长阳。同治《建始县志》载:"旧志云有永福、草塘二里,世乱民散,遂为容美所据。"② 咸丰《长乐县志》载:"(容美土司)悍侵边地,而菩提隘巡检兵难御,遂退守渔阳关。""天启七年,土司遂有其地,巡检废。""长茅关、菩提寨尽属容美矣,以次而侵入长阳界,至百年关,关外属长阳。"③

此外,容美土司还通过买管等办法侵占了不少巴东、长阳的土地,以致容美土司与巴东县、长阳县延至清初仍在争夺这些土地。有关清初巴东县与容美土司的争夺,巴东知县齐祖望等官员与容美土司相互攻讦,各说各有理。齐祖望在《请严边防》中控诉容美土司"侵占巴属连天关以北,桃符口以南一十三图土地人民",请求朝廷"蛮患宜防","酌拨官兵一百五十员名,分设红砂堡、连天关、桃符口、苦竹溪等汛","业经夷陵总镇严饬行远安营把总王秀玉领兵赴防",使"土蛮不致跳梁,汉地免遭蚕食矣"。④ 巡抚湖广等地方都察院右都御史在《大中丞林公批》中也言:"野三、连天两关,红砂一堡旧基现存,舆图难改。致何物容美蚁弁,借名开荒,欲以汉人为土民,汉地为蛮地,不轨实甚。"⑤ 雍正七年(1729)四月,四川提督黄廷桂、巡抚宪德也奏称容美土司之罪状:"有容美土司差土游击一员,带领土人至该县交界地方征收银两","容美司差付爷黄大方并千把等骑骡马四支,共带十人,强过塘汛,……伊等扬言俱是他的地方,到彼百姓人家收丝花,各村民户口敢怒不敢言"。⑥ 土司田旻如则辩称:"其征拿丝花之处,亦实系明代将建始、巴东后四里给容美,令其军属容美,粮属有司。……至川

---

① (清)廖恩树修,萧佩声纂《巴东县志》卷12《名宦志》,清同治五年刻,清光绪六年重刊本影印。

② (清)熊启咏纂修《建始县志》卷1《方舆志》,清同治五年刻本。

③ (清)李焕春原本,郭敦佑续修《长乐县志》卷5、卷2,清咸丰二年刻本。

④ (清)齐祖望纂修《巴东县志》卷4《艺文志上》,清康熙二十二年刻本。

⑤ (清)聂光銮修,王柏心、雷春沼纂《宜昌府志》卷10《兵防志上》,清同治五年刊本。

⑥ 《朱批谕旨》第59册,转引自鄂西土家族苗族自治州民族事务委员会编《鄂西少数民族史料辑录》,第205页。

省连界之粟谷坝、李家坝、革潭坝等地方，虽系臣祖所置之产，其居民系土苗安置。"①

有关容美土司所谓的"买管侵夺"长阳之地，咸丰《长乐县志》载："彼长乐自湾潭以内旧固为土司地无论已，其自长茅司以外旧虽为长阳县地，然土司往往有买管侵夺之举，于是长茅司白鹿庄等处属容美氏，县城等处属五峰张氏，白溢、麦庄等处属水浕唐氏，石粱司等处属石粱唐氏。其属官之地亦即错处其间，惟自百年关以外仍为长阳等处地，是昔日长阳等处为土司所蚕食者亦多矣。"②对于这些土地，容美土司与长阳县相互侵占，悬议未决，争讼不休。为此，清雍正三年（1725），经有司同容美土司田旻如会勘后，终于竖立石碣，分定了疆界。1983年5月13日，五峰发现的两通内容一样的"汉土疆界碑"记述了这一史实。新修《五峰县志》对此有详载。由碑文可知，明末至清雍正三年期间，因"未经委勒界址、形势确据之故"，容美土司土民和长阳汉民确实存在互侵田土之事，而且双方争讼不休。按照"土人不得擅买汉地""汉人亦不得越种土司之地"的规矩，经清雍正三年八月总督湖广等地方军务兼理粮饷总部、巡抚湖广等地方兼提督军务都查院、布政使、荆州府正堂、湖广容美军民宣慰使田旻如等查勘，在"白溢""麦庄"等汉土接壤之地方，"竖立石碑，分定疆界"，争端方得以平息。对此，民国《长阳县志》载"汉土疆界碑"曰："在长阳、五峰交界之漂水岩大路上。容美土司未改流时，岩上为土界，岩下为汉界，故志碑于此。"③"汉土疆界碑"所反映的的确是土民与汉民的土地之争，但由于当事的"土民""土人"是土著居民，当事的"汉民""汉人"则成分复杂，既有土著汉民，也有不少迁徙而来的"客民"④，因此土汉之争又具有土客之争的性质。

除了土民，清代的苗民、仡佬在一定时候也会侵占民地。严如煜《苗

---

①　《田旻如奏》，北京第一历史档案馆藏，转引自鄂西土家族苗族自治州民族事务委员会编《鄂西少数民族史料辑录》，第207~208页。

②　（清）李焕春原本，郭敦佑续修《长乐县志》卷2，清咸丰二年刻本。

③　陈丕显主修《长阳县志》卷5《地理考八》，民国25年纂修，民国《长阳县志》（稿）整理编辑委员会整理，陈金祥校勘，方志出版社，2005，第94页。

④　曹大明：《从"蛮左/夏人"、"土家/客家"到"土家族/汉族"：长阳族群关系变迁研究（上）》，《铜仁学院学报》2015年第5期。

防备览》载:"（凤凰县）水打田、黄罗寨一带，与上麻阳相邻，地险民劲，安业颇早，芦塘都用、都里、牛隘各村在厅城东北，于厅中号为膏沃，苗人垂涎，而旧本民地，未能捐以藉寇，守兹土者，早作夜思，夺诸苗佬之手，还我平民。"① 由引文可知，凤凰县"芦塘都用、都里、牛隘各村"旧为民地，却为"苗人垂涎"，终为"苗人"所占，故作者有"还我平民"之言。同书《屯防》也曰:"三厅沿边田土被苗锯占，必夺诸锋镝之中，而后屯有其本；边地不敷分拨，必得近边麻泸民业，而后屯有其资。嘉庆二、三年来鼓励屯练，与沿边悍苗大小百余战，始清出民地。……至永绥厅协，现已移驻花园茶洞，此一路田土，本属无粮，前因汛少兵，苗人越界占种，今已安设营汛，建碉筑堡，……俾痍苗无从入边强占。"② 由引文"沿边田土被苗锯占""苗人越界占种""俾痍苗无从入边强占"可知，湘西苗汉沿边地带，一些可能是客民开垦的田土也时常为土著苗民所强占。

此外，作为土著居民的仡佬，有时也有侵占客民之地之举。否则严如熤在考泸溪、乾州仡佬风俗时不会有"田多军籍，往时彼处为屯兵，故尚仍其旧"③ 之言。

综上可见，明末清初，武陵地区的土著居民特别是土司、土民利用朝廷更迭出现的权力真空，大肆扩张，通过买管、强占等方式占有大量田土山地。这些田土山地既有屯卫之地、客民开垦之地，也有土著汉民之地。因土兵、土司、苗民、仡佬等是土著居民，故他们对汉地特别是屯卫之地的占有具有土客之争的性质。

2. 客民对土著居民土地的争夺

清初以降特别是"改土归流"后，大量客民迁入武陵特别是亟待开发的土司区与"苗疆"。土地在中国传统社会是财富的象征，这些以汉民为主的客民，总体上延续了汉民重视农耕的传统，因此，在迁入武陵地区之后，他们就通过开垦拓荒、购买等方式争夺、占有了大量土著居民的土地。

---

① （清）严如熤撰，黄守红标点，朱树人校订《严如熤集》第二集《苗防备览》卷3《村寨下》，第447页。
② （清）严如熤撰，黄守红标点，朱树人校订《严如熤集》第二集《苗防备览》卷13《屯防》，第644～647页。
③ （清）严如熤撰，黄守红标点，朱树人校订《严如熤集》第二集《苗防备览》卷9《风俗考下》，第578页。

清初，在朝廷"各省凡有可垦之处，听民相度地为宜，自垦自报，地方官员，不得勒索，胥吏不得阻挠"、"令各省地土其不可以种植五谷之处，则不妨种他物以取利；其可以种植五谷之处，则当视之如宝，勤加垦治"、"按田肥瘠，分别升科"、"土民秋粮，依照原额征派，永不加耗"、减免赋税等政策鼓励之下，大量客民迁入武陵地区开荒拓殖。由是，武陵地区大量的土地被客民开垦出来，"山头地角，可垦之处，俱经劝令垦种"①。据同治增刻乾隆版《永顺府志》载，永顺府四县已有1017顷82亩屯田地塘，其中永顺县雍正十二年开垦额外旱田地16顷29亩。② 鄂西地区"改土归流"后"人民四集，山皆开垦"③。施南府各县也是"地日加辟，民日加聚，从前所弃为区脱者，今皆尽地垦种之"。④ 乾隆十九年至三十九年（1754～1774）20年间，施南府垦荒55390多亩。渝东南各县至嘉庆、道光年间时，也是"人满为患"，垦殖了不少田土。《酉阳直隶州总志》据《赋役全书》载，酉阳州乾隆五十年至五十九年，垦输上中下田地共638顷53亩；秀山县乾隆五十年起，五十九年止，垦输上中田地共455顷83亩；黔江县自乾隆六十年起至五十九年征输止，垦输上中下田地共464顷1亩；彭水县自嘉庆二十年起，至道光四年征输止，垦输上中下田地共3326顷64亩。⑤ 黔东北思南府至雍正年间已是"无地可开"，以致将"熟田粮内逐户悬加，以作新垦之数，且造册报官"。⑥ 上述田地，既有官府没收了的土司、土官占有租给土客民耕种的田土，也有土客民开荒的田土。这些田土，"不论有主无主，概作官土赏裁，并即发给印照，永远管业不改"。⑦ 对于穷困无力之家，只要出具证明，官府即借给农具、种子，限期开垦成田。开垦百亩

---

① （清）张天如等纂修，魏式曾增修，郭鉴襄增纂《永顺府志》卷11《檄示》，清同治十二年增刻乾隆本。

② （清）张天如等纂修，魏式曾增修，郭鉴襄增纂《永顺府志》卷4《赋役》，清同治十二年增刻乾隆本。

③ （清）周来贺修，卢元勋纂《桑植县志》卷2《赋役志》，清同治十一年刻本。

④ （清）松林、周庆榕修，何远鉴、廖彭龄纂《增修施南府志》卷10《典礼志·风俗》，清同治十年刻本。

⑤ （清）邵陆编纂《酉阳直隶州总志》卷6《食货志》，第134～138页。

⑥ 郭石渠：《请豁无田之粮以厚民生疏》，（清）萧琯纂修《思南府续志》卷10《艺文门》，清道光二十一年刻本。

⑦ 《劝民告条》，（清）毛峻德纂修《鹤峰州志》卷下《风俗》，清乾隆六年刻本。

以上者，则"重加奖赏"。开出之日，即作永业，并发给印章，即为开垦者所有。

为了保证土地的合法买卖，政府还颁布"禁违例争赎远年田产"的条例。对"改土归流"前因"土司差役繁重，田土甚贱"，"轻价出售田土"或"将田土立契给人，止冀承顶差徭，不索其价者"，只要"契无回赎字样，不许找赎"，"违者治罪"。"嗣后除契载回赎字样，定有年限，确有实据者，听其备价取赎。""如力不能赎，许照例凭中公估找贴，另立卖契，或尽问当主。""不愿找贴，听其别卖归还原价外。其已经售卖，契无回赎字样及失业多年之产，毫无凭据者，一概不许勒赎。"① 在此背景之下，田土买卖成风，不少客民趁此大量购买土著居民特别是土民和苗民的土地，由此引起了地方土著居民的不安、"滋事"。面对此等情况，为边地稳定，地方官员纷纷建言，要求汉人不得购买土著居民特别是土民、苗民的田产。乾隆十二年（1747），永顺知府骆为香上疏《禁汉人买土地详》言：永顺府属，山多田少，"当土司时，不许买与汉民。一应田土，皆为土苗耕食"。"改土归流"后，土司地方与内地一体，"在永客户以及贸易人等，始各买产落籍"。又"因此地粮轻产贱""土苗愚蠢，易于诱哄"，由是客民"倚亲托故，陆续前来构产入籍"，"一日偶遇出售，民间即争先议价，甚至已有受主犹欲添钱夺买，期于必得"。面对此情况，骆为香不无忧虑地指出："虽田土价值较前昂贵，已不啻倍蓰，然比之内地，尚属便宜，断难泯人觊觎。伏思各该民向以土司改流同于内地，故相率来永置产，分住城乡村市，远隔苗人峒寨，各保身家，不敢生事为非。今已年久，自应任听落籍安居，毋庸另行区处。但若再任谋买田土，则土苗生齿日繁，将来势必难以资生，深为可虑。"因此，他建言："当筹及久远，防患要在于未然。宜谕令土苗，如欲变动田土，止许卖与本籍土苗，或暂时典给汉民。银到取赎，不得再听汉民谋买。其有从前抵当或卖而未绝者，均听随便照，依契价赎回，不许揹勒并添银找价复卖与汉民。若已经卖绝中明契正者，亦不得混赎捏争至入籍。客民现有之产，将来止许当卖与此处汉、土、苗民，不得贪图重价，再引外处人来此买住，俱令各该处乡保牌甲稽查禀报。如土民等任听谋买，则

---

① （清）黄德基修，关天申纂《永顺县志》卷4《风土志》，清乾隆五十八年刻本。

量为惩戒。令其别售汉民，则依不应律重处，姑追原价给还。倘肆行奸狡，仍敢不遵，则解回原籍，不许容留。乡保等失查徇隐，分别责处。如此禁制，庶往后各有田土耕食矣。"① 乾隆二十四年，巡抚冯铃在其《抚苗条款》中要求"禁民买苗产"："查民苗交易有干例禁况，其田产大都坐落峒寨，岂容民人买管，以致民苗混杂。即或当买苗产而仍给苗耕。其收租取课，谅难勉于缠扰滋事。且苗猺生齿日繁，所有峒寨内之薄产，尚不敷耕种养赡。再使民人，又占其产，苗猺何以糊口资生。各厅州县，应即出示晓谕，凡有苗产卖给民人者，令速照原价赎回，并示令民人，不许擅买苗产，以后如有民买苗产者，许苗猺首告，将产断还，不追原价，仍将买产之人惩治。如富苗产多，止许得给本峒寨之穷苗耕种，亦不得佃给民人，违者究处。"② 两湖总督毕沅在《部覆苗疆紧要善后事宜咨》中也有"苗疆田亩清厘界址，毋许汉民侵占"之言：

> 旧例汉民原不准擅入苗地，后因苗人向化日久，准与民人姻娅往来，遂至日久弊生，盘剥侵占。请查明汉苗之界，如系民村民地，仍听汉民居住复业。其凡土苗地、苗产，如被汉民侵占，及苗寨内汉人所占插花地亩，一概查出，仍给苗民管业，惟苗人寨落，亦各有界限，不能越畔而耕。……伏查前奉谕旨，以递苗滋事，皆因附近客民，……复奉谕："客民侵占之地，着办理善后时派员清查。如本系民产，仍归民种。本系苗产，为客民所占，竟给良苗耕种等因。"钦此。据总督伯和琳查明，乾凤东南一带，本系民村，西北皆为苗寨，永绥四面皆苗，惟花园一带本系民地。乾凤旧有土城一道，绵亘三百余里，以为民苗之限，今城址以外，苗寨少而民村多。此种民村，由来已久。自与花园一带，民村仍听汉民居住复业。其自城址以内，直至川黔交界三厅所属，既据查明，向来悉系苗产，如有汉民侵占之田，自应一并查出，不许汉民再行耕种。至黔省正大、松桃嗅脑等处，本属民、苗杂处。其原系民

① （清）张天如等纂修，魏式曾增修，郭鉴襄增纂《永顺府志》卷11《檄示》，清同治十二年增刻乾隆本。

② （清）张天如等纂修，魏式曾增修，郭鉴襄增纂《永顺府志》卷11《檄示》，清同治十二年增刻乾隆本。

村，亦准汉民复业。其余苗寨，如有汉人所占插花地亩，仍给苗民管业，自应如所奏办理。其所称查出田亩，即以出力降苗及穷苦各苗寨落附近者，通融酌拨之处。查此等降苗穷苦者居多，前经奉旨，将查出叛产分给降苗及无业良苗耕种，并将旧日汉、苗界址分查清处。凡汉民侵占苗地，胥给降苗及无业穷苗，俾奸民无所图利，且免煽惑等因，钦遵在案。今汉苗界址已据分晰查明，其客民侵占苗田，亦据责成百户等据实查明造册呈报，应俟大功告竣，将各处叛产通行查明，其有若干与现在查出客民侵占之地一并，钦遵谕旨赏给降苗及无业良苗耕种。如此分别核办，则界址既清，可杜奸民煽惑之渐，而恩威并着，益坚苗民感畏之忱矣。①

同时，毕沅认为，尽管"苗寨滋事""客民盘剥地亩"，"但客民之在苗地，亦非一朝一夕，所占田地，或用价置买，或货物易换，兹因苗匪不法致此等客民全行失业，亦未免向隅"，因此他建议对"现在就赈之民、无籍可归"的客民，"即准于苗疆以外，原系民村隙地，酌给换盖房屋之费。俾资栖止，再令地方官查明户口，分别抚恤，听其照常生理"。②

然而，实际效果并非想象的那样，对田土买卖的限制并没有阻止客民对土著居民田土的兼并，反而愈演愈烈。原永顺土司所辖龙山县集中了一大批拥有大量田土的"巨族"，"其先服贾而来，或独身持襆被入境，转物候时，十余年间即累赀巨万，置田庐，缔姻戚，子弟以次并列庠序"，且"自来客籍为多"。③

（二）学额之争

迁入武陵地区后，按照清朝户籍制度以及"改土归流"时"土民客应一例编甲"的政策，"既有产业，又居住年久"④的客民可以一例编甲，成

---

① （清）蒋琦溥纂修，林书勋续修，张先达续纂《乾州厅志》卷7《苗防志一》，清同治十一年修，清光绪三年续修本。

② （清）蒋琦溥纂修，林书勋续修，张先达续纂《乾州厅志》卷7《苗防志一》，清同治十一年修，清光绪三年续修本。

③ （清）谢宝文修，刘沛纂《龙山县志》卷11《风俗》，清光绪四年续修刻本。

④ （清）张天如等纂修，魏式曾增修，郭鉴襄增纂《永顺府志》卷11《檄示》，清同治十二年增刻乾隆本。

为编户齐民。尽管客民成了编户齐民的"民户",但他们在户籍上还是存在土著、客籍的差别。究其原因,主要是为了"日后设立学校,可以分别取录,不至客籍起借名假冒之弊,而使土著有失上进之志也"①。同时,考虑"苗疆士子鲁朴者多,与通省诸生较艺,难以获隽",以及乾州、凤凰、永绥、保靖三厅一县"多系生苗,地险巢深,历来反复无常,迥非永顺、宝庆、靖州及黔、粤省苗人可比",因此嘉庆十三年(1808)湖南巡抚要求"准其照福建省台湾府另编字号额外取中之例,另编田字号取中"。朝廷依其所请,"准其于应试人数在十五名以上者,额取中一名。如不足十名,仍附通省取中,毋庸另编字号"②。在此背景下,客民利用垦荒政策以及乾隆二十九年(1764)政府解除汉苗结亲的限制,不仅大量开垦、购买土著的土地,而且采用冒籍等方式争夺土著居民的学额。乾州乾隆辛卯科中式举人胡启文、丙午科中式举人张秩就是寄籍的客民。诸如此类寄籍、冒籍之事,各地皆有,尤以苗疆为多。凤凰廪生周麟现等即是典型。"乾隆六十年,湖南学政钱清理凤凰厅冒籍之时,查得周氏一族,自明代业已入籍。现虽居住辰溪,并未跨考。是以仍准在凤凰厅应试,并非疏漏姑容。"然而,凤凰厅仅周氏一族多读书能文,若学政凭文去取进额,多为周氏所占。土著对此大为不满,"群相攻击,迭起诉端"。学政勉为调停,根据周氏"原籍江西赣州,于前明年间迁居辰溪,即在该县龙门溪入籍。迄今将近两百年,并未在凤凰厅落业"的情况,将其拨至辰溪参加考试。此外,"复查有廪生李序宾,附生李序朝、李益恭,武生李藻光,俊生李序昭、李序许、黄明、黄顺、宋为贤、杨为贤、杨昌荣,告给衣顶生员徐光明等十一名,亦均籍隶辰溪、芷江、麻阳等县,并请一体分别改拨"③。

如凤凰县周麟现等,乾州、永绥、保靖、桑植等厅县也有不少冒籍及客民占苗籍之事。礼部奏请的《部复占考苗疆贡生唐洪鉴等拨归原籍考试》载:"兹据该护抚等查明,占籍各生,议今拨归本籍。现据该护抚奏内声

---

① (清)林继钦等修,袁祖绥纂《保靖县志》卷12《艺文志》,清同治十年刻本。
② (清)佚名编《苗疆屯防实录》卷29《学校祭享上》,伍新福校点,岳麓书社,2012,第647~648页。
③ (清)佚名编《苗疆屯防实录》卷29《学校祭享上》,伍新福校点,第661~663页。

明，各该生等，均自祖父以来相沿捐考，自非因奏准另编字号之后，有心占冒，可知第经，既逐一清查，各省本籍可归，应如该护抚等所请，将拔贡彭峻修一名、岁贡生唐洪鉴等五名、恩贡生武有文一名、廪生蔡元喜等三名、生员田宏开等二十八名、监生唐洪铭等三名，准其分别拨归各原籍考试。……至佾生雷文孝，系更名冒考，应如所请斥革，令其自回原籍。已故生员向方义等四名，监生彭炤一名，佾生蔡心馗等二名，其子孙拨归原籍考试，以后概不准在该厅、县考试，以杜弊混。至吏员唐洪鉴，查吏部近年考职册内，并无该吏之名。……惟查各省民人迁徙寄籍在六十年以上者，臣部原有奏明，准其入籍，不必复行具呈之案。苗疆地方情形，自与他处不通，该寄籍民人等，入籍虽有年限已满者，亦不得因其侨寓已久，尚无歧考情弊，即援此例，致妨苗疆士子及苗生等上进之阶。"① 另据永顺知府张天如《桑植县客童应考详》，该县尽管并非"苗疆"，也有不少客民冒籍、占籍："窃照永、保、龙、桑四县，俱系苗疆。设学开考，每县额进土童六名，客童二名。以前朝入籍者，俱为土童。在本朝者，俱作客籍等因在案。……惟桑植一县，多有外处民人买得土人地土，年例不符，即称土籍，希图幸进。卑府行查该县，兹据桑植县详称，卑县改设县以来，其外半县地方系慈利拨入，有军、民二籍。内半县地方，向系土司苗裔，则为土籍。岁科两试，额进童生八名，土六民二，军籍则未议及。是以外来客户，俱向内半县等处买受土人田地，即填土籍应试。核其名实，原不相符，因相沿已久，惟察其入籍年分，合例准其应试。今若分立客籍一项，不惟有占取进二名之民额，而土童文理平庸，不敷取额。转恐伊等混行招引，反滋弊窦。"为杜绝此情况，知府张请求遵照永、保、龙山"明土、客、苗三籍"，"请于土童之中，以实在土籍之童，填为原土籍。其买地入籍之客户，填为新土籍等情到府"，"除实系土人于册卷上填明土籍外，所称新土者，应照永、保、龙三县之例，填为客籍"，以达"土、客籍贯分明，取额通融办理，既得申擅卖苗地之禁，又以杜冒籍□考之弊，边疆士子益感宪德矣"② 的效果。

---

① （清）佚名编《苗疆屯防实录》卷30《学校祭享中》，伍新福校点，第 665～667 页。
② （清）张天如等纂修，魏式曾增修，郭鉴襄增纂《永顺府志》卷 11《檄示》，清同治十二年增刻乾隆本。

通过官府的上述努力，客民通过冒籍、占籍争夺学额之事虽然得到一定程度的遏制，土童、苗员考取生员之数增多，但如禁止客民擅买土民、苗民土地之效果甚微，客民冒考、占考学额之事仍时有发生。

（三）客民盘剥土著

除了土地、教育资源的争夺，清代武陵地区土客之间在经济利益方面也存在一定的矛盾。究其原因，主要是客民特别是客商盘剥、"汉奸""刁民"欺压土著居民造成的。"改土归流"后，朝廷弛禁，大量客民进入后，他们利用"较土人为精巧"的技艺和技术，在武陵地区开匠铺、纸蓬、矿山、办工场，促进了地方手工业、商业的发展。但是，一些客民巧取豪夺，大放高利贷，不顾土著居民的感受，引起了土著极大的不满。嘉庆《龙山县志》载："闽、广及山、陕皮货客亦贸易于此。归皆易桐油转售他处。每岁桐子开花，有油之家缺日用，向有钱者预领油价，言定油若干斤，钱若干。千价亦无一定。自四月起，至八九月。按月多少为差，十月兑油或兑桐子。如期不得误。而权子母者，遂举倍称息。贫者油先贱售，或值桐子歉收，不能如数以偿，致酿讼端，亦所不免。"[1]"闽、广及山、陕皮货客贸易于此"，然后"易桐油转售他处"本是利民之举，然而他们"举倍称息"，令当地土著转卖田产或者破产，由是"致酿讼端"。有的"汉奸流棍，潜入其地，名为贸易，实图哄骗，坐落苗家，巧肆簧鼓，结拜干亲，假称相厚，煽惑为匪。蠢尔愚苗，往往听其指使，仇杀抢掳，无恶不为。所得银钱，尽入棍手。而一旦败露，苗人独受其咎，奸棍逍遥事外"[2]，以致湖广总督阿尔赛在《慎重苗疆檄》中要求地方官员在治理苗疆时严禁"汉奸"出入峒寨、苗寨，湖南巡抚冯钤在《抚苗条款》中要求"严禁民人盘剥"："查苗猺垦山凿石，耕种为业，贫窭者多。每有民人知其困乏，或以谷米，或以银钱重利放债。苗猺止顾目前称贷，迨后无力偿还，利上盘利，积少成多，更难清楚，以致受民追迫凌辱。更有奸民希图附近苗产，先以借贷诱之，辗转盘算，知其力不能还，然后准其产业。苗猺悔悟，岂肯甘心，因此积成仇衅。有苗各官，应即出示严禁，毋许民人私放苗债。嗣后，再有违禁，仍向苗猺放债者，有

---

① （清）缴继祖修，洪际清纂《龙山县志》卷7《风俗》，清嘉庆二十三年刻本。

② （清）张天如等纂修，魏式曾增修，郭鉴襄增纂《永顺府志》卷11《檄示》，清同治十二年增刻乾隆本。

借毋还，如敢索讨，许苗猺告官究处。"① 两湖总督毕沅也在"被难苗民人，应分别安顿一款"中要求"嗣后苗民买卖，应于交界处设立场市，定期交易，官为弹压，不准用田亩易换物件"，以防止"客民盘剥"，同时又满足"苗地盐斤、布匹等"② 日用需求。更甚者，一些衡宝江右客民与弁兵还在苗区设立所谓的"客账""营账"盘剥苗民："制钱八百为挂，月加息钱五，至三月不完，辄归息作本计。周岁息凡四转，息过本数倍矣。"③ 对此，江兰在乾隆六十年（1795）的秘奏中声称，"黔楚民苗杂处地方"有一"积习"，即"内有江西等处无业游民"，开始的时候贸易往来，久而久之则寄居"苗境"，成为"客家"，同时利用"贱货贵卖"，"重利盘剥"苗民。④

通过盘剥，湘西龙山县多来自"长、衡、常、辰各府及江西、贵州各省者"，"十余年间即累赀巨万，置田庐，缔姻戚，子弟以次并列庠序"。⑤永绥直隶厅原籍湖南岳州的谢盛乾"少时随其叔兄来永，为人耕牧。厅地瘠薄，无质库，借贷息重，不数月子过于母。谢以所得佣赀贷于人，日积月增，又质苗人田土，积四十年家益裕"⑥。黔东北铜仁、思南等地许多陕西、江西的客商"流寓其间，置产安业，成为巨族"⑦。一些汉族客民更是"抱布贸丝，游历苗寨"，并兼行高利贷以夺苗产。

除了盘剥，还有因客民骚扰土苗而产生的矛盾。乾隆二十六年（1761）永顺县发生的马贩经由苗地造成苗民不满一案就是典型。对此，知县陈惠畴《马贩经由苗地禀》载：

> 卑县地属苗疆，外来民人，例禁擅入。乾隆十二年，前任卑县陈朝

① （清）张天如等纂修，魏式曾增修，郭鉴襄增纂《永顺府志》卷11《檄示》，清同治十二年增刻乾隆本。
② （清）蒋琦溥纂修，林书勋续修，张先达续纂《乾州厅志》卷7《苗防志一》，清同治十一年修，清光绪三年续修本。
③ （清）严如熤撰，黄守红标点，朱树人校订《严如熤集》第二集《苗防备览》卷22《杂识》，第827页。
④ 《江兰奏饬地方查察汉民于苗疆重利盘剥等情》，乾隆六十年六月二十日，中国第一历史档案馆等编《清代前期苗民起义档案史料》中册，光明日报出版社，1987，第564页。
⑤ （清）谢宝文修，刘沛纂《龙山县志》卷11《风俗》，清光绪四年续修刻本。
⑥ 田仁利编著《湘西土家族苗族自治州金石通纂》，湖南人民出版社，2015，第133页。
⑦ 刘显世、谷正伦修，任可澄、杨恩元纂《贵州通志·前事志》卷21，民国37年贵阳书局铅印本。

主因常、澧水各属民人赴川、黔两省购买骡马出入。恐滋衅端，详请给照，以便查验等情。蒙前抚宪杨饬令议定，各属民人，前赴川、黔购买骡马，同行伙伴不得过十人，将同行姓名人数赴贡地方，并有无携带军器数目，自限往回日期呈明本官。地方官请给印照于案内，逐一注明，给发往买依限回销，经过地方塘卡兵役，一体查验，如无印照及票，外多带人数，或虽有照，崇计算限期已逾，及假借他人名姓影射，一概不准放行。仍按照律例，分别治罪，违禁军器货物入官。各地方官如故意纵放，不实力盘察，或兵役借端搕勒，照例详参究处。自定议以来，迄今十有余年，卑县土苗，生齿日繁，道旁隙地，种植日广。而各马贩较前倍多，驱放马匹践食路旁杂粮，毫无顾忌，以致苗民有种无收，纷纷争控。卑县土苗，刀耕火种，全赖杂粮，且又赋性蠢愚，稍不遂意，即行争斗。今马贩以永顺地方，随路皆有，杂粮可以喂马，乃并不携带刍粮，骚扰苗地。倘遇无知土苗强牵争斗，即生意外之恤。卑职身任地方，惟期宁静土苗，以尽职守。除押令田学商等将现在践食麦苗赔偿，合再据实禀请宪台饬，令凡有马贩领照之常澧所属各州县，于印照上载明从沅辰常大路运往荆襄发卖，不得复来苗地，使各马贩知所避忌，而土苗得保农业，永免后衅矣。①

由引文可知，苗民争控"马贩"不是无事生非，也不是"无知土苗强牵争斗"，而是事出有因，即"驱放马匹践食路旁杂粮，毫无顾忌，以致苗民有种无收"。

此外，还有客民偷盗、欺诈诓骗以及挑拨离间引起摩擦的。据同治增刻乾隆版《永顺府志》载冯铃《抚苗条款》，原本"尚属朴实，轻易不知构讼"的"苗猺"，在改隶州县后，"一切户婚田债，雀角鼠牙之事，头人理处，不结许其在该管地方官处告理，乃有唆讼刁民窥知苗人有隙，从中为之播弄，主使讼控，代为作词，暗地扛帮，把持耸恿，任其所为，欺诈诓骗，不厌不休。苗猺堕其术中，小则此峒彼寨打降仇杀，大则聚众拒官，陷于重

---

① （清）张天如等纂修，魏式曾增修，郭鉴襄增纂《永顺府志》卷11《檄示》，清同治十二年增刻乾隆本。

法，皆由刁民唆讼而起"。① 引文中的"刁民"，部分就是客民。湖南按察使徐德裕在乾隆十年（1745）《奏陈苗疆应行应禁事宜四条》中言，湖南之苗府厅州县的"远近汉民小贩经纪""将盐布或将针线零星物件入苗寨贸易者"，既有买卖货物、以赚取小利的"朴实之人"，也有借端生事的"奸猾诡秘之人"。这些"奸猾诡秘之人"，要么替"苗人"代写词状，"教唆控告"，要么"诱苗人潜伏抢夺，偷盗牛马，且或耸令仇杀报复，以及绑卖人口，甚至煽惑不法"，一些苗民"借醉蜂起，势如寇盗，为害边隅"，"逞其贪壑"。②

综上可见，清代特别是"改土归流"之后，客民迁入武陵地区，与土著居民一起开发当地，同时也竞争有限的土地、教育、经济资源，由此形成了一定的矛盾。这些矛盾在客民数量较多的"苗疆"、土司区表现得更为激烈、尖锐。清廷通过实施禁止客民擅买土著居民田地等措施一定程度保护了弱势的苗民、峒民、土民等土著居民，缓和了矛盾，但这些矛盾没有得到根本的解决，最终酿成了乾嘉苗民大起义。

（四）冲突的酿成：以乾嘉苗民起义为中心

清乾隆六十年至嘉庆二年（1795～1797），湘渝黔边以腊尔山为中心的"苗区"发生了苗民武装起义，史称"乾嘉苗民起义"。有关乾嘉苗民起义的性质，学界争论的焦点主要有二：一，是阶级矛盾还是民族矛盾；二，是人口压力还是文明的冲突。③ 笔者认为，引发乾嘉苗民起义的因素不只也不会

---

① （清）张天如等纂修，魏式曾增修，郭鉴襄增纂《永顺府志》卷11《檄示》，清同治十二年增刻乾隆本。

② 《奏请苗疆应行应禁事宜四条》，乾隆十年四月十五日，中国第一历史档案馆《清代档案史料丛编》第14辑，第168页。

③ 围绕阶级矛盾或者民族矛盾展开的研究主要有三种观点：一是认为主要是苗民反抗统治阶级特别是汉族地主和高利贷商人掠夺和盘剥的斗争（马少侨编著《清代苗民起义》，湖北人民出版社，1956）；二是认为是满汉地主阶级实行民族剥削、压迫的结果［戴逸主编《简明清史（二）》，人民出版社，1984；萧一山：《清代通史·中卷》，中华书局，1986］；三是认为既是一场被统治阶级反抗封建统治阶级的斗争，也是反抗民族压迫的斗争（湘西自治州凤凰县民委、贵州松桃苗族自治县民委、湖南省社科院历史研究所：《苗族史文集——纪念乾嘉起义一百九十周年》，湖南大学出版社，1986）。围绕是人口压力还是文明的冲突的研究主要有两种观点：一是美国学者苏珊·琼斯和菲利普·库恩认为，乾嘉苗民起义主要是客民迁入所带来的人口压力的结果［费正清：《剑桥中国晚清史》（上），中国社会科学出版社，1996］；二是以孙秋云先生为代表的学者认为，乾嘉苗民起义是苗文明对汉文明的强烈传播和文明整合的拒斥性回应［孙秋云：《文明传播视野下的雍乾、乾嘉苗民起义》，《中南民族大学学报》（人文社会科学版）2007年第3期］。

只有一个，乾嘉苗民起义是各种因素合力的结果，但客民进入后与土著居民争夺有限的土地等方面的资源是引发乾嘉苗民起义的主要原因。对此，《钦定平苗纪略》载清军统帅之一和琳奏请曰："户口日滋，地界有限，未免生机日绌。兼自乾隆二十九年驰苗、民结亲之禁，客、土二民得与苗民互为姻娅，因之奸民出入，逐渐设计盘剥，将苗疆地亩侵占错处，是以苗众转致失业，贫难度日者日多。经石三保、石柳邓等假托疯癫，倡言焚杀客民，夺回田地，穷苗闻风，无不振臂相从。起衅之端，实由于此。"① 可见，在"户口日滋，地界有限"的背景下，客民地主"设计盘剥"，致使苗民"转致失业，贫难度日"才是导致苗首"倡言焚杀客民"的原因。魏源亦在《乾隆湖贵征苗记》中一针见血地指出，"兽穷则啮"，客民蚕食苗民的土地才是乾嘉苗民起义的主要原因："初，永绥厅悬苗巢中，环城外寸地皆苗，不数十年，尽为民地。兽穷则啮，于是奸苗倡言逐客民，复故地，而群寨争杀，百户响应矣。"②

作为一种客位的阐释，和琳、魏源等观点代表的只是一个方面。从主位的苗民角度来解释，原因是否发生了"乾坤大挪移"呢？答案显然是否定的。被捕苗民的供词对此也给予了佐证。杨国安百户供称："平日苗子与客民交易，钱财被客民盘剥，将田亩多卖与客民，他们气忿，说要杀害夺回，这话是常有的，并不知有凌虐的事。"③ 吴八月则言：他是受首领石三保派人鼓动才参加起义的。④ 吴天半则称：苗民认为"田地都被客民占了"，所以心有不甘，"声言各寨的苗子都要帮他夺回耕种"。⑤ 可见，苗民起义的主要原因还是客民盘剥他们，侵占他们的田地。

有的学者认为乾嘉苗民起义是苗民、客民中的贫农反对客民地主的矛盾冲突，笔者认为此观点失之偏颇。这可从参加苗民起义人员的族群性上得到印证。参加起义的人有苗民，也有相当数量的汉人。但这些汉人不是汉族客

---

① （清）鄂辉撰《钦定平苗纪略》卷30，清嘉庆武英殿活字印本。
② （清）魏源撰《圣武记》卷7《乾隆湖贵征苗记》，古微堂刊本。
③ 《审讯杨国安等笔录》，乾隆六十年闰二月初六日，中国第一历史档案馆等编《清代前期苗民起义档案史料》中册，第281页。
④ 《吴八月供词笔录》，乾隆六十年十二月二十二日，中国第一历史档案馆等编《清代前期苗民起义档案史料》下册，第141页。
⑤ 《吴天半供词笔录》，乾隆六十年十二月初四，中国第一历史档案馆等编《清代前期苗民起义档案史料》下册，第120页。

民,而是土著汉民。《清代前期苗民起义档案史料》中被捕人员的"供词"对此有生动的描述。吴天半即有言,其所居的苏麻寨有50余名王、张、吴等姓的汉人参加,并说麻四方"系平打寨汉人,上年二月间,他替黑苗引路焚抢,又跟着石三保闹事"。既然麻四方是"平打寨汉人",还与"黑苗"混在一起,可见他与汉族客民不同,可能是逃遁至苗寨的土著汉民。又郑善供称,他"祖籍江西","宗籍湖南",无生业,因听说参加起义可分田地,遂与黄文忠等汉人商议后参加了起义。既然郑氏"宗籍湖南",说明他迁入湖南的时间已比较久远,借此可判断他不是清代迁入的客民,而是土著汉民。由此观之,参加乾嘉苗民起义的汉民主要是土著汉民,不是汉族客民。因此,乾嘉苗民起义本质上是土客的冲突,而不是贫困苗民、客民反对客民地主的起义。

综上可见,乾嘉苗民起义是清代特别是"改土归流"后客民大量迁入,土客之间为竞争土地等资源而导致的冲突。苗民起义的队伍中尽管有不少的汉人,但他们不是汉族客民,而是土著汉民。因此,他们的加入并没有改变此次冲突的性质。

四 清代武陵地区土客的融合和区域社会变迁

由于土客之间在户籍、文化、地理等方面的差异以及双方存在土地、教育、经济利益之争,因此乾嘉年间在湘渝黔交界的"苗疆"爆发了冲突。冲突也是一种交流。冲突过后,随着朝廷统治政策的调整以及双方交往交流的深化,土客之间的融合日益加深,区域社会也因此得以整合、变迁,整体实现了从"化外之区"到"内地的边缘"、从"土司社会"到"家族社会"的结构转型。

(一)流动的边界:清代武陵地区土客的融合

边界的主要功能是区分"我者"与"他者"、"我群"与"他群"。其形成有自然的因素,但更多的是人为的因素。人是自然的人,也是社会的人。自然或人为塑造的族群边界也随着族群的交往交流得以流动、消融,清代武陵地区土客之间存在户籍、文化、地理等方面的边界,但这些边界并不是固化的,而是流动的,并随着土客间交往交流的加深而变得模糊不清。

1. 户籍转化

清代武陵地区土客之间存在有无户籍以及户籍是"土籍""本户""土著""苗籍"还是"客籍""客户""军籍"的差别。但这种差别并不是一成不变的，而是可以通过入籍或者寄籍的方式实现转化。对于无户籍的客民而言，可以根据清代入籍或者寄籍的条件实现从无到有的转变。按照清朝的规定，客民寄居地方置有坟庐田地达二十年以上者，在无法回原籍的情况下可入籍其寄居地。《清史稿》载："人户于寄居之地置有坟庐逾二十年者，准入籍出仕，令声明祖籍回避。倘本身已故，子孙于他省有田土丁粮，原附入籍者，听军流人等。子孙随配入籍者，准其考试之类是也。"① 清人吴荣光《吾学录初编》也载："他省人于寄居地方置有坟庐已逾二十年者，准其入籍，是为寄籍。"② 具体到地方，年限又有所差别。根据民国时期《湖南民情风俗报告书》，清代的湘西各县入籍年限有所差别：安福、石门要求客民须居住满六十年；通道、泸溪、古丈坪厅均三十年；慈利、永顺等县则须居住三代以上。③ 湘西之外，武陵地区其他地方也是如此。在满足条件后，客民即可向官府申请入籍，并实现与当地人一体编甲。对此，同治增刻乾隆版《永顺府志》转《龙山县志稿》载，该县"土苗杂处，间有外来民人附居落籍者"；转《桑植县志》则言，该县"近多客家寄籍"。④ 同志又载，该县"外商寄籍，悉为汉人"⑤。光绪《龙山县志》载，该县同治四年（1865）编查户口时，查得土著寄籍 25716 户，共男妇大小 146857 名，寺观僧道女尼 126 名。⑥ 知府骆为香在《禁汉人买土地详》中也写道："自改流分设郡县，与内地一体。在永客户以及贸易人等，始各买产落籍。……嗣随倚亲托故，陆续前来构产入籍。……今已年久，自应任听落籍安居，毋庸另行区处。"⑦

① （清）赵尔巽撰《清史稿》卷 120《食货志》。
② （清）吴荣光：《吾学录初编》卷 2《政术门·户籍》，续修四库全书本。
③ 湖南法制院编印《湖南民情风俗报告书》，劳柏森点校，湖南教育出版社，2010，第 3 页。
④ （清）张天如等纂修，魏式曾增修，郭鉴襄增纂《永顺府志》卷 10《风俗》，清同治十二年增刻乾隆本。
⑤ （清）张天如等纂修，魏式曾增修，郭鉴襄增纂《永顺府志》卷 10《物产》，清同治十二年增刻乾隆本。
⑥ （清）谢宝文修，刘沛纂《龙山县志》卷 4《户口》，清光绪四年续修刻本。
⑦ （清）张天如等纂修，魏式曾增修，郭鉴襄增纂《永顺府志》卷 11《檄示》，清同治十二年增刻乾隆本。

可见，清代永顺府属各县有大量客民通过"买产"入籍。

与永顺府相似，湘西其他各府厅县的客民也可按照各地的条件和时间实现入籍。光绪《沅陵县志》载，该县山川险峻，"元明以来，他省避兵者卒流徙于此。今之号称土著者，原籍江西十之六七，其江、浙、豫、晋、川、陕各省入籍者亦不乏"①。光绪《会同县志》则详载了客民入籍的原因与经过：湖北武昌人程朝珍系贸易至会同，道光二十七年（1847）纳监入籍；福建连城人周金鹏、周金龟兄弟则是为避台湾逆乱于乾隆四十年（1775）迁至会同渡头河长田尾，金鹏于道光十四年纳监入籍，并捐钱一百一十千以作文昌阁、明伦堂、考棚等费；宝庆人郑廷富道光十八年入籍，捐田五十余石，以为文庙香灯之费；原籍宝庆的彭训周叔侄同治二年（1863）入籍，捐田二十石，以为科举之费；原籍天柱的吴集烈乾隆五十三年入籍，捐银二十五两以为科举之费。② 可见，客民入籍不但需要满足有庐墓和居住时间的条件，还须捐助地方，以得当地人认可。

与湘西相似，鄂西南、渝东南、黔东北的客民也可以通过各种条件实现入籍。鄂西南方面，同治《宜昌府志》载监生张先杰曰："由汉阳懋迁乐（即长乐，今五峰县）邑，遂入籍焉。为以监生，勤勉起家，素多义行。"③同治《咸丰县志》载，该县"自改所归流后，外来寄籍者不少"④。据长阳民族宗教事务委员会等编的《长阳宗谱资料初编》，该县有大量客民在清代落籍。如该县分水岭邓氏始祖邓传芳原籍河南南阳邓县，乾隆六十年其子新贤与邱氏由沙市经当阳至长阳大分水岭落业，初落籍地邓家湾，子孙分布于分水岭、季家河等地；渔泉溪钟氏始祖原籍江西，后迁至荆州府，一世祖钟士勉乾隆年间自枝江迁居渔泉溪，并在此落籍；望高山魏氏氏族远祖江苏，后世迁居当阳，乾隆年间再迁至长阳望高山落籍。⑤ 渝东南方面，重庆市黔江区政协学习文史委员会等编纂的《黔江文史·墓志铭专辑》共收入明清时期黔江区墓志铭577通，其中不少记载了清代客民入籍黔江的情况。

① （清）守忠等修，许光曙纂《沅陵县志》卷37《风俗》，清光绪二十八年补版重印本。
② （清）孙炳煜等修，黄世昌纂《会同县志》卷9《选举制·入籍》，清光绪二年刻本。
③ （清）聂光銮修，王柏心、雷春沼纂《宜昌府志》卷13《流寓》，清同治五年刊本。
④ （清）张梓修，张光杰纂《咸丰县志》卷7《典礼志·风俗》，清同治四年刻本。
⑤ 长阳民族宗教事务委员会、长阳民族文化研究会、长阳土家族自治县档案局编《长阳宗谱资料初编》，第3、18、28页。

如黔江冯家坝陈氏始祖陈三桂系乾隆年间自江西抚州崇仁县迁来落籍；青杠乡陈氏祖先则是清嘉庆年间自江苏盱眙迁来并入籍；正阳乡杨氏祖先则是乾隆年间；南海乡李氏是嘉庆年间自江西迁徙而来。① 黔东北方面，道光《思南府续志》载，该府经过清代二百年的休养生息，"寄籍亦日众"，因此"道光二十年郡守夏邑侯陈创设纺织局，觅寄籍之妇能纺三絮并工织者，教郡中妇女为之"；② 江西"擅卢扁术"的张国镇，福建连城人，"业岐黄，与人诊病"也可以"籍思南"；③ 青杠坡镇茶溪李姓"始祖自江西临江府兴义县十字街鱼乾洞遇难，清初逃到思南府背后住，始祖公葬于府背后。祖妣葬于大岩观音阁后，祖公所生三子，一房分于掮溪所居，一房分于樱桃溪所住，创业于秀才坪落根"。④ 道光《松桃厅志》载，该厅"汉民五分之二，平头、乌罗等司皆外省。寄籍以日以年，遂成聚落，壤僻而瘠一切"。⑤

可见，清代武陵地区土客之间存在有无户籍的差别，但这种差别不是刚性的，而是弹性的，可以通过满足政府规定的条件和捐助地方来实现入籍。同样地，入籍的客民与土著居民尽管存在土籍、客籍、苗籍等差别，但这种差别也可以通过通婚、时间的累积以及下述的文化融合等方式消融。明代灭亡后，远离本土而戍守他乡的明代卫所军户和土司衙署的流官，因长期生活于武陵地区，与当地人相互融合，逐渐也成了"本地人"。清灭明后，朝廷在汉区强行推行"剃发令"，实行民族同化政策，然而对武陵民族地区却网开一面。同治《保靖县志》载："时大兵开辟辰州，（保靖宣慰司彭朝柱）乃备册投诚，差舍把彭伦、邱尚仁等赴行营赍投，蒙赐龙牌，许以照旧营职，并有男不披剃、女不改妆等谕。"留居武陵地区的外来卫所军户以及官员，在明灭亡之后，为了自保，利用了清王朝"男不披剃、女不改妆"的谕旨，隐去了其"军家""官家"的身份，并自称为"土家"。在原设于今武陵地区的九溪、永定、施州、辰州、黔江、酉水、镇溪等卫所，一些现在

---

① 重庆黔江区政协学习文史委员会、黔江区民族宗教事务委员会编《黔江文史·墓志铭专辑》。
② （清）萧琯纂《思南府续志》卷2《地理门·风俗》、卷3《食货门·户口》，清道光二十一年刻本。
③ （清）萧琯纂《思南府续志》卷8《人物门·方技》，清道光二十一年刻本。
④ 汪育江编著《思南石籍》，第156页。
⑤ （清）萧琯纂《松桃厅志》卷6《风俗》，清道光十六年松高书院刻本。

依然认为是"军家"后裔之姓氏，虽其家谱明确记载其原籍为安徽、江西等地，明朝因守卫边疆而来武陵地区落业之史事，但清朝则演化成了土著，中华人民共和国成立后大多还被政府识别成了土家族。

明代武陵地区外来的军士、流官可以通过上述方式转化成当地人，普通民众也可以。明代客民可以如此转化成当地人，清代客民同样也可以。这可从光绪《古丈坪厅志》中有关"民族"的解释中得到管窥。清代对土家形成的看法亦是如此，光绪《古丈坪厅志》载："古之民有二类，一当土官时先汉人至，斩荆棘，驱豺狼，以开此土者，今自称为土著之最先；一则凡汉人之居此以承世者，先至者有八姓，今言绝其二，与土人异时能为土话，以习于土人也。""客族姓者，民之介乎民姓土姓之间，其时代大抵后土籍先民籍。""土族者，民族之最古者。民籍之视他籍，自等土著之民。土籍之视民籍，尤土著之土著也。"① 也就是说，"土族者"比自认为土著之民的"民籍"更土。由是，土著可分为"土籍"与"习于土人"的"民籍"两类，而后一类的土著即是转化为民籍的客民。

关于客民转化土著，除了"习于土人"的方式外，还可通过通婚特别是入赘等方式实现。有关土客通婚，如前所述，自有客民迁入武陵地区伊始就存在。至清代，随着客民大量的迁入以及"改土归流"土客错居的居住形式的存在，土客通婚更是普遍。这可从清政府禁止汉苗通婚以及一些家谱所载得到印证。清初，因清廷担心汉苗集体反抗，雍正五年（1727）提出了禁止汉苗通婚。湖广总督傅敏有"凡已经婚配者，姑免离异；其聘定未成者，自本年始，不许违例"之奏。从其奏请可知，在禁止之前，已有不少"婚配者"。该奏请得到了清世宗的同意，于是下令禁止，结果却引起苗民激烈反抗。于是清廷又在雍正八年（1730）弛禁，允许汉苗通婚。同治增刻乾隆版《永顺府志》载，雍正年间原任督臣迈与原任抚臣赵先后欲"以汉化苗"，在永顺府、永绥等地弛各苗不许"与内地兵民结姻"之禁，不少被诬称为"游手无赖"之民由此"利其产业，阴图煽诱"，"与苗人结亲"。实际情况并非诬称所言，只是游手好闲之徒与苗民通婚，而是存在大量的民苗通婚现象。永绥厅几乎村村"皆有苗户，其父母兄弟往来探视"，

---

① （清）董鸿勋纂修《古丈坪厅志》卷9《民族上》，清光绪三十三年刊本。

几乎"与内地婚娅无异"。①《苗防备览》也载："苗姓吴、龙、石、麻、廖五个姓为真苗，其杨姓、施、彭、张、洪诸姓乃外民入赘，习其俗久遂成族类。"② 乾嘉苗民起义后，朝廷为治理"苗疆"，在乾隆、嘉庆、道光年间又提出禁止民苗通婚。乾隆二十五年（1760）臬司严有禧又上《民苗不许结亲疏》，再度禁止民苗通婚，要求"已婚已聘者，听其各自娶回，不许赘居苗寨，恣意往来，责令有苗地方官，实力严查"③。然而，民苗通婚之弛禁已如脱缰之马，不可阻挡。至道光年间，汉苗通婚已比比皆是，即使是屯丁、练勇也多与苗民联姻，不顾例禁。④ 乾隆《凤凰厅志》载，该厅红苗"止有吴、龙、石、麻、廖五姓，方是真苗。其姓杨、彭、洪者，民人入赘配苗妇女，伊等子孙，遂成其类"⑤。道光《凤凰厅志》对此也有详载，并增加"欧阳"一入赘之姓。⑥ 民国陈心传补编《五溪蛮图志》载，道光时款苗杨贵儿等，"并现在之洪、梁等姓"，其世系本皆非苗族，"或妇纳苗女，其生易繁，转迁而既入苗之巢穴，遂变为苗也"，至民国时期，"此一类之变为苗者，除梁、洪二大姓以外，尚很多焉"。⑦

与这一时期汉苗通婚相比较，清代武陵地区土民与客民由于文化交流更加频繁，通婚更是常见，列举湘西与鄂西南数则材料如下。湘西方面，由练铭志先生的研究可知，由于"改土归流"后统治者采取诸如禁止汉族客民购买田地、教育"土三客一为率"等有利于土著的政策，清代湘西出现了客民争做土著土民之风。这极大地推动了土客"血统"上的融合：龙山县苗市星火的叶姓汉族客民，原籍浙江省处州府遂昌，祖先300年前与余、向、魏三姓一同迁入龙山，并已繁衍15代，后裔散布于龙山坡脚、红岩一

---

① （清）董鸿勋纂修《永绥厅志》卷6《苗峒》，清宣统元年铅印本。

② （清）严如熤撰，黄守红标点，朱树人校订《严如熤集》第二集《苗防备览》卷8《风俗考上》，第561页。

③ （清）张天如等纂修，魏式曾增修，郭鉴襄增纂《永顺府志》卷12《艺文》，清同治十二年增刻乾隆本。

④ 王平：《论武陵地区历史上的族际通婚》，《三峡大学学报》（人文社会科学版）2008年第5期。

⑤ （清）潘曙、杨盛芳纂修《凤凰厅志》卷14《风俗》，清乾隆二十一年版。

⑥ （清）黄应培修，孙均铨、黄元复纂《凤凰厅志》卷11《苗防志一·苗俗》，清道光四年刻本。

⑦ （明）沈瓒编撰，（清）李涌重编，陈心传补编《五溪蛮图志》第二集《五溪风土·风俗》，第65页。

带，祖先到苗市后，与土著土民成了亲，语言和风俗亦土家化；龙山县洛塔乡楠竹汉族客家民邹姓，祖籍湖南新化，到洛塔已有200多年，因与当地土民、苗民通婚，风尚习俗也实现了土家化、苗化；① 永顺县流传的"土家老子客家娘"顺口溜也从一个侧面说明湘西土家与客家通婚是习以为常之事。鄂西南方面，据《恩施自治州碑刻大观》，建始县罗克典夫妇墓碑载，罗克典乾隆四十四年（1779）生，系湖北武昌府人，其妻则是建始朱耳村金滩沟香树坪人；② 鹤峰尚氏来历序碑则记载了尚姓自四川迁到鹤峰，并被土著向姓招赘的史实："向我祖西蜀之人也，……遐□宗禹公向门为序，混乱向姓，今复更尚。"③ 可见，清代武陵地区土民与客民通婚是很普遍的。在此需要说明的是，武陵地区族际通婚的材料尽管部分所论的是汉苗或者土家与汉族的通婚，但在清代的武陵地区，苗民、土民是土著居民，汉民多数是客民，因此汉苗与土汉通婚也可佐证土客通婚之情况。

乾隆年间永顺知府张天如的《桑植县客童应考详》载该县有"买地入籍之客户，填为新土籍等情"，凤凰、乾州、永绥、保靖等县厅客民则有为争夺学额，多冒"土籍""苗籍"之举。既然客民可以通过买地、通婚转化为"土籍"，也可以通过非法手段"冒籍"，那么清代武陵地区土客民之间的土籍、客籍的差别也不是绝对的，也是可以实现转化的。因此，清代武陵地区同为编户齐民的土著居民与客民之间尽管存在户籍上的土籍、客籍、苗籍、军籍之分，但他们之间并不是截然区分的，客民可以通过买地、冒籍、"习于土人"等方式拥有土著居民之户籍。

2. 文化融合

因清代武陵地区的客民主要来自东中部，与土著居民特别是土著"蛮夷"相比，其文化如语言、习俗等具有一定的差别。这种差别在迁入初期表现得更为明显，但随着彼此交往、交流的增多以及朝廷"汉化"政策在"改土归流"后的全面推行，武陵地区土客之间的文化边界变得日趋模糊，逐步形成了"你中有我，我中有你"的局面。学界对土著"蛮夷"与汉族客民的文化融合研究颇多，在此不再全面展开，仅选比较典型的语言、服

---

① 练铭志：《试论湘西土家族与汉族历史上的融合关系》，《贵州民族研究》1987年第4期。
② 王晓宁编著《恩施自治州碑刻大观》，第53页。
③ 王晓宁编著《恩施自治州碑刻大观》，第555页。

饰、信仰、居室做简要说明。

语言方面，尽管主流是土著居民特别是土著"蛮夷"逐步学习汉语，但客民也吸收一定的土著"蛮夷"的语言，形成相互混合的局面。江汉平原前沿阵地巴东尽管明代后四里"多为蛮音"，桃符口一带甚至还有"草语"，但至康熙年间，已是"语言朗撤，颇似中原"，尤其是"自西山诸寇之乱，县民尽赴枝宜寄住，十余年始归，蛮音遂变。今惟颁（斑）白者间于家室中作草语，而后生小子，绝口不复道，与前里无大差别矣"。① 至同治年间，长阳已与郡城无大异，鹤峰、长乐即使间有异同，"要皆非鸠舌侏离"，巴东也是"近今蛮音亦早变矣"②。由此可见鄂西南之土著语言变化之快。

湘西、渝东南、黔东北变化稍慢，但至乾隆年间，尽管永顺、保靖、龙山、桑植四县"各有土音，嘲哳难辨"，但"湖南土司五寨长官田氏，于康熙年间，久经裁革，其土民归凤凰厅管辖，所谓镇算是也。言语颇与镇城辰州同，无甚土音"，过去茅冈土司地区，"其民人语言与永定、慈利同，亦无土音"③，永顺县"能道音者十有五六"④，沅陵县土著，"居城市者，衣服言语皆华人"⑤。究其原因，固然与土客交流有关，但与朝廷推行"话言必照内地，并旧时陋习尽劝革除"⑥ 不无关系。

嘉庆之后，武陵地区，无论"生苗"还是土民、仡佬，只要与客民接触，大都已能言客话汉语了。永顺府属各县已是"土人能官话，苗人亦间有学官话者"⑦，松桃苗民也是"其与汉民居相近者，言语皆与汉民同"⑧。严如熤之《苗防备览》载，松桃之鸭堡、天星、强虎等寨苗民"虽系生苗，向来设有营汛，与客民相习，犹有能言客话者"。"土人言语，呢喃难辨，近开辟渐久，能道官音者十有五六。""仡佬往来浦市、泸溪经商贸易者，

①　（清）齐祖望纂修《巴东县志》卷2《风土志·方言》，清康熙二十二年刻本。

②　（清）聂光銮修，王柏心、雷春沼纂《宜昌府志》卷11《风土志》，清同治五年刊本。

③　（清）段汝霖撰《楚南苗志》卷6《土志》，伍新福校点，岳麓书社，2008，第228页。

④　（清）黄德基修，关天申纂《永顺县志》卷4《风土志》，清乾隆五十八年刻本。

⑤　（清）守忠等修，许光曙纂《沅陵县志》卷37《风俗》，清光绪二十八年补版重印本。

⑥　（清）黄德基修，关天申纂《永顺县志》卷4《风土志》，清乾隆五十八年刻本。

⑦　（清）张天如等纂修，魏式曾增修，郭鉴襄增纂《永顺府志》卷10《风俗》，清同治十二年增刻乾隆本。

⑧　（清）萧琯纂《松桃厅志》卷6《风俗·苗蛮》，清道光十六年松高书院刻本。

能言客话，与外人无异。居村寨中，未尝至城市者，则专为土语。又其自相问答，俱不作客语。"① 嘉庆《龙山县志》载："近皆通汉语，附郭土人问之，竟忘之（土语）矣。"② "近皆通汉语"、附郭土人"竟忘之（土语）"说明，至嘉庆年间，龙山土著语言已深受汉语冲击，居住在城郭的"土人"居然已忘记本族群的语言。光绪《龙山县志》更是载，该县苗民"与客民酬答能效其语言，近亦知从师受经，通习章句"；土民"多效客民，语言无鸠舌者"。③ 可见，在土客语言融合过程中，主流是土著居民学习客语汉话。

与主流土著居民习得汉话不同，部分客民由于身处土著"蛮夷"之汪洋大海中，他们的语言则呈现另外一番景象，即深受土著居民语言的影响。光绪《古丈坪厅志》载，该县"与章、苗相习，久而自成风气，言语自成一种乡音"的客族"且习于苗者能为苗语；习于章土者能为章土语，其语或时杂焉！⋯⋯客姓九十六寨，皆以乡话为主，而兼习于苗章语者有之"。④ 该厅志又言："客籍习于苗者，杂用苗语，习于土者，杂用土语，于章亦然，于民亦然。"⑤

服饰方面，在朝廷推行"服饰宜分男女"⑥ 等"移风易服"政策之下，清代武陵地区特别是土著"蛮夷"的服饰发生了较大变化，不仅有了男女分类，而且女性服饰的装饰也越来越多，日趋华丽。常德石门县土著受客民影响，原本简朴的服饰也"日弛侈糜"，富者服饰器用更是"僭逾过侈"。⑦ 光绪《沅陵县志》载，该县居住在城市的土著，"衣服言语皆华人"。至光绪年间，曾经"颇杂猺俗"的山谷也荡然无存。⑧ 光绪《龙山县志》载，

① （清）严如熤撰，黄守红标点，朱树人校订《严如熤集》第二集《苗防备览》卷8《风俗考上》，第560、573、576～577页。
② （清）缴继祖修，洪际清纂《龙山县志》卷7《风俗》，清嘉庆二十三年刻本。
③ （清）谢宝文修，刘沛纂《龙山县志》卷11《风俗》，清光绪四年续修刻本。
④ （清）董鸿勋纂修《古丈坪厅志》卷9《民族上》，清光绪三十三年刊本。
⑤ （清）董鸿勋纂修《古丈坪厅志》卷10《民族下》，清光绪三十三年刊本。
⑥ （清）张天如等纂修，魏式曾增修，郭鉴襄增纂《永顺府志》卷11《檄示》，清同治十二年增刻乾隆本。
⑦ （清）余丽元纂修《石门县志》卷11《杂类志》，清光绪五年刊本。
⑧ （清）守忠等修，许光曙纂《沅陵县志》卷37《风俗》，清光绪二十八年补版重印本。

县属巨族，以客民为多。由于"所居多客籍者"，土民"服食言动皆染华风"。① 宜昌府属长阳城市土著衣饰也"稍奢然"，见客多着美服；巴东在县者"颇喜修饰衣用细节"；鹤峰城的绅富"冠裳颇整体"，妇女服饰"亦颇用金银"。② 思南府"十年前胥隶华靡，相耀服饰"，在府县"严申戒束"下，"此风稍戢"。③ 根据刘琼、王希辉的研究也知，"改土归流"后，受汉族客民的影响，土著土民、土家的服饰从款式、材质等方面都有较大变化。款式方面，实现了从男女一式到男女有别；材质方面，在棉麻为主的基础上吸收了丝织品；此外，服饰的图案、花纹也融入了一些汉族客民文化的内容。④ 即使是居住在偏僻地方的苗民、峒民、土民，尽管仍保留着传统的服饰，但也受到了汉族客民服饰的影响。如乾州、凤凰、永绥、古丈坪、松桃等厅县居住在比较偏远地方的苗民虽然在"改土归流"后仍保持着"短衣跣足，以红布搭包系腰，着青布衫袴"的服饰习惯，但乾嘉苗民起义之后，在清廷易服的政策攻势之下，这些苗民的服饰也被迫发生了改变。苗族男子发式实现了从"裹头髻椎"到扎满式发辫的转变，除佩戴银圈外，服饰也大致与汉相近；苗妇虽然变化稍慢，但到光绪年间也如《永绥厅志》所言，服饰大致如汉装，"惟项圈耳环尚未去耳"⑤。溆浦一带的瑶民，"与夏人杂居者，则服食居处多与民同"。⑥ 古丈坪一带"民苗通婚者，服饰亦如常矣"。⑦

　　信仰方面，尽管土著居民与客民信奉的神灵、祭祀的场所方面存在一定的差异，但随着双方经济、生活交往的加深，土客无论是祭祀以及祭祀的场所，还是信奉的神明都出现了一定程度的融合。一方面，土著居民逐步吸收大量客民"携带而来"的信仰或者朝廷倡导信奉的神，表现出一定的"客化"；另一方面，客民也逐步"土著化"，不断地吸收土著居民所信

①　（清）谢宝文修，刘沛纂《龙山县志》卷11《风俗》，清光绪四年续修刻本。
②　（清）聂光銮修，王柏心、雷春沼纂《宜昌府志》卷11《风土志》，清同治五年刊本。
③　（清）萧琯纂《思南府续志》卷2《地理门·风俗》，清道光二十一年刻本。
④　参见王希辉《土家族传统服饰变迁及其当代启示》，《民族艺术研究》2008年第2期；刘琼《从民族政策演变看土家服饰的文化变迁》，《重庆三峡学院学报》2009年第6期。
⑤　（清）董鸿勋纂修《永绥厅志》卷6《苗峒》，清宣统元年铅印本。
⑥　（清）舒立淇纂《溆浦县志》卷11《典礼志·风俗》，民国10年活字本。
⑦　（清）董鸿勋纂修《古丈坪厅志》卷10《民族下》，清光绪三十三年刊本。

奉的具有地域或者族群特色的神灵。在土著居民的信仰中，自然崇拜、图腾崇拜、祖先崇拜、英雄崇拜与制度性宗教并存，不仅融合了儒、释、道诸多成分，而且出现了多元信仰共存的现象。如土民、苗民的神龛上，供奉的神祇不只有"历代祖先"，还有"天地君亲师""太乙府君""九天司命"等；如节日祭祀中，除祭祀本民族亦神亦祖的白帝天王、向老官人、田好汉、八部大神等神灵外，还要敬奉玉皇大帝、土地神、四官神、灶神、药王神、关公、张飞等。特别是清中后期，伴随着天主教、基督教的渗入，武陵地区在经历清末反洋教之后，部分土著居民更是与客家一同逐步皈依了天主教、基督教。今天，长阳、利川等地矗立的数十座天主教教堂，沅陵、桑植、永定、慈利、保靖、龙山、恩施、宣恩等地矗立的数十座基督教教堂即是这段历史的见证。在客民的信仰中，他们信奉的不只是祖神与来自原籍的许真君、川主、禹王、妈祖等神祇，还有象征国家在场的马援、关羽等神灵，此外，一些客民信仰还吸纳了武陵地区土著居民祭祀的白帝天王、向王等神灵。

居处方面，受客民迁入以及"改土归流"后弛盖瓦之禁、禁止翁姑子媳同居一室的影响，土著居民尤其是土民、苗民的居处及其环境已有较大改变。这种改变首先表现在瓦屋增多上。乾隆《长阳县志》载："其居处率由景仰服习之地。"① 乾隆《乾州志》载：该州"相土而居，斩木结茅，以蔽风雨"的苗民，"近亦有建瓦屋者"。② 乾隆《重修会同县志》载："会俗多朴，木石诸工无甚奇巧。然尚坚实，惟富家右族颇完美。近来蕃昌生息太平日久，乡间瓦盖亦多，不比从前，篱草舍仅蔽风雨也。"③ 同治《桑植县志》载："室多土筑，编竹诛茅聊蔽风雨。间有砖墙瓦屋。瓦即着椽，不承以砖。"④ 光绪《古丈坪厅志》载："苗民依山结茅屋，室苦湫隘，间亦有瓦屋者。"⑤ 其次是家屋朝向、空间布局的转变。朝向方面，土著土民、苗民房屋原本"无层次定向"，但受客民风水观念的影响，也出现了"民皆北屋

---

① （清）李拔纂《长阳县志·序》，清乾隆十九年修抄本。
② （清）王玮纂修《乾州志》卷4《红苗风土志》，清乾隆四年刻本。
③ （清）佚名修《重修会同县志》卷2《地里志·风俗》，清故宫珍本丛刊本。
④ （清）周来贺修，卢元勋纂《桑植县志》卷2《风俗》，清同治十一年刻本。
⑤ （清）董鸿勋纂修《古丈坪厅志》卷10《民族下》，清光绪三十三年刊本。

而居"① 的现象。空间布局方面，由于朝廷禁止"翁姑子妇、兄弟姒娌群处无避"，城郭周边以及交通条件相对较好的地方土著"蛮夷"的家屋出现了从无间隔到有间隔的转变。康熙《巴东县志》载："（屋宇）在县者，取庐而处，而户不过一，间皆结茅编竹为之，广才丈许，深及数寻，随地高下，历阶而进，中□邑为室，以避火灾。在前后里者，户各不相比，筑土成垣，覆茅其上，左右为寝室。室内作池以积火，插篱为院，院外为场圃。"② 同时，受汉族客民家族观念的影响，原本"无祖龛，以碗柜为上"③ 的苗民，也逐步在家屋中设立牌位，供奉祖先。居住在"城市及乡间富户，比年亦多整固其屋，渐次改观矣"④。

综上可见，土客文化的融合存在土著居民"客化"与客民"土化"两个过程，但这两个过程并不是对等的。总体而言，土著居民文化"客化"是主流，而客民"土化"则是次要的。之所以如此，既与客民文化中强势的汉文化有关，也与朝廷推行的移风易俗的政策密不可分，同时还离不开土著居民的主动学习。

3. 地理边界的逐步瓦解

清代武陵地区土客之间不仅存在制度上的区别、文化上的差异，而且具有地理的边界。"改土归流"前，省区与土司区、苗区的界线大致相当于土客的地理边界。"改土归流"后，随着客民迁入土司区以及苗区，土客整体的族群边界逐步瓦解，取而代之的是片断的以重修的边墙、屯卡、碉楼和村寨为形式，以地理环境为内核的边界。设立初期，这种边界在"清厘"了民与苗、汉民与"蛮夷"区界的同时，也一定程度地从地理的角度区分了土著与客民，区分了他们耕种的田土和大致的生活区域。但随着时间的推移以及"苗疆"、土司区经济的发展，土客之间的来往、混杂、错居已不是一段边墙或者一张禁止布告所能阻止的。客民不仅可以自由出入原来的土司区，即使是"苗地"，也有不少客民进入。同时，以客民为主的城郭也吸纳

---

① （清）廖恩树修，萧佩声纂《巴东县志》卷11《风土志》，清同治五年刻，清光绪六年重刊本影印。

② （清）齐祖望纂修《巴东县志》卷2《风土志·民俗》，清康熙二十二年刻本。

③ （清）萧琯纂《松桃厅志》卷6《风俗》，清道光十六年松高书院刻本。

④ （清）董鸿勋纂修《古丈坪厅志》卷10《民族下》，清光绪三十三年刊本。

了不少土著苗弁以及经商开店的苗商。对此,清廷官员发布的类似"毋许客民再与苗民私相往来交易"①等条例以及乾嘉苗民起义中被捕人员包含一些客民的事实从侧面佐证了土客的交往、交流。此外,民苗、汉"蛮"之间的混杂、错居也给予了说明。湘西"苗疆"旧址三百余里,尽管"以外者为生苗",但"在内者与民相错居住,或佃耕民地,纳赋当差,与内地民人无异"②。凤凰厅"诸哨之地",也是"苗民杂处"。③州治原为"五溪蛮地","地属边徼""境幽而地僻"的乾州至清中期已是"民苗错处"。④永顺府府属四县在"土司招徕安插,以备藩篱"政策之下亦是"民苗杂处"。⑤"隶楚极边""汉人居此,俗与内地同"的永顺县"土人、汉人、苗民杂处,土人十分之四,汉人三分,苗民亦仅三分"。⑥龙山县"客、土、苗杂居,其俗不一"⑦,"峒寨数十,土苗杂处,间有外来民人附居落籍者"⑧。过去地与"竿、永、保诸土司"地有分合的泸溪县由于"永顺、保靖之地,介崎万山,民苗错居,各为寨栅",也是"民夷相参,错不可不纪"。⑨古丈坪厅则是"五种之外,其外来商贩,异地工匠之杂居为业者,犹不止者"⑩,城市更是"五方杂处,其民良丑不齐"⑪。

与湘西大致相似,鄂西南、渝东南、黔东北也是五方杂处、土客错居。长阳建县时间久远,该县尽管"丛山最箐",但也是"五方杂处";⑫"故容美土司地"的鹤峰尽管"山势峻嶒,石田荦确",然"自改土后","客土

① (清) 鄂辉撰《钦定平苗纪略》卷11,清嘉庆武英殿活字印本。
② (清) 董鸿勋纂修《古丈坪厅志》卷9《民族上》,清光绪三十三年刊本。
③ (清) 黄应培修,孙均铨、黄元复纂《凤凰厅志》卷11《苗防志》,清道光四年刻本。
④ 参见 (清) 王玮纂修《乾州志·序》,清乾隆四年刻本;(清) 蒋琦溥纂修,林书勋续修,张先达续纂《乾州厅志·序》,清同治十一年修,清光绪三年续修本。
⑤ (清) 张天如等纂修,魏式曾增修,郭鉴襄增纂《永顺府志》卷10《物产》,清同治十二年增刻乾隆本。
⑥ (清) 黄德基修,关天申纂《永顺县志》卷4《风土志》,清乾隆五十八年刻本。
⑦ (清) 缴继祖修,洪际清纂《龙山县志》卷7《风俗》,清嘉庆二十三年刻本。
⑧ (清) 张天如等纂修,魏式曾增修,郭鉴襄增纂《永顺府志》卷10《风俗》,清同治十二年增刻乾隆本。
⑨ (清) 李涌等纂《泸溪县志》卷23《邻境》,清乾隆二十年刻本。
⑩ (清) 董鸿勋纂修《古丈坪厅志》卷9《民族上》,清光绪三十三年刊本。
⑪ (清) 董鸿勋纂修《古丈坪厅志》卷10《民族下》,清光绪三十三年刊本。
⑫ (清) 李拔纂《长阳县志·建设志》,清乾隆十九年修抄本。

杂居，习尚不一";① 恩施县改设后"五方杂处，奸伪日出，讼牍繁与，田价既昂，荒山亦贵，争产构讼，彼此皆无确";② 来凤县"近五方杂处，一切钱债户婚，稍以多事云";③"水陆不通，生计太薄，惟服牛负贩，自食其力，山深林密"的咸丰，"改土归流"后也是"土流杂处，俗尚俭略"。④ 渝东南酉阳州"土著稀少，率皆黔、楚及江右人流寓兹土，垦荒邱，刊深箐，附谷依山，结茅庐，树板屋，并有以树皮盖者，……五方杂处，分离乖隔"；彭水产盐的郁山镇，"比年以来，井更旺而灶更多，邻省商人行盐其地者，往往遂家焉"；介于酉、彭之间的西阳，尽管商贾罕集，但也有"黔楚流民踵至，错处相与";⑤ 居万山之间的秀山自改县后，"吴、闽、秦、楚之民悦其风土"，大都"未能合族比居"，"颇集五方之俗";⑥ 石柱厅"流寇肆毒以后"，"土著渐灭无遗，今之林林总总者，多四方无赖之徒之民杂处"。⑦ 黔东北铜仁府明末始，"郡属各司，夷汉杂居，有土人、犵老、苗人种类不同，习俗各尚"，⑧ 思南府清初已是"民苗杂居"。⑨

综上可见，清代武陵地区土客之间存在"苗疆"、土司区以及"边墙"等形式的地理边界，但"改土归流"后，划地、圈地管理的方式在土司区、苗地经济社会发展以及土客经济、文化交往交流的冲击下已徒有其表，不仅有大量客民进入土司区与苗地活动、居住，也有不少的土著"蛮夷"进入城郭经商开店，民苗、汉"蛮"、土客之间的混杂、错居之大势已不可阻挡。

（二）客民与区域经济社会变迁

有清一代，通过客民进入的推动以及朝廷拓边垦殖、教化等一系列政策的实施，武陵地区区域生态、经济、社会结构等迎来了巨大的变迁，区域社会全面实现了从"化外之区"到"内地的边缘"，从"土流并治社会"、

① （清）聂光銮修，王柏心、雷春沼纂《宜昌府志》卷11《风土志·风俗》，清同治五年刊本。
② （清）张家澜修，朱寅赞纂《恩施县志》卷4《风俗十八》，清嘉庆十三年刻本。
③ （清）林翼池修，蒲又洪纂《来凤县志》卷4《食货志·风俗》，清乾隆二十一年刻本。
④ （清）张梓修，张光杰纂《咸丰县志》卷7《典礼志·风俗》，清同治四年刻本。
⑤ （清）王鳞飞等修，冯世瀛、冉崇文纂《增修酉阳直隶州总志》卷19《风俗志·总论》，清同治二年刻本。
⑥ （清）王寿松修，李稽勋等纂《秀山县志》卷7《礼志》，清光绪十八年刻本。
⑦ （清）王槐龄纂修《补辑石柱厅新志》卷6《风俗志》，清道光二十三年刻本。
⑧ （明）朱召纂，许一德纂《贵州通志》卷17《铜仁府·风俗》，明万历二十五年刻本。
⑨ （清）萧琯纂《思南府续志》卷9《艺文门·奏疏》，清道光二十一年刻本。

"土司社会"到"家族社会"的结构转型。

1. 区域经济的发展

清代特别是"改土归流"的执行以及招徕、垦殖等政策的实施,使地域相对广阔、赋税较轻、有待开垦的武陵地区吸引了大量来自东中部地区的客民。客民的到来,不仅提供了大量的劳动力,而且引进了新的农作物、先进的技术以及管理经验,促进了武陵地区经济的发展。

农业方面,客民带来的新农作物不仅解决了武陵地区民众的糊口问题,而且改变了他们的生活、饮食结构,推动了区域土地的垦殖以及农业的发展。与"改土归流"前相比,武陵地区在客民的带动下引进的新农作物主要有玉米、红薯、哈密瓜、莲藕、烟草等。这可从方志中有关物产或谷类的记载中得到印证。较早引种苞谷的长阳,该县乾隆《长阳县志》载:"长阳产黍稷甚少,惟包谷无所不宜。"① 乾隆六年(1741)编纂的《鹤峰州志·谷类》、乾隆二十一年(1756)《来凤县志·物产·谷类》也有载。此外,与长阳毗邻的东湖县(今夷陵区)乾隆版县志还有"旧惟蜀中种此"、"改土归流"后"土人多开山种植"②的记载。可见,苞谷是"改土归流"后乾隆初年从四川引进的。与苞谷相比,武陵地区红薯、哈密瓜等农作物种植稍晚。同治《来凤县志》载:"乾隆五十一年(1786),侍郎张若淳请敕直省,劝种甘薯。"道光《鹤峰州志》载:"洋芋,似芋,紫色。"③ 上述新农作物主要是旱地作物,而且易种、耐寒、高产,也容易存储。武陵地区是一个"八山一水一分田"之地,其自然地理环境比较适合种植这些农作物。在此形势之下,加上政府积极推动垦荒,武陵地区大量的土地被开垦出来种植苞谷、红薯等农作物。据乾隆《凤凰厅志》载,凤凰设厅时有熟田183顷,至乾隆年间额外丈出和新垦田土219顷;④ 据段超先生统计,鹤峰州乾隆四年至三十年(1739~1765)共开垦土地139顷;长乐县乾隆十二年(1747)、十七年(1752)、四十一年(1776)共开垦土地91顷;来凤县乾

---

① (清)李拔纂《长阳县志》卷5《地理志》,清乾隆十九年修抄本。
② 《中国地方志集成·湖北府县志辑�51》。
③ (清)吉钟颖纂修《鹤峰州志》卷7《物产》,清道光二年刻本。
④ (清)潘曙、杨盛芳纂修《凤凰厅志》卷11《赋役》,清乾隆二十一年版。

隆八年（1743）、十六年（1751）、四十三年（1778）共开垦土地 70 顷。[①] 鄂西南如此，湘西、渝东南、黔东北也大体相似。湘西永顺府戴求仁在《崇文书院置产碑记》中有"官山开垦日久，熟地渐多，山麓新垦田亩亦不少"[②] 之言，松桃厅东坡、西坡两地在道光年间就新垦了旱地 1362 亩[③]，印江县乾隆四年（1739）开垦 767 亩[④]。至嘉庆、道光年间，武陵地区已是"地尽其利""地无遗利"[⑤]。新农作物的引进以及广泛的种植，逐步使对水和阳光需要量大的水稻"退居二线"，并使自己成了武陵地区民众的主食，让区域民众"遇歉岁可无大虞"。故道光《思南府续志》中有"山农则全资包谷，济以番薯"、贫困之户"终年未尝食稻谷"[⑥] 之说。可见，清代新农作物特别是苞谷、洋芋的引进和广泛的种植，不仅在一定程度上解决了武陵地区民众的糊口问题，改变了武陵地区民众的生活饮食结构，而且推动了区域土地的开垦。

与新农作物品种引进不同，客民带来的先进生产工具以及耕种技术则提高了武陵地区农业生产的效率。在耕种方法上，随着客民的到来以及官府的推广，过去不事耕耨、"农不知粪，圃亦不知粪"、"刀耕火种"的耕种方式得到改变，土民、苗民积肥观念增强。在田间管理上则学会了客民按季节播种、复种、施肥、除草等方法。工具方面，铁犁、铁镰等铁质农具以及筒车、水车等提水灌溉工具也得到广泛应用。

手工业方面，武陵地区土著居民总体水平较低，工匠需从远方雇用，多地如同治《来凤县志》所言，"不尚奇巧""无良工"，"有大兴作，百工皆觅远方"。"改土归流"后，随着客民手工业者不断迁入并在武陵地区定居，土著与客民彼此相习，"攻石之工，攻金之工，砖埴之工，设色之工，皆自原来"的状况得到了一定程度的改变，由是出现了土著居民"间有习艺业者"，"土人、苗人、汉人杂处，彼此相习，艺亦渐精"[⑦] 的状况。龙山县嘉

---

① 段超：《清代改土归流后土家族地区的农业经济开发》，《中国农史》1998 年第 3 期。
② （清）张天如等纂修，魏式曾增修，郭鉴襄增纂《永顺府志》卷 12《艺文》，清同治十二年增刻乾隆本。
③ （清）萧琯纂《松桃厅志》卷 12《食货门·田赋》，清道光十六年松高书院刻本。
④ （清）郑士范撰《印江县志》卷 1《田赋志第四》，清道光年修、民国石印重印本。
⑤ （清）多寿修，罗凌汉纂《恩施县志》卷 7《风俗》，清同治三年麟溪书院刻本。
⑥ （清）萧琯纂《思南府续志》卷 2《地理门·风俗》，清道光二十一年刻本。
⑦ （清）张天如等纂修，魏式曾增修，郭鉴襄增纂《永顺府志》卷 10《风俗》，清同治十二年增刻乾隆本。

庆以前，纺织机仍是简陋的"矮机"，产品粗糙，自客民带入比较先进的纺用脚车后，"日夜可得纱八两，兼能自织，较他妇纺织更工巧"，由是土妇女也"渐次效之"；① 保靖县"土、木、竹、石、裁缝、机匠之属，各有专司"②；芷江县已"有采明山石为屏砚，雕镂花草人物极精，操奇衒，鬻可以谋生"；③ 巴东县的工匠至清代已"多系土著"；④ 建始县板桥子等圩场有制造农具的匠铺数十家；思南府在道光二十年（1840）创设了纺织局，"觅寄籍之妇，能纺三絮并工织者，教郡中妇女为之"，二十一年（1841），署府官员"踵其事，由是，其法传之千百人"，"郡城各乡，暨印江一县，女红所出细致，敌于江西"；⑤ 秀山龙门、新添坪两矿及其附属手工工厂"厂丁千百"⑥，川陕楚交界的深山老林内的木厂、木炭厂等也是多则数百人，少则数十人。

商业方面，"改土归流"后，在废除土司时期商贾客民馈送"节礼"陋习的情况下，来自江西、浙江、福建以及长沙、武汉等地的客商成批进入武陵地区从事商业活动，这既提高了土著居民的商业意识，也大大促进了区域商业生产的发展和市场体系的形成。在客商的带动下，土著居民经商之人越来越多。他们除了在当地开设店铺或挑担销售京货、陕货、川货、广货等商品外，还逐步到全国各地经商。湘西永顺、麻阳、常德等府县商人经商的足迹遍及四川、陕西、云南、福建、广东、浙江等省。永顺商人"上至川、陕、滇、黔，下至鄂、浙、闽、广，咸有永商踪迹，较从前闭塞时代，不啻天渊"。⑦ 泸溪"行商则挟高资往来江湖间，下武汉，上黔蜀，多贩盐、铁、油、蜡、鱼、纱之利，舟楫相衔不绝"。⑧ 鄂西南鹤峰的商贾所卖之物"不过酒米、家常日用之物"⑨，贩卖

① （清）缪继祖修，洪际清纂《龙山县志》卷7《风俗》，清嘉庆二十三年刻本。
② （清）林继钦等修，袁祖绶纂《保靖县志》卷2《舆地志·风俗》，清同治十年刻本。
③ （清）瑭珠修，朱景英、郭瑷龄纂《沅州府志》卷23《风俗》，清乾隆二十二年稿成，刻年未详本。
④ （清）聂光銮修，王柏心、雷春沼纂《宜昌府志》卷11《风土志·风俗》，清同治五年刊本。
⑤ （清）萧琯纂《思南府续志》卷2《地理门·风俗》，清道光二十一年刻本。
⑥ （清）王寿松修，李稽勋等纂《秀山县志》卷12《货殖志》，清光绪十八年刻本。
⑦ 胡履新等修，鲁隆益、张孔等修纂《永顺县志》卷6《地理志·风俗》，民国19年铅印本影印。
⑧ （清）顾奎光修，李涌纂《泸溪县志》卷8《风俗》，清乾隆二十年刻本。
⑨ （清）聂光銮修，王柏心、雷春沼纂《宜昌府志》卷11《风土志·风俗》，清同治五年刊本。

之人大都是土著居民。宜昌土著商人"什之六七"，上至川滇，下达吴越，长阳商人则行货"下至荆沙，上至郡城"。① 巴东县由于有川江之便，"民多逐末"，"贫民或为人负土货出境，往来施南，以佣值资其生"。② 施南府"闽粤各路市花布绸缎，以归土著，亦能贸易，多贩米粮，行而不远而交易，均属直率，银钱进出一律，颇有五尺不欺之风，即肩挑脊负，概无诈虞"，甚至是油茶，"宣、咸、来三邑旅店中，亦有鬻此为生易者"。③

　　为了维护商人共同的利益，土著商人与客商一起组建了商行。湘西古丈坪厅光绪年间已有六大商行，其中油行最大；鄂西南来凤县道光年间也陆续开设了油行、花行、布行，至同治年间，各种行会已发展到十五个。④ 与此同时，为适应商品经济发展，各地纷纷建立各种大小市场。通过这些市场，武陵地区的木材、桐油、油茶、茶叶、棉花、蚕丝、苎麻、蓝靛、黄蜡、蜂蜜、生漆、药材、烟草等源源不断地被土著商人与客商收购，然后经水陆两路输出、转卖，区域外的各种商品则陆续输入。如此，既满足了民众的需要，也活跃了市场，为区域的整合、发展做出了贡献。这在中山大学张应强教授《木材之流动：清代清水江下游地区的市场、权力与社会》中有具体的体现，通过木材这一物的流动及其形成的市场，国家与地方、土著与客民、汉民与少数民族等群体和力量得到了有效的整合，使清水江下游从土流并治演变成了以家族控制为中心的"内地的边缘"。⑤

　　事物的发展一般都存在正反两面，客民的迁入，一方面推动武陵地区农业、手工业、商业的发展，区域经济的整合，另一方面也对区域的生态环境造成破坏。

---

① （清）聂光銮修，王柏心、雷春沼纂《宜昌府志》卷11《风土志·风俗》，清同治五年刊本。
② （清）廖恩树修，萧佩声纂《巴东县志》卷4《风土志·职业》，清同治五年刻，清光绪六年重刊本影印。
③ （清）松林、周庆榕修，何远鉴、廖彭龄纂《增修施南府志》卷10《典礼志·风俗》，清同治十年刻本。
④ 段超：《清代湘鄂西边区商品经济发展的总体考察》，中南民族学院民族研究所、民族学系编《南方民族研究论丛》（第四辑），民族出版社，1999，第234~235页。
⑤ 张应强：《木材之流动：清代清水江下游地区的市场、权力与社会》，三联书店，2006。

2. 区域生态环境的变迁

生态环境是指由生物与非生物组成的各类生态系统在综合的基础上所形成的整体。人是生态的人,也是社会的人。生态环境是人类社会发展的基础,同时人类的行为和活动也影响着生态环境。清代特别是"改土归流"后,大量客民迁入武陵地区。为了生存、生活,他们与土著居民一道,不断地征服自然,改造自然,砍伐森林,开垦田地,给区域的生态环境带来较大的压力和问题。① 这种压力和问题主要体现在如下三个方面。

一是过度的经济开发导致大量森林被毁,植被被破坏。"改土归流"初期,武陵地区森林资源丰富,植被良好。"改土归流"后,大规模的垦殖使散木、良木付之一炬。湘西慈利县因"民多垦山",已是"山日童然"。② 鄂西南建始县城外"尚多深林大箐",虎狼猛兽出入。至乾隆初年,经过一段时间的辟荒,已是苦于薪贵。同治年间,在"深林幽谷"被开辟的情况下,已是"峻岭丛林,剪伐殆尽""成材之古杉古柏亦不易见"。③ 利川县过去"樟楠楸杉,素擅乡材,历朝相沿,资用不匮",至同治年间则"山之大木,砍伐殆尽"。④ 五峰县"改土归流"之初"山深林密",为了种洋芋,客民"伐木开垦",清咸丰年间则"山林尽开"。⑤ 渝东南秀山县经过客民垦辟后,已"无复丰草长林"。⑥ 黔东北梵净山"层峦耸翠,林木翳荟,为大小两江发源,实思铜数郡保障",但道光年间有寺僧与外来炭商勾结,

---

① 参见段超《清代改土归流后土家族地区的农业经济开发》,《中国农史》1998 年第 3 期;段超《古代土家族地区开发简论》,《江汉论坛》2001 年第 11 期;龚政《清代湖南的经济开发和生态环境的变迁》,硕士学位论文,西南大学,2008;程林盛《六十年:湘西苗疆的"绿色"变迁——口述史方法的人类生态环境调研》,《民间文化论坛》2010 年第 3 期;胡湘闽、瞿州莲《论清代湘西油桐种植发展的原因及其影响》,《湖南工业职业技术学院》2011 年第 4 期;陈俊梁《小议改土归流对渝东南少数民族地区的生态环境影响》,《黑龙江史志》2012 年第 1 期;彭恩《清代湖北经济开发与森林生态环境变迁》,《农业考古》2013 年第 1 期;姜爱、刘伦文《人地关系与土家族生计变迁六十年——湘西龙山县草果村的再研究》,《西南民族大学学报》(人文社会科学版)2013 年第 3 期;李锦伟、王黎粒《明清时期高产作物的引进对西南山区的影响》,《农业考古》2013 年第 6 期;黄权生《清代武陵民族走廊农业开发和生态变迁探微》,《农业考古》2014 年第 3 期。
② 田兴奎等修,吴恭亨纂《慈利县志》卷 6《实业》,民国 12 年铅印本。
③ (清)熊启咏纂修《建始县志》卷 4《食货物志》,清同治五年刻本。
④ (清)何蕙馨纂修《利川县志》卷 4《物产》,清同治四年刊本。
⑤ (清)李焕春原本,郭敦佑续修《长乐县志》卷 12《风土志》,清咸丰二年刻本。
⑥ (清)王寿松修,李稽勋等纂《秀山县志》卷 12《货殖志》,清光绪十八年刻本。

"砍伐山林，开窑烧炭，从中渔利"，致使生态环境被破坏。贵州布政司按察使李文所、贵州巡抚麟庆不得不在道光十二年（1832）勒碑，以"严禁采伐山林，开窑烧炭，同培风水"。今位于贵州省铜仁市江口县太平乡梵净山金顶东的"勒石垂碑""名播万年"即是见证。①

二是过度的经济开发导致野生动物种类、数量减少。动物的生存多依赖于良好的森林与植被。"改土归流"后森林、植被的破坏，也使动物的生存面临危机。一些动物由于食物链受到影响数量大减，一些则不得不迁徙他地甚至灭亡。"改土归流"初期，区域内动物资源仍很丰富。老虎、豹子、狐狸、熊、鹿、獐、豪猪等动物随处可见，一些地方甚至虎患严重。靖州乾隆十八年（1753）、十九年"虎患渐甚，惨伤不少"，至乾隆二十二年（1757），则是"虎患日炽，入城食马，居民股栗"；② 长阳县"多虎患。多之年，其岁必凶，名曰虎荒"；③ 巴东县崇祯十五年至顺治九年（1642～1652）十年间，"百姓死于虎，至万余人"；④ 渝东南彭水县顺治三年至四年（1646～1647）"虎昼攫人"。⑤ 老虎是大型猫科动物，其生存需要大量肉食动物做支撑。"改土归流"初期武陵地区多地虎患严重，说明当时动物资源仍很丰富，否则不会有那么多老虎。"改土归流"后，经过大量垦殖，森林植被被破坏，小动物减少，老虎的食物链遭到破坏，加上官民的捕杀，区域内老虎数量剧减，多数地方间或有之，有的地方则已绝迹。道光年间，建始县已不常见"虎豹"，"惟高荒之处"，"时出没害物"。⑥ 酉阳直隶州同治年间也是"间有得之（虎）者"。⑦ 老虎的处境如此，其他野生动物也好不到哪里去，大多数明显减少。鄂西南建始县同治年间熊、獐、豪猪等动物都已被同时期的县志称为"今无"，⑧ 道光年间鹤峰州则"野兽几稀"，渝东南

① 上述两碑由江口县李朝高、董振华提供，在此表示感谢！
② （清）吴起凤、劳铭勋等修《靖州直隶州志》卷7《秩官》、卷12《事纪》，清光绪五年刻本。
③ （清）聂光銮修，王柏心、雷春沼纂《宜昌府志》卷1《天文志·祥瑞》，清同治五年刊本。
④ （清）齐祖望纂修《巴东县志》卷2《物产》，清康熙二十二年刻本。
⑤ （清）王麟飞等修，冯世瀛、冉崇文纂《增修酉阳直隶州总志》卷末《杂事志》，清同治二年刻本。
⑥ （清）袁景晖纂修《建始县志》卷3《物产》，清道光二十一年刻本。
⑦ （清）王麟飞等修，冯世瀛、冉崇文纂《增修酉阳直隶州总志》卷19《物产志》，清同治二年刻本。
⑧ （清）熊启咏纂修《建始县志》卷4《食货志·物产》，清同治五年刻本。

的石柱也是山中人日趋增多,熊、豹等动物稀见。可见,客民迁入武陵地区后的过度开发,确实使得该地区多数野生动物数量大为减少,有的甚至出现了绝迹。

三是过度开发导致水土流失严重,自然灾害增多。武陵地区是江汉平原、洞庭湖平原向云贵高原过渡的地带,是长江支流沅水、乌江、清江、澧水的主要流经区域。该区域以山地为主,山地面积占整个区域面积的80%以上,山谷间有少量的盆地、坝子和台地。该区域喀斯特地貌发育,山高坡陡,水土不易保持。森林、植被被破坏后,更是加剧水土的流失。道光年间,鹤峰州田土经过长时间的耕种,"肥土为雨潦洗净","粪种亦不能多获",① 过去人烟稠密的地方,也逐步荒废。建始县改土归流后由于客民大量迁入,"穷崖邃谷"都被开垦。这些地方因多砂石,土层较薄,经过数十年的冲刷,已"半类石田"。② 地表缺少森林、植被的涵养,所带来的后果不只是水土流失,还有水灾、滑坡、泥石流、山崩等自然灾害。清初,类似"蛟龙"的大洪灾等自然灾害相对较少,"改土归流"后,洪灾频发。相关记载较多,在此不一一列举,列举湘西、鄂西南数则记载如下。光绪《石门县志》载:"(道光)二年夏秋大涝,民大饥。……二十九年夏,大涝,民大饥。"③ 同治《沅州府志》载芷江县洪灾言:乾隆十四年(1749),芷江大雨三昼夜,"西城陷","自城陷而两潭(泡潭与深潭)并涸,今已渐成洲渚"。④ 同治《沅陵县志》载:同治八年(1869)四月,"舒溪、荔溪、浦市出蛟七,坏民田庐甚巨","舒溪内一村山崩俱陷没"。⑤ 同治《保靖县志》载:"(道光)七年丁亥夏五月出蛟,大水(五月初五夜大雨,出蛟,水陡涨,卫毁,沿溪居民房屋无算)。"⑥ 同治《宜昌府志》载:"(鹤峰)乾隆五十三年五月二十二日,水溢郭外西街,冲去民舍数十间,向所未有也。"⑦ 同治《增修施南府志》载:"(乾隆)四十四年己亥五月十三日,

① (清)吉钟颖纂修《鹤峰州志》卷7《物产》,清道光二年刻本。
② (清)袁景晖纂修《建始县志》卷3《物产》,清道光二十一年刻本。
③ (清)余丽元纂修《石门县志》卷11《杂类志》,清光绪五年刊本。
④ (清)张官五等纂修,吴嗣仲续修《沅州府志》卷36《祥异》,清同治十二年续修乾隆本。
⑤ (清)守忠等修,许光曙纂《沅陵县志》卷39《祥异》,清光绪二十八年补版重印本。
⑥ (清)林继钦等修,袁祖绶纂《保靖县志》卷11《祥异》,清同治十年刻本。
⑦ (清)聂光銮修,王柏心、雷春沼纂《宜昌府志》卷1《天文志·祥瑞》,清同治五年刊本。

（恩施县）清江水溢。……（道光）十八年秋七月，清江水溢。……（来凤）乾隆二十八年七月大水。……（咸丰县）（嘉庆）九年夏四月，龙坪大水，漂没集场民舍。"①

综上可见，清代特别是"改土归流"后，外来客民大量迁入，人口剧增，带来的不只是经济的快速发展，还有生态环境的破坏。其破坏不仅是森林植被被毁，野生动物种类和数量减少，还有水土流失严重，自然灾害增多。

3. 从"土流并治社会"到"宗族社会"：区域社会的演变

清代"改土归流"之前，武陵地区的社会存在多种样态，既有诸如常德石门、张家界慈利、宜昌长阳等流官控制的地方，也有土司统治的区域，还有"化外之区"的"苗疆"。这些地方，除了常德石门等流官控制较早的地方外，多数地方是在"改土归流"后才完成宗族（或家族）社会建构的。宗族是因继嗣关系而产生的以父系亲属关系为基础的社会群体或组织，其出现、发展在不同历史阶段呈现不同的样态和特征。本书所说的宗族，不是世系不清、关系松散的宗姓继嗣群体氏族（clan），也不是春秋及其以前的宗法式的宗族，秦汉魏晋南北朝时期的豪族、士族以及作为家庭延展、有"五服之亲"的家族（family），而是指明代以来以敬宗收族为主要目的，同时又与国家政治、区域社会经济发展密切相关，表现出兼具血缘（虚拟血缘）与地缘，以始祖之祭为特征，以祠堂、族产、谱牒为三大标志的宗族（lineage），学界多将其称为"明清时期家族组织""近世家族""近代封建家族""祠堂宗族"等。② 因此，本书考察的武陵地区的宗族是指明代以来，

---

① （清）松林、周庆榕修，何远鉴、廖彭龄纂《增修施南府志》，清同治十年刻本。
② 笔者认为，家庭、家族与宗族不是一个概念，不能混同。家庭是人类社会基本的组织单位，家族是家庭的扩展，宗族是家族的延伸。家庭主要分为扩展家庭与核心家庭。核心家庭即未婚子女以及一对夫妇所组成的家庭；扩展家庭即扩大家庭，一般分为一对夫妻及其子女和夫的父母的主干家庭，一对夫妻及诸位子，甚至诸孙的联合家庭。家族则是同一高祖的血缘群体，即"五服之亲"，宗族则是高祖以上某代祖先之下的血缘群体。宋明特别是明中后期，受国家意识形态的主导以及地方不同群体建构自我需要的影响，宗族已不只是血缘社群，还融入了地缘、国家意识等方面的因素。具体参见〔英〕弗里德曼《中国东南的宗族组织》，刘晓春译，上海人民出版社，2000；郑杭生《社会学概论新编》，中国人民大学出版社，1989；杜正胜《传统家族试论》，《家族与社会》，中国大百科全书出版社，2005；郑振满《明清福建家族组织与社会变迁》，湖南教育出版社，1992；杨志刚《中国礼仪制度研究》，华东师范大学出版社，2001；徐扬杰《宋明家族制度史论》，中华书局，1995；郭志超、林瑶棋主编《闽南宗族社会》，福建人民出版社，2008。

在王朝国家以朱熹礼学为内核的礼仪向武陵地区渗透和下沉的过程中,与里甲、保甲以及本区域土司制度密切相关,以敬宗收族为主要目的,以始祖之祭为特征,以祠堂、族产、谱牒为三大标志的宗族,并不包括武陵地区土著"蛮夷"以祖先崇拜为内核的宗族或类宗族以及魏晋至唐代的豪族、士族式的宗族。

武陵地区的宗族文化源远流长。区域社会发展早期,前述"濮""三苗""荆蛮""楚蛮""巴人""越人""巴郡南郡蛮""武陵蛮""盘瓠蛮""五溪蛮""峒蛮""苗蛮""土蛮"等族群以血缘或虚拟血缘聚合社群的意识以及他们的祖先崇拜观念在一定程度上就是其宗族伦理或宗族文化的表述,故杨正文先生认为苗族的鼓藏节是地缘或者拟制性宗族的祖先祭祀仪式。[①] 与东中部汉族地区在明中后期普遍出现宗族组织不同,明代武陵地区宗族组织主要出现在土司阶层,并未深入普通百姓,故同治《沅陵县志》中有"郡中故族鲜明以前者建宗祠,修谱牒"[②] 之言。这主要与明代武陵地区实行的是土司间接统治有关。因此,在武陵地区王朝并没有如东中部地区一样,将宗族与基层组织的礼仪教化相结合,而是将土司的设立、名号和承袭与宗族礼仪相结合,逐步对土司施加影响。面对明代土司制度的变迁,为获得权力的正统性和合法性,土司不得不逐步采用汉族姓名、编修宗支谱系、修建祠堂,并将朝廷和士大夫推崇的宗族及其相关礼仪与祖先崇拜、鬼神崇拜相融合等方式。[③] 由此,我们看到,明代武陵地区土司出现了一轮兴修土司宗谱以及改土名为汉名的潮流[④],同时,武陵地区土司的承袭、设置,婚丧嫁娶等方面的礼俗中也融入了明代士大夫所推行的宗族礼仪文化[⑤]。土王由此转变成了以血缘和地缘为基础、"亦神亦祖"[⑥] 的祖

---

① 杨正文:《鼓藏节仪式与苗族社会组织》,《西南民族学院学报》(哲学社会科学版)2000年第5期。

② (清)守忠等修,许光曙纂《沅陵县志》卷37《风俗》,清光绪二十八年补版重印本。

③ 谢晓辉:《联姻结盟与谱系传承:明代湘西苗疆土司的变迁》,《中国社会历史评论》第13卷,2012,第306~337页。

④ 参见罗维庆《土家族姓氏起源演化考述》,《吉首大学学报》(社会科学版)1988年第3期;黎小龙《土家族族谱与土家大姓土著渊源》,《西南师范大学学报》(人文社会科学版)2000年第6期。

⑤ 岳小国:《武陵民族走廊土司宗族文化研究》,《贵州民族研究》2011年第6期。

⑥ 贺喜:《亦神亦祖:粤西南信仰构建的社会史》,三联书店,2011。

神；土王祠、摆手堂则兼具祠堂与庙宇的功能，祭祀土王的民众不仅有与土王同姓的族人，而且有生活在同一村落或地域空间中的其他姓氏的人。①

明代如此，清代新建的土司姓氏的宗祠延续了这一特色。龙山县红岩溪镇卸甲村乾隆年间《神庙创业垂统碑》载："神也者，我撒卡三房众族之主也。自我彭公爵主历代建庙供养侍奉以来，数百有余岁矣。每岁三月十五日进庙，十七圆散，男女齐集神庙，击鼓歌舞，名曰'摆手'，加笃神之欢也。"② 捐助的"首人"绝大多数是彭氏，但也有安廷乾、潘志文、向正贵、罗方顺等非彭姓，居于同一聚落之民。龙山县桂塘镇前丰村尺格峒的彭氏祖庙祭祀的虽然是彭公爵主，但信众少彭氏，多田氏、向氏。③ 酉阳后溪长潭小学内保存的清同治三年（1864）的《彭氏宗祠碑》中更是有"彭氏宗祠融爵主宫、摆手堂于一体"④ 之言。清江流域的向王庙更是将宗祠与庙宇有效结合，一方面是向氏宗族的宗祠，另一方面是整合具有排他性的宗族的地域庙宇。

"改土归流"后，随着"蛮不出境，汉不入峒"的废除以及清廷的招徕、垦荒政策的实施，大批汉族客民迁入武陵地区。清廷沿袭明朝将民间基层组织与民众教化相结合的政策，与里甲、保甲制度密切相关的"祠堂宗族"及其文化伴随着客民的迁入与土客交往、交流的增多逐步为武陵地区民众所接受，由此形成了建祠堂、置族产、修族谱的热潮，武陵地区也整体实现了从"土流并治社会"到"宗族社会"的转变。

（1）祭礼变革与祠堂的兴建。祠堂是宗族观念、组织、制度的空间形态表现。明清时期的宗族之所以被称为"祠堂宗族"，根本的原因是这一时期的祠堂已在民间普及，此前的祠堂一般是敬奉四代神主的家庙或家族祠堂，且唯有一定等级的品官方有这一权力。明嘉靖十五年（1536），礼部尚书夏言上疏世宗促成了"诏天下臣民祭始祖"⑤，由此导致了祭祀礼制的变

---

① 李星星：《曲折的回归——四川酉水土家文化考察札记》，第 60 页。
② 田仁利编著《湘西土家族苗族自治州金石通纂》，第 220～221 页。
③ 田仁利编著《湘西土家族苗族自治州金石通纂》，第 229 页。
④ 国家民族事务委员会全国少数民族古籍整理研究室编《中国少数民族古籍总目提要·土家族卷》，第 97 页。
⑤ 许重熙：《宪宗外史续编》（上）卷 2，参见常建华《明代宗族研究》，上海人民出版社，2006，第 18 页。

革。伴随着祭礼的变革,建祠堂祭祀始祖,并辅以族田保证祭祀所需,辅以谱牒明了世系,区别"我族"与"他族",逐渐成了组织化、制度化宗族的立基之本。明代土司修建祠堂也与这一背景有密切的关联。清代雍正年间"改土归流"在武陵地区全面展开,随着昔日作威作福的土司权力阶层崩溃,武陵地区的民众,无论是土著居民还是逐步定居的客民,都开始兴建属于"我族"的宗祠。由于武陵地区族群众多,五方杂处,该区域的宗祠与中国东中部汉族地区的宗祠存在一定的差异,既有以血缘或虚拟血缘为基础的祠,也有以地缘为基础的合姓祠庙。其祭祀的对象也是"亦神亦祖"。嘉庆《常德府志》载,该府巨族自明世宗以来已在冬至日"于宗祠会祭始祖,序齿颁胙,有如礼者"。① 可见,常德府的宗族组织在明末已有所发展,清代更不必言。湘西土著彭氏、田氏、向氏土司虽然外迁,但其族人并未外迁。他们也在各地修建了不少的宗祠。彭姓宗祠除了永顺老司城外,各地多有兴建。清代保靖土家彭姓族人在县城联甲街风筝坪山麓兴建了一处家族宗祠。田氏的宗祠著名的则有凤凰沱江、保靖迁陵、龙山坡脚田家祠堂。凤凰沱江的田氏宗祠位于凤凰县城沱江北岸老营哨街,始建于道光十七年(1837)。清咸丰十年(1860),田兴恕捐银数千改建。向氏子孙遍及湘西各县市,其宗祠也在各地多有兴建。清道光十二年(1832)向昕撰写、原竖立于吉首市镇溪向氏宗祠的《镇溪向氏新建宗祠碑》载,向氏清雍正、乾隆以来,族人陆续迁于乾州镇溪所,安居乐业,由是购地建祠,虔奉尹公,宗列木主。② 除了彭、田、向氏,湘西其他土著在清代特别是"改土归流"后建有不少的宗祠,故同治《沅州府志》中有"郡中昔少家庙,今则各族多有宗祠,或族姓众散者就近各立一庙,于冬至祭祀时俱遵家礼,行礼人皆知水源木本矣"③ 之载。此外,由《湘西土家族苗族自治州金石通纂》《湘西州土家族辞典》以及方志等资料记载可知,有不少土著姓氏在"改土归流"后兴建宗祠。如永顺万民乡五伦村建成于光绪十五年(1889)的刘氏祠堂④,道光十六年(1836)由果勇侯杨芳署镇筸总镇时率杨姓族人等捐资

---

① (清)应先烈修,陈楷礼纂《常德府志》卷13《风俗考》,清嘉庆十八年刻本。
② 田仁利编著《湘西土家族苗族自治州金石通纂》,第213页。
③ (清)张官五等纂修,吴嗣仲续修《沅州府志》卷19《风俗》,清同治十二年续修乾隆本。
④ 田仁利编著《湘西土家族苗族自治州金石通纂》,第191~194页。

兴修的凤凰县西城东门的杨氏宗祠等①。有的土著居民兴建的祠堂甚至不能称为宗族祠堂，而是敬奉四代神主的家族祠堂或者设于家的神主龛，这些祠堂虽然不是严格意义上的宗族祠堂，但由于包含着宗教祠堂的基本因素，是为宗族祠堂在武陵地区地方化的表征。

　　与土著居民一样，客民在"改土归流"迁入、定居后，经过一段时间的积累、联络，也逐步开始兴建宗祠。清咸丰七年（1857）《乾州张氏修建祠堂碑记》载，张氏祖先"我族自西陵相攸斯土，二百余年矣。……星离云散，上绥阳，下浦市，入蜀入黔，过施南，适九溪，流寓久而生子育孙，竟以异乡作故土，其陆续回籍者寥寥焉。道光初，共谋成先志。赖疮痍未复，人叹艰食，醵金无几，未便修建。爰议合公产，捐产田地租，择族中慎重者数人，每年轮派承当，照本清息，息又生息，积十余年，至己酉岁，共图经始。一堂一厅各三楹，合前后创造四层，越辛亥告竣，以妥祖灵"②。张氏宗祠的修建并非一帆风顺，如果从其迁至乾州始，已有 200 余年。而且，筹备利用公产积累兴建宗祠也有十余年。可见，客民修建宗祠绝非易事。龙山县石羔乡中南村黄氏祖居长沙，清乾隆间黄鸿祀迁居龙山，耕作经商，家渐富，历三代，丁渐繁。因距宗祠远，遂于道光二十四年（1844）新建祠堂，清道光二十四年（1844）龙山县知事徐瑃撰《孝义黄公鸿祀宗祠记》曰："述其先籍长沙也，自乃祖于乾隆间徙龙，历三世，丁渐繁，去宗祠遥远，今议专祠以祀。"③ 龙山县李新城街道办事处狮子村李氏"原籍江西南昌府丰城县志拖船浦，自洪武四年，始祖持古公迁居湖南常德府桃源县花崖河"，后子孙分散，迁徙龙山。龙山县李氏道光五年（1825）在距离县城十五里的泥坝田修建了宗祠。民国 3 年（1914）《龙邑宗祠祭田序》载："祠在龙邑泥坝田，距离县城十五里。道光五年，首士李亘秀捐资，李亘发捐地基一地，修建祖祠，修建筹备祭费，二人并谪，同事督工修理。先无常田用费，后道光二十三年，李如第上绿钱五十挂，历年蓄资

---

① （清）侯晟、耿维中修，黄河清纂《凤凰厅续志》卷 4《坛庙志·祠堂》，清光绪十八年刻本。
② 田仁利编著《湘西土家族苗族自治州金石通纂》，第 216 页。
③ 田仁利编著《湘西土家族苗族自治州金石通纂》，第 227 页。

合祠内。"①

与湘西土著居民大体相似,鄂西南、渝东南、黔东北土客民众主要也是
在"改土归流"后逐渐开始兴建宗祠。鄂西南长阳县土客居民"多聚族而
居,一自然村寨的居民多属同姓同宗,同为某一男性始祖的后代。新中国成
立前,各地建有大小宗祠 50 座。各宗祠设有族长,大都为族内年长辈高的
地方绅士担任"②。1990 年版《来凤县志》载:"解放前,凡大姓大族,都
建有宗祠,置有祭田,以祭祀祖先。"③ 1993 年版《巴东县志》载:"众族,
建宗祠,年春秋择吉日合族入祠致祭。"④ 恩施市六角亭街道办事处中山路
26 号建于清代中叶的成氏祠堂,即成氏以金购潘姓屋宇建成。该祠堂坐北
朝南,现仅存正屋,其他建筑已毁。祠外门墙上嵌有清道光十四年
(1834)、二十三年(1843)和咸丰二年(1852)碑文共三块,文字清晰可
认,兹录道光十四年的碑刻如下:

> 盖闻报本追远,谁无春露秋霜之心。尽孝敦伦畴无水源木本之意,
> 则如事死如生,事亡如存,诚出于天性之所不容己者也。以予系出西
> 江,籍入北楚,虽不敢忘家声丕怀,亦未尝非创业维艰。忆念桑榆晚
> 景,韶华如流,几杖余年浮生苦梦,幸叨昊天眷顾,前人默相廪余陈
> 粟,漫云称心,人庆鑫斯。聊曰:如愿第恐族大而莫辨其本支之亲,代
> 远而难清其同宗之派,是以□衰龄之秋,而预为百年烟祀之计也。除田
> 地房屋银钱六子均分外,所有得买潘姓屋宇,建造成氏祠堂,每年取稞
> 钱拾陆千文。又有城北所置王姓水田乙份,地名椿树漕,每年取各稞租
> 石,以及城内柿子坝得买陈姓菜园乙份,每年取钱稞捌千文,予夫妇生
> 为养膳,殁作祭扫,余资生息,以供历年祠内香灯之需,以备每岁春秋
> 祭祀之费。凡我子孙同尔兄弟,不得有私以利己,不得假公以售人。庶
> 几先灵罔怨,而宗祧有光矣。窃念待后维艰难,而前创后述始能报其功
> 劳,守先不易,必子继孙承,遂足扬其休美殷殷苦衷,谆谆遗训,惟异

---

① 田仁利编著《湘西土家族苗族自治州金石通纂》,第 235 页。
② 长阳土家族自治县地方志编纂委员会编《长阳县志》,第 658 页。
③ 湖北省来凤县县志编纂委员会编纂《来凤县志》,湖北人民出版社,1990,第 467 页。
④ 湖北省巴东县县志编纂委员会编纂《巴东县志》,湖北科学技术出版社,1993,第 536 页。

我裔世守勿替，谨序。

立祠主人成君贤，室人赵、刘氏，男明哲、发、松、典、德、灿

大清道光拾肆年岁次甲午桂月中浣吉旦①

由上可知，恩施成氏祖籍江西，其祠堂系成氏购潘姓屋宇所建，年代在清中叶。

利川市柏杨坝镇水井管理区水井村东的李氏，高祖李廷龙、李廷凤清乾隆年间由湖南岳州西迁，李廷龙落业利川大水井，李廷凤落业云阳马鞍山。廷龙始为小商，继为黄氏账房，借管钱粮之机，进得盐业之利，很快暴发为川鄂边境上的巨富。他们先购得黄氏老宅，道光二十六年（1846）动工修建李氏宗祠，二十九年落成。宗祠坐东南向西北，建筑面积约9000平方米，中轴对称布局，三路二进院落。整个建筑布局合理，装饰精美，融儒、道、释三位一体，宣扬孝悌、耕读和因果报应。后殿檐下高挂"魁山堂"匾额，黑底金字，肃穆大方。正殿神龛上供李氏列祖列宗牌位及李廷龙夫妇木雕形象，每年清明和盂兰节时，李氏族人齐聚家庙，祭宗奠祖。中殿又称"拜殿"，是李氏祭祖时宣讲族规家法的中心殿堂，四周陈列着木刻族规和家训。现存长2.4米、宽1.5米，由李廷龙之子李祖盛撰写的《魁山堂记》牌匾更是详载了李氏宗族的发展以及置祭田、筑宗祠的历程，兹录如下：

先考讳廷龙，叔考讳廷凤，天魁、岐山其字，为湖南巴陵郡人。祖光辉公子五，家贫，命析居。父与叔性纯孝，亦友爱，举受分产尽佐洗腆需服，贾于夔，遂家邑南。嘉庆中，吾父吾叔先后辞人间世，太孺人张抚孤育侄，以长以教，俾至成人。盛少时，常慨生不及养，必丰于祭，而祠缺如，殷殷然思创造焉！然积贮无多，愿莫之遂。道光丙午年，盛以家道渐充，谋终其志，兄喜弟乐，急莫能待。客有即席言曰：夫人莫先于孝，又莫要于仁。世间拥饶裕，据丰盈，其修随之洁，盘也之奉，耄耋而没，则神无所栖者岂少也哉？其下为子孙忧，

① 王晓宁编著《恩施自治州碑刻大观》，第59~60页。

经营之密，筹划之精，止于温饱而已，而春露秋霜又岂少也哉！君等置祭田，筑宗祠，是足以安侑先灵。今祠落成，呜呼，惟我先考龙公、叔考凤公，刘草披荆，积善成德，非轮回也，盖时势也。盛不敢令遗德就湮，因联字以名其堂，俾后来有自，且以示我八户奕叶，晓然于先君子伯仲，实迁蜀遗锡之思，扬忠厚之祖德，窃又何之所望于后也。是为记。

　　道光三十年庚戌岁上浣吉日男祖盛谨识光绪二十六年曾孙绪远敬书①

　　李氏宗祠是利川市乃至鄂西南最大、最豪华的宗祠。除了李氏宗祠外，利川市的清中后期修建的规模相对较小的祠堂也有不少。如光绪年间修建的谋道镇农科村的杜家祠堂，该祠堂为四合院式，砖木结构，硬山瓦顶，祠堂正面面阔五间，后殿面阔明三暗五，两边厢房三列两间，占地面积550平方米，建筑面积800平方米；咸丰辛酉年（1861）始建、同治七年（1868）建成的谋道镇桂花村的谭家祠堂，为诰授奉政大夫谭长溪、宣武都尉谭大瑞父子修建，祠堂为两进两厢一院，悬山瓦顶，砖木结构，两楼一底楼房，占地面积672平方米。

　　此外，咸丰等县土客居民"改土归流"后也修建了不少的宗祠。咸丰县尖山乡大水坪村的严家祠堂，始建于清道光年间，光绪元年（1875）由当地的严姓族人集资扩建。占地面积736平方米，中轴对称布局，主体建筑分门厅、庭院、正殿三部分。祠堂内存大量题材丰富、造型各异、工艺精湛的石雕饰件及度刻有大量记事、族谱、族规、礼仪等内容的石碑。兹录两石碑如下：

　　（碑一）我先生祠堂著于桐庐，作之记者范文正公也。为之后者四家，家于分宜者，黔谱未详。宗佑代有典司，咸淳间，陵祖由江右徙黔，筑祠于居室之左，于今黔殆中、甲于且兰。国朝乾隆初年，志敏祖奉子善祖经此契龟惟食，歌斯哭斯，聚族于斯者盖百有三十载矣。室家

---

① 此牌匾由恩施文博专家谭宗派先生在编纂《中国土家族大百科全书》过程中提供。

纵立，路寝未成，春露秋霜，抱歉于晨昏不少。道光末，先叔附生雨村石禄，质义祖嗣斩，先大夫成斋祖有志就此刘砻绿禄书未逮，附贡生因之叔及我先君子久欲续成其志，格于族义简与先堂兄太学生玉山拟论不敢，事遂寝。乙亥夏，因之叔年已七十矣，痛先灵之未妥而河清难挨，援率龙、秉臣弟指所受七房业创建，泊合族会议，踊跃助襄，汝为弟珠□侄，鸠工庀材，于是乎大启尔宇，吁休哉！因之叔之为功于一家者岂浅鲜哉。上以明尊尊之道，下以明亲亲之道，旁以明老老幼幼、贤贤贵贵之道，神道尽而人道立。将尊祖者敬宗，敬宗者即收族而后□田孙子规矩，高曾馨香俎豆，姒续簪缨，后人之报本也隆则先人之介福也。景因之叔之率族食报于将来者讵有量乎？我先生山高水长之风，简当于礼仪既备钟鼓既成之余而□跄颂之。是为序。

钦赐花翎盐提举司补遗州直隶州正堂　云孙简敬撰　大清光绪三年七月朔六日立

（碑二）溯自光绪乾隆初，我祖志敏由黔迁楚，别祖为宗，筑室于兹已百五十余载，子孙继继承承，皆缘祖宗积德累仁所致。建光绪元年寝庙既成，春秋匪懈，则后世之报本也隆，先人之降福也远！爰匾额敬献历代昭穆考妣神祖位前，触目惊心，以垂久远。[①]

可见，咸丰严氏原籍浙江桐庐，而后由江西迁贵州，乾隆初年经贵州再迁至咸丰。经过130余年的发展，为尊祖敬宗，于道光末年开始筹建宗祠，咸丰乙亥年完成，光绪元年（1875）再集资扩建。

渝东南方面，中华人民共和国成立前，黔江境内各姓宗系，多有谱牒传后，稍大氏族，建有宗祠。祠内供奉祖先牌位。同族子孙春秋祭祀，由族长主持，仪式隆重。这些族众既有土著居民，也有客民，姓氏主要有陶、罗、宋、朱、尚、龚、万，他们均先后建有祠堂，其中以白合乡陶姓和杉岭罗姓的宗祠最大。[②] 如马喇镇官庄村的冉氏祠堂始建于乾隆年间，占地面积633

---

① 两碑由恩施文博专家谭宗派先生在编纂《中国土家族大百科全书》过程中提供。
② 黔江土家族苗族自治县志编纂委员会编《黔江县志》，第619页。

平方米,坐北向南,原为四合院布局,现仍存寝。民国时期石柱有 41 姓,建有宗祠 125 座。其中谭姓 17 座,马氏、陈氏 10 座,冉氏 9 座,刘氏 8 座,向氏 6 座,秦氏、周氏各 5 座,田氏、崔氏、王氏、罗氏 4 座。这些姓氏,既有土著,也有客民。[①] 如王场镇农科村的王氏祠堂即由王氏族人于乾隆四十九年(1784)建,占地面积 282 平方米,坐东向西,现存正堂。另据王家乡春岭村《重建冉氏春岭宗祠碑记》载,该村冉氏宗祠创建于清乾隆三十三年(1768),道光六年(1826)又修;据悦来镇新城村马氏宗祠中的《马氏源流碑记》载,该村马氏宗祠因"近年宣慰伦去,宗子势微",由族众谋建于府城内,时间为"乾隆伍拾叁年戊申岁□钟月望五期"。酉阳县有的宗族对其在历史上有显著功绩的祖先,立庙建祠,阖族或联族进行祭祀。土家建"土王祠",以祭祀其祖先"八部大王",渤海乡的杨姓则在飞山庙中祭祀祖先杨再思。[②] 现存的祠堂有宜居乡宜居村明弘治十八年(1505)为酉阳宣慰冉纯臣所建的冉氏宗祠,南腰乡南界村建于嘉庆年间的冉氏宗祠,南腰乡南界村建于嘉庆年间的杨氏宗祠,两罾乡石红村建于嘉庆初年的冉氏宗祠,可大乡七分村建于嘉庆年间的李氏宗祠,滩镇新华社区道光初年为纪念江西籍人士董泽举而建的董氏祠堂,偏柏乡柏溪村建于光绪四年(1878)的白氏宗祠,溪镇立新村光绪九年(1883)为纪念当地人陈小二而建的陈氏宗祠。此外,秀山也保存有不少清"改土归流"后新建的宗祠。如官庄镇雅都村建于清乾隆五十七年(1792)的杨氏宗祠,石耶镇西大居委会乾隆年间为纪念北宋迁川的先祖杨光辅而建的杨氏宗祠,溪口乡五龙村始建于道光初年的陈氏祠堂,溶溪镇八卦寨村始建于道光十五年(1835)的肖氏祠堂,平凯镇郭园村道光二十年(1840)由草里迁来的江氏祠堂,平凯镇民家寨村始建于咸丰八年(1858)的明氏祠堂,溶溪场镇天水村始建于光绪二十一年(1895)的李氏祠堂。

黔东北方面,江口县"宗祠全县城乡皆有,有的一乡有几处。规模大小以聚居户数而定,族大人多的祠堂建设十分讲究,如城区的张氏、陈氏、

---

① 石柱县志编纂委员会编《石柱县志》,四川辞书出版社,1994,第 573 页。
② 酉阳县志编纂委员会编《酉阳县志》,重庆出版社,2002,第 609 页。

杨氏宗祠等，其中张氏和杨氏宗祠修建时间较早，宗祠多以虎为图腾，石雕木刻，穿插蝙蝠、蝴蝶等图案，设计精巧，变化多样，规模宏大状阔"。[①]道光《印江县志》载，该县"诸大姓聚族而居，各立宗祠，春秋必祭"。[②]道光《思南府续志》载"祭礼"言，该县"大族建宗祠，零星杂居之户皆祭于寝。有祠之家，春秋择期以祭。先日，萃少长于祠，逮鸡鸣，长者率子侄陈设牲礼、祭品，以次跪拜如仪。祭毕，布席二馂，惟冬至最重。未建祠者，则以上元、中元荐食于家，中元尤重"。[③] 目前，黔东北仅思南、印江县就残存宗祠多达40座。其中，印江县现残存29座宗祠，分别是峨岭镇红光村北门路民生街始建于咸丰七年（1857）的邓公祠，县城振兴路西段南侧严家寨建于清嘉庆二十一年（1816）的严氏宗祠，木黄镇燕子岩村始建于光绪二十三年（1897）的田氏宗祠，新寨乡凯望村长安村民组始建于嘉庆年间、重建于道光二十三年（1843）的杨氏宗祠，合水镇落祐村始建于明洪武二年（1369）、清道光年间重建、光绪九年（1883）维修的田氏宗祠，新寨乡乐洋村关厅村民组始建于清乾隆八年（1743）、重建于光绪八年（1882）、光绪二十七年（1901）进行修缮的张氏宗祠，峨岭镇甲山村中寨口始建于清同治十二年（1873）的戴氏宗祠，峨岭镇甲山村中寨口、南面与戴氏宗祠相对、始建于清同治十三年（1874）的柳氏宗祠，板溪镇下洞村民组始建于清道光年间的任氏宗祠，峨岭镇桶溪村始建于清中期的杨氏宗祠，朗溪镇塘池寨始建于清同治七年（1868）的杨氏宗祠，木黄镇乌溪村始建于清顺治初年、由杨氏族人杨通真承首修建、清嘉庆十六年（1811）维修扩建的杨氏宗祠，峨岭镇甲山村新寨村民组始建于清同治十二年（1873）、由戴氏族人戴述安承首修建的戴氏宗祠，缠溪镇客店村始建于清同治七年（1868）的戴氏宗祠，新寨乡新坪村池塘村民组始建于清嘉庆二十四年（1819）、重建于清光绪二十四年（1898）的戴氏宗祠，峨岭镇甲山村黄巷口村民组始建于清嘉庆年间的刘氏宗祠，峨岭镇甲山村桥头村民组始建于明正统年间、重建于清康熙初年的张氏宗祠，朗溪镇朗溪村下街村民组始建于清乾隆四十三年（1778）、

---

①　江口县志编纂委员会编《江口县志》，第 650 ~ 651 页。

②　（清）郑士范撰《印江县志》卷 1《地理志第一》，清道光修，民国石印重印本。

③　（清）萧琯纂《思南府续志》卷 2《地理门·风俗》，清道光二十一年刻本。

由陆氏族人陆继科承首修建的陆氏宗祠，中坝乡魏家村始建于清咸同年间、重建于清光绪二十四年（1898）的魏氏宗祠，峨岭镇红光村北门路红卫街始建于清嘉庆十九年（1814）的涂氏宗祠，峨岭镇红光村北门路红卫街始建于清嘉庆年间的白氏宗祠，木黄镇凤仪村始建于清同治八年（1869）的喻氏宗祠，合水镇兴旺村小湾村民组始建于清嘉庆年间、重建于清咸丰年间的卢氏宗祠，新寨乡黔溪村汪家沟村民组始建于清光绪十八年（1892）的汪氏宗祠，峨岭镇麻柳村大水井村民组始建于清光绪年间的陈氏宗祠，罗场乡平窝村始建于清道光十五年（1835）的陈氏宗祠，洋溪镇桅杆村始建于清嘉庆十六年（1811），由周氏族人周贵信、周智信等人筹资修建的周氏宗祠，峨岭镇红光村环城路上河街始建于清道光年间的饶氏宗祠，木黄镇燕子岩村干田嘴村民组始建于清同治年间的钟氏宗祠；① 思南县 11 座，分别是凉水井镇磨石溪村肖家湾村民组始建于清光绪年间的肖氏宗祠，凉水井镇磨石溪村泡木寨始建于清嘉庆年间的张氏宗祠，凉水井镇水晶村南盆坡村民组始建于清嘉庆二十四年（1819）的杨氏宗祠，长坝乡碑记坳村双合组始建于清乾隆年间的李氏宗祠，大河坝乡驷马村蒲家沟村民组建于光绪十二年（1886）的蒲氏宗祠，杨家坳乡城头盖村邵家渡组始建于清道光年间、光绪年间重建的梁氏宗祠，青杠坡镇楠木王村始建于清光绪六年（1880）的方氏宗祠，张家寨镇林家寨村始建于清代早期、民国多次整修的林氏宗祠，大河坝乡继勋村桃子桠组始建于清道光十九年（1839）、光绪十九年（1893）重建的旷氏宗祠，板桥乡郝家湾村始建于清代的郝氏宗祠，许家坝镇丰坝村始建于清乾隆年间、民国 31 年（1942）重修的黎氏宗祠。② 这些宗祠除了田、杨氏土司有明代兴建的外，多数系清代新建的。较之于其他地方，黔东北宗祠修建时间比较早，这与其明代业已推行"改土归流"有很大的关系。

综上可见，明代武陵地区的宗祠主要停留在土司层面，普通民众罕见修建宗祠。由于明末祭礼的变革以及清代"改土归流"在武陵地区的全面推行，武陵地区的民众，无论是土著居民还是定居的客民，都开始吸收

---

① 印江自治县文化体育广播电视旅游局编《印江土家族苗族自治县文物志》。

② 根据思南县提供给笔者的《中国土家族大百科全书》的资料整理而成。

以宗族为表现形式的礼俗文化，兴建宗祠。在吸收的过程中，客民家族大多按华南的模式修建宗祠，土著居民特别是土著"蛮夷"则在其既有习俗的基础上，将宗祠与庙宇或者摆手堂结合，兴建了兼具血缘和地缘特征的祠庙。其"族众"并不一定具有真实的血缘关系，可能是虚拟血缘关系，也可能是组合的同姓；祭祀的对象也不一定是一姓之始祖，可能是"亦神亦祖"的神明。

（2）置族田，聚族众，维持宗族稳定。族产族田是宗族制度得以维系的经济支柱①，没有一点族产族田的宗族是难以存在的。在商品经济发达的华南，族产虽以族田为主，但又不限于族田，还包括其他形式的财产。武陵地区由于商品经济发展较为滞后，宗族的族产主要是族田。族田主要分为祭祀田与赡族田两大类，祭祀田的收入主要用于祭祖、祠堂修理、族谱编撰、坟墓修缮、管理等；赡族田主要包括义田、学田、公役田等。二者用处尽管存在一定的差异，但功能总体相似，通过仪式、活动或者经济资源再分配，达到加强宗族的血缘关系，增强宗族的凝聚力，维持宗族稳定的目的。由瞿州莲研究可知，永顺县羊峰乡青林村林氏宗族在建构的过程中曾设置有祭祖之田，故民国青林村《林氏家谱·序》中有"是我三房，除有祭祖之田土名竹鸡冲一处，大坳脚水田三丘，谷三石，永为清明祭祀之需"之载。三石的祭田收入说明，青林村林氏宗族祭田非常有限，故只能维持清明祭祀所需。

永顺万民乡五伦村刘氏宗族在光绪八年（1882）兴建宗祠后于二十七年（1901）、二十八年（1902）置有族田。该族田来历明确，为三十七世孙树绩熙堂氏、三十八世孙步汉瑞五氏等捐献。清光绪二十七年《五伦刘氏祠堂义田碑》中的一块详述了这些族田的来历、方位以及用途，载曰："吾自光绪癸巳秋，与二孙泽恩、泽厚分爨后，复当买田土茶山杉园，约费二千金，教读完备，糜不克周。惟宗祠祭祀及独本一切美举，素有此心，未获举行。迄今寿逮□算，仅余一孙，财多恐益过而损智，欲捐为祠中义田，……今吾家幸小康，天地之宗，已予吾以为善之资。……愿我后生，修业承志，将所捐之产，岁取其租，积累储蓄，以备诸项不时之需。族中有聪慧子弟，诵读

---

①　陈支平：《近500年来福建的家族社会与文化》，三联书店，1991，第53页。

无资者，资之；及县府院试，并赴南北闱者，予之以资斧；其他周婚嫁，赙死丧，赈荒歉，皆量入为出。以外，不准妄用。……由是培元气，积余庆，仰答高厚，周恤宗支，子子孙孙，永守勿替，老夫有厚望焉。"①

龙山县李新城街道办事处狮子村李氏在距离县城十五里的泥坝田修建宗祠时置有"修建筹备祭费"，且有严格管理、清算要求，民国3年（1914）《狮子李氏龙邑宗祠祭田碑序》对此有详载："祠中钱谷细务，经手首人每年公报。值年二人，春秋二祭用费。冬至祭毕，首人清算值年账项交清。自朝至暮无惰容，可谓克诚克敬者。"②

保靖碗米坡镇撒珠村光绪二十五年《彭氏社堂碑》载："春祈秋报，不忘本源者，犹吾族彭。世柏因念社以神地道，□以答土功，爰输涓埃，略酬一时之德，留作俎豆，永为百世之规，亦未始非报本之厚意也。谨将所捐条目开列于左。"③ 可见，保靖撒珠彭氏社堂（祠堂）由来已久。彭氏建社堂，置族田，春祈秋报，以祭社神，以答土功，不忘本源。

古丈山枣乡枞树溶村五马坳同治七年（1868）《重修张氏祠堂碑》载："始祖张元周，择居永属竹山寨，建立庙宇，装塑金容，每逢迎神之日，太牢祭奠，人安物阜，叨佑无穷。迄今数百载，子孙繁衍，散居不一，虽系同宗，诚恐异派，兼之祖建庙宇，年湮代远，柱腐墙衰，我辈目睹心惊，不忍神居陋宇。是议合族共议，量力捐资，于本年秋季将祖庙迁移五马坳地方，重修宗祠祖庙，新装神像，以为敬祖尊神之心，上可延先人之禋祀，下可以建后代之良图，……惟修剩余资，仍捐入祠，生息钱数，注明簿内，代代择殷实之人合伙经营，不准侵吞肥己。俟本利积满议数之日，迨后息钱除延师教读及修葺、恤孤、济寡各项外，方准照丁分息，均不准恃强混争，紊乱条议。"④ 从"迄今数百载"可知，古丈山枣乡枞树溶村五马坳张氏祠堂所建时间不短，其重修宗祠费用系派捐而来，余资转为族产，以作生息，"延师教读及修葺、恤孤、济寡"。

建于清中叶的恩施市六角亭街成氏祠堂则置有族田。这些族田主要是购

① 田仁利编著《湘西土家族苗族自治州金石通纂》，第194页。
② 田仁利编著《湘西土家族苗族自治州金石通纂》，第235～236页。
③ 田仁利编著《湘西土家族苗族自治州金石通纂》，第235～241页。
④ 田仁利编著《湘西土家族苗族自治州金石通纂》，第251页。

买城北椿树漕水田"每年取各稞租石"、城内柿子坝陈姓菜园"每年取钱稞捌千文""生为养膳，殁作祭扫"后的余资及其生息，用处为"供历年祠内香灯之需，以备每岁春秋祭祀之费"。利川李氏宗祠在"筑宗祠"时也置有"祭田"。利川谋道乡鱼木寨成氏宗族，"始祖器公幼慕西蜀之景，有怀弃楚之念，于大明洪武二年来川，落于云阳县数载，移徒于万邑南岸市郭里七甲龙驹堡受业于成家山。自明至清，相传数代，至于凤高祖迁于本里大十甲猪羊坪燕儿冲，受粮创业百有余年至于祯公。祯公以逝祖母谭君始迁至于鱼木寨，落业于斯，历有年所"。十三世孙成永高"捐修宗祠，六越寒暑而始成，其费三千余金"。同时担心有宗祠无祭田，无法完全实现"敬宗收族"的目的，成氏又"将阳和三湾祠堂前后左右水田、柴山以作祭祀"①。利川团堡石龙氏下冉氏在"改土归流"后在族兄文生、明俸倡议下创建了冉氏家庙，并"置祭田，定礼仪，春秋祭祀"②。

由上可见，清代武陵地区有许多宗族在筑宗祠时置有族田。这些族田主要用于祭祀，但也有一定赡族功能。二者看似不同，然而目的是一样的，即凝聚族众，维持宗族的团结与稳定。

（3）编修族谱。族谱即一个社群的世代谱系，是血缘群体或虚拟血缘群体记载其世系和事迹的图籍。通过述说源远流长的社群历史以及陈述不断更新的世系，族谱可将宗族成员整合在一个祖先衍派的系统里。如果说始祖及祭祀是宗族认同的核心，那么族谱所载的世系就是族众联系祖先的依据和桥梁以及本社群的历史记忆。当然，人们追根溯源又不限于始祖，还会根据需要虚实结合地建构始祖前史。与此同时，宗族是一个社群和小社会，其运行需要成方圆的规矩，以规范族众的行为，由是体现礼与俗的家训族规应运而生。③

汉民族族谱历史源远流长。周代的《世本》是族谱之开山之作，战国时代的《春秋公子血脉谱》开了以"谱"命名的先例。东汉以后门阀世族兴起，谱牒成了世家大族维护特权的重要依据，因此官方掌管士族谱牒纂修和收藏的图谱局得以设立。唐末五代，官修的谱牒随着门阀制度的崩溃而衰

---

① 王晓宁编著《恩施自治州碑刻大观》，第 69～70 页。
② 王晓宁编著《恩施自治州碑刻大观》，第 42～43 页。
③ 郭志超、林瑶棋主编《闽南宗族社会》，第 98 页。

绝。进入两宋，伴随着政治、经济、社会的变迁，统治阶级和知识分子愈加注意通过宣传孝悌、亲亲、睦宗收族等传统伦理观念加强对社会的控制，注意利用"家法"约束人民的行为，从而达到维护社会统治的目的。[1] 由是，族谱编修在宋代重兴。其功能也从原来的社会政治转向亲睦族人，编撰的方式从官修转为私修。由此，宋代的一些大族开始私家编修族谱，如宋绍兴二十四年（1154）田祐恭、田应銮等编修了《田氏宗谱》。该谱图表并用，手稿和影印件同册，经九次续修，记载了田普宗授黔中太守至田儒铭后三世共二十五代先祖子孙承传关系。目前，保靖县陈家驹收藏第十次修谱本之复印本。但这种活动主要停留在大族大夫层面，真正出现普及化的修谱活动是在明后期。与其他地区相比，武陵地区更晚，大规模编修族谱是清中后期之事。这与族谱编修需要一定的经济基础和稳定的社会环境有一定关系。明末清初以及"改土归流"初期，武陵地区不是社会动荡，就是人员流动频繁，除了少量的土著大姓外，一般民众难有时间和足够的财力编修族谱。乾隆时期，经历了长时间的社会安定、经济发展以及客民的定居，武陵地区逐步开始了宗族建构，掀起了编修族谱的热潮。

总体而言，武陵地区的谱牒主要分为房谱或家谱（宗族下面衍生出的房或支系的谱牒）、族谱（一个聚居宗族的谱牒）、通谱（即宗谱，分为各地同族各支派统编谱与同一姓氏的联合谱）三类，其中以族谱居多。其内容和构成与华南的族谱大体相似，主要有序言、凡例、源流、世系、人物、规范、文献、祠墓等。除了源流、世系外，这些内容多与地方志的体例存在一定的相似之处，这既体现了国家意识形态对民间基层组织的控制和影响，也体现了作为"化外之区"或土司统治下的地方对国家的认同。特别是土著"蛮夷"大姓，在其编修的族谱源流中，大多也宣称先祖由东中部或者中原地区迁徙而来，而且有的还是"名门之后"。这显然与史实及其祖先崇拜和祖源传说相矛盾。这种矛盾看似存在问题，然而却生动地体现了土著"蛮夷"对汉文化的主动吸收。他们在保持具有族群特色的向王天子、八部大王、墨贴巴、卵贴巴、布所雍妮、大二三神、盘瓠、白帝天王、飞山公等图腾或祖先崇拜的同时，在与汉族客民交往交流的过程中，为了表述自己对

---

[1] 陈支平：《福建族谱》，福建人民出版社，2009，第4页。

汉族和国家的认同，主动吸收或附会汉族客民来自中原或江西的说法。尽管这种吸收或附会有适应社会环境的需要，但更多的是一种对"我群"祖源记忆的建构。这种建构主要是"学以致用""汉为我用"，并非失去自我的"汉化"，同时也反映了清代武陵地区社会发展的重大转变，即"改土归流"后，武陵地区整体实现了从"土流并治社会"到"宗族社会"的转变。

当然，在此需要说明的是，武陵地区从"土流并治社会"到"宗族社会"的转变，不是简单通过筑宗祠、置族田、编修族谱就可以实现的，还离不开祭祖意识与风水实践等符号世界的宗族实践活动对祖先崇拜的强化，离不开宗族运用家礼、族规、乡规民约与国家法律对族众礼法互济的治理，离不开祖先与神明、祠堂与庙堂的结合对褊狭的祖灵、排他的宗族所形成的社会裂缝的有效弥合。基于研究主题的限制，在此不做展开，将另辟专文深入分析研究。

第五章
民国时期武陵地区的土客及其关系

本章所言的民国时期主要是指 1912 年中华民国建立至 1949 年中华人民共和国成立之前的 38 年时间。这一时期，武陵地区时局动荡，战乱不休。伴随着各种外来军事力量的进驻、国民政府的治理以及革命形势的发展，武陵地区迎来中华人民共和国成立前最后一批客民。这些客民，既有新兴的地主，也有交战的军阀及其带来的将士，还有抗日期间被迫西迁的各类科教人才以及追随中国共产党进行新民主主义革命的人民群众。他们的到来，带来了一定的矛盾和冲突，但更多的是光明和希望。特别是抗战时期国民政府部分机关、企业、学校的迁入，更是推动了武陵地区政治、经济、文化的发展。

第一节　民国时期武陵地区的土著

因 "改土归流" 以及区域山地开发的基本完成，清中后期迁入区域内的客民数量急剧下降，民国时期武陵地区的土著自清后期起相对比较稳定，主要有土著汉民与土著少数民族。

一　土著汉民

经历了清代特别是改土归流后长时间的族群融合，清代及其以前迁入武陵地区的多数汉族客民业已落地生根，转化成了当地人。故民国《沅陵县志》载："汉初置沅陵县，始有汉族入居。……宋均为辰阳长，汉人居留者渐多。隋唐之际，县为重地，随军游宦者顶踵相接，……明置土州以安置之，至清改土归流，一切同于内地，不复见蛮人踪迹矣。……今之所指为土著者，以理想推之，远则隋唐军宦之华胄，近则明时屯卫之遗裔，皆汉族也。"[①] 这些土著汉民主要居住在区域内的平坝、丘陵上以及水路交通沿线。

---

① 许显辰、修承浩纂修《沅陵县志》卷 6《户口类上》，民国 19 年刊本。

特别是区域内的多数县城、集镇、码头，以土著汉民为主。故民国黄元操《贵州苗夷丛考》中有"大抵居城镇者皆汉族，乡村始有苗夷"①之说。关于其人口数量，由于民国时期国民政府否认中国国内有不同少数民族存在，认为少数民族都只是汉族的大小"宗支"，故这一时期人口统计没有土著汉民人口的具体数字。不过，从相关材料中仍可管窥民国时期武陵地区土著汉民之大概。民国时期傅角今编著的《湖南地理志》载湘西县城人口曰：沅水流域的桃源县城人口约三万人；沅陵县城人口约一万五千人；古丈县城"居民约仅三百户，多属小贩，其与辰常贸易者不过三十户"②；永顺县城人口两千余人；保靖县城人口三千余人；永绥县城人口三千余人；泸溪县城人口两千人；浦市"为泸溪、辰溪两县城所不及。四川东南部及贵州诸地方货物，多由此输入，再运入常德，故商况尚盛，人口五千"③；凤凰县城位于"沱江南岸，……人口约八千"④；辰溪县城人口两千余人；黔阳县城人口五千人⑤；芷江县城濒武水之北岸，"城圆形，周五里有奇，门四，水门一，……北街多旅店。西街之西端临近沅水，水上有大石桥，桥十三墩，曰江西桥，亦曰龙津桥。逾桥仍有街市，……多宏大住宅，豪商官吏之家萃焉，省立第二甲种农业学校设此。人口一万有奇"⑥；麻阳县城人口三千人；会同县洪江城乃湘西重镇，滇黔孔道，"舟航所聚，万货填充，百工毕集，商贾辐辏，凡湘西金融之汇拨，矿产以及昔日特货之转运，无不以本市为枢纽，实湘西第一商埠"⑦，人口过万；靖县县城有八千余人；澧水流域之澧县县城有八千人，津市为澧水流域唯一之市镇，有澧县公安局、产销税局、电灯公司、九澧贫民工厂、市立中学校、女子学校等，人口三万人；石门县城人口一万五千人；慈利县城人口六千人；大庸县城约一万人，"因地据澧水上游，有民船通津市。桑植、永顺、沅陵各县之贸易者咸聚焉，故商务较

① 黄元操撰《贵州苗夷丛考序》，《中国西南文献丛书》第四辑《西南民俗文献·第十五卷》，第3页。
② 傅角今编著《湖南地理志》，武昌亚新地学社，1933，第520页。
③ 傅角今编著《湖南地理志》，第535页。
④ 傅角今编著《湖南地理志》，第548页。
⑤ 傅角今编著《湖南地理志》，第555页。
⑥ 傅角今编著《湖南地理志》，第561页。
⑦ 傅角今编著《湖南地理志》，第571~572页。

慈利、石门为盛,有'小南京'之称"①。上述县城、集镇之人口,虽然一部分是经商的客民或者"土著民族",但有不少是清代以前迁入的土著汉民。陈心传在补编《五溪蛮图志》时言"熊溪"溪名时曰:"熊溪,今仍循旧称为雄溪。……溪间居民,现概为汉籍。"言"辰溪"时曰:"溪中居民,在麻阳以下者,概为汉籍。"② 熊溪以及辰溪麻阳之下,即为交通较便利之地。这些地方的居民"概为汉籍"说明,湘西之沅水流域、澧水流域交通相对便利的县城、集镇确有不少的土著汉民。

民国元年(1912)由湖南法制院据前湖南调查局资料编印的《湖南民情风俗报告书》中记载,在湘西的一些寨、堡之中也散布一些土著汉民。该书载"土著"言:"湖南土著,汉苗杂居,其人劲悍决烈,忍苦习劳。"又曰:"西南近黔粤各属如晃州、永绥、凤凰、古丈坪等地方,居民多设有寨落者,谓之寨,居其各属军籍。有数姓团结聚屯设堡环筑小城以居住者,谓之堡,居皆能守望相助以御外侮。……苗民则多洞居,亦有寨居及巢居者。"③ 在引文中,作者先有"湖南土著,汉苗杂居"之言,后又将居住在寨、堡的军籍土著与苗民做比较进而说明"土著人之住所",可见这些居住在寨、堡的军籍土著不是苗民,而是土著汉民。与湘西大致类似,鄂西、渝东南、黔东北水陆交通便利之地也有不少的土著汉民。对此,鄂西、渝东南、黔东北地区清末民国时期为数不多的方志给予了一定的记载。湖北省民政厅1934年编辑的《湖北县概况》第5册在详载第九行政督察区(内含长阳、五峰县)、第十行政督察区(内含恩施、宣恩、建始、巴东、鹤峰、利川、咸丰、来凤县)各县县治沿革及形势、镇市及交通、施政实况、人口、风俗习惯时,鲜有提及土著少数民族之状况,由此可窥见民国时期鄂西地区的土著多数是汉民,而不是"土司之裔"之"土家"④、"土著民族"与"苗"。清末《石砫厅乡土志·历史》第五章《人类》载"汉种(附风俗)"曰:"厅境士庶皆汉人著籍,并无他种杂处,由来风俗俭素,民物殷阜,有

---

① 傅角今编著《湖南地理志》,第624页。
② (明)沈瓒编撰,(清)李涌重编,陈心传补编《五溪蛮图志》第二集《五溪风土·溪名》,第59~60页。
③ 湖南法制院编印《湖南民情风俗报告书》,劳柏森点校,第1~3页。
④ 陈侃:《咸丰县志》卷11《氏族志》,民国3年刊本。

古朴风。"又载"汉户"曰："厅全境无旗户，皆汉人。近年生齿日盛，士农商均发达，计户三万七千六百五十八户，计男八万二千五百二十六口，计女六万九千零六十五口。"① 受清末以来民族主义思潮的影响，尽管一些"汉化"较深的土著"蛮夷"被当成了汉民，但"厅境士庶皆汉人著籍""厅全境无旗户，皆汉人"的记载说明，清末石柱县民大多数是土著汉民。上述文献记载的虽是宣统元年（1909）石柱之情况，但也可在一定程度上说明民国之状况。

民国《思南县志稿》认为，该县经过清朝的濡化后，"各属烝黎，全系汉族，并无杂居之苗，此亦文明之大进步也"②。民国《德江县志》则载："县境无苗夷，通属汉籍，聚族而居，以礼相尚，婚丧祭祀称家有，无农务耕耘，妇勤纺织，士子读书明理，崇道德，屏异教，有先民之遗风存，饮食衣服异常，撙节良由，土瘠民劳，故也。因近四川，通用四川官话。"③ 虽然这种说法忽视了思南县、德江县土著少数民族的存在，但也说明当时确实有不少的土著是汉民。这在铜仁府得到了体现。民国缩印本点校的《铜仁府志》载："铜仁苗蛮率以寨计，有与汉民分寨而居者，有自相毗连至数十寨不等者，所居多幽阻险隘之地。"④ "苗蛮""有与汉民分寨而居者"，土著中也有汉民。由此可见，民国时期黔东北的土著中有不少汉民。

综上可见，民国时期武陵地区不管是湘西，还是鄂西南、渝东南、黔东北都有不少的土著汉民。这些汉民有的是元明以前迁入的，有的是清代迁入的。经历前期的融合，他们大多成了民国时期武陵地区土著的重要组成部分。

二　土著少数民族

清末民初，在面临边疆危机的形势之下，中国之民族观念历经"从汉族主义到五族共和，从大中华民族到中华民族一元理论，从民族歧视到民族

---

① （清）杨应琚、谭永泰、刘青云编《石砫厅乡土志·历史》，清宣统元年抄本。
② 马震昆：《思南县志稿》卷1《风俗气候》，民国9年刊本，思南县志编纂委员会办公室，1991年点校本，第504页。
③ 杨豫修，黎民怡纂《德江县志》卷1《地理志第一·民俗》，民国31年石印本。
④ 喻勋、胡长松修《铜仁府志》卷2《地理志·苗蛮》，据民国缩印本点校，第29页。

平等的演变"①。在此演变过程中,少数民族则经历了从"蛮夷"到"少数民族"的转变。这一时期,武陵地区的土著少数民族尽管多被视为"已经同化了的"② 民族、"苗"、"苗瑶"、"边民"与"土著民族",但他们仍是一个个存在的族群实体。

1."边民"与"土著民族"

民国时期大致可分为南京临时政府、北洋政府和国民政府三个阶段。每个阶段民国政府的民族观念以及对待民族问题的政策有所差别。总体而言,这一时期少数民族的地位发生了较大转变,不仅命令废止了带歧视性的民族称呼,增强了自主性,而且较好地实现了从"蛮夷"到"国民""少数民族"的转变。不过,在民国政府特别是蒋介石的民族观念当中,满、蒙、回、藏、苗、瑶等少数民族都是汉族的大小"宗支"。因此,1939 年 8 月21 日,国民政府在前期完成对西南地区各省民族情况调查的基础上颁布了"渝字 470 号训令",要求地方政府不仅要废止带歧视性、侮辱性的民族称呼,而且要求以籍贯所在地人称呼非汉族,以减少分化民族之称谓。湖南、贵州等省是年全文转发了行政院的"训令"。为泯除界限、团结西南各少数民族抗日以及学术研究提供便利,1940 年 10 月,中央社会部与教育部、中央研究院又专门商讨制定了《改正西南少数民族命名表》,并令西南各省遵照执行。1941 年,国民政府行政院颁布的《边地青年教育及人事行政实施纲要》规定:为化殊为同,实现中华民族团结,蒙藏及其他边地语言文化特殊者,一律实施边地教育。此外,纲要还对各地边民做了大致的范围划定:四川的边民主要有夷、羌、番、苗等族;贵州的边民主要有苗、仲家、伊倮等族;湖南的边民主要是土著的苗、瑶、"蛮夷"各族。③ 民国 31 年(1942),国民政府正式将"少数民族"改为"边疆民族",简称"边民"或"边胞"。④ 自此,湘西、川(渝)东南、黔东北的苗、"蛮夷"也与西

---

① 马玉华:《国民政府边疆民族政策初探》,《贵州民族研究》2007 年第 5 期,第 93 页。

② 〔日〕松木真澄:《中国民族政策之研究——以清末至 1945 年的"民族论"为中心》,鲁忠慧译,民族出版社,2003,第 158 页。

③ 教育部蒙藏教育司编印《边疆教育概况》,1943 年 5 月,第 131～148 页。

④ 马玉华:《国民政府边疆民族政策初探》,《贵州民族研究》2007 年第 5 期。

南地区其他的少数民族一样，被官方称为"边民"或"边胞"。① 如民国 37
年（1948）杨森《贵州边胞风习写真》载贵州"边胞"基本情况曰："黔
省地处西南，边汉杂居，其中边胞约占全省人口六分之一，是以在贵州政治
上，尤为值得考虑之重要问题，惟苗夷边胞多为黔省主要之土者。"② 可见，
民国时期湘西、渝东南、黔东北一带的"边民""边胞"不是专指某一个少
数民族，而是对一定区域内非汉民族的统称。当然，这种称呼看起来是为了
凸显中国民族的统一性，强调民族平等，却忽视了我国是一个多民族国家的
现实，并不利于真正实现民族平等。

　　与"边民""边胞"大致同期，国民政府官方还公开使用过"土著民
族"称呼湘西、渝东南、黔东北和西南数省苗、瑶等少数民族。由伍新福
先生的研究可知，国民政府使用"土著民族"一词的时间是 1939 年前后。
所指的民族除了苗族，还有瑶族。1939 年 10 月 13 日，湖南省政府主席薛
岳在电复中央国民政府有关湘西"土著民族"调查情况时有"查湘西土著
民族，为古三苗之裔，散处于乾城、凤凰、古丈、永绥、保靖等县之间，不
下二十余万"之言。另湖南省教育厅起草的电文使用的称呼仍是"苗民"
"苗人"等。③ 此外，由石启贵先生所著《湘西苗族实地调查报告》可知：
一，1940 年前后石启贵先生曾独立编写过《湘西土著民族考察报告书》《湖
南土著民族风土纪实》等书稿，《湘西苗族实地调查报告》即由《湘西土著
民族考察报告书》《湘西兄弟民族介绍》等资料整理而成；二，石启贵先生
曾以"土著民族"身份向国民党中央多次提出"为'国民代表大会'设置
'土著'民族代表"的要求，并以湖南土著民族代表身份参加了 1946 年国
民代表大会。由此可见，湘西"土著民族"主要指的是苗族。

　　在此，需要说明的是，"土著民族"指代的主要是苗族，但并不能将

---

① 参见李国栋《民国时期的民族问题与民国政府的民族政策研究》，博士学位论文，兰州大
　　学，2006；马玉华：《国民政府边疆民族政策初探》，《贵州民族研究》2007 年第 5 期；严
　　昌洪、李安辉、吴守彬：《论民国时期的民族政策》，《兰州大学学报》（社会科学版）2012
　　年第 1 期；杨思机：《民国时期"边疆民族"概念的生成与运用》，《中山大学学报》（社
　　会科学版）2012 年第 6 期。
② 杨森：《贵州边胞风习写真》，1947 年贵州省政府边胞文化研究所印行，《中国西南文献丛
　　书·二编》第四辑《西南民俗文献·第四卷》。
③ 伍新福：《湖南民族关系史（上）》，第 417～418 页。

"土著民族"与苗族等同。如1947年国民政府内政部下发的有关"边地土著人口调查"的公函明确"土著民族"不是特指某一民族，而是指多个民族。否则，公函中不会有"为明了各边地土著民族之风俗习惯、语言、文字、宗教信仰及经济生活状况"之说，下发的《省县各边地土著民族人口调查表》也不会要求填报"各民族特质异同"等内容。① 又如在1940年溆浦县瑶民代表上书请求政府救济的过程中，湖南省政府将瑶民视为"土著民族"给予了救助。② 此外，即使泛称的"苗"本身也包含其他的一些民族。在民国时期陈心传补编的《五溪蛮图志》中，苗族种类有四，其中的"土蛮"虽"闻亦为苗族之一种"，但其习俗是"近民同民，近苗同苗，近仡同仡"③。特别是其"刀耕"，更是包含土家族"摆手歌"的文化元素。否则，陈心传不会用"绿野郊原杂树多，蛮刀砍去种嘉禾。一犁春雨人耕后，共祝年丰摆手歌"④ 的诗句描述民国时期五溪苗民之刀耕习俗。

综上可见，民国时期武陵以及西南地区"边胞""边民""土著民族"称呼的出现与民国中央政府强调中华民族的统一性密切相关。但这些称呼并不是某一民族的专称，而是对苗、瑶等少数民族的泛称。

2. "苗人""苗民""苗徭""生苗""熟苗""苗蛮"等

民国时期，武陵地区一定程度延续了明清时期有关"苗"的称呼，主要有"苗人""苗民""苗徭""生苗""熟苗"等。但其具体内涵有所差异。

（1）"苗徭"。1912年由湖南法制院据前湖南调查局资料编印的《湖南民情风俗报告书》载："西路如乾州、永绥、晃州各厅，泸溪、麻阳、桑植、会同、通道各县，山路崎岖，民情犷悍，争小利报眦睚，至有白昼持刀杀人自首之事。其地苗瑶杂居，家自为教，户自为俗，不事商贾，重农桑。男女合作，风尚仆俭，有足多者。"⑤ 又载其种类曰："苗之别种曰偎、曰

---

① 马玉华：《国民政府边疆民族政策初探》，《贵州民族研究》2007年第5期。
② 伍新福：《湖南民族关系史（上）》，第418页。
③ （明）沈瓒编撰，（清）李涌重编，陈心传补编《五溪蛮图志》第二集《五溪风土》，第66页。
④ （明）沈瓒编撰，（清）李涌重编，陈心传补编《五溪蛮图志》第一集《五溪图案》，第21页。
⑤ 湖南法制院编印《湖南民情风俗报告书》，劳柏森点校，第1页。

瑶、曰僮、曰仡佬、曰伶、曰僚、曰□□，今在湘境者统称苗瑶。苗族中以红苗为最盛，瑶则其派支也。"① 同时，该书作者根据官书及光绪三十四年（1908）的调查列举了这些"苗瑶"的种类、住居及户口：辰州府泸溪县的洞郎堡一带之"苗瑶"属客瑶，共1348户4338口；辰溪县罗子山一带的属瑶族，共320户2900口；溆浦县有十峒"苗瑶"属瑶族，共856户5136口；沅州府黔阳县麻溪一带的属瑶族，共95户596口；靖州直隶州有僮种、青苗，共1406户6042口；通道县有青苗六峒，共2633户9340口；乾州厅有红苗、仡佬两类，共6971户55552口，其中四里乡有120寨仡佬；凤凰厅有红苗、花苗两种，共326寨，14974户76906口；永绥厅有红苗一种，共334寨，12131户49893口；古丈坪有苗族一种，共4寨，1475户5508口。② 又载其风俗道："苗有族属养生送死之道，咸具同文化者曰熟苗，输租服役等于齐民，生苗反是。高山苗、峒苗之内多聚族而居，自为风气。平地苗、寨苗有与平民杂居者，渐泯畛域。辰、沅、靖州蛮俗类土著，外愚内黠，焚山而耕，所种粟豆而已。农隙时至一二百人为曹，手相握而歌，数人吹笙而前导之，聚饮以为乐。五溪蛮风声习气大抵相似，语言服食率异乎人，其俗刻木为符契，长短大小不等，穴其傍多至十数，各志其事，持以出验，名为木契，犹上古刻木为契之遗制也。仡佬及瑶苗则妄自尊大，岁月旦望或客至，则排衙主盟其事者为队公，又其次名左右押衙，其受犒者如熟户之瑶，既纳款听命，纵其出入省地州县，差人管辖；或许自推首名卖首，随从者如军中队伍然，名队小。"③ 1934年，湖南省政府印发的《湖南全省社会调查》也载："蛮夷有五种，曰苗、曰徭、曰僮、曰僚、曰仡佬。苗、僚、仡佬，多居今之湘西。"④ 凌纯声、芮逸夫在《湘西苗族调查报告》中论及贵州苗族时也说："中国西南民族虽名目繁多，然可分为苗瑶、藏缅、泰掸、孟吉四类。贵州民族当不出此四者。苗人属苗瑶类，仲家属泰掸类，猓猡属藏缅类。至于仡佬在分类上的位置，属于苗瑶或泰掸类，目下因材料

<hr>

① 湖南法制院编印《湖南民情风俗报告书》，劳柏森点校，2010，第6页。
② 湖南法制院编印《湖南民情风俗报告书》，劳柏森点校，2010，第6~11页。
③ 湖南法制院编印《湖南民情风俗报告书》，劳柏森点校，2010，第11~12页。
④ 转引自伍新福《湖南民族关系史（上）》，第382页。

不足，尚难决定。"① 由此可见，民国时期武陵地区之"苗瑶"称呼是外界对诸土著"蛮夷"的统称或者大的分类，其具体种类繁多，包括"倮""瑶""僮""仡佬""伶""僚"等。

（2）"苗人""苗民""苗家""苗群""苗蛮"。杨成志 1930 年在《国立中山大学语言历史学研究所周刊》第 11 卷第 129～132 期发表的《云南民族调查报告》中对西南民族做了分类和统计，其中湘西、黔东北被泛称为"苗"。② 1931 年 7 月刊印的湖南省政府《湖南各县调查笔记》载，通道县"通道人，分汉苗二里。汉福佑，苗福祥。汉苗各半之"；凤凰县"苗人，不分男女，皆以布缠头，冬夏不去"；保靖县"保靖人，向分土、苗两种"。③ 王文瑄发表在《边声月刊》上的《苗民的分布现状及其类别》载："川（渝）东南之酉阳、黔江等处亦散居有少数苗人，系湖南红苗之分支。"④ 1933 年，国民革命军第二十一军酉属专员甘明蜀在酉、秀、黔、彭等地视察后撰写的《酉属视察记》也载："境内崇山绵亘，河流纡回，森林密茂，矿产富饶，汉苗杂居，风俗朴淳，惜性好残杀，动辄擅自诛戮，报仇雪恨之事，尝有所闻，虽至今日，此种蛮风，尚未改掉。"⑤ 1944 年，四川省政府《各地通讯》载吴致华《川东南边区酉秀黔彭四县概述》，其中记述四县有苗族人口 14721 人，其中油压缸 5500 人，秀山 2600 人，黔江 3280人，彭水 3341 人。对此，1998 年版《彭水县志》转民国 24 年（1935）3月的《川边季刊》载，彭水县即有苗民 3341 人，占当时全县总人口的1.37%。⑥ 马长寿 1936 年在《民族学研究集刊》第 1 期发表的《中国西南民族分类》中则将湘西、贵州的"苗"表述成"苗群"。⑦ 江应樑在 1939

---

① 凌纯声、芮逸夫：《湘西苗族调查报告》，第 17 页。
② 李文海主编，夏明芳、黄兴涛副主编《民国时期社会调查丛编：少数民族卷》，福建教育出版社，2005，第 2 页。
③ 伍新福：《湖南民族关系史（上）》，第 381 页。
④ 王文瑄：《苗民的分布现状及其类别》，原载《边声月刊》第 1 卷第 3 期，转载于张永国、史继忠等收集编纂《民国年间苗族论文集》，贵州民族学院历史系民族史教研室，1983，第 101 页。
⑤ 管维良主编《重庆民族史》，第 369 页。
⑥ 彭水县志编纂委员会编纂《彭水县志》，第 726 页。
⑦ 马长寿：《中国西南民族分类》，马长寿著，周伟洲编《马长寿民族学论集》，人民出版社，2003，第 64～65 页。

年所著的《滇西摆夷之现实生活》一书中将包括湖南在内的西南民族分为四大系，其中苗族系即包括湘西、黔东北之苗人。[①] 民国时期，陈心传补编《五溪蛮图志》"酉溪"时说："酉溪，为今酉水之全部，溪内居民，在古、保、绥三县者，苗籍居多半。"[②] 补编"武溪"时说："武溪，武水也。……查溪内居民，苗族亦很多。"补编"辰溪"时说："辰溪，在辰水也。……溪中居民，…… 以上在贵州铜仁以内者，亦杂有苗籍之民在其中。"[③] 此外，鄂西还有"苗家"的称呼。在鄂西与湘西、渝东南接壤的酉水、唐崖河、郁江流域的宣恩、来凤、咸丰、利川等县市，民国时期也有一部分苗族居住。他们大部分是清乾嘉年间从湘西、黔东北迁徙而来，自称"果雄"或"苗家"；[④] 黔东北之铜仁还有"苗蛮"的称呼。民国缩印本的《铜仁府志》载："铜仁苗蛮率以寨计，有与汉民分寨而居者，有自相毗连至数十寨不等者，所居多幽阻险隘之地。"[⑤] 由此可见，民国时期武陵地区之湘西、鄂西、渝东南、黔东北都有苗族居住，而且"苗人""苗民""苗群""苗家""苗蛮"是对他们的泛称。

（3）"生苗""熟苗""红苗""黑苗"等。明清时期根据"汉化"程度可将苗分为"生苗""熟苗"。民国时期仍有此传统划分方法。1934年湖南省政府印发的《湖南全省社会调查》中关于苗疆的部分记载："苗疆边墙，筑自明代，今旧址犹存……在边墙以外者，为生苗，最为凶悍；边墙内，间有民村错居，供赋当差，与内地人民无异，则熟苗也。"[⑥] "苗疆边墙"自湘西绵延至黔东北等地。边墙之外"为生苗"在一定程度上说明其分布之广。

苗族按照服饰颜色特征进行分类，则有"红苗""黑苗""花苗""青苗"等。根据1934年湖南省政府印发的《湖南全省社会调查》："苗中又有

① 江应樑著，江晓林笺注《滇西摆夷之现实生活》，德宏民族出版社，2003，第4～11页。
② （明）沈瓒编撰，（清）李涌重编，陈心传补编《五溪蛮图志》第二集《五溪风土·溪名》，第59页。
③ （明）沈瓒编撰，（清）李涌重编，陈心传补编《五溪蛮图志》第二集《五溪风土·溪名》，第59～60页。
④ 湖北省地方志编纂委员会编《湖北省志·民族》，湖北人民出版社，1997，第107～111页。
⑤ 喻勋、胡长松修《铜仁府志》卷2《地理志·苗蛮》，据民国缩印本点校，第29页。
⑥ 伍新福：《湖南民族关系史（上）》，第382页。

红苗、黑苗、土苗之分。如永绥县，统为六里红苗；而县西南黄瓜寨一带，县南鸦西、栗林各寨，则土民特指黑苗；至县北以东坪、茶洞、蜡耳堡，与保靖、秀山接界，又黑苗而兼土苗也。"① 在此，"红苗""黑苗"是所谓的"纯苗"，而"土苗"不是"苗"，而是后述之"土家""土人"。凌纯声、芮逸夫的《湘西苗族调查报告》载湘西苗族曰："在湖南西部凤凰、乾城、永绥三厅之苗，最初移来者为红苗，黑苗后至，人数亦较红苗为少。……除红、黑二种之外，尚有青苗、花苗、白苗混杂，……且红、黑二苗又有各种不同之名称，据《永绥厅志》所载，共有二十二种之多，……湘西除三厅苗外，靖县、通道、绥宁、城步等县尚有青苗。……实则三厅的红苗与靖、通等县的青苗始为纯苗族。"② 载渝东南苗族曰："在川省东南角（即今渝东南）界于川、湘、黔三省之间的酉阳、秀山等县多红苗。"③ 载黔东北的苗族曰："纯苗族之在贵州者又分红苗、黑苗、白苗、青苗、花苗五种。红苗的地理分布为毗连湖南的贵州东部，其中心地为铜仁附近。"④ 民国《贵州通志·土民志一》也载："纯粹之苗族，其地理之分布亦自然各成一定区域。红苗为毗连湖南之贵州省东部，其中心地为铜仁附近。"⑤ 又曰："红苗者，楚蜀黔三省之隅所居一族，谓其衣带尚红，性黠，地险，较诸苗为最盛。北至永顺保靖土司，南至麻阳县界，东至辰州界，西至四川平茶、平头、酉阳土司，东南至五寨司，西南至贵州铜仁府。经三百里，纬百二十里，周千二百里。隔越汉境，不得与靖州诸苗相接壤。"⑥ 由此可见红苗分布之广。此外，鄂西宣恩县一些苗族还自称"土苗""老苗"。对于武陵地区苗族之概况，1942 年《边声》第 1 卷第 7 期转录的张弛道的《边区鸟瞰》给予了详载："现苗族之在边区（即湘鄂渝黔边）者，据各县调查数字，共为三十八万八千零四人。分散于湘西永绥、凤凰、乾城、保靖、古丈、芷

① 伍新福：《湖南民族关系史（上）》，第 382 页。
② 凌纯声、芮逸夫：《湘西苗族调查报告》，第 18 ~ 22 页。
③ 凌纯声、芮逸夫：《湘西苗族调查报告》，第 23 页。
④ 凌纯声、芮逸夫：《湘西苗族调查报告》，第 18 页。
⑤ 刘显世、谷正伦修，任可澄、杨恩元纂《贵州通志（六）·土民志一》，民国 37 年贵阳书局铅印本。
⑥ 刘显世、谷正伦修，任可澄、杨恩元纂《贵州通志（六）·土民志二》，民国 37 年贵阳书局铅印本。

江、泸溪等七县者，为二十四万二千二百二十三人。以凤凰为最多，计八万一千八百四十九人。永绥为最密，约占全人口百分之八十。散于黔东松桃、铜仁、江口、镇远、锦屏、剑河、三穗等七县者，为十四万五千七百八十一人。以松桃为最多，计五万六千三百七十三人，约占全人口百分之三十五强。以江口为最少，仅三百二十人。其种类约为红苗、青苗两种，又名峒苗，以红苗为最多。松、铜一带为其中心区。青苗多散处湘西。而古丈尚有冲其、革老、花脚各苗十余户而已。"①

由上可见，民国时期武陵地区在"苗人""苗民"等泛称之下仍有细分。据"汉化"程度可分为"生苗""熟苗"，民国时期武陵地区皆有之；根据服饰颜色则可分为"红苗""黑苗""花苗"等，民国时期武陵地区以"红苗"为主，兼有"黑苗""花苗""青苗"等。

3. "土民""土家""土人""土苗""土蛮"

民国时期，武陵地区的文献资料中虽然以泛称的"苗"或具有特殊时代背景的"边民""边胞""土著民族"为主，但仍残存一些以"土"字命名的称呼。其中，典型的主要有"土民""土家""土人""土苗""土蛮"等。这些称呼在武陵地区不同地方具有不同的含义。在湘西，"土民""土人""土家"所指的是一个具体的族群，即今天的土家族。否则，他们不会与"苗"并称。如1931年7月刊印的湖南省政府《湖南各县调查笔记》载，保靖县"保靖人，向分土、苗两种"；永顺县"丧祭所用礼节……最奇异者，莫若土家"。② 至民国时期，"土人""土民"虽未如乾隆年间黄德基、关天申转前任知县李谨所言"永顺隶楚极边，土人、汉人、苗民杂处，土人十分之四，汉人三分，苗民亦仅三分。……土民柔懦朴拙，淳直惧官怕讼"③，也"无土、客、苗户之分"④，但"土人""土民"作为族群仍然存在。否则，光绪《古丈坪厅志》不会在清末详载该地风俗为"民、土相类，

---

① （明）沈瓒编撰，（清）李涌重编，陈心传补编《五溪蛮图志》第三集《五溪诗文·杂录》，第250页。

② 转引自伍新福著《湖南民族关系史（上）》，第381页。

③ （清）黄德基修，关天申纂《永顺县志》卷4《风土志·习俗》，清乾隆五十八年刻本影印本。

④ 胡履新等修，鲁隆益、张孔等修纂《永顺县志》卷12《食货二·户口》，民国19年铅印本影印。

土、客、章、苗各别;语言则五种皆歧;衣服则苗、民迥异,他种相同"①,也不会有"土族者,民族之最古者。民籍之视他籍,自等土著之民。土籍之视民籍,尤土著之土著也。……古之民有二类,一当土官时先汉人至,斩荆棘,驱豺狼,以开此土者,今自称为土著之最先;一则凡汉人之居此以承世者,先至者有八姓,今言绝其二,与土人异时能为土话,以习于土人也。……客族姓者,民之介乎民姓土姓之间,其时代大抵后土籍先民籍"的"土/客"②之辨;胡履新、鲁隆益、张孔等在 1930 年纂修的《永顺县志》中不会专辟"风俗""语言"载之,也不会在目录说明中做出"(风俗语言)今尽纯良,然从前侏离之俗,格磔之音尚有存者"③的解释;凌纯声、芮逸夫不会在《湘西苗族调查报告》中有"永顺、保靖、古丈、龙山等县有土人。……永、保等县的土人语言属泰掸语系而藏缅化,或为古代僚族的遗民"④之言。不过,由于民国时期民族观念的变化,许多仍保留一定"异俗"的"土人""土民""土蛮"多被视为"苗"之一种,由是,1934年湖南省政府印发的《湖南全省社会调查》载:"苗中又有红苗、黑苗、土苗之分。……至县(即永绥县)北以东坪、茶洞、蜡耳堡,与保靖、秀山接界,又黑苗而兼土苗也。"⑤陈心传补编《五溪蛮图志》中也载:"土蛮,闻亦为苗族之一种。然其仿效性,比较苗、伉均佳。现散居于乾、泸、古、保、绥各县之民,苗与伉佬间。"⑥上述所载,"苗"分"红苗""黑苗""土苗","红苗""黑苗"是"纯苗","土苗""土蛮"其实不是"苗",而是"土民""土人"等"土家"族群。故中华人民共和国成立初期严学宭先生在《调查土家杂记》中有"在一次偶然的闲谈中她(田心桃)告诉我,他们家乡语言既不像湘西苗语,又不像当地汉语,可能是一种独立的少数民族语言,他们自称'毕兹卡',即'本地人'的意思,对外则自称为'土家',称汉族为'客家',汉人称他们为'土人'或'土蛮'。我当即叫

① (清)董鸿勋纂修《古丈坪厅志》卷9《民族上》,清光绪三十三年刊本。
② (清)董鸿勋纂修《古丈坪厅志》卷9《民族上》,清光绪三十三年刊本。
③ 胡履新等修,鲁隆益、张孔等修纂《永顺县志·目录说明》,民国19年铅印本影印本。
④ 凌纯声、芮逸夫:《湘西苗族调查报告》,第23页。
⑤ 转引自伍新福《湖南民族关系史(上)》,第382页。
⑥ (明)沈瓒编撰,(清)李涌重编,陈心传补编《五溪蛮图志》第二集《五溪风土》,第66页。

她发几个基本词的读音，一听，果然不是汉语，也不像苗语读音，而是接近于藏缅语族彝语支语音。我找来清代的《凤凰厅志》《永顺府志》和《龙山县志》，找出其中用汉字记录为'土蛮'词语，让田心桃发音，居然绝大部分都相吻合"① 之载。引文所写的时间虽然是中华人民共和国成立初期，但同样反映了民国时期的情况。

"忘其所自来"或在"潜移默化"中被汉化者则多被视为汉民。陈心传在《五溪蛮图志》中又有"今闻除其语言尚有一种独存之特性外，其习俗则皆近民同民，近苗同苗，近仡同仡，而与之俱化矣"② 之言。此话不仅较好地解释了伍新福关于民国时期湘西"（土家族）未被列入'土著民族'，也未见有专门的研究"③ 的疑问，而且也回答了湘西、鄂西南、渝东南、黔东北地区同样的问题。这也是土家族被识别较晚的主要原因之一。

在湘西、慈利、石门等地"土民""土人"尽管保留少数的土家语词汇，也信奉向王天子、向老官人、田好汉等土王，但由于"其风俗大略与汉户同"④，因此他们多被认为是"汉户"。民国《永定县乡土志》在《户口》中载光绪三十二年（1906）户口曰："计户三万一千三百三十，计口十五万二千二百五十一，均系汉户，并无旗籍。"⑤

在鄂西南的来凤、鹤峰、咸丰等县，地方存在"土/客"的族群划分。民国《咸丰县志》载："土家者，土司之裔，其嫡派多徙籍武汉，各地留住者，半系支庶之家。客家者，自明以来，或宦、或商，寄籍斯土，而子孙蕃衍，为邑望族者也。"⑥ 在此，"土家"有"土著"之意，但它不是一般的"土著"，而是土司之后裔。事实上，"土家"只是"土人"之一种。除了土司后裔，"土人"还包括当地其他的"土著"，故民国《咸丰县志》在言及"唐崖、金峒覃氏""土家"时又有"为本地土人之最古"之语，在言

---

① 严学宭：《调查土家杂记》，彭振坤主编《历史的记忆》，第 1 页。
② （明）沈瓒编撰，（清）李涌重编，陈心传补编《五溪蛮图志》第二集《五溪风土》，第 66 页。
③ 伍新福：《湖南民族关系史（上）》，第 383 页。
④ 王树人修，侯昌铭纂《永定县乡土志》卷 3《人类第七》，民国 9 年铅印本，台北，成文出版有限公司，1975。
⑤ 王树人修，侯昌铭纂《永定县乡土志》卷 3《户口第八》，民国 9 年铅印本。
⑥ 陈侃：《咸丰县志》卷 11《氏族志》，民国 3 年刊本。

及"祭礼"时有"近日寄籍者多创建宗祠，别于春、秋或清明日，举行祀祖礼，笃报本之思。土著人家，渐相师法，此风既盛，古道可复矣"① 之言。民国时期来凤百福司河东乡舍米湖、鹤峰民主乡、五里乡等地虽然保留一定的语言和风俗习惯（跳摆手舞、信奉土王），但多数地方"多因时间太长，与汉族通婚早"，已"与汉族无显著差别"。②

在渝东南，张祖道先生《随潘光旦师川鄂"土家"行日记》载，酉阳、秀山等县的"土人""土家"在中华人民共和国成立初期仍保留一定的土家语与风俗习惯，但民国时期相关记载鲜见。即使是甘明蜀1933年在《酉属视察记》中提到的"土人""土著"，也不是与"苗"并称之"土人""土著"，而是指"当地人"。这一时期，渝东南作为土家族的"土人""土家"基本上包括在苗族（"番族"）或汉族之中。故陈济涛发表在《川边季刊》第1卷第2期的《酉阳苗族调查》载："酉阳县与湖北毗邻，各地如里耶、隆头、原洞及八面山等处，均为苗、汉杂处，汉人仅占全数十分之四。苗人性情暴燥，性喜斗殴，每外出，均刀矛随身，一语不合，争斗立起。该地汉人均让之。"③ 陈济涛发表在《川边季刊》第1卷第1期的《四川之边地与开发》之"人口与种族"载：川东南酉阳有"番族"（即苗族）5500人，秀山有2600人，黔江有3200人，彭水有3300人。"开发中之形式论"又载："川东南区以前为苗人聚居地。清代中叶，土司冉某恃势不法，酉秀人苦之，控于北京，勒令改土归流。以后汉苗逐渐由通婚而汉化。民国以来，川政失纲，酉秀迭为败兵游勇、贼匪遁逃之薮，原来土司遗族，多挟其剥削之资，充当地方绅士与兵匪勾结，专以朋比分赃为事。"④

与湘西、鄂西南、渝东南以"苗"统称非汉族群不同，在黔东北和贵州省，统称非汉族群的名称是"土民"，而"土人"是"土民"之一种。民国《贵州通志·土民志》载，"土民"种类繁多，主要有"苗""卢鹿""百越""羌氐""百濮""汉族同化者""种类不明者"七大类。其中的

---

① 陈侃：《咸丰县志》卷3《礼教志》，民国3年刊本。
② 恩施地委统战部：《恩施专区土家族情况》（1958年6月22日），彭振坤主编《历史的记忆》，第73页。
③ 四川黔江地区民族事务委员会编《川东南少数民族史料辑》，四川民族出版社，1996，第467页。
④ 四川黔江地区民族事务委员会编《川东南少数民族史料辑》，第469页。

"土人"被划分为"汉族同化者",主要分布在邛水司、省溪司(今江口县一带)、铜仁府、乌罗司(今松桃县西部),而省溪司、铜仁府、乌罗司则在武陵地区。载其风俗曰:"省溪司土人离治远居,幽谷深菁之间,尝畏虎狼,昼耕则持刀弩往,暮则合聚同归,有疾病徙宅避之,疾愈方回。送死杀牛祭鬼,束薪而葬。铜仁府土人亦杨、黄之属,服饰近汉人,语言莫晓,务农为本,出则牛载行;有疾病则杀牛羊犬豕以禳之,婚姻论贫富,祭祀用□为牲,葬置棺,俗重山鬼;每年有把忌,饮食衣服、喜怒哀乐多避忌,号为青草鬼,稍有犯者,多不利于人。乌罗司土人亦杨、黄之种,言语、服饰与省溪、平头二司相似。"[①]

综上可见,民国时期由于族群观念的变化,武陵地区不仅少见"土民""土人""土家""土苗""土蛮"之族称,而且残存的这些称呼在各地也具有不同的意涵。在湘西,"土人""土民""土苗""土蛮"尽管被政府划为苗,但他们不是一般的"土著",而是与"苗""汉"并称的族群。在鄂西南,"土家"是土司后裔,是特别的"土著土人"。在渝东南,作为土家族的"土人"并没有专门的族称,当地的"土人"即一般的"土著",并不是特殊的"当地人"。在黔东北,"土民"是非汉族群之概称,"土人"是"土民"之一种。

4. "仡佬""徭人""侗家""冉家蛮""回回人"等

民国时期,武陵地区非汉族群的族称除了"边民""土著民族""苗""土家""土人""土民"外,还有"仡佬""峒家""猺""回回人"等。

(1)"仡佬"。仡佬常被视为"熟苗"或汉化程度较深的苗,但又不是苗族,主要分布在湘西、黔东北。民国《沅陵县志》载:"又蛮族之外,有所谓仡佬族者,今之孰苗也(今之生苗犹呼熟苗为仡佬),往时聚居于舞水万山之中,今之泸溪、古丈、乾城、凤凰、永绥各地,皆仡佬所盘踞也。"[②] 1934年湖南省政府印发的《湖南全省社会调查》载"仡佬"曰:"又有所谓仡佬者,则较苗人稍为进化。现均分处于永顺、保靖、永绥、乾城、凤

①　刘显世、谷正伦修,任可澄、杨恩元纂《贵州通志(六)·土民志六》,民国37年贵阳书局铅印本。

②　许显辰、修承浩纂修《沅陵县志》卷6《户口类上》,民国19年刊本。

凰、泸溪各县之间。"① 凌纯声、芮逸夫《湘西苗族调查报告》载："泸溪、乾城二县有仡佬。……他如溆、黔等县的徭与苗有别，泸、乾的仡佬与贵州仡佬同族。"② 民国《贵州通志·土民志二》载："石阡府苗民司，曰仡佬，其性勇诵。"③ 民国《石阡县志》载："苗民司，曰仡佬，其性勇而谲，婚姻以牛马为礼，死葬用猪狗，击鼓而歌。近年习尚顿改。长安哨，在城东十五里，有仡、苗五十余家，系李、王、蓝、段等姓。"④

（2）"瑶""徭人""猺"。主要分布在怀化溆浦、泸溪、辰溪、黔阳等县。凌纯声、芮逸夫《湘西苗族调查报告》载："溆浦、黔阳、武冈、道县、永明等县有徭人。"⑤ 溆浦、黔阳即属今怀化市。民国《溆浦县志》卷2《舆地志二·猺峒》载与武冈连界的四峒曰："雷打峒，县治南二百里，猺总一名，共猺九十八户。至白水峒四十里；梁家峒，县治南一百八十五里，猺总一名，共猺十八户。至蒲家峒八十里；蒲家峒，县治南一百一十五里，猺总一名，共猺一百四十六户。至龙潭镇七十里。"⑥ 又载与武冈、宝庆连界的六峒言：九溪峒有瑶总一名，瑶户二十五户；金竹峒有瑶总一名，瑶户九十四户；对马峒有瑶总一名，瑶户一百八十二户；累打峒有瑶总一名，瑶户三十九户；大竹峒有瑶总一名，瑶户一百二十六户；小溪峒有瑶总一名，瑶户二百五十一户。卷11《典礼志·风俗》详载了居住、饮食、嫁娶等"猺俗"，并言："猺民今已式微，有田产者极少，皆以开土种包谷为本业，平素习于山险极捷，秋收后卖薪自给。围猎其长技也。獐麂狐兔山獾野豕出必有获。近时皮货昂贵，猺民藉此营生，……性质直，多为汉奸所欺。向之屡起叛乱者，令皆变为纯良矣。"⑦ 此外，前述1912年编印的《湖南民情风俗报告书》根据官书及光绪三十四年（1908）的调查更是列举了

① 转引自伍新福著《湖南民族关系史（上）》，第382页。
② 凌纯声、芮逸夫：《湘西苗族调查报告》，第23页。
③ 刘显世、谷正伦修，任可澄、杨恩元纂《贵州通志（六）·土民志二》，民国37年贵阳书局铅印本。
④ 周国华等修，冯翰先等纂《石阡县志》卷18《土司志·苗蛮》，民国11年纂成，1966年贵州省图书馆据石阡县档案馆藏稿本复制油印本。
⑤ 凌纯声、芮逸夫：《湘西苗族调查报告》，第23页。
⑥ （清）舒立淇纂《溆浦县志》卷2《舆地志·猺峒》，民国10年活字本。
⑦ （清）舒立淇纂《溆浦县志》卷11《典礼志·风俗》，民国10年活字本。

泸溪、辰溪、溆浦、黔阳等县"瑶"的种类、住居及户口。[①] 由此可见，民国时期武陵地区的"徭人""猺民"人数较少，主要分布在怀化的溆浦、辰溪、黔阳以及湘西州的泸溪县。

（3）"侗家""僮人""峒人"。民国时期，多数学者仍将"侗家"置于"苗"之下，前述《湖南民情风俗报告书》中有"苗之别种曰倮、曰瑶、曰僮"之言，民国版《永绥厅志》所罗列的 22 种苗中即有"侗家苗"，清末光绪三十四年编《靖州乡土志》则认为"峒人"是"花衣苗"的一种："峒人则黑衣长裙，无褖，六甲之杨是矣。云亦从花衣改变。……花衣之中，又自分峒家、苗家，言语各不相喻。"[②] 但也有个别学者已开始关注"侗家"，并开始对其进行研究，如陈赤子的《侗家中的鼓楼》，凌纯声、芮逸夫先生的《湘西苗族调查报告》等。特别是凌纯声、芮逸夫先生，他们在研究中明确指出："侗家如与今日广西的三江、龙胜、融县、罗城、河池诸县的侗人为同类，则为西南民族中泰掸类的一种而不属于苗。"[③] 民国《贵州通志》也将"峒人"从"苗"中独立出来，将其视为"汉族同化"的"土民"，并介绍了他们的分布。其中的思南府、石阡府和思州府的部分"峒人"就在武陵地区，故该书援引《大清一统志》载曰："峒人，在思南府城东朗溪司，颇类汉人，多以苗为姓，性多猜忌，喜杀，出入夫妇必偶，挟镖弩自随。石阡司亦有之，饮食与思州府峒人同。"[④] 民国《石阡县志》也载："石阡司曰峒人，其性凶顽，出必佩刀负弩，有争聚众讲理，曲者罚财示警，不服即动刀弩。男贫不能婚者，女家不较财礼。近年霬被教化，旧俗丕变矣。"[⑤] 此外，据族谱谱牒和民间传说，鄂西南、渝东南明清时期即有"峒人"从湘西沅州、贵州玉屏、广西三江等地迁入，并落地生根成了土著。[⑥] 由此可见，民国时期武陵地区确有"旧俗丕变"的"侗家"

---

① 湖南法制院编印《湖南民情风俗报告书》，劳柏森点校，第 6～11 页。

② （清）金蓉镜纂辑《靖州乡土志》卷 2《风俗》，清光绪三十四年刊本。

③ 凌纯声、芮逸夫：《湘西苗族调查报告》，第 22 页。

④ 刘显世、谷正伦修，任可澄、杨恩元纂《贵州通志（六）·土民志六》，民国 37 年贵阳书局铅印本。

⑤ 周国华等修，冯翰先等纂《石阡县志》卷 18《土司志·苗蛮》，民国 11 年纂成，1966 年贵州省图书馆据石阡县档案馆藏稿本复制油印本。

⑥ 参见恩施州民族宗教事务委员会编《恩施土家族苗族自治州民族志》，民族出版社，2003；重庆市民族宗教事务委员会编纂《重庆民族志》。

存在。

（4）"冉家蛮"。主要分布在沿河、松桃、石阡、酉阳等地。民国《贵州通志》援引嘉靖《贵州通志》对其分布、生计、习俗有详载，曰："冉家蛮，在思南府沿河司治，在府之东北，性凶悍，不惮深渊猛兽。采砂煎水银。出入持刀弩，好渔猎，得兽祭鬼而后食之。姻事用牛，男女有别。"引《大清一统志》曰："冉家蛮，在石阡府城北沿河司，性犷戾，……俗与新添、丹行二司之蛮人同，石阡亦有之。"引《炎徼纪闻》载"其俗散处于沿河、佑溪、务川之间"的"冉家"："邛笮冉氏之裔，今酉阳、乌罗部落长，多冉氏者，一曰冉家蛮，诟之曰南客子。"① 上述文献虽是民国《贵州通志》从嘉靖《贵州通志》、《大清一统志》、《炎徼纪闻》中援引，但也呈现了民国时期"冉家蛮"之基本情况。

（5）"回回人""清真回部"。"回回人"自宋末元初起因戍守、经商等原因迁入并落籍定居，主要分布在常德、桃源、怀化靖州等地。光绪三十四年（1908）编《靖州乡土志》载："回回人，丁氏源流。（详'氏族'）。"② 又丁氏谱载："系出默德国，有名典，字汉沙，由西域大食内徙。元末居金陵，值鼎革，佐明太祖南征楚靖，授武德将军，正千户。子朵，字罗秀，籍江宁。洪武中，奉令南征，平靖乱，袭职。孙福，自聿怀，袭职。永乐二年，调卫靖州，升武节将军，加骁骑尉。子孙世袭，遂家于靖。又七传而应期，皆袭职正千户，入国朝，裁卫，始罢。凡分四支，今传十八世。"③

"清真回部"即今维吾尔族先民"畏兀"。他们系明初"征蛮"迁入武陵并定居，主要有剪氏一族，分布在常德、桃源等地。对此，崇祯《桃源县志·补遗卫志》、1948 年《桃源县志初稿》有详载。前文已有详述，在此不再赘述。

综上所述，民国时期武陵地区的土著既有汉民，也有"苗瑶"等"土著民族"或"土民"。土著汉民主要是清以前迁入的，经历清代特别是"改土归流"后的土客融合，他们大多业已落地生根，成了民国时期武陵地区

① 刘显世、谷正伦修，任可澄、杨恩元纂《贵州通志（六）·土民志四》，民国 37 年贵阳书局铅印本。
② （清）金蓉镜纂辑《靖州乡土志》卷 2《人类》，清光绪三十四年刊本。
③ （清）金蓉镜纂辑《靖州乡土志》卷 2《氏族》，清光绪三十四年刊本。

"民籍"的重要组成部分。土著的"苗瑶""苗""土人""土家""侗家"等"边民""土著民族""土民"则经历了称呼上的从"蛮夷"到"少数民族"的转变。他们的风俗发生了特别显著的变化，其甚至被官方视为"已经同化了的"民族或者汉族之宗支，但仍是客观存在的族群实体。这种存在，既是明清时期武陵地区土客关系发展的结果，也是民国时期迁入的客民所面临的族群关系场域。

第二节　政区建置的演变与客民的流入

民国时期，武陵地区与全国各地一样，经历了时局变化莫测、政局动荡不安的年代。这一时期，伴随着各种外来军事力量的陆续进入以及日本侵华的逐步推进，武陵地区迎来了中华人民共和国成立前最后一次较大规模的人口进入。这些进入的客民类型多样，成分复杂，除了因战争因素迁入的新兴地主与军阀、红军将士、共度国难而被迫转移的各类科教人才外，还有商人、游民、传教者等客民。

一　民国时期武陵地区的政区建置衍变

民国时期，武陵地区的行政建置与清代相比有所变化，先是在民国初年废府设道存县，尔后又设置督察区。具体情况如下。

1. 湘西

民国 3 年（1914），于湖南废"府""州""厅"，保留道，州厅改名为县。湘西改辰沅永靖道为辰沅道，治凤凰，下辖 20 县；改岳常澧道为武陵道，治常德，辖常德、澧县、临澧、桃源、石门、慈利、大庸等15 县。

民国 5 年（1916），撤武陵道，将所属大庸、石门、慈利、桃源等县划入辰沅道，常德、澧县、临澧等县划归湘江道。民国 11 年（1922），湖南省道制撤销，属县直隶湖南省。

民国 24 年（1935），在沅陵设置湘西绥靖处，制定绥靖19 县，划分5 个行政督察区。即沅泸辰溆区，治沅陵，辖沅陵、泸溪、辰溪、溆浦 4县；永保龙桑区，治永顺，辖永顺、保靖、桑植、龙山 4 县；乾凤古绥区，治乾城（今吉首），辖古丈、乾城、永绥、凤凰 4 县；慈石庸区，治

慈利，辖慈利、石门、大庸 3 县；芷黔麻晃区，治芷江，辖晃县、黔阳、
芷江、麻阳。

民国 25 年（1936），改湘西绥靖处为湘西绥靖行政公署，将澧县、临
澧、通道、会同、靖县、绥宁划入组成 4 个行政督察区，治所依旧是沅陵：
第一行政督察区治沅陵，辖永顺、沅陵、泸溪、龙山；第二行政督察区治慈
利，辖石门、大庸、慈利、临澧、桑植、澧县；第三行政督察区治乾城，辖
永绥、乾城、古丈、凤凰、保靖；第四行政督察区治黔阳，辖芷江、会同、
黔阳、晃县等县。

民国 26 年（1937），全省设置 9 个行政督察区。常德、桃源、临澧、
澧县、石门、慈利属第二行政督察区；沅陵、溆浦、辰溪、永顺、桑植、
大庸、泸溪属第三行政督察区；乾城、保靖、龙山、永绥、古丈、凤凰、
麻阳属第四行政督察区；黔阳、枝江、会同、通道、晃县、靖县属第七行
政督察区。

民国 29 年（1940），湖南省调整为 1 个直辖市、10 个行政督察区，
直至 1949 年中华人民共和国成立。常德、澧县、石门、桃源、慈利、临
澧属第四行政督察区；永顺、龙山、保靖、古丈、大庸、桑植属第八行
政督察区；沅陵、辰溪、溆浦、凤凰、乾城、泸溪、永绥、麻阳属第九
行政督察区；枝江、会同、黔阳、晃县、通道、怀化、靖县属第十行政
督察区。[①]

2. 鄂西南

民国元年（1912）废府设道存县，民国 2 年（1913）置设荆宜施鹤
道（随即改名鄂西道），长阳、五峰、恩施、利川、咸丰、建始、巴东、
来凤、鹤峰、宣恩属之。民国 4 年（1915）改鄂西为荆南道，治宜昌，
长阳、五峰、恩施、利川、咸丰、建始、巴东、来凤、鹤峰、宣恩亦
属之。

民国 15 年（1926），将江汉、襄阳、荆南三道改为江汉、襄阳、荆
宜、施鹤四道。长阳、五峰、巴东仍属荆宜道，恩施、利川、咸丰、宣
恩、来凤、建始、鹤峰属施鹤道。民国 16 年（1927）废道，民国 21 年

---

① 参见周宏伟著《湖南政区沿革》。

（1932）湖北全省改设 10 个行政督察区，长阳、五峰属第九区，巴东划入第十区。第十区治恩施，下辖宣恩、建始、恩施、鹤峰、利川、巴东、咸丰、来凤。民国 25 年（1936），改 10 个行政督察区为 7 个行政督察区，长阳、五峰属第六区，恩施、利川、巴东、咸丰、宣恩、来凤、建始、鹤峰属第七区。①

3. 川（渝）东南

民国元年（1912），重庆蜀军政府与四川军政府合并，重庆设重庆镇抚府。酉阳州（今酉阳区）、秀山县、黔江县（今黔江区）、彭水县、石砫厅（今石柱县）隶属之。民国 2 年（1913），设川东道，废府、州、厅，以道辖县，酉阳州改酉阳县，石砫厅改石砫县，与黔江、彭水、秀山隶属川东道。民国 3 年（1914），改川东道为东川道，酉阳、秀山、黔江、彭水、石砫亦属之。民国 16 年（1927）废道，各县改隶四川省省长公署、四川省政府。民国 24 年（1935），彭水、黔江、石柱、酉阳、秀山改隶治酉阳的四川省第八行政督察区。民国 35 年（1946），在黔江县城设川黔湘鄂边区绥靖公署，以控恩施、酉阳、铜仁、永顺、沅陵、芷江等 6 专区及所属县。民国 37 年（1948），石柱改隶治万县的四川省第九行政督察区，酉阳、黔江、彭水、秀山隶第八行政督察区。②

4. 黔东北

民国元年（1912），撤铜仁县（治今江口县）并入铜仁府（治今碧江区）。民国 2 年（1913），改铜仁府为铜仁县（治今碧江区），改思南府为思南县，改石阡府为石阡县，改松桃直隶厅为松桃县。同时，恢复原铜仁县（治今江口县），改名江口县，安化县改名德江县，以原思南府沿河佑溪吏目驻地设沿河县，以原铜仁府省溪吏目设省溪县（今万山区）。玉屏县、印江县建置不变。民国 3 年（1914），以原铜仁县正大营县丞驻地设正大营分县，隶属松桃县兼管；以原四十八溪主簿驻地设四十八溪（今甘龙口）分县，隶属松桃县兼管，并与铜仁、江口、德江、沿河、思南等县一同属黔东

---

① 参见恩施州志编纂委员会编《恩施州志》，湖北人民出版社，1998；宜昌市地方志编纂委员会编《宜昌市志》，黄山书社，1999。

② 参见《重庆市志》编纂委员会总编辑室编《重庆市志·第一卷》，四川大学出版社，1992；王希辉等编著《乌江流寓建置沿革》，中央文献出版社，2007。

道。民国 12 年（1923）废道，各县由省直管。民国 24 年（1935），贵州省建立 11 个行政督察区，其中的思南、德江、沿河、印江、石阡等县属第六行政督察区（治今思南），铜仁、江口、松桃、省溪等县属第五行政督察区（治今碧江区）。民国 25 年（1936）1 月，正大营分县并入铜仁县，甘龙口分县并入松桃县。同年 3 月，贵州省缩编为 8 个行政督察区，铜仁、江口、松桃、石阡、思南、省溪、德江、印江、沿河等县属第六行政督察区（治今碧江区）。民国 26 年（1937），行政督察区重新设置，德江、后坪 2 县划属第五行政督察区（治今遵义市），其余 9 县隶属第一行政督察区（治今镇远县）。民国 30 年（1941），撤省溪县，辖地分别并入铜仁、玉屏 2 县；撤后坪县，辖地分别并入沿河、务川 2 县。民国 32 年（1943），贵州省改设 6 个行政督察区。铜仁、江口、松桃、印江、思南、德江、沿河、石阡等县属第六行政督察区（治今碧江区）。①

二 战争与客民的进入

（一）"讨袁护国军"与"北洋征滇军"激战湘西

"护国战争"是辛亥革命成功后兴起的一场反对袁世凯复辟帝制、维护民国民主共和国体的战争。战争发起于云南，然后波及贵州、湖南、四川等省。在这场战争中，由于特殊的地理位置，武陵地区特别是湘西成了护国军和北洋军相互争夺的战略据点。1915 年 12 月 25 日，蔡锷、唐继尧、李烈钧等宣布云南独立，发动护国战争后，贵州也随之宣布独立，联合组成护国军分兵三路进攻四川、湖南、广西。为了占领湘西这一据点，蔡锷派驻扎湘黔边界的护国军东路支队司令王文华率部进驻湘西。袁世凯则以北洋军第六师师长马继增为总司令，统率征滇军第一路军沿常德、辰溪一带西进，经贵州进攻云南。双方由此在湘西发生了战斗。

马继增所率部队除了第六师外，还有北洋军陆军第三师汪学谦旅以及唐天喜的第七混成旅，兵种有步兵、骑兵、炮兵等，共 3 万余人。司令部设在辰溪。一线部队 5000 余人，由汪学谦旅以及湘西镇守使田应诏部分队伍构

---

① 参见《铜仁地区志》编纂委员会编《铜仁地区志·政权志》，贵州人民出版社，2006。

成。王文华率领的黔军有第一、二、三团步兵团，共 3000 余人，司令部设在湘黔边之龙溪口。第一团为中路军，驻扎龙溪口，主要向芷江、新晃进攻；第二团为左路军，部署于铜仁，主要向麻阳进攻；第三团为右路军，驻扎于贵州天柱，主要任务是夺取洪江、会同、黔阳等地。1916 年农历除夕，王文华第一团第二营趁除夕夜突然对新晃城汪学谦部发动袭击，一举攻下新晃县城。第二天又攻取大关、蜈蚣关等地，汪学谦部向芷江溃退，护国军于 2 月 3 日占领新晃全境。与此同时，王文华第三团由天柱进入湘黔交界的瓮洞，2 月 3 日进入湖南歼灭了马继增的前哨部队，4 日占领黔阳，5 日拿下湘西军事要点洪江。

与第一、第三团不同，护国军第二团由于团长彭文治反袁态度暧昧，在进攻麻阳前夕弃职潜逃，错失战机，致使护国军攻取麻阳受阻。后在王文华的调度之下，经过第一、二、三团协同作战，于 2 月 8 日占领芷江，2 月 16 日占领麻阳。北洋军征滇军第一路军司令马继增在辰溪自杀。伴随着护国军的胜利，湘西各县民军积极响应护国军起义，攻克了不少县城。其中有游击统带王华裔与湘军步兵统领周则范合力攻克靖县、通道、绥宁，大庸县罗剑仇率当地数百人打出护国旗号进攻永顺、大庸县城，贺龙率民军攻入县城，黄振铎率"护国联军"攻占龙山以及湖北来凤县城。

护国军在湘西的胜利震惊了袁世凯，他连忙抽调兵力对湘西护国军进行反扑，并委派凤凰人熊希龄为湘西宣慰使，企图稳定湘西局势。但熊反其道而行之，他一面支持乾城张学济护国军起义，一面策动湘西镇守使田应诏反袁。在地方民军等力量的配合下，护国军成功抵御了袁军的反扑，直至袁世凯通电取消帝制以及双方停战。①

"讨袁护国军"与"北洋征滇军"激战湘西虽给武陵地区带来了战争的创伤，却将湘西和武陵地区与全国联系在一起，为护国战争的胜利做出了巨大贡献。此外，战争还引入了外来的军事力量，推动了民国初期湘西和武陵地区的人口迁移和流动。

---

① 参见王继平《论护国战争时期的湘西战场》，《吉首大学学报》（社会科学版）1988 年第 2 期；印盛威《湘西护国战争浅探》，《湖南社会科学》1991 年第 6 期。

（二）主客军阀混战

第一次世界大战结束后，帝国主义加紧了对中国的侵略。一方面，在帝国主义的支持下，控制北洋政府的各系军阀推行"武力统一"的政策，对西南地区用兵。另一方面，湖南、湖北、四川、贵州四省地方军阀则打着地方自治或联省自治的旗号乘机抢占地盘。于是，地处中部地区向西南地区过渡地带的武陵地区成了主客军阀之间激烈争夺的重要地区。

1920 年，云南军阀唐继尧为霸占四川，命令滇、黔军进攻川军熊克武部。由于难以在鄂西立足，鄂西靖国军总司令兼第二军军长黎天才、第一军军长蓝天蔚率部投奔唐继尧，分驻巫山、夔州一带。熊克武则联合四川军阀，击退唐继尧部，将其赶出四川，并击退鄂西靖国军，使其败退至建始、利川、恩施、鹤峰一带。同年 7 月，为报父仇，常澧镇守使王正雅之子王育寅联合林修海在慈利东岳观起兵，攻占慈利、大庸等县。林修海军则由大庸进攻常德、澧县，湖南军阀谭延闿则派兵讨伐，击溃林军，先后攻占慈利、大庸、桑植等县。

1921 年，直系军阀吴佩孚推行"武力统一"政策，进兵宜昌，图谋四川。湖南、四川军阀讨鄂，川军东出川东，占领巴东等县，进入鄂西。后讨鄂失败，川军又退出鄂西。

1922 年，川军军阀内讧，刘湘下野，杨森投靠吴佩孚，率残部退驻鄂西。见川军内讧，1923 年，吴佩孚乘机派王汝勤、卢金山等将领率部由鄂西进攻川东，为吴佩孚夺取四川打下基础。同时，占据湘西凤凰一带的黔军袁祖铭也在混战中兵败，并率部退入鄂西南，投靠吴佩孚。

1924 年，奉孙中山之命，川军熊克武借道湘西出师北伐，并以此为契机占据湘西。湖南军阀赵恒惕则派湘军进攻四川，并密令湘西军阀陈渠珍进攻川军。双方由此发生激战，结果是陈部兵败，退守乾城。

1925 年，在直系军阀吴佩孚支持下日益强大的杨森武力一统四川不成，反被刘湘、刘文辉与黔军袁祖铭联合击败，兵退鄂西，川东南酉阳、秀山也被黔军占据。后刘湘又联合杨森将黔军赶出川东，杨森则复据川东。

1926 年，黔军袁祖铭退出川东后，派兵攻取湘西。湖南督办唐生智要求袁退出湘西。袁置之不理。唐派第八军教导师师长周烂在常德枪杀袁，并将其部包围缴械，其残部则逃窜至湘鄂川交界地带。

1928 年 3 月，桂系军阀进攻湖南，并派兵联系黔军残部共同进攻驻守鄂西的杨森川军。经激战，杨森兵败，退出鄂西，撤退至川东黔江、酉阳、秀山等地驻防。①

上述主客军阀之间在武陵地区的长期混战，不仅给地方经济带来了严重的灾难，而且形成了兵灾、匪灾等区域毒瘤，使地方民众颠沛流离，居无定所，惶惶不可终日。

（三）战略转移红军西移

中央革命根据地第五次反"围剿"失败后，中央红军和机关于 1934 年 10 月被迫从江西瑞金撤离，开始了二万五千里长征。在冲破四道封锁线后，中央红军 12 月上旬来到了湘桂边界。经过桂北西延、龙胜地区后进入通道县境，并在 12 月 11 日占领了通道县城。12 日，在通道召开了会议，激烈讨论了红军的发展方向和作战等方面的问题。② 会议最终放弃了李德"（中央红军）转向北方，与二、六军团建立联系。我们依靠二军团的根据地，再加上贺龙和萧克的部队，就可以在广阔的区域向敌人进攻，并在湘黔川三省交界的三角地带创建一大片苏区"③ 的主张，采纳了毛泽东进军敌人力量薄弱的贵州的建议。会后的中旬，中央红军兵分左、右两路进入贵州。以红一军团和红九军团主力为右路的红军经靖县新昌、平察后一部趋贵州锦屏，一部直取黎平县城。以红军军委纵队和红三、五、八军团为主力的左路则经播阳进入贵州的洪州，12 月 16 日也到达黎平城。红军到达黎平城后进行了短暂的修整，并在 12 月 18 日召开了中央政治局会议。会议肯定了毛泽东挺进贵州之主张，讨论并通过了《中央政治局关于在川黔边建立新根据地的决议》，调整了长征中北上与红二、六军团会合的战略方针。④ 通道会议在危急时刻挽救了红军，挽救了党，挽救了革命，为黎平会议调整长征战略铺

---

① 参见陶菊隐《北洋军阀史略》（第 5、8 册），三联书店，1958；《土家族简史》编写组、《土家族简史》修订本编写组编《土家族简史》，第 179～182 页。

② 有关"通道会议"的时间、地点，现有两种不同的说法。笔者在此采纳的是 12 月 12 日在通道县城恭城书院的说法。

③ 李德：《中国纪实（1932～1939）》，现代史料编刊社，1980，第 124 页。

④ 贵州省博物馆、《贵州社会科学》编辑部编《红军长征在贵州史料选辑》，贵州社会科学丛书，内部资料，1983 年编印本，第 7 页。

平了道路,为毛泽东重新确立在党和红军中的领导地位奠定了基础。[①]

在中央红军离开江西瑞金之前,红六方面为配合党中央和中央红军的战略转移,1934 年 7 月,在任弼时、萧克、王震的领导下开始西征,揭开了红军长征的序幕。其后,红六军团突破湘赣边界敌人封锁线,迂回湘桂边,转战湘西南,渡过清水江,越过沅水,于 10 月进入贵州,与活动于德江、沿河、印江的红三军在印江县木黄会师。会师后,两路军团又转战酉阳,并在该县南腰界举行了会师大会,红三军恢复了红二军团的番号,组成了二、六军团总指挥部,贺龙为总指挥,任弼时为政委。为策应已开始长征的中央红军,红二、六军团主力转战湘西,占领大庸、永顺、桑植县城和龙山部分地区,并在大庸县成立了中共湘鄂川黔省委、军区和革命委员会,由任弼时任书记,贺龙任司令员兼革命委员会主席。在首府迁至永顺县塔卧后,建立了以龙山、永顺、桑植、大庸为基础,包括慈利、鹤峰、来凤、宣恩等县部分地区的湘鄂川黔革命根据地。1935 年,红二、六军团通过一年的浴血奋战,保卫了湘鄂川黔革命根据地,有力地配合了红一方面军实现战略转移。1936 年,红二、六军团主动退出湖南,向黔边地区转移。

中央红军途经通道、红六军与红二军建立湘鄂川黔革命根据地,既为武陵地区带来了一批追随革命的热血青年,也为该地区播下了革命种子,带来了革命的希望和胜利的曙光。

(四) 抗战时期民众西迁

1937 年 7 月 7 日,日本进攻卢沟桥,全面发动侵华战争。此后,至 1945 年日本投降,中国处于艰苦卓绝的全面抗日战争时期。特别是经历了南京沦陷、武汉会战、长沙会战、常德会战、湘西会战,大批民众逃亡、转移至西南地区。国民政府迁都重庆后,更有大批的国民政府机关单位、社会团体、学校和工厂向西南转移。地处中国中、西部过渡地带的武陵地区由是成为民众西迁贵州、云南、四川、重庆的主要通道以及目的地。来自东、中、北部地区的民众主要沿着两条线路进入西南地区:一是从湘中、湘西沿湘黔公路西行至贵阳、昆明;一是沿长江水路或者恩施陆路进入重庆、四川。这些民众,既有普通的穷苦百姓,也有政府机关的公职人员,工厂、矿

---

① 康健文:《通道转兵的历史意义》,《贵州文史丛刊》1982 年第 1 期。

山、医院、高校、科研机构中的各类科研、工程技术人员，还有商人以及伤残军人等。

湘西在1938年6月湖南省主席张治中视察后，即陆续接收从各地疏散而来的大批难民。据《湘西州志》载，至民国31年（1942）6月，"州境各县共设难民收容所7处，收容难民8288人。乾城设收容所2处，收容难民3534人；泸溪县设收容所2处，收容难民3562人；凤凰县设收容所1处，收容难民186人；永绥设收容所1处，收容难民704人；永顺设收容所1处，收容难民186人；保靖安置难民105人；古丈安置难民11人"①。即使是湘渝边偏僻的茶洞，抗战时期也云集了不少来自苏、皖一带的难民与公教人员。随着部分金融机构、机关、学校的相继建立，人口也是激增。怀化1938年3月开始收容难民和伤残军人，芷江设立了2个临时伤残军人教养院、1个伤兵医院、1个难民收容所，共收伤员2000余人、难民500余人。1939年，晃县也设立了临时伤残军人教养院，收纳伤员3000余人；辰溪成立2个难民收容所，收容难民2000多人，疏散难民6000余人。1944年12月，晃县成立难民收容所，半年收容难民1000余人，救济过境难民5000余人。特别是芷江、辰溪县城，战后与战前人口相比更是增至数倍。辰溪县城从6000人增至战后10余万人，芷江县城则从3万人增至10万人。②故陈心传补编的《五溪蛮图志》中有"如此二次之世界大战，吾国长江下游，即沦于敌手，沦区难胞，近年扶老携幼，逃来五溪避乱者，不知陡增若干万"③之言。

鄂西这一时期也迁入了不少沦陷区的难民。特别是湖北省政府西迁后，随之迁入一大批机关、学校、工厂企业，恩施人口更是大增。以恩施城区为例，抗战前人口仅3000人左右，武汉、宜昌相继沦陷后的1940年6月，恩施城区人口骤增至15万人。民国32年（1943）《湖北省统计年鉴》记载：当时迁入鄂西或新建的工厂有硫酸、造纸、纺织、机械、陶瓷等厂，职工

①　湘西土家族苗族自治州地方志编纂委员会编《湘西州志》，湖南人民出版社，1999，第283页。

②　麻少军、夏益民：《抗日时期的怀化综述》，引自抗日战争纪念网，http：//www.krzzjn.com/html/1544.html。

③　（明）沈瓒编撰，（清）李涌重编，陈心传补编《五溪蛮图志》第二集《五溪风土》，第115页。

1000 多人。利川硫酸厂为湖北省硫酸厂迁建，先筹建于恩施红庙，民国 30 年初迁至利川南坪，资本总额 25 万元（法币），职工 292 人，其中工人 252 人。主要设备有蒸汽锅炉、焚硫炉等，主产硫酸、黑色火药、硫酸钠等。巴东机械厂于民国 31 年（1942）由湖北省保安司令部拨归建设厅，有职工 173 人，主要设备有车床等，以修理船舶为主。民国 31 年（1942），武汉人王觉民在宣恩县椒园开办唯美肥烛厂。该厂从重庆购进机器，聘用技师、技工及事务员等 27 人，利用当地资源桐油、木油等生产蜡烛、肥皂。① 民国 29 年（1940），湖北省建设厅将武昌丝麻四局部分活动机件迁至恩施红庙，建立恩施手纺织厂，总资本 37 万元（法币），职工 130 人，其中工人 116 人，主要设备有纺纱机等。② 随后虽有部分民众陆续向西南后方迁移，但至 1943 年 9 月，恩施城区人口仍有 79331 人。抗日战争胜利后，虽然大部分迁回原地，但仍有一部分留在当地安家落户。③

与湘西、鄂西相比，抗战时期渝东南、黔东北迁入的难民相对较少，但仍对地方人口增长具有一定的影响。抗战爆发时，彭水县仅有 209190 人，至抗战胜利的 1945 年，该县人口已增至 285796 人④；酉阳县民国 27 年（1938）为 366357 人，民国 30 年（1941）则增至 506540 人⑤；铜仁县民国 27 年（1938）为 143374 人，抗战胜利后，沦陷区人口返回原籍，民国 34 年（1945）人口就回落至 125216 人，减少了 18158 人⑥。

这些迁入武陵地区的民众，以汉族为主，但也有少量的少数民族。常德回族中的钟、钱、哈等姓氏多为抗战初期从江苏、安徽等省逃难来此定居者。⑦ 恩施建始县苗坪和细沙等地满族即是抗日战争时期从北方诸省迁徙而来的，特别是湖北省政府西迁恩施时，部分回、满、蒙古等少数民族随之亦迁徙到了恩施。⑧

---

① 恩施州志编纂委员会编《恩施州志》，第 281 页。
② 恩施州志编纂委员会编《恩施州志》，第 283 页。
③ 恩施州志编纂委员会编《恩施州志》，第 99 页。
④ 彭水县志编纂委员会编纂《彭水县志》，第 697 页。
⑤ 酉阳县志编纂委员会编纂《酉阳县志》，第 93 ~ 94 页。
⑥ 贵州省铜仁市地方志编纂委员会编《铜仁市志（上）》，贵州人民出版社，2003，第 212 页。
⑦ 王勇：《湖南人口变迁史》，第 403 页。
⑧ 湖北省地方志编纂委员会编《湖北省志·民族》，第 21 页。

三　客商与西方传教者：其他类型客民的迁入

民国时期迁入武陵地区的客民主要是战争因素导致的。除此之外，还有营谋职业的商人、西方传教者等。民国时期，特别是抗战时期进入武陵地区营谋的江西、广东、福建、武汉等地的客商比较多，这些客商既有坐商，也有行商。他们经营的商品既有大宗的桐油、生漆、茶叶等，也有百姓日常所需的小商品。他们把武陵地区盛产的桐油等土特产品通过船只运往区域外，又把外地的产品运到武陵地区。湘西汉寿县城"以十字街为繁盛，大贸易多集于西帮（即江西人）"[1]，澧县津市"九澧土物，由此输出，外来货物，由此分布，……经商多晋人，次为长沙人"[2]，慈利县城"有丝烟铺十余家，当铺数家，皆闽、晋人所经营"[3]，永定县城自1938年武汉失守后"外商云集，商店剧增。城区西起白砮庵，东至街口，长达8公里的石板街道两旁，铺面如雨后春笋，蓬勃兴起，临街的小商摊贩，星罗棋布，商业陡然成畸形发展，城镇人口一下子由原来的6000多人猛增到10000余人。永定至鄂西来凤长达五六百里的运输线上，肩挑的、骡马驮运的行商往来如梭，络绎不绝"[4]。湘西的所里（今吉首）在湘川公路通车后成了湘鄂川（渝）黔四省进出口物资的中转站。抗战期间，这里商旅辐辏，人货游资云集。客商和本地商人新开设大小商号100余家。当时资本雄厚的外来商号有陈铭珊的"今裕"商店，刘芷初的"怡永丰"布店，杨文彬的"永成"布店，江炳文的"兄弟"百货店，汤炳记的香烟店，程季梅的"合成南杂店""左记商店"以及聂德丰的"酱园铺"等。商业的发展，带来了饮食服务业的发展。汽车站两侧开设了"湘岳""蜀华"等30多家旅社。客商经营的熟食业有宋、余两家合资开设的"别有天"菜馆，山东厨师开设的"台儿庄"饮食店，广东老板开设的"新广州"酒馆；理发业有"南京""寰球"等；摄影业有"人人美""影坛"等。[5] 此外，凤凰沱江、怀化榆树湾等集镇也云

---

① 傅角今编著《湖南地理志》，第501页。
② 傅角今编著《湖南地理志》，第598页。
③ 傅角今编著《湖南地理志》，第616页。
④ 中国人民政治协商会议湘西土家族苗族自治州委员会文史资料研究委员会编《湘鄂川黔边区名镇》，内部资料，1993，第36页。
⑤ 李幹、周祉征、李倩：《土家族经济史》，第147页。

集了客商。凤凰沱江外来客商为了维护自己的利益,纷纷组织商业行帮,有湖北、四川、江西、福建等帮,其中尤以江西帮的势力最大。[①] 怀化榆树湾在抗战爆发后,常住人口和流动经商赶场及逃难内迁者日益增多。民国32年(1943)省内长沙、衡阳,省外江苏、浙江等地难民和商人百余户在此落业,从事商业,开设旅馆、饮食、南杂店20多家,集市逐渐兴旺,每逢阴历初五、十赶场,人数达数千之众。[②]

与湘西类似,鄂西南、渝东南、黔东北的一些城镇、集市也云集不少的客商。仅商帮就有江西帮、汉阳帮、四川帮、河南帮、福建帮、广东帮等。鄂西南江西商帮主要经营生漆、桐油等山货,汉阳帮以经营汉货、布匹为主,四川帮主要经营食糖、纸张,收购药材,河南帮则以经营百货、土布为主;渝东南的客商商号主要有"茂生园""万事""宜宾栈""义和""光顺号""同仁""同顺"等;黔东北铜仁市(现碧江区)的江西商号有"德顺隆""永和春""庆元丰"等,湖南商号有"刘宝记""戴贵记"等,湖北商号有"集庆长"等,四川商号有"裕黔公司"等。

除了国内的客商,民国时期还有一部分外国商人或其买办也进入武陵地区。如1916年前后,美国的"美孚行"、英国的"亨达利钟表公司"、法国的"拜耳洋行"、日本的"医药公司"等洋行买办相继涌入铜仁,收购当地及周边所产矿产和农副土特产;1931年,美国资本家在所里(今湘西州吉首市)开设"正大公司";民国22年(1933)美商在所里开设"义瑞公司";1929年,日商斋藤、水田两行在宜昌设立分行,收购鄂西生漆。[③]

除了商人,民国时期进入武陵地区的客民中还有一个特殊的群体,他们就是来自西方的宗教传播者。这个群体虽然人数不多,但对改变民众宗教信仰具有重要意义。天主教在康熙年间开始传入武陵地区。康熙五十年(1711),德国遣使会会士穆天尺(J. Mullener)在常德地区传教。康熙六十一年(1722),方济会会士叶功贤(Jean B. Mauletti)、王方济(Franciscus

---

① 中国人民政治协商会议湘西土家族苗族自治州委员会文史资料研究委员会编《湘鄂川黔边区名镇》,第79~80页。

② 中国人民政治协商会议湘西土家族苗族自治州委员会文史资料研究委员会编《湘鄂川黔边区名镇》,第27页。

③ 恩施市地方志编纂委员会编《恩施市志》,武汉工业大学出版社,1996,第358页。

Garretto）二位神父来常德传教，王神父定居沅州（今芷江），并建有教堂一座。乾隆年间，天主教的触角已深入长阳、巴东一带。乾隆十二年（1747），比利时神父唐奥斯汀来到长阳担子口购买土地房屋建立了经堂。道光年间，湖北省利川县建了天主教堂。同治年间，恩施县（今恩施市）设有施南教区总堂。光绪年间，建始县建了景阳河教堂。1901 年，天主教传入今湘西州泸溪县、永顺县、保靖县、龙山县、古丈县等地，隶属沅陵教区管辖。1903 年，西班牙神父安熙光、牧启甫等到慈利传教，并在县城建立天主教堂。1915 年，天主教郭神父来到大庸县（今张家界市永定区）建立天主教堂。在上述传教的天主教神父当中，虽然也有不少本地的，但多数神父是西方的。如乾隆十七年（1752）至 1952 年间，在长阳担子口堂口任职的 138 位神父中，外籍神职人员多达 104 人，分别来自意大利、比利时、荷兰、美国、法国、英国等。①

与天主教相比，基督教新教传入武陵地区相对比较晚，时间大致是在清末。光绪二十五年（1899），有数位传教士在常德、辰州活动。光绪二十六年（1900），武昌伦敦教会派英国人孙荣礼（Wilson J. Wallsoc）到常德等地成立伦敦会。《辛丑条约》签订以后，传教受到清朝地方政府保护，各国传教士争相涌进武陵地区，各基督教会争相发展自己的势力范围。1904 年，英格兰柯伯伦长老会克威医生夫妇到辰州传教。1906 年，芬兰牧师安果南、梅先春在慈利县城修建基督教教堂，成立"基督教中华信义会慈利分会"。1916年，在大庸县（今张家界市永定区）建立福音堂，后来传入桑植、永顺等县。1917 年，在永顺县建总堂。中华基督教会从今长沙市传入沅陵县，再从沅陵县传入永顺县、保靖县、龙山县，后来传入来凤县、宣恩县和恩施县（今恩施市）等地，共有教堂数十处。在这些教堂当中，由外籍牧师设立的主要有泸溪浦市福音堂（美国牧师麦秀琪，1913）、保靖福音堂（美国牧师何道明，1919）、泸溪武溪草头坪福音堂（美国牧师希来德，1921）、铜仁中南门福音堂（美国传教士白逆启、柯林茂，1921）、永绥福音堂（美国牧师何道明，1923）、凤凰福音堂（芬兰籍达牧师、甘牧师，1928）、龙潭福音堂（美国传教士包忠杰，1934）、黔江福音堂（美籍牧师包忠杰，1938）等。

① 刘兰英：《天主教在土家族中的传播与影响》，《中国天主教》2014 年第 2 期。

第三节　民国时期政府的土客政策与土客关系的发展

民国时期是一个军阀混战、战火纷飞与中国人民抵御外辱、救亡图存的年代。这一时期，人地关系、天灾人祸，特别是军阀混战以及日本帝国主义发动侵华战争而引起的逃难、迁徙、异地谋生、投靠亲友以及军队的调动尤为普遍。作为通往西南地区的主要通道，武陵地区在这一时期迎来大批包括国民政府机关单位人员，社会团体、学校、工厂人员和难民在内的客民。他们的到来，虽然带来了一定的矛盾和冲突，但总体上是积极向上的。在共赴国难中，土著与客民团结一致，不仅为争取抗战的最后胜利以及区域社会经济的发展做出了重要贡献，而且推动了族群间的交流与融合。

一　国民政府的土客政策

民国时期，国民政府要么承认只有五个民族，要么将少数民族视为汉族的宗族分支，不承认少数民族的存在，但这并不能否认或者抹杀武陵地区存在多个具有不同语言、文化的族群的事实。为了更好地建立和加强其统治，国民政府特别是南京国民政府不仅对包括武陵地区在内的西南地区的土著民族展开了比较深入的调查，而且制定实施了一些发展土著民族经济、文化的政策与措施。同时，为解决全面抗战以来的难民问题，国民政府还在武陵地区各县实施了难民救助措施。

（一）民国时期政府治理武陵地区"土著民族"的政策和措施

民国时期的政权主要分为三个阶段：一是南京临时政府，一是北洋政府，一是国民政府。南京临时政府存在时间短，北洋政府关注的主要是边疆地区和满、蒙、回、藏四个少数民族，因此只有南京国民政府出台了涉及治理武陵土著民族的政策和措施，故下文将以国民政府为重点进行阐述。

蒋介石上台后，国民政府一方面坚持不承认汉族之外其他民族的存在，另一方面比较关注各地不同族群的社会历史和现状。特别是抗日战争全面爆发以及迁都重庆之后，国民政府变得更加重视包括武陵地区在内的西南地区的土著民族。于是，政府不仅组织了一系列有关土著民族的社会调查，而且出台了一些治理土著民族的方略和措施。

1. 社会调查

社会调查从 20 世纪 30 年代初业已展开。这些调查主要分三类：一类是国民政府自上而下要求地方政府完成的调查，一类是地方政府自己完成的调查，一类是研究机构和学者完成的调查。第一类调查主要有 1934 年的"西南苗夷民族调查"，1938 年的"西南边区民族调查"，1947 年的少数民族人口数调查、"边地土著人口调查"、"边疆民族及内地生活习惯特殊国民状况调查"，1948 年的"边区各民族生活状况调查"。民国时期，武陵地区大部属西南范畴，故基本上经历了上述自上而下的调查。第二类由地方政府完成的各县调查，主要成果有 1931 年编印的《湖南各县调查笔记》、1934 年编印的《湖南全省社会调查》、1934 年编印的《湖北县政概况》等。这些调查多有涉及武陵地区各县土著民族的经济、语言、风俗等方面的情况。第三类调查主要由研究机构和研究人员完成。这类调查主要集中在湘西。1933 年，中央研究院院长蔡元培先生委派凌纯声、芮逸夫等开展了对湘西苗族的调查。凌、芮二位先生在乾城、凤凰、永绥三县苗乡进行了为期三个月的调查，后又委托石启贵先生进行了补充调查。凌、芮则将所有资料汇总，1938 年完成了《湘西苗族调查报告》。报告详细调查研究了"苗疆"地理，苗民的生活、习俗、巫术、神话传说、歌谣舞蹈、政治、经济等。石启贵先生则将 1933 年、1936 年的调查资料进行整合，于 1940 年编写了《湘西土著民族考察报告书》。此外，盛襄子、易志秉等先生也对湘西经济、文化等进行了调查研究，并撰写了相关的研究报告，如盛襄子的《湘西苗疆之设治及其现状》、易志秉的《湘西生产建设之我见》。除了湘西，部分学者也对武陵地区其他地方开展了调查研究。如张弛道对湘鄂川（渝）黔边区的整体情况进行了调研，并撰写了《边区鸟瞰》。该文"民族风俗"部分不仅详细介绍了 20 世纪 40 年代初期边区土著民族的人口，而且详述了土著民族的居室、饮食、服饰、婚丧习俗。[①]

2. 治理政策和措施

为了实现中华民族的统一、更好地统治包括武陵地区在内的西南地区，

---

① （明）沈瓒编撰，（清）李涌重编，陈心传补编《五溪蛮图志》第三集《五溪诗文》，第 243～260 页。

南京国民政府对土著民族采取了一系列的治理政策和措施。其中1939年9月7日内政部签发的《统治土著民族改进意见》（下文称《意见》）、1941年4月1日至2日国民党五届八中全会通过的《关于加强国内各民族及宗教间之融合团结，以达成抗战胜利建国成功目的之施政纲领案》（下文称《纲领案》）最具代表性。《意见》涉及治理观念、治理策略、发展交通、经济、教育、通婚等方面的内容。《意见》认为：治理观念方面，"治夷政策之改进，首在根本观念之纠正。须知夷番诸族，皆为我中华民族之构成分子；番夷人民，悉为我中华民国之良好国民。……今后治理夷番，必须本乎平等与同化之原则，使其享受国民应有之权利"；机关与人员方面，"治夷机关不必另立名目，……可就行政督查专员公署加以充实。所有专员、县长以下人员，均须选择公正廉明、刻苦耐劳而笃信三民主义者充任，并须学习土著民族之方言。……所有区长、联保主任及保长，均设副职。例如区长为夷人，副区长则为汉人；联保主任为汉人，副主任则为夷人。……各县应设法召集各族之领袖分子，参加县府以下之各种委员会，使得时常交换意见"；交通方面，"开化土著民族，便利交通为一先决条件，……应由省政府拟定计划，逐步实行"；教育方面，"应由省府设立边区师资训练所，储培小学师资。各县广设小学，汉夷并收。夷苗子弟入学，应予免费，并发给书籍文具，以资鼓励"；通婚方面，"通婚为同化之要素，亟宜积极提倡，……通婚之始，宜由宣传与教育入手，并由政府官吏与知识分子先为表率，逐渐推广，庶几有成"。[①]

《纲领案》则从政治、经济等方面系统地阐述了南京国民政府有关边疆以及民族方面的政策。其不仅针对满、蒙、回、藏，而且包括各土著民族。其内容在政治上规定实行民族自治，经济上规定政府要从交通、金融等方面入手帮助地方发展经济，教育上规定通过增设学校等方式积极发展边疆教育，文化上规定在建立国族统一文化的基础上扶持各民族文化。[②]

此外，在中央政府的要求下，武陵地区各县也采取法律、行政、军事等手段消除土著民族与汉族之间的畛域。如保靖县1929年曾成立"苗民

---

① 伍新福：《湖南民族关系史（上）》，第421~422页。
② 李国栋：《民国时期的民族问题与民国政府的民族政策研究》，博士学位论文，兰州大学，2006，第105~106页。

风土生活情形研究会"，下文禁讲苗语、改苗俗；① 贵州则在杨森的主导下颁布实施了《民间善良习俗实施办法》《婚丧仪仗暂行办法》《劝导黔民边胞改良服装住宅图说缘起》等，要求包括黔东北在内的土著民族移风易俗。②

　　上述这些治理土著民族的政策与措施，有的得到了贯彻实施，有的没有贯彻实施，成了一纸空文。得到贯彻实施的政策与措施尽管存在大汉族主义等方面的问题，但也一定程度地推动了武陵地区土著民族经济、文化、教育等方面的发展。民国25年（1936）7月3日，湖南省政府委员会第671次常会审查通过的由湖南第三区行政督查专员公署秘书石宏规，凤凰县教育局局长刘佛林，乾凤绥古保苗族代表石启贵、龙达山、龙辑五提出的《湘西苗民文化经济建设方案》即是此方面的典型。该方案主要涉及治安、教育、经济建设、待遇、改良等方面的内容，较好地反映和代表了土著民族苗族的心声和利益。方案通过后"交湘西苗防屯务处主办。并由义务教育经费项下，拨银三万元办理苗疆义务教育及师资训练。在合作经费项下，拨银五千元，办理苗疆低利贷。余由本府各厅处酌缓急办理"③。

（二）国民政府的移民、难民政策

　　民国时期是一个社会动荡的时期。这一时期，不管是南京临时政府、北洋政府，还是国民政府，都比较关注移民、难民的问题。究其原因，主要有内外两个方面。外部的原因主要是日、俄制造的边疆危机以及日本的全面侵华；内部的原因主要有两个方面：一是自然灾害与军阀混战形成大量无家可归的灾民、流民，政府需要通过移民实现赈灾、疏导流民；二是财政紧张，政府需要广辟财源，充实国库。在上述因素的驱动下，国民政府既出台了一系列的移民、难民政策，也设置了移民、难民机构，专门管理移民、难民事务。④ 这些政策措施按时间或客民属性可分为两类：一类是针对移民的政策措施，主要有1912年孙中山先生批准成立，由黄兴负责，专门从事移民垦

① 伍新福：《湖南民族关系史（上）》，第425页。
② 杨森：《贵州边胞风习写真》，《中国西南文献丛书·二编》第四辑。
③ 石启贵：《湘西苗族实地调查报告》，第684～687页。
④ 参见张艳芳《民国前期移民政策刍议》，《文史哲》2006年第6期；樊磊《民国时期政府移民政策述略——以东北为重心》，硕士学位论文，吉林大学，2007。

殖事业的拓殖协会及 1913 年南京临时政府颁布实施的鼓励内地人到边疆垦荒的《国有荒地承垦条例》《垦辟蒙荒奖励办法》等政策；一类是针对难民的政策措施，主要有南京国民政府 1937 年 9 月通过的《非常时期救济难民办法大纲》、1938 年行政院颁布实施的《赈济委员会组织法》等。① 针对移民的政策措施虽然主要面向受日、俄制造的边疆危机影响的东北与西北地区，但也涉及包括武陵地区在内的西南地区。故 1940 年 9 月 15 日，湘西土著民族代表石启贵先生于《边声月刊》第 1 卷第 6 期发表的《我对于边区绥靖工作之观感》仍在建议："值兹抗战之时期，确定安边之方策，力谋肃清地方匪患，实现开发建设之图。故授权鄂湘川黔边区绥靖主任公署，负责绥靖，保卫社会，招庶流亡。"② 邹子风发表在《边声月刊》上的《两汉以来治理西南边族之策略及今后改进方案》则建言政府曰："上举大端，胥为治本之计，事缓而效隐，政烦而功深。果欲功效著明，急切易举，则徙今流离避地之民，使与边族杂居，屯垦西南边地，转结土民，练为劲旅，亦治末志要政、建国之大计也。今值倭患方深，频年御侮，各省居民纷纷迁避，流徙边陲，人口转移之频，开千古未有之局。宜际此时，使令屯垦西南边区，与土著杂居往还。……及抗战既胜，犹须奖掖中原居民，移殖边地，屯垦杂居，转输国家大军屯居边疆，为垦荒生产之计，收军民相助之功。"③ 在诸如石启贵、邹子风等有识之士的呼吁和建议下，国民政府 1940 年成立了农林部，设置了垦务总局，制定了《非常时期垦殖大纲》，组织内迁移民垦荒。垦荒的区域主要集中在包括武陵地区大部在内的西南地区。④

针对难民的政策主要集中在抗日战争全面爆发至抗战胜利时期。这一时期，武陵地区尽管诸如常德、宜昌长阳等地发生过抗击日本侵略的战斗，巴东、来凤、龙山、泸溪等遭受了日军的轰炸，但总体而言，武陵地区仍是抗战的后方。武陵地区各地方政府按照国民党中央的要求，贯彻实施了《非常时期救济难民办法大纲》《赈济委员会组织法》《疏散及配置难民工作大

① 王同起：《抗日战争时期难民的迁徙与安置》，《历史教学》2002 年第 12 期。
② 石启贵：《湘西苗族实地调查报告》，第 688 页。
③ （明）沈瓒编撰，（清）李涌重编，陈心传补编《五溪蛮图志》第三集《五溪诗文》，第 240 页。
④ 陆仰渊、方庆秋主编《民国社会经济史》，中国经济出版社，1991，第 604～605 页。

纲》《非常时期运送难民办法》《难童救济实施办法大纲》等政策。根据《非常时期救济难民办法大纲》的要求，武陵地区各县市成立了非常时期难民救济委员会支会。根据《赈济委员会组织法》的要求，撤销了非常时期难民救济委员会，选派成立了赈济委员会总会与支会，专门负责难民的收容、救济和运送等事务。1940 年，湖北省政府在恩施成立第 10 救济区，管理湘西、渝东南、黔东北以及鄂西地区的难民救济。赈济委员会先后在武陵地区各地设立了一批难民收容所，收容了不少的难民。1938 年底仅湘西各县设立的难民收容所就达 17 所之多。其中乾城、泸溪、辰溪、沅陵 4 县由于难民较多，各设 2 所收容所；其余的溆浦、麻阳、会同、黔阳、芷江、凤凰等县各设 1 所。由茹佳楠的研究可知，1940 年 7 月湘西各县统计在册的难民就达 25912 人。其中常德 1861 人，桃源 1972 人，慈利 511 人，永顺 186 人，沅陵 4439 人，辰溪 2682 人，溆浦 1110 人，泸溪 3562 人，乾城 3534 人，永绥 704 人，凤凰 406 人，麻阳 256 人，芷江 2396 人，会同 390 人，黔阳 583 人，晃县 1320 人。[①]

　　收容、运送之外，地方政府还采取各种方式对难民给予救济：一是依据国民政府颁布的《办理难民职业介绍办法》《难民技术人员及青年壮丁安置办法》等政策在各地开设职业介绍所，帮助具有一定能力但谋生、谋职困难的难民就地就近就业；二是开设难民工厂或者民生工厂，收容、安置难民，扩大生产，以充实抗战力量。典型的难民工厂有湖南省赈济会 1939 年在沅陵县创办的难民实验工艺厂，民生工厂主要设在常德石门、怀化芷江等县；三是根据《非常时期难民移垦条例》《难民垦殖实施办法大纲》等政策"寓救济于生产"，组织难民垦荒，如 1938 年 11 月，湖南省农改所在芷江县设立了沅芷垦区办事处，专门指导榆树湾难民垦殖事务，至 1940 年 12 月，改垦区开垦荒田多达 2 万余亩，[②] 1939 年 11 月，湖北省赈济会在恩施城北西流水地区组织难民开垦荒地，共移驻难民 34 户 143 人，数月时间就开垦荒地 240 亩[③]；四是根据《难童救济实施办法大纲》，对难童给予救济和教育，如 1938 年中国战时儿童保育会成立后，湖南、湖北、重庆、贵州

---

① 茹佳楠：《抗战时期湖南难民及其救济》，硕士学位论文，湘潭大学，2015，第 13~14 页。

② 茹佳楠：《抗战时期湖南难民及其救济》，硕士学位论文，湘潭大学，2015，第 46~47 页。

③ 恩施市地方志编纂委员会编《恩施市志》，第 345 页。

也都成立了战时儿童保育会,湘西永绥、沅陵则分别成立了湖南第一、第三保育院,收养了不少的难童与流浪孤儿;五是设立难民医院或医疗队,开展医疗救济。

民国时期,国民政府上述难民政策的制定与实施,既凝聚了民心,增强了抗战力量,也推动了土客之间的融合,促进了区域经济社会的发展。

二 民国时期武陵地区的土客意识及其边界

民国时期武陵地区的土客意识是明清时期区域土客意识的延续,同时因时代背景的变化又具有了新的内涵。明清时期,武陵地区所谓土著不仅包括土著汉民,也包含土著的少数民族。民国时期,这一称呼尽管仍包含汉族,如民国时期《湖南民情风俗报告书》第一章第一节"土著"明确指出了"土著人之性质":"湖南土著,汉苗杂居。"又言其住所曰:"西南近黔粤各属如晃州、永绥、凤凰、古丈坪等地方,居民多有设寨落者,谓之寨,居其各属军籍。有数姓团结聚屯设堡环筑小城以居住者,谓之堡,居皆能守望相助以御外侮。……苗民则多洞居,亦有寨居及巢居。"① 但由于民国时期国内形势以及政府民族观念的变化,"土著"衍变成了专指前文所言的土著少数民族的称呼。于是,在国民政府的官方和公开宣传品中出现了一系列有关"土著民族"的称呼。为此,湘西的石启贵在民国26年至35年(1937~1946)的十年间为国民大会设置土著民族名额问题给国民政府林森主席、行政院社会部谷正纲部长、中央党部叶秘书长及军委、组织、教育、海外部等多次上书,从土著民族当时状况、抗日战局、人民团结、民族平等、土汉关系等方面陈述了设置土著民族代表名额的理由。在民国29年(1940)6月22日给国民政府主席林森的信中,石启贵先生更是详细介绍了土著民族称呼的由来:"土著民族原称苗族,因其此呼多为汉人所轻视,易起土民之反感。中央政府为融合土、汉,消灭畛域,始改定为特种部族,后以此称不切实际,再改定位土著民族。"民国34年(1945)3月给国民政府主席蒋介石的代电也载:"查湘边土民实为西南一大部族,素性诚挚,人口众多,……启贵愿为边疆土著民族,历任考察宣慰工作,深入土著农村,较得真相。湘黔边区,靡

---

① 湖南法制院编印《湖南民情风俗报告书》,劳柏森点校,第1~3页。

不周游，各地土民言语、风俗民情习惯，洞悉无遗。对于土民今后政治之措施，教育之提倡，生活之改善，社会之建设，以及土、汉畛域之沟通诸要政，详究数年，着有专书，题名《土著民族考察报告》，计四巨册，书存省府，记述颇详。"[1] 民国 35 年（1946）1 月，在政治协商会议上，国民政府迫于压力讨论通过了设置西南土著民族国民大会代表名额的决议。依据决议，贵州、四川、湖南、广西、西康、云南等省设置土著民族代表 10 名，按各省人口多少分配，湖南配额 1 名。同年 10 月，在国大遴选代表资格审查、提名委员召开的第七次联席会议上，石启贵被选为湖南土著民族代表。同时被选的 10 名土著民族代表，石启贵、朱焕章、杨砥中为苗族，孙国蕃、张冲、曲木倡民为彝族，赵乾兴为瑶族，麻顷翁、阿汪巴登为藏族，方克胜为傣族。[2] 由此可见，与明清时期"土著"泛指当地世居之人不同，民国时期的"土著民族"是对西南非汉的统称。在武陵地区特别是湘西，由于苗族特征鲜明，其他土著少数民族"近苗则苗，近汉则汉"，故将"土著民族"与苗族等同。

与"土著民族"相对应的，民国时期还存在"客民""客家""客人"等称呼。民国时期武陵地区"客民""客家"的称呼，基本延续了明清时期的"外来汉民"的内涵，故民国《咸丰县志》中有"客家者，自明以来，或宦、或商，寄籍斯土，而子孙蕃衍，为邑望族者也"[3] 之说，其他一些文献以及中华人民共和国成立初期的一些民族识别调查报告中则将"客家""客民""客人"视为汉民、汉人。石启贵先生在《湘西苗族实地调查报告》"畛域隔阂"中明确指出："汉人素呼苗族为苗人，而自己所称为客人。按'苗'字言，原取禾苗、根苗之意，物之萌芽初生之义。以此意推，苗人，即当地世居久住之人。以'客'字言，殆寓他乡作客之意。'客'人，即新来住此不久之人。汉人称籍，常常自说江西、福建人。"[4] 该书"教育卫体"又载苗族八旬儒老石壁诚口述曰："明季始有少数汉族，来往乡村墟

---

① 石启贵：《湘西苗族实地调查报告》，第 692、697 页。
② 黄学坧：《南京国民政府时期全国性议政机构中少数民族代表考察》，《民族学刊》2016 年第 3 期。
③ 陈侃：《咸丰县志》卷 11《氏族志》，民国 3 年刊本。
④ 石启贵：《湘西苗族实地调查报告》，第 222 页。

场贸易，称为客人，均相安无事。迨明末清初，作客者源源而来，散处各地，人数日多，势力大强，始用柔软狡诈之手段，盘剥苗民。"① 民国31年（1942）《边声》第1卷第7期转录的张弛道的《边区鸟瞰》在介绍湘鄂川（渝）黔四省边区民族风俗时载："盖苗本土著民族，汉人系逐渐移至。故其称汉人为客家，而自称为本家或至家。"② 陈心传在《劝告五溪同胞书》中感叹："其（苗族）在步武之间，似有障碍，寸步维艰，不能与客家（汉人）同有进步，形成落后。故至今日，虽同为一国之国民，尚有苗、客之别焉。……所有生活与客家迥异。于是客家、苗家遂自然有其不同之别矣！"③ 此外，中华人民共和国成立初期的一些调查报告亦显示，当时武陵地区的土著大多称汉族为"客家"。1956年8月中央土家问题调查组《关于土家问题的调查报告》载："解放前，龙山乡六区坡脚乡（大乡）全乡1154户（土、客、苗）中，有地主67户，其中土家占62户，客家5户；富农18户，均为土家。保靖二区龙溪坪378户（土家338户，客家40户）中，有地主11户，均为土家。……土家称客家为'葩卡'或'葩比'，也有称客家为'搬家客'或'客边'的。"④ 汪明瑀的《湘西"土家"概况》也言："土家称汉人为'客家'，……汉人称土家人为'土蛮子'。"向乃祺的《湘西"土族"考》也言："改设府治以后，迁来的人称为'客家'，至今尚有土、客之分。"⑤ 可见，民国时期武陵地区的确存在与"土著民族"相对的"客家""客民"。尽管客民、客家并不都是汉人、汉民，但因以汉民为主，故该称呼逐渐演变成了明清以来迁入民族地区汉民的代名词。

对于土客之间的区别，武陵地区则是因地而异。一般说来，土客之首要区别是是否入籍。科举时代，因学额等利益之争，客民入籍限制较严。

---

① 石启贵：《湘西苗族实地调查报告》，第230页。
② （明）沈瓒编撰，（清）李涌重编，陈心传补编《五溪蛮图志》第三集《五溪诗文》，第253页。
③ （明）沈瓒编撰，（清）李涌重编，陈心传补编《五溪蛮图志》第三集《五溪诗文》，第210~211页。
④ 彭振坤主编《历史的记忆》，第4~5页。
⑤ 《中国少数民族社会历史调查资料丛刊》修订编辑委员会编《土家族社会历史调查》，第15、17页。

年限就是其中非常重要的一个方面。如湘西安福、石门等县，客民必须居住满六十年；湘西的通道、泸溪、古丈坪则需住居三十年；慈利、永顺等县则须居住三代以上。其他地方虽无明确年限，但一般都须居住较长时间。除此之外，客民还需捐金钱田产。① 即使如此，有的地方还不能入籍。如湘西乾州明确规定非军户子弟不得占籍。科举制度取消后，各地入籍限制逐渐废弛。但户籍仍是土客之间一个很重要的区别。对于无户籍的客民而言，他们要么被冠以"无业流民""游民"甚至"乞丐盗贼"，要么被称为"难民"。

除了户籍，言语风俗也是区别民国时期武陵地区土客的重要标准。因此《湖南民情风俗报告书》在介绍"土客对待之情形"时有"客籍人之言语风俗，除居住久远习与同化外，类能保守固有之惯习。其营谋职业殖生产、计锱铢进取之心，较土著人为优；而无业游民窜入各处流为乞丐盗贼，亦所在多有，甚至密散飘布，勾结土著，潜谋滋事"之言。该书介绍的情况虽是民国时期之总体状况，但湘西亦有之，且石门、会同、古丈坪等地还甚为严重。故该书又载石门土客间特异之点曰："北乡地境辽阔，山林密深，土客游民聚而为盗，实隐患也。"载会同县曰："洪江镇为黔滇往来通衢，游民杂处，为会匪之渊薮。"载古丈坪厅曰："厅境各族团体甚坚，客籍游民之不法者，即设法惩治，并送官严办。"② 此外，20 世纪 50 年代初期一些土家调查报告也显示，湘西的土客在言语风俗上也存在一定的区别。同时，土客族群关系也存在一定的隔阂。如汪明瑀《湘西土家概况》载"汉土关系"曰："土家称汉人为'客家'，和汉人相谈时有顾虑，怕说错话。解放前，土家和汉人有冲突时，土家不论识与不识，皆集而互助。汉人称土家人为'土蛮子'。农村中流传'土家不和客家蹲，茄子不和辣椒栽'一类不合作的俗话。"③ 潘光旦《访问湘西北"土家"报告》也载"汉土关系"曰："解放前，当地客家（即汉人）和'土家'的关系一般是不好的。古丈一区委书记田开胜追述说：'解放前，客家常常压迫我们土家，骂我们是什么土

① 湖南法制院编印《湖南民情风俗报告书》，劳柏森点校，第 1 页。
② 湖南法制院编印《湖南民情风俗报告书》，劳柏森点校，第 4~5 页。
③ 《中国少数民族社会历史调查资料丛刊》修订编辑委员会编《土家族社会历史调查》，第 15 页。

蛮子,因此我们土家也讨厌客家。土家人常说:我们屙屎都不和客家一起屙。'……龙山一带的客家把骂'土家'人的话,还编成了押韵的短歌:'向家 ka,田家 ka,食里粑粑热他帕。'……而在听到的,'土家'人认为是莫大的侮辱,因此才把它反映给我,是肯定的。"① 1956 年,中央土家问题调查组《关于土家问题的调查报告》也载:"但也有人说:'土家人老实些,客家人狡猾些。'龙山报格乡土家当小孩啼哭时,就用'葩卡'(客家)来吓住小孩,过去赶场时,土家被称为'土蛮子'(土家)'土包子'。"② 这些调查展开的时间虽然是 20 世纪 50 年代,但也是民国的延续。只不过,由于这些调查将汉民与客民、土家与土著等同,故将土客关系表述成了土家族与汉族的关系。

与上述调查相似,石启贵先生的《湘西苗族实地调查报告》也将汉民与客民、苗族与土著等同,将土客关系表述成苗族与汉族的关系。该书第六章"政治司法"第七节"畛域隔阂"载:

> 加之苗、汉之士,守旧观念,牢不可破。……间有汉娶苗妇者,情必特殊,实非正式婚姻可比。汉嫁苗族者,亦属同样之情形。从未有门户相当,资望同等,开一新婚纪元也。纵有情礼往来者,多属一般慕势之徒,义交极少。……一遇纠纷,概以"苗"为冠词。在旁苗人,有好胜闻之,殊为愤懑,辄出而鸣不平,引起纠葛,屡见不鲜。住所简陋,亦呼"苗房"。衣裳汗臭,多称"苗气"。甚有苗胞不谙汉语,出言略带苗音者,往往就为汉人轻视。……如汉人呼苗族妇女曰婀娅,每每因此,互起龃龉。查婀娅,汉意本是大姐之意,亦是尊称之名词。苗族妇女素亦知之。为何听此,非但不应,而且大起恶感,其中盖有他意存焉。因以往常有流浪之汉族青年,惯奔走于苗妇之间,施以谑戏,随意揩油。一见妇女,即呼"婀娅"。如其应之,彼等即乘隙取巧靠近,初以言语戏调,继以非礼之妄为。深山僻处,渺无人踪,过去苗族妇女,污受桑间之辱者不少。辄有强悍之妇女,遇此种秽行发生,为自卫

---

① 《中国少数民族社会历史调查资料丛刊》修订编辑委员会编《土家族社会历史调查》,第 123~124 页。

② 彭振坤主编《历史的记忆》,第 19 页。

计，往往逞凶，持刀斫人，后果全不顾也。苗族一般妇女，于此具有深刻印象，惜乎自身无判辨能力，复不留心加以考察。遇有优秀之汉人，善意呼之，亦以认为轻佻败类。其误会之意旨深矣。揆厥原因，此不归咎苗族妇女未识应对，而归咎汉人先事造成恶果所致也。欲入苗区，有说询问，务求融洽。遇到中年妇女者，当呼以大姐、大嫂为宜。又汉人素呼苗族为苗人，而自己所称为客人。按"苗"字言，原取禾苗、根苗之意，物之萌芽初生之义。以此意推，苗人，即当地世居久住之人。以"客"字言，殆寓他乡做客之意。"客"人，即新来住此不久之人。汉人称籍，常常自说江西、福建人。由此观之，苗汉实有深密之关系。……沿旧推行，上下隔阂，政令无人沟通民间。甚有同属一地之苗、汉民族，汉人当事，苗嫉恶之；苗人当事，汉嫉恶之。障碍横生，意见纷歧。①

　　石启贵先生是民国时期湘西苗族的文化精英，他对湘西畛域隔阂的陈述、分析，一方面深刻体现了民国时期苗汉之关系，另一方面也是湘西土客关系的表述。石先生文中"苗人，即当地世居久住之人""'客'人，即新来住此不久之人。汉人称籍，常常自说江西、福建人"之言即是明证。此外，凌纯声、芮逸夫二位先生的《湘西苗族调查报告》对"客教""苗人称汉人为'客家'，故由汉人传去的宗教称为'客教'"②的注释、湘西一带流传的"客家（汉族）老师一本经，苗家老师半本经，土家老师乱谈经"的俗语也对此给予了佐证。

　　与湘西相似，鄂西南、渝东南、黔东北的土客之间虽然出现了较大规模的文化融合，但他们之间仍存在一定程度的言语习俗方面的差异以及族群的边界。鄂西南方面，张祖道《随潘光旦师川鄂"土家"行日记》载：潘光旦先生 1957 年 1 月 15 日在来凤调查时，来凤已在百福司镇舍米湖发现有"跳摆手"的习惯；③祝锋的《鹤峰土家族调查识别工作回顾》、杨润的《咸丰县民族识别工作回顾》载，20 世纪 50 年代，鹤峰、咸丰土家还有一

---

①　石启贵：《湘西苗族实地调查报告》，第 221～223 页。
②　凌纯声、芮逸夫：《湘西苗族调查报告》，第 128 页。
③　彭振坤主编《历史的记忆》，第 239～243 页。

些特别的习俗,如信仰白虎、向老官人、田好汉,跳八宝铜铃舞、摆手舞、过赶年。① 渝东南方面,陈济涛发表于 1935 年 3 月《川边季刊》第 1 卷第 1 期的《四川之边地与开发》第四部分"人口与种族"明确指出:"不同种族之人,又杂居于一地。《四川人种生活考》一书,常分现在人种为本土及外来二大类以概括之。"同时又对川(渝)东南四县汉族与番族人口进行了初步的统计。《川边季刊》第 1 卷第 2 期的《酉阳苗族调查》,陈济涛则详细介绍了川(渝)东南苗族之民情、风俗、居住、生活、婚姻、丧葬等情形。② 黔东北方面,民国《贵州通志·土民志》专辟一部分介绍土著"诸蛮夷"本身就说明土客族群边界的存在。此外,杨森所著的《贵州边胞风习写真》记载的虽然是贵州的"边胞"的总体情况,但也有涉及黔东北边胞之风习,同时也可窥见土著边胞与客民之区别。故杨森在该书第一章"绪论"中有"黔省地处西南,边汉杂居,其中边胞约占全省人口六分之一,是以在贵州政治上,尤值得考虑之重要问题,惟苗夷边胞多为黔省主要之土著,自元代军屯、卫所、官户、戍卒以及负贩商旅,来自各方,移民渐众,而苗夷边胞,遂多移居深山野谷之中,自成风尚,与世相远,文化亦渐低落。历代主边政者,又复不知利用此庞大之人力于建设,再以建设促进其文化之发展,使与汉民融为一体,甚或互相歧视,认为非类,华夷之限乃严……惟是边地同胞生活,积习已久,骤然改之,实非易事,必须先事调查,明瞭真相,始能对症下药,收事半功倍之效"③ 之言。杨之言不仅介绍了他主持调查的目的,而且说明贵州土著苗夷边胞与军屯、卫所、官户、戍卒、负贩商旅等客民存在风习之别与族群边界。

综上可见,民国时期武陵地区土客不仅存在土客意识,而且存在言语习俗方面的差别以及一定的隔阂和矛盾。二者关系密切,相互影响。一方面,土客意识需要寻找文化标识进行表述;另一方面,言语习俗的差异、一定的隔阂和矛盾又强化了土客意识以及他们之间的族群边界。

---

① 彭振坤主编《历史的记忆》,第 421、431 页。
② 四川黔江地区民族事务委员会编《川东南少数民族史料辑》,第 467~470 页。
③ 杨森:《贵州边胞风习写真》,《中国西南文献丛书·二编·第四辑》,第 491~492 页。

三　民国时期武陵地区土客关系的发展与区域经济的繁荣

民国时期是一个内忧外患的时期，这一时期的中国存在各种各样的矛盾，但最主要的矛盾是帝国主义与中华民族之间的矛盾。与全国其他地方大致相似，这一时期武陵地区虽然存在移民地主、外来军阀与土著民众之间的矛盾等，但最主要的矛盾还是帝国主义与中华民族的矛盾。在这一矛盾之下，武陵地区的民众，无论是土著还是客民，众志成城，团结一致，共御外敌。通过国难的凝聚与政府土客政策的推动，民国时期武陵地区土客关系得到较大的发展，区域经济也出现一定的繁荣。

（一）族际通婚加速

族际通婚是族群关系发展的重要标志。民国时期武陵地区尽管存在鄂西南、渝东南与湘西、黔东北空间发展不平衡[①]，但与清代相比，土客通婚的个案更多。特别是土客杂居的地方，土客之间通婚更是普遍。如民国时期陈心传补编《五溪蛮图志》曰："其（按：洪、梁等姓）世系本皆非苗族，只为其地接苗民，习与之化；或妇纳苗女，其生易繁，转迁而既入苗之巢穴，遂变为苗也。且近闻若此一类变为苗者，除此梁、洪二大姓外，尚很多焉。"[②] 1958年中国科学院撰写的《永顺县凤栖寨土家族调查报告》显示：该村以及附近的土家族和汉族长期业已形成相互来往、相互通婚的关系。[③]湖南省湘西土家问题联合调查组《关于土家情况的调查报告》也载："土家客家互相通婚，亲戚关系密切，据在永顺县毛家乡太吉村调查，33户土家有19户娶进客家女子，有9户土家女子嫁给客家；又据永顺司城乡木咱寨调查，7户客家有11个女子嫁给土家，有6户娶进土家女子"，"土、客之间没有什么隔阂，土改时只分地主、农民，不分土客，选举、婚娶、互助合作均不分土、客，有事互相帮助"。[④] 这些调查尽管是20世纪50年代展开

---

① 王平：《论武陵该地区历史上的族际通婚》，《三峡大学学报》（人文社会科学版）2008年第5期。
② （明）沈瓒编撰，（清）李涌重编，陈心传补编《五溪蛮图志》第二集《五溪风土》，第65页。
③ 中国科学院民族研究所少数民族社会历史调查组：《永顺县凤栖寨土家族调查报告》，1964。
④ 湖南省湘西土家问题联合调查组：《关于土家情况的调查报告》，阳盛海编《湘西土家族历史文化资料》，湖南人民出版社，2009，第63、77页。

的，但也是对民国"土客"通婚及其关系的一种"追忆"。此外，即使在"苗疆"，也有不少土客通婚案例。否则，凌纯声、芮逸夫先生不会在《湘西苗族调查报告》中有"纯苗有吴、龙、廖、石、麻五姓，其杨、施、彭、张、洪诸姓，乃外姓入赘于苗而习其俗者"[①]之说，石启贵先生不会在《湘西苗族实地调查报告》中有"间有汉娶苗妇者""汉嫁苗族者"[②]之言。尽管这种情形"情必特殊，实非正式"，但也说明当时的"苗疆"确有苗族与汉族通婚。苗族在苗疆是土著，汉族是客民，苗族与汉族的通婚不仅是苗汉民族间的通婚，还是土著与客民之间的通婚。

土客之间通婚的加速，一方面与国民政府土客政策的推动有关，另一方面与包括土著在内的知识分子的倡导呼吁有密切联系。如1936年，石启贵先生与石宏规、龙辑五等苗族知识分子向湖南省政府提出的《湘西苗民文化经济建设方案》就要求"破除汉、苗界限，实行汉、苗通婚"[③]；1941年，邹子风发表的《两汉以来治理西南边族之策略及今后改进方案》也建言："今使边民与汉族通婚，不独易令同化，且将改进民种，使日益强大具有进取之心，开新史之局，复兴建国，收效必宏，……类皆因事为计，不足以言种族通婚。或间有谪徙之民，与边族相婚聚，或杂居土属，以年久而习为杂婚之风，亦多出自偶然，不足以言种族优生，尤无于政治文化推进大计。自今以往，历世相缘，垂为政令，且广事倡导，肆力宣传，使人知民族通婚，关系国政之重大，而转相悦乐，积习成风。"[④]

（二）文化融合加强

在民国政府土客政策的推动下，民国时期武陵地区土客文化融合日益紧密。这种融合虽然存在"互化"两个维度，但以土著"客化"为主。民国时期湘西土客尽管存在一定的文化边界，但融合是主流，且主要以土著汉化的形式表现出来。凌纯声、芮逸夫《湘西苗族调查报告》载苗族"家庭"曰："今日苗人家庭生活，逐渐同化于汉人，即婚丧仪式多效汉俗，仅保留

---

① 凌纯声、芮逸夫：《湘西苗族调查报告》，第93页。
② 石启贵：《湘西苗族实地调查报告》，第221页。
③ 石启贵：《湘西苗族实地调查报告》，第686页。
④ （明）沈瓒编撰，（清）李涌重编，陈心传补编的《五溪蛮图志》第三集《五溪诗文》，第239~240页。

若干苗俗的遗留而已。"载"婚俗"曰："今日苗中婚俗，沾濡汉化，已改旧俗。"载"丧葬"曰："今日苗人的丧礼，亦如婚俗，汉化之处甚多。……今日苗中丧俗，人死即烧纸钱三斤六两，名落气钱，取钱灰用白纸包成一包，放在死者身旁。"载"巫术与宗教"曰："今汉人的巫教传入苗疆，苗人亦信汉族之神。故今日苗疆中已有两种宗教：一为苗教，二为客教。……苗教与客教各有各的巫师。苗巫俗称苗老师，客巫则称客老师。"[①]石启贵先生的《湘西苗族实地调查报告》载"男装"曰："近于苗汉人杂居处亦有喜戴帽子者。……民国以来，较为进化，对此滚边绣花衣服似少见之。裤子短大，疏松异常。近有剪发，习汉装，穿长衫套马褂者。"[②] 陈心传补编的《五溪蛮图志》更是详载了民国时期"五溪蛮"风俗之变迁：

> 所谓之徭人，今已无踪迹。所谓之苗蛮等族，今则皆同汉民，归其所隶各该县属之官治也。……
>
> （明溪）溪间苗人，现闻已多与汉人同化矣。……
>
> 仡佬，闻其本与苗同族，故现被通称为苗族。遍居于沅陵之西北，古丈之东西，及泸溪西北，与乾城以东，四县毗连而介于汉、苗之间各山寨。其普通之知识，略优于苗，故其男妇大小均能操汉语，而不像苗之多数不懂汉语也。且其习俗，多类似汉民，即或有一二之与汉民不同者，亦与苗民略异。现其最著者，有符、向、张三姓。今之张姓者，多改为姓陈。谓其原为明朝陈友谅之后裔也。姓符者，亦多不承认己族为苗族。谓其祖，亦系明朝之得有某爵而为官，以落业于此五溪者。后因有一世之祖，娶有一苗籍之女为妇，自此遂渐染苗俗而使之然者也。……
>
> 其服饰之进步，今无论苗、仡，察其男子之凡与汉族接居较近者，已多与汉民同。……
>
> 椎髻，今已无见挽之者。其今之男子，多皆剃发剪发，如民家。……

---

① 凌纯声、芮逸夫：《湘西苗族调查报告》，台湾南天书局有限公司，1988，第93、95、100、128页。
② 石启贵：《湘西苗族实地调查报告》，第123页。

其对卫生之道，则鲜知之者。其间，亦间或见有效法汉家者。其屋之建置，与其室内之清洁，亦皆与汉家同。……

其媚妇之再醮与否，今亦均可自由，如民家。……

然闻其（死丧殡葬）近礼，已多采汉制，而多与汉民无甚区别也（参湖南三区司令部《军农月刊》第十八期《考察湘西苗族纪要》）。

今此乾、保苗民，则较之略异。……现闻其亦多采用汉礼者，则全与汉民同焉。……

古丈多伕族，其民间近二三十年来之丧葬，亦多已民为伕族化。……

五溪苗民，今以武、酉二溪为最多。巫教，亦武、酉二溪为最盛。查此二溪之迷信巫教者，民、苗皆然。……

查此间（良章）之民家，亦有以牛、羊、猪、狗赎魂者。……

据编者观察，此种种迷信，绝非民家所固有。度之，想此必为历来以近苗而居，其习尚渐由所传染，遂尔相沿信巫，而有此媚神诬鬼之风者也。①

引文中，"徭人""伕佬""苗民""苗人"乃"五溪蛮"之余绪，是典型的土著；汉民、"民家"多外来之客民。"五溪蛮"服饰、居住、宗教、丧葬礼仪等方面的"汉化"即是土著的客化；汉民、"民家""渐染苗俗而使之然""习尚渐由所传染""伕族化"则是客民的"土化"。

此外，一些方志、调查报告显示，与客家比较，土著"土家"尽管存在一些"异俗"，但他们之间的融合远远大于差异。光绪三十二年（1906）《古丈坪厅志》载："近日土人大都移易旧风，任宦为将吏显名者多人，一切同与民籍。"② 引文中的"土人"就是土著，"民籍"即汉民，"土人"的风俗习惯经历移风易俗之后已与汉族差不多了。对此，1931 年的《湖南各县调查笔记》、1956 年的《关于土家情况的调查报告》也给予了佐证。《湖南各县调查笔记》载：龙山"最信佛道，喜拜偶像。迎神赛会，风气犹

———————
① （明）沈瓒编撰，（清）李涌重编，陈心传补编《五溪蛮图志》第二集《五溪风土》，第 55~90 页。
② （清）董鸿勋纂修《古丈坪厅志》卷 10《民族下》，清光绪三十三年刊本。

418

昔"，永顺"婚嫁""丧祭"与各县风俗"大体相同"。①《关于土家情况的调查报告》载：土家、客家皆有"彩生"的习俗；土家的丧葬风俗与当地客家同；土家过年时的一些经济、守岁等习惯都与客家同；永顺老司城的土家、客家皆敬奉关帝庙、观音阁、祖师殿、五谷苗、玉皇阁；土家除供奉土王外，其他供奉的鬼神与当地客家相同；土家的禁忌除个别的外，大多与当地客家相同。② 作为族群标志的语言，在经历了土客交流之后，到民国时期，能讲土语的人已比较少见。民国 19 年（1930）《永顺县志》载："近世土人能操钟音者十无二三。"③ 1957 年《湘西土家族的分布情况、历史及风俗习惯》载桑植县土家曰："土家受的汉化是极其深的，语言和大部分的风俗习惯均已失传，在妇女中也和汉人一样，曾提倡过裹脚。"④

由上可见，在政府"同化"土客政策之下，民国时期湘西土客文化融合日渐加快。虽然在融合过程中也有客民的"土化"，但主流是土著的"客化""汉化"。

与湘西相似，鄂西南、渝东南、黔东北土客之间的文化融合民国时期也得到了加快。民国时期，鄂西南由于土著少数民族受客民汉族影响甚深，其民族文化已寥若晨星。如民国《长阳县志》载，县西宁乡一带虽残存婚礼过程中"十姊妹歌"，宴会喝"咂酒"，但多数习俗已与客民汉族无异：丧葬"近则旧族大家，多建祠堂，清明祭祀，聚族燕会，到处举行"，室庐"渐染大郡邑气息，居室阔大华美，亦有仿造洋式者。器用景窑细磁，亦有用舶来物"。⑤ 对此，1958 年的《恩施专区土家族情况》载曰："关于土家族的风俗习惯和宗教信仰，与湘西土家族大同小异。但多因时间太长，与汉

① 曾继梧编《湖南各县调查笔记·风俗》，民国 20 年（1931）湖南和济印刷公司铅印本，第 152 页。

② 湖南省湘西土家问题联合调查组：《关于土家情况的调查报告》，阳盛海编《湘西土家族历史文化资料》，第 63～70 页。

③ 胡履新、张孔修纂《永顺县志》卷 6《地理志·风俗·语言》，民国 19 年（1930）铅印本。

④ 湖南省湘西土家族访问团桑植分团：《湘西土家族的分布情况、历史及风俗习惯》，阳盛海编《湘西土家族历史文化资料》，第 104～105 页。

⑤ 陈丕显主修《长阳县志》卷 7《民政二·风俗》，民国 25 年纂修，陈金祥校勘，第 139、145 页。

族通婚早，现在风俗习惯与汉族无显著差异。"①

民国时期渝东南秀山、酉阳等县由于土著苗民的存在残存一定的"苗俗"，但土著文化大都也在土客交流过程中"客化"。陈济涛《酉阳苗族调查》载：该地苗人酋长，自光绪十一年（1885）起与客民汉族通婚后，"始渐同化，故其语言中，虽夹有土语，但细心听之，仍可听其意旨特征"②。同样是陈济涛的《四川之边地与开发》载：川（渝）东南以前为苗人聚居地，清代中叶"改土归流"后，汉苗逐渐由通婚而汉化。③ 彭水"土人"早在康熙前已"尊师响学""勤肆诗书"，光绪年间更是"弦诵相闻"。④ 石柱县境内清末则号称"士庶皆汉人著籍，并无他种杂处"⑤。

黔东北特别是松桃县在民国时期仍存在"苗蛮"之异俗，但多数县之习俗已是深度"客化"。思南县经过清朝的濡化后，"各属烝黎，全系汉族，并无杂居之苗，此亦文明之大进步也"⑥。德江"县境无苗夷，通属汉籍，聚族而居，以礼相尚，婚丧祭祀称家有，无农务耕耘，妇勤纺织，士子读书明理，崇道德，屏异教，有先民之遗风存，饮食衣服异常，撙节良由，土瘠民劳，故也。因近四川，通用四川官话"⑦。铜仁府特别是松桃"苗蛮"尽管"率以寨计""自为风气"，但民国时期也"仿汉制闲用鞋"，"其男之黠者，装束全与汉民同"，"其与汉民居相近者，言语皆与汉民同"，"婚姻丧葬与汉人同"。⑧

综上可见，在政府土客政策之下，民国时期武陵地区土客文化融合日趋紧密。其融合虽然存在土著"客化"与客民"土化"两个过程，但以土著"客化"为主。与此同时，受清代土客观念以及客民以汉民为主之影响，土著"客化"又主要通过土著"苗蛮"汉化的方式呈现。

---

① 恩施地委统战部：《恩施专区土家族情况》，彭振坤主编《历史的记忆》，第 73 页。
② 陈济涛：《酉阳苗族调查》，《川边季刊》第一卷第二期，1935 年 3 月，第 211 页。
③ 陈济涛：《四川之边地与开发》，《川边季刊》第一卷第一期，1935 年 3 月。
④ （清）庄定域修，支承祜等纂《彭水县志》卷 3《风俗志》，清光绪元年刊本。
⑤ （清）杨应玑、谭永泰、刘青云编《石砫厅乡土志·历史》，清宣统元年抄本。
⑥ 马震昆：《思南县志稿》卷 1《风俗气候》，民国 9 年刊本，思南县志编纂委员会办公室 1991 年点校本，第 504 页。
⑦ 杨豫修，黎民怡纂《德江县志》卷 1《地理志第一·民俗》，民国 31 年石印本。
⑧ 喻勋、胡长松修《铜仁府志》卷 2《地理志·苗蛮》，据民国缩印本点校，第 29 页。

（三）区域经济出现了"战时"的繁荣

清朝末年，外国势力大肆掠夺武陵地区资源，致使武陵地区经济呈现畸形发展态势。鸦片战争以后，内陆通商口岸开埠通商，英、美、日、法、德等列强纷纷沿着长江航运线深入武陵地区，倾销商品，导致土布、土靛、蜡染等手工艺产品逐渐失去销路，传统手工业受到沉重打击。与此同时，外国列强廉价收购桐油、茶叶、生漆、木材、药材等土特产品，掠夺矿产资源，刺激了桐、茶种植业，榨油，木竹加工业与矿业的发展，武陵地区经济呈现畸形发展态势。伴随城镇商业和集市贸易的日益兴旺，外商机构亦进入武陵地区。同时，各种行会组织、商会洋行云集，商业渐趋繁荣。民国时期，湖南常德澧县津市交通便利，商业繁盛，"九澧土物，由此输出，外来货物，由此分布，……经商多晋人，次为长沙人"①。张家界慈利县城"有丝烟铺十余家，当铺数家，皆闽、晋人所经营"②。民国20年（1931），美国资本家在所里（今湘西州吉首市）开设"正大公司"，民国22年（1933）美商在所里开设"义瑞公司"。他们抢收土产，倾销洋货，湘西的桐油、茶叶、橘子等土特产品进入了国际市场。很多商人以经营桐油而起家。民国初，保靖县城31家土产山货行，全部以经营桐油为主，永顺王村号称"十八罗汉斗观音"的19家大商号，龙山里耶的"九大商行"，也家家经营桐油。随着商品交换日益扩大，少数民族从事商业的亦日益增多。花垣紫儿寨土千总石文魁在嘉庆年间即在县城开办商行。所里苗族商人石安文办的桐油作坊，雇有10多名工人轮班榨油，拥有资本数千银圆。保靖县鼻子寨石光全，每年收购外运桐油达千余桶。凤凰县苗族地主麻长林、麻长富兄弟，占有田地遍及凤凰、吉首、麻阳三县，并在长沙、武汉等地开设了商行，大做木材、桐油生意。抗战前夕，泸溪的浦市、龙山的里耶、永顺的王村、花垣的茶洞、乾城的所里、古丈的罗依溪，市面繁荣一度超过县城。浦市大码头碑云："浦市一镇，上接滇黔，下通吴越，烟火万家，四方商贾所辐集，往来舟楫所停泊，楚南一大都会也。"被称为"酉阳故城"（汉县治所在地）的永顺王村，战前随着桐油的发展复苏，五里长街有大小商号204户，每年在

---

① 傅角今编著《湖南地理志》，第598页。

② 傅角今编著《湖南地理志》，第616页。

这里集散的桐油多达 700 多万斤。民国 19 年（1930）武汉商品检疫局记载："湘西桐油外销长江下游各地，年均 20 余万担，而主要产地在沅水、澧水流域之湘西。"①

与湘西相似，清末至民国中期，鄂西南、渝东南、黔东北也是城镇、集镇贸易日益兴旺，商号云集，商业逐渐发展。这一时期，鄂西南规模较大的集镇、集市主要有巴东的野山关，五峰的渔洋关，长阳的资丘，建始的花果坪，利川的汪家营、团堡寺，谋道咸丰的清水塘，来凤的百福司，宣恩的庆阳坝、沙道沟，鹤峰的走马，渝东南主要有酉阳的龚滩、后溪，秀山的洪安、石堤，石柱的西沱，彭水的郁山，黔江的濯水，黔东北主要有德江煎茶，江口闵孝，沿河洪渡、淇滩，思南塘头等。商帮主要有江西帮、汉阳帮、四川帮、河南帮、福建帮、广东帮等。鄂西南江西商帮主要经营生漆、桐油等山货，业务量占整个行业的 80%。有些商号与日本在汉口、宜昌开设的斋藤、水田洋行建有贸易关系，有些商号在汉口、万县设立庄号，推销山货，采购工业品。汉阳帮又称汉帮，包括汉阳、荆州、黄州、孝感等地来的经商人。汉阳帮清末多为行商，以经营汉货、布匹为主。民国 8 年（1919），汉阳帮开始在恩施开设铺面，多集中大十街、北门街一带，资本较雄厚的有孙宏发、福顺祥、吕福记等。四川帮清末在恩施经商，主要经营食糖、纸张，收购药材，多为行商。民国 5 年（1916）食盐取消专卖，四川帮开始在恩施设店经营食盐。民国 11 年至民国 24 年（1922~1935）四川帮业务兴隆期间，恩施城四川盐号达 26 家，垄断盐业市场。河南帮在恩施经商始于民国初年，开始多为行商，购来土布，贩卖茶叶、药材。抗战前夕开始在恩施城内开设铺面，以经营百货、土布为主。②

渝东南则形成了以乌江、酉水为枢纽，以龚滩、龙潭、西沱、郁山、洪安为主要集散地的局面。在这些集镇上，云集了不少的商贾、店铺以及手工作坊。土特产品主要有蚕丝、桐油、茶、漆等等。

黔东北民国初期也形成了以锦江、乌江河运为枢纽，以铜仁为集散中心的局面。铜仁市（现碧江区）云集赣、湘、鄂、粤、川、滇等地的商贾、

---

① 湘西土家族苗族自治州地方志编纂委员会编《湘西州志》，第 835 页。
② 恩施州志编纂委员会编《恩施州志》，第 562 页。

商号。城内店铺、茶楼、酒肆、旅店、客栈等数量多达 60 余家。民国 5 年（1916）前后，英国的"亨达利钟表公司"等洋行买办相继涌入，在输入大量日用工业品的同时，大量收购输出铜仁及周边所产矿产和农副土特产。

抗日战争全面爆发后，伴随着东中部地区一些企业的西迁，沦陷区难民与本地土著共同开办工厂，武陵地区区域经济得到了迅速发展，与邻近周边地区的生产、生活差异日益缩小。随着外地机关、商户和难民不断涌入，湘西境内一些交通方便的市场出现了比较繁荣的景象。① 泸溪、凤凰、乾州、茶洞等集市均在这一时期增建了街道，拓宽了市面，商户更是有大幅度的增长。据民国 4 年（1915）的税务登记，州境有商户 900 余家。民国 31 年（1942）则增加到 4000 多户。外地药商为避战乱，纷纷迁移湘西，较为著名的有王村的王仁山、杨玉书药店，永绥的达仁医院。药店亦增至 600 余家，其中永顺的熊永春药号，人数均为 30~40 人。②

鄂西南在民国时期特别是湖北省政府迁恩施后，随着许多工商企业的迁入，工业、商业也有较大的发展。工业方面，据民国 32 年（1943）《湖北省统计年鉴》记载：各县发展有印刷、碾米、烛皂、砖瓦等手工业作坊。咸丰第一化工总厂建于民国 28 年（1939），资本总额 19 万元（法币），职工 95 人，其中工人 76 人。主要设备有蒸汽罐等，主产机油、皮革、肥皂等。③ 商业方面，鄂西南主要商帮的商号、生意都有较大幅度的增长。鼎盛时期，恩施城区商号、店铺达 873 家，比战争前增长了近两倍。④ 汉阳帮由战前的 34 家发展到 56 家，经营之布匹占绸布经营量的 70%。武汉、沙市、宜昌沦陷后，许多商人冒险往来汉口、宜昌、恩施之间，生意兴隆。河南帮抗战期间发展也很快，商号达 11 家，所营百货占该行业经营量一半以上。⑤

渝东南与黔东北经济在抗战时期也有较大发展。渝东南的黔江在民国26 年（1937）川湘、黔咸两公路通车后，物资交流大大加快。抗战时期，

①　湘西土家族苗族自治州地方志编纂委员会编《湘西州志》，第 787 页。
②　湘西土家族苗族自治州地方志编纂委员会编《湘西州志》，第 861 页。
③　恩施州志编纂委员会编《恩施州志》，第 283 页。
④　恩施州志编纂委员会编《恩施州志》，第 564 页。
⑤　恩施州志编纂委员会编《恩施州志》，第 562 页。

大批金融机构和商贾进驻，一时官商民商，星布城镇。民国 28 ~ 37 年
（1939 ~ 1948），先后有国民政府所属复兴公司黔江办事处经营桐油，湖北
省银行黔江货栈主营花纱，川鄂湘黔绥靖公署军需处开设武陵餐厅。据民国
33 年（1944）统计，黔江私营商号拥有 5 万 ~ 10 万元（法币，下同）资本
的有 14 家，10 万 ~ 30 万元的 12 家，30 万元以上的 10 家，5 万元以下的小
商贩 26 家。商业发展促进行帮形成，设于县城衙城祠的县商会下属百货、
山货、印染、成衣、盐业等 9 个同行公会。① 黔东北抗战期间在铜仁成立了
贵州省矿务局汞业管理处，承办开采铜仁汞矿业务。与此同时还兴办了一
批私营工商业，有华磊印刷厂、同德股份有限公司等。纺织、造纸、印刷
等行业均有所发展。商业方面，外来商旅人数大幅增加，锦江沿岸的货运
码头日渐繁忙，十字街、清平街等街道商业活跃。城区工商户 800 余户，
从业人员 1000 多人，资金 1 万银圆以上者 30 余户，最大商号拥有资金 50
万银圆。②

武陵地区的战时经济因战争而兴，也随着战争的结束而衰弱。抗战结束
后，随着军队撤退、政府机关搬迁以及工厂、难民回流，武陵地区的经济出
现了较大的回落。湘西龙山里耶抗战时期有纱布店 26 家。战后倒闭 12 家，
余下的经营惨淡。永顺王村原有坐商 204 户，战后市场冷落，商旅罕至，大
商家关门歇业，全镇坐商仅剩下 16 户。③ 黔东北铜仁官办和民营工商企业
半数以上在 1945 年底也外迁或停业，加上人口大量外迁，原兴旺繁华的商
业也骤然消逝，商品市场日趋冷清。④

因此，民国时期，作为大后方的武陵地区的经济因抗战而迅速发展繁
荣，也因战争结束而回落。抗战爆发后，随着国民政府、工厂、学校、难民
的西迁，武陵地区聚集大量的人力、物力以及财力，其经济出现发展繁荣的
局面；抗战结束后，随着军队撤退、政府机关搬迁以及工厂、难民的回流，
支持经济发展繁荣的人力、物力、财力骤然消失，武陵地区的经济又出现了
回落甚至衰微，重新恢复到缓慢发展的状态。民国时期武陵地区的经济变迁

① 黔江土家族苗族自治县县志编纂委员会编《黔江县志》，第 369 页。
② 贵州省铜仁市地方志编纂委员会编《铜仁市志（上）》，第 407、678 ~ 679 页。
③ 湘西土家族苗族自治州地方志编纂委员会编《湘西州志》，第 790 ~ 791 页。
④ 贵州省铜仁市地方志编纂委员会编《铜仁市志（上）》，第 679 页。

说明，区域经济与国家形势、政策支持以及人口流动等因素密切相关。

　　综上所述，通过国难的凝聚与政府土客政策的推动，民国时期武陵地区土客关系得到了较大的发展。族际通婚方面，尽管存在空间发展不平衡的局限，但总体上土客通婚日益普遍；文化方面，土客融合尽管以土著的客化为主，但二者的融合日趋紧密；经济方面，尽管抗战时期的发展繁荣是短暂的，但也在一定程度上促进了区域经济的向前发展。

结　语

武陵地区是一个特殊的区域。该区域承东启西，是江汉、洞庭湖平原向云贵高原和西南地区过渡的地带。历史上，武陵地区一方面是东中部以及北部客民进入西南地区的廊道，另一方面也吸纳了大量的客民。不同历史时期的客民迁入武陵地区后，与当时的土著居民在交往交流中涵化、融合，使武陵地区实现了从"化外之区"到"内地的边缘"，从"豪酋统治""土流并治"社会到"宗族社会"的结构转型。本书运用历史人类学方法，在分析历史上特别是宋元以来武陵地区土著居民与客民构成的基础上，深入探讨了土客之间的冲突、融合及其所带来的区域社会变迁，形成了如下结论性的认识和思考。

一　流动的边界，变迁的土客

地处中国中西部、湘鄂渝黔四省市接合部的武陵地区，长期被称为"蛮荒""烟瘴"之地。然而，就是这么一片区域，从旧石器时代到夏商周时期，从先秦到汉唐，从宋元到明清以及民国时期，始终保存着深厚的民族历史文化。远古时期，根据考古层累关系，武陵地区土著文化是高庙文化，城背溪文化、大溪文化、屈家岭文化、石家河文化则是外来的客民文化。此为区域历史上土客及其文化的开端。迨至民国时期，伴随着各种外来军事力量的进驻、国民政府的治理以及革命形势的发展，武陵地区迎来了一批以新兴的地主、交战的军阀及其带来的将士、抗日期间被迫西迁的各类科教人才以及追随中国共产党进行新民主主义革命的人民群众为主的客民。这些客民与"苗瑶""土著民族"等构成了中华人民共和国成立前区域历史上最后的土客。

武陵地区土客的构成及其变迁说明，一般情况下，先到的人聚团成群，是为土著，后来者则是客民。至于具体的时空环境则要具体分析，先秦时期的土著是"濮"族群，客民则是自东向西或者自北向南迁入的"三苗""荆蛮""楚蛮""楚人""巴人"等族群。到了秦汉时期，先秦时期的客民经过与"濮"族群的融合则演变成了"巴郡南郡蛮""武陵蛮""五溪蛮"等土著族群，客民则变成了外来的官吏、将士、军卒、眷属、宗亲、仆隶、匠役以及"秦人""汉人"等。依此类推，至清代，元明时期迁入的客民经过交融，大都已定居、落地生根，成了土著。因此，光绪《古丈坪厅志》载："土族者，民族之最古者。民籍之视他籍，自等土著之民。土籍之视民籍，尤土著之土著也。"①

　　一定历史时期，时间是划分土客的重要标准，但又不是唯一的标准。除此之外，还涉及户籍、文化认同等方面的问题。土著与客民本是涉及户籍和居住地的概念。在东中部地区，历史时期的编户齐民大都被认为是土著，而离开原居的户籍地的民众是为客民。但在历史上政治管理多元的武陵地区，这一标准须视具体情境而定。在"改土归流"之前，武陵地区的居民除了编户齐民外，还有大量的"化外"之民。这些化外之民尽管没有户籍，但他们也是土著。即使在"改土归流"之后，随着苗疆、土司区管理的改制，武陵地区的民众大都转化成了编户齐民，具有了户籍，但并不是说他们都是土著。在"土籍""苗籍""本籍"之外，"客籍""军籍"仍被视为区域的客民。即便如此，土客的户籍也不是固定，也是可以实现转化的。"改土归流"后在清廷推行照顾土著"蛮夷"教育政策的情况下，客民纷纷冒"土籍""苗籍"即是明证。

　　与户籍大体相似，土客之间以文化为核心的族群认同同样具有一定的情境性、工具性与选择性。其选择不仅受时间、户籍等观念的影响，还受到国家政治、权力、政策等因素的制约。清王朝灭明后，在汉区强行推行"剃发令"，实行民族同化之时，对武陵民族地区网开了一面。同治《保靖县志》载："时大兵开辟辰州，（保靖宣慰司彭朝柱）乃备册投诚，差舍把彭伦、邱尚仁等赴行营赍投，蒙赐龙牌，许以照旧营职，并有男不披剃、女不改妆等谕。"② 戍守于武陵地区的卫所军户们，在明王朝灭亡之后，为了自

---

① （清）董鸿勋纂修《古丈坪厅志》卷9《民族上》，清光绪三十三年刊本。
② （清）林继钦等修，袁祖绥纂《保靖县志》卷12《艺文志》，清同治十年刻本。

保,利用了清王朝"男不披剃、女不改妆"的谕旨,隐去了其"军家"的本来身份,以本地人自居,以"土家"自称。原设于永定、九溪、施州、辰州、黔江、酉水、镇溪等的卫所,有一些现在仍自认为是"军家"后裔之姓氏。虽然他们的家谱中明确载有其原籍为江苏、安徽、江西等地,明朝因守卫边疆来到武陵地区之史事,但他们现在大多已成了土家族。显然就是外籍卫所军户适应社会情境转而成为"本地人"的明证。此外,客民还可通过"习于土人"、通婚等方式实现身份的转换。区域历史上的"大小章人","只为其地接苗居,习与之化""或妇纳苗女,其生易繁,转迁而既入苗之巢穴,遂变为苗"① 的洪、梁等姓以及区域流传的大量类似彭士愁娶吴著冲女儿秀英的土客通婚的传说故事等都是此类转化的佐证。

与客民"土著化"发生于特定时空不同,土著"客化"是武陵地区长时段历史发展的主流。武陵地区自其文明发端开始,至进入民国时期东中部民众避难西迁,荆楚文化就在持续不断地吸收以华夏文化为主的客民文化。这种吸收,不仅包括衣食住行,也包括哲学观念、宗教信仰等。不同历史时期武陵地区土著"蛮夷"不胜枚举的文化事项变迁就是明证。除此之外,武陵地区土著有关宗族祖源记忆的建构也是重要的表现。不管是与中原华夏接触较早的土官、土司,还是普通的土著,他们大都宣称来自中原或者汉文化的核心区域。这种祖源记忆一方面是客民迁入武陵地区历史的隐喻或者表述,另一方面与土著"蛮夷"独特的盘瓠、廪君、白帝天王、八部大王等祖源传说自相矛盾。这种矛盾,既体现土著"蛮夷"在与客民的交往过程中对客民祖源记忆的吸收,也反映了他们对自我的认知以及土著"蛮夷"族群意识的存在。不管是土官、土司,还是普通土著"蛮夷",学习吸收汉族客民的祖源记忆,虽然在一定程度上是为了适应社会环境的需要,但主要是对"我群"祖源记忆的一种建构,这种建构主要是"为我所用",并非一种被动、完全失去自我的"汉化"。这是土著"蛮夷"在吸收汉族客民祖源记忆的过程中保留着自己特色祖先传说的重要原因,也是其作为边缘族群适

---

① (明)沈瓒编撰,(清)李涌重编,陈心传补编《五溪蛮图志》第二集《五溪风土·风俗》,第65页。

应或者不被王朝国家完全统治的一种策略或艺术。①

可见，武陵地区的土著与客民不能简单以时间、户籍或者文化等标准划分，而应结合时空场域展开具体的分析。而且，他们之间的关系犹如居于苗民、仡佬之间的"土蛮"，"近民同民，近苗同苗，近仡同仡"，并没有刚性的族群边界，是模糊的或者日本学者铃木所言的"软性结构"②。面对主流的以汉民为主的客民，土著可以根据"我群"的文化图式，根据情境和自我需要学习汉文化从而实现"客化"，将自己纳入中华文化多元一体的体系之中；同时，早期迁入武陵地区的汉族客民，面对"蛮烟瘴雨"，也可以入乡随俗地"蛮化"，从而使自己成为习于"土人""峒民""苗蛮"的土著。正是在客民持续迁入，土著与客民长期的交往、交流、交融中，以华夏文化为主的主流、强势的客民文化得以传播，区域多元、多样的文化也得以逐步整合，催生并推动了土客族群中华民族认同的产生和形成。

二 "土丁""土军""土民"等称呼不等于土家族，客民不等于汉族

中华人民共和国成立后，20 世纪 50 年代的民族识别以及 80 年代民族身份的更改与恢复，使长期以来"隐没"民族身份的"蛮夷"被压抑的情怀得以尽情地抒发，中国的民族政策也实现了从"华/夷"不平等到各民族一律平等的结构性转变。在这场结构性的历史变革中，武陵地区的土著居民苗民、"峒民"、"土民"、瑶民等先后被识别、认定为苗族、侗族、土家族、瑶族等少数民族，土著汉民以及客民则自动成了"汉族"。特别是土家族的认定与恢复，更是引起学术界极大关注。作为土家族研究的奠基人，前述潘光旦、严学宭、汪明瑀等先生深入分析研究后认为，"土家""土人""土民"是一个单一的民族，"土司"也不是一般的土官，而是"土家"人所担任的"土官"；"客家""客民"则是汉人、汉族。与潘、严、汪等先生观点相对的是，中央土家问题调查组以及向乃祺等先生则认为，"土家"指在当地居住较久的土著，而后从外地迁入者为"客家"。最后，经过中央派遣

① James C. Scott, *The Art of Not Being Governed: an Anarchist History of Upland Southeast Asia*, New Haven: Yale University Press, 2009.

② 转引自〔日〕濑川昌久著《族谱：华南汉族的宗族·风水·移居》，钱杭译，上海书店出版社，1999，第 220 页。

大量专家进行深入调查,在 1957 年 1 月 7 日确认了土家族的民族身份。此后,受民族叙事话语以及族群溯源论的影响,学界在论及武陵地区族群及其关系时,多将该地区的土著居民与客民的关系表述成土家族与汉族的关系,多将"土人""土丁""土蛮""土民"等与土家族等同,将"客民""客家"等视为汉民、汉族,一些学者甚至将宋代"土军""土丁"的出现视为土家族形成的标志。族群溯源论的要点在于将土著或客民当作一个具有共同体质、语言与文化特征的实体,然后分析、探讨其演变以及相互之间的关系。由此,族群成了不证自明或者"自古以来"的存在。与此同时,人口史、移民史在研究武陵地区客民时,不仅对少数民族客民的关注度不高,而且大都将客民看作汉民。

然而,历史并非如此。两宋时期武陵地区出现的"土人"并非土家族先民的专称,而是汉化程度较高的土著"蛮夷"的泛称。作为本地之军,"土丁""土军""土兵"同样不是土家族先民的军队。其构成除了"土人",还有"募民为弓弩手,给地以耕"① 的汉人,故民族史专家吴永章先生在分析荆湖南路、荆湖北路的乡兵义军时有"乡兵义军(有土丁、刀弩手、乡社数种)主要由有户籍的丁壮充当;然而也有一部分土丁义军,是业已归附的溪峒蛮酋率领的酦落氏族所组成"② 之言。

元明清时期,武陵地区"土人""土民""土兵"称呼的意涵总体上继承了宋代的意涵,但也发生了一定的变化。鄂西南、渝东南、黔东北的"土人""土民""土家"仍是对土著"蛮夷"的泛称,湘西则明确为从土著"蛮夷"中分化出来与"苗蛮"并称的人群。"土兵"虽延续了宋代地方之军的含义,但已不是一般的乡兵,而是指湖广和西南各土司地区奉命征调、由土司率领的"亦兵亦农"的兵丁。其制度源自明朝的军事制度,成员多为当地的土著"蛮夷",但并非都是土家族的先民,还有苗丁以及一部分客兵。此外,土官、土司也非潘光旦先生所言"(土司)不是一般的土官,而是'土家'人所担任的'土'官"③,而是以"土民""土人"为主,

---

① 朱圣钟:《五代至清末土家族地区的民族分布与变迁》,《西南史地》(第 1 辑),第 111 页。

② 吴永章主编《中南民族关系史》,第 202 页。

③ 潘光旦:《湘西北的"土家"与古代的巴人》,《中国少数民族社会历史调查资料丛刊》修订编辑委员会编《土家族社会历史调查》,第 27 页。

同时包含一些属于其他族群的土官、土司。

民国时期，武陵地区"土人""土民""土家"等称呼尽管都有当地人的意涵，但各地仍具有较大的差异。湘西的"土人""土民""土家""土苗""土蛮"已成为与"苗""汉"并称的族群。鄂西南的"土家"则是土司后裔，是特别的"土著土人"。渝东南的"土人"即一般的土著。黔东北的"土民"是非汉族群之概称，"土人"是众多"土民"中的一种。此外，民国政府使用的"土著民族"也不是苗族或者土家族的专称，而是对苗、瑶等少数民族的泛称。

与"土人""土民""土家"等称呼不能与土家族等同一样，武陵地区的客民也不能与汉民、汉族等同。首先，不同历史时期的客民虽然以汉民为主，但夹杂不少少数民族。今天武陵地区的白族、蒙古族、回族、维吾尔族等少数民族就是不同历史时期作为客民迁入的。其次，武陵地区与客民有关的称呼的意涵也不尽相同。作为一个群体概念，"客"也经历了从被主人招募、替主人出谋划策或者卖命的具有一定能力的宾客、食客到佃客、浮客等外出或者寄居之人的演变。明清与民国时期，由于迁入武陵地区的客民大多数是汉民，故在文人、方志的记载中，逐步开始将客民与汉民等同。

综上可知，武陵地区区域历史上的"土人""土民""土丁""土兵""土家""土司"与土家族，客民与汉民存在一定的关联性，但他们之间不能等同。土家族是中华人民共和国民族识别的结果，"土人""土家""土民"在一定程度上是华夏在"华/夷"族群分类观念主导下对不同历史时期"他者"的称呼与表述①；"土丁"、"土军"、"土兵"以及"土司"的构成虽以"土人""土民""土家"为主，但它们本质上是兵种或统治地方的酋豪、首领的称呼，并不是族群的称呼；客民虽然以汉民为主，但也包含其他的一些族群。

三　从"化外之区"到"内地的边缘"：土客关系与区域社会的变迁

区域是一个相对稳定的自然地理空间，而居于区域中的人与人群并不是一成不变的，既有人或人群进入，也有人或人群迁出。在进入、迁出以及人与人、人群与人群的冲突与融合之中，区域社会得以塑造。受中华人民共和

---

① 曹大明：《从"蛮左/夏人"、"土家/客家"到"土家族/汉族"——长阳族群关系变迁研究（下）》，《铜仁学院学报》2015 年第 6 期。

国成立以来民族叙事话语的影响，民族地区族群关系研究的范式基本上以汉人与少数民族遭遇以及汉文化与少数民族文化的交融为历史演进的起点与主要叙事框架。在此框架之下，武陵地区本应生动、复杂、多样的族群关系基本上陷入了就民族论民族的范畴。因此，本书从区域的视野对宋元以来武陵地区以"土/客"为中心的族群关系及其带来的社会变迁进行了研究。

土客关系作为构成武陵地区诸多族群关系中的一环，其出现、变迁以及表现在"华/夷"之间的边界意识、文化认同、社会分类，相应的历史记忆和文化表述，成为贯穿整个武陵地区社会文化变迁以及族群关系脉络的一部分。自"濮"族群遭遇"三苗""荆蛮""楚蛮""楚人""巴人"等族群伊始，武陵地区进入了土客关系演变推动区域社会发展的模式。在不同历史时期，客民带来的不只是区域经济发展、土客文化的融合，同时还有一定的矛盾和冲突。在区域社会早期是如此，在土客关系日趋明朗的宋元明清时期也是如此。东汉时期武陵、长沙、零陵三郡的"蛮变"表面看来是"武陵蛮夷特盛"所引发的，本质却是汉人客民向"蛮地"武陵地区扩张的结果。隋唐五代时期，一些客民经过发展，"反客为土"，成了地方大姓巨族，逐渐与土著"酋豪"争夺地方的控制权，由此引发了武陵地区唐末土著酋豪与外来大族争夺地方控制权的战争。清代乾嘉苗民起义表面看来是苗民的起义，其实是清代特别是"改土归流"后客民大量迁入，土客之间为竞争土地等资源而导致的冲突。

冲突也是一种交往交流。冲突过后，随着历朝统治者教化、垦殖等政策的实施以及双方交往交流的密切，土客之间的融合日益加强，区域社会也得以逐渐整合。清代"改土归流"后，武陵地区区域生态、经济、社会结构等迎来了巨大的变迁，武陵地区全面实现了从"化外之区"到"内地的边缘"、从"豪酋统治""土流并治"社会到"宗族社会"的结构转型。清末和民国时期是一个内忧外患的时期，通过国难的凝聚与政府土客政策的推动，武陵地区土客关系得到较大的发展，区域经济更是出现了"战时"的繁荣，中华民族的观念也在外来入侵者的刺激中实现了从自在到自觉的转变。

参考文献

一 正史、政书、笔记、文集类

[1]（汉）刘向编集《战国策》，士礼居黄氏覆剡川姚氏本。

[2]（汉）司马迁：《史记》，中华书局，1963。

[3]（汉）班固撰，（唐）颜师古注《汉书》，中华书局，2014。

[4]（汉）孔安国撰，（唐）陆德明音义《尚书》，景乌程刘氏嘉业堂藏宋刻本。

[5]（汉）毛亨传，郑玄笺《毛诗》，上海涵芬楼借常熟瞿氏铁琴铜剑楼藏宋刊巾箱本。

[6]（三国·吴）韦昭解《国语》，景杭州叶氏藏明嘉靖翻宋本。

[7]（晋）杜预集注《春秋经传集解》，续四部丛刊·经部·十三经古注，相台岳氏家塾本。

[8]（晋）孔晁注《逸周书》，四部丛刊景明本。

[9]（晋）陈寿撰，（南朝宋）裴松之注《三国志》，中华书局，2011。

[10]（晋）常璩撰，刘琳校注《华阳国志》，巴蜀书社，1984。

[11]（晋）干宝撰《搜神记》，四库全书本。

[12]（后晋）刘昫等撰《旧唐书》，中华书局，2007。

[13]（北魏）郦道元，（清）王先谦校《合校水经注》，中华书局，2012。

[14]（南朝宋）范晔撰，（唐）李贤等注《后汉书》，中华书局，2014。

[15]（南朝梁）沈约注《竹书纪年》，上海涵芬楼藏明天一阁刊本。

[16]（南朝梁）沈约撰《宋书》，中华书局，2018。

[17]（南朝梁）萧子显撰《南齐书》，中华书局，2011。

[18]（北齐）魏收撰《魏书》，中华书局，2010。

[19]（唐）房玄龄等撰《晋书》，中华书局，2011。

［20］（唐）魏徵等撰《隋书》，中华书局，2008。

［21］（唐）杜佑撰《通典》，中华书局，2012。

［22］（唐）孔颖达撰，（清）阮元校刻《左传注疏》，《续四部丛刊·经部·十三注疏》，阮刻本。

［23］（唐）李延寿撰《南史》，中华书局，2011。

［24］（唐）令狐德棻撰《周书》，中华书局，2012。

［25］（唐）姚思廉撰《梁书》，中华书局，2011。

［26］（唐）李百药撰《北齐书》，中华书局，2012。

［27］（唐）韩愈撰，（宋）朱熹考异《昌黎先生集》，景上海涵芬楼藏元刊本。

［28］中华书局编《全唐诗》，中华书局，1999。

［29］（唐）樊绰：《蛮书》，台湾商务印书馆发行，影印文渊阁四库全书本。

［30］（唐）段成式：《酉阳杂俎》，上海涵芬楼藏明刊本。

［31］（唐）李吉甫撰《元和郡县图志》，中华书局，2016。

［32］（唐）柳宗元撰，（明）蒋之翘辑注《柳河东集》，三径藏书本。

［33］（唐）杜甫撰《杜工部集》，玉钩草堂本。

［34］（宋）司马光撰《资治通鉴》，中华书局，2012。

［35］（宋）薛居正等撰《旧五代史》，中华书局，2016。

［36］（宋）欧阳修、宋祁撰《新唐书》，中华书局，2006。

［37］（宋）欧阳修撰《新五代史》，中华书局，2016。

［38］（宋）王溥撰《唐会要》，四库全书本。

［39］（宋）王溥撰《五代会要》，四库全书本。

［40］（宋）吕祖谦撰《皇朝文鉴》，景常熟瞿氏铁琴铜剑楼藏宋刊本。

［41］（宋）谢深甫撰《庆元条法事类》，清抄本。

［42］（宋）胡宏撰《五峰集》，四库全书本。

［43］（宋）王钦若：《册府元龟》，明钞本。

［44］（宋）李昉撰《太平御览》，中华书局，2012。

［45］（宋）乐史撰《太平寰宇记》，中华书局，2016。

［46］（宋）祝穆：《方舆胜览》，中华书局，2016。

［47］（宋）路振：《九国志》，江苏广陵古籍刻印社，1984。

［48］（宋）释赞宁撰《宋高僧传》，四库全书本。

［49］（宋）朱辅撰《溪蛮丛笑》，中华书局，1991。

［50］（宋）朱熹撰《晦庵先生文集》，宋刊浙本。

［51］（宋）李焘撰《续资治通鉴长编》，四库全书本。

［52］（宋）石介撰《徂徕集》，台湾商务印书馆，1986，景印文渊阁四库全书。

［53］（宋）叶适撰《叶适集第三册·水心别集》，中华书局，1960。

［54］（宋）李心传撰《建炎以来系年要录》，四库全书本。

［55］（宋）苏轼撰，郎晔注《经进东坡文集事略》，景乌程张氏南海潘氏合藏宋刊本。

［56］（宋）刘辰翁撰《须溪集》，四库全书本。

［57］（宋）王象之撰《舆地纪胜》，中华书局，2003。

［58］（元）脱脱等撰《宋史》，中华书局，2018。

［59］（明）宋濂等撰《元史》，中华书局，2013。

［60］《明实录》，中研院历史语言研究所校印，1962。

［61］（明）李贤等撰《明一统志》，四库全书本。

［62］（明）张瀚：《松窗梦语》，中华书局，1985。

［63］（明）查继佐撰《罪惟录》，吴兴刘氏嘉业堂藏手稿本。

［64］（明）曹学佺：《蜀中广记》，台湾商务印书馆发行，《景印文渊阁四库全书本》，1983。

［65］（明）解缙等纂《永乐大典》，中华书局，1986。

［66］（明）郭子章：《黔记》，明万历三十六年刻本。

［67］（明）陈子龙等辑《皇明经世文编》，明崇祯中云间平露堂刻本。

［68］（明）朱健撰《古今治平略》，明崇祯钟宏刻本。

［69］（清）顾炎武：《日知录》，清乾隆刻本。

［70］（清）顾祖禹撰《读史方舆纪要》，中华书局，2006。

［71］（清）徐松辑，郭声波点校《宋会要辑稿》，四川大学出版社，2010。

［72］（清）徐松辑，刘琳、刁忠民、舒大刚校点《宋会要辑稿》，上海古籍出版社，2014。

［73］（清）穆彰阿撰《嘉庆重修一统志》，《四部丛刊续编》第 99～308 册，上海涵芳楼景印清史馆藏进呈写本，嘉庆重修本。

［74］（清）张廷玉等撰《明史》，中华书局，2013。

［75］（清）谷应泰：《明史纪事本末》，涵芬楼秘笈本。

［76］《清实录》，清内府钞本。

［77］《朱批谕旨》，清光绪石印本。

［78］台湾"故宫"：《宫中档乾隆朝奏折》第四辑。

［79］（清）昆冈等修，吴树海等纂《钦定大清会典》，《续修四库全书》，上海古籍出版社，2002。

［80］（清）拖津等撰修《清会典》，清光绪朝版本。

［81］（清）刘锦藻撰《清续文献通考》，民国影印十通本。

［82］（清）黄恩彤撰《鉴评别录》，清光绪三十一年家塾刻本。

［83］（清）顾彩：《容美纪游注释》，高润身主笔，天津古籍出版社，1991。

［84］（清）魏源：《魏源集》，中华书局，1976。

［85］（清）魏源撰《圣武记》，古微堂刊本。

［86］（清）魏源撰《古微堂集》，鸿宝书局石印本。

［87］（清）田雯撰《黔书》上，民国铅印本。

［88］（清）罗绕典：《黔南职方纪略》，清道光二十七年刻本。

［89］（清）爱必达：《黔南识略》，清乾隆十四年修刊本。

［90］（清）李宗昉撰《黔记》，《中国西南文献丛书》（第二辑），兰州大学出版社，2003。

［91］（清）刘景伯撰《蜀龟鉴》，清咸丰间刻本。

［92］（清）严如熤撰，黄守红标点，朱树人校订《严如熤集》，岳麓书社，2013。

［93］（清）徐家干撰《苗疆闻见录》，巴蜀书社，2006。

［94］（清）佚名编，伍新福校点《苗疆屯防实录》，岳麓书社，2012。

［95］（清）鄂辉撰《钦定平苗纪略》，嘉庆武英殿活字印本。

［96］（清）吴荣光：《吴学录初编》，续修四库全书本。

［97］（清）段汝霖撰，伍新福校点《楚南苗志》，岳麓书社，2008。

［98］赵尔巽撰《清史稿》，民国17年清史馆铅印本。

［99］黄元操撰《贵州苗夷丛考》，《中国西南文献丛书》（第四辑），兰州大学出版社，2003。

[100] 杨森：《贵州边胞风习写真》，《中国西南文献丛书》（二编），学苑出版社，2009。

二 地方志

[1] （明）陈宣修，刘允、沈宽纂《夷陵州志》，明弘治九年刻本。

[2] （明）沈庠修，赵瓒纂《贵州图经新志》，明弘治刻本。

[3] （明）万炯修，钟添纂《思南府志》，明嘉靖刻本。

[4] （明）郭经修，张道纂《贵州通志》，明嘉靖刻本。

[5] （明）刘大谟等修，杨慎、杨名等纂《四川总志》，明嘉靖十九年刊本。

[6] （明）陈洪谟撰《常德府志》，明嘉靖二十六年刻本。

[7] （明）杨培志纂《巴东县志》，明嘉靖三十年刻本。

[8] （明）陈光前纂修《慈利县志》，明万历元年刊本。

[9] （明）郑天佐修，李徵纂《桃源县志》，日本尊经阁文库藏明万历四年刻本。

[10] （明）徐学谟纂修《湖广总志》，明万历十九年刻本。

[11] （明）朱召纂，许一德纂《贵州通志》，明万历二十五年刻本。

[12] （明）万士英纂，陈以跃修《铜仁府志》，明万历四十年刊本，铜仁市碧江区档案局整理。

[13] （明）罗人琮纂修《桃源县志》，明崇祯十五年刻本。

[14] （清）齐祖望纂修《巴东县志》，清康熙二十二年刻本。

[15] （清）梁碧海修，刘应祁纂《宝庆府志》，清康熙二十三年刻本。

[16] （清）张起鹍修，刘应祁纂《邵阳县志》，清康熙二十三年刻本。

[17] （清）李大儔辑《靖州志》，清康熙二十三年刻本。

[18] （清）黄志璋纂修《麻阳县志》，日本内阁文库藏清康熙二十四年刻本。

[19] （清）杨显德纂辑，陈自文、田奇富、龚岳雄点校《永定卫志》，清康熙二十四年刊本，载张家界市政协学习文史委员会编《张家界卫所史话》（《张家界文史》第十四辑），内部资料，2006。

[20] （清）王基巩纂修《安乡县志》，日本内阁文库藏清康熙二十六年刻本。

[21]（清）佚名修《重修会同县志》，清乾隆刊本。

[22]（清）王玮纂修《乾州志》，清乾隆四年刻本。

[23]（清）鄂尔泰等：《贵州通志》，清乾隆六年刻本。

[24]（清）毛峻德纂修《鹤峰州志》，清乾隆六年刻本。

[25]（清）段汝霖纂修《永绥厅志》，清乾隆十六年刻本。

[26]（清）李拔纂《长阳县志》，清乾隆十九年修抄本。

[27]（清）李涌等纂《泸溪县志》，清乾隆二十年刻本。

[28]（清）潘曙、杨盛芳纂修《凤凰厅志》，清乾隆二十一年版。

[29]（清）瑭珠修，朱景英、郭瑷龄纂《沅州府志》，清乾隆二十二年稿成，刻年未详本。

[30]（清）闵从隆等纂《芷江县志》，清乾隆二十五年刻本。

[31]（清）林有席修，严思濬纂《东湖县志》，清乾隆二十八年刻本。

[32]（清）陈天如等编，顾奎光纂《永顺府志》，清乾隆二十八年抄刻本。

[33]（清）谢鸣谦纂修《辰州府志》，清乾隆三十年刊本。

[34]（清）邵陆编纂《酉阳州志》，清乾隆四十年刻，酉阳自治县档案局整理，巴蜀书社，2010。

[35]（清）王蒙绪纂《石砫厅志》，清乾隆四十年刊本。

[36]（清）朱承熙、林有席纂《吉安府志》，清乾隆四十一年刻本。

[37]（清）黄德基等编，关天申纂《永顺县志》，清乾隆五十八年抄本。

[38]（清）蔡象衡、罗临远修，李逢生纂《通道县志》，清嘉庆刊本，民国 20 年石印本。

[39]（清）张家澜修，朱寅赞纂《恩施县志》，清嘉庆十三年刻本。

[40]（清）佚名纂修《建始县志》，清嘉庆十七年增修抄本。

[41]（清）应先烈修，陈楷礼纂《常德府志》，清嘉庆十八年刻本。

[42]（清）苏益馨修，梅峰纂《石门县志》，清嘉庆二十三年刻本。

[43]（清）缴继祖修，洪际清纂《龙山县志》，清嘉庆二十三年刻本。

[44]（清）吉钟颖主修《鹤峰州志》，清道光二年刊本。

[45]（清）朱庭棻纂修《长阳县志》，清道光二年刻本。

[46]（清）金德荣修，熊国夏、王师麟纂《永定县志》，清道光三年刻本。

[47]（清）黄应培修，孙钧铨、黄元复纂《凤凰厅志》，清道光四年刻本。

［48］（清）萧琯纂《松桃厅志》，清道光十五年刊本。

［49］（清）王协梦修，罗德昆纂《施南府志》，清道光十七年刻本。

［50］（清）萧琯纂《思南府续志》，清道光二十一年刻本。

［51］（清）袁景晖纂修《建始县志》，清道光二十一年刻本。

［52］（清）王槐龄纂修《补辑石柱厅新志》，清道光二十三年刊本。

［53］（清）徐会云、唐守纂修《辰溪县志》，清道光元年刊本。

［54］（清）郑士范撰《印江县志》，清道光修，民国石印重印本。

［55］（清）张绍龄纂修《黔江县志》，清咸丰元年刻本。

［56］（清）清李涣春原本，郭敦佑续修《长乐县志》，清咸丰二年刻本。

［57］（清）多寿修，罗凌汉纂《恩施县志》，清同治三年麟溪书院刻本。

［58］（清）多寿修，罗凌汉纂《宣恩县志》，清同治三年麟溪书院刻本。

［59］（清）张梓修，张光杰纂《咸丰县志》，清同治四年刻本。

［60］（清）何蕙馨纂修《利川县志》，清同治四年刊本。

［61］（清）聂光銮修，王柏心、雷春沼编纂《宜昌府志》，同治五年刊本。

［62］（清）熊启咏纂修《建始县志》，清同治五年刻本。

［63］（清）廖恩树修，萧佩声纂《巴东县志》，清同治五年刻，清光绪六
年重刊本影印。

［64］（清）李勖修《来凤县志》，清同治五年刊本。

［65］（清）稽有庆修，魏湘纂《慈利县志》，清同治八年刊本。

［66］（清）盛庆绂、吴秉慈修，盛一林纂《芷江县志》，清同治九年刻本。

［67］（清）松林、周庆榕等修，何远鉴、廖彭龄纂《增修施南府志》，清
同治十年刻本。

［68］（清）林继钦等修，袁祖绥纂《保靖县志》，清同治十年刻本。

［69］（清）蒋琦溥纂修、林书勋续修，张先达续纂《乾州厅志》，清同治
十一年修，清光绪三年续修本。

［70］（清）周来贺修，卢元勋纂《桑植县志》，清同治十一年刻本。

［71］（清）许应鑅、王之藩修，曾作舟纂《南昌府志》，清同治十二年
刻本。

［72］（清）舒其锦等纂修《溆浦县志》，清同治十二年刻本。

［73］（清）张官五等纂修，吴嗣仲续修《沅州府志》，清同治十二年续修

乾隆本。

[74]（清）庄定域修，支承祜等纂《彭水县志》，清光绪元年刊本

[75]（清）孙炳煜等修，黄世昌纂《会同县志》，清光绪二年刻本。

[76]（清）谢宝文修，刘沛纂《龙山县志》，清光绪四年续修刻本。

[77]（清）余丽元纂修《石门县志》，清光绪五年刊本。

[78]（清）吴起凤、劳铭勋等修《靖州直隶州志》，清光绪五年刻本。

[79]（清）卞宝第等修，曾国荃、郭嵩焘：《湖南通志》，清光绪十一年刊本，上海古籍出版社，1990 年影印本。

[80]（清）王协梦修，罗德昆纂《施南府志》，清光绪十七年刻本。

[81]（清）余良栋修，刘凤苞纂《桃源县志》，清光绪十八年刻本。

[82]（清）王寿松修，李稽勋等纂《秀山县志》，清光绪十八年刻本。

[83]（清）侯晟、耿维中修，黄河清纂《凤凰厅续志》，清光绪十八年刻本。

[84]（清）张九章修，陈藩垣、陶祖谦等纂《黔江县志》，清光绪二十年刻本。

[85]（清）黄世崇纂修《利川县志》，清光绪二十年钟灵书院刻本。

[86]（清）守忠等修，许光曙纂《沅陵县志》，清光绪二十八年补版重印本。

[87]（清）董鸿勋纂修《古丈坪厅志》，清光绪三十三年刊本。

[88]（清）觉罗清泰等纂《辰州府乡土志》，清光绪三十三年刻本。

[89]（清）王树人修，侯昌铭纂《永定乡土志》，清光绪三十三年刻本。

[90]（清）金蓉镜纂辑《靖州乡土志》，清光绪三十四年刊本。

[91]（清）董鸿勋纂修《永绥厅志》，清宣统元年铅印本。

[92]（清）杨应玑、谭永泰、刘青云编《石砫厅乡土志》，清宣统元年抄本。

[93]陈侃纂《咸丰县志》，民国 3 年刊本，1983 年重印本。

[94]王树人修，侯昌铭纂《永定县乡土志》，民国 9 年铅印本。

[95]马震昆：《思南县志稿》，民国 9 年刊本，思南县志编纂委员会办公室，1991 年点校本。

[96]吴剑佩、陈整修修，（清）舒立淇纂《溆浦县志》，民国 10 年活字本。

[97]周国华等修，冯翰先等纂《石阡县志》，民国 11 年纂成，1966 年贵州

省图书馆据石阡县档案馆藏稿本复制油印本。

[98] 胡履新、张孔修纂《永顺县志》，民国19年铅印本。

[99] 许显辰、修承浩纂修《沅陵县志》，民国19年刊本。

[100] 吉钟颖等修《鹤峰县志》，1933，鹤峰土家族自治县档案馆，1980年重印本。

[101] 陈丕显主修《长阳县志》，民国25年纂修，民国《长阳县志》（稿）整理编辑委员会整理，陈金祥校勘，方志出版社，2005。

[102] 杨豫修，黎民怡纂《德江县志》，民国31年石印本。

[103] 刘显世、谷正伦修，任可澄、杨恩元纂《贵州通志》，民国37年贵阳书局铅印本。

[104] 文骏、陈宗兰等纂修《桃源县志初稿》，民国37年稿本。

[105] 杨化育、覃梦松、张定中主修《沿河县志》，沿河土家族自治县地方志办公室点校，1996，内部资料。

[106] 喻勋、胡长松纂修《铜仁府志》，据民国缩印本点校，中共贵州省铜仁地委档案室、贵州省铜仁地区政治志编辑室整理，贵州民族出版社，1992。

[107] 陈宗赢、羡邹甫纂，陈自文、田奇富、龚岳雄点校《九溪卫志》，张家界市政协学习文史委员会编《张家界卫所史话》（《张家界文史》第十四辑），内部资料，2006。

[108] 湖北省来凤县县志编纂委员会编纂《来凤县志》，湖北人民出版社，1990。

[109] 长阳土家族自治县地方志编纂委员会编《长阳县志》，中国城市出版社，1992。

[110] 湖北省巴东县志编纂委员会编《巴东县志》，湖北科学技术出版社，1993。

[111] 新晃县地方志编委会编《新晃县志》，三联书社，1993。

[112] 江口县志编纂委员会编《江口县志》，贵州人民出版社，1994。

[113] 黔江土家族苗族自治县志编纂委员会编《黔江县志》，中国社会出版社，1994。

[114] 石柱县志编纂委员会编《石柱县志》，四川辞书出版社，1994。

[115] 高恨非等主编《宣恩县民族志》,中国文联出版社,2001。

[116] 彭水县志编纂委员会编《彭水县志》,四川人民出版社,1997。

[117] 酉阳县志编纂委员会编《酉阳县志》,重庆出版社,2002。

三 族谱、碑铭、资料汇编

[1] 张家界《覃氏族谱》,清康熙十四年,张家界永定区图书馆。

[2] 酉阳《田氏家谱》,清康熙十六年,藏酉阳县板溪乡杉树湾村田景常家。

[3] 秀山《田氏族谱》,清康熙六十一年,藏秀山土县龙池美翠村田兴照家。

[4] 永顺《刘氏族谱》,清乾隆四十年,永顺县档案馆。

[5] 《施南土司覃氏重修族谱》,清乾隆四十五年,宣恩县委统战部。

[6] 容美《田氏世家》,清嘉庆十四年,五峰县田培林、田登云保存。

[7] 咸丰《冉氏家谱》,清道光二年,咸丰县档案馆。

[8] 湘西《鲁氏族谱》,清道光十四年,龙山县档案馆。

[9] 黔江《义门陈氏宗谱》,清道光二十六年,黔江区档案馆。

[10] 五峰《康氏族谱》,清同治四年,五峰县傅家堰乡康氏家族。

[11] 桑植《邓氏族谱》,清同治十二年,桑植县白石乡莲花村邓忠源处。

[12] 五峰容阳堂《田氏族谱》,清光绪五年,五峰土家族自治县田培林、田登云保存。

[13] 巴东《谭氏族谱》,清光绪八年,巴东县档案馆。

[14] 石柱《马氏家乘》,清光绪二十一年,石柱县档案馆收藏有集复印件。

[15] 永顺陇西堂《彭氏族谱》,清光绪二十八年,湖南省民族事务委员会古籍办。

[16] 永顺《符氏族谱》,民国2年,永顺县档案馆。

[17] 龙山《范氏续修家乘》,民国5年,龙山县档案馆。

[18] 唐崖《覃氏族谱》,民国6年,原件存咸丰县统战部。

[19] 石柱《陈氏族谱》,民国9年,石柱土家族自治县档案馆。

[20] 保靖《龙氏族谱》,民国16年,保靖县档案馆。

[21] 龙山《长沙天井陈氏支谱》,民国22年,龙山县档案馆。

[22] 石柱《秦氏家乘》,民国29年,石柱县档案馆。

[23] 利川忠路土司《覃氏族谱》,民国36年,利川市委统战部。

［24］中国科学院民族研究所少数民族社会历史调查组：《永顺县凤栖寨土家族调查报告》，1964。

［25］向国安口述，刘际爱整理，王月圣、张群安主编《细柳城：鹤峰民族民间故事、传说续集》，内部资料，1981。

［26］贵州省博物馆、《贵州社会科学》编辑部编《红军长征在贵州史料选辑》，贵州社会科学丛书，内部资料，1983年编印本。

［27］中共鹤峰县委统战部等编印《容美土司史料汇编》，内部资料，1984。

［28］鄂西土家族苗族自治州民族事务委员会编《鄂西少数民族史料辑录》，内部资料，1986。

［29］中国第一历史档案馆等：《清代前期苗民起义档案史料》，乾隆六十年闰二月初六日，光明日报出版社，1987。

［30］永顺县民间文学集成办公室：《中国民间故事集成·湖南卷·永顺县资料本》，内部资料，1987。

［31］桑植县民间文学集成办公室：《中国民间故事集成·湖南卷·桑植县资料本》，内部资料，1987。

［32］龙山县民间文学集成办公室：《中国故事集成湖南卷·龙山县资料本》，内部资料，1988。

［33］陈国安：《民族志资料汇编》第九集《土家族》，内部资料，1989。

［34］中国历史第一档案馆：《清代档案史料丛刊》，中华书局，1990。

［35］湖南省少数民族古籍办编，王承尧、罗午、彭荣德辑录《土家族土司史录》，岳麓书社，1991。

［36］湖南少数民族古籍办公室编《湖南地方志少数民族史料》，岳麓书社，1992。

［37］四川黔江地区民族事务委员会编《川东南少数民族史料辑》，四川民族出版社，1996。

［38］长阳民族宗教事务委员会、长阳民族文化研究会、长阳土家族自治县档案局编《长阳宗谱资料初编》，内部资料，2001。

［39］王晓宁编著《恩施自治州碑刻大观》，新华出版社，2004。

［40］傅一中编纂《建始县晚清至民国志略》，内部资料，2004。

［41］重庆黔江区政协学习文史委员会、黔江区民族宗教事务委员会编《黔

江文史·墓志铭专辑》，内部资料，2006。

[42] （清）段汝霖编纂，谢华著，伍新福校《湘西土司辑略》，岳麓书社，2008。

[43] 汪育江编著《思南石籍》，内部资料，2009。

[44] 阳盛海编《湘西土家族历史文化资料》，湖南人民出版社，2009。

[45] 《中国少数民族社会历史调查资料丛刊》修订编辑委员会编《土家族社会历史调查》，民族出版社，2009。

[46] 向福盛：《老司城民间故事集》，中国戏剧出版社，2010。

[47] 国家民族事务委员会全国少数民族古籍整理研究室编《中国少数民族古籍总目提要·土家族卷》，中国大百科全书出版社，2010。

[48] 印江自治县文化体育广播电视旅游局编《印江土家族苗族自治县文物志》，内部资料，2013。

[49] 三峡大学民族学院课题组：《唐崖土司历史资料汇编》，内部资料，2013。

[50] 蔡玉葵：《石柱土家族姓氏源流》，内部资料，2013。

四 中文著述

[1] 傅角今编著《湖南地理志》，武昌亚新地学社，1933。

[2] 凌纯声、芮逸夫：《湘西苗族调查报告》，商务印书印，1947。

[3] 顾颉刚、章巽编，谭其骧校《中国历史地图集》，中国地图出版社，1955。

[4] 马少侨编著《清代苗民起义》，湖北人民出版社，1956。

[5] 中国科学院考古研究所：《京山屈家岭》，科学出版社，1965。

[6] 臧励龢等编《中国古今地名大辞典》，商务印书馆，1982。

[7] 中南民族学院民族研究所编《南方民族史论文选集（一）》，内部资料，1982。

[8] 商务印书馆编辑部编《辞源》，商务印书馆，1983。

[9] 戴逸主编《简明清史（二）》，人民出版社，1984。

[10] 《侗族简史》编写组：《侗族简史》，贵州民族出版社，1985。

[11] 《苗族简史》编写组：《苗族简史》，贵州民族出版社，1985。

［12］宋恩常编《中国少数民族宗教（初编）》，云南人民出版社，1985。

［13］尤中：《中国西南民族史》，云南人民出版社，1985。

［14］萧一山：《清代通史·中卷》，中华书局，1986。

［15］湘西自治州凤凰县民委、贵州松桃苗族自治县民委、湖南省社科院历史研究所：《苗族史文集——纪念乾嘉起义一百九十周年》，湖南大学出版社，1986。

［16］《土家族简史》编写组：《土家族简史》，湖南人民出版社，1986。

［17］谭其骧：《长水集》，人民出版社，1987。

［18］赵文林等：《中国人口史》，人民出版社，1988。

［19］思南县民族事务委员会编《思南民族志》，内部资料，1988。

［20］〔法〕J.勒高夫：《新史学》，姚蒙编译，上海译文出版社，1989。

［21］刘孝瑜：《土家族》，民族出版社，1989。

［22］郑杭生：《社会学概论新编》，中国人民大学出版社，1989。

［23］费孝通等：《中华民族多元一体格局》，中央民族学院出版社，1989。

［24］陈支平：《近500年来福建的家族社会与文化》，三联书店，1991。

［25］陆仰渊、方庆秋主编《民国社会经济史》，中国经济出版社，1991。

［26］重庆市地方志编纂委员会总编辑室编《重庆市志·第一卷》，四川大学出版社，1992。

［27］郑振满：《明清福建家族组织与社会变迁》，湖南教育出版社，1992。

［28］吴永章主编《中南民族关系史》，民族出版社，1992。

［29］中国人民政治协商会议湘西土家族苗族自治州委员会文史资料研究委员会编《湘鄂川黔边区名镇》，内部资料，1993。

［30］李星星：《曲折的回归——四川酉水土家文化考察札记》，上海三联书店，1994。

［31］张正明主编《楚文化志》，湖北人民出版社，1994。

［32］张国雄：《明清时期的两湖移民》，陕西人民教育出版社，1995。

［33］徐扬杰：《宋明家族制度史论》，中华书局，1995。

［34］费正清：《剑桥中国晚清史》，中国社会科学出版社，1996。

［35］李幹、周祉征、李倩：《土家族经济史》，陕西人民教育出版社，1996。

［36］湖南省文物考古研究所编《长江中游史前文化暨第二届亚洲文明学术讨论会论文集》，岳麓书社，1996。

［37］恩施市地方志编纂委员会编《恩施市志》，武汉工业大学出版社，1996。

［38］杨绍猷、莫俊卿：《明代民族史》，四川民族出版社，1996。

［39］罗贤佑：《元代民族史》，四川民族出版社，1996。

［40］何介钧：《湖南先秦考古学研究》，岳麓书社，1996。

［41］曹树基：《中国移民史》第五卷《明清时期》，福建人民出版社，1997。

［42］葛剑雄主编《中国移民史》第二卷《先秦至魏晋南北朝时期》，福建人民出版社，1997。

［43］〔美〕乔治·E.马尔库斯等：《作为文化批评的人类学》，王铭铭等译，三联书店，1997。

［44］孙晓芬编著《清代前期的移民填四川》，四川大学出版社，1997。

［45］湖北省地方志编纂委员会编《湖北省志·民族》，湖北人民出版社，1997。

［46］辞源修订组、商务印书馆编辑部编《辞源》，商务印书馆，1997。

［47］蔡靖泉：《巴楚文化关系论略》，中国三峡出版社，1997。

［48］湖南省地方志编纂委员会编《湖南省志·民族志》，湖南人民出版社，1998。

［49］湖北省恩施土家族苗族自治州地方志编纂委员会编《恩施州志》，湖北人民出版社，1998。

［50］〔英〕安东尼·吉登斯（Anthony Giddens）著，胡宗泽、赵力涛译，《民族－国家与暴力》，三联书店，1998。

［51］童恩正：《古代的巴蜀》，重庆出版社，1998。

［52］宜昌市地方志编纂委员会编《宜昌市志》，黄山书社，1999。

［53］〔日〕濑川昌久著，钱杭译《族谱：华南汉族的宗族·风水·移居》，上海书店出版社，1999。

［54］湘西土家族苗族自治州地方志编纂委员会编《湘西州志》，湖南人民出版社，1999。

［55］王文光编著《中国南方民族史》，民族出版社，1999。

［56］邓辉：《土家族区域的考古文化》，中央民族大学出版社，1999。

［57］〔英〕弗里德曼著，刘晓春译《中国东南的宗族组织》，上海人民出版社，2000。

［58］田敏：《土家族土司兴亡史》，民族出版社，2000。

［59］〔美〕斯蒂文·郝瑞（Stevan Harrell）著，巴莫阿依、曲木铁西译《田野中的族群关系与民族认同——中国西南彝族社会考察研究》，广西人民出版社，2000。

［60］段超：《土家族文化史》，民族出版社，2000。

［61］田敏：《土家族土司兴亡史》，民族出版社，2000。

［62］杨志刚：《中国礼仪制度研究》，华东师范大学出版社，2001。

［63］刘文政、吴畏：《唐崖土司概观》，国际文化出版社，2001。

［64］翁独健：《中国民族关系史纲要》，中国社会科学出版社，2001。

［65］重庆市民族宗教事务委员会编纂《重庆民族志》，重庆出版社，2002。

［66］〔英〕厄内斯特·盖尔纳（Ernest Gellner）著，韩红译编《民族与民族主义》，中央编译出版社，2002。

［67］管维良主编《重庆民族史》，重庆出版社，2002。

［68］王芳龙、周扬声主编《桑植文物》，作家出版社，2003。

［69］彭振坤主编《历史的记忆》，贵州民族出版社，2003。

［70］〔日〕松本真澄：《中国民族政策之研究——以清末至1945年的"民族论"为中心》，民族出版社，2003。

［71］恩施州民族宗教事务委员会编《恩施土家族苗族自治州民族志》，民族出版社，2003。

［72］方铁主编《西南通史》，中州古籍出版社，2003。

［73］郑振满、陈春声主编《民间信仰与社会空间》，福建人民出版社，2003。

［74］国务院三峡工程建设委员会办公室、国家文物局编《湖北库区考古报告集（第一卷）》，科学出版社，2003。

［75］〔美〕本尼迪克特·安德森（Benedict Anderson）著，吴叡人译《想象的共同体：民族主义的起源与散布》，上海人民出版社，2003。

［76］江应梁檫著，江晓林笺注《滇西摆夷之现实生活》，德宏民族出版社，2003。

［77］柴焕波：《武陵山区古代文化概论》，岳麓书社，2004。

［78］马戎：《民族社会学——社会学的族群关系研究》，北京大学出版社，2004。

［79］李文海主编，夏明芳、黄兴涛副主编《民国时期社会调查丛编：少数民族卷》，福建教育出版社，2005。

［80］〔美〕埃里克·沃尔夫（Eric Wolf）著，赵丙祥、刘传珠、杨玉静译《欧洲与没有历史的人民》，上海人民出版社，2005。

［81］郑敬东：《长江三峡交通文化研究》，中国文史出版社，2005。

［82］向光清、谷忠诚：《桑植白族史》，光明日报出版社，2005。

［83］庄孔韶：《人类学通论》，山西教育出版社，2005。

［84］王铭铭：《社会人类学与中国研究》，广西师范大学出版社，2005。

［85］王文光、龙晓燕、陈斌：《中国西南民族关系史》，中国社会科学出版社，2005。

［86］伍新福：《湖南民族关系史》，民族出版社，2006。

［87］张家界市政协学习文史委员会编《张家界卫所史话》，内部资料，2006。

［88］常建华：《明代宗族研究》，上海人民出版社，2006。

［89］《铜仁地区志》编纂委员会编《铜仁地区志》，贵州人民出版社，2006。

［90］谭红主编《巴蜀移民史》，巴蜀书社，2006。

［91］王威海：《中国户籍制度：历史与政治分析》，上海文化出版社，2006。

［92］王明珂：《华夏边缘：历史记忆与族群认同》，社会科学文献出版社，2006。

［93］〔英〕埃里克·霍布斯鲍姆（Eric Hobsbawm）著，李金梅译《民族与民族主义》，上海人民出版社，2006。

［94］张应强：《木材之流动：清代清水江下游地区的市场、权力与社会》，三联书店，2006。

［95］吴永章、田敏：《鄂西民族地区发展史》，民族出版社，2007。

［96］柴焕波：《湘西古文化钩沉》，岳麓书社，2007。

［97］张建民：《明清长江流域山区资源开发与环境演变》，武汉大学出版社，2007。

［98］吴永臻主编《苗族通史》，民族出版社，2007。

［99］孙秋云：《核心与边缘——十八世纪汉苗文明的传播与碰撞》，人民出版社，2007。

［100］谭必友：《清代湘西苗疆多民族社区的近代重构》，民族出版社，2007。

［101］李昌宪：《中国行政区划通史（宋西夏卷）》，复旦大学出版社，2007。

［102］〔美〕马丁·N. 麦格（Martin N. Marger）著，祖力亚提·司马义译《族群社会学：美国及全球视角下的种族和族群关系》，华夏出版社，2007。

［103］郭志超、林瑶棋主编《闽南宗族社会》，福建人民出版社，2008。

［104］梁方仲编著《中国历代户口、田地、田赋统计》，中华书局，2008。

［105］石启贵：《湘西苗族实地调查报告》，湖南人民出版社，2008。

［106］温春来：《从"异域"到"旧疆"——宋至清贵州西北部地区的制度、开发与认同》，三联书店，2008。

［107］〔美〕E. O. 威尔逊著，毛盛贤等译《社会生物学——新的综合》，北京理工大学出版社，2008。

［108］《土家族简史》编写组、《土家族简史》修订本编写组编《土家族简史》，民族出版社，2009。

［109］王勇：《湖南人口变迁史》，湖南人民出版社，2009。

［110］郑振满：《乡族与国家：多元视野中的闽台传统社会》，三联书店，2009。

［111］吴雪梅：《回归边缘：清代一个土家族乡村社会秩序的重构》，中国社会科学出版社，2009。

［112］〔英〕霍恩比著，王玉章等译《牛津高阶英汉词典（第7版）》，商务印书馆，2009。

[113]〔美〕科大卫著,卜永坚译《皇帝和祖宗——华南的国家与宗族》,江苏人民出版社,2009。

[114]《中国少数民族社会历史调查资料丛刊》修订编辑委员会:《土家族社会历史调查》,民族出版社,2009。

[115]孙晓芬编著《清代前期的移民填四川》,四川大学出版社,2009。

[116]周宏伟:《湖南政区沿革》,湖南师范大学出版社,2009。

[117]王毓铨:《明代的军屯》,中华书局,2009。

[118]国家民委全国少数民族古籍整理研究室编《中国少数民族古籍总目提要·土家族卷》,中国大百科全书出版社,2010。

[119]陈世松:《大迁徙:"湖广填四川"历史解读》,四川人民出版社,2010。

[120]湖南图书馆编《湖南氏族迁徙源流》,岳麓书社,2010。

[121]陈心林:《南部方言区土家族族群性研究——武水流域一个土家族社区的实证研究》,民族出版社,2010。

[122]刘志伟:《在国家与社会之间:明清广东地区里甲赋役制度与乡村社会》,中国人民大学出版社,2010。

[123]湖南法制院编印,劳柏森点校《湖南民情风俗报告书》,湖南教育出版社,2010。

[124]蓝勇、黄权生:《"湖广填四川"与清代四川社会》,西南师范大学出版社,2010。

[125]向延振、吴建国编《张家界文物古迹》,中国文史出版社,2011。

[126]王曾瑜:《宋朝军制初探》,中华书局,2011。

[127]贺喜:《亦神亦祖:粤西南信仰构建的社会史》,三联书店,2011。

[128]张世友:《变迁与交融:乌江流域历代移民与民族关系研究》,中国社会科学出版社,2012。

[129]王希辉等:《田野图志——重庆彭水少数民族非物质文化遗产考察》,西南交通大学出版社,2012。

[130]杨洪林:《明清移民与鄂西南少数民族地区乡村社会变迁研究》,中国社会科学出版社,2013。

[131]乔凤岐:《隋唐地方行政与军防制度研究:以府兵制时期为中心》,人民出版社,2013。

［132］莫代山等：《重庆世居少数民族研究（侗族、蒙古族卷）》，重庆出版集团，2013。

［133］湖北省文物局、三峡大学、唐崖土司城遗址管理处编《唐崖土司学术研讨会论文集》，科学出版社，2014。

五　期刊论文

［1］彭武一：《湘西土家族摆手舞蹈的历史渊源和活动情况》，《舞蹈丛刊》1958 年第 4 期。

［2］华山：《关于宋代的客户问题》，《历史研究》1960 年 Z1 期。

［3］侯哲安：《三苗考》，《贵州民族研究》1979 年第 1 期。

［4］李文杰：《试论大溪文化与屈家岭文化、仰韶文化的关系》，《考古》1979 年第 2 期。

［5］王纲：《"湖广填四川"问题探讨》，《社会科学研究》1979 年第 3 期。

［6］江应樑：《说濮》，《思想战线》1980 年第 1 期。

［7］王瑞明：《荆楚释名》，《江汉论坛》1980 年第 1 期。

［8］张永国：《试论苗族的来源和形成》，《思想战线》1980 年第 6 期。

［9］陈其光、李永燧：《汉语苗瑶语同源例证》，《民族语文》1981 年第 2 期。

［10］范桂杰、胡昌钰：《巫山大溪遗址第三次发掘》，《考古学报》1981 年第 4 期。

［11］保健行：《解放前五百年间我省民族关系试析》，《贵州民族研究》1981 年第 4 期。

［12］杨宽：《西周时代的楚国》，《江汉论坛》1981 年第 5 期。

［13］林河：《从楚简考证侗族与楚、苗之间的关系》，《贵州民族研究》1982 年第 1 期。

［14］黄才贵：《浅谈五溪蛮向氏与侗族的关系》，《贵州民族研究》1982 年第 1 期。

［15］张之恒：《试论大溪文化》，《江汉考古》1982 年第 1 期。

［16］王辅世：《湖南泸溪瓦乡话语音》，《语言研究》1982 年第 1 期。

［17］彭官章、朴永子：《羌人·巴人·土家族》，《吉首大学学报》（社会科学版）1982 年第 1~2 期。

[18] 朱俊明:《论汉晋以前武陵民族成份及其来源》,《贵州民族研究》1982 年第 2 期。

[19] 王慧琴:《关于苗族族源的问题》,《思想战线》1982 年第 6 期。

[20] 王文瑄:《苗民的分布现状及其类别》,原载《边声月刊》第 1 卷第 3 期,转载于张永国、史继忠等收集编纂,贵州民族学院历史系民族史教研室《民国年间苗族论文集》,1983。

[21] 彭官章:《从语言学角度谈土家族源问题》,湘西土家族苗族自治州民族事务委员会编《土家族历史讨论会论文集》,1983。

[22] 王承尧:《古代乌蛮与今天的土家族》,湘西土家族苗族自治州民族事务委员会编《土家族历史讨论会论文集》,1983。

[23] 罗维庆:《土家族源于乌蛮考》,湘西土家族苗族自治州民族事务委员会编《土家族历史讨论会论文集》,1983。

[24] 向绪成:《浅议大溪文化与屈家岭文化的关系——与张之恒同志商榷》,《江汉考古》1983 年第 1 期。

[25] 胡挠:《关于羁縻珍州、高州及高罗土司的考证》,《中央民族学院学报》1983 年第 1 期。

[26] 邹艾秋:《论宋代乡村客户的经济地位和封建隶属关系》,《云南师范大学学报》(哲学社会科学版) 1983 年第 1 期。

[27] 王延武:《两晋南朝的治"蛮机构"与"蛮族"活动》,《中南民族学院学报》(哲学社会科学版) 1983 年第 3 期。

[28] 向绪成:《从关庙山遗址看大溪文化分期——兼评目前大溪文化的几种分期》,《江汉考古》1983 年第 3 期。

[29] 蒋德学:《试论清代贵州的移民区》,《人口研究》1983 年第 5 期。

[30] 吴永章:《南朝对"蛮族"的统治与抚纳政策》,《江汉论坛》1983 年第 6 期。

[31] 李默:《荆蛮质疑》,《中央民族学院学报》1984 年第 1 期。

[32] 彭英明:《试论湘鄂西土家族"同源异支"——廪君蛮的起源及其发展述略》,《中南民族学院学报》(哲学社会科学版) 1984 年第 3 期。

[33] 张岳奇:《"蚩尤"能否引作苗族族源》,《民族研究》1984 年第 4 期。

[34] 陈天俊:《唐代黔州"领""督"州县的民族状况与唐王朝的"羁縻"

政策》，《贵州民族研究》1984 年第 4 期。

［35］马少侨：《试论荆楚和古代三苗、现代苗族的历史渊源关系》，《中央民族学院学报》1984 年第 4 期。

［36］段渝：《荆楚国名问题》，《江汉论坛》1984 年第 8 期。

［37］张雄：《汉魏以来"武陵五溪蛮"的活动地域及民族成分述考》，《中南民族学院学报》（哲学社会科学版）1985 年第 1 期。

［38］彭官章、朴永子：《关于湖南民族关系史研究的几个问题》，《民族论坛》1985 年第 1 期。

［39］陈涛：《"改土归流"以来湘西黔东北的民族关系》，《贵州民族研究》1985 年第 1 期。

［40］李龙章：《浅议石家河文化》，《江汉考古》1985 年第 3 期。

［41］翁家烈：《从〈山海经〉窥索苗族族源》，《贵州民族研究》1985 年第 3 期。

［42］王杰：《屈家岭文化与大溪文化关系中的问题探讨》，《江汉考古》1985 年第 3 期。

［43］吴万源：《关于桑植县民家人的族别问题》，《云南民族学院学报》（哲学社会科学版）1985 年第 3 期。

［44］鲍厚星：《湖南省汉语方言地图三幅》，《方言》1985 年第 4 期。

［45］王瑞莲：《试论武陵、五溪的区别及五溪蛮的分布》，《中南民族学院学报》（哲学社会科学版）1985 年第 5 期。

［46］李文杰：《大溪文化的类型和分期》，《考古学报》1986 年第 2 期。

［47］杨武泉：《"蛮左"试释》，《江汉论坛》1986 年第 3 期。

［48］方酉生：《试论屈家岭文化》，《武汉大学学报》（人文科学版）1986 年第 3 期。

［49］石宗仁：《苗族多神崇拜初探》，《中南民族学院学报》（哲学社会科学版）1986 年第 4 期。

［50］翁家烈：《明清以来苗汉关系初探》，《贵州民族研究》1986 年第 4 期。

［51］彭武一：《明清年间湘西的土家与苗家——初论土家族苗族历史上的和睦友好关系》，《吉首大学学报》（社会科学版）1987 年第 1 期。

［52］龚荫：《关于濮人问题（上）》，《西南民族学院学报》（哲学社会科学

版）1987 年第 3 期。

[53] 练铭志：《试论湘西土家族与汉族历史上的融合关系》，《贵州民族研究》1987 年第 4 期。

[54] 田用三：《沿河洪渡"军门禁约碑"》，《贵州文史丛刊》1987 年第 4 期。

[55] 翁家烈：《清代贵州民族关系的变化》，《贵州文史丛刊》1987 年第 4 期。

[56] 黎世贵：《乌江航道思南段整治始末》，《贵州地方志通讯》1987 年第 5 期。

[57] 马力：《北宋北江羁縻州》，《史学月刊》1988 年第 1 期。

[58] 马亮生：《湖南回族的来源与变迁》，《宁夏社会科学》1988 年第 1 期。

[59] 王继平：《论护国战争时期的湘西战场》，《吉首大学学报》（社会科学版）1988 年第 2 期。

[60] 罗维庆：《土家族姓氏起源演化考述》，《吉首大学学报》（社会科学版）1988 年第 3 期。

[61] 伍新福：《荆蛮、楚人与苗族关系新探》，《求索》1988 年第 4 期。

[62] 湖南省文物考古研究所、桑植县文物管理所：《湖南桑植县朱家台商代遗址的调查与发掘》，《江汉考古》1989 年第 2 期。

[63] 伍新福：《湘西地区土司族属初探》，《贵州民族研究》1989 年第 2 期。

[64] 张世铨：《对苗族历史上几个问题的管见》，《广西民族研究》1989 年第 3 期。

[65] 穆朝庆：《论宋代的无产客户》，《中州学刊》1989 年第 6 期。

[66] 杨昌沅、范植清：《略述明代军屯制度在鄂西山地的实施》，《史学月刊》1989 年第 6 期。

[67] 雷翔：《魏晋南北朝"蛮民"的来源》，《湖北民族学院学报》（哲学社会科学版）1990 年第 1 期。

[68] 石邦彦：《苗疆边墙试析》，《吉首大学学报》（社会科学版）1990 年第 1 期。

[69] 蒙默：《宋思州田祐恭族属考索》，《贵州民族研究》1990 年第 3 期。

[70] 李绍明：《巴人与土家族关系问题》，《云南社会科学》1990 年第 3 期。

［71］ 刘德银：《论石家河文化早期与屈家岭文化晚期的关系》，《江汉考古》1990 年第 3 期。

［72］ 李绍明：《川黔边杨氏来源看侗族与家族的历史关系》，《贵州民族研究》1990 年第 4 期。

［73］ 陈文学：《春秋战国时期楚、巴关系试探》，《江汉考古》1991 年第 2 期。

［74］ 段超：《略论巴文化和土家族文化的关系》，《中南民族学院学报》（哲学社会科学版）1991 年第 2 期。

［75］ 张绪球：《石家河文化的分期分布和类型》，《考古学报》1991 年第 4 期。

［76］ 刘莉、谢心宁：《改土归流后的湘西经济与民族关系》，《吉首大学学报》（社会科学版）1991 年第 4 期。

［77］ 范植清：《施州卫建置屯戍考》，《中南民族学院学报》（哲学社会科学版）1991 年第 5 期。

［78］ 印盛威：《湘西护国战争浅探》，《湖南社会科学》1991 年第 6 期。

［79］ 马力：《北宋南江地区羁縻州考》，《文史》第 34 辑，中华书局，1992。

［80］ 屈家岭考古发掘队：《屈家岭遗址第三次发掘》，《考古学报》1992 年第 1 期。

［81］ 石建中：《试论盘瓠神话和苗族族源》，《中南民族学院学报》（哲学社会科学版）1992 年第 1 期。

［82］ 湖南省文物考古研究所：《石门皂市商代遗存》，《考古学报》1992 年第 2 期。

［83］ 张绪球：《石家河文化的玉器》，《江汉考古》1992 年第 1 期。

［84］ 吴汝祚：《大溪文化综论》，《江汉考古》1993 年第 2 期。

［85］ 湖南省文物考古研究所：《怀化高坎垅新石器时代遗址》，《考古学报》1992 年第 3 期。

［86］ 吴曦云：《边墙与湘西苗疆》，《中南民族学院学报》（哲学社会科学版）1993 年第 6 期。

［87］ 刘长治：《湖南省湘西自治州境内酉水沿岸古遗址调查》，《考古》1993 年第 10 期。

［88］ 雷翔：《土家族田氏考略——兼评"造谱"现象》，《湖北民族学院学报》（哲学社会科学版）1994 年第 3 期。

［89］沈强华：《鄂西地区大溪文化的去向和屈家岭文化的来源》，《江汉考古》1994 年第 4 期。

［90］席克定：《贵州的石器时代考古》，《考古》1994 年第 8 期。

［91］钱安靖：《论"梯玛"神图》，《宗教学研究》1995 年 Z1 期。

［92］杨庭硕：《从中原到西南》，《寻根》1995 年第 1 期。

［93］张雄：《从南朝荆郢雍州侨、左郡建置看汉、胡、蛮的迁徙与融合》，《中南民族学院学报》（哲学社会科学版）1996 年第 3 期。

［94］湖北省文物考古研究所：《1983 年湖北宜都城背溪遗址发掘简报》，《江汉考古》1996 年第 4 期。

［95］吴曦云：《边墙与湘西苗疆》，《中南民族学院学报》（哲学社会科学版）1996 年第 6 期。

［96］邢敏建：《从酉水流域考古发掘看楚文化与诸民族的关系》，《民族研究》1997 年第 1 期。

［97］葛剑雄：《中国历史上的移民发源地之一———麻城孝感乡》，《寻根》1997 年第 1 期。

［98］费孝通：《简述我的民族研究经历和思考》，《北京大学学报》（哲社版）1997 年第 2 期。

［99］杨国安：《明清鄂西山区的移民与土地垦殖》，《中国农史》1998 年第 1 期。

［100］阮西湖：《关于术语"族群"》，《民族研究》1998 年第 2 期。

［101］段超：《清代改土归流后土家族地区的农业经济开发》，《中国农史》1998 年第 3 期。

［102］王炎：《"湖广填四川"的移民浪潮与清政府的行政调控》，《社会学研究》1998 年第 6 期。

［103］〔挪威〕弗里德里克·巴斯（Fredrik Barth）：《族群与边界（序言）》，高崇译，周大鸣校，《广西民族学院学报》（哲学社会科学版）1999 年第 1 期。

［104］黄柏权：《土家族族源研究综论》，《贵州民族研究》1999 年第 2 期。

［105］邓和平：《湘鄂边一支蒙古人的来源与迁徙》，《内蒙古大学学报》（人文社会科学版）1999 年第 5 期。

[106] 林富士：《"历史人类学"：旧传统与新潮流》，中研院历史语言研究所编《中研院历史语言研究所七十周年研讨会论文集》，2000。

[107] 杨华、丁建华：《巫山大溪遗址的考古发现与研究》，《四川文物》2000 年第 1 期。

[108] 萧凤霞：《华南的代理人和受害者：乡村革命的协从》，《中国学术》2001 年第 1 期。

[109] 陈致远：《"五溪"地望说异》，《中国历史地理论丛》2000 年第 1 期。

[110] 湖南省文物考古研究所：《湖南黔阳高庙遗址发掘简报》，《文物》2000 年第 4 期。

[111] 李明欢：《20 世纪西方国际移民理论》，《厦门大学学报》（哲学社会科学版）2000 年第 4 期。

[112] 杨正文：《鼓藏节仪式与苗族社会组织》，《西南民族学院学报》（哲学社会科学版）2000 年第 5 期。

[113] 黎小龙：《土家族族谱与土家大姓土著渊源》，《西南师范大学学报》（人文社会科学版）2000 年第 6 期。

[114] 刘玉堂：《夏商王朝对江汉地区的镇抚》，《江汉考古》2001 年第 1 期。

[115] 徐祖祥：《三苗、荆蛮与瑶族来源问题》，《贵州民族研究》2001 年第 1 期。

[116] 张应强：《边墙兴废与明清苗疆社会》，《中山大学学报》（社会科学版）2001 年第 2 期。

[117] 周大鸣：《论族群与族群关系》，《广西民族学院学报》（哲学社会科学版）2001 年第 2 期。

[118] 王平：《唐崖土司覃氏源流考》，《贵州民族研究》2001 年第 3 期。

[119] 陈文：《屈家岭文化的界定与分期》，《考古》2001 年第 4 期。

[120] 董珞：《湘西北各民族文化互动试探》，《民族研究》2001 年第 5 期。

[121] 段超：《宋代土家族地区的"土军"初论》，《中央民族大学学报》（哲学社会科学版）2001 年第 6 期。

[122] 段超：《古代土家族地区开发简论》，《江汉论坛》2001 年第 11 期。

[123] 黄向春：《民俗学与历史学的人类学化》，《民俗研究》2002 年第 1 期。

[124] 朱圣钟：《明清鄂西南土家族地区民族的分布与变迁》，《中国历史地

理论丛》2002 年第 1 期。

[125] 李启群：《湘西州汉语与土家语、苗语的相互影响》，《方言》2002 年第 1 期。

[126] 徐杰舜：《论族群与民族》，《民族研究》2002 年第 1 期。

[127] 郝时远：《Ethnos（民族）和 Ethnic group（族群）的早期涵义与应用》，《民族研究》2002 年第 4 期。

[128] 郝时远：《中国语境中的"族群"及其应用泛化的检讨》，《思想战线》2002 年第 5 期。

[129] 罗安源：《从量词看苗汉两种语言的关系》，《中央民族大学学报》（哲学社会科学版）2002 年第 5 期。

[130] 张硕：《巴文化起源新论》，《江汉论坛》2002 年第 8 期。

[131] 赖华明：《秦汉移民与巴蜀文化的变迁》，《西南民族学院学报》（哲学社会科学版）2002 年第 11 期。

[132] 王同起：《抗日战争时期难民的迁徙与安置》，《历史教学》2002 年第 12 期。

[133] 马长寿：《中国西南民族分类》，马长寿著，周伟洲编《马长寿民族学论集》，人民出版社，2003。

[134] 王爱和：《人类学与历史学：挑战、对话与发展》，《世界民族》2003 年第 1 期。

[135] 张小军：《历史的人类学化和人类学的历史化——兼论被史学"抢注"的历史人类学》，《历史人类学学刊》2003 年第 1 期。

[136] 韦东超：《移民与族际冲突——东汉时期武陵、长沙、零陵三郡"蛮变"动因浅论》，《中南民族大学学报》（人文社会科学版）2003 年第 1 期。

[137] 乌小花：《论"民族"与"族群"概念的界定》，《广西民族研究》2003 年第 1 期。

[138] 湖南省文物考古研究所等：《湘西里耶秦代简牍选释》，《中国历史文物》2003 年第 1 期。

[139] 古永继：《元明清时贵州地区的外来移民》，《贵州民族研究》2003 年第 1 期。

［140］伍新福：《明代湘黔"苗疆"哨堡"边墙"考》，《中南民族大学学报》（人文社会科学版）2003 年第 2 期。

［141］石亚洲：《宋王朝的政策与土家族土兵的形成》，《西南民族大学学报》（人文社会科学版）2003 年第 2 期。

［142］陈世松：《"解手"的传说与明清"湖广填四川"》，《中华文化论坛》2003 年第 3 期。

［143］范可：《中西文语境的"族群"与"民族"》，《广西民族学院学报》（哲学社会科学版）2003 年第 4 期。

［144］潘蛟：《"族群"及其相关概念在西方的流变》，《广西民族学院学报》（哲学社会科学版）2003 年第 5 期。

［145］陈建樾：《多元一体：多民族国家内部的族际整合与合法性》，《中央民族大学学报》（哲学社会科学版）2003 年第 5 期。

［146］辛艺华、罗彬：《从武陵家具木雕艺术的风格看土家文化与汉文化的互渗》，《华中师范大学学报》（人文社会科学版）2004 年第 1 期。

［147］东人达：《成吉思汗在西南的后裔》，《内蒙古大学学报》（社会科学版）2004 年第 1 期。

［148］黄应贵：《历史与文化——对于"历史人类学之我见"》，《历史人类学学刊》2004 年第 2 期。

［149］湖北省文物考古研究所：《湖北省巴东县李家湾遗址发掘简报》，《江汉考古》2004 年第 3 期。

［150］赵世瑜：《历史人类学：在学科与非学科之间》，《历史研究》2004 年第 4 期。

［151］段超：《元至清初汉族与土家族文化互动探析》，《民族研究》2004 年第 6 期。

［152］周宏伟：《楚秦黔中郡新考》，《九州学林》（香港城市大学）2005 年第 1 期。

［153］刘清华：《湖北恩施"西瓜碑"碑文考》，《古今农业》2005 年第 2 期。

［154］陈世松：《"湖广填四川"研究平议》，《天府新论》2005 年第 3 期。

［155］蔡靖泉：《巴人的流徙与文明的传播》，《华中师范大学学报》（人文社会科学版）2005 年第 4 期。

[156] 朱伦：《西方的"族体"概念系统——从"族群"概念在中国的应用错位说起》，《中国社会科学》2005 年第 4 期。

[157] 余西云、王风竹等：《湖北巴东楠木园遗址发掘简报》，《考古》2005 年第 6 期。

[158] 白九江：《从三峡地区的考古发现看楚文化的西进》，《江汉考古》2006 年第 1 期。

[159] 辛德勇：《秦始皇三十六郡新考（上、下）》，《文史》2006 年第 1、2 期。

[160] 方高峰：《试论左郡左县制》，《中国边疆史地研究》2006 年第 2 期。

[161] 古永继：《秦汉时西南地区外来移民的迁徙特点及在边疆开发中的作用》，《云南民族大学学报》（哲学社会科学版）2006 年第 3 期。

[162] 明跃玲：《重访红土溪——关于瓦乡人的田野调查》，《青海民族研究》2006 年第 3 期。

[163] 张艳芳：《民国前期移民政策刍议》，《文史哲》2006 年第 6 期。

[164] 东人达：《明清"赶苗拓业"事件探究》，《贵州民族研究》2006 年第 6 期。

[165] 湖南省文物考古研究所：《湖南洪江市高庙新石器时代遗址》，《考古》2006 年第 7 期。

[166] 韦东超：《两湖地区早期汉化进程述论》，柏贵喜、孟凡云主编《南方民族社会文化史论集》，湖北人民出版社，2007。

[167] 谭必友：《苗疆边墙与清代湘西民族事务的深层对话》，《中南民族大学学报》（人文社会科学版）2007 年第 1 期。

[168] 贺刚、陈利文：《高庙文化及其对外传播影响》，《南方文物》2007 年第 2 期。

[169] 马雪峰：《社会学族群关系研究的几种理论视角》，《西北民族研究》2007 年第 2 期。

[170] 刘复生：《宋代羁縻州"虚像"及其制度问题》，《中国边疆史地研究》2007 年第 4 期。

[171] 马玉华：《国民政府边疆民族政策初探》，《贵州民族研究》2007 年第 5 期。

［172］王平：《从族际通婚看武陵地区族群关系的演变》，《湖北民族学院学报》（哲学社会科学版）2007 年第 5 期。

［173］江田祥：《客民、地方社会与白莲教空间扩散——以清乾嘉之际鄂西南来凤县为中心》，《江汉论坛》2007 年第 6 期。

［174］黄柏权：《武陵民族走廊及其主要通道》，《三峡大学学报》（人文社会科学版）2007 年第 6 期。

［175］明跃玲：《民族识别与族群认同——以湘西红土溪村的民族识别过程为个案》，《云南社会科学》2008 年第 2 期。

［176］黄柏权：《秦汉至唐宋时期"武陵民族走廊"的民族格局》，《中南民族大学学报》（人文社会科学版）2008 年第 2 期。

［177］黄柏权：《先秦时期"武陵民族走廊"的民族格局》，《思想战线》2008 年第 3 期。

［178］黄柏权：《元明清时期武陵民族走廊的民族格局》，《三峡大学学报》（人文社会科学版）2009 年第 1 期。

［179］明跃玲：《冲突与对话——湘西苗疆边墙地区白帝天王崇拜的人类学考察》，《中南民族大学学报》（人文社会科学版）2009 年第 4 期。

［180］谭清宣：《清代改土归流后土家族地区的移民及其社会影响》，《重庆社会科学》2009 年第 5 期。

［181］王希辉、杨杰：《唐崖土司覃氏世系及其征调述略》，《三峡大学学报》（人文社会科学版）2009 年第 6 期。

［182］王希辉：《唐崖土司覃氏世系及其征调述略》，《三峡大学学报》（人文社会科学版）2009 年第 6 期。

［183］潘光旦：《湘西北的"土家"与古代的巴人》，《中国少数民族社会历史调查资料丛刊》修订编辑委员会《土家族社会历史调查》，民族出版社，2009。

［184］刘玉堂、尹弘兵：《楚蛮与早期楚文化》，《湖北大学学报》（哲学社会科学版）2010 年第 1 期。

［185］程林盛：《六十年：湘西苗疆的"绿色"变迁——口述史方法的人类生态环境调研》，《民间文化论坛》2010 年第 3 期。

［186］尹弘兵：《荆楚关系问题新探》，《江汉论坛》2010 年第 3 期。

[187] 雷翔:《民族自我意识与"祖先认同"建构——以土家族祖先认同中的"巴人"为例》,《中南民族大学学报》(人文社会科学版)2010年第6期。

[188] 彭福荣:《隋唐五代时期的乌江流域各民族与中央王朝之经略》,《黑龙江民族丛刊》2011年第1期。

[189] 胡炳章:《湘西地区民族关系发展流程略论》,《吉首大学学报》(社会科学版)2011年第3期。

[190] 岳小国:《武陵民族走廊土司宗族文化研究》,《贵州民族研究》2011年第6期。

[191] 谢晓辉:《联姻结盟与谱系传承:明代湘西苗疆土司的变迁》,《中国社会历史评论》第13卷,2012。

[192] 曹大明:《武陵山区:"内地的边缘"》,《中国民族报》(理论版)2012年4月13日。

[193] 成臻铭:《群在时空之间:论明代土司的民族族系分布特点》,《青海民族研究》2011年第1期。

[194] 龙圣:《清代湘西社会变迁与白帝天王信仰故事演变——以杨氏家族为例》,《民俗研究》2011年第3期。

[195] 胡湘闽、瞿州莲:《论清代湘西油桐种植发展的原因及其影响》,《湖南工业职业技术学院》2011年第4期。

[196] 杨志强、张旭:《前近代时期的族群边界与认同——对清代"苗疆"社会中"非苗化"现象的思考》,《贵州大学学报》(社会科学版)2011年第5期。

[197] 朱圣钟:《历史时期土家族地区农业的分布与变迁》,苏晓云主编《社会转型与土家族社会文化发展》,民族出版社,2012。

[198] 严昌洪、李安辉、吴守彬:《论民国时期的民族政策》,《兰州大学学报》(社会科学版)2012年第1期。

[199] 唐春生:《宋初对夔州路的少数民族政策》,《重庆师范大学学报》(社会科学版)2012年第1期。

[200] 陈心林:《先秦至唐宋时期武陵地区民族关系简论》,《贵州民族研究》2012年第3期。

[201] 陈俊梁：《小议改土归流对渝东南少数民族地区的生态环境影响》，《黑龙江史志》2012 年第 1 期。

[202] 杨思机：《民国时期"边疆民族"概念的生成与运用》，《中山大学学报》（社会科学版）2012 年第 6 期。

[203] 袁秩峰：《清代贵州的客民研究》，《西南民族大学学报》（人文社会科学版）2012 年第 7 期。

[204] 刘兴禄：《湘西"瓦乡人"及其研究现状考察》，《湖北民族学院学报》（哲学社会科学版）2013 年第 1 期。

[205] 彭恩：《清代湖北经济开发与森林生态环境变迁》，《农业考古》2013 年第 1 期。

[206] 张世友：《秦汉时期乌江流域的主要族群及其主要社会经济面貌》，《长江师范学院学报》2013 年第 2 期。

[207] 龙圣：《变迁与认同：区域社会史视野下的湘西白帝天王信仰》，《宗教学研究》2013 年第 2 期。

[208] 姜爱、刘伦文：《人地关系与土家族生计变迁六十年——湘西龙山县草果村的再研究》，《西南民族大学学报》（人文社会科学版）2013 年第 3 期。

[209] 杨卫：《"土人"再考》，《青海民族大学学报》（社会科学版）2013 年第 3 期。

[210] 苏堂栋（Donald S. Sutton）：《族群边缘的神话缔造：湘西的白帝天王信仰（1715～1996）》，申晓虎译，《民族学刊》2013 年第 3 期。

[211] 陈心林：《元明清时期武陵地区民族关系简论》，《湖北民族学院学报》（哲学社会科学版）2013 年第 4 期。

[212] 李锦伟、王黎粒：《明清时期高产作物的引进对西南山区的影响》，《农业考古》2013 年第 6 期。

[213] 洪芳：《定性研究和定量研究的比较分析》，《南方论坛》2013 年第 12 期。

[214] 陈纪：《西方族群关系研究的相关理论综述》，《湖北民族学院学报》（哲学社会科学版）2014 年第 1 期。

[215] 刘兰英：《天主教在土家族中的传播与影响》，《中国天主教》2014

年第 2 期。

[216] 王希辉：《湖北三家台蒙古族的生计变迁与文化适应》，《广西民族大学学报》（哲学社会科学版）2014 年第 2 期。

[217] 钟江华：《湖南白族汉语方言的语音底层问题》，《湘潭大学学报》（哲学社会科学版）2014 年第 2 期。

[218] 黄权生：《清代武陵民族走廊农业开发和生态变迁探微》，《农业考古》2014 年第 3 期。

[219] 黄柏权、葛政委：《关公信仰在容美土司的"地方化"及其诠释》，《广西民族大学学报》（哲学社会科学版）2014 年第 3 期。

[220] 叶成勇：《贵州沿河县万历时期〈军门禁约〉碑文考论——兼论贵州明代中晚期"夷"汉关系》，《民族研究》2014 年第 5 期。

[221] 王志清、陈曲：《湖北蒙古族族源传说的记录史与生命史——以三家台村的陈美所传说为研究对象》，《中央民族大学学报》（哲学社会科学版）2014 年第 5 期。

[222] 曹大明：《"内地的边缘"：武陵山区区域特征述论》，《北方民族大学学报》（哲学社会科学版）2014 年第 6 期。

[223] 刘兴亮：《从湘西地区"蛮民越界"事件看两宋羁縻政策之演变》，《铜仁学院学报》2014 年第 6 期。

[224] 陆群：《土司政权与民族关系——基于桑植白族本主信仰的口述史分析》，《青海民族研究》2015 年第 2 期。

[225] 曹大明：《从"蛮左/夏人"、"土家/客家"到"土家族/汉族"：长阳族群关系变迁研究（上）》，《铜仁学院学报》2015 年第 5 期。

[226] 黄学垠：《南京国民政府时期全国性议政机构中少数民族代表考察》，《民族学刊》2016 年第 3 期。

[227] 曹树基：《湖南人由来新考》，《历史地理》第九辑，上海人民出版社，1991。

六　学位论文

[1] 朱圣钟：《鄂湘渝黔土家族地区历史经济地理研究》，博士学位论文，陕西师范大学，2002。

［2］刘诗颖：《明清以来湘鄂川黔地区外族人土家化倾向》，硕士学位论文，武汉大学，2004。

［3］李国栋：《民国时期的民族问题与民国政府的民族政策研究》，博士学位论文，兰州大学，2006。

［4］薛正超：《湖南移民史研究（618～1279年）》，博士学位论文，南京大学，2006。

［5］樊磊：《民国时期政府移民政策述略——以东北为重心》，硕士学位论文，吉林大学，2007。

［6］张丽剑：《"民家情"：散杂居背景下的族群认同——湖南桑植白族研究》，博士学位论文，中央民族大学，2007。

［7］谢晓辉：《延续的边缘：宋至清湘西开发中的制度、族类划分与礼仪》，博士学位论文，香港中文大学，2007。

［8］龚政：《清代湖南的经济开发和生态环境的变迁》，硕士学位论文，西南大学，2008。

［9］黄丽：《湖南维吾尔族的社会变迁与文化调适》，博士学位论文，兰州大学，2008。

［10］孟凡松：《郡县的历程》，博士学位论文，陕西师范大学，2009。

［11］李然：《当代湘西土家族苗族文化互动与族际关系研究》，博士学位论文，中央民族大学，2009。

［12］敖慧敏：《一个移民社区的土家化过程及其影响——对湖北恩施市盛家坝乡安乐屯村的研究》，硕士学位论文，中南民族大学，2009。

［13］李滨利：《卫所移民群体本土化过程研究——以鄂西南朱砂屯村为例》，硕士学位论文，湖北民族学院，2010。

［14］陈启钟：《清代闽北的客民与地方社会》，博士学位论文，台湾师范大学，2011。

［15］孙杰：《竹枝词发展史》，博士学位论文，复旦大学，2012。

［16］黄建胜：《湘西地区江西会馆功能研究——以浦市、凤凰万寿宫为例》，硕士学位论文，吉首大学，2012。

［17］茹佳楠：《抗战时期湖南难民及其救济》，硕士学位论文，湘潭大学，2015。

七 外文论著

[1] Robert E. Park, Ernest W. Burgess, *Introduction to the Science of Sociology*, Chicago: the Chicago University Press, 1921.

[2] Warner, W. Lloyd, *American Caste and Class. The American Journal of Sociology*, *1936*, Vol. 42, No. 2 (Sep., 1936).

[3] Banton, Michael, "The Concept of Racism," in Sami Zubalda (ed.), *Race and Racialism*, London: Tavistock, pp. 17 – 34.

[4] Benedict, Ruth, *Race: Science and Politics*, New York: Viking, 1959.

[5] Raoul Naroll, *On Ethnic Unit Classification. Current Anthropology*, 1964.

[6] Milton M. Gordon, *Assimilation in American Life: The Role of Race, Religion, and National Origins*, New York: Oxford University Press, 1964.

[7] Abner Cohen, *Custom and Politicis in Urban Afric.*, Berkeley: University of California, 1969.

[8] Barth, Ernest A. T., and Donald L. Noel, "Conceptual Frameworks for the Analysis of Race Relations," *Social Forces* 50 (1972).

[9] Cliford Geertz, *The Interpretation of Cultures*, London Press, 1993.

[10] Pierre L. Van den Berghe, *The Ethnic Phenomenon*, New York: Elsevier, 1981.

[11] Paul Brass, *Ethnicity and Nationlism: Theory and Comparesion. New Dehhi*, Sage Publiction, 1991.

[12] Cox, Oliver. C., *Class and Race. Garden City*, NY: Doubleday, 1948.

[13] Feagin, Joe R., *Racial and Ethnic Relations*, 5th ed. Englewood Cliffs, N. J.: Prentice Hall, 1996.

[14] *The Encyclopedia American*, *Grolier In corporated*, *International edition*, Vol. 10, 1997, pp. 631.

附表 1

宋代湘西留居客民个案

始迁祖	原籍或迁出地	迁入地	迁入时间	迁入原因	资料来源	说明
邢绎	郑人	鼎州	宋建炎间	宦居	《明一统志》卷64《常德府·流寓》	
杜昉	河北安喜县（今迁安市）	常德	宋建炎初	寓居	《舆地纪胜》卷68《常德府·人物》、《明一统志》卷64《常德府·流寓》	
熊阎	江西	常德	宋代	不详	转引自《湖南移民表》	
龙禹官裔	金陵	常德	宋哲宗时	因龙禹官、宗麻父子征蛮	同上	
刘子荣	福建建宁	武陵	南宋时	避兵乱	同上	
宁蒙格	江西清江	武陵	宋宝庆时	宦居	同上	
莫世悠	江西吉水	武陵	宋景炎二年	不详	同上	
刘迪	江苏盐城	常德	宋末	宦游	同上	
石敏若	河南	常德	宋哲宗	避金人之乱	《湖南氏族迁徙源流》	
熊秉彝	江西泰和	常德	宋时	不详	同上	
印德修	江西洪州	常德桃源	宋乾德五年	不详	同上	
谭武兴	湖南茶陵	常德	宋理宗	不详	同上	
龙仲云	江西泰和	常德丹州	宋宁宗间	避金乱	同上	
梁忠泰	江西吉州（吉安）	常德花坪	南宋初	避金人之乱	同上	
王斗南	四川重庆	常德周家店	宋德祐元年	官指挥,命镇守常澧留居	同上	

---

① 《明一统志》原文载杜为"宋通判密州",见(明)李贤等撰《明一统志》卷64《常德府·流寓》,四库全书本,《舆地纪胜》卷68《常德府·人物》载其为"故昭宪皇后之裔,为密州通判"。查《宋史》等资料可知,宋太祖之母杜太后为定州安喜人,故杜也应为安喜人。

续表

始迁祖	原籍或迁出地	迁入地	迁入时间	迁入原因	资料来源	说明
孟璋	随州	澧州	南宋	驻守荆澧	转引自《湖南移民表》	
刘氏	江西吉安	九溪、石门	宋代	不详	同上	
陈秉中	江西江州德安	石门	宋嘉祐七年	不详	同上	
陈省华	四川阆中	石门	南宋	宦游	同上	
覃汝先	四川	石门	宋元符间	追寇至麻寮辟土以居	《湖南氏族迁徙源流》	
伍安广	豫章洪都	石门	宋末	不详	同上	
田(庹)承满	江西吉安吉水	石门	宋仁宗年间	征五溪,苗叛	同上	
郑氏	江西吉水	石门	宋末元初	不详	《湖南移民表》	
陈探溪	江西江州德安	桃源	宋嘉祐七年	义门陈氏分居	转引自《湖南移民表》	
邓世通	河南邓州	汉寿龙阳上林村	南宋末	得罪官宦被贬	《湖南氏族迁徙源流》	
高星明高星富	江西南昌	澧县珍珠巷	宋嘉定间	授官慈利	同上	
黄福海	江西丰城	桃源水田龟山	南宋	仕鼎州知府而宦居	同上	
滕仲四	江西吉水	桃源	宋淳祐间	避金人之乱	同上	
孔端位	山东历城	桃源杜青村	南宋	宦居	《湖南氏族迁徙源流》	
刘崇公	不详	常德高迹里	南宋	避乱	同上	
刘天贵	江西吉水	汉寿六甲	宋末	稠地抽丁实湖湘	同上	
毛大经	江西丰城	石门子良	北宋末年	避乱	同上	
毛廷辉	江西丰城	澧县	宋绍兴十三年	避乱	同上	
田三寨	江西吉水	临澧	宋末	驻军	同上	
莫礼公	江西吉水	常德莫公桥	南宋	避金人之乱	同上	
潘百五	江西	常德	宋末	宦游	同上	
王亮	山西太原	澧县大山坡	南宋初	避乱	同上	

续表

始迁祖	原籍或迁出地	迁入地	迁入时间	迁入原因	资料来源	说明
朱圭	江西南昌	慈利三里	南宋绍兴	官慈利知县留居	同上	
吴道隆	贵州	慈利笔津	宋末元初	征苗留居	同上	
李文道	江西吉安	慈利观物坪	宋淳熙年间	宦居	同上	
刘念庆	江西泰和	慈利东岳	宋祥符间	征蛮而官，后留居	同上	
伍仕纯	江西南昌	慈利	宋宝祐间	官常德府通判留居	同上	
朱瑾	江西南昌	慈利三甲	南宋淳祐三年	官武陵知县，金兵南侵留居	同上	
卓汝周	江西丰城	慈利	宋靖康元年	任岳州营游击，金人南侵留居慈利	同上	
余玠	不详	慈利八都许家坊	宋淳熙十四年	宦居	同上	
伍士纯	江西南昌	慈利	宋宝祐间	任常德通判，落籍于慈	同上	
宋圭	江西丰城	慈利	宋绍兴间	为慈利令，宦居	同上	
田公著之先祖	蜀	慈利	宋代	避地	《道园学古录》卷9	
王氏	蜀	慈利	宋末	避地	《道园学古录》卷9	
王丙发	四川广都（成都）	慈利	宋咸淳间	隐居	《续修慈利县志》卷9《流寓》	
陈之佑	江西吉水	桑植	北宋	宦游	《湖南移民表》	
陈佑公	江西吉安	桑植达泉乡陈家坪	北宋	平蛮有功而宦居	《湖南氏族迁徙源流》	
萧一菊	江西吉安泰和	桑植	宋嘉定年间	不详	同上	
邓祖公	不详	张家界永定天门山	宋末	官永定而宦居	同上	
谷氏	云南大理	桑植、常德	宋景定二年	随蒙古军进入	同上	白族
张国辅	江西饶州	溆浦	宋代	官辰州刺史	《湖南移民表》	

始迁祖	原籍或迁出地	迁入地	迁入时间	迁入原因	资料来源	说明
李祥	江西吉安	溆浦	宋代	官辰州留居	《湖南氏族迁徙源流》	
谌乐全	河南洛阳	溆浦灰埠五里村	宋德祐间	入赘	《湖南氏族迁徙源流》	
戴千胜	江西	溆浦黑岩、车头	南宋	不详	同上	
丁叙昌	江西丰城	溆浦丁家村	宋庆元	不详	同上	
杜显	江西泰和	溆浦江口	宋端平三年（1236）	不详	《湖南氏族迁徙源流》;《湖南移民表》	
顿景先	河南陈州	溆浦舒溶溪	宋咸淳初	不详	同上	
刘滔	江西泰和	溆浦渡头	宋建隆三年	奉母来溆	同上	
聂九	江西南昌	溆浦聂家坳	宋代	不详	同上	
彭万辛	江西吉安	溆浦彭家塘	宋末	不详	同上	
沈元良	江西	溆浦举冲	宋代	不详	同上	
舒永叔	江西进贤	溆浦	宋绍兴间	平五溪蛮留居	同上	
舒致和	江西进贤	溆浦	宋绍兴间	宦游平蛮	《溆浦县志》卷14《氏族志》	
舒裳、弟棠	江西进贤	溆浦	宋宁宗间	宦游	《溆浦县志》卷14《氏族志》	
童再荣	江西泰和	溆浦童家脑	宋末	官辰州参军留居	《湖南氏族迁徙源流》	
文氏	江西吉水	溆浦文家村	宋末	避乱寄居泸溪	同上	
武应纪	四川广汉	溆浦	南宋咸淳年间	宦居	同上	
夏大伍	江西永丰	溆浦川水	宋理宗	不详	同上	
严英	浙江桐庐	溆浦	宋末	宦居、避乱家溆浦	《湖南氏族迁徙源流》;《溆浦县志》卷14《氏族志》	
杨显英	江西泰和	溆浦小水田	宋初	弃官留居	同上	
杨徽	江西吉水	溆浦阳和坪	宋建隆三年	同其外甥迁居	同上	
郑国明	江西泰和	溆浦	宋末	避乱	同上	

续表

始迁祖	原籍或迁出地	迁入地	迁入时间	迁入原因	资料来源	说明
周天祐	江西吉水	溆浦周家湾	宋理宗淳祐年间	不详	同上	
向纯	江西新建	溆浦	宋孝宗隆兴	官辰州留居	《溆浦县志》卷14《氏族志》	
邓鲍义	江西新干	溆浦	宋孝宗隆兴二年	不详	同上	
夏贵明、贵贤	江西永丰	溆浦	宋理宗	不详	同上	
戴继翁	江西	溆浦	南宋	不详	同上	
萧菊一	江西泰和	溆浦	宋绍兴二年	不详	同上	
萧汉六	湖南新化	溆浦	南宋	不详	同上	
郑仕文	江西新干	溆浦	宋	避乱	同上	
邹二图	江西泰和	溆浦	宋初	不详	同上	
赵氏	江西吉安	溆浦	宋端宗	不详	同上	
文庚一	江西吉水	溆浦	宋末	避乱	同上	
唐礼彩	山西太原	溆浦	宋熙宁间	宦游广西，留居溆浦	同上	
覃子伟	江西吉安	溆浦	宋末	不详	同上	
张祥	四川绵竹	辰州	宋末	不详	《湖南移民表》	
王趯	广西全州	辰州	南宋	谪居	《明一统志》卷65《辰州》	死还
王廷珪	江西吉州	辰州	南宋	谪居	《明一统志》卷65《辰州》	
李方子	邵武	辰州	南宋末	死于任上	《烛湖集》卷17、《后村集》卷7	
向宗彦	江西丰城	沅陵	宋绍兴间	梅山客户	《湖南移民表》	
石发岐	江西吉安	沅陵	宋祥兴二年	因贸易兴隆	《湖南移民表》	
邓饱礼	江西新淦	沅陵	宋绍兴六年	随兄饱义宦游	《湖南移民表》	
舒膺	江南	沅陵、溆浦	宋	避金人之乱	同上	
万氏	江西	沅陵	宋末	不详	同上	
王进道	江西南昌	沅陵高坪	宋嘉定三年	官辰州通判留居	同上	
唐昆	江西吉水	沅陵麻伊洑	宋淳熙十五年	宦游卜居	同上	

续表

始迁祖	原籍或迁出地	迁入地	迁入时间	迁入原因	资料来源	说明
谢六公	江西吉水	沅陵	宋仁宗	随狄青征蛮镇守辰州留居	同上	
黄龟年	福建永福	靖州	南宋崇宁年间	奉诏南征平渠阳蛮留居	《湖南氏族迁徙源流》；光绪《靖州直隶州志》卷10《人物》	
林思义	福建莆田	靖州	宋宝祐间	征楚留居	《湖南氏族迁徙源流》	
蒙万户	山东登州	靖州	宋绍兴间	领兵剿古、洪州及辰、沅州乱落业	同上	
谭鳌	江西泰和	靖州	宋绍兴初	南征辰州	同上	
姚氏	江西泰和	靖州大姚园	宋咸淳年间	不详	同上	
张氏	江西吉安	靖州官田冲	宋嘉祐十年	不详	同上	
程敦厚	不详	靖州	南宋	谪居	《明一统志》卷66《靖州》	
魏了翁	四川	靖州	宋宝庆间	谪居	《明一统志》卷66《靖州》	
唐国材	广西兴安	靖州	宋理宗	任澧州刺史寓居会同，后附居渠阳（靖州）	光绪《靖州直隶州志》卷10《人物》	
梁权	河南汴梁	会同	宋绍兴中	靖州判，宦居	同上	
梁延缵	河南	会同	宋熙宁间	谪居	同上	
唐时明、唐时俊	广西全州	会同	宋政和间	戍守留居	同上	
张尚谷	河南	会同	宋政和初	致仕归，道经会同留居	同上	
胡原宗	江西饶州	会同	宋祥兴间	致仕归，到经会同留居	同上	
梁等添	河南开封	会同	元至元二十四年	南宋侍郎，隐居	同上	
李裕	长沙浏阳	会同	宋绍兴间	致仕迁居	同上	

续表

始迁祖	原籍或迁出地	迁入地	迁入时间	迁入原因	资料来源	说明
张清可	河南开封	会同	宋熙宁间	征苗家会同	同上	
何镐	甘肃昭武（临泽）	会同	宋绍兴间	辰州通判，宦居占籍	同治《沅陵县志》卷48《外纪上》	
黎文奎	河南开封	会同	南宋初	避金人之乱	《湖南氏族迁徙源流》	
李裕公	湖南浏阳	会同远口乡	宋绍兴间	宦居	同上	
梁延继	河南开封	会同	宋高宗绍兴十三年	宦居	同上	
梁等添	河南开封	会同牛皮头	宋宝祐间	宦居	同上	
龙顺天	江西	会同	宋靖康间	避乱	同上	
明星	江苏淮安清河	会同若水	宋绍兴间	征讨苗瑶	同上	
石宣义	福建莆田	会同	宋政和二年	会同令而宦居	同上	
唐国良	广西全州	会同、靖州	宋代	贸易往来	同上	
许粮勤	江苏南京	会同	宋元丰间	宦居	同上	
粟传诏	江南凤阳	会同	宋绍熙间	不详	同上	
唐光富	南京鹅巷口	会同桐木田	宋哲宗年间	避金人之乱	同上	
杨通碧	江西泰和	会同高椅村	宋末元初	不详	同上	
张尚谷	河南祥符	会同	北宋	致仕归解	同上	
田汉权	山东青州临淄	新晃	宋淳化间	奉命征晃州，与蛮结昆季之好	同上	
古氏	江西武宁	会同	宋代	不详	《湖南移民表》	
向世德	江西吉安	会同	宋代	不详	同上	
梁纲平	河南	会同	宋南渡时	不详	同上	
粟富国	江南凤阳	会同	宋绍熙元年	不详	同上	
胡宗原	江西鄱阳	会同	宋祥兴元年	宦游	同上	
王宪之	不详	沅州	宋政和间	战死	《方舆胜览》卷31《沅州》	
李明	河南祥符	沅州安江	宋高宗	战死	乾隆《沅州府志》卷41《人物志》	
单路分	河南开封	沅州	南宋庆元年间	不详	《游宦纪闻》《东南纪闻》	
杨前选	江西泰和	怀化	南宋	不详	《湖南移民表》	

续表

始迁祖	原籍或迁出地	迁入地	迁入时间	迁入原因	资料来源	说明
李世美	江西泰和	怀化黄金坳乡里三元	宋初	避乱	《湖南氏族迁徙源流》	
黄元周	广西蒿草坪	麻阳茶溪定马园	宋仁宗年间	奉诏平苗驻守辰龙关	同上	
李均保兄弟	江西丰城	麻阳西门街	南宋祥兴二年	受命制五溪苗叛	同上	
梁宣义	河南	麻阳	宋咸淳年间	不详	同上	
满昌国	江西	麻阳麻家坪	宋淳熙间	宦居	同上	
孙候公	宝庆府	麻阳石垄溪	宋末	不详	同上	
谭子兴	不详	麻阳	宋建炎年间	征讨杨幺定居	同上	
周郊、择连、福四兄弟	江西丰城	麻阳羊古脑	宋庆历五年	不详	同上	
刘璜	江西吉安	麻阳	宋淳祐间	避战乱	《湖南移民表》	
龙宗旺	江西泰和	芷江	宋初	不详	《湖南氏族迁徙源流》	
田三辅	浙江绍兴余姚	芷江	宋末	不详	同上	
米洪崖	山东兖州曲阜	辰溪	宋徽宗	奉诏征蛮留居	同上	
杨文秀	江西泰和	辰溪	宋末	不详	《湖南移民表》	
潘贞周	山东青州临朐	黔阳中方	宋熙宁七年	宦居	同上	
邱德一	江西南昌	黔阳烟溪	宋宝祐间	宦居	同上	
向文皋	江西吉安	黔阳秀州	宋孝宗隆兴元年	宦游辰州留居	同上	
周祥光	江西泰和	黔阳周家垄	宋宣和年间	不详	同上	
石开基	江西吉安	泸溪	南宋祥兴二年	贸易迁此	同上	
文迁伍	江西南昌	泸溪武溪	宋末	官武陵太守,后弃官隐居泸溪	同上	
章氏兄弟	江西	古丈	宋代	不详	光绪《古丈坪厅志》卷9	
罗氏	新化	古丈	宋建隆年间	不详	《湖南移民表》	

附表 2

元明时期湘西客民个案迁入情况

始迁祖	原籍	迁入地	迁移时间	迁移原因	资料来源	备注
龙智	江西永新	武陵	元武宗二年	宦游	《麻阳姓氏》	
张起爱	江宁县	常德	元泰定元年	宦游	《张姓氏族源流》	
丁千二郎	江西丰城（一说吉水）	武陵	元至正四年	奉命征蛮	《湖南家谱解读》《丁姓氏族源流》	
丁千三郎	江西丰城（或吉水）	石门	元至正四年	奉命征蛮	《湖南家谱解读》	
丁千四郎	江西丰城（一说吉水）	常德、澧州交界处	元至正四年	奉命征蛮	《湖南家谱解读》	
谈子隆	江西	武陵	元末	宦游	《光绪武陵谈氏重修族谱》	
李思敬兄弟	江西丰城	武陵	明代	宦游	《民国武陵李氏四修族谱》	
张武	北平固安	常德	明初	奉诏迁	《民国益阳张氏四修族谱》	
王庆兄弟	浙江义乌	武陵	明初	屯卫	《王姓氏族源流》	
詹再九	江西浮梁	常德	明太祖时	官常德卫指挥使	《詹姓氏族源流》	
陈祥	江西丰城	常德	明太祖时	任常德指挥	《桃源氏族》	
金宏开	江西吉水	常德	洪武年间	奉命统率邑人开垦	《金姓氏族源流》《湖南家谱解读》	
王志果	江西	常德	洪武年间	宦居	《桃源氏族》	
陈容	安庆桐城	武陵	洪武年间	随军征战	《民国常德府武陵县芭蕉冲陈氏族谱》	
马建	顺天固安	常德	洪武年间	奉命从军	《湖南回族史料》	回族
魏实	顺天府	常德	洪武年间	调任常德卫	《湖南回族史料》	回族
张保元	江西吉水	常德府城	洪武五年	奉命征寇	《桃源氏族》	
马德成	顺天固安	常德	洪武五年	任指挥使	《湖南家谱解读》	回族
欧阳立道兄弟	江西吉水	常德	洪武三十一年	奉命徙楚	《湖南家谱解读》	

续表

始迁祖	原籍	迁入地	迁移时间	迁移原因	资料来源	备注
唐必富	南京	常德	永乐时	宦游	《唐姓氏族源流》	
曹九泗	南京	常德	永乐间	宦游	《民国常德曹氏四修族谱》	
李象贵	安徽凤阳	常德	永乐间	官迁常德卫	《湖南回族史料》	回族
黄隆兴父子	顺天固安	常德	永乐初	官常德卫指挥	《桃源氏族》《湖南回族史料》	回族
李宗燕	河北固安	常德	永乐二年	调任常德	《湖南回族史料》	回族
黄有德	顺天固安	武陵	永乐二年	镇抚苗民	《湖南回族史料》	回族
戴必胜	湖北沔阳	常德	永乐二年	军职屯田	《戴氏族源流》	
皇甫贵	上元	武陵	永乐二年	奉旨征苗	《湖南家谱解读》	
黄福	江西吉水	常德	永乐二年	军功官此	《黄姓氏族源流》	
王德兴	江西吉水	常德	永乐二年	宦居	《桃源氏族》	
贵继忠	浙江衢州常山县	武陵	永乐十四年	宦游	《贵姓氏族源流》	
萧有襄	江西吉水	常德	正统时	奉旨迁湘	《萧姓氏族源流》	
余阙	江西南昌	常德	正统时	宦游	《余姓氏族源流》	
刘信	陕西高陵	常德	明中叶	见此为鱼米之乡	《湖南回族史料》	回族
胡安宁	江西吉水	常德	嘉靖三十一年	吉水歉收	《胡姓氏族源流》	
丁兴旺	江西丰城（或吉水）	澧州	元至正四年	奉命征蛮	《湖南家谱解读》	
唐荣诰	河南洛阳	澧县	明代	宦游	《民国澧县唐氏族谱》	
欧阳铸父子	江西吉水	澧州	洪武初	调戍	《湖南家谱解读》	
王用兄弟	山东寿光	澧县	洪武初	随父王成宦游	《王姓氏族源流》	
辛重十	江西万载	澧县	永乐二年	避难	《辛姓氏族源流》	
唐大让	江西南昌	澧县	成化间	宦游	《唐氏族源流》	
刘必达兄弟	江西吉水	龙阳	明初	奉民稠地实湖湘之命	《民国汉寿六甲刘氏五修达选二公族谱》	

始迁祖	原籍	迁入地	迁移时间	迁移原因	资料来源	备注
袁仲章	江西吉水	龙阳	洪武年间	宦游	《民国龙阳袁氏族谱》	
李子义	江西吉水	龙阳	洪武三十一年	奉命开田	《清龙阳李氏重修族谱》	
祝戈恕	湖北黄冈	龙阳	永乐二年	宦游	《湖南家谱解读》	
牟才	四川西充	汉寿	永乐二年	镇守辰常	《湖南家谱解读》	
陈养廉	江西丰城	龙阳	明弘治初	经商	《陈姓氏族源流》	
林茂	和州	安福	明代	落屯	《湖南家谱解读》	
龚文甫	江西丰城	安福	洪武间	屯卫	《湖南家谱解读》	
欧阳猷	江西吉水	临澧	洪武初	随父调戍	《湖南家谱解读》	
苏荣	江西	临澧	洪武二年	宦居	《湖南家谱解读》	
裴纪	湖北监利	临澧	永乐时	宦游	《裴姓氏族源流》	
蒋官一	湖北黄安	临澧	永乐二年	征苗	《湖南家谱解读》	
谭受三	江西吉水	临澧	永乐十年	征武陵蛮	《谭姓氏族源流》	
吴万邦	湖北通城	石门	明代	因苦于长吏苛求无厌	《利姓氏族源流》	
晏文吉兄弟	江西新昌	石门	明代	贸易	《晏姓氏族源流》	
杨才卿	江西清江	石门	洪武二年	镇抚土司	《杨姓氏族源流》	
苏贵	江西	石门	洪武二年	宦居	《苏姓氏族源流》	
吴高	江西	石门	明末清初	因兵灾	《吴姓氏族源流》	
骞珍	四川巴县	安乡	明代	宦游乐其风土	《湖南家谱解读》	
鲁仲纂	华亭	桃源	元至正间	宦居	《桃源氏族》	
高兴隆	湖北麻城	桃源	至正二年	宦游	《桃源县氏族志》《桃源氏族》	
张承醇	江西吉水	桃源	元末	因兵乱	《桃源氏族》	
陈万鉴	江西南昌	桃源	元明之际	经商，见山川清秀、民风淳朴	《桃源氏族》	
周廷禹兄弟	山西大同	桃源	明代	避权奸之惑	《桃源氏族》	
燕桂茂	湖北蒲圻	桃源	洪武时	任龙阳教谕，爱桃源山水	《燕姓氏族源流》《桃源氏族》	

续表

始迁祖	原籍	迁入地	迁移时间	迁移原因	资料来源	备注
傅安朝父子	江西丰城	桃源	洪武间	宦游	《桃源氏族》	
董惠宇	江西丰城	桃源	洪武间	宦游	《桃源氏族》	
郭太定子侄	江西吉水	桃源	洪武二年	宦游	《桃源氏族》	
夏成	江都县	桃源	洪武二十二年	奉命征匪	《桃源氏族》	
文必发兄弟	江西吉水	桃源	洪武二十二年	征蛮,坐胡蓝党狱	《桃源氏族》	
莫满盈	江西婺源	桃源	永乐间	宦游	《麻阳姓氏》《湖南家谱解读》	
覃发林	江西吉水	桃源	永乐二年	宦游	《桃源氏族》	
丁应祥	江西丰城（或吉水）	桃源	永乐二年	随祖父辈征蛮迁来	《丁姓氏族源流》《桃源氏族》	
刘习宗	江西湖口	桃源	正统十一年	贸易	《民国桃源刘氏族谱》	
罗孟华	江西吉水	桃源	景泰间	省曾祖存五、存六,喜风土之美	《桃源氏族》	
饶清堂	江西丰城	桃源	景泰二年	经商	《桃源氏族》	
罗琏	江西庐陵	桃源	成化十八年	访秦人古迹	《桃源氏族》	
黄成武	江西庐陵	桃源	弘治间	宦游	《桃源氏族》	
田本安	江西高安	桃源	正德间	避乱	《桃源氏族》	
谢升四兄弟	江西金溪	桃源	万历间	宦游	《桃源氏族》	
张东池	江西吉水	桃源	万历二十八年	宦游隐居	《桃源氏族》	
陈美舜父子	江西	桃源	明末	张献忠之乱	《桃源氏族》	
熊睿之裔	江西南昌	沅江	元末明初	有同宗先辈迁此	《湖南家谱解读》	
李兴贵	江西丰城	沅江	明代	遵父命回故里	《民国沅江李氏三修族谱》	
熊邦宪	江西南昌	沅江	洪武间	有同宗先辈迁此	《湖南家谱解读》	

续表

始迁祖	原籍	迁入地	迁移时间	迁移原因	资料来源	备注
郭湘吉父子	江西	沅江	洪武二年	宦游	《郭姓氏族源流》	
刘厚曦	江西吉水	沅江	洪武六年	随父贾,沅江土著人稀	《光绪沅江刘氏三修族谱》	
王志和	江西吉水	沅江	洪武三十一年	因谋生计	《王姓氏族源流》	
秦映霞	江苏江阴	沅江	永乐间	宦游	《民国沅江秦氏四修族谱》	
史秉衡	江西	慈利	元代	宦游	《光绪慈利王氏家乘》	
彭嗣祖	江西吉水	慈利	元泰定元年	宦游	《彭姓氏族源流》	
申万甫	河南南阳	慈利	元顺帝时	宦游	《申姓氏族源流》《石门氏族志》	
许传可	重庆	慈利	元至正间	宦居	《永定氏族》	
谢东春	江西太和鹅井大丘	慈利	元末明初	避兵乱	《谢姓氏族源流》	
毛念玖	江西丰城	慈利	洪武时	因兵乱	《毛姓氏族源流》	
寇如龟及其家人	四川忠州	慈利	明末	明末大乱	《民国慈利寇氏族谱》	
王岱	江西丰城	慈利	明末	宦游	《桃源氏族》	
张万户	江西丰城	大庸	元泰定五年	避难	《张姓氏族源流》《永定氏族》	
昌富	山东曲阜昌平	永定	明代	官指挥使	《永定氏族》	
樊兴肇	安徽合肥	永定	明代	征蛮	《永定氏族》	
崔思德	河南开封	永定	明代	宦游	《永定氏族》	
田承满	江西南康	永定	明初	以征蛮功官此	《永定氏族》	
彭渊	江西庐陵	永定	明初	征苗有功	《永定氏族》	
吴元凤	安徽凤阳	永定	明初	官永定卫	《永定氏族》	
郑在望	徽州歙县	永定	明初	宦游、避难	《永定氏族》	
周福德	江南	永定	明初	官永定卫	《永定氏族》	
全德远	江西乐安	永定	洪武时	宦游	《全姓氏族源流》	
李文震	江西	永定	洪武时	官指挥使	《永定氏族》	
吴复	安徽合肥	大庸	洪武时	征蛮	《吴姓氏族源流》	
胡福安	安徽	永定	洪武时	官指挥使	《永定氏族》	

续表

始迁祖	原籍	迁入地	迁移时间	迁移原因	资料来源	备注
郑朝	上元	永定	洪武间	征苗留居	《永定氏族》	
胡福及其家人	安徽歙县	永定	洪武初	奉命平蛮	《胡姓氏族源流》	
杜文广兄弟	江西丰城	永定	洪武二年	避难	《湖南家谱解读》	
汤澧明	濠州	永定	洪武五年	控制洞蛮	《永定氏族》	
罗本道	浙江	永定	洪武十三年	征苗	《永定氏族》	
王荣	安徽合肥	永定	洪武二十三年	镇永定卫	《王姓氏族源流》	
丁成	淮安山阴	永定	洪武二十三年	官指挥使	《永定氏族》	
秦恺	安徽合肥	永定	洪武二十三年	官指挥	《永定氏族》	
宋良奇	江西丰城	大庸	明建文帝时	随兄宋彦良宦游	《宋姓氏族源流》	
袁成明	湖北麻城	永定	永乐时	官永定千户	《永定氏族》	
施仲能	广德州	永定	永乐二年	从戎屯垦	《湖南家谱解读》	
有亮	安徽凤阳	永定	宣德元年	官千户	《永定氏族》	
赵洪	江西南昌	永定	明代	随父赵皋宦游	《永定氏族》	
郑贵兄弟	湖北公安	永定	明末	避兵乱	《永定氏族》	
罗嘉禄	湖北麻城	永定	明末	避兵乱	《永定氏族》	
刘辛三	江西南昌	沅陵	元至正时	随父刘文质宦游	《刘姓氏族源流》	
谢玉春	江西太和鹅井大丘	辰州	元末明初	避兵灾	《谢姓氏族源流》	
马氏	山东曹县	沅陵	明初	从军	《溆浦氏族志》	
侯亥	江西丰城	辰州	洪武时	官辰龙关游击	《永定氏族》《麻阳姓氏》	
冯均旸	河南祥符	沅陵	洪武时	随父冯惟德宦游	《湖南家谱解读》	
贺源卿	江西	辰州	洪武初	宦居	《贺姓氏族源流》	
江成兄弟	江西吉水	辰州	明正统元年	抚乱	《麻阳姓氏》	
路飞	江西泰和	辰州	明正统元年	抚乱	《麻阳姓氏》	
夏冕章	江西吉安	溆浦	元天历初	随父游贾	《溆浦氏族志》	
刘大虎	江西南昌	溆浦	元末	随父宦游	《溆浦氏族志》	

始迁祖	原籍	迁入地	迁移时间	迁移原因	资料来源	备注
张子胜	江西泰和	溆浦	明初	宦游	《溆浦氏族志》	
杨士贞	江西泰和	溆浦	明初	从贵州移屯	《溆浦氏族志》	
张氏	徽州	溆浦	明初	自贵州屯田	《溆浦氏族志》	
刘伯川母子	河南开封	溆浦	明永乐时	屯田	《溆浦氏族志》	
萧廷简	江苏昆山	溆浦	永乐二年	由铜鼓卫拨屯	《溆浦氏族志》	
张大有	贵州五开卫	溆浦	永乐二年	因苗蛮作乱拨屯	《张姓氏族源流》《溆浦氏族志》	
周名夫	贵州五开卫	溆浦	永乐二年	拨屯	《溆浦氏族志》	
黄祖照	贵州五开卫	溆浦	永乐二年	拨屯	《溆浦氏族志》	
黄明一	贵州五开卫	溆浦	永乐二年	拨屯	《溆浦氏族志》	
萧乔保兄弟	贵州五开卫	溆浦	永乐二年	拨屯	《溆浦氏族志》	
彭昌保	贵州五开卫	溆浦	永乐二年	拨屯	《溆浦氏族志》	
朱太通兄弟	贵州五开卫	溆浦	永乐二年	拨屯	《溆浦氏族志》	
郭太原	贵州五开卫	溆浦	永乐二年	拨屯	《溆浦氏族志》	
徐伍原	贵州五开卫	溆浦	永乐二年	拨屯	《溆浦氏族志》	
和救保	贵州五开卫	溆浦	永乐二年	拨屯	《溆浦氏族志》	
潘伏四	贵州五开卫	溆浦	永乐二年	拨屯	《溆浦氏族志》	
胡若虚兄弟	贵州五开卫	溆浦	永乐二年	拨屯	《溆浦氏族志》	
张信	江西临江府	溆浦	永乐二年	自开泰卫拨屯	《溆浦氏族志》	
贺高宗	江西吉安	溆浦	永乐二年	从贵州拨屯	《溆浦氏族志》	
李仁等	江西	溆浦	永乐二年	自铜鼓卫来屯田	《溆浦氏族志》	
刘辛一	江西南昌	泸溪	元至正时	随父刘文质宦游	《刘姓氏族源流》	
杨士龙	江西吉水	泸溪	明宣德初	宦居	《杨姓氏族源流》	
王惠	江西丰城	永顺	元正德时	避朱宸濠之乱	《王姓氏族源流》	
田儒铭	思州	凤凰	洪武初	平定峒乱	《湖南家谱解读》	
蒲子佳兄弟	贵州铜仁	新晃	元初	随父宦游	《湖南家谱解读》	

续表

始迁祖	原籍	迁入地	迁移时间	迁移原因	资料来源	备注
姚珊	江西安福	新晃	明代	应诏	《光绪新晃姚氏六修族谱》	
吴富赛	贵州	晃县	洪武十年	宦游	《吴氏族源流》	
龙洪兴	江西丰城	芷江	元至正间	弃职避乱	《龙姓氏族源流》	
傅惟中	江西泰和	沅州	明代	因人口繁衍	《傅姓氏族源流》	
冯逼	江苏无锡	芷江	明代	宦游，乐其山水	《湖南家谱解读》	
袁氏	江西泰和	沅州	洪武间	朝廷下旨移民	《麻阳姓氏》	
龙福禄	江西丰城	芷江	洪武间	驻镇	《2002年芷江龙氏族谱》	
史氏	江西	沅州	洪武间	朝廷下旨移民	《麻阳姓氏》	
尹氏	江西	沅州	洪武间	朝廷下旨移民	《麻阳姓氏》	
夏氏	江西南昌	沅州	洪武五年	有旨移民	《麻阳姓氏》	
赵鬱兄弟	赵州	芷江	永乐二年	宦游	《郭姓氏族源流》	
傅惟正	江西泰和	怀化	明代	人口繁衍	《傅姓氏族源流》	
王成元	浙江永嘉	黔阳	元至正时	战乱	《王姓氏族源流》	
刘文质父子	江西南昌	黔阳	元至正时	宦游、战乱阻归途	《刘姓氏族源流》	
陈邦治	江西泰和	黔阳	明代	随父南征	《陈姓氏族源流》	
邓政钦	河南南阳	黔阳	明初	官湖广指挥	《邓姓氏族源流》	
胡荣钦	江西泰和	黔阳	洪武间	避惑弃官	《嘉庆黔阳供洪乡十修胡氏族谱》	
潘志才	山东	黔阳	明代	宦居	《麻阳姓氏》	
吴福科夫妻	江西安福	麻阳	元皇庆间	宦游、探亲、乐山水	《麻阳姓氏》	
刘大榜	江西南昌	麻阳	元顺帝时	随父刘文质宦游、归途遇险	《麻阳姓氏》	
唐邑芳父子	江西泰和	麻阳	元至正间	官游，乐山水，土地肥沃	《麻阳姓氏》	
熊仕	江西南昌	麻阳	元末	征苗	《麻阳姓氏》	

续表

始迁祖	原籍	迁入地	迁移时间	迁移原因	资料来源	备注
田德明一家	浙江余姚	麻阳	元末	宦游	《麻阳姓氏》	
郭通懿	河北赵州	麻阳	元末	宦游、乱世	《麻阳姓氏》	
汪金才	江西	麻阳	元末明初	乐此地山水，土地肥沃	《麻阳姓氏》	
傅氏	江西安福枣子园	麻阳	明代	征蛮落业	《麻阳姓氏》	
宋万才	江西高安	麻阳	明代	随父宦游	《麻阳姓氏》	
卢氏	江西	麻阳	明代	朝廷移民	《麻阳姓氏》	
邢远	江西瑞金	麻阳	明初	朝廷下旨移民	《麻阳姓氏》	
周正行兄弟	江西	麻阳	明初	明初大移民	《麻阳姓氏》	
秦氏	江西泰和	麻阳	明洪武间	朝廷下旨移民	《麻阳姓氏》	
时氏	江西	麻阳	洪武间	奉旨移民	《麻阳姓氏》	
廖荣南	江西	麻阳	洪武间	奉旨移民	《麻阳姓氏》	
廖海	江西	麻阳	洪武间	奉旨移民	《麻阳姓氏》	
邹氏	江西	麻阳	洪武间	宦游	《麻阳姓氏》	
焦氏	江西	麻阳	洪武间	政府移民	《麻阳姓氏》	
骆氏	江西	麻阳	洪武间	垦土立业	《湖南家谱解读》	
史氏（二支）	江西	麻阳	洪武间	朝廷下旨移民	《麻阳姓氏》	
王兴叔夫妻	江西婺源	麻阳	洪武二年	奉旨移民	《麻阳姓氏》	
毛刚	湖北广济	麻阳	洪武三年	随父征战	《麻阳姓氏》	
董奇云	湖北广济	麻阳	洪武三年	随父征战	《麻阳姓氏》	
冯宗咏	湖北	麻阳	洪武三年	随父征战	《麻阳姓氏》	
刘大	湖北	麻阳	洪武三年	随父征战	《麻阳姓氏》	
蔡氏	湖北	麻阳	洪武三年	随冯宗咏等征战	《麻阳姓氏》	
雷氏	湖北	麻阳	洪武三年	随冯宗咏等征战	《麻阳姓氏》	
马氏	湖北	麻阳	洪武三年	随冯宗咏等征战	《麻阳姓氏》	

续表

始迁祖	原籍	迁入地	迁移时间	迁移原因	资料来源	备注
田氏	湖北	麻阳	洪武三年	随冯宗咏等征战	《麻阳姓氏》	
雷上忠	江西吉安	麻阳	洪武五年	征蛮	《麻阳姓氏》	
管拾万	江西	麻阳	洪武七年	平乱	《麻阳姓氏》	
邓直明	福建	麻阳	建文帝时	宦游	《麻阳姓氏》	
艾氏	江西瑞金	麻阳	永乐间	屯卫	《麻阳姓氏》	
朱启宏	江西丰城	麻阳	永乐二年	苗瑶作乱	《麻阳姓氏》	
周显	江西	麻阳	永乐二年	征讨屯卫	《麻阳姓氏》	九姓军家之一
欧氏	江西	麻阳	永乐二年	征讨屯卫	《麻阳姓氏》	九姓军家之一
熊氏	江西	麻阳	永乐二年	征讨屯卫	《麻阳姓氏》	九姓军家之一
毛氏	江西	麻阳	永乐二年	征讨屯卫	《麻阳姓氏》	九姓军家之一
曹氏	江西	麻阳	永乐二年	征讨屯卫	《麻阳姓氏》	九姓军家之一
颜氏	江西	麻阳	永乐二年	征讨屯卫	《麻阳姓氏》	九姓军家之一
邓氏	江西	麻阳	永乐二年	征讨屯卫	《麻阳姓氏》	九姓军家之一
彭氏	江西	麻阳	永乐二年	征讨屯卫	《麻阳姓氏》	九姓军家之一
雷氏	江西	麻阳	永乐二年	征讨屯卫	《麻阳姓氏》	九姓军家之一
许文祥	贵州施秉	麻阳	永乐二年	拨屯	《麻阳姓氏》	
吴福科	江西泰和	麻阳	明成化间	宦游	《麻阳姓氏》	
石氏	江西丰城	靖州	元代	避乱	《靖州氏族志》	
丁罗福	金陵	靖州	洪武中	奉命征蛮袭职	《湖南回族史料》《靖州氏族志》	回族
梁用	江西新建	靖州	洪武间	任指挥	《靖州氏族志》	
鲍氏	江苏泰州	靖州	洪武初	征苗	《靖州氏族志》	
胡日成兄弟	安徽和州	靖州	洪武二年	为义勇将军	《靖州氏族志》	

续表

始迁祖	原籍	迁入地	迁移时间	迁移原因	资料来源	备注
张华辅	江西太和鹅井大丘	靖州	洪武十九年	因军务营生	《张姓氏族源流》	
许成	浙江长兴	靖州	洪武三十五年	授卫百户	《靖州氏族志》	
储颙	江苏宜兴	靖州	洪武末	谪居	《靖州氏族志》	
许伦及其侄	江苏邳州	靖州	永乐十年	授卫千户	《靖州氏族志》	
申德	安徽六安州	靖州	正德间	授指挥千户	《靖州氏族志》	
汪起龙、凤鹏	徽州	靖州	崇祯间	避祸	《靖州氏族志》	
粟顺朝	江苏上元	通道	元贞元间	镇抚溪峒	《粟姓氏族源流》	
杨进昌	江西泰和	通道	明洪武时	镇抚峒蛮，以山明水秀、风俗淳朴，遂世居	《杨姓氏族源流》	
曹代保	江西泰和	通道	洪武初	避乱	《通道姓氏》	
石大月	江西泰和	通道	洪武初	避乱	《通道姓氏》	
张伴傍	江西泰和	通道	洪武初	避乱	《通道姓氏》	
粟万虎	江西泰和	通道	洪武初	避乱	《通道姓氏》	
陆度旺	江西泰和	通道	洪武初	避乱	《通道姓氏》	
陈苗阶	江西泰和	通道	洪武初	避乱	《通道姓氏》	
李中庆	江西泰和	通道	洪武初	避乱	《通道姓氏》	
杨大伞	江西泰和	通道	洪武初	避乱	《通道姓氏》	
罗万夫	江西泰和	通道	洪武初	避乱	《通道姓氏》	
吴氏	江西泰和	通道	洪武初	避乱	《通道姓氏》	
苏尚元	北京宛平	会同	元至元元年	官游	《会同氏族》	
梁添	河南开封	会同	至元二十四年	避征隐居	《会同氏族》	
杨达	江西金溪	会同	元代	宦游	《会同氏族》	
胡有谋	江西永丰	会同	至正二十年	宦游	《会同氏族》	
何万年	江西吉水	会同	元末明初	随父宦游，避元末之乱	《会同氏族》	
李震	江西吉水	会同	明初	征蛮	《会同氏族》	
李锦兴	江西吉水	会同	明初	避乱	《会同氏族》	
李华之	江西	会同	明初	征蛮	《会同氏族》	

续表

始迁祖	原籍	迁入地	迁移时间	迁移原因	资料来源	备注
侯文益	江西泰和	会同	永乐三年	军职屯田	《侯姓氏族源流》	
杨景五父子	江西泰和	会同	明末	征苗	《杨姓氏族源流》	
傅廷峰	江西临川	会同	明末	宦游归途兵阻	《会同氏族》	
包郁三、元清	江西饶州府	麻阳姚家潭	洪武十三年	宦居	《湖南氏族迁徙源流（一）》	
鲍氏	泰州	靖州大堰口	洪武初	征苗	《湖南氏族迁徙源流（一）》	
曹永祥	河南陕州	汉寿鹿溪	明弘治年间	宦游	《湖南氏族迁徙源流（一）》	
陈祖容	安徽安庆府桐城	常德芭蕉冲	洪武年间	随军征战	《湖南氏族迁徙源流（一）》	
陈祖虎	江西吉安	常德泄陂村	明代中叶	宦居	《湖南氏族迁徙源流（一）》	
陈金榜	江西吉水	常德石公桥	明洪武时	任常德府教授留居	《湖南氏族迁徙源流（一）》	
陈恩	江西	汉寿石板滩	永乐二年	宦游	《湖南氏族迁徙源流（一）》	
陈养廉	江西丰城	汉寿软桥	明弘治初	贸易留居	《湖南氏族迁徙源流（一）》	
陈万鉴	江西南昌	桃源浔阳坪	元明之际	因商	《湖南氏族迁徙源流（一）》	
陈美舜	江西	桃源金盘堆	明中叶	张献忠之乱	《湖南氏族迁徙源流（一）》	
陈世杰	江西丰城	澧县箭楼湾	明成化间	宦居	《湖南氏族迁徙源流（一）》	
陈金	江西吉安府吉水	辰州	明初	官辰州留居	《湖南氏族迁徙源流（一）》	
陈均玉	江西泰和	怀化沙坪	元末	黔中太守留居	《湖南氏族迁徙源流（一）》	
陈邦治	江西泰和	黔阳双溪	永乐十年	军旅留居	《湖南氏族迁徙源流》	
程云一	江西南昌	桃源麻寺峪	明初	兵乱	《湖南氏族迁徙源流》	

续表

始迁祖	原籍	迁入地	迁移时间	迁移原因	资料来源	备注
程救保	贵州五开卫	溆浦鹤田垄	永乐二年	拨屯	《湖南氏族迁徙源流(一)》	
储凤	浙江宜兴	桃源显化冈	洪武二十九年	避王马之乱	《湖南氏族迁徙源流(一)》	
崔思德	河南开封	张家界	明代	宦游	《湖南氏族迁徙源流(一)》	
戴岑源	湖北沔阳	常德柳叶湖	永乐二年	屯田常德小西门外	《湖南氏族迁徙源流(一)》	
邓纪	江西吉安吉水	常德	永乐二年	调屯永定卫仓坪	《湖南氏族迁徙源流(一)》	
邓赛	安徽凤阳府	常德	永乐十八年	调屯九溪卫	《湖南氏族迁徙源流(一)》	
邓华一	江西新建	桃源围鼓坪	嘉靖间	赴任四川简州资阳令,道常郡死	《湖南氏族迁徙源流(一)》	
邓荣一	江西吉水	临澧	明初	奉旨领旗镇守九溪卫	《湖南氏族迁徙源流(一)》	
邓显	江西枣子园	麻阳三跃	洪武年间	从军征楚黔,与九姓享军功留居贵州,永乐二年拨麻阳	《湖南氏族迁徙源流(一)》	
邓大章	江西吉水	新晃	元至正间	任泸阳县教谕居沅州	《湖南氏族迁徙源流(一)》	
丁朝俸	河南汝宁府	石门仙阳	洪武二十年	调知湖广澧州府留居	《湖南氏族迁徙源流(一)》	
丁汉沙	大食	靖州	明初	军功赐丁姓,屯田靖州	《湖南氏族迁徙源流(一)》	回族
董惠宇	江西丰城	桃源盘塘桥	洪武年间	宦游	《湖南氏族迁徙源流(一)》	
樊兴肇	安徽合肥	张家界	明代	从征洞蛮有功,世袭指挥使	《湖南氏族迁徙源流(一)》	
邱贵	江西	石门新安坪	洪武年间	因官	《湖南氏族迁徙源流(一)》	

续表

始迁祖	原籍	迁入地	迁移时间	迁移原因	资料来源	备注
冯惟德	河南祥符	沅陵	洪武十四年	官辰州知府,子留居	《湖南氏族迁徙源流(一)》	
冯显泗	江苏常州府无锡	芷江	明代	巡按云南,道经沅芷,见其山明水秀,俗淡风淳,遂留居	《湖南氏族迁徙源流(一)》	
符启胜	江西南昌	龙山	明隆庆年间	迫于生计,先迁广西全州,再迁湖南凤凰,再迁龙山	《湖南氏族迁徙源流(一)》	娶苗女入苗籍,遂成苗族
傅安朝	江西丰城	桃源岩桥坪	洪武年间	宦游常德留居	《湖南氏族迁徙源流(一)》	
傅廷峰	江西临川	会同	明季	由乡榜授黔省都匀府知府,丁忧归,受阻于兵	《湖南氏族迁徙源流(一)》	
高兴隆	湖北麻城	桃源盘塘桥	元至正二年	官常德卫留居桃源	《湖南氏族迁徙源流(一)》	
戈景宜	江苏苏州	靖州红溪屯	明永乐间	布衣从戎,授湖广指挥使,宦游南靖	《湖南氏族迁徙源流(一)》	
龚定元	江西丰城	桃源碳州	明初	宦游	《湖南氏族迁徙源流(一)》	
龚福科	江西吉安府	麻阳	元皇庆年间	任铜仁府尹,年老辞官卜居	《湖南氏族迁徙源流(一)》	
贵忠	浙江衢州府	常德	永乐十四年	官云南,道武陵留居	《湖南氏族迁徙源流(一)》	
郭伯达	江西庐陵麻冈	桃源沙萝	明初	官常德指挥同知留居	《湖南氏族迁徙源流(一)》	
郭子兰	江西吉水	临澧、石门	明永乐二年	调永定卫左所留居	《湖南氏族迁徙源流(一)》	

续表

始迁祖	原籍	迁入地	迁移时间	迁移原因	资料来源	备注
郭通懿	河北真定府	麻阳滩头坪	明永乐二年	任黔徐定军民指挥使，难以归籍，遂留居	《湖南氏族迁徙源流（一）》	
韩成	山东历城	溆浦韩家桥	永乐二年	镇守贵州铜鼓卫，拨屯至溆浦	《湖南氏族迁徙源流（一）》	
韩通判	山东济南新城县	麻阳绿溪口、韩家湾	永乐二年	见土地肥沃，地势平坦定居	《湖南氏族迁徙源流（一）》	
何真	广东东莞	常德	洪武年间	官湖南长沙，解组归田至常	《湖南氏族迁徙源流（一）》	
何祖蓬	江西南昌	桃源县城	洪武年间	因兵乱留居	《湖南氏族迁徙源流（一）》	
何双	安徽合肥	临澧	明初	领军平征洞蛮，与罗、萧等九姓屯九溪卫留居	《湖南氏族迁徙源流（一）》	
何成原	江西泰和	溆浦何家坡	洪武五年	迁辰州卫，拨屯溆浦	《湖南氏族迁徙源流（一）》	
何球荫	江西吉水	会同	元末明初	官贵州牧守，因乱留居	《湖南氏族迁徙源流（一）》	
贺高宗	江西吉安	溆浦小横垄	永乐二年	由贵州拨屯留居	《湖南氏族迁徙源流（一）》	
侯亥	江西丰城	张家界	洪武年间	官辰州龙关留居	《湖南氏族迁徙源流（一）》	
侯文益	江西泰和	会同滩头	明永乐时	屯卫迁辰州，再迁会同	《湖南氏族迁徙源流（一）》	
胡安宁	江西吉水	常德花莲冲	嘉靖二十一年	宦游	《湖南氏族迁徙源流（一）》	
胡成	安徽合肥	临澧紫陵	永乐二年	屯卫安福紫陵岗	《湖南氏族迁徙源流（一）》	
胡福亨	江西南昌	汉寿	永乐二年	奉开种楚敕田	《湖南氏族迁徙源流（一）》	

始迁祖	原籍	迁入地	迁移时间	迁移原因	资料来源	备注
胡庭柏	江西吉安府庐陵县	汉寿东关外安乐里	洪武初	奉诏拨补南楚	《湖南氏族迁徙源流（一）》	
胡作源	河南开封	溆浦乾叉	明永乐时	屯田溆浦	《湖南氏族迁徙源流（一）》	
胡受	湖北黄冈	麻阳	永乐二年	拨军屯辰溪县	《湖南氏族迁徙源流（一）》	
胡有谋	江西永丰县	会同	至正二十年	任靖州永平令	《湖南氏族迁徙源流（一）》，光绪《会同县志》	
皇甫万文	江西丰城	桃源延口	天启年间	官云南楚雄，解组落业	《湖南氏族迁徙源流（一）》	
黄右	江西吉水	汉寿	洪武初	官常德留居	《湖南氏族迁徙源流（一）》	
黄成武	江西庐陵	桃源金子山	明正统时	宦游	《湖南氏族迁徙源流（一）》	
贾秀九	应天府	常德	洪武初	奉旨征苗，总镇辰常	《湖南氏族迁徙源流（一）》	
哈勒八士	回部	桃源	洪武五年	奉旨南征，赐籍，留居	《湖南氏族迁徙源流（一）》	维吾尔族
江成	江西吉水	麻阳陶尹大河堡	正统六年	奉命征楚，屯兵辰州西关	《湖南氏族迁徙源流（一）》	
江虎	江西丰城	芷江	明初	因兄龙公官沅州投奔	《湖南氏族迁徙源流（一）》	
蒋受卿	山东济南	常德	明初	从明太祖讨陈友谅有功	《湖南氏族迁徙源流（一）》	
蒋官一	江南	临澧	元末明初	元末徙湖北黄州府，洪武以总兵迁永定卫	《湖南氏族迁徙源流（一）》	
金镒、思芳	江西南昌丰城	沅陵	建文二年	从戎湖广	《湖南氏族迁徙源流（一）》	
金宪	江西丰城	泸溪武溪	嘉靖间	贸易	《湖南氏族迁徙源流（一）》	
黄士万	江西丰城	桃源黄土堤	明初	避乱	《湖南氏族迁徙源流（一）》	

续表

始迁祖	原籍	迁入地	迁移时间	迁移原因	资料来源	备注
黎天锡	江西吉水	慈利	元初	宦游	《湖南氏族迁徙源流（一）》	
李凤鸣	江西吉安	常德六李湾	洪武七年	元明之际兵乱	《湖南氏族迁徙源流（一）》	
李仁	江西吉水	常德李古子岗	永乐间	经商	《湖南氏族迁徙源流（一）》	
李顺晁	江西南昌	常德石门桥竹子岭	永乐二年	经商	《湖南氏族迁徙源流（一）》	
李文郁	江西南昌丰城	常德桃源湾	洪武二十一年	官辰州太守	《湖南氏族迁徙源流（一）》	
李信生	江西永丰	汉寿	永乐初	奉命南迁，赋役繁重	《湖南氏族迁徙源流（一）》	
李国柱	江西吉水	桃源观国山蛇市桥	永乐间	经商	《湖南氏族迁徙源流（一）》	
李应智	山东兖州	临澧	洪熙元年	随华阳王朱悦建藩澧州	《湖南氏族迁徙源流（一）》	
李滨阳	江西	临澧、石门	明季	官四川，明季兵乱留居	《湖南氏族迁徙源流（一）》	
李俸	江西南昌府丰城	慈利	至正二十二年	官辰州	《湖南氏族迁徙源流（一）》	
李祖荣	江西吉水	桑植老官潭	至正二十六年	元末避战乱	《湖南氏族迁徙源流（一）》	
李樵	南京	桑植	洪武二十五年	以千户奉命修安福所城	《湖南氏族迁徙源流（一）》	
李元七、龙一	江西吉安府吉安县	沅陵乌栖	洪武二年	任沅陵主簿，满期落业	《湖南氏族迁徙源流（一）》	
李华之	江西	会同	明初	随军征蛮	《湖南氏族迁徙源流（一）》	
李锦兴	江西吉水	会同	明初	避乱	《湖南氏族迁徙源流（一）》	
廖明善	江西吉安府吉水县	汉寿	永乐二年	授职南征，迁常德龙阳县	《湖南氏族迁徙源流（一）》	
廖伯九	江西吉安府泰和县	洪江安江中胜村	元至正间	官辰州	《湖南氏族迁徙源流（一）》	

491

续表

始迁祖	原籍	迁入地	迁移时间	迁移原因	资料来源	备注
刘君用	江西吉安吉水	汉寿	洪武三十年	官常德	《湖南氏族迁徙源流(一)》	
刘习宗	江西九江湖口县	桃源观甫湾	明正统十一年	率本族兄弟数十人贸易	《湖南氏族迁徙源流(一)》	
刘南湖	江西	石门仙阳常家峪	元至元间	宦任辰州府同知	《湖南氏族迁徙源流(一)》	
刘中	直隶通州	张家界刘家巷	洪武二年	官指挥使,驻守永定卫	《湖南氏族迁徙源流(一)》	
刘武忠	湖北黄冈	桑植	洪武三年	以武举授沅阳指挥,改任酉水守御千户所	《湖南氏族迁徙源流(一)》	
刘文质	江西南昌	怀化	元末明初	宦靖州知州,解组因陈友谅之乱阻隔滞留	《湖南氏族迁徙源流(一)》	
刘彦九	江西南昌	麻阳	至正元年	官靖州牧,任满归途遇红巾军阻隔鄱阳湖	《湖南氏族迁徙源流(一)》	
刘道	湖北黄州府广济	麻阳刘家垄	元末明初	辞官隐居	《湖南氏族迁徙源流(一)》	
刘彦成	江西吉水	辰溪龙池	宣德初	官辰州指挥将军	《湖南氏族迁徙源流(一)》	
龙廷周	江西吉水	永定	洪武初	官永定卫	《湖南氏族迁徙源流(一)》	
龙福禄	江西吉水	芷江	洪武五年	随邓愈平征蛮	《湖南氏族迁徙源流(一)》	
龙洪兴	江西丰城	芷江中心镇	元至正间	授云南杨林县令,解组落业沅州	《湖南氏族迁徙源流(一)》	
卢昌富	江西吉安	会同	万历时	水灾	《湖南氏族迁徙源流(一)》	
卢旺	山东博兴	靖州	永乐元年	官云南指挥,自云南迁居	《湖南氏族迁徙源流(一)》	

始迁祖	原籍	迁入地	迁移时间	迁移原因	资料来源	备注
鲁好礼	临江	桃源漆河	崇祯时	宦游	《湖南氏族迁徙源流（一）》	
鲁敬斋	江南华亭	桃源上坊	元至正间	官桃源学正，辞官留居	《湖南氏族迁徙源流（一）》	
罗道通	江西	张家界	永乐时	征武溪蛮，戍守大庸所	《湖南氏族迁徙源流（一）》	
骆承文	江西南昌城	石门	明世宗时	任石门典史	《湖南氏族迁徙源流（一）》	
莫满盈	江西吉州府	麻阳	永乐间	官辰沅兵道，解组留居	《湖南氏族迁徙源流（一）》	
牟才	四川西充	汉寿	永乐二年	镇守辰常	《湖南氏族迁徙源流（一）》	
聂登先	江西泰和东乡	麻阳等地	元代	任长沙府通判	《湖南氏族迁徙源流（一）》	
甯蒙格	江西临江府清江县	常德石板滩	元太祖时	南征，因家常德卫	《湖南氏族迁徙源流（一）》	
彭嗣祖	江西吉水	桑植	元泰定元年	任慈姑州事留居	《湖南氏族迁徙源流（二）》	
秦贵恺	安徽合肥	张家界	洪武二十三年	官永定卫指挥	《湖南氏族迁徙源流（二）》	
覃发林	江西吉水	桃源木塘	永乐二年	调任常德府	《湖南氏族迁徙源流（二）》	
覃氏	陕西汉中府西川	石门	元明宗时	任湖广常德府武陵县知县	《湖南氏族迁徙源流（二）》	
覃权	四川	石门长梯隘	元末	任掌印百户	《湖南氏族迁徙源流（二）》	
璩佘氏	江西饶州	桃源碧云乡仙人溪	元末明初	遇鄱阳湖盗贼之乱	《湖南氏族迁徙源流（二）》	
全税	江西乐安	临澧石屋湾	永乐二年	子德远调任永定卫	《湖南氏族迁徙源流（二）》	
尚文韬	南京	桑植廖家村	明末	从戎	《湖南氏族迁徙源流（二）》	
佘万邦	湖北武昌	石门花薮	明代	苦于官吏苛求无厌	《湖南氏族迁徙源流（二）》	

续表

始迁祖	原籍	迁入地	迁移时间	迁移原因	资料来源	备注
佘贵	江西丰城	桃源高都	洪武初	奉命剿寇	《湖南氏族迁徙源流(二)》	
申万甫	山西太原	石门进里坪	元末	宦游九溪卫	《湖南氏族迁徙源流(二)》	
史氏	浙江绍兴府	慈利	元时	官慈姑州牧	《湖南氏族迁徙源流(二)》	
史太辅	江西丰城	临澧史家坪	嘉靖二十五年	任澧阳推官	《湖南氏族迁徙源流(二)》	
史卜海、普海	江西吉安	临澧史家冲	元末	避战乱	《湖南氏族迁徙源流(二)》	
宋琅兄弟	江西丰城	石门	明嘉靖间	宦游	《湖南氏族迁徙源流(二)》	
宋象贤	江西吉水	常德、汉寿	永乐十二年	游楚	《湖南氏族迁徙源流(二)》	
宋源兄弟三人	江西	临澧	永乐二年	镇守永定卫	《湖南氏族迁徙源流(二)》	
宋元虚	江西吉水	张家界瓦窑冈	明季	宦湘	《湖南氏族迁徙源流(二)》	
宋万才兄弟三人	江西瑞州府高安	麻阳宋家湾	万历间	任湖南辰州府协镇	《湖南氏族迁徙源流(二)》	
苏荣	江西	临澧	洪武二年	屯驻九溪卫	《湖南氏族迁徙源流(二)》	
粟顺朝	江苏江宁府	会同	元初	镇楚之南寇，殁于王事	《湖南氏族迁徙源流(二)》	
孙禧	江西吉安府	常德	明洪武二年	长子随堂叔武陵教谕裕公至常德	《湖南氏族迁徙源流(二)》	
孙成	顺德府内丘	沅陵	洪武元年	宦于辰州	《湖南氏族迁徙源流(二)》	
谭受二	江西吉水	临澧	永乐间	从明成祖征武陵蛮	《湖南氏族迁徙源流(二)》	
汤醴明	安徽	张家界	洪武五年	官永定卫	《湖南氏族迁徙源流(二)》	
汤澄	江都	张家界	洪武二十一年	官卫千户	《湖南氏族迁徙源流(二)》	

始迁祖	原籍	迁入地	迁移时间	迁移原因	资料来源	备注
唐紫林	江西吉水	石门	元明宗时	陈友谅之乱	《湖南氏族迁徙源流(二)》	
唐友德	江西吉安吉水	临澧	永乐四年	驻守九溪卫	《湖南氏族迁徙源流(二)》	
唐伏寿	江西吉安府	慈利	明末	兵乱	《湖南氏族迁徙源流(二)》	
唐君成	江西丰城	慈利落庄	元末	战乱	《湖南氏族迁徙源流(二)》	
唐元兴	江西泰和	麻阳	元至正间	官辰州通判	《湖南氏族迁徙源流(二)》	
田均	江西吉水	澧县	明季	兵变	《湖南氏族迁徙源流(二)》	
田达江	淮右	临澧	明中叶	屯卫天门山	《湖南氏族迁徙源流(二)》	
铁铉	河南邓州	常德	明永乐二年	为成祖所杀,子戈公迁常德	《湖南氏族迁徙源流(二)》	
童文经三兄弟	江西饶州府余干	汉寿	明中叶	来常德捕鱼为业	《湖南氏族迁徙源流(二)》	
万琼瑶	江西吉水	汉寿、常德	万历十九年	因贸易迁居	《湖南氏族迁徙源流(二)》	
万辰二	江西南昌	桃源郑驿	万历年间	兵乱	《湖南氏族迁徙源流(二)》	
王尚文	江西吉水	常德官桥坪	洪武五年	官澧州入湘	《湖南氏族迁徙源流(二)》	
王发祥	江西	常德后乡石公桥	洪武年间	奉旨征楚苗	《湖南氏族迁徙源流(二)》	
王弘	江西吉水	常德后乡牟家桥	洪武年间	讨陈友谅之乱	《湖南氏族迁徙源流(二)》	
王槐福、槐禄	江西吉水	常德后乡王家障	永乐二年	贸易	《湖南氏族迁徙源流(二)》	
王定山	江西吉水	常德后乡土桥湖	弘治间	办军来楚	《湖南氏族迁徙源流(二)》	
王肇元	江西吉水	常德后河王南山	明季	兵乱	《湖南氏族迁徙源流(二)》	

续表

始迁祖	原籍	迁入地	迁移时间	迁移原因	资料来源	备注
王仁彬	江西永丰	汉寿檀树湾	永乐二年	奉开垦之敕	《湖南氏族迁徙源流（二）》	
王友端、友仁	江西吉水	安乡	明末	宦游	《湖南氏族迁徙源流（二）》	
王成	山东青州	澧县老王屋	洪武年间	官湖南	《湖南氏族迁徙源流（二）》	
王琥	江西吉水	澧县犀望堰	元末明初	征讨有功，宦游	《湖南氏族迁徙源流（二）》	
王唐	江西吉水	澧县白米垱	永乐二年	以千户之职来澧	《湖南氏族迁徙源流（二）》	
王辛一	江西吉水	澧县大市桥	元仁宗时	仕楚，避英宗之乱	《湖南氏族迁徙源流（二）》	
王信	山东武定府	澧县纸王河	永乐二年	宦游常德	《湖南氏族迁徙源流（二）》	
王朝雄	江西吉水	澧县渡口王家塝	永乐二年	宦游	《湖南氏族迁徙源流（二）》	
王瑄	江西吉水	澧县拓茨笼	明初	征九溪蛮	《湖南氏族迁徙源流（二）》	
王理	江西	澧县翊武镇	洪武年间	从征永定卫	《湖南氏族迁徙源流（二）》	
王才清	云南临安府	澧县王氏祠	元季	官澧州军民司指挥使	《湖南氏族迁徙源流（二）》	
王必敬	江西吉水	澧县渡口	永乐二年	宦游	《湖南氏族迁徙源流（二）》	
王麟	金陵	澧县八里河等地	明成祖时	官九溪卫	《湖南氏族迁徙源流（二）》	
王泰华	江西吉水	澧县新洲王家嘴	明代	授江南知府，遇兵变	《湖南氏族迁徙源流（二）》	
王衡	江西南昌	澧县熊家台	明末	兵乱	《湖南氏族迁徙源流（二）》	
王福	江南滁州	临澧王汉坪	洪武时	奉镇永定卫	《湖南氏族迁徙源流（二）》	
王浦	金陵	临澧七姑山	永乐二年	征湖南，镇澧阳	《湖南氏族迁徙源流（二）》	
王远兄弟	江西瑞州府	临澧九王庙	洪武年间	镇守九溪卫	《湖南氏族迁徙源流（二）》	

续表

始迁祖	原籍	迁入地	迁移时间	迁移原因	资料来源	备注
王友纪、友纲	江西南昌	临澧阳明溪	明建文帝时	驻守永定卫	《湖南氏族迁徙源流（二）》	
王德兴	江西吉水	桃源浯溪沙	永乐二年	宦游	《湖南氏族迁徙源流（二）》	
王岱	江西丰城	桃源乾坪	明季	解组寄籍	《湖南氏族迁徙源流（二）》	
王荣	安徽合肥	张家界	洪武二十三年	官永定卫	《湖南氏族迁徙源流（二）》	本姓郑，入赘改姓王
王衍	浙江温州	黔阳双溪乡	元泰定间	避乱迁湘	《湖南氏族迁徙源流（二）》	
王兴发	江西婺源	麻阳新营下担	洪武二年	江西填湖南	《湖南氏族迁徙源流（二）》	
王惠	江西丰城	永顺富坪	正德七年	避朱宸濠之乱	《湖南氏族迁徙源流（二）》	
文必达	江西吉水	桃源	洪武初	讨平九溪洞蛮	《湖南氏族迁徙源流（二）》	
吴复	江南庐州府	常德花山进溪	洪武年间	奉旨平蛮来楚	《湖南氏族迁徙源流（二）》	
吴华一	江西清江县	常德善卷	洪武初	宦游	《湖南氏族迁徙源流（二）》	
吴益	江西	桃源录萝坪	洪武时	宦游	《湖南氏族迁徙源流（二）》	
吴富可	金陵	麻阳	元皇庆间	宦贵州铜仁	《湖南氏族迁徙源流（二）》	
伍文定	江西吉安	桑植	明朝	奉命西征	《湖南氏族迁徙源流（二）》	
夏成	广德州江都	桃源梅家峪	明洪武二十年	奉征香炉案匪来湘	《湖南氏族迁徙源流（二）》	
萧廷简	江南昆山	溆浦清江屯	永乐二年	由贵州铜鼓卫拨屯溆浦	《湖南氏族迁徙源流（二）》	
谢玉春	江西泰和	怀化	元末明初	避兵乱	《湖南氏族迁徙源流（二）》	
熊键	江西丰城	汉寿	永乐元年	兵乱	《湖南氏族迁徙源流（二）》	
熊觉寿	江西南昌府	临澧	永乐二年	奉旨征苗	《湖南氏族迁徙源流（二）》	

始迁祖	原籍	迁入地	迁移时间	迁移原因	资料来源	备注
熊茂富兄弟	江西临江府清江县	临澧	明正统、天顺年间	贸易	《湖南氏族迁徙源流(二)》	
熊安国	江西丰城	张家界鱼泉峪	洪武年间	避陈友谅之乱	《湖南氏族迁徙源流(二)》	
修九	江西临川	沅陵	正德年间	官辰州卫百户	《湖南氏族迁徙源流(二)》	
徐应兴	江南庐州府合肥	临澧	洪武初	征永定卫	《湖南氏族迁徙源流(二)》	
许传可	重庆	张家界	元至正间	由进士官慈利	《湖南氏族迁徙源流(二)》	
许望元	江西南昌	麻阳跳岩	永乐二年	寄屯居辰州府麻阳县尚家村跳岩耕种屯田	《湖南氏族迁徙源流(二)》	
晏文吉兄弟三人	江西宜丰	石门南圻乡晏家蓬	明时	因贸易	《湖南氏族迁徙源流(二)》	
杨才卿	江西清江县	临澧新安	洪武时	随太祖平九永土司	《湖南氏族迁徙源流(二)》	
杨纲	江西吉水	临澧杨家团	永乐二年	来澧平苗,扎营太浮山	《湖南氏族迁徙源流(二)》	
杨明金	江西吉水	临澧杨家湾	永乐二年	平苗调永定卫	《湖南氏族迁徙源流(二)》	
杨明甫	江西南昌	石门	洪武十二年	任常德知府	《湖南氏族迁徙源流(二)》	
杨庚七	江西万安	沅陵楠木坪	永乐元年	拨军屯而卜居	《湖南氏族迁徙源流(二)》	
杨木庆	江西	辰州	洪武二年	辟土开疆,大移豫章稠民	《湖南氏族迁徙源流(二)》	
杨士贞	江西泰和	溆浦小横垄	永乐二年	明初驻防贵州,旋迁溆桃山,永乐二年其子等复以屯田徙居小横垄	《湖南氏族迁徙源流(二)》	
杨通一	江西丰城	芷江	永乐二年	避兵旱之灾	《湖南氏族迁徙源流(二)》	

始迁祖	原籍	迁入地	迁移时间	迁移原因	资料来源	备注
杨景伍	江西泰和	会同	明洪武年间	元至正间奉旨征苗,落籍靖州,其子洪武年间徙居会同	《湖南氏族迁徙源流(二)》	
杨达	江西金溪	会同	元大德间	任云南卫所千户,秩满过会同而卜居安一里吉巢村	《湖南氏族迁徙源流(二)》	
杨进昌	江西泰和	通道	洪武初年	宦湘,开基于通道中心镇	《湖南氏族迁徙源流(二)》	
杨士龙	江西吉水	泸溪	宣德初年	官湖南泸溪典史,开基于泸溪县武溪镇	《湖南氏族迁徙源流(二)》	
姚正魁、正斗、正楚	江西饶州余干	常德	洪武二年	宦游常、辰两地留居	《湖南氏族迁徙源流(二)》	
姚良珊兄弟三人	江西瑞州	新晃	永乐十四年	奉旨辰州卫,偕兄长能、德二留居	《湖南氏族迁徙源流(二)》	
叶兴、富、德	江西丰城	临澧	洪武二年	授湖广常德府指挥使,二十二年夏德忠诱九溪洞蛮为寇,兴与富、德公从靖宁侯叶升及胡大海讨之,有功因屯军于此	《湖南氏族迁徙源流(二)》	
易赓	江西南昌丰城	石门	洪武二年	元元统二年进士,官户部尚书兼太子太保,至正二十年解组,洪武二年迁居永定天门山	《湖南氏族迁徙源流(二)》	

续表

始迁祖	原籍	迁入地	迁移时间	迁移原因	资料来源	备注
于升龙	钱塘	慈利八卦井	明代	赐进士官于慈利	《湖南氏族迁徙源流(二)》	
余作铭七兄弟	江西吉水	汉寿	明永乐年间	或开垦或宦游或因人口繁盛	《湖南氏族迁徙源流(二)》	
余明鉴	江西南昌丰城	桃源	万历四十八年	因避乱	《湖南氏族迁徙源流(二)》	
袁才	湖北麻城	张家界	明永乐间	官永定卫千户	《湖南氏族迁徙源流(二)》	
岳和	江西泰和	常德	永乐二年	明初战乱	《湖南氏族迁徙源流(二)》	
曾宣杰	江西吉水	汉寿	永乐二年	奉旨均丁	《湖南氏族迁徙源流(二)》	
张信仔	江西	常德冷铺垱	洪武二年	先是陈友谅之乱后,湖湘地阔,江西人稠,洪武二年钦谕吉水县饬差护送与该处共十人来常武前乡	《湖南氏族迁徙源流(二)》	
张东池	江西吉水	桃源录萝	万历二十八年	官武卫都尉,随征播州杨应龙,播州平辞官居桃源西云霞乡	《湖南氏族迁徙源流(二)》	
张必显	江西南昌	桃源麻寺峪	元末	避兵乱	《湖南氏族迁徙源流(二)》	
张映	安徽合肥	临澧观音庵	洪武十二年	敕封武略将军,屯守九溪卫	《湖南氏族迁徙源流(二)》	
张余	江西吉水	石门	明嘉靖时	宦游	《湖南氏族迁徙源流(二)》	
张万户	江西南昌丰城	张家界	元泰定五年	因避难	《湖南氏族迁徙源流(二)》	
张银	江西南昌丰城	张家界	明成化时	官永定卫	《湖南氏族迁徙源流(二)》	

续表

始迁祖	原籍	迁入地	迁移时间	迁移原因	资料来源	备注
张庭槐	湖北汉阳	桑植刘家坪	明永乐间	屯安福所	《湖南氏族迁徙源流（二）》	
张福吉	江西南昌	沅陵	建文二年	陈友谅进兵南昌灭张，张改为长。建文二年，始迁祖福吉从戎湖广	《湖南氏族迁徙源流（二）》	
张信	江西临江	溆浦莲河屯	永乐二年	由贵州开泰卫拨屯溆浦莲河屯	《湖南氏族迁徙源流（二）》	
张万选	江西丰城	麻阳	元泰定间	官湖南	《湖南氏族迁徙源流（二）》	
张世杰	河北定兴	麻阳绿溪口	元泰定间	辞官卜居	《湖南氏族迁徙源流（二）》	
张雄飞	江西丰城	新晃	元泰定间	官麻阳副将	《湖南氏族迁徙源流（二）》	
张华辅	江西泰和	会同	洪武十九年	因军务营生	《湖南氏族迁徙源流（二）》	
赵皋	江西南昌	张家界大坪	明景泰年间	官湖广辰州府沅陵巡检	《湖南氏族迁徙源流（二）》	
赵操哥	安徽凤阳	张家界	明初	军功官永定卫	《湖南氏族迁徙源流（二）》	
郑在望	徽州歙县	张家界	明初	避乱	《湖南氏族迁徙源流（二）》	
郑德行	江西吉水	沅陵	明初	征战桃源，后至沅陵莲花池	《湖南氏族迁徙源流（二）》	
钟尚	江西南城丰城	桑植	洪武二年	官慈利县知事，解组居桑植麦地坪	《湖南氏族迁徙源流（二）》	
周廷用	江西南昌	临澧新安	明末	因商	《湖南氏族迁徙源流（二）》	
周兴发	江西丰城	临澧东石墨山	明太祖时	征讨南蛮，招安永定	《湖南氏族迁徙源流（二）》	

501

续表

始迁祖	原籍	迁入地	迁移时间	迁移原因	资料来源	备注
周昂	江西吉安府吉水	石门南乡周思安	洪武初	封武德将军，镇守永定卫	《湖南氏族迁徙源流(二)》	
周兴德	安徽合肥	张家界西溪坪周家坊	明太祖时	官湖广行省左丞，因慈利土酋覃垕之乱而驻屯	《湖南氏族迁徙源流(二)》	
周至铭	山东青州	张家界黑松关	洪武年间	镇守永定卫	《湖南氏族迁徙源流(二)》	
周兴辅	江西丰城	慈利珠宝山	元末	宦居慈利	《湖南氏族迁徙源流(二)》	
朱文安	江西丰城	桃源绿萝	明初	明末兵乱	《湖南氏族迁徙源流(二)》	
朱北唐	江西丰城	桃源儒雅峪	明嘉靖四年	官侍卫	《湖南氏族迁徙源流(二)》	
徐天骥	湖江平阳	桃源县	洪武五年	任桃源县令	万历《桃源县志》卷上《人文志中》	
刘安叔	江西庐陵	安乡永丰村	元至正间	任澧州路总管，秩满未归籍	康熙《安乡县志》卷8《人物志》	
刘九诚	山东朝邑	安乡军牧村	元至正间	任湖广参知政事，因兵变未归	康熙《安乡县志》卷8《人物志》	
颜均瑞	江西庐陵	安乡长寿村	洪武初	任评事	康熙《安乡县志》卷8《人物志》	
曾贵禄	山东兖州	芷江	永乐年间	弃官隐居	同治《芷江县志》卷30《迁谪》	
谢上篯	章华	石门	明代	随父入籍	嘉庆《石门县志》卷39《人物·宦业》	
王申	邛峡人	慈利	元代	隐居	同治《续修慈利县志》卷9《流寓》	
宋宰诚	江苏	慈利	元初	宦居	同治《续修慈利县志》卷9《流寓》	

续表

始迁祖	原籍	迁入地	迁移时间	迁移原因	资料来源	备注
皇甫伯纲	河南彰德府	慈利	洪武年间	宦居	同治《续修慈利县志》卷9《流寓》	
周璧	河南息县	慈利	成化年间	屯九溪卫	同治《续修慈利县志》卷9《流寓》	
黄梦舟	福建邵武光泽县	慈利	宣德间	任慈利知县,卒于任	同治《续修慈利县志》卷9《流寓》	
赵羽明	重庆江津县	慈利六都	崇祯末	任慈利知县	同治《续修慈利县志》卷9《流寓》	
叶占荣	贵州新贵县	慈利	明末	任慈利训导,后官陕西,道卒还葬慈利入籍	同治《续修慈利县志》卷9《流寓》	
江应瑞	徽州歙县	慈利八都	明隆庆时	官九溪卫	同治《续修慈利县志》卷9《流寓》	
胡有谋	江西吉安永丰	会同龙孔、茶溪杨柳冲	元至正二十年	任靖州永平令	光绪《会同县志》卷9《选举志·入籍》	
杨达	江西金溪	会同安一里	大德间	敕云南千户,秩满过会同卜居	光绪《会同县志》卷9《选举志·入籍》	
熊鸣渭	江西丰城	会同	崇祯年间	宦居	光绪《会同县志》卷9《选举志·入籍》	
苏尚元	北京宛平	会同	至元元年	官韶州	光绪《会同县志》卷9《选举志·入籍》	
胡有道	江西吉安永丰	会同	元至正年间	习道教	乾隆《沅州府志》卷35《仙释》	
李震	华阴	泸溪	明代	曾祖任泸溪学录	光绪《沅陵县志》卷30《任务》	

续表

始迁祖	原籍	迁入地	迁移时间	迁移原因	资料来源	备注
秦少儒	永安	会同	明代	隐居	乾隆《重修会同县志》卷8《人物志·隐逸》	
王兴惠	端赵	会同	明代	隐居	乾隆《重修会同县志》卷8《人物志·隐逸》	
妙鑅	袁州	沅陵	元代	佛教传播	光绪《沅陵县志》卷49《外纪·方外》	
李谅	山西太原	靖州	弘治年间	谪居	光绪《靖州直隶州志》卷10《流寓》	
李仲辉	江西泰和	靖州	洪武年间	宦靖州，解组因家	光绪《靖州直隶州志》卷10《流寓》	
刘大	江南	靖州	洪武元年	以千户指挥征靖州"苗匪"	光绪《靖州直隶州志》卷10《流寓》	
蒋兴淑	江西吉水	会同	明代	迁云南按察司金事途中遇"苗叛"	光绪《靖州直隶州志》卷10《流寓》	
杨进昌	江南扬州	通道	明代	任通道令，慕风俗	光绪《靖州直隶州志》卷10《流寓》	
范顺	休宁	麻阳	成化年间	令麻阳，卒于官	乾隆《沅州府志》卷36《名宦》	
林炜	福建莆田	会同	天顺年间	以省舅杨巡宰至琼，侨寓会同	乾隆《重修会同县志》卷7《秩官志·侨寓》	
段文	江西建昌	乾州镇溪	洪武年间	创设镇溪所	同治《乾州厅志》卷9《职官志·武职》	
梅虚白	江西贵溪	石门	元至正间	道教传播	嘉庆《石门县志》卷43《仙释志》	

说明：（1）本客民指跨省客民，并不包括湘省内移动的客民；

（2）因族谱中具有明确始迁祖、原籍、迁移时间与原因的材料相对比较可靠，故本表中的客民有相对明确的始迁祖、原籍、迁移时间与原因。

附表 3
武陵地区部分族谱编修情况

谱名	编修时间	编修人员	藏处
保靖《田氏宗谱》	宋绍兴二十四年	田祐恭、田应鋆等	保靖县陈家驹藏第十次修谱本之复印本
五峰《武城曾氏重修族谱》	崇祯十二年	曾宏毅	五峰县渔洋关镇曾庆浓处
张家界《覃氏族谱》	康熙十四年	佚名	张家界永定区图书馆
酉阳《田氏家谱》	康熙十六年	田大受	藏酉阳县板溪乡杉树湾村田景常家
沿河《张氏族谱》	康熙三十年	张鲲	沿河县沙子街道凉水井张加国家
彭水《冉氏康熙癸酉谱》	康熙四十六年	冉世奎	涪陵北拱水盈村冉风海处
秀山《田氏族谱》	康熙六十一年	佚名	藏秀山土县龙池美翠村田兴照家
容美《田氏世家》	康熙年间	田舜年邀严守升撰	五峰县田培林、田登云保存
雍正《卯洞向氏族谱》	雍正十三年	向伯瑞	来凤县文物管理所
乾隆彭水《冉氏家谱》	乾隆三十六年	冉瑞基	彭水县汉葭镇北门街冉懋禄处
秀山《杨氏族谱》	乾隆三十八年	佚名	秀山县清溪场司城村二组杨昌榆处
永顺《刘氏族谱》	乾隆四十年	刘大亮	永顺县档案馆
《施南土司覃氏重修族谱》	乾隆四十五年	覃懋	宣恩县委统战部
酉阳冉氏《忠孝谱》	乾隆五十四年	冉广燏	彭水自治县润溪场上冉正斌
永定《龚氏族谱》	嘉庆七年	龚仕轩	永定区谢家垭乡龙阳村龚永胜收藏
辰州《陈氏族谱》	嘉庆十一年	陈友胜	张家界市永定区双溪桥乡昌溪村陈玉文家
《溪州土司族谱》	嘉庆十二年	彭肇植	永顺县档案局
酉阳《彭氏家谱》	嘉庆十二年	彭泽琅	酉阳县板溪乡杉树湾村田应珍家
酉阳《田氏宗谱》	嘉庆十四年	田序宗	藏酉阳县板溪乡杉树湾村一组田景昌家
《安氏族谱》(载《黔东北安氏源流》)	嘉庆年间	安舒泰等	藏遵义市凤冈安宗仁家
《安氏族谱》(载《黔东北安氏源流》)	嘉庆年间	安舒泰等	藏遵义市凤冈安宗仁家

续表

谱名	编修时间	编修人员	藏处
咸丰《冉氏家谱》	道光二年	冉维屏	咸丰县档案馆
永顺《彭氏通谱源流》	道光六年	彭文	上海图书馆
黔江《延陵允思公房谱》	道光九年	吴作舟	黔江区档案馆
铜仁《徐氏族家谱》	道光十年	徐如澍	铜仁市徐世汪家
湘西《鲁氏族谱》	道光十四年	扶风堂	龙山县档案馆
慈利《唐氏族谱》	道光十二年	唐子芳	慈利县杉木桥镇湖坂村唐纯烟家
黔江《义门陈氏宗谱》	道光二十六年	陈同校	黔江区档案馆
沅陵三让堂《吴氏族谱》	道光二十八年	吴名学	怀化市沅陵县吴远干处
五峰《骆氏宗谱》	道光二十九年	骆传科	五峰土家族自治县石桥沟骆姓处
沿河《朱氏族谱》	道光二十九年	朱焕经	沿河县朱国豪家中
五峰《柳氏宗谱》	道光三十年	柳韬全	五峰县湾潭镇锁金山村柳姓处
五峰《李氏家谱》	咸丰九年	李莘樵	五峰县傅家堰乡李氏家族
黔江《舒氏宗谱》	同治元年	舒德铃	黔江区档案馆
石门《曾氏族谱》	同治三年	曾鼎才	石门县人大退休干部曾贤栋处
五峰《康氏族谱》	同治四年	康可钊	五峰县傅家堰乡康氏家族
鄂西《谭氏族谱》	同治四年	谭显笏	五峰县湾潭锁金山村谭传炎处
麻寮所《唐氏三山族谱》	同治八年	唐希曾	五峰县湾潭龙桥村唐怀云处
桑植《邓氏族谱》	同治十二年	邓芳智	桑植县白石乡莲花村邓忠源处
永顺《向氏宗谱》	同治年间	佚名	永顺松柏乡向氏家族
沿河《赵氏族谱》	光绪元年	赵元祥	沿河县赵勇家
石门《王氏族谱》	光绪二年	王家桢	石门县所街乡黄虎峪大峪村民收藏
五峰容阳堂《田氏族谱》	光绪五年	田崇寿	五峰县田培林、田登云保存
长阳《田氏族谱》	光绪七年	田宗达	藏长阳县民族研究会
巴东《谭氏族谱》	光绪八年	谭生香	巴东县档案馆
永定《黄氏族乘》	光绪九年	黄世成	张家界永定区中湖乡野鸡铺村覃国林收藏
石门晋阳堂《唐氏三山族谱》	光绪十一年	唐芳昆	鹤峰县走马镇所坪唐传绪保存
彭水《忠孝堂谱》	光绪十一年	冉崇煦	彭水县太原乡碾房村冉隆骥处

续表

谱名	编修时间	编修人员	藏处
酉阳《何氏源流泸江谱帙》	光绪十六年	何馥堂	酉阳县二中何宗培老师家
石柱《谭氏族谱》	光绪十六年	佚名	石柱县档案馆
彭水《秦氏族部》	光绪十八年	秦淮月	彭水县太原英光村马学贵处
桑植《刘姓黄岗支谱》	光绪十八年	刘爱吾	桑植县刘家坪乡刘德礼家
五峰《汪氏族谱》	光绪十九年	汪远香	五峰采花乡长茂司村一组汪玖云处
石柱《马氏家乘》	光绪二十一年	佚名	石柱县档案馆收藏有集复印件
五峰《王氏族谱》	光绪二十五年	王槐亭	五峰土家族自治县采花乡王氏家族
五峰湾潭《向氏族谱》	光绪二十六年	向德洋	五峰土家族自治县湾潭村向建章处
黔江《徐氏家谱》	光绪二十六年	徐朝瑞	黔江区档案馆
溪州《彭氏谱》	光绪二十七年	彭施涤	保靖县档案馆
永顺陇西堂《彭氏族谱》	光绪二十八年	佚名	湖南省民族事务委员会古籍办
永定《向氏家谱》	光绪二十八年	向宏州	永定区沅古坪镇高峰村向益阶处
石门《黄氏世谱》	光绪二十八年	黄伯厚	石门县磨市镇椰树村黄氏家族
石门《盛氏族谱》	光绪二十九年	盛武极	石门县文化局退休干部盛忠权
五峰《胡氏家谱》	光绪二十九年	胡传道	五峰县仁和镇杨家坪村李万茂处
渔洋关《向氏家谱》	光绪三十年	佚名	五峰土家族自治县五峰镇向国华处
石门《龙溪郑氏续修族谱》	光绪三十年	郑协堂	石门磨市镇黄花村郑姓家族
桑植《毛氏族谱》	光绪三十年	毛万询	桑植县澧源镇毛振家家
石门《伍氏族谱》	光绪三十一年	伍积纯	石门维新厂镇伍氏家族
五峰《黄氏世谱》	光绪三十二年	黄中杰	五峰县湾潭村黄氏家族
建始《易氏族谱》	光绪年间	易善宝	建始县文化馆
永顺《向氏宗谱》	光绪年间	向定模	永顺县松柏乡向氏家族
张家界《田氏族谱》	宣统三年	田举英	藏张家界市永定区教场居委会雷公坪10号田廷明家
桑植《张氏族谱》	宣统三年	张大直	植县澧源镇张青平家
保靖《彭氏通谱源流》	清	佚名	保靖县档案馆
保靖《彭氏支谱》	清	佚名	保靖县档案馆
酉阳息宁《彭氏宗谱》	清	佚名	酉阳县五福乡大河村彭明元家
酉阳《白氏南阳族谱》	清	佚名	酉阳县后溪镇后溪村白世吉家
桑植《冯氏族谱》	清末	冯澍	桑植县澧源镇建兴岭村冯明柱处
永顺《符氏族谱》	民国2年	符汝霖	永顺县档案馆
张家界《田氏家乘》	民国3年	田凤梧	张家界永定区关门岩乡田家坊村田开化收藏

续表

谱名	编修时间	编修人员	藏处
石门《向氏族谱》	民国 4 年	向绍虎	石门县统战部退休干部向玉华收藏
龙山《范氏续修家乘》	民国 5 年	范善锟	龙山县档案馆
长阳《田氏族谱》	民国 6 年	林正梓	藏长阳县民族宗教事务局张昌勤处
五峰《严氏宗谱》	民国 8 年	佚名	五峰县仁和坪镇水井村村严玉陔处
桑植《彭氏族谱》	民国 8 年	佚名	桑植县空壳树乡罗家坪村彭龙章家
咸丰《秦氏家谱》	民国 9 年	秦子文	咸丰县档案馆
石柱《陈氏族谱》	民国 9 年	佚名	石柱土家族自治县档案馆
长阳《重修覃氏族谱》	民国 10 年	胡清濂	长阳土家族自治县民族宗教事务局张昌勤处
桑植《王氏族谱》	民国 10 年	王大能	桑植县打鼓泉乡金家坡村王大宽家
桑植《吴氏族谱》	民国 10 年	吴姓族首	桑植县打鼓泉乡小埠头村吴家院子吴学余家
石门《光裕堂覃氏四修族谱》	民国 11 年	覃耀唐	石门县档案馆
石门《唐氏族谱》	民国 13 年	唐荣阳	澧县杨家坊唐姓村民处
桑植《陈氏族谱》	民国 16 年	陈海清	桑植县凉水口镇韩家坪村陈才佳家
保靖《龙氏族谱》	民国 16 年	佚名	保靖县档案馆
桑植《甄氏族谱》	民国 16 年	甄志善	桑植县马合口乡王家田村甄才习家
龙山《唐氏族谱》	民国 17 年	唐祥培	龙山县咱果乡黄河村唐富仲家
张家界《赵氏族谱》	民国 17 年	赵善后	慈利县零阳镇赵真见家
石门《陈氏四修族谱》	民国 18 年	陈英教	石门县磨市长峪村陈姓村民
桑植《周氏族谱》	民国 18 年	周禄安　周书阶	桑植县陈家河镇新街村周太雄家
石门九如堂《覃氏三修族谱》	民国 19 年	覃秉念	湖南省图书馆收藏
慈利《吴氏族谱》	民国 19 年	吴恭亨	慈利县太桥乡道街村吴远洞家
五峰《张氏族谱》	民国 19 年	佚名	五峰土家族自治县张氏长房
桑植《覃氏族谱》	民国 20 年	覃治华	桑植县洪家关乡覃红菊家
桑植《向氏族谱》	民国 20 年	向宝臣	桑植县樵子湾乡向绪道家
慈利《卓氏族谱》	民国 20 年	卓鼎泰	慈利县零阳镇卓德元家
《三峒司向氏族谱》	民国 20 年	向宝臣	桑植县档案馆
永定《李氏家谱》	民国 21 年	李先觉	张家界永定区双溪桥乡猫儿湾村李家峪李腊如处
慈利《陈氏族谱》	民国 21 年	陈大纲	慈利县零阳镇白竹水村陈氏
龙山《长沙天井陈氏支谱》	民国 22 年	王荣堂	龙山县档案馆
龙山《向氏族谱》	民国 23 年	向凤瑞	龙山县岩冲乡向家村向华亨家

续表

谱名	编修时间	编修人员	藏处
桑植《孙氏族谱》	民国25年	孙开旦	桑植县谷罗山乡粑粑田村孙贤臣家
桑植《庹氏族谱》	民国26年	庹悲亚	植县廖家村镇苗寨村庹万年家
五峰《申氏族谱》	民国26年	申佐周	五峰县牛庄乡申先林处
石门《丁氏族谱》	民国27年	丁华鼎	石门县三圣乡丁氏家族
慈利《刘氏族谱》	民国29年	刘运峰	慈利县轿观镇跑马后溶组刘运坤家和通津铺镇风洞村刘运生家
石柱《秦氏家乘》	民国29年	秦山高	石柱县档案馆
黔江《陶氏族谱》	民国32年	陶霁月	黔江区档案馆
西阳《冉氏族谱》	民国34年	佚名	西阳县档案修志馆
慈利《李氏联宗族谱》	民国35年	李权中	慈利县零阳镇白征水村李氏家
五峰《田氏族谱》	民国35年	张西元	五峰县长乐坪田培林处
巴东紫荆堂《田氏族谱》	民国35年	田祚荣	巴东县档案馆藏
长阳陇西堂《李氏族谱》	民国36年	李树唐	长阳县民族宗教事务局张昌勤处
利川忠路土司《覃氏族谱》	民国36年	佚名	利川市委统战部
石门《文氏族谱》	民国36年	文绍育	石门县维新镇沿市文姓村民收藏
《麻寮所向氏宗谱》	民国37年	向生民	张家界市慈利县岩泊渡镇向氏
石门《向氏族谱》	民国37年	向育阶	石门县统战部退休干部向玉华收藏
印江续修《田氏族谱》	民国37年	田应鋆	印江县朗溪镇田田茂富收藏
西阳《陇西彭氏宗谱》	民国38年	彭先高	西阳县后溪镇后溪村彭开福处
保靖《梁氏族谱》	民国年间	佚名	保靖县档案馆
龙山《张氏宗谱》	民国年间	佚名	龙山县档案馆
唐崖《覃氏族谱》	不详	佚名	咸丰县委统战部

资料来源：根据国家民委全国少数民族古籍整理研究室编《中国少数民族古籍总目提要·土家族卷》（中国大百科全书出版社，2010年）、彭司礼主编《湘西州土家族辞典》（湖南人民出版社，2015年）以及笔者参与编撰的《中国土家族大百科全书》整理而成。

后 记

本书是以我 2011 年主持的国家社会科学基金项目"宋元以来武陵地区土客关系研究"（11CMZ013）最终成果为基础修改而成的。该书从最初的课题申报到项目获批，从田野调查到动笔写作，从优秀结项再到付梓，前后历时十年。春去秋来，时间如白驹过隙，带走的是光阴韶华，留下的是沉甸甸的收获和永恒的记忆。这十年，见证了我学术成长的历程和生活的变迁，也凝聚了师长、朋友、同事、家人对我无私的帮助和关爱。

2010 年 6 月 29 日，我带着恩师郭志超教授的谆谆教导，怀着忐忑的心情，离开鹭岛厦门，来到美丽而又陌生的宜昌。是时任长江三峡发展研究院院长黄柏权教授，院党委书记王作新教授，副院长段跃芳教授、周银珍教授，工会主席陈廷亮教授以及谢国先教授、刘冰清教授、王祖龙教授、吴正彪教授、张伟权教授、黄权生老师、袁波澜老师、李彬老师、杨彩娥老师等领导和同事的热情接待、悉心关怀让有些茫然的我度过了"初来乍到"的适应期，迅速融入长江三峡发展研究院武陵民族研究科研团队，也在田野实践和文献的阅读中快速找寻并定位了自己的研究领域。特别是参与《中国土家族大百科全书》的编撰，让我全面、系统地了解了武陵地区的历史文化，也有机会结识一批来自北京、湖北、湖南、贵州、重庆、四川等省市的土家族研究学者、民族工作者、文史工作者。他们当中，既有白发苍苍的老学者，也有年富力强的中年学者和朝气蓬勃的青年学者，他们有的为本书的课题申报作了指导，有的为本书的调查提供了各种便利，有的提供了直接或间接的研究资料，有的和我一起讨论问题、激荡思想。他们对本民族的炙热情感以及对民族学研究的热爱、执着感染了我，让我在困顿、彷徨、踌躇中充满了力量。

令我心存感激的是，许多专家、老师和朋友为本书的撰写、修改、完善提出了一些宝贵的建议，他们有中南民族大学副校长段超教授，厦门大学石奕龙教授、邓晓华教授、董建辉教授，云南大学方铁教授，中国社会科学院民族学人类学研究所已故著名民族学家管彦波先生，吉首大学原党委书记游俊教授，三峡大学民族学院原院长黄柏权教授、葛政委副教授、刘兴亮博士、李超博士、刘济民老师等。特别是黄柏权教授、董建辉教授、方铁教授和管彦波先生，更是给了我极大的支持和帮助。黄柏权院长倾囊相授，不仅经常带我"顶风雪，冒酷暑""起早摸黑"深入武陵地区调查，而且将家中所藏书籍借我参阅，让我在较短的时间里"丈量了"武陵地区的"长度"和"宽度"，快速了解、熟悉了武陵地区的历史文化。董建辉老师是母校厦门大学的老师，也是三峡大学楚天学者特聘教授和民族学院的学术院长，长期以来对我垂爱有加，不仅为我指点学术迷津，而且教我为人处事，在生活的点滴中为我传道授业，催我奋进。黄鹤楼下、求索溪旁，……我们促膝长谈的场景至今历历在目！方铁教授是我仰慕的民族史研究专家。他与我的"邂逅"，源自我们对西南人口流动与族群关系的关注。方老师不嫌我的冒昧，首次联系便答应拨冗斧正本书的初稿，提出了许多建设性的修改意见。随后还多次莅临三峡大学"面授机宜"，并专门为本书撰序。管彦波先生是中国社会科学院民族学人类学研究所的教授，也是三峡大学民族学院的楚天学者讲座教授。我是他在三峡大学的联系人。我们因"楚天"结缘，也因此一见如故。每次莅临三峡大学，管先生都会详细介绍学界特别是北京"民族学"发展的动态，垂询、指导我的研究，鼓励我不断进步，然后我们一起在"老松滋酒楼"小酌长聊，畅谈人生和学术。本书的写作，也得益于管先生的指导。令人遗憾的是，天妒英才，管先生早逝，未能看到本书的面世，谨以其出版缅怀先生！

本书的出版，需要感谢田野调查过程中众多纯朴、好客的人热心帮助了我，他们有的为我提供了吃住，有的让我翻阅、了解本家族私密的谱牒，有的不厌其烦地向我讲述地方的文化、祖先的历史，有的为我带路寻找文化遗迹，有的为我表演各种文化技艺……没有他们的帮助，我的田野调查不可能顺利完成，也不可能搜集到一批有价值的民间文献。

十分感谢国家社会科学基金项目的资助和三峡大学发展规划与学科建设办公室、社会科学处给予的出版经费支持。社会科学文献出版社历史分社郑庆寰社长，赵晨、侯婧怡编辑负责本书的策划、编校。他们的辛勤劳动以及一丝不苟、精益求精的精神让我感佩于心，在此一并表示感谢！

回首过往，家人的支持和鼓励一直是我前进道路上最大的动力。父母和岳父岳母默默的付出，爱人刘雪梅的巨大包容以及无声支持，让我得以心无旁骛地从事痛并快乐的学术研究。儿子曹艺翔是我近年来最大的亏欠对象，自他出生到现在，我没有陪他完整看过一回动画片，没有陪他痛痛快快地在游乐园"疯狂一次"，没有静心陪他弹奏一次钢琴……谨以此书作为礼物献给他，并希望在本书出版后，我能承担起一个父亲应尽的责任，把所有的"没有"变成"有"，让他在新的一年健康、快乐、开心地走进小学的大门！

由于个人学识和研究能力有限，本书遗漏和不当之处难免，敬请各位方家批评指正！

曹大明

2020 年 10 月于三峡大学

图书在版编目（CIP）数据

边界流动与族群变迁：宋元以来武陵地区的土客关

系/曹大明著 . -- 北京：社会科学文献出版社，

2020.12

（武陵文库 . 民族学研究系列 . 第二辑）

ISBN 978 - 7 - 5201 - 7497 - 8

Ⅰ.①边…　Ⅱ.①曹…　Ⅲ.①民族关系 - 研究 - 中国

Ⅳ.①D633

中国版本图书馆 CIP 数据核字（2020）第 255841 号

武陵文库·民族学研究系列（第二辑）

边界流动与族群变迁：宋元以来武陵地区的土客关系

著　　者／曹大明

出 版 人／王利民

责任编辑／郑庆寰

文稿编辑／侯婧怡

出　　版／社会科学文献出版社·历史学分社（010）59367256
　　　　　地址：北京市北三环中路甲 29 号院华龙大厦　邮编：100029
　　　　　网址：www. ssap. com. cn

发　　行／市场营销中心（010）59367081　59367083

印　　装／三河市东方印刷有限公司

规　　格／开 本：787mm × 1092mm　1/16
　　　　　印 张：33　字 数：536 千字

版　　次／2020 年 12 月第 1 版　2020 年 12 月第 1 次印刷

书　　号／ISBN 978 - 7 - 5201 - 7497 - 8

定　　价／168.00 元